zum thema:

BIOS optimal tunen

Sven Kölner

bhv

Inhaltsverzeichnis

Vorwort

Der PC ist heute im privaten wie im geschäftlichen Alltag nicht mehr wegzudenken. Er hat eine Vielzahl von Aufgaben übernommen, mit denen sich Arbeitsabläufe einfacher und sicherer gestalten lassen. Im Laufe der Jahre wurden die Rechner leistungsfähiger und auch die Konfiguration anspruchsvoller. Neben der reinen Hardwarekonfiguration – also dem Zusammenbau – kommt der Konfiguration interner Parameter eine immer größere Bedeutung zu. Zu diesem Zweck besitzt der PC ein BIOS-Setup, in dem sich die Einstellungen konfigurieren und auch optimieren lassen. Leider liegt auch heute noch gerade in diesem Bereich einiges im Argen. Sei es aus Zeitmangel oder Unkenntnis, viele Hersteller liefern den PC mit mangelhaft konfiguriertem BIOS aus, was in der Praxis durchaus bedeuten kann, daß der neue Hitech-PC nur mit angezogener Handbremse arbeitet. Bei genauer Betrachtung sind hier problemlos Leistungssteigerungen um 40 % möglich, wobei man sich immer noch in den zugelassenen Spezifikationen bewegt. Denn neben den zulässigen Einstellungen lassen sich innerhalb des BIOS auch Einstellungen vornehmen, mit denen die zugehörigen Komponenten außerhalb ihrer elektrischen Spezifikationen betrieben werden. Eine Zerstörung ist dabei nicht ausgeschlossen. Damit Sie aber Ihren eigenen PC auf Höchstleistung bringen können und dabei auch verstehen, was Sie eigentlich für Änderungen vornehmen, dient Ihnen dieses Buch als Nachschlagewerk und Informationsquelle. Dabei kann es durchaus als Handbuch-Ersatz angesehen werden, wenn Ihrem PC oder der neuen Hauptplatine nur eine Schnellanleitung beilag. Denn leider verschwenden viele Hersteller nicht sehr viel Mühe für die Erstellung guter und brauchbarer Literatur zur gelieferten Hardware. Hier ist es oft Glückssache, ob Sie den PC richtig eingestellt bekommen. Beschränkt sich die Literatur nur auf die Einstellungen der Jumper und Auflistung der Anschlüsse, haben Sie besonders schlechte Karten. Hier möchte ich Ihnen die Hilfestellungen geben, mit denen Sie Ihren PC auf die gewünschte Leistungsklasse bringen.

Sven Kölner

1 Einleitung

Der PC ist neben dem »Arbeitsgehilfen« auch ein elektronisches Gerät. Aus diesem Grund sind einige Vorbemerkungen notwendig, die für Ihre eigene Sicherheit und die weitere Funktionstüchtigkeit des Rechners sorgen. Die folgenden Abschnitte sollten Sie aufmerksam lesen, damit die Eingriffe in den PC gelingen und einige Gefahren von Anfang an ausgeschlossen werden können. Denn werden Eingriffe in den PC notwendig, beispielsweise beim Tausch eines BIOS-EPROMs, scheitert diese Aufgabe nicht selten daran, daß elementare Regeln zur Arbeit an geöffneten elektronischen Geräten nicht eingehalten werden. Die Folge dieses – häufig unüberlegten – Handelns sind Kurzschlüsse und irreparable Rechnerdefekte, die bei gewissenhafter Planung hätten vermieden werden können. Verfügen Sie nicht über eine elektrotechnische Ausbildung, geben Ihnen die folgenden Seiten wertvolle Hilfestellungen im Umgang mit den Werkzeugen und elektronischen Bauteilen im PC. Auch das richtige Werkzeug entscheidet über den Erfolg Ihrer Tätigkeiten. Hier sollten Sie sich entsprechende Zangen und Schraubendreher im Elektronikfachhandel besorgen, mit denen die Baugruppen korrekt verarbeitet werden können.

1.1 Die Arbeit am PC

Um Eingriffe in den PC erfolgreich zu meistern, sind Vorkehrungen zu treffen, mit denen die Arbeit gefahrlos durchgeführt werden kann. Denn anschließend soll der Rechner wieder korrekt funktionieren. Innerhalb des PCs stehen neben den vom Netzteil gelieferten Spannungen 3,3 Volt, 5 Volt und 12 Volt durchaus lebensgefährliche Spannungen an Baugruppen an.

Sicherheitsvorkehrungen

Werden Eingriffe am geöffneten PC notwendig, sollten diese nur bei ausgeschaltetem Rechner vorgenommen werden. Denn das Lösen von Schrauben während des Betriebes kann Kurzschlüsse auf der Hauptplatine oder anderen Baugruppen zur Folge haben, wenn die Schraube versehentlich verlorengeht und in das Innere des Gehäuses gelangt. Zusätzlich sollte der Netzstecker auf der Rückseite des Netzteils unbedingt entfernt werden. Vor allem bei PCs mit Hauptplatinen im Baby-AT-Format ist diese Vorgehensweise lebenswichtig. Bei diesen Gehäusen wird die volle Netzspannung (230 Volt!) vom Netzteil an den Netzschalter, der sich häufig in der Gehäusefront befindet, geführt. Am Schalter liegen also auch bei ausgeschaltetem PC 230 Volt an. Ziehen Sie niemals die Kontakte vom Stecker ab, wenn das Netzkabel noch angeschlossen ist. Diese Komponente wird häufig übersehen und Berühren kann zu empfindlichen Verletzungen führen. Zwar ist in der Regel eine Isolation der Steckerkontakte vorgesehen, aber je nach Lage des Schalters ist ein Berühren der stromführenden Kontakte mit der Hand oder mit einem Schraubendreher durchaus möglich. Bei Desktop-Gehäusen befindet sich der Netzschalter häufig in der Frontblende, ist also beim Einbau von Laufwerken oder Erweiterungskarten durchaus berührbar. Bei Big- oder Mini-Tower-Gehäusen finden Sie den Netzschalter häufig im Bereich der Einbauschächte der Laufwerke; er ist hier ebenfalls leicht zugänglich. Auch wenn der Einbau weiterer Laufwerke oder Steckkarten nicht zu den Themengebieten dieses Buches gehört, sei dies der Vollständigkeit halber genannt. Da aber weiter hinten der Umgang mit Diagnose- und POST-Karten im geöffneten PC erläutert wird, ist zumindest der Umgang mit Steckkarten entsprechend vorzubereiten.

Abb. 1.1: Bei diesem Netzschalter sind deutlich die isolierten Steckerkontakte erkennbar (siehe Kasten)

Verwenden Sie bereits ein Gehäuse für ATX-Hauptplatinen, hat sich diese Gefahrenquelle entspannt, denn hier wird keine Netzspannung innerhalb des Gehäuses geführt. Daher besitzt ein ATX-Netzteil auch einen eigenen Netzschalter, mit dem der Rechner vollständig abgeschaltet wird. Der Taster, den Sie zum Einschalten des Rechners verwenden, wird zur Hauptplatine geführt und verwendet 5 Volt. Dieser Umstand ist für Sie allerdings von Interesse, da auch bei ausgetastetem PC Teile der Hauptplatine weiterhin mit Spannung versorgt werden, damit der Einschaltimpuls überhaupt registriert wird. Auch wenn Sie den Rechner zum Faxempfang mittels Modem verwenden, kann durch einen eingehenden Anruf der PC »zum Leben erweckt« werden. Einige elementare Funktionen sind also weiterhin mit Spannung versorgt. Schon aus diesem Grund ist der am ATX-Netzteil befindliche Schalter zu betätigen, wenn Änderungen am geöffneten Gerät durchgeführt werden. Zusätzlich ist das Netzkabel zu entfernen.

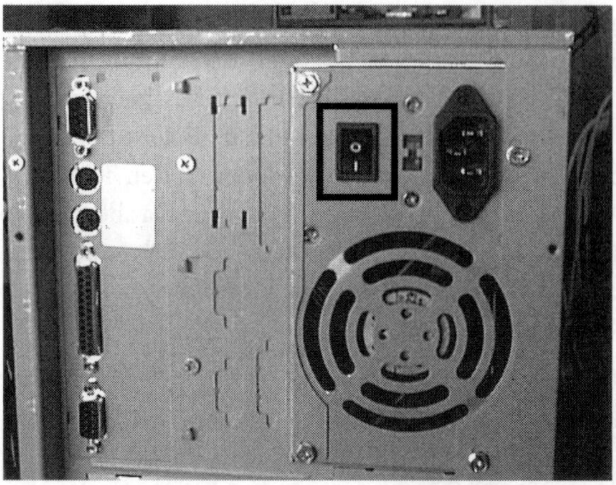

Abb. 1.2: Das ATX-Netzteil besitzt einen eigenen Netzschalter auf der Gehäuserückseite (siehe Kasten)

Um die Funktionstüchtigkeit des Rechners nach einer Modifikation zu ermitteln, ist ein Test bei geöffnetem Gehäuse unvermeidlich. Nur so können Sie kontrollieren, ob die Einbauten korrekt durchgeführt wurden, also alle Kabelverbindungen und Steckkontakte richtig angebracht sind. Bei diesen Tests ist darauf zu achten, daß sich keinerlei metallische Gegenstände wie Werkzeuge oder Slotblenden im »Gefahrenbereich« des Rechners befinden, die in das Gehäuseinnere fallen können. Kurzschlüsse und Defekte wären hier die Folge. Vor einem Test ist auch zu kontrollieren, ob keinerlei Schrauben, die beim Entnehmen von Steckkarten, Komponenten oder Slotblenden gelöst werden mußten, im Gerät verblieben sind. Gelöste Kabel- oder Steckverbindungen sind vor dem Test wieder anzubringen, damit der Test gestartet werden kann. Achten Sie dabei auf korrekt angeschlossene Datenkabel und auch darauf, daß sich die Steckkarten vollständig im Slot befinden. Denn auch diese Fehler führen schlimmstenfalls zu Zerstörungen im PC. Für die erste Funktionskontrolle ist normalerweise nur der Monitor, die Tastatur und das Netzkabel anzuschließen. Bei den externen Anschlüssen auf Steckkarten sollten Sie beachten, daß durch das Aufstecken eines Datenkabels (Monitor, Maus etc.) eine nicht festgeschraubte Karte leicht aus dem Steckplatz gehebelt werden kann.

Auch wenn es auf den ersten Blick selbstverständlich klingt, sollte auf Essen und Trinken bei der Arbeit am offenen PC verzichtet werden. Die versehentlich umgestoßene Kaffeetasse ist ebenso schädlich für den Rechner wie Speisereste im Netzteillüfter.

Nehmen Sie keinerlei Arbeiten am geöffneten PC-Netzteil vor, wenn Sie nicht über die entsprechende Vorbildung verfügen. In der Regel sind keine austauschbaren Teile (außer Sicherung und Lüfter) vorhanden, mit denen das Netzteil repariert werden kann. Da es sich um ein geregeltes Schaltnetzteil handelt, sind sehr gute Elektronikkenntnisse und das entsprechende Werkzeug (z. B. Oszilloskop) notwendig, um einen Fehler lokalisieren und beheben zu können. Innerhalb der Garantiezeit des Rechners kann das Öffnen des Netzteils sogar zum Erlöschen der Garantie führen. Hier sollten Sie Ihren Händler aufsuchen und ihm die Arbeit überlassen. Da ein Schaltnetzteil niemals ohne Verbraucher betrieben werden darf, sollten Sie ein ausgebautes Netzteil niemals nur zur Kontrolle einschalten. Ein neues Netzteil ist immer auf den Sitz des – evtl. vorhandenen – Spannungswahlschalters zu kontrollieren. Die Hersteller versehen ihre Netzteile mit dem Schalter, damit dies sowohl mit 110 Volt als auch mit 230 Volt betrieben werden kann. Der korrekte Sitz ist ausschlaggebend für die Funktionstüchtigkeit des Rechners. Ein schlechter – aber immer wieder vorkommender – Scherz ist das Verstellen des Schalters bei ausgeschaltetem PC. Beim nächsten Einschalten wird der PC sicherlich zum Reparaturfall.

Hinweis:

Benötigen Sie ein neues Netzteil in Ihrem PC, erkundigen Sie sich auch nach dem Preis für ein vollständiges Gehäuse samt Netzteil. Denn kurioserweise erhalten Sie beispielsweise ein Minitower-Gehäuse samt Netzteil günstiger als ein einzelnes Netzteil für diesen Gehäusetyp.

Während des Funktionstests dürfen keinerlei Veränderungen an der Hardwarekonfiguration durchgeführt werden. Das Herausziehen einer Steckkarte aus einem Slot während des Betriebes führt unweigerlich zu Kurzschlüssen auf dem Bus, da die Kontakte des Steckers benachbarte Anschlüsse des Slots überbrücken können. Ist der Slot auch noch zweireihig ausgelegt (z. B. EISA-Bus), berühren beim Herausziehen einer Karte die unten liegenden Kontakte der Karte die oberen des Slots.

Bei nicht erfolgreichem Funktionstest schalten Sie den PC sofort aus und kontrollieren alle vorhandenen Anschlüsse und Kontakte auf korrekten Sitz. Im Kapitel 10 *»Fehlersuche im PC«* finden Sie weitergehende Informationen zu den Fehlerarten und deren Behebung.

Der richtige Arbeitsplatz

Für den Umbau oder die Erweiterung des PCs ist ein geeigneter Arbeitsplatz notwendig. Dieser sollte zunächst genügend Freiraum für das Ablegen von Baugruppen und Werkzeugen und eine sehr gute Beleuchtung bieten. Ist eine Funktionskontrolle bei geöffnetem PC notwendig, bei der sowohl Monitor und Tastatur benötigt werden, plazieren Sie die Peripheriegeräte so, daß diese auch vom Arbeitsplatz aus eingesehen werden können. Dabei sollte der Netzschalter jederzeit leicht erreichbar sein, damit der Rechner bei abnormalen Betriebszuständen sofort ausgeschaltet werden kann. Alle nicht benötigten Geräte sollten Sie entfernen, damit Sie sich nur auf die Erweiterung konzentrieren können. Arbeitsplätze mit starken Verunreinigungen sollten Sie ebenso meiden wie die heimische

Werkbank, die sonst beispielsweise zu Hobelarbeiten verwendet wird. Eine nicht zu unterschätzende Gefahrenquelle bildet die statische Aufladung an Ihren Händen, die beispielsweise durch Kunstfaserteppiche hervorgerufen wird. Diese elektrostatische Aufladung, bei der man häufig beim Aussteigen aus dem Auto »eine gewischt« bekommt, ist besonders gefährlich für die elektronischen Bauteile auf den Platinen des PCs. Durch die kurzzeitig hohe übertragene Energie können bereits Bauteile zerstört werden. Zwar finden Sie im Fachhandel sogenannte *Antistatik-Armbänder*, deren Anschaffung sich aber erst für den professionellen – täglichen – Einsatz lohnt. Für den Hausgebrauch hilft auch ein Griff an den Wasserhahn im Bad oder das geerdete Gehäuse des Computers, solange das Netzkabel noch angeschlossen ist. Vor allem bei Arbeiten an der Hauptplatine (z. B. EPROM-Wechsel) ist auf diese Vorbereitung zu achten. Aber auch die Kontakte einer Steckkarte oder die Beinchen eines Prozessors sollten Sie möglichst nicht berühren. Bauen Sie eine Hauptplatine oder eine Steckkarte aus, verwenden Sie zum Ablegen eine geeignete Unterlage. Diese wird beispielsweise als Verpackungsmaterial für die Platinen vom Hersteller geliefert und leitet statische Aufladung ab. Da diese elektrisch leitfähig sind, können sie nicht als Unterlage dienen, wenn Sie beispielsweise eine Hauptplatine außerhalb des Rechners auch testen wollen. Hier werden wieder Kurzschlüsse erzeugt. In diesem Fall ist auf eine nichtleitende Unterlage zu achten. Auf vielen Kunststoffverpackungen finden Sie daher einen Aufdruck, der über die elektrostatischen Eigenschaften informiert. Beispielsweise »*CAUTION, Electrostatic Sensitive Device*« ist ein solcher Hinweis einer Verpackung, bei der sich mit Hilfe eines Widerstandsmeßgerätes (Ohmmeter) ein elektrischer Widerstand messen läßt.

Das richtige Werkzeug

Neben dem Arbeitsplatz ist die richtige Werkzeugausstattung für den Eingriff in den PC notwendig. In der Regel reicht eine Elektronik-Flachzange und ein Kreuzschlitz-Schraubendreher zum Öffnen des PCs und für den Einbau neuer Komponenten. Wollen Sie dagegen Arbeiten an der Hauptplatine oder an Steckkarten durchführen, sind weitere Werkzeuge notwendig. Wollen Sie beispielsweise einen BIOS-Chip oder einen Speicherbaustein im DIL-Gehäuse wechseln, kommt ein Chipzieher zum Einsatz, der den Baustein gleichmäßig aus dem Sockel entnimmt. Dieser kann natürlich nur verwendet werden, wenn die Bausteine tatsächlich auf einem Stecksockel untergebracht sind. Das ist heute – aus Kostenersparnis – nicht bei jedem Hersteller realisiert. Beispielsweise der Tastaturprozessor wurde früher gesockelt und ist heute häufig aufgelötet. In diesem Fall bleibt nur das sehr aufwendige Auslöten des Bausteins. Hiervon rate ich allerdings ausdrücklich ab, da man den alten Baustein beim Auslöten oder den neuen beim Einlöten mit großer Sicherheit durch die auftretende Hitze zerstören wird, wenn man nicht über die entsprechenden Erfahrungen und Werkzeuge verfügt.

Abb. 1.3: Der Chipzieher hilft beim Entnehmen von ICs aus deren Stecksockeln

Im Gehäuseinnern ist der Chipzieher häufig die einzige Möglichkeit, ein IC (Integrated Circuit = integrierter Schaltkreis) ohne Schaden aus der Fassung zu entnehmen. Andere Möglichkeiten, beispielsweise mit einer Flach- oder sogar Wasserrohrzange sollten Sie tunlichst vermeiden, wenn Sie an einer weiteren Funktionstüchtigkeit des Bauteils interessiert sind. Haben Sie keinen Chipzieher zur Hand, können Sie sich auch mit einem Flach-Schraubendreher behelfen, wenn sich die Platine außerhalb des Rechners befindet. In diesem Fall können Sie den Baustein mit Hilfe des Schraubendrehers leicht aus der Fassung hebeln, wobei Sie immer auf den Sitz der Beinchen achten müssen. Zu weit herausgehebelt können einzelne Anschlüsse verbiegen oder sogar ganz abbrechen. Da aber der Tausch des BIOS bei älteren PCs mit dem Wechsel des BIOS-EPROMs einhergeht, müssen Sie sich in diesem Fall mit einer Methode vertraut machen. Hierbei sollten Sie unbedingt zunächst an einer ausgemusterten – möglichst defekten – Platine üben und den Vorgang mehrmals wiederholen. Haben Sie ein Gefühl für den Chip bekommen, sollte der Wechsel des »echten« ICs kein Problem mehr bereiten.

Abb. 1.4: Auch mit Hilfe eines Schraubendrehers können Sie den Chip entnehmen

Wollen Sie sich direkt mit einem vollständigen Werkzeugsatz eindecken, erhalten Sie im Elektronik- oder Computerfachhandel komplette Reparaturkits, die neben den Schraubendrehern und Zangen auch spezielle Werkzeuge für elektronische Bauteile enthalten. Dazu gehört der Chipzieher, die Pinzette und der Greifer für die Baugruppe. Nebenbei erhalten Sie Steckschlüssel (für Hauptplatinenanschlüsse) oder auch Meßgeräte.

Sehr hilfreich bei der Arbeit am PC sind magnetische Schraubendreher. Lösen Sie eine Schraube, verbleibt diese anschließend durch die magnetische Anziehungskraft am Werkzeug. Auf diese Weise können Sie auch Schrauben an schlecht zugänglichen Stellen lösen, ohne daß Gefahr besteht, daß die Schraube im Gehäuse verlorengeht. Auch beim Befestigen ist die magnetische Wirkung von Vorteil, denn jetzt benötigen Sie keine zweite Hand, um die Schraube vor dem Eindrehen zusätzlich festzuhalten. Und sollte trotzdem eine Schraube auf die Hauptplatine fallen und schlecht zugänglich sein, können Sie diese mit Hilfe des magnetischen Werkzeugs »herausfischen«. Gerade zwischen zwei Einsteckkarten ist der Zwischenraum schlecht zugänglich. Bevor Sie den Rechner wieder verschließen, sollten Sie deshalb den Test auf verlorengegangene Schrauben auf jeden Fall durchführen. Denn ist das Gehäuse erst einmal wieder geschlossen, ist es äußerst lästig, es erneut zu öffnen und eine Schraube zu suchen.

2 Das BIOS

Das BIOS (Basic Input/Output System) auf der Hauptplatine Ihres Rechners enthält grundlegende Funktionen, ohne die der PC keine Arbeiten verrichten kann. Beispielsweise werden nach dem Einschalten bestimmte Programme aus dem BIOS gestartet, die den Power-On-Self-Test (POST) und viele weitere Tests im PC veranlassen. Das BIOS ist weiterhin dafür verantwortlich, daß überhaupt ein Betriebssystem geladen wird. Denn noch bevor DOS, Windows, Unix, Netware oder ein anderes Betriebssystem auf dem Rechner ausgeführt wird, arbeitet das BIOS bereits. Zur Veranschaulichung kann man sagen, daß sich keinerlei Inhalte im Arbeitsspeicher befinden, und auch das Betriebssystem befindet sich noch auf einem der vorhandenen Datenträger (z. B. Festplatte, Diskette, ZIP, CD-ROM etc.). Es muß also zunächst eine Instanz geben, die den Startvorgang auch ohne Zutun eines Betriebssystems koordiniert und elementare Systemfunktionen zur Verfügung stellt. Im BIOS sind diese Routinen hinterlegt, und Ihnen sind bereits – vielleicht unbewußt – einige Arbeitsabläufe begegnet. Beispielsweise der Speichertest mit der Anzeige des verwendeten Prozessors, die Plug&Play-Konfiguration und anschließende Auflistung der Ergebnisse sind solche Schritte, für die rein das BIOS verantwortlich ist. Die Schnittstelle zur Übergabe an ein Betriebssystem, also dessen Start von einem Datenträger, bildet der *Bootstrap Loader*. Dieses Programm wird vom BIOS aus den ersten Sektoren des ersten angegebenen Bootlaufwerkes bezogen. Bei älteren BIOS-Versionen konnte dies nur das Diskettenlaufwerk A: und die Festplatte C: sein. Durch den weitergehenden Fortschritt wurde aber schnell der Ruf nach mehr Flexibilität laut, wobei weitere Laufwerke hinzukamen. Mit der entsprechenden BIOS-Version kann ein Betriebssystem heute auch von CD-ROM, ZIP-, LS-120-Diskette oder den anderen im BIOS festlegbaren IDE-Festplatten (C:, D:, E:, F:) gestartet werden. Für Test- oder bestimmte Einsatzzwecke können Sie also auf Ihrem Windows-PC kurzzeitig LINUX oder ein »echtes« DOS booten. Dies ist dann hilfreich, wenn es beispielsweise für Ihre bevorzugte Anwendungssoftware keine Version für das fest installierte Betriebssystem gibt.

Unweigerlich kommen Sie mit der BIOS-Routine für den Bootstrap-Loader dann in Berührung, wenn sich auf dem ersten Laufwerk oder Ihrer Festplatte kein Betriebssystem laden läßt. In diesem Fall erhalten Sie eine Fehlermeldung auf dem Bildschirm, die Sie auffordert, eine entsprechende Diskette einzulegen. Sollten Sie allerdings versehentlich eine Diskette im Laufwerk A: vergessen haben, die keine Betriebssystemdateien enthält, kommt diese Fehlermeldung von dem Zugriff auf das Diskettenlaufwerk.

2.1 Grundlagen

Das BIOS hat im Laufe der Zeit eine enorme Entwicklung erfahren. Dazu gehören neben den internen Funktionen auch die Eingriffsmöglichkeiten durch den Benutzer. Denn durch das sogenannte CMOS-Setup können Sie Optionen und Einstellungen im BIOS vornehmen. Bei der Einführung der PCs und auch bei späteren Entwicklungen war das benötigte Programm nicht im BIOS-ROM gespeichert. Als die Benutzereingriffe möglich wurden, stand die nötige Software nur auf Diskette zur Verfügung und mußte über eine Startdiskette geladen werden. Dies hatte natürlich den entscheidenden Nachteil, daß bei defekter oder verlorengegangener Diskette erst einmal nichts mehr ging. Und so einfach wie heute – PC und Internetzugang starten und anschließend Dateien downloaden – war es zum damaligen Zeitpunkt noch nicht. Mit der Einführung des NEAT-Chipsatzes beim 286 kam noch erschwerend hinzu, daß für einige Parameter und Optionen keine Erklärungen vorhanden waren. Hier wurde wirklich noch eine »0« oder eine »1« in einer bestimmten Speicherzelle eingetragen und so der Chipsatz programmiert. Der Komfort heutiger BIOS-Versionen zog erst beim 386 in die PC-Welt ein. Da es mehrere Hersteller von BIOS-Versionen gibt, finden Sie verschiedene Varianten am Markt. Welches letztendlich auf Ihrer Hauptplatine Verwendung findet, entscheidet der Hersteller Ihrer Hauptplatine. Denn der Baustein und vor allem sein (Software-) Inhalt werden unter Lizenz erworben und auf die Platine aufgesteckt. Erst jetzt erhält die Hauptplatine ihre eigene »Intelligenz«, durch die nach dem Einschalten alle Arbeitsschritte eingeleitet werden. Der Hersteller legt neben der BIOS-Version auch den Inhalt des BIOS-Setups fest. Daher kann bei der Betrachtung ein und derselben Version auf unterschiedlichen Hauptplatinen festgestellt werden, daß der Funktionsumfang, und damit Ihre Eingriffsmöglichkeiten, stark voneinander differieren. Dabei ist erkennbar, daß viele preiswerte Hauptplatinen auch mit einem wenig bestückten BIOS-Setup aufwarten. Für alle Einstellungen, für die Sie keine Menüpunkte im Setup vorfinden, hat der Hersteller Standardwerte vorgegeben. Hier können Sie nur darauf hoffen, daß diese Einstellungen den optimalen Werten entsprechen, denn eine Eingriffsmöglichkeit gibt es für Sie in diesem Fall nicht. Wollen Sie größtmögliche Flexibilität und weitreichende Einstellungen vornehmen, sollten Sie sich vor dem Kauf der Hauptplatine deren Handbuch genauer unter die Lupe nehmen. Hier werden die einzelnen Menüs und die darin enthaltenen Optionen aufgeführt. Leider lassen die Erklärungen der Optionen sehr oft zu wünschen übrig, aber dazu haben Sie ja dieses Buch erworben.

Da es sich bei dem BIOS-Baustein um einen ROM-Speicher (Read Only Memory) handelt, aus dem nur Daten gelesen werden können, wird ein weiterer Speicher benötigt, in dem die Einstellungen der einzelnen Optionen abgelegt werden. Dabei handelt es sich um das sogenannte CMOS-RAM. Auf modernen Hauptplatinen ist dieser Speicher fest in die Echtzeituhr (RTC – Real Time Clock) integriert, da dieser Speicher auch bei ausgeschaltetem PC weiterhin mit Spannung versorgt werden muß. Da dies bei der Echtzeituhr ebenfalls erforderlich ist, lag es von seiten der Hersteller nahe, die Komponenten zu kombinieren. Wenn Sie sich Ihre Hauptplatine näher betrachten, werden Sie eine Batterie vorfinden, die für die Spannungsversorgung der eben genannten Komponenten bei ausgeschaltetem PC zuständig ist. Um den CMOS-Speicher zu löschen, finden Sie in der Nähe des Bausteins einen Jumper, der häufig mit »*CMOS-Clear*« oder ähnlich beschriftet ist.

Abb. 2.1: Diese Echtzeituhr (RTC) beherbergt das CMOS-RAM (CMOS-Clear-Jumper siehe Kasten)

Die Lithium-Batterie auf der Hauptplatine hat in der Regel eine Lebensdauer von zwei bis vier Jahren. Sollte die Spannung zur Neige gehen, werden Sie des öfteren beim Einschalten des PCs feststellen, daß die CMOS-Inhalte verloren sind – also beispielsweise das Diskettenlaufwerk oder die Festplatten nicht korrekt identifiziert werden. In diesem Fall sollten Sie die Batterie schnellstmöglich wechseln, damit Sie die Einstellungen nicht bei jedem Einschalten aktualisieren müssen. Fehlt die Versorgungsspannung, werden die BIOS-Default-Werte (Standardwerte) als Systemeinstellungen verwendet. Haben Sie aber aufwendige Konfigurationsschritte bei der Anpassung von Erweiterungskarten durchgeführt, damit der PC die Karten korrekt erkennt, sind diese Einstellungen ebenfalls verloren. Hier ist es wichtig, die Einstellungen sofort zu dokumentieren und auch jede Änderung festzuhalten, damit diese zu einem späteren Zeitpunkt – da Sie sicherlich nicht jede Option im Kopf behalten – wieder reproduzierbar sind. Über die Taste [Druck] können Sie den Inhalt der Menüs auf einem an der LPT 1-Schnittstelle angeschlossenen Drucker ausgeben.

Abb. 2.2: Die Lithium-Batterie (siehe Kasten) versorgt elementare Funktionen auf der Hauptplatine bei ausgeschaltetem PC

Da auch das BIOS selbst ständig weiterentwickelt wird, werden häufig sogenannte BIOS-Upgrades notwendig, durch die sich entweder vorhandene Fehler beheben oder der Funktionsumfang erweitern läßt. Dabei hängt es vom Alter und der Bauform des BIOS-

Chips ab, in welcher Form das Upgrade durchgeführt wird. Bei älteren PCs geschah dies durch den Tausch eines EPROM-Chips, wobei zusätzlich der Tastaturprozessor mit getauscht wurde. Dazu konnte beim Hersteller Ihrer Hauptplatine ein entsprechender Satz von ICs – meist sehr teuer – bezogen werden. Durch die Verwendung von EEPROMs oder Flash-RAM-Bausteinen ist der Upgradevorgang heute deutlich vereinfacht worden. Denn das Herausnehmen von Chips entfällt hierbei. Die Programmierung der Speicher erfolgt mittels Software, die Ihnen vom Hersteller Ihrer Hauptplatine zur Verfügung gestellt wird. Da für die Programmierung eine besondere Spannung benötigt wird, finden Sie auf vielen Hauptplatinen spezielle Jumper, durch die das Löschen und Beschreiben des Bausteins ermöglicht wird. Das Handbuch Ihrer Hauptplatine gibt Aufschluß darüber, welche Schritte für das erfolgreiche Upgrade notwendig sind. Mehr zu diesem Thema finden Sie weiter hinten in diesem Buch im Kapitel 4 »*Das BIOS-Upgrade*«.

2.2 Funktion und Arbeitsweise

Der eigentliche Systemkern eines Computers ist das Basic Input/Output System. Die darin enthaltenen Programmroutinen sorgen nach dem Einschalten dafür, daß alle Komponenten initialisiert und verwendet werden können. Eine weitere Aufgabe des BIOS besteht darin, als Verbindungsglied zwischen Betriebssystem und Hardware zu fungieren. Denn greift das Betriebssystem mittels Interrupt auf eine Komponente zu, regelt das BIOS die Verbindung zwischen der Einsprungadresse des Interrupts und der konfigurierten Hardware. Während des Starts kann zudem per Plug&Play die Vergabe von Hardware-Ressourcen (Interrupts, DMA-Kanäle etc.) vom BIOS übernommen werden. Dabei teilt es den vorgefundenen Komponenten nach speziellen Algorithmen benötigte Ressourcen zu. Für PCI-Geräte ist auch das sogenannte Ressourcen-Sharing möglich, bei dem sich mehrere PCI-Steckkarten einen Interrupt (IRQ) teilen. Dies ist vor allem wegen der Knappheit der vorhandenen Hardware-Interrupts von Vorteil, da auf diese Weise genügend IRQs für ISA-Steckkarten verbleiben.

Das BIOS kann allerdings diese Funktionen nicht alleine übernehmen. Zusätzlich wird der Chipsatz auf der Hauptplatine benötigt, der für die Signalabläufe im PC zuständig ist. Das BIOS wird daher auf einen speziellen Chipsatz zugeschnitten und arbeitet eng mit ihm zusammen. Aus diesem Grund wird klar, warum man die BIOS-Versionen unterschiedlicher Hauptplatinen nicht beliebig mischen darf. Denn ein an einen Intel-Chipsatz angepaßtes BIOS ist nicht ohne weiteres auf einem Board mit SIS- oder VIA-Chipsatz einsetzbar. Aus diesem Grund sollten Sie bei der Planung eines Upgrades immer beim Hersteller Ihrer Hauptplatine nach der Software fragen. Da dieser häufig viele unterschiedliche Hauptplatinen im Programm hat, ist die genaue Bezeichnung Ihrer Platine wichtig. Denn unter dieser Bezeichnung finden Sie die vorhandenen Aktualisierungen und auch eine Auflistung der neuen Funktionen oder behobenen Fehler.

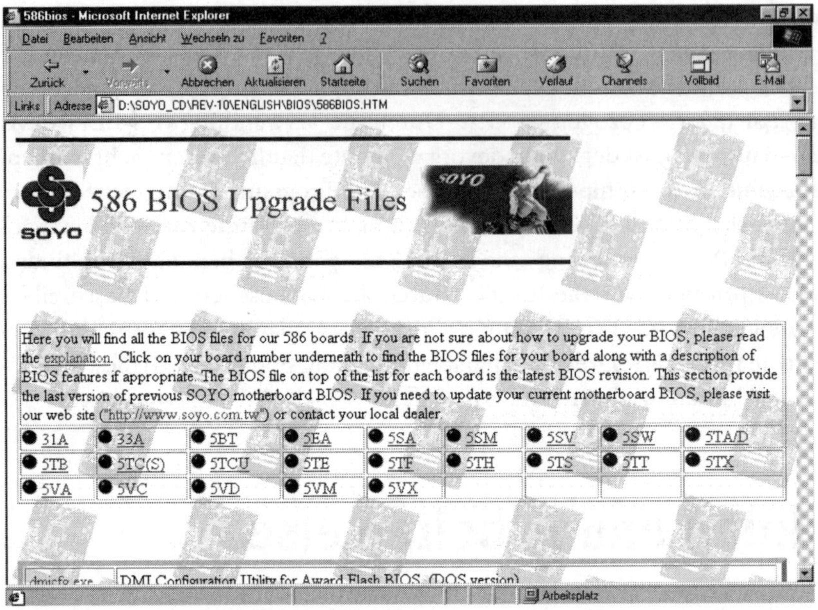

Abb. 2.3: Die Auswahl der Pentium-Hauptplatinen auf der Support-CD-ROM des Herstellers SOYO

Damit die Funktionen des Chipsatzes vom BIOS unterstützt werden, arbeiten die Entwickler der Hauptplatinen eng mit den Programmierern zusammen. Dabei wird jeweils eine speziell angepaßte Version entwickelt. Die Board-Hersteller kaufen also einen Chipsatz und ein angepaßtes Grund-BIOS für eine Hauptplatine ein. Dieses BIOS wird dann entsprechend weiterentwickelt. Hieraus rührt auch die Tatsache, daß trotz eines verwendeten AWARD-BIOS häufig unterschiedliche Menüpunkte eine identische Funktion beschreiben. Durch den Board-Hersteller wird weiterhin festgelegt, welche Funktionen fest eingestellt und welche benutzerseitig geändert werden können.

Von der Funktionsweise nach dem Einschalten unterscheiden sich die verschiedenen BIOS-Versionen allerdings kaum. Unterschiede bestehen in der Verwendung bestimmter POST- oder Error-Codes, was besonders bei den Bildschirmmeldungen und Beep-Codes zum Tragen kommt. Aus diesem Grund habe ich jedem BIOS-Hersteller ein eigenes Kapitel gewidmet, in dem die Optionen, Fehlermeldungen und Beep-Codes entsprechend beschrieben werden.

Die Funktion nach dem Einschalten

Im BIOS-Baustein wird zunächst das sogenannte *Urladerprogramm* aufgerufen, mit dessen Hilfe die Funktion der Hardware kontrolliert wird. Dabei beginnt die CPU nach dem Einschalten des Computers den Inhalt der Speicherzelle F000h:FFF0h auszuführen. Diese liegt im ROM-BIOS-Bereich des PCs und beinhaltet in der Regel den Sprung zur

POST-Routine. Dieses vor dem eigentlichen Boot-Vorgang ablaufende Programm testet und initialisiert verschiedene Hardwarekomponenten des Rechners. Die dabei im einzelnen ablaufenden Tests und deren Reihenfolge sind je nach BIOS-Hersteller unterschiedlich. Mit Hilfe einer POST-Karte können die einzelnen Codes, die während der Tests an einer definierten I/O-Portadresse anstehen, dargestellt werden. Diese sogenannten Checkpoints werden vor dem Test einer Komponente an die Portadresse übermittelt. Sollte ein Fehler vorhanden sein, bleibt die Anzeige bei der jeweiligen Komponente stehen, und Sie können anhand einer POST-Code-Liste den Fehler diagnostizieren. Tritt ein Fehler bei der Initialisierung eines Bausteins auf, wartet das POST-Programm vergeblich auf eine positive Rückmeldung des defekten Bauteils. Der Test kann in diesem Fall nicht fortgesetzt werden. Mehr zu diesem Thema finden Sie im Kapitel 10 »*Fehlersuche im PC*«.

Weiterhin kann während des POST eine Fehlermeldung im Klartext auf dem angeschlossenen Monitor angezeigt werden. Hierzu muß allerdings das Grafik-Subsystem, bestehend aus Grafikkarte und Monitor, bereits zur Verfügung stehen. Tritt der Fehler vor der Initialisierung dieses Systems auf, bleibt der Bildschirm dunkel. Je nach Hersteller helfen aber in diesem Fall eine Reihe von Tönen, die sogenannten Beep-Codes, bei der Zuordnung des Fehlers. Aber auch hier müssen bestimmte Voraussetzungen erfüllt sein. Tritt das Problem bei der Initialisierung des Timerbausteins 8254 auf, werden keine Beep-Töne ausgegeben, da der interne Lautsprecher an diesen Baustein angeschlossen wird.

Während des POST wird beispielsweise der Hauptspeicher, die CPU, die Festplatte, Grafikkarte und weitere wichtige Systemkomponenten überprüft. In der Liste der Error-Codes für die POST-Card werden die einzelnen Komponenten genannt, für die ein Test durchgeführt wird.

Ist der POST erfolgreich und fehlerfrei durchgeführt worden, kontrolliert das BIOS, ob weitere BIOS-Bausteine im PC vorhanden sind. Diese können beispielsweise auf Grafikkarten oder SCSI-Hostadaptern wichtige Funktionen übernehmen. Die Einsprungadressen dieser BIOS-Chips befinden sich im sogenannten Adapterbereich. Wird das Rechner-BIOS fündig, übergibt es die Kontrolle an das BIOS der Karte. Auf diese Weise kann beispielsweise ein SCSI-Hostadapter selbständig nach angeschlossenen SCSI-Komponenten suchen oder ein eigenes BIOS-Setup öffnen. Ist im Rechner-BIOS die Option »*Shadow-RAM*« aktiviert, wird anschließend der Inhalt des BIOS-ROMs der Karte in den schnellen Arbeitsspeicher kopiert. Hier stehen die Routinen wesentlich schneller zur Verfügung als bei einem Zugriff auf den langsamen ROM-Baustein auf der Karte. Allerdings verliert diese Möglichkeit bei modernen Betriebssystemen immer mehr an Bedeutung, da die Zugriffe über BIOS-Funktionen vom Betriebssystem selbst übernommen werden können; also das Karten-BIOS nur noch beim Einschalten des PCs wichtig ist.

```
                    ROM PCI/ISA BIOS
                   BIOS FEATURES SETUP
                  AWARD SOFTWARE, INC.

CPU Internal Cache         : Enabled   Video BIOS Shadow   : Enabled
External Cache             : Enabled   C8000-CBFFF         : Disabled
Quick Power on Self Test   : Enabled   CC000-CFFFF         : Disabled
Boot Sequenz               : A,C       D0000-D3FFF         : Disabled
Swap Floppy Drive          : Disabled  D4000-D7FFF         : Disabled
Boot Up NumLock Status     : On        D8000-DBFFF         : Disabled
Gate A20 Option            : Fast      DC000-DFFFF         : Disabled
Typematic Rate Setting     : Disabled
Typematic Rate (Chars/s.)  : 6         ESC : Quit       ↑↓→←: Select Item
Typematic Delay (Msec)     : 250       F1  : Help       PU/PD/+/- : Modify
Security Option            : Setup     F5  : Old Values (Shift) F2: Color
PCI/VGA Palette Snoop      : Disabled  F6  : Load BIOS Defaults
OS Select for DRAM >64MB   : Non-OS2   F7  : Load Setup Defaults
```

Abb. 2.4: Hier aktivieren Sie Shadow-RAM für bestimmte Einsprungadressen (siehe grauer Kasten) im AWARD-BIOS

Sind diese Vorbereitungen abgeschlossen, kommen die Plug&Play-Routinen des BIOS zum Einsatz. Mit Hilfe dieser Programme werden die vorhandenen Plug&Play-fähigen Karten ermittelt und die Zuteilung der benötigten Ressourcen vorgenommen. Dieser Mechanismus wurde entwickelt, um dem Anwender die komplizierte und zeitraubende manuelle Konfiguration der Ressourcen zu ersparen, die in der Vergangenheit immer wieder zu Problemen und fehlerhaften Konfigurationen geführt hat. Allerdings sind auch heute Probleme nicht vollständig ausgeschlossen, wenn beispielsweise eine Karte bestimmte Ressourcen nicht akzeptiert oder mit den zugeteilten nicht korrekt arbeitet. Weiterhin muß unterschieden werden zwischen Plug&Play-fähigen Karten und denen, die diese Technik nicht unterstützen. Vor allem, wenn ältere ISA-Steckkarten weiterhin im Rechner Verwendung finden, kommt es häufig zu Problemen, da auf diesen Karten die Ressourcen mittels Steckbrücken (Jumper) statisch zugeordnet werden. Ist das BIOS nicht in der Lage, eine solche Karte zu identifizieren, werden auch die bereits fest vergebenen Ressourcen nicht berücksichtigt. Dies führt dann zur Doppelbelegung der Ressource, wobei eine oder beide Karten nicht mehr korrekt arbeiten. Mit Hilfe des BIOS-Setup müssen Sie die fest zugeordneten Ressourcen für die Vergabe durch das Plug&Play-BIOS sperren. Dazu existiert ein eigenes Menü, in dem einzelne Interrupts oder DMA-Kanäle fest einer Karte zugeordnet werden können. Dazu wählt man die entsprechende Ressource aus und legt in der Menüauswahl fest, daß eine Vergabe durch das BIOS nicht erlaubt ist (z.B. »Used by ISA«). Auch auf die Funktion von Plug&Play wird in einem weiteren Kapitel speziell eingegangen.

Bei modernen Steckkarten (z. B. Netzwerkkarten) können Sie aufgrund der Probleme, die immer wieder mit Plug&Play entstehen, die Funktionalität auch deaktivieren. In diesem Fall wird mit Hilfe einer Setup-Software jede benötigte Ressource manuell eingetragen. Sollte eine neue Karte auch nach Eingriffen in das BIOS nicht zum Laufen zu bewegen sein, ist dies vielleicht die letzte Möglichkeit, trotzdem eine korrekte Installation zu erhalten. Selbst preiswerte Karten bieten diese Option innerhalb des Setup-Programms.

Bei der schon genannten Netzwerkkarte verbirgt sich diese Funktion im gleichen Programm, in dem auch die elementaren Funktionen der Karte getestet werden.

Nach der Behandlung des Rechners durch das Plug&Play-BIOS steht in der Regel ein voll funktionsfähiges System zur Verfügung, so daß dem Laden des Betriebssystems nichts mehr im Wege steht. Dabei untersucht es zunächst das Laufwerk mit dem Laufwerksbuchstaben, den Sie im BIOS unter *»Boot Sequence«* als erstes Startlaufwerk definiert haben. Wird hier ein Medium gefunden, werden die ersten Sektoren untersucht und nach einem *Bootstrap-Loader* Ausschau gehalten. Mit Hilfe dieses Programms werden die Startroutinen des Betriebssystems in den Arbeitsspeicher kopiert und ausgeführt. Haben Sie versehentlich eine Datendiskette im Laufwerk belassen, die kein Betriebssystem enthält, macht Sie eine Fehlermeldung auf dem Bildschirm darauf aufmerksam:

```
Kein System oder Laufwerksfehler
Wechseln und Taste drücken
```

Bei älteren PCs kann an dieser Stelle auch die Meldung *»No ROM-Basic«* erscheinen, die auf eine historische Funktion hinweist. Das BIOS versucht in diesem Fall *ROM-Basic* zu starten. Da heutige PCs aber nicht mehr über ein Basic im ROM verfügen – das besaßen nur die frühen PCs – kommt es zu dieser Fehlermeldung. In diesem Fall wurde aber auch auf der vorhandenen Festplatte kein Bootsektor gefunden, was mehrere Ursachen haben kann:

- neue Festplatte (ohne Betriebssystem)
- falsche BIOS-Einstellungen bezüglich Zylinder, Köpfen und Sektoren
- Fehler auf der Festplatte oder im Bootsektor

Wurde durch das BIOS allerdings die Festplatte korrekt erkannt, werden die ersten Sektoren des Laufwerkes ausgewertet und die Geometrie des Laufwerkes festgehalten. Dazu gehören Informationen über die Größe und Partitionierung der Festplatte. In der Boot-Partition befindet sich der schon erwähnte *Bootstrap-Loader*, der den Verzeichnisbaum – also die Anordnung der Dateien auf dem Laufwerk – kennt. Jetzt können gezielt Programme gestartet werden, die das Laden des eigentlichen Betriebssystems veranlassen.

Während dieser Startphase wird nach dem Einschalten ständig auch der Tastatur-Controller abgefragt, über den Eingriffe in den Boot-Vorgang vorgenommen werden können. Beispielsweise der Aufruf des BIOS-Setups über die Taste [Entf] oder die Abfrage der Taste [0] – im numerischen Tastenblock – zum Umgehen fehlerhafter BIOS-Einstellungen beim AMI-BIOS sind solche Eingriffsmöglichkeiten in der Startphase. Auch der Aufruf des Startmenüs der DOS-Eingabeaufforderung unter Windows 95 (Taste [F8]) oder Windows 98 (Taste [Strg]) ist eine weitere Möglichkeit.

Anhand der Informationen im *Bootstrap-Loader* werden nun die Betriebssystemdateien in der richtigen Reihenfolge in den Arbeitsspeicher geladen. Im Falle von Windows wird die

Datei IO.SYS gestartet, die Datei MSDOS.SYS ausgewertet (da unter Windows 95/98 nur noch eine Textdatei) und der Kommandointerpreter COMMAND.COM geladen. Anschließend werden die Startdateien CONFIG.SYS und AUTOEXEC.BAT abgearbeitet und erst dann die grafische Benutzeroberfläche gestartet. Auch wenn nicht – wie unter Windows 3.x notwendig – der Befehl WIN explizit eingegeben werden muß, sitzt immer noch DOS im Hintergrund von Windows 95/98. Auch bei den in der CONFIG.SYS fehlenden Parametern verwendet Windows Standardwerte, die nicht mehr einzeln konfiguriert werden müssen (z. B. für Files und Buffers).

Aufgrund dieser Eigenschaft, daß der Rechner nach dem Einschalten zunächst nur seine »BIOS-Intelligenz« besitzt, sind mehrere Betriebssysteme auf dem Rechner parallel nutzbar. Über eine geeignete Boot-Diskette oder einen Boot-Manager starten Sie alternative Systeme auf einem System. Dem Rechner selbst ist dabei eigentlich egal, welches Betriebssystem er zu bedienen hat, sofern es die Hardware korrekt anspricht. Durch geeignete Treiber können Sie eine Sound- oder Netzwerkkarte also sowohl unter Windows als auch unter Linux verwenden. Durch das Urladeprogramm, also die Methode des *Boot-Strappings*, setzt sich der PC immer selbständig in Gang. In diesem Moment wird am RESET-Eingang (Rücksetzeingang) des Prozessors ein Impuls erzeugt, der diesen in einen definierten Anfangszustand versetzt. Das im ROM liegende Startprogramm, das nun abgearbeitet wird, liegt in sogenannter Maschinensprache vor, die der Prozessor direkt versteht und verarbeiten kann. Gleichzeitig wird der Bildschirm – also die Grafikkarte – und auch das RAM zurückgesetzt und mit dem weiter oben beschriebenen Power-On-Self-Test begonnen.

2.3 Weitere Aufgaben

Das BIOS bildet weiterhin die Schnittstelle zwischen Hard- und Software. Es ist in der Lage, direkt mit der Hardware zu kommunizieren und so den Zugriff eines Programms auf die Hardware zu ermöglichen. Auf diese Weise kann beispielsweise ein Netzwerk-Redirektor mit einer Netzwerkkarte oder eine Software mit einer ISDN-Karte kommunizieren. Bringt eine Karte ein eigenes BIOS mit (z.B. SCSI-Hostadapter), sind dort spezielle Funktionen zu der Hardware hinterlegt. Ein Programm greift auf diese Funktionen zu und kann so optimal mit der Hardware zusammenarbeiten. Diese Art der BIOS-Software wird auch als *Firmware* bezeichnet. Die Adresse befindet sich im sogenannten Adapterbereich (Speicher zwischen 640 KByte und 1 MByte) und kann mittels Shadow-RAM in den schnellen Arbeitsspeicher kopiert werden.

Betrachtet man die Arbeitsweise des BIOS unter 32-Bit-Betriebssystemen, muß zunächst festgehalten werden, daß viele Routinen für den sogenannten Real-Mode gedacht sind. Dabei hat beispielsweise Windows NT große Probleme, die Funktionen optimal zu nutzen. In diesem Fall bringt das Betriebssystem eigene Routinen mit, die die innerhalb des BIOS ersetzen. Aber auch unter Windows 95/98 kann die Abarbeitung von bestimmten Funktionen wie Plug&Play vom BIOS zum Betriebssystem verschoben werden. Viele BIOS-Versionen bieten im »PNP and PCI Setup« die Einstellung *PNP OS installed*, wobei hier als Alternativen *Yes* oder *No* bereitstehen. Über die Vorgabe von *Yes* teilen Sie dem BIOS mit, daß ein Plug&Play-fähiges Betriebssystem installiert ist und Sie diesem System die Zuordnung der Ressourcen überlassen möchten. Verwenden Sie USB- oder PCMCIA-Komponenten, bei denen auch *Hot-Plugged* (= anschließen oder entfernen bei eingeschaltetem PC) möglich ist, entscheidet die Einstellung über die korrekte Funktion. Denn über einen 32-Bit-Gerätetreiber (VxD) kommuniziert die Hardware mit dem Betriebssystem und fordert beispielsweise für einen USB-Scanner oder eine PCMCIA-Netzwerkkarte im laufenden Betrieb einen Interrupt an. Jetzt muß natürlich das Betriebssystem in der Lage sein, diese Anforderung auch entsprechend bearbeiten zu können. Im Gerätemanager können Sie die für Ihren Rechner installierten BIOS-Komponenten ermitteln. Dazu öffnen Sie in der Systemsteuerung das Symbol *System* und anschließend das Register *Geräte-Manager*. Innerhalb der Kategorie *Systemkomponenten* ist der Gerätetreiber aufgeführt.

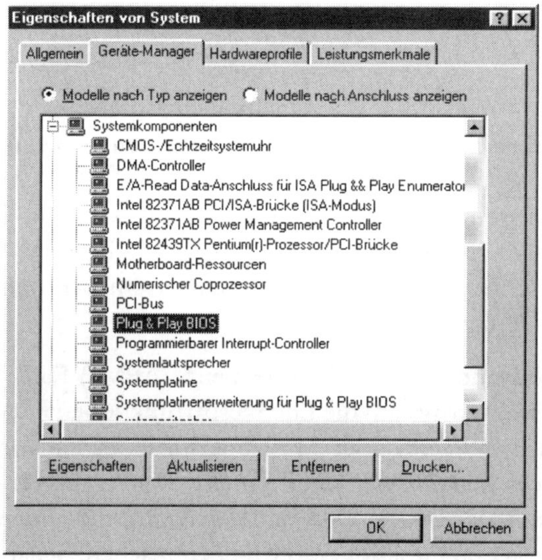

Abb. 2.5: Im Gerätemanager von Windows 95/98 ermitteln Sie BIOS-Komponenten

Power-Management

Bei modernen BIOS-Versionen wird auch das Power-Management, also die Energiesparfunktion über eine Reihe von Optionen geregelt. Auch wenn Windows 95/98 bereits über eigene Funktionen verfügt, muß das Power-Management im BIOS beispielsweise aktiviert werden, wenn bei Verwendung von ATX-Hauptplatinen der Rechner nach dem Herunterfahren auch ausgeschaltet werden soll. Ist die Energieverwaltung deaktiviert, bleibt der Rechner bei der Bildschirmmeldung *»Sie können den PC nun abschalten«* stehen und wartet auf Ihren Tastendruck. Auch das »Aufwecken« des Rechners bei eingehenden Faxnachrichten über das Modem ist Aufgabe des BIOS. So können Sie den heimischen PC auch für den Faxempfang verwenden, ohne ihn dauerhaft eingeschaltet zu lassen. Allerdings kommt in diesem Zusammenhang eine weitere Schwierigkeit hinzu, die ebenfalls durch das BIOS gelöst werden kann. Betrachten Sie sich den Boot-Vorgang, werden Sie feststellen, daß dieser erheblich länger dauert, als für die Annahme einer Faxnachricht gut ist. Wenn die Faxfunktionen zur Verfügung stehen, hat die Gegenstelle sicherlich bereits die Anwahl mit einer Fehlermeldung beendet. Also muß der eigene PC sehr viel schneller in Gang gesetzt werden. Dazu bedient man sich einer Funktion, die bereits bei Notebooks seit längerem Verwendung findet. Das Stichwort lautet hier *Suspend to Disk*. Bei Notebooks wurde diese Technik entwickelt, um den Boot-Vorgang zu verkürzen, also Energie zu sparen und bei fast vollständiger Entleerung der Akkus den Inhalt des Speichers vor Datenverlust zu retten. Denn in diesem Fall wird das Speicherabbild als Datei auf die Festplatte kopiert und muß nach dem Einschalten nur wieder in das RAM kopiert werden. Nun kann an der Stelle weitergearbeitet werden, an der zuvor die Kopie auf die Festplatte abgelegt wurde. Eine weitere Bezeichnung, die aber den selben Einsatzzweck beschreibt, lautet: *Instand-On*.

Bei der Nutzung der Energieverwaltung muß allerdings berücksichtigt werden, daß eine sogenannte S-CPU im PC eingesetzt werden muß. Denn nur so kann das BIOS die Leistungsaufnahme des Prozessors beeinflussen, in dem diese herunter getaktet wird und auch der System Management Mode (SMM) zum Einsatz kommt. Dieser Modus gestattet es der CPU, ihre Register in einen geschützten Speicherbereich zu verschieben und somit zu sichern. Ab dem Pentium mit 75 MHz ist SMM integriert.

Verwenden Sie Windows 95/98, sind die Advanced-Power-Management- (APM-) Funktionen unbedingt zu aktivieren, wenn das Betriebssystem die Energiesparfunktionen nutzen soll. Denn nur dann verhält sich das BIOS gemäß der APM-Spezifikation, was das Zusammenwirken zwischen Betriebssystem und BIOS sehr erleichtert. War das Power-Management zum Zeitpunkt der Installation des Betriebssystems deaktiviert, sind einige Arbeitsschritte notwendig, um Windows mit den Funktionen vertraut zu machen. Schalten Sie zunächst die Funktionen im BIOS ein, und starten Sie das System neu. Sollten bereits beim Boot-Vorgang die neuen Komponenten erkannt werden, legen Sie nach Aufforderung die Windows-CD ein, damit die erforderlichen Dateien auf die Festplatte Ihres Rechners kopiert werden können. Sind die Komponenten nicht erkannt worden, starten Sie über die Systemsteuerung eine Hardwareerkennung. Anschließend werden ebenfalls die Treiber kopiert, und das Power-Management steht zur Verfügung. Beachten Sie beim Umstieg von Windows 95 auf 98, daß sich der Befehl *Standby-Modus* nun im Dialogfenster *Windows beenden* befindet, also nicht mehr im Startmenü. Mit Hilfe dieses Befehls können Sie Ihren PC zu jeder Zeit in den energiesparenden Standby-Modus schalten, ohne daß Sie die vorgegebene Zeitspanne abwarten müssen, bis dieser Modus automatisch eingestellt wird.

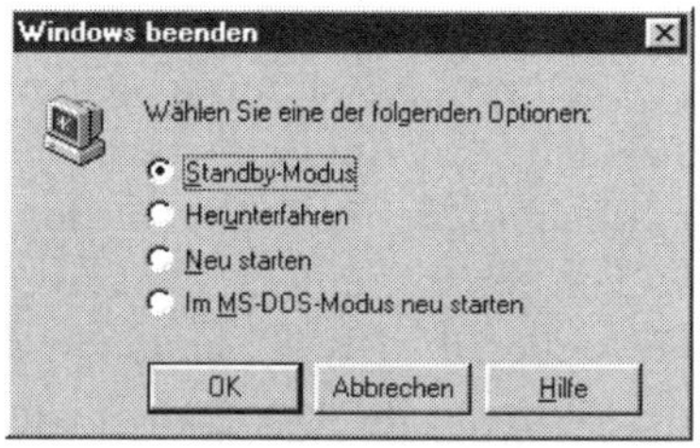

Abb. 2.6: Der Standby-Modus wird unter Windows 98 über das Dialogfenster *Windows beenden* aktiviert

Verwenden Sie dagegen andere Betriebssysteme, hängt das Funktionieren der Energiesparfunktionen von der Implementation der Treiber in das System ab. Windows NT 4.0 beispielsweise reagiert zuweilen etwas eigenartig, wenn plötzlich durch das BIOS die Festplatte abgeschaltet wird. Hier sind ausführliche Tests angeraten, damit das System stabil zur Verfügung steht. Für Netzwerkserver unter NT scheidet das Power-Management ohnehin aus, denn hier muß ständig Höchstleistung zur Verfügung stehen. Auch bei Verwendung von Linux sollten Sie bei Ihrer Distribution kontrollieren, ob bereits angepaßte Treiber zum Einsatz kommen. Ergänzende Hinweise finden sich bei den unterschiedlichen Linux-Distributionen in den HowTos und ManPages sowie in den Readme-Dateien zum jeweiligen Kernel bzw. den Treibern. Bei den recht verbreiteten Distributionen S.u.S.E ab Version 5.2 und DLD ab Version 5.4 dürften keine Probleme mit dem Power-Management auftreten. Im Zweifelsfall sind sicherlich Anwender der entsprechenden Internet-Newsgroups, die sich mit Linux-Themen beschäftigen, gerne zu weiteren Hilfestellungen bereit.

2.4 Das BIOS auf der Hauptplatine

Das BIOS ist in einem eigenen Baustein auf der Hauptplatine untergebracht. Je nach Alter des PCs sind unterschiedliche Bausteine vorhanden. In diesem Abschnitt werde ich die möglichen ICs kurz vorstellen und auch darauf hinweisen, wie ein Update realisiert wird.

Das EPROM

Das BIOS Ihres Rechners befindet sich in einem Baustein auf der Hauptplatine. Dabei handelt es sich bei älteren Rechnern um ein sogenanntes EPROM (= Erasable Programmable Read Only Memory), einen Baustein, der durch UV-Licht gelöscht und elektrisch programmiert werden kann. Dieses IC wurde beim Hersteller bereits entsprechend programmiert, und auch nach dem Abschalten der Versorgungsspannung bleiben die Informationen weiterhin erhalten. Mit Hilfe von UV-Licht, das über ein spezielles Fenster dem Speicherbaustein zugeführt wird, kann der Inhalt wieder gelöscht werden. Damit dies nicht versehentlich passieren kann, ist dieses Fenster mit einem – lichtundurchlässigen – Aufkleber versehen, auf dem häufig der Hersteller, die BIOS-Version und die Seriennummer zu finden sind. Innerhalb des Rechners können die Bausteine nicht programmiert werden. Für ein BIOS-Upgrade muß das EPROM durch einen neuen Baustein ersetzt werden, weshalb er auf einem Stecksockel angebracht ist.

Abb. 2.7: Deutlich ist bei diesem EPROM das Löschfenster erkennbar (Aufkleber abgezogen)

Um bei diesem Baustein ein BIOS-Update zu realisieren, bleibt Ihnen nur der vollständige Tausch des EPROMs, wobei der Hersteller Ihrer Hauptplatine Ihnen einen neuen Baustein »gebrannt« haben muß, wenn Sie nicht selbst über die benötigte Hard- und Software verfügen. Zu einem vollständigen BIOS-Upgrade gehört in diesem Fall aber auch häufig der Tastaturcontroller (8042), der speziell an die BIOS-Version angepaßt wurde. Beide Bausteine sind in Stecksockeln untergebracht, wo sie mit einem Chipzieher entfernt werden können.

Das EEPROM

Die direkte Weiterentwicklung des EPROMs bildet das EEPROM. Hierbei steht das erste »E«, was in der Namensgebung hinzugekommen ist, für *Electrically* (= Elektrisch). Das bedeutet in der Praxis, daß dieser Baustein nicht mehr, wie das EPROM, mit UV-Licht gelöscht werden muß, sondern durch Anlegen einer elektrischen Spannung an einen bestimmten Eingang neu programmiert werden kann. Über Software kann diese Lösch- und Schreibspannung aktiviert werden, wobei viele Hauptplatinenhersteller zusätzlich einen Jumper auf der Hauptplatine realisiert haben, der zum einen als Schutz vor versehentlichem Überschreiben und zum anderen zum Anlegen der Programmierspannung dient. Viele Pentium-Hauptplatinen wurden bereits mit diesem Baustein ausgestattet, wobei für ein BIOS-Upgrade kein Tausch des Bausteins notwendig ist. Mit Hilfe geeigneter Software (z.B. AWDFLASH.EXE von AWARD) kann der Baustein neu programmiert werden. Dazu ist neben der Programmiersoftware ein Updatefile (z.B. Versionsnummer.bin) nötig, das alle Daten der neuen BIOS-Version enthält. Diese Dateinamen der BIOS-Updates sind immer achtstellig, um eine Verwendung unter DOS zu ermöglichen. Kapitel 4 »*Das BIOS-Upgrade*« beschäftigt sich näher mit der Vorgehensweise.

Das Flash-Memory

Auf modernen Hauptplatinen kommt dagegen das sogenannte Flash-Memory zum Einsatz. Dieser Baustein kann ohne die oben beschriebenen Lösch- und Programmierspannungen nur mit Hilfe der Onboard-Spannungen der Hauptplatine gelöscht und beschrieben werden. Auch hier kann das BIOS-Upgrade mit Hilfe einer Software durchgeführt werden. Das Öffnen des Rechners entfällt ebenso wie das Herausnehmen eines Bausteins. Alle Funktionen sind über Befehle aufrufbar, und der Baustein ist häufig nicht über einen Jumper gegen Überschreiben geschützt. In jüngster Zeit sind Computerviren (z.B. CIH-Viren) aufgetreten, die sich genau diese – nachteilige – Eigenschaft der Hauptplatine zunutze machen und den Flash-Baustein löschen können. Dies hat fatale Folgen, da ein gelöschtes BIOS den gesamten PC außer Gefecht setzt. Äußerlich ist der Baustein nicht vom E- oder EEPROM zur unterscheiden, da das IC in einem identischen Sockel untergebracht wird und der Aufkleber des BIOS-Herstellers ebenfalls vorhanden ist.

Abb. 2.8: Das Flash-Memory auf der Hauptplatine

2.5 Zugang zum BIOS-Setup

Um das BIOS-Setup aufzurufen, stehen Ihnen je nach Hersteller, unterschiedliche Möglichkeiten zur Verfügung. Allen gemeinsam ist, daß während des POST oder des Speichertests eine Meldung auf dem Bildschirm auf die Taste oder Tastenkombination hinweist, die zum Eintritt in das BIOS-Setup betätigt werden muß. Dabei stehen folgende Tasten bei den BIOS-Versionen zur Verfügung:

- AMI-BIOS: [Entf] während des POST/Speichertest
- AWARD-BIOS: [Entf] während des POST/Speichertest
- Phoenix-BIOS: [Strg]+[Alt]+[S] während des POST/Speichertest
  Sondertasten bei Notebooks während des Betriebs
  [F2] während des POST/Speichertest
- MR-BIOS: [Esc] während des POST/Speichertest
  [Strg]+[Alt]+[Esc] im laufenden Betrieb

Beachten Sie bei diesen Möglichkeiten, daß es auch BIOS-Versionen gibt, bei denen man die Anzeige des Befehls zum Starten des BIOS-Setups während des POST deaktivieren kann. Dies soll den PC vor unbefugten Zugriffen auf das BIOS schützen, da der Benutzer nicht an diese Möglichkeit während der Startphase des Rechners erinnert wird. Die Befehle sind aber trotzdem gültig, und versierte Benutzer können sich trotzdem Zugang zum BIOS-Setup verschaffen, wenn kein Kennwortschutz verwendet wird.

Bevor Sie aber Änderungen an den BIOS-Einstellungen vornehmen, sollten Sie die bestehenden Einstellungen dokumentieren und festhalten, damit später die Originalvorgaben wieder hergestellt werden können. Zwar helfen häufig die BIOS-Default-Einstellungen, aber haben Sie eine bestimmte Konstellation für ein lauffähiges System erstellt, bringen die Standardeinstellungen mehr durcheinander als sie tatsächlich helfen.

2.6 Die verschiedenen BIOS-Versionen

Leider gibt es nicht »das« BIOS, sondern auch hier sind mehrere Anbieter auf dem Markt, die sich mit der Entwicklung der BIOS-Versionen beschäftigen. Im folgenden Abschnitt werden die hauptsächlich am Markt vertretenen Hersteller genannt, deren BIOS-Versionen Sie auf den Hauptplatinen vorfinden.

AMI-BIOS

Der Hersteller American Megatrends stellte als einer der ersten Hersteller schon beim 80286 ein menügeführtes BIOS zur Verfügung, mit dem sich wichtige Systemparameter konfigurieren ließen. Natürlich waren diese BIOS-Versionen bei weitem nicht so komfortabel, wie Sie es heute gewohnt sind, aber da sich die gesamte Software (auch das Menü) im ROM-Baustein befand, war man nicht mehr auf eine Boot-Diskette und ein Setupprogramm angewiesen. Dieses BIOS wurde kontinuierlich weiterentwickelt und besaß bald Funktionen wie die automatische Erkennung der Festplattenparameter (für IDE-Festplatten) und das heute wieder »ausgestorbene« Festplattenmenü, mit dem man MFM- oder RLL-Festplatten LOW-LEVEL-Formatieren oder auf Fehler diagnostizieren konnte.

Durch die weite Verbreitung von Windows inspiriert, entwickelte AMI neben den Standard- und Hiflex-BIOS-Versionen das sogenannte WIN-BIOS. Diese Version sah der Windows-Arbeitsumgebung täuschend ähnlich, und es war auch bereits ein Maustreiber aktiv, mit dem sich die Optionen auswählen und aktivieren ließen. Dieses BIOS finden Sie heute häufig auf Pentium-Hauptplatinen, wobei es aber – außer dem schönen Aussehen – keinerlei weitere Funktionalität gegenüber den Standardversionen bietet. Bei den 386- und 486-Prozessoren war AMI sehr stark vertreten, was sich aber bei der Einführung des Pentium etwas wandelte. Neben der Entwicklung von BIOS-Versionen beschäftigt sich AMI mit der Herstellung von Diagnosehard- und Software (z.B. AMIDIAG) und bietet eigene Hauptplatinen an. AMI gehört seit dem Verkauf zu AWARD und wird aber weiterhin unter eigenem Namen vertrieben.

AWARD-BIOS

Das AWARD-BIOS gehört ebenfalls zu den ersten am Markt erhältlichen Versionen, die über ein Menü die einzelnen Funktionen bereitstellten. Seit der Einführung des Pentium-Prozessors hat diese Version größere Verbreitung gefunden, da es sich sehr flexibel an jeden Chipsatz anpassen läßt. Bei einem Vergleich zu AMI fällt auf, daß sich sehr viele Hauptplatinenhersteller (z.B. Asus, SOYO, GIGABYTE etc.) für das AWARD-BIOS für ihre Boards entschieden haben.

Phoenix-BIOS

Das Phoenix-BIOS führt seit jeher ein Schattendasein im Bereich der BIOS-Versionen, was allerdings bei näherer Betrachtung der Möglichkeiten nicht verständlich ist. Im Bereich der Notebooks hat sich Phoenix allerdings einen Marktanteil erobert, da hier die Energiesparfunktionen sehr komfortabel konfiguriert werden können. Die Firma Phoenix wurde bereits von American Megatrends übernommen und gehört nun auch zu AWARD.

MR-BIOS

Als echte Alternative kann man das MR-BIOS von Microid Research bezeichnen. Über das Internet können Sie die Shareware-Version (30-Tage-Testversion) nach einer kurzen Registrierungsprozedur kostenlos beziehen. Beispielsweise wird RAID-0-Disk-Striping direkt durch das BIOS bereitgestellt, wobei bis zu acht Festplatten verwendet werden können. Auch werden über 150 Chipsätze und bis zu vier Diskettenlaufwerke im System unterstützt. Da die Shareware aber ohne technischen Support zur Verfügung gestellt wird, sollten nur versierte Benutzer diese Version verwenden.

Herstellerspezifische Versionen

Einige Markenhersteller (z.B. IBM, Fujitsu etc.) verwenden eigene BIOS-Entwicklungen, die speziell auf die vorhandene Hardware zugeschnitten sind. Liegt keine ausführliche Beschreibung der Optionen bei, bleiben Ihnen nur zwei Möglichkeiten: Suchen Sie auf den Web-Seiten des Herstellers, ob dort Erläuterungen zu Ihrer BIOS-Version vorhanden sind, oder vergleichen Sie die Optionen mit denen der weiter hinten im Buch beschriebenen BIOS-Varianten. Denn häufig gleichen sich die Optionen, so daß eine Erklärung übernommen werden kann. Aber Vorsicht ist geboten, wenn nur bestimmte Begriffe in der Option identisch sind. Denn dies weist nur darauf hin, welche Komponente von der Einstellung betroffen ist. Die tatsächliche Funktion läßt sich dadurch nicht zweifelsfrei ableiten.

2.7 Das BIOS und das Jahr 2000-Problem

Ein nicht zu unterschätzendes Problem verbirgt sich hinter der Umstellung des Datums zum Jahrtausendwechsel 1999 auf 2000. Im Bereich der Software wird immer wieder auf das Problem hingewiesen, aber nur wenige Anwender machen sich Gedanken darüber, daß dieses Problem auch mit dem Rechner-BIOS zusammenhängen kann. Dies liegt vor allem an der Speicherung des Datums im CMOS-RAM. Um das Problem besser zu überschauen, möchte ich die Problematik hier kurz erläutern. Anhand eines Beispiels wird die Auswirkung des Problems deutlich. In vielen Anwendungen wird wegen der Einsparung des Speicherplatzes keine vierstellige Jahresangabe für das Datum verwendet. Denn bei umfangreichen Datenbanken lassen sich pro Datumsangabe zwei Byte einsparen, wenn man anstatt »1998« nur »98« verwendet. Viele Programme setzen dann selbständig die »19« einfach davor, um das Datum im Ausdruck korrekt erscheinen zu lassen. Wird jetzt beispielsweise eine Abschreibung über mehrere Jahre berechnet, wird anhand der Jahreszahl das Alter eines Gerätes ermittelt. Wurde ein Computer 1996 angeschafft, wird durch die Software im Jahre 1998 das Alter folgendermaßen berechnet: 98-96 = 2 Jahre. Problematisch wird die Abschreibung dann, wenn plötzlich das Jahr 2000 erreicht wird. In diesem Fall sähe das zweistellige Datum folgendermaßen aus: »00«. Um das Alter zu errechnen, wird nun gerechnet: 00-96 = -96! Dies ist natürlich Unsinn, da es kein negatives Alter geben kann. Viele Programme brechen an dieser Stelle einfach mit einer Fehlermeldung ab. Korrekte Ergebnisse würden hier erst dann erscheinen, wenn mit vierstelligen Jahreszahlen gerechnet wird. Wenn das Datum von einem PC ermittelt wird, der kein vierstelliges Datum speichert, muß eine Vereinbarung getroffen werden. Dabei kann man beispielsweise festlegen, daß die Jahreszahlen 00 bis 60 automatisch die Jahreszahlen 2000 bis 2060 charakterisieren. Die Zahlen 61 bis 99 beschreiben die Jahre 1961 bis 1999. Da viele PCs erst ab 1981 das Datum im BIOS berechnen, führt dies sicherlich zu korrekten Ergebnissen in der Software.

Viele Programme beziehen das aktuelle Datum von der Echtzeituhr des BIOS, und diese müßten alle auf das Problem hin kontrolliert werden. Eine sinnvollere Alternative wäre hier die Kontrolle des BIOS, um das Übel direkt an der Wurzel greifen zu können. Dies kann entweder am BIOS-Datum oder durch geeignete Software ermittelt werden. Alle BIOS-Hersteller haben sich dem Problem angenommen und bieten einen Überblick über die BIOS-Versionen und ab welchem Herstellungsdatum das BIOS die Jahrtausendumstellung korrekt durchführt.

Selbst beim BIOS wurde bei der Programmierung nicht immer darauf geachtet, daß das Datum vierstellig ermittelt und gespeichert werden. In diesem Fall ist die Echtzeituhr auf der Hauptplatine nicht in der Lage, das Datum korrekt umzustellen. Hier treten ähnliche Phänomene wie bei der oben beschriebenen Software auf. Das Datum wird dabei ebenfalls auf 1900 umgestellt. Beim einigen AMI-BIOS-Versionen tritt das Problem erst wieder im Jahre 2099 auf, wobei dann das Datum auf 1900 umgestellt wird. Dann wird der PC sicherlich nicht mehr in Betrieb sein.

Die folgenden Abschnitte zeigen die einzelnen BIOS-Versionen, und die Maßnahmen, die zu ergreifen sind, damit das Problem im BIOS gelöst wird.

AMI

Beim AMI-BIOS vor dem 15.07.1995 wird die Umstellung des Datums am 31.12.1999 nicht korrekt unterstützt. AMI bietet auch keinerlei Unterstützung für die Umstellung an. Sie müssen sich mit dem Hersteller der Hauptplatine oder des Rechners in Verbindung setzen, ob die Umstellung durch ein Upgrade aktualisiert werden kann. Beim AMI-BIOS nach dem oben genannten Datum erfolgt die Umstellung korrekt und die Jahreszahlen werden bis zum Jahr 2099 weitergezählt. Erst nach diesem Datum erfolgt die Umstellung wieder auf 1900.

AWARD

Wurde das AWARD-BIOS vor dem 26.04.1994 erstellt, hilft folgende Vorgehensweise bei der Umstellung. Durch das BIOS wird die Umstellung nicht korrekt durchgeführt. Daher sollten Sie den PC vor dem Jahreswechsel 1999 auf 2000 ausgeschaltet lassen und erst am 1.01.2000 wieder aktivieren. Nun stellen Sie das Datum vor dem Booten des Rechners im BIOS-Setup manuell um. Anschließend erfolgt die Umstellung an allen weiteren Tagen korrekt.

Wurde das AWARD-BIOS zwischen dem 26.04.1994 und 31.05.1995 hergestellt, hilft nur ein komplettes BIOS-Upgrade, damit die Umstellung korrekt erfolgt. Die andere – umständlichere – Lösung besteht im täglichen Einstellen des korrekten Datums.

Wurde das AWARD-BIOS nach dem 31.05.1995 hergestellt, wird die Umstellung auf das Jahr 2000 korrekt durchgeführt und auch der weitere Datumswechsel erfolgt korrekt. Hier sind keine weiteren Eingriffe in das System notwendig.

Phoenix

Beim Phoenix-BIOS ist leider keine Datumsangabe vorhanden, nach der mit einer korrekten Datumsumstellung gerechnet werden kann. Das Problem ist beim Hersteller bekannt und ich verweise auf das unten vorgestellte Programm MCHECK, mit dem die Jahr-2000-Tauglichkeit überprüft werden kann. Bei der Version 1.03.06 (Datum 1994) bei einem noch 1996 vertriebenen Notebook (mit Cyrix M1SC 100 MHz) ergab der Test hier ein negatives Ergebnis und die Umstellung erfolgt auf 1900.

Ermitteln der Jahr-2000-Tauglichkeit mit Software

Um bei einem Rechner mit beliebigem BIOS zu ermitteln, ob die Datumsumstellung korrekt erfolgt, bietet der Hersteller auf seiner Homepage (*http://www.award.com*) einen Link zu der Firma Unicore (*http://www.unicore.com*) an, die ein spezielles – kostenloses – Tool anbietet, mit der man am eigenen PC die Problematik testen und bewerten kann. Das Programm MCHECK wird im DOS-Modus gestartet und simuliert die Zeitumstellung am 31.12.1999, indem die Uhrzeit auf 23:59:55 eingestellt und der Wechsel des Datums am Bildschirm mitverfolgt werden kann. Anschließend sehen Sie, welches Jahr dem 1.01. angefügt wurde.

Die beiden nächsten Abbildungen zeigen die Ergebnisse, die mit MCHECK ermittelt wurden:

```
   Always run this program in DOS mode!

Saving current time:     1998 Sep  3 14:40:44

Testing 1999 rollover:   1999 Dec 31 23:59:55
                         1999 Dec 31 23:59:56
                         1999 Dec 31 23:59:57
                         1999 Dec 31 23:59:58
                         1999 Dec 31 23:59:59
                         1900 Jan  1 00:00:00
                         1900 Jan  1 00:00:01
                         1900 Jan  1 00:00:02
                         1900 Jan  1 00:00:03
                         1900 Jan  1 00:00:04
                         1900 Jan  1 00:00:05

Clock restored to:       1998 Sep  3 14:40:35

Your BIOS failed the Year 2000 test.

If your PC did not pass this "Year 2000" test contact Unicore Software
"The BIOS Upgrade People" at 800-800-BIOS(2467) or 978-686-6468 or
www.unicore.com today for your BIOS Upgrade options!

A:\>
```

Abb. 2.9: Der Test dieses Rechners mit Phoenix-BIOS wurde nicht bestanden (siehe Kasten)

```
* Demonstration Version - NOT FOR RESALE *
   Always run this program in DOS mode!

Saving current time:     1998 Sep  3 14:42:12

Testing 1999 rollover:   1999 Dec 31 23:59:55
                         1999 Dec 31 23:59:56
                         1999 Dec 31 23:59:57
                         1999 Dec 31 23:59:58
                         1999 Dec 31 23:59:59
                         2000 Jan  1 00:00:00
                         2000 Jan  1 00:00:01
                         2000 Jan  1 00:00:02
                         2000 Jan  1 00:00:03
                         2000 Jan  1 00:00:04
                         2000 Jan  1 00:00:05

Clock restored to:       1998 Sep  3 14:42:22

Your BIOS passed the Year 2000 test.

If your PC did not pass this "Year 2000" test contact Unicore Software
"The BIOS Upgrade People" at 800-800-BIOS(2467) or 978-686-6468 or
www.unicore.com today for your BIOS Upgrade options!
```

Abb. 2.10: Der Test dieses Rechners mit AWARD-BIOS wurde bestanden (siehe Kasten)

3 BIOS-Inhalte ermitteln

Wie Sie das BIOS-Setup der einzelnen Versionen aufrufen, haben Sie bereits im vorangegangenen Kapitel 2.5 »*Zugang zum BIOS-Setup*« kennengelernt. Um die Einstellung zu ändern oder zu bewerten, ist es notwendig, im BIOS-Setup festzustellen, welche Optionen der Programmierer der BIOS-Version überhaupt zur Verfügung gestellt hat. Denn man muß unterscheiden zwischen Optionen, die tatsächlich im BIOS-Setup zugänglich sind – also von Ihnen geändert werden können – und den Optionen, die der Hersteller der Hauptplatine durch Standardwerte vorgegeben hat. Einige Hersteller machen es sich hier einfach und lassen dem Anwender kaum Möglichkeiten für Änderungen. Dies ist insbesondere bei den PCI- und Plug&Play-Funktionen fatal, wenn das BIOS nicht in der Lage ist, die Vergabe der Ressourcen korrekt durchzuführen. Damit trotzdem Änderungen möglich werden, habe ich weiter hinten in diesem Kapitel einige Programme aufgelistet, mit denen man die »versteckten« BIOS-Funktionen sichtbar machen und Änderungen durchführen kann. Diese Tools lassen dann keine Wünsche mehr offen, da Sie den Chipsatz und dessen Funktion analysieren und alle Register auflisten, die dem BIOS zur Konfiguration zur Verfügung stehen. Nebenbei können auch die Inhalte des CMOS-RAMs auf einem Datenträger gesichert werden. Dies ist für Notfälle äußerst hilfreich, wenn die komplette Konfiguration zurückgespielt werden kann.

3.1 Ermitteln der bestehenden Inhalte

Für Ihre eigene Dokumentation ist es ungemein wichtig, die bestehende Konfiguration, also vor einer Aktualisierung, festzuhalten. Denn ändern Sie Optionen ab, greifen Sie in die bestehende Konfiguration ein, was bis zum völligen Stillstand des Rechners führen kann. Und für diesen Fall kann die bestehende Dokumentation herangezogen werden. Damit sind Sie in der Lage, den Originalzustand Ihres BIOS wieder zu restaurieren. Viele Anwender meinen, das Laden der BIOS-Defaultwerte brächte auf jeden Fall eine funktionsfähige Konfiguration zutage. Für die Einstellungen des Arbeitsspeichers mag dies auch stimmen, aber anhand der folgenden Beispiele sehen Sie deutlich, daß nicht immer das gewünschte Resultat erreicht wird.

Beispiel 1:

Aufgrund von Inkompatibilitäten einiger ISA-Steckkarten mußten innerhalb der Plug&Play-Konfiguration einige Interrupts und DMA-Kanäle fest für diese Karten reserviert werden. Dies geschieht beispielsweise über die Optionen *Used by ISA = Yes* oder *IRQ x assigned to ISA*. Diese Konfiguration ist bei komplizierten Konfigurationen ein Produkt mehrerer Stunden oder Tage, die für das Herausfinden einer lauffähigen Konfiguration benötigt wurden. Das Laden der BIOS-Defaultwerte führt hier wieder zu der automatischen Vergabe der Ressourcen durch das BIOS. Alle Änderungen sind damit wieder hinfällig und das System sicherlich nicht mehr komplett lauffähig. Hier ist unbedingt die zuletzt beibehaltene Konfiguration zu dokumentieren.

Beispiel 2:

Da Sie weitere Schnittstellen im System benötigen, haben Sie eine Karte mit zusätzlichen seriellen und parallelen Ports installiert. In diesem Fall weicht die Konfiguration der Onboard-Schnittstellen von den Standardeinstellungen ab, da der LPT-Port häufig als LPT3 anstatt als LPT1 eingesetzt wird. Auch lassen sich einige Multi-I/O-Karten nur dann korrekt installieren, wenn deren serielle Ports die Adressen von COM1 und COM2 erhalten. In diesem Fall würden die Onboard-Schnittstellen auf COM3 und COM4 konfiguriert. Laden Sie hier die Defaultwerte, haben Sie anschließend Ressourcen-Konflikte verursacht, da die Onboard-Schnittstellen wieder die gleichen Ressourcen (LPT1, COM1 und COM2) benötigen, wie sie der Schnittstellenkarte zugewiesen wurden.

Beispiel 3:

Verwenden Sie SCSI-Komponenten und haben Sie im BIOS die IDE-Controller deaktiviert, was zu weiteren freien Ressourcen (z. B. IRQ 14 und 15) führt, können diese Ressourcen anderen Karten vergeben werden. Vor allem bei Ressourcenknappheit ist dies häufig die einzige Möglichkeit, überhaupt ein funktionsfähiges System zu erhalten. Laden Sie hier die Defaultwerte, werden die IDE-Controller wieder aktiviert, was mehrere unangenehme Folgen nach sich zieht. Zunächst wird ein Gerät, was diesen IRQ verwendet, nicht mehr korrekt funktionieren. Unter Windows 95/98 wird das Vorhandensein der IDE-Controller als Einbau neuer Komponenten gewertet, und sind bereits Treiber vorhanden, werden diese ohne Rücksicht auf bestehende Installationen oder Konflikte installiert.

3.2 Kontrolle der Dokumentation

Um das vorhandene BIOS und die Einstellungen zu kontrollieren, sollten Sie die Dokumentation, die dem PC beigelegen hat, konsultieren. Dabei können Sie zwei Arten von Handbüchern vorfinden.

Das Handbuch der Hauptplatine

Hier können Sie erkennen, wieviel Mühe sich der Hersteller der Hauptplatine mit dem Handbuch gegeben hat. Leider sind viele Dokumentationen nichts andere als ungenügende Aufzählungen der BIOS-Optionen, wobei fast völlig auf Erläuterungen oder Auswirkungen auf das System verzichtet wurde. Ganz fatal wirkt sich dies bei der Beschreibung der Speicher-Timingfunktionen im Chipset Features Setup aus, bei dem zwar die Option genannt, aber bei der Erklärung nur »Übernehmen Sie die default-Einstellung« geboten wird.

Kurzbeschreibung der Einstellungsmöglichkeiten:

Auto Configuration	Wenn Sie diese Option „enablen“ (wird empfohlen) werden alle Einstellungen (außer Cache Mode und BIOS cacheable) automatisch gesetzt.
DRAM Timing	Wählen Sie die passende Geschwindigkeit Ihrer DRAM's aus.
DRAM R/W Leadoff Timing	Übernehmen Sie die default - Einstellung
DRAM RAS to CAS Delay	Übernehmen Sie die default - Einstellung
DRAM Read Burst Timing	Übernehmen Sie die default - Einstellung
DRAM Write Burst Timing	Übernehmen Sie die default - Einstellung
Fast MA to RAS# Delay CLK	Übernehmen Sie die default - Einstellung
Fast EDO Path Select	Übernehmen Sie die default - Einstellung
Refresh RAS# Assertion	Übernehmen Sie die default - Einstellung
ISA Bus Clock	Übernehmen Sie die default - Einstellung oder wählen Sie /4: bei 60 und 66 MHz Bus-Taktfrequenz /3: bei 50 MHz Bus-Taktfrequenz

Abb. 3.1: Diese Art der Dokumentation ist völlig unzureichend

Andere Hersteller (z. B. Asus, Gigabyte) geben sich hier weitaus mehr Mühe und publizieren ein Handbuch, was diesen Namen auch verdient. Neben den Einstellungen erhalten Sie hier auch Tips zu einer funktionsfähigen Konfiguration. Noch besser ist natürlich, wenn der Hersteller auch gleich mitteilt, mit welchen Einstellungen die bestmöglichen Werte erreicht werden. Haben Sie die Voraussetzungen dazu erfüllt, die beispielsweise eine bestimmte Zugriffszeit bei den Speicherbausteinen beschreiben, können Sie die Vorgaben bedenkenlos übernehmen. Weitere Beschleunigungsversuche, die vielleicht ein oder zwei Prozent meßbare Leistungsgewinne bringen (wenn überhaupt), führen allerdings häufig zu einem instabilen System, da die Module und der RAM-Controller hoffnungslos überlastet werden. Zwar ist nicht direkt mit einem HardwareDefekt der Speichermodule zu rechnen, aber durch häufige Abstürze kann Ihr Datenbestand und sogar Ihre Festplatte in Mitleidenschaft gezogen werden, wenn beispielsweise der Absturz während einer Aktualisierung der FAT oder bei der Optimierung der Festplatte mittels ScanDisk oder dem Norton Disk Doctor aufgetreten ist. Abbildung 3.2 zeigt die Einstellungen zum bestmöglichen Speichertiming bei einem Gigabyte-Board.

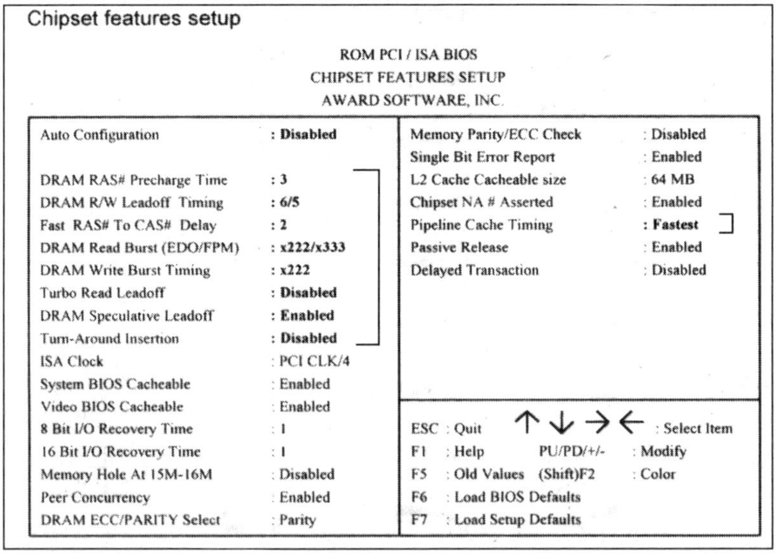

Chipset features setup

ROM PCI / ISA BIOS
CHIPSET FEATURES SETUP
AWARD SOFTWARE, INC.

Auto Configuration	: **Disabled**	Memory Parity/ECC Check	: Disabled
		Single Bit Error Report	: Enabled
DRAM RAS# Precharge Time	: **3**	L2 Cache Cacheable size	: 64 MB
DRAM R/W Leadoff Timing	: **6/5**	Chipset NA # Asserted	: Enabled
Fast RAS# To CAS# Delay	: **2**	Pipeline Cache Timing	: **Fastest**
DRAM Read Burst (EDO/FPM)	: **x222/x333**	Passive Release	: Enabled
DRAM Write Burst Timing	: **x222**	Delayed Transaction	: Disabled
Turbo Read Leadoff	: **Disabled**		
DRAM Speculative Leadoff	: **Enabled**		
Turn-Around Insertion	: **Disabled**		
ISA Clock	: PCI CLK/4		
System BIOS Cacheable	: Enabled		
Video BIOS Cacheable	: Enabled		
8 Bit I/O Recovery Time	: 1	ESC : Quit ↑↓→←	: Select Item
16 Bit I/O Recovery Time	: 1	F1 : Help PU/PD/+/-	: Modify
Memory Hole At 15M-16M	: Disabled	F5 : Old Values (Shift)F2	: Color
Peer Concurrency	: Enabled	F6 : Load BIOS Defaults	
DRAM ECC/PARITY Select	: Parity	F7 : Load Setup Defaults	

Abb. 3.2: Gigabyte bietet im Handbuch eine Übersicht über die bestmöglichen Einstellungen des Chipset Feature Setups an

Sollte Ihr Handbuch nicht aussagekräftig genug sein, verweise ich zunächst auf die Kapitel weiter hinten in diesem Buch, die sich mit den einzelnen BIOS-Versionen ausführlich beschäftigen. Hier werden Sie sicherlich fündig und können Ihr Board optimal einstellen.

Das Handbuch des Rechners

Haben Sie einen »Marken-PC« erworben, liegt diesem in der Regel ein Benutzerhandbuch bei, das Sie in die Grundlagen des Rechners einführt. Dazu gehören der Aufbau und die Installation von Komponenten und auch von Teilen des Betriebssystems. Aus meiner Praxis kann ich allerdings sagen, daß die Betrachtung des BIOS-Setups auch hier etwas zu kurz kommt, was unterschiedliche Gründe hat. Zum einen soll der Fachhändler die Einstellungen vornehmen, damit möglichst funktionsfähige Systeme ausgeliefert werden, und weiterhin verwenden vor allem die Großmärkte einen Typ Handbuch für sämtliche angebotenen Rechner. Hier stimmt häufig nur noch die Darstellung des Gehäuses mit Ihrem erworbenen PC überein. Da bei diesen Low-Cost-PCs häufig wechselnde Komponenten – was halt gerade preiswert am Markt zu bekommen ist – eingesetzt werden, kann natürlich auch das Handbuch nur oberflächliche Informationen bieten. Hier können Sie von Glück reden, wenn der Hersteller wenigstens das Handbuch der Hauptplatine beigelegt hat. Denn die BIOS-Setups weichen teilweise stark von den im Handbuch beschriebenen Funktionen ab. Dies geht soweit, daß anstatt eines AWARD-BIOS, wie im Handbuch beschrieben, plötzlich ein AMI-BIOS zum Einsatz kommt.

Weitaus mehr Mühe geben sich die großen Markenhersteller mit ihren Handbüchern. Da hier bei der Produktion etwas mehr Kontinuität – was die verwendeten Komponenten betrifft – gewahrt ist, können auch die Handbücher entsprechend umfangreicher und detaillierter geschrieben werden.

Hinweis

Sollte das Handbuch des Computers nur allgemeine – häufig nichtssagende – Aussagen zum BIOS machen, können Sie sich das Handbuch des Hauptplatinenherstellers besorgen. Denn viele PC-Hersteller greifen auf Standardplatinen zurück, die auch im freien Handel erhältlich sind. Um herauszufinden, welche Platine in Ihrem Rechner zum Einsatz kommt, ist allerdings das Gehäuse zu öffnen. Denn auf der Platine ist die Bezeichnung des Herstellers und des Typs häufig aufgedruckt. Ein Anruf bei der Hotline des Herstellers bringt dagegen selten die gewünschte Information, denn die Boards werden bei vielen Produzenten zu aktuellen Preisen geordert und in die Gehäuse eingebaut. Bei der nächsten Lieferung ist nicht sichergestellt, daß identische Hauptplatinen zum Einsatz kommen. Selbst bei sogenannten Markenherstellern ist diese Praxis an der Tagesordnung.

Haben Sie den Hersteller und die Bezeichnung Ihrer Hauptplatine ermittelt, können Sie auf den Internetseiten des Herstellers eine Boardbeschreibung beziehen. Diese zeigt Ihnen neben den BIOS-Einstellungen auch zusätzlich die Jumpereinstellungen und Erweiterungsmöglichkeiten der Platine. So haben Sie eine umfassendere Dokumentation vorliegen, die Sie beispielsweise auch beim Nachrüsten von Speichermodulen heranziehen können.

Install memory in any combination as follows:

DIMM Location	168-pin DIMM Memory Modules		Total Memory
Socket 1 (Rows 0&1)	SDRAM/EDO 8, 16, 32, 64, 128MB	x1	
Socket 2 (Rows 2&3)	SDRAM/EDO 8, 16, 32, 64, 128MB	x1	
Socket 3 (Rows 4&5)	SDRAM/EDO 8, 16, 32, 64, 128MB	x1	
	Total System Memory (Max 384MB)	=	

ASUS Memory Examples:

Parity EDO DIMM (9 chips)

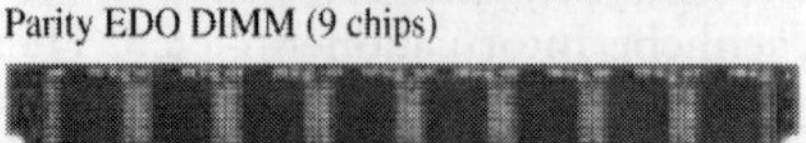

Non-Parity SDRAM DIMM (8 chips)

Abb. 3.3: Diese Hinweise zum Speicherausbau finden Sie im Handbuch eines Asus-Boards (Quelle: Asus)

3.3 CMOS-Inhalt per Software sichern

Bisher wurde der Inhalt des CMOS-RAMs immer auf Papier »gesichert«, das heißt, die Menüs wurden ausgedruckt. Sicherer und wünschenswerter wäre aber die Möglichkeit, den Speicherinhalt wirklich als Datei zu sichern und bei Bedarf einfach wieder in das CMOS-RAM zu speichern. Mit Hilfe der unten vorgestellten Tools ist dieser Vorgang problemlos möglich, soweit die Voraussetzungen erfüllt sind. Die Programme können direkt vom DOS-Prompt gestartet werden und bieten Zugriff auf die Informationen der BIOS-Version. Auf diese Weise sichern Sie die aktuelle Konfiguration für den Notfall und haben alle nötigen Informationen für eine vollständige Restaurierung des PCs vorliegen.

DMI-Configuration Utility

Das DMI- (Desktop Management Interface) Configuration Utility liegt einigen Hauptplatinen kostenlos auf der Treiber-CD-ROM bei. Voraussetzung für den Einsatz dieses Tools ist eine BIOS-Version, die das Desktop Management Interface unterstützt und den Zugriff auf die Daten mittels Konfigurationssoftware zuläßt. Dabei greift die Software auf die *Management Information Format Database* (MIFD) und liest die vorhandenen Daten aus. Das DMI ist in der Lage, per automatischer Erkennung Komponenten des Rechners (z. B. CPU-Typ, CPU-Geschwindigkeit, interne und externe Taktfrequenzen) zu identifizieren und diese Informationen zu speichern. Das BIOS auf der Hauptplatine erkennt ebenfalls eine Vielzahl von Komponenten und speichert die Zusammenfassung in einem 4 KByte großen Block im Flash-ROM der Hauptplatine. Und genau dieser Speicher wird vom DMI ausgelesen und die Daten im Programm für den Anwender sichtbar dargestellt. Dieser Zugriff geht bei einigen Herstellern von Hauptplatinen soweit, daß mit Hilfe des DMI-Configuration Utility das gesamte BIOS upgedatet werden kann. Dabei wird sich beim Zugriff der gleichen Technologie bedient, die schon beim Plug&Play verwendet wird. Neben der Sicherung und Restaurierung dieser Informationen können Sie mit Hilfe des DMI-Configuration Utility beispielsweise folgende Arbeiten durchführen:

- Eingabe einer Seriennummer für den PC
- Eingabe eines Rechnernamens zur Identifikation der Hardware
- Eingabe von Versionsnummern, um beispielsweise das Alter des PCs zu ermitteln
- Eingabe von Informationen über das Gehäuse (z. B. Hersteller, Typ, Seriennummer)
- Eingabe von Informationen bezüglich des Fachhändlers

Alle diese Informationen werden nicht vom BIOS ermittelt, sondern können von Ihnen manuell in den Menüpunkten des DMI-Configuration Utility eingetragen werden. Als Systemadministrator steht Ihnen hiermit ein gutes und einfach zu bedienendes Tool zur Inventarisierung Ihrer PCs zur Verfügung. Aber auch Fachhändler können hier Informationen hinterlegen, die beispielsweise für die Herkunftsbestimmung oder Garantieleistungen wichtig sind.

Um die Software zu starten, sollte eine reine DOS-Umgebung (keine DOS-Eingabeaufforderung) vorliegen, damit das Programm uneingeschränkten Zugriff auf die *Management Information Format Database* erhält und auch das Schreiben von BIOS-Daten problemlos durchgeführt werden kann. Das Programm rufen Sie über DMICFG.EXE (bei Asus-Hauptplatinen) auf, wobei mindestens 180 KByte an freiem Arbeitsspeicher vorhanden sein muß. Speichermanager, wie HIMEM.SYS, werden nicht benötigt; und damit eine möglichst unbelastete DOS-Arbeitsumgebung vorliegt, rate ich bei Verwendung von Windows 95/98 dazu, im Boot-Menü nach dem Start (Taste [F8] bei Windows 95 oder Taste [Strg] bei Windows 98) die Option *Nur Eingabeaufforderung für abgesicherten Modus* auszuwählen. Denn hier werden die Startdateien (CONFIG.SYS und AUTOEXEC.BAT) vollständig umgangen. Nach dem Start erscheint folgender Bildschirm:

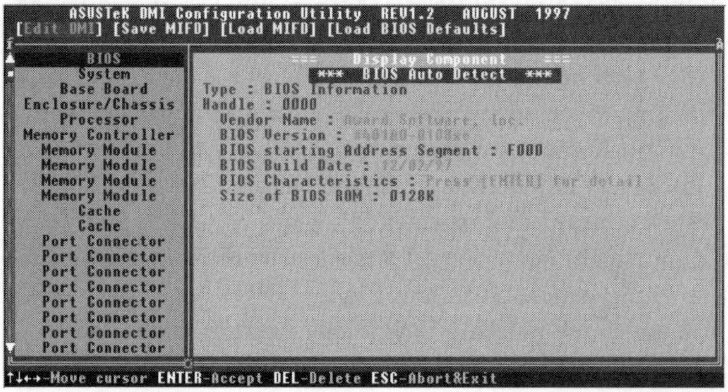

Abb. 3.4: Der Startbildschirm des DMI-Configuration Utility zeigt Informationen zum BIOS an

Da Sie in der genannnten Arbeitsumgebung keinen Zugriff auf das CD-ROM-Laufwerk haben, rate ich dazu, das Programm entweder auf die Festplatte des Rechners (bei privater Nutzung) zu kopieren oder von einer Startdiskette (Administrator im Netzwerk) zu laden. Die letztgenannte Möglichkeit dient als Schutz, damit ein Anwender in einer »Arbeitspause« nicht bei einer Entdeckungsreise durch den PC das Programm starten und unbefugte Änderungen durchführen kann.

Der Startbildschirm ist zunächst in zwei Abschnitte unterteilt. In der linken Spalte sehen Sie die einzelnen Menüpunkte, zwischen denen Sie mit Hilfe der Cursortasten [↑] und [↓] wechseln. Die rechte Spalte wird entsprechend der Auswahl angepaßt und zeigt Informationen zu dem Menüpunkt. Beispielsweise erhalten Sie hier umfassende Informationen zum installierten BIOS, dem Prozessor, Speichercontroller und zu den installierten RAM-Bausteinen.

Möchten Sie einen Menüpunkt ändern oder weitere Informationen zu Bestandteilen einsehen, drücken Sie die Taste [↵]. Jetzt springt der Cursor in die rechte Spalte, und Sie können hier mit den Cursortasten zwischen den Punkten wählen. Blinkt an der entsprechenden Stelle der Cursor, kann die vorhandene Bezeichnung geändert werden. Ist das Feld dagegen mit *Press [Enter] for Detail* gekennzeichnet, wird nach Betätigen der Taste eine weiteres Fenster mit Informationen oder Optionen eingeblendet, die ebenfalls geändert werden können.

Mit den Cursortasten [←] und [→] dagegen wechseln Sie zwischen den Punkten der oberen Menüleiste, solange kein Punkt über die Taste [↵] ausgewählt wurde. Denn neben den Informationsfenstern stehen Ihnen die Menüpunkte *Save MIFD*, *Load MIFD* und *Load BIOS Defaults* zur Verfügung. Die beiden erstgenannten Punkte dienen zum Speichern und Laden von BIOS-Informationen, wobei Sie jeweils eine Pfadangabe eintragen, also wo sich die Informationen auf Ihrem Datenträger befinden.

Der in Abbildung 3.4 gezeigte Bildschirm hilft ebenfalls bei der Planung eines BIOS-Upgrades. Denn hier sehen Sie neben dem Hersteller des BIOS (Vendor Name) auch die BIOS-Version und das Erstellungsdatum (BIOS Build Date). Diese Informationen sind nur während des POST nach dem Einschalten des PCs einsehbar, wobei der PC über die Taste [Pause] angehalten werden sollte. Da hier bei vielen PCs ein Druck mit der Taste [Druck] (noch) nicht möglich ist, erhalten Sie über das DMI Configuration Utility diese Information leichter zugänglich.

Weitere Informationsfenster:

- zur Hauptplatine

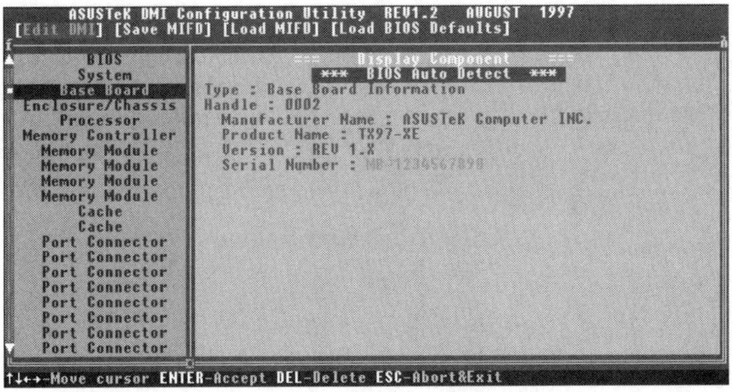

Abb. 3.5: Angaben zur verwendeten Hauptplatine

- zum Prozessor

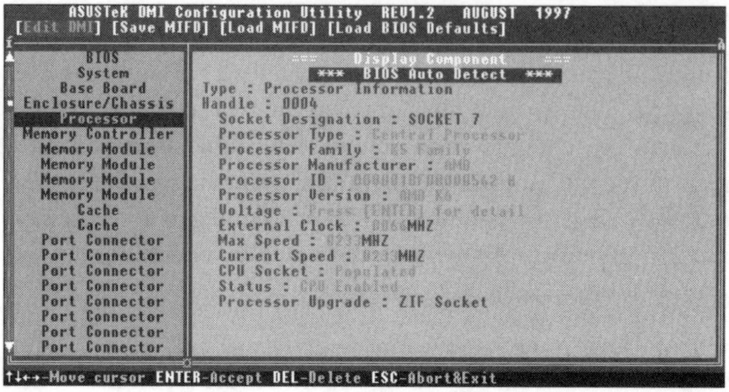

Abb. 3.6: Angaben zum verwendeten Prozessor

- zum Speichercontroller (Memory Controller)

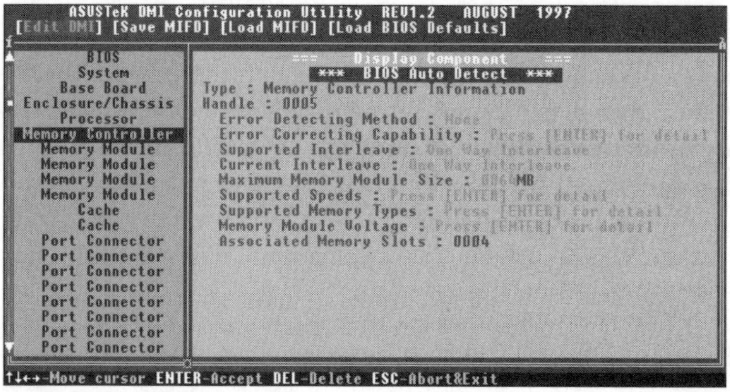

Abb. 3.7: Angaben zum Speichercontroller auf der Hauptplatine

- zum Second-Level-Cache

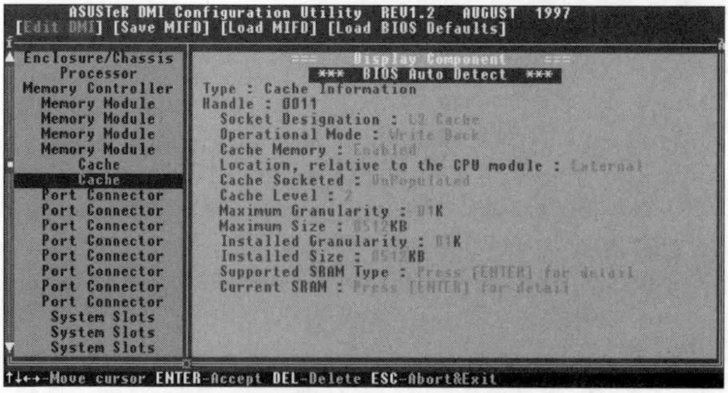

Abb. 3.8: Angaben zum L2-Cache auf der Hauptplatine

Haben Sie in einem Fenster Änderungen durchgeführt, verlassen Sie diesen Bereich über die Taste [Esc]. In diesem Fall erscheint eine Meldung, bei der Sie die Übernahme der Änderung in die DMI-Datenbank bejahen müssen. Zunächst ist die Änderung nur temporär übernommen, also noch nicht tatsächlich im CMOS-RAM abgelegt.

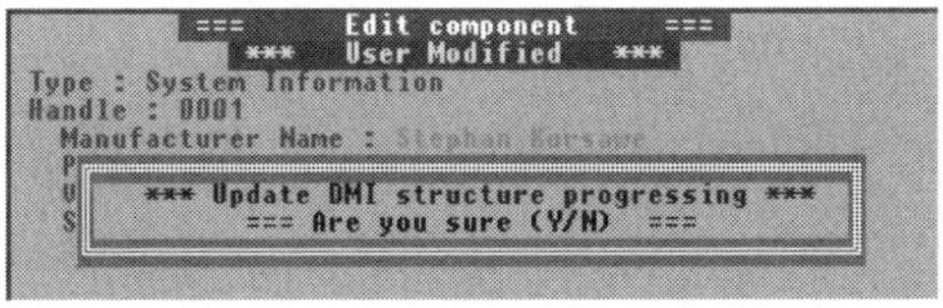

Abb. 3.9: Bei dieser Abfrage bestätigen Sie die Übernahme der Änderungen

Erst wenn Sie das Programm über die Taste [Esc] vollständig verlassen, werden die Änderungen tatsächlich im CMOS-Speicher abgelegt. Ich rate aber unbedingt, vor einer Änderung eine Sicherung des bestehenden BIOS-Segmentes durchzuführen. Über den Menüpunkt *Save MIFD* können Sie einen Pfad und einen Dateinamen festlegen. Bei der Namensgebung sollten Sie eine fortlaufende Nummer und das Datum der Änderung verbinden, damit Sie später bei der Restaurierung die unterschiedlichen Sicherungen auseinander halten können.

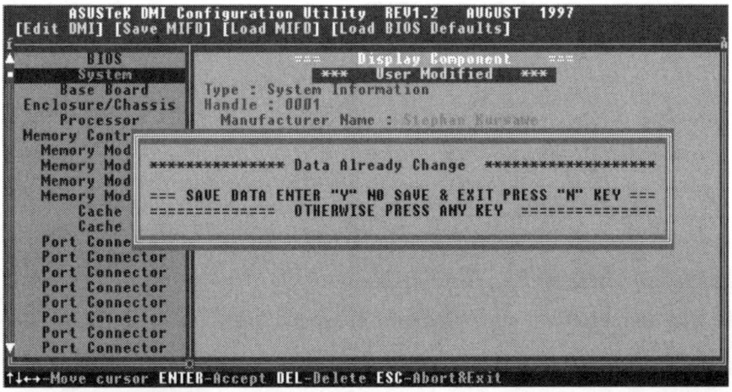

Abb. 3.10: Beim Verlassen des Programms werden die Änderungen endgültig in das CMOS-RAM übernommen

TweakBIOS

Mit TweakBIOS tunen Sie Ihren Chipsatz, Ihre CPU und Ihre Grafikkarte auf maximale Performance. Das Programm wird vom DOS-Prompt aufgerufen und ist einfach zu bedienen. Sie können die Einstellungen jederzeit verändern; ein Neustart Ihres PC ist nicht erforderlich. TweakBIOS unterstützt viele Chipsätze, CPUs und Grafikkarten, unabhängig vom eingesetzten BIOS.

Haben Sie ein sehr spartanisch ausgestattetes BIOS-Setup, hilft dieses Programm bei der Einstellung der nicht zugänglichen Optionen. Denn beim Start der Anwendung analysiert TweakBIOS zunächst das vorhandene System und zeigt anschließend alle Optionen an, die bei der Komponente möglich sind. So erhalten Sie trotzdem die Möglichkeit, Optionen zu ändern, für die der Programmierer Ihrer BIOS-Version keinen Zugang im CMOS-Setup und damit nur Standardwerte vorgesehen hat.

Sie erhalten eine englischsprachige, in der Funktion eingeschränkte Version des Programms unter folgenden Internetadressen:

http://www.miro.pair.com/tweakbios/

http://www.sharible.de/software/order/twbios.htm (deutschsprachige Seite)

Nach dem Start erscheint zunächst eine Übersicht über die Komponenten, die von TweakBIOS eindeutig identifiziert werden konnten. Mit den Cursortasten [↑] und [↓] wählen Sie die Komponente aus, und über die Taste [↵] erreichen Sie das Konfigurationsfenster. In unserem Beispiel ist das Programm zunächst auf einer Sockel 7-Hauptplatine mit Intel TX-Chipsatz (Abbildung 3.11) und anschließend auf einer Pentium II-Hauptplatine mit Intel LX-Chipsatz (Abbildung 3.12) aufgerufen worden.

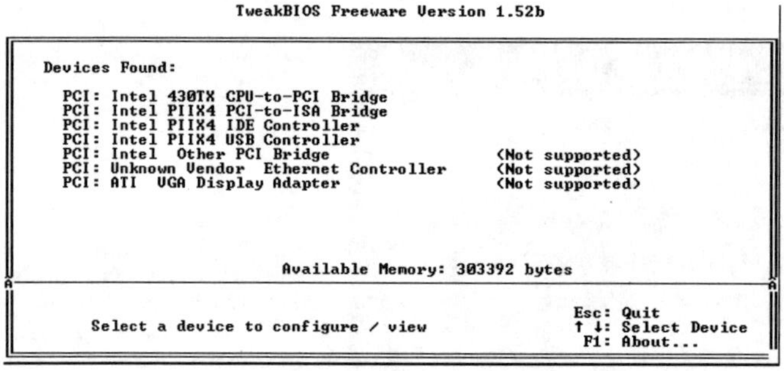

Abb. 3.11: TweakBIOS zeigt die Komponenten auf einer Sockel 7-Hauptplatine

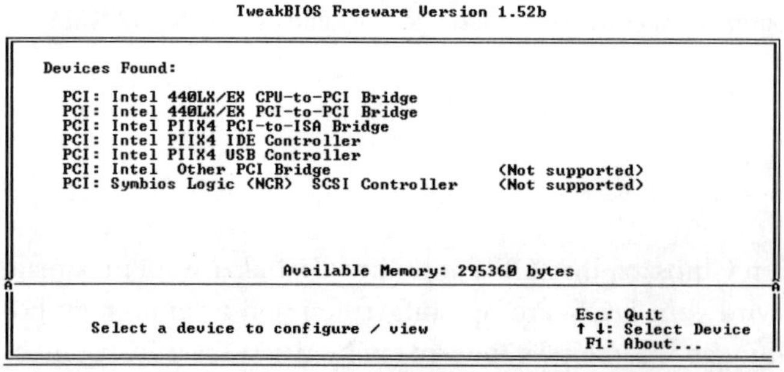

Abb. 3.12: TweakBIOS zeigt die Komponenten auf einer Pentium II-Hauptplatine

Neben den Chipsätzen mit den zugehörigen Bridges werden auch Erweiterungskarten und deren Einstellungen erkannt. Zwar ist das Programm nicht in Lage, alle Karten mit der genauen Bezeichnung zu erkennen, aber wie Sie in den beiden vorangegangenen Abbildungen erkennen können, werden SCSI-Hostadapter, Netzwerkkarten und auch die PCI-VGA-Karte von ATI korrekt mit ihrer Aufgabe ausgezeichnet. Eine Matrox G100 im Accelerated Graphics Port wird dagegen beim Pentium II nicht identifiziert.

Rufen Sie eines der Menüs auf, werden Ihnen viele Menüpunkte bekannt vorkommen, die Sie bereits im CMOS-Setup vorgefunden haben. Bei der Masse an Einstellungen sollten Sie sich aber genügend Zeit nehmen, um das System genau zu analysieren. Die Erklärungen im Fenster unten rechts sind leider nicht sehr ausführlich, weshalb ich auf die Kapitel dieses Buches für die Aufgaben der Optionen verweisen möchte. Zwar gibt der Autor hier Tips, bei welcher Einstellung der Rechner schneller arbeitet, aber die Voraussetzungen, die dazu erfüllt sein müssen (z. B. schnelle RAM-Bausteine) sind hier nicht genannt. Aber zusammen mit den Erläuterungen der Optionen in diesem Buch steht Ihnen nach Erwerb der Vollversion des Programms ein starkes Werkzeug zum Tunen des BIOS zur Verfügung. Daß sich die Version nicht an einen BIOS-Hersteller »klammert«, macht sie sehr flexibel auch für den technischen Support, da sie mit unterschiedlichen Konfigurationen spielend zurecht kommt. Die Änderungen können ohne Neustart übernommen werden, und so können direkt die Auswirkungen getestet werden.

Der Aufruf sollte, wie schon beim DMI-Configuration Utility, nur unter einer echten DOS-Umgebung (keine DOS-Eingabeaufforderung) erfolgen, damit das Tool uneingeschränkten Zugriff auf das BIOS erhält. Zwar können die Änderungen auch in einer DOS-Box von Windows 98 aktiviert werden, aber sollte die neue Konfiguration das System blockieren, ist kein korrekter Systemabschluß mehr durchführbar. Dies kann im schlimmsten Fall zum kompletten Datenverlust der Festplatte führen, wenn zum Zeitpunkt des Absturzes gerade der Bootsektor oder die Partitionstabelle bearbeitet wurde. Hier ist äußerste Vorsicht geboten.

Der Vorteil dieses Programms gegenüber dem BIOS-Setup des Herstellers liegt darin, daß die Einstellungen nach Funktionsgruppen sortiert und die Darstellung nicht an das 25-Zeilen- und 80-Spaltenmuster gebunden ist. Sie wissen also direkt, wenn Sie beispielsweise die Intel 440LX CPU-to-PCI-Bridge auswählen, daß nur die entsprechenden Einstellungen angezeigt werden. Im CMOS-Setup sind diese Angaben – mit den Einstellungen zu den anderen Komponenten auch – nur auf das Chipset Features Setup begrenzt. Alleine an der Vielzahl der Einstellungen, die TweakBIOS Ihnen anzeigt, sehen Sie, was die BIOS-Programmierer Ihnen alles vorenthalten haben.

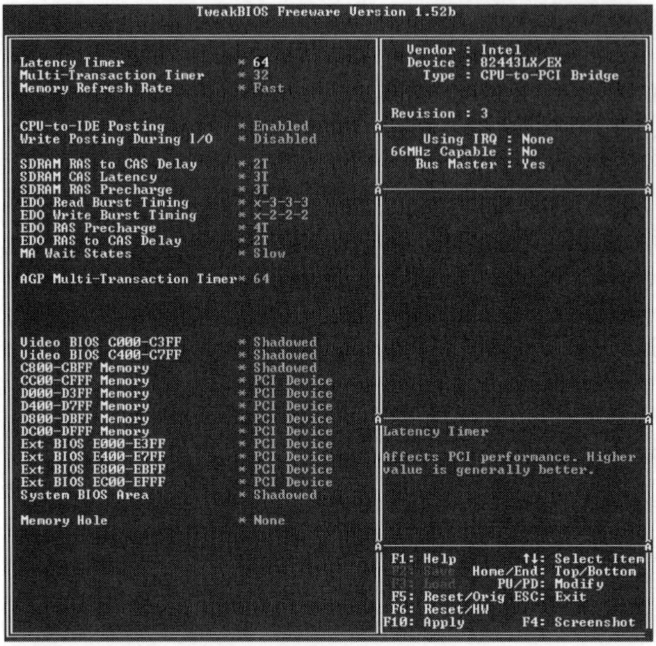

Abb. 3.13: Öffnen Sie einen Punkt, erscheinen alle Optionen übersichtlich aufgelistet (hier die CPU-to-PCI-Bridge des 440LX-Chipsatzes)

Weitere Einstellmöglichkeiten:

- die PCI-to-ISA-Bridge (hier Intel 440LX-Chipsatz)

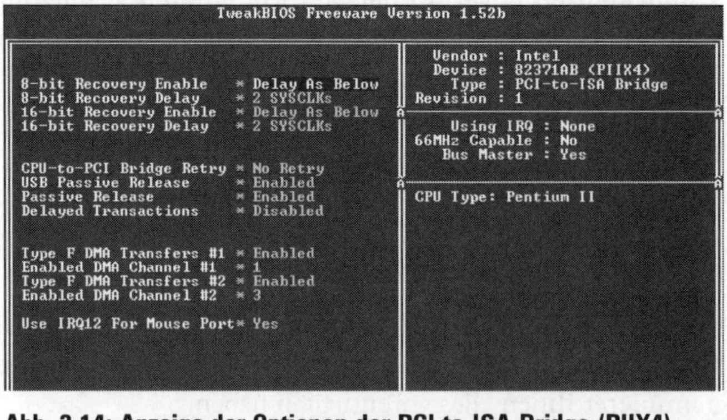

Abb. 3.14: Anzeige der Optionen der PCI-to-ISA-Bridge (PIIX4)

- der Onboard IDE-Controller (PIIX4)

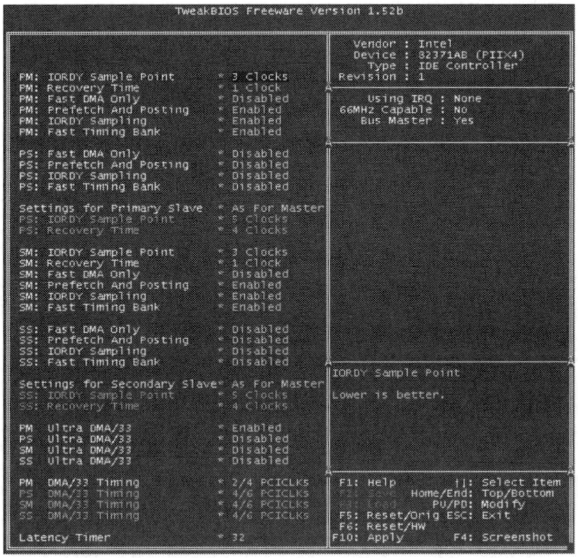

Abb. 3.15: Einstellungen zum Onboard IDE-Controller

- Angaben zu Steckkarten (hier Tekram DC390 U – SCSI-Hostadapter)

  Bei den Informationen zu den identifizierten Steckkarten ist besonders der zugewiesene Interrupt interessant, da Sie auf diese Weise Einblick erhalten, ob beispielsweise die PCI-Komponenten jeweils einen eigenen IRQ verwenden oder ob das Interrupt-Sharing zum Einsatz kommt. Bei dem hier gezeigten SCSI-Hostadapter ist der Busmaster-Betrieb zu erwähnen, bei dem diese Karte eigenständig die Kontrolle über den Bus übernehmen kann. Dies sollte bei PCI-SCSI-Hostadaptern immer aktiviert sein, da aus dieser Betriebsart die hohen Übertragungsgeschwindigkeiten resultieren – und die werden bei den Festplatten-Subsystemen immer gefordert.

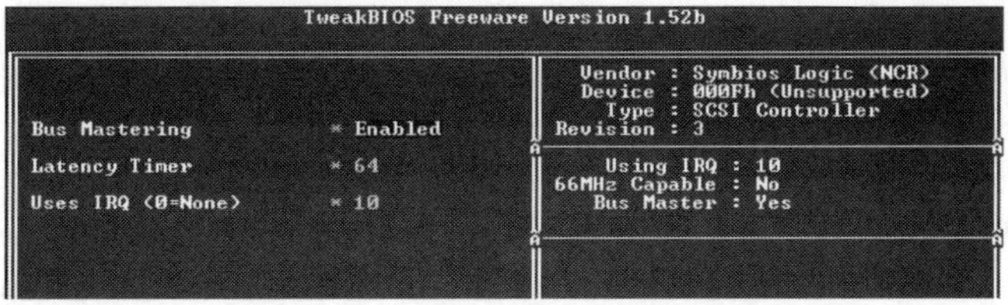

Abb. 3.16: Angaben zu identifizierten Steckkarten (hier PCI-SCSI-Hostadapter)

Haben Sie Änderungen durchgeführt, können Sie diese mit der Taste F10 in das CMOS-RAM übernehmen lassen. In der Shareware-Version steht allerdings nicht das Speichern der vorhandenen Konfiguration als Datei oder das Laden von Konfigurationen vom Datenträger zur Verfügung. Deshalb können Sie das Programm auch nur zur Änderung der Optionen bei laufendem PC einsetzen. Das Archivieren und Restaurieren von Konfigurationen ist erst mit der Vollversion möglich. Unter der weiter vorne angegebenen URL für den deutschsprachigen Raum erhalten Sie die aktuellen Preise und können die Vollversion direkt bestellen.

Um die Einstellungen nicht mühsam vom Bildschirm abschreiben zu müssen, hat der Autor der Software die Taste [F4] mit der Möglichkeit eines Screenshots belegt. Hier haben Sie die Möglichkeit, den Inhalt des aktuellen Fensters in eine Datei (immer SCREEN.TXT) schreiben oder in die Zwischenablage (Clipboard) von Windows kopieren zu lassen. Letztere Möglichkeit steht Ihnen allerdings nicht in einer reinen DOS-Umgebung zur Verfügung. Da sich beim Schreiben in eine Datei kein Name vorgeben läßt, wird eine vorhandene Datei SCREEN.TXT unweigerlich überschrieben, wenn Sie das nächste Fenster per Screenshot sichern möchten. Hier haben Sie nur die Möglichkeit, die Datei beizubehalten, wenn Sie unter DOS das Programm verlassen und vor dem nächsten Screenshot die Datei umbenennen. Dies ist zwar etwas umständlich, aber auf diese Weise erhalten Sie eine umfassende Dokumentation über alle Einstellungen Ihrer BIOS-Version. Unter Windows kann der Inhalt auch in die Zwischenablage kopiert und von dort in eine andere Datei übernommen werden. Da hier nur Textzeichen in die Zwischenablage übernommen werden, ist der Editor das geeignete Ziel für die Speicherung der Einstellungen unter Windows. Auf diese Weise erstellen Sie ein einfaches Textdokument mit ASCII-Zeichen, das aber alle relevanten Daten enthält. Um eine vollständige Sicherung zu erhalten, gehen Sie in jede Option von TweakBIOS und betätigen die Taste [F4]. Bei der erscheinenden Abfrage geben Sie [C] für Clipboard (Zwischenablage) an.

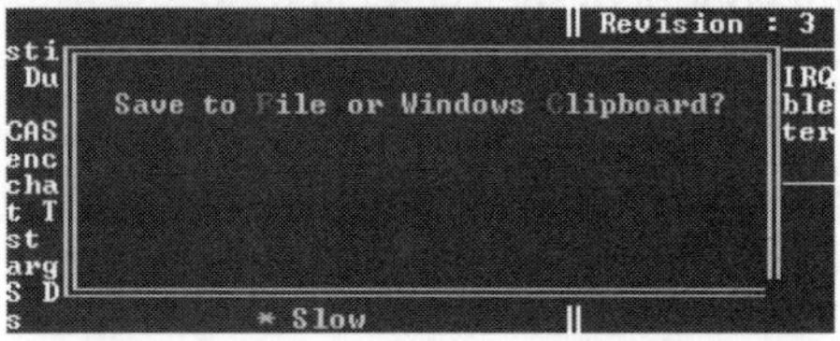

Abb. 3.17:
Hier entscheiden Sie, wohin der Screenshot gesichert werden soll

Anschließend starten Sie über *Start / Programme / Zubehör* den Editor und wählen im Menü *Bearbeiten* den Punkt *Einfügen*. Jetzt werden die ASCII-Zeichen in den Editor übertragen, und Sie erkennen bereits die Struktur des zuvor gesicherten Fensters wieder. Bevor Sie nun die nächste Seite übertragen, gehen Sie an das Ende der Datei und fügen eine Leerzeile ein. Jetzt wechseln Sie (z. B. über [Alt]+[⇆]) zurück zu TweakBIOS und rufen die nächste Seite auf. Auch diese wird mit der Taste [F4] in die Zwischenablage und anschließend im Editor über den Befehl *Einfügen* in das Dokument übertragen. Verfahren Sie so mit allen vorhandenen Menüpunkten von TweakBIOS, erhalten Sie eine vollständige Dokumentation und können sich anschließend an die Optimierung der BIOS-Version heranwagen.

4

Das BIOS-Upgrade

Die Hauptplatine wird mit einer bestimmten BIOS-Version ausgeliefert, wobei es hier weniger um den Hersteller als mehr um die Revisionsnummer geht. Denn ein BIOS ist im eigentlichen Sinne Software und aufgrund ständiger Neuentwicklung im Bereich der Hardware einem dauernden Wandel unterzogen. Deshalb gibt es nicht »das« AMI- oder AWARD-BIOS, sondern man muß im gleichen Zusammenhang die Versionsnummer und eine vom Hersteller der Hauptplatine vergebene Revisionsnummer angeben. Da häufig erst nach dem Ausliefern einer Hauptplatine Probleme von Anwendern bekannt werden, die auf Fehler im BIOS zurückzuführen sind, ist der Hersteller der Hauptplatine immer bemüht, den Mangel oder das Problem so schnell wie möglich über ein BIOS-Upgrade aus der Welt zu schaffen. Hier lohnt sich ein regelmäßiger Blick auf die Web-Seiten des Herstellers.

Aber nicht nur zur Problembehebung dient das BIOS-Upgrade. Integriert der Hersteller neue Funktionen, die bisher nicht nutzbar waren, in das BIOS, erhalten Sie durch das Upgrade die Funktionalität frei Haus geliefert. Beispiele für die Integration neuer Funktionen waren beispielsweise die Unterstützung der LS-120- und ATAPI-ZIP-Laufwerke durch das BIOS oder die Wahl, ob IDE- oder SCSI-Festplatten als Bootdevice herangezogen werden sollen. Hier wurde durch die neue BIOS-Version die Unterstützung neuer Hardware implementiert. Am Beispiel der ATAPI-ZIP-Laufwerke ist erkennbar, daß im BIOS die Erkennung eines Gerätes implementiert werden muß, damit es korrekt arbeitet. Da sich das Laufwerk an die Normen des ATAPI-Standards hält, ist es Aufgabe des BIOS, dafür zu sorgen, daß der Zugriff auf das Laufwerk sowie das Lesen/Schreiben und der Wechsel der Medien auch vom Betriebssystem und von Anwendungen korrekt interpretiert werden.

Planen Sie den Umstieg auf eine neue BIOS-Version, sollten Sie die nächsten Abschnitte aufmerksam lesen, damit die Arbeit auch mit Erfolg gekrönt wird. Denn es gibt eine Reihe von Hinweisen zu beachten, und Sie sollten bestimmte Vorkehrungen treffen, die Ihnen die Arbeit erleichtern. Soviel vorweg: Es können eine Vielzahl von Komplikationen auftreten, die sogar den PC vollständig lahmlegen können. Deshalb ist an dieses Unterfangen mit großer Sorgfalt heranzugehen.

4.1 Eigene BIOS-Version und -Hersteller ermitteln

Wichtigstes Gebot für das Upgrade der vorhandenen BIOS-Version ist, daß das neue BIOS 100%ig zur Hauptplatine paßt. Es hat also keinen Sinn, die BIOS-Version des Nachbarn oder Arbeitskollegen zu verwenden, wenn in dem Rechner eine andere Hauptplatine zum Einsatz kommt. Die Quelle der Upgrade-Dateien und der

Programmiersoftware sollte der Hersteller Ihrer Hauptplatine sein, denn dieser gibt die Versionen erst nach aufwendigen Tests für ein Board frei. Da jeder Hersteller eine Vielzahl von unterschiedlichen Hauptplatinen im Programm hat und häufig auch für ältere Boards die BIOS-Versionen weiter pflegt, ist bei der Auswahl die korrekte Bezeichnung Ihrer Hauptplatine von großer Bedeutung. Denn das BIOS ist in erster Linie auf den verwendeten Chipsatz der Hauptplatine zugeschnitten. Anhand der Bezeichnung (z. B. TX97 XE, oder GA686-LX) ist der Chipsatz zu erkennen, und nur die hierfür speziell programmierten BIOS-Versionen dürfen in das BIOS-EEPROM oder -Flash-ROM geladen werden. Haben Sie eine nicht kompatible BIOS-Version in den Chip übertragen, wird die Software beim nächsten Booten den Chipsatz nicht erkennen, und der gesamte Rechner wird seinen Dienst versagen. Der Gang zum Händler oder Hersteller ist in diesem Fall die einzige Lösung.

Die BIOS-Version

Die BIOS-Version wird direkt nach dem Einschalten des Rechners während des Speichertests am oberen Bildschirm angezeigt. Weitere Angaben bezüglich der Revisionsnummer werden dagegen am unteren Bildschirmrand aufgelistet. Über die Taste [Pause] können Sie den Speichertest stoppen und die Angaben notieren. Neben den Herstellerangaben listen einige Hersteller im Bereich der Angabe des Prozessors eine interne Verarbeitungsnummer auf, die bei dem Revisionsschritt weiter numeriert wird. Beispielsweise beim Asus Board TX 97 XE beginnt die BIOS-Version mit der Ziffernfolge »0104« (Ersterscheinung) und geht bereits bis »0108«. Diese Ziffernfolge wird bei der Namensgebung der Updatedateien wieder verwendet. Da bei einem Upgrade immer auf eine neuere Version aktualisiert werden sollte – es sei denn, die neue Version verursacht neue Probleme und der Hersteller gestattet das Einspielen älterer Versionen – finden Sie Ihre BIOS-Version anhand dieser Angabe immer wieder in der Liste vor und können nachsehen, ob eine aktuellere Version existiert.

Im vorangegangenen Kapitel haben Sie bereits das DMI-Configuration Utility kennengelernt. Auch mit dieser Software – soweit sie sich im Lieferumfang des Rechners befindet – können Sie die BIOS-Version ermitteln. Neben dem Hersteller werden die Versionsangaben hier ebenfalls angezeigt.

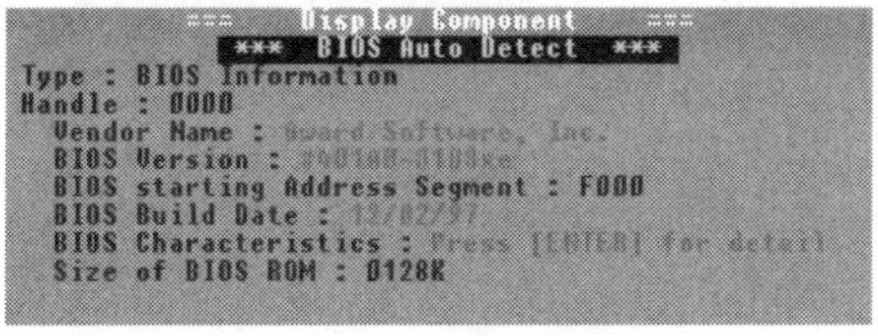

Abb. 4.1: Mit Hilfe des DMI-Configuration Utility ermitteln Sie die BIOS-Version

Sind Sie bereits im Besitz der Programmiersoftware für das BIOS-Upgrade, also dem *Flash Memory Writer*, können Sie diesen auch zur Kontrolle der Version aufrufen. Denn im Startbildschirm werden neben den Befehlen zum Programmieren und Sichern auch Angaben zur BIOS-Version dargestellt. Über die Taste [Esc] können Sie es anschließend wieder beenden.

Eine weitere Möglichkeit der Identifikation besteht durch die am unteren Bildschirmrand während des POST angezeigten Ziffernfolgen. Hier erhalten Sie Angaben zum BIOS-Datum, Chipsatz, Prozessor und weitere Informationen. Die folgende Auflistung zeigt Ihnen die möglichen Angaben. Allerdings finden Sie nicht alle beschriebenen Informationen auch tatsächlich vor. Halten Sie den POST mit der Taste [Pause] an und notieren Sie die aufgeführten Angaben. Anschließend können Sie die Ziffernfolge mit der hier angegebenen Beschreibung vergleichen. Bei der Angabe sind maximal drei Zeilen möglich, die ich hier der Reihe nach beschreiben möchte. Der Buchstabe »N« in der Auflistung muß dabei durch die vorgefundene Angabe ersetzt werden.

1. Zeile

NN	NNNN	NNNNNN	NNNNNNNN	NNNNNN	NNNNNNNN	N
1–2	4–7	9–14	16 – 23	25 – 30	32 – 39	41

1 Vorhandener Prozessor
4 entspricht 80486
5 entspricht Pentium

2 BIOS-Typ (Speichergröße)
0 entspricht 64 KByte Modul
1 entspricht 128 KByte Modul

4-5 Höhere Versionsnummer des BIOS

6-7 Niedrigere Versionsnummer des BIOS

9-14 Referenznummer des Herstellers

16 POST-Fehlermeldungen
0 entspricht ausgeschaltet - keine Anzeige
1 entspricht eingeschaltet - Fehler werden angezeigt

17 CMOS wird beim Start initialisiert
0 entspricht ausgeschaltet - keine Initialisierung
1 entspricht eingeschaltet - CMOS wird initialisiert

18 Pin 22 und 23 des Tastatur-Controllers werden gesperrt
0 entspricht ausgeschaltet - Tastatur kann verwendet werden
1 entspricht eingeschaltet - Tastatur ist blockiert

19 BIOS unterstützt PS/2-Maus
0 entspricht ausgeschaltet
1 entspricht eingeschaltet

20 Die Taste F1 wird abgefragt, wenn Fehler gefunden
0 entspricht ausgeschaltet - Taste wird im Fehlerfall nicht abgefragt
1 entspricht eingeschaltet - Taste wird abgefragt und Boot-Vorgang angehalten

21 Fehler bei Diskettenlaufwerken werden während des POST angezeigt
0 entspricht ausgeschaltet - Fehler werden nicht angezeigt
1 entspricht eingeschaltet - Fehler werden angezeigt

22 Fehler der Grafikkarte werden während des POST angezeigt
0 entspricht ausgeschaltet - Fehler werden nicht angezeigt
1 entspricht eingeschaltet - Fehler werden angezeigt

23 Fehler der Tastatur werden während des POST angezeigt
0 entspricht ausgeschaltet - Fehler werden nicht angezeigt
1 entspricht eingeschaltet - Fehler werden angezeigt

25-26 Anzeige des Herstellungsdatums des BIOS (Monat)

27-28 Anzeige des Herstellungsdatums des BIOS (Tag)

29-30 Anzeige des Herstellungsdatums des BIOS (Jahr)

32-39 Anzeige des Chipsatzes und/oder des BIOS-Herstellers

41 Anzeige der Versionsnummer des Tastatur-Controllers

2. Zeile

NNN	NNNN	NNNNNNN	NNNNNNNN	NNNNNN	NNNNNNNN	N
1 – 3	4 – 7	9–15	16 – 23	25 – 30	32 – 39	41

1-2 Anzeige der Pin-Nummer, die für den Frequenzwechsel durch den Tastatur-Controller verwendet wird

3 Anzeige der aktuellen CPU-Taktfrequenz nach dem Einschalten des Rechners
H entspricht High - hohe Taktfrequenz
L entspricht Low - niedrige Taktfrequenz, die für einige Spiele notwendig sein kann

5 Wechsel der Taktfrequenz durch Register des Chipsatzes
0 entspricht ausgeschaltet
1 entspricht eingeschaltet

7-16 Angaben zur hohen Taktfrequenz

18-27 Angaben zur niedrigen Taktfrequenz

29-31 Anzeige der Pin-Nummer des Tastatur-Controllers, über den ein schneller Wechsel der Taktfrequenz durchgeführt werden kann

3. Zeile

NNN	N	NNN	NN	NN	NNNN	NN	NN	NN	N	N
1 – 3	4	5 – 7	8 – 9	10–11	12–15	16-17	18-19	20-21	22	23

1-2 Pin des Tastatur-Controllers für die Kontrolle des Cache-Speichers

3 Anzeige, ob Cache-Pin des Tastatur-Controllers ein- oder ausgeschaltet
H entspricht High = eingeschaltet
L entspricht Low = ausgeschaltet

4 Anzeige, ob das Signal vom Tastatur-Controller Pin verwendet wird
0 entspricht ausgeschaltet - Signal wird nicht verwendet
1 entspricht eingeschaltet - Signal wird verwendet

5-7 Anzeige, ob Cache vom Chipsatz verwaltet wird
0 entspricht ausgeschaltet - Cache wird nicht vom Chipsatz kontrolliert
1 entspricht eingeschaltet - Cache wird vom Chipsatz kontrolliert

8-15 Angaben zum eingeschalteten Cache-Speicher

16-21 Angaben zum ausgeschalteten Cache-Speicher

22 Pin-Nummer zum deaktivieren des Speichercontrollers

23 modifiziertes Flag des BIOS

Der Hersteller der Hauptplatine

Um den Hersteller Ihrer Hauptplatine zu ermitteln, von dem die Upgrade-Dateien bezogen werden müssen, ist schon mehr Aufwand zu betreiben, wenn nicht folgende Angaben oder Unterlagen vorliegen:

- das Originalhandbuch (oder Verpackung) der Hauptplatine
- ein Konfigurationszettel des PC-Herstellers, der die verwendeten Bauteile beschreibt
- Treiber-CD-ROM oder Diskette mit Windows 95/98-Treibern mit Aufschrift des Herstellers

- CD-ROM mit DMI-Configuration Utility
- die genaue Bezeichnung des Computers mit Seriennummer

Sollte die Bezeichnung des Computers bekannt sein, können Sie die Hotline des Herstellers beanspruchen, um an die Informationen zu gelangen. Denn anhand der Bezeichnung und der Seriennummer sollte sich einwandfrei ermitteln lassen, welche Hauptplatine verwendet wird.

Ist das Handbuch des Boards vorhanden, kontrollieren Sie zunächst, ob die Menüs innerhalb der Beschreibung des BIOS-Setups mit denen Ihres »echten« BIOS übereinstimmen. Denn unterschiedliche Optionen oder ein anders gestaltetes BIOS weisen darauf hin, daß hier doch nicht das Original-Handbuch vorliegt. In diesem Fall bleibt nur das Öffnen des Gehäuses und ein Blick auf die Hauptplatine. Hier finden Sie den Namen und die Bezeichnung häufig aufgedruckt. In der nächsten Abbildung habe ich dies anhand einer Pentium II-Hauptplatine von SOYO gezeigt. Hier ist die Bezeichnung der Hauptplatine zwischen den PCI-Steckplätzen (Kennzeichnung 1) und der Hersteller durch einen Aufkleber auf dem Chipsatz (Kennzeichnung 2) erkennbar.

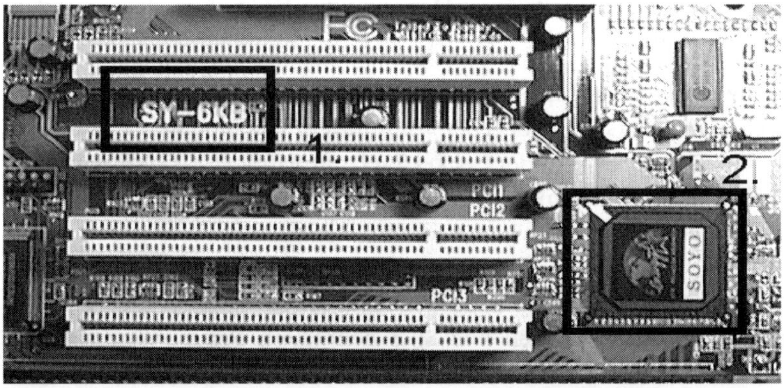

Abb. 4.2: Auf der Hauptplatine finden Sie Angaben zum Typ (Nr.1) und Hersteller (Nr. 2)

Auch mit Hilfe des DMI-Configuration Utility erhalten Sie die Information bezüglich des Herstellers und Typs, wenn diese im CMOS-RAM bei der Herstellung hinterlegt wurden. Haben Sie das DMI-Tool gestartet, markieren Sie den Punkt *Base Board*. In der erscheinenden Übersicht ist der Hersteller (*Manufacturer Name*) und die Bezeichnung der Hauptplatine (*Product Name*) zu finden.

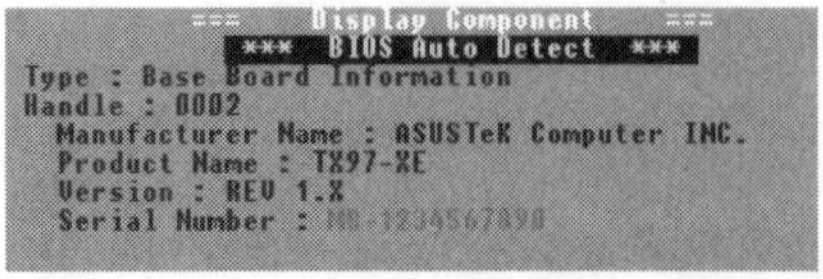

Abb. 4.3: Im DMI-Configuration Utility erscheinen die benötigten Angaben

4.2 Upgrade-Dateien besorgen

Um das Upgrade erfolgreich durchführen zu können, sind zwei Softwarekomponenten notwendig. Dazu gehört das eigentliche Programm, mit dem die vorhandene BIOS-Version gesichert und die aktuelle Version in das EEPROM oder Flash-ROM programmiert wird, und die Quelldatei mit den neuen BIOS-Daten. Für das Update des AWARD-BIOS heißt das benötigte Programm AWDFLASH.EXE oder PFLASH.EXE. Sollte die Dokumentation Ihrer Hauptplatine und der CD-ROM in englischer Sprache verfaßt worden sein, halten Sie nach dem Begriff *Flash Memory Writer Utility* Ausschau, mit dem sich auch diese Software beschreiben läßt.

Liegen die Informationen über Board, BIOS-Version und Hersteller vor, können Sie sich im Internet auf die Seiten des Herstellers begeben. In unserem Fall möchte ich Ihnen die Vorgehensweise am Hersteller Asus und der Sockel 7-Hauptplatine TX97 XE näher demonstrieren. Ist der Zugang zum Internet offen, rufen Sie die Startseite des Herstellers unter seiner URL auf. Haben Sie bisher noch keine Erfahrungen im Internet sammeln können, ist festzuhalten, daß wir nicht nach Produktinformationen, freien Jobs, sogenannten Whitepapers oder Geschäftsberichten suchen, sondern unsere Suche auf die Upgrade-Dateien des BIOS und eventuell noch der benötigten Programmiersoftware beschränken. Denn die Benutzerführung ist bei einigen Herstellern nicht sehr elegant gelöst, so daß man sich auf den Seiten durch die große Vielfalt verlieren kann, ohne daß man später noch weiß, was man eigentlich wollte. Links oder Schaltflächen mit den Bezeichnungen *Support*, *Tech-Sup*, *BIOS-Upgrades* oder *Download* führen hier zu den richtigen Seiten (siehe Abbildung 4.4).

Haben Sie den BIOS-Update-Bereich erreicht, geht es im nächsten Schritt um die korrekte Auswahl Ihrer Hauptplatine. Wie Sie der nächsten Abbildung entnehmen können, gibt es im Bereich der Pentium-Hauptplatinen eine große Auswahl an Boards, wobei jede Platine durch einen Hyperlink (Unterstreichung) gekennzeichnet ist, der Sie direkt zu den gewünschten Dateien bringt und anschließend den Download ermöglicht. Zur besseren Übersicht habe ich in der Abbildung die vorhandene Hauptplatine (TX97-XE) durch einen Kasten markiert (siehe Abbildung 4.5).

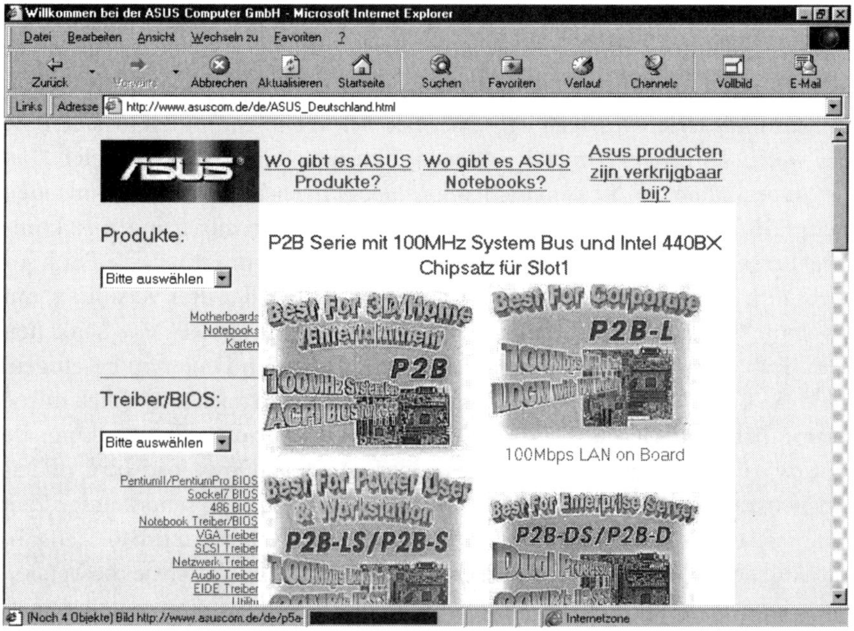

Abb. 4.4: Auf der Startseite von Asus/Deutschland finden Sie direkt den Treiber/BIOS-Bereich

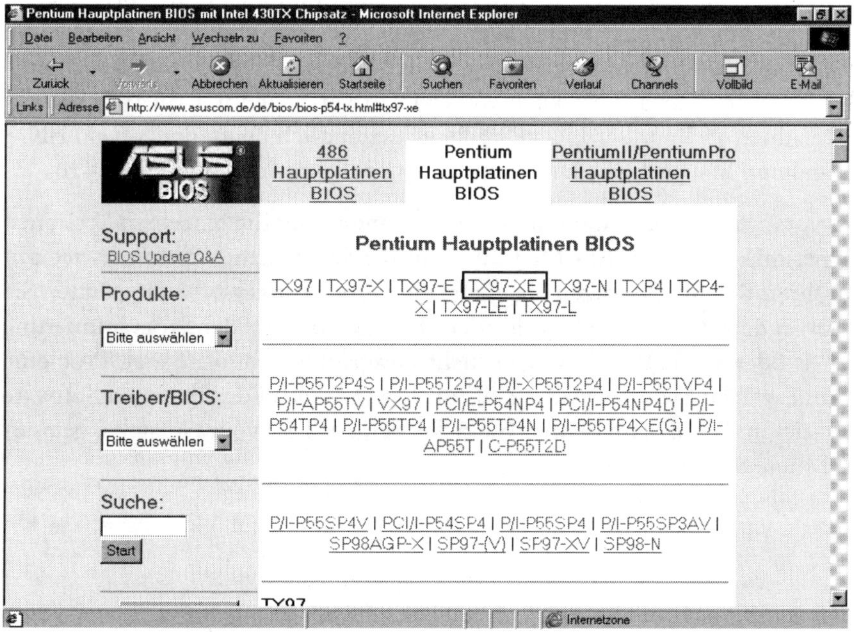

Abb. 4.5: Nach der Auswahl des Prozessors (hier Pentium-Hauptplatinen) ist Ihr Board in der Liste zu markieren

Der Hyperlink bringt Sie in den Bereich der verfügbaren Upgrade-Dateien, wobei die vorhandenen Versionen nun der Reihe nach aufgelistet werden. Beginnend mit dem Original-BIOS, was bei der Erstauslieferung des Boards vorhanden war, werden die Versionen nun aufsteigend numeriert. In der Liste unterhalb der Versionsnummer erhalten Sie Informationen, welche Änderungen und Fehlerkorrekturen durchgeführt wurden. Bei der Auswahl ist zu beachten, daß Sie nun nicht alle Versionen der Reihe nach downloaden und in Ihr eigenes BIOS laden müssen, um in den Genuß aller Aktualisierungen zu kommen. In der Regel enthalten die nachfolgenden BIOS-Versionen immer auch die Funktionen der vorangegangenen Updates. Überspringen Sie also zwei oder drei Versionen, um tatsächlich das aktuellste BIOS zu erhalten, sind alle vorangegangenen Möglichkeiten auch vorhanden. Führen Sie das BIOS-Upgrade durch, um einen Fehler zu beseitigen, kontrollieren Sie die Liste, ob der Fehler bekannt und das Problem auch tatsächlich durch die Aktualisierung behoben werden kann. Denn wenn nicht, sollten Sie das Upgrade noch nicht in Erwägung ziehen. Vergleichen Sie aber vor dem Download Ihre BIOS-Revision mit den vorhandenen Versionen. Denn ist die Hauptplatine schon einige Zeit auf dem Markt, liefert der Hersteller diese schon mit einem aktualisierten BIOS aus. In diesem Fall ist natürlich kein Upgrade notwendig. Zur Kontrolle sollten Sie die Version mit der höchsten Revisionsnummer auf der Web-Seite mit Ihrem BIOS vergleichen. Das Upgrade ist nur dann in Erwägung zu ziehen, wenn auf der Web-Seite eine höhere Version verfügbar ist.

Wurde die Produktion der Hauptplatine bereits eingestellt und bieten die vorhandenen Versionen nicht die gewünschten Funktionen, sollten Sie sich mit dem Hersteller in Verbindung setzen, ob eine alternative Version (einer anderen Hauptplatine) auch eingesetzt werden kann. Ich rate ausdrücklich von eigenen Versuchen mit BIOS-Versionen anderer Hauptplatinen ab. Nur der Hersteller kann letztendlich beurteilen, ob ein BIOS auch zu einer anderen Hauptplatine kompatibel ist oder nicht (siehe Abbildung 4.6).

Wie Sie in der vorangegangenen Abbildung sehen können, sind die einzelnen Versionen wieder als Hyperlinks ausgelegt. Ein Mausklick auf die gewünschte Version startet den Download auf Ihren Rechner. Besitzen Sie noch keine Programmiersoftware, können Sie diese ebenfalls von den Web-Seiten downloaden. Da ein Abbruch der Programmierung eines EEPROMs oder Flash-ROMs wegen nicht kompatibler Software arge Probleme hervorrufen kann, sollten Sie die Online-Zeit für den Download der richtigen Software auch noch investieren. Denn dann können Sie sicher sein, daß Sie vom Hersteller getestete oder überarbeitete Software erhalten.

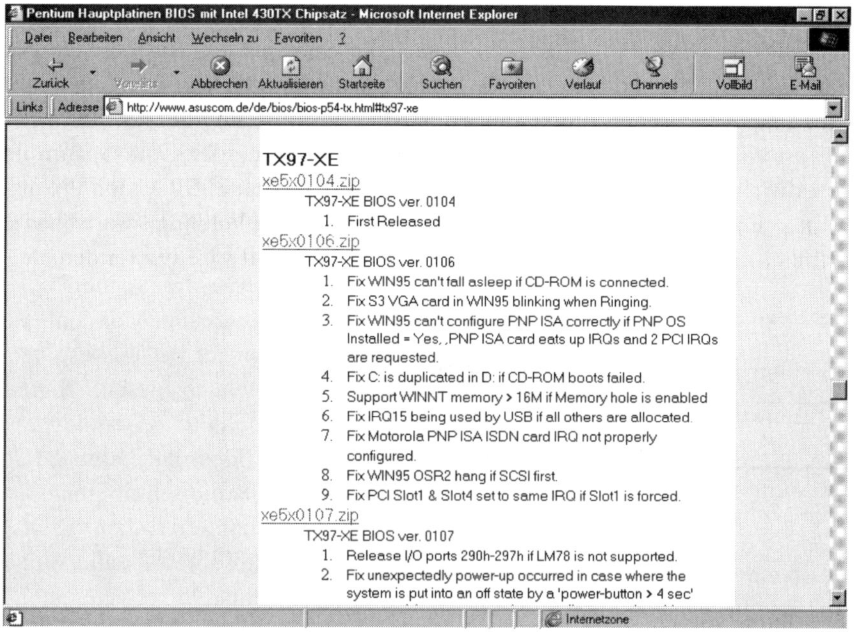

Abb. 4.6: Hier sind die einzelnen Versionen des BIOS zugänglich (mit Erläuterungen)

4.3 Der Flash Memory Writer

Um das BIOS-Upgrade durchzuführen, benötigen Sie eine reine DOS-Umgebung, wobei Sie auch auf Speichermanager verzichten sollten. Sollten die Dateien noch gepackt sein, entpacken Sie diese in ein separates Verzeichnis oder legen sie auf eine Startdiskette, mit der Sie anschließend den PC booten können. Kontrollieren Sie vor dem Update-Prozeß, ob eventuell ein Jumper auf der Hauptplatinen das BIOS gegen Überschreiben schützt. Moderne Boards verfügen – leider – häufig nicht mehr über diesen Schutz des BIOS-Speichers, da hier aus Kostengründen auf den Jumper oder den DIP-Schalter verzichtet wurde. Leider öffnet diese Sparmaßnahme Tür und Tor für unbefugte Manipulation, die sich in Form von Computerviren ebenfalls Zugang zum BIOS verschaffen können. Weiter hinten in diesem Kapitel erhalten Sie weitere Informationen zu diesem Problem.

Booten Sie von Festplatte, rufen Sie das Boot-Menü von Windows 95/98 auf, und gehen lediglich zur DOS-Eingabeaufforderung im geschützten Modus. Wechseln Sie nun in das Verzeichnis mit der Programmiersoftware, und starten Sie die Anwendung. Im Falle des *Flash Memory Writer* von Asus geschieht dies durch folgenden Aufruf:

```
PFLASH
```

Nach dem Start erscheint das Hauptmenü, das Ihnen die benötigten Befehle zur Verfügung stellt. Wichtige Voraussetzung für den Einsatz der Software ist, daß der Typ des EEPROMs oder Flash-ROMs korrekt erkannt und angezeigt wird. Denn nur dann kann die Software auch die elektrischen Einstellungen zur Programmierung des Bausteins bereitstellen. Dies ist vergleichbar mit der automatischen Einstellung der Core-Spannung eines Prozessors durch das BIOS. Dies ist nur dann möglich, wenn das BIOS den Prozessor bereits »kennt«. Erscheint hier keine Angabe, brechen Sie den Vorgang sofort wieder ab und überprüfen, ob Sie tatsächlich die richtige Programmiersoftware verwenden.

```
                    ASUSTeK PNP BIOS
               FLASH MEMORY WRITER V1.5
        Copyright (C) 1995, ASUSTeK COMPUTER Inc.

  Flash Type -- SST 29EE010
  Current BIOS Revision: #401A0-xxxx

  Choose one of the following:
  1. Save Current BIOS To File
  2. Update BIOS Main Block From File
  3. Advanced Features

  Enter Choice: [ 1]

  Press ESC To Exit
```

Abb. 4.7: Im Hauptmenü müssen das Flash-ROM und die BIOS-Version korrekt angezeigt werden (siehe Kasten)

Bei dem Typ des Flash-ROMs kann auch die Bezeichnung »INTEL 28F001BXT« verwendet werden, je nachdem, welcher Baustein gerade bei der Produktion verfügbar war. Steht dort *unknown* oder *Flash type* - -, ist dieser ROM-Chip nicht programmierbar oder unterstützt kein Plug&Play-BIOS. Er ist in diesem Fall nicht mit der vorliegenden Software programmierbar.

Das bestehende BIOS sichern

Stimmen alle Voraussetzungen, kann mit dem nächsten Schritt der Aktualisierung begonnen werden. Denn bevor Sie das BIOS unwiederbringlich überschreiben, sollte zunächst die vorhandene Version gesichert werden. Dazu steht Ihnen der Befehl *Save Current BIOS To File* zur Verfügung, der den vollständigen Inhalt des Flash-ROMs auf einen Datenträger sichert. Dabei wird das aktuelle Verzeichnis, aus dem Sie auch den Flash Memory Writer geladen haben, als Speicherort vorgegeben. Im erscheinenden Fenster erhalten Sie wieder die aktuelle BIOS-Version und können nun den Dateinamen eintragen. Allerdings ist hier Vorsicht geboten, da durch das Tool nicht die korrekte Eingabe des Dateinamens (8.3-Namensgebung) kontrolliert wird. Sie können hier einen längeren Namen eingeben, aber wenn Sie sich später den Dateinamen ansehen, sind bei der Speicherung einfach die nach dem achten Buchstaben folgenden Zeichen abgeschnitten worden. Als Kennung verwendet AWARD die Endung .AWD. Verwenden Sie Windows 98, wird dieser Typ aber fälschlicherweise als Faxdokument erkannt, was wiederum zu Verwirrungen führen kann. Die so gespeicherte Datei kann zu einem späteren Zeitpunkt wieder installiert werden, wenn Sie feststellen sollten, daß die neue Version die bestehenden Probleme nicht löst oder neue in das System »einschleppt«.

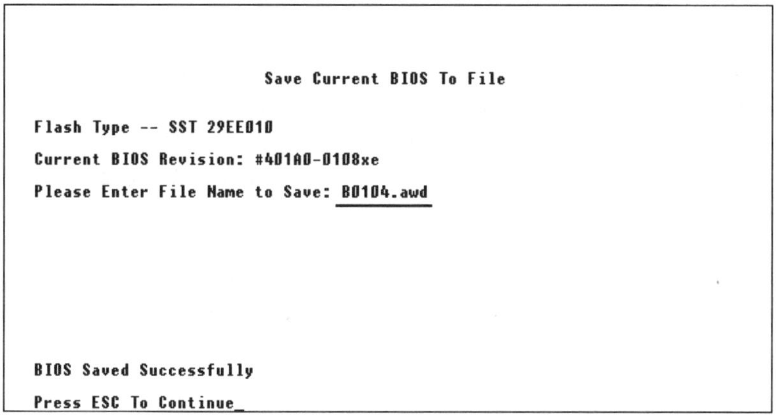

Abb. 4.8: Das bestehende BIOS wird vor der Aktualisierung gesichert

4.4 Das BIOS umprogrammieren

Im nächsten Arbeitsschritt geht es jetzt tatsächlich an das Überschreiben des vorhandenen BIOS-Inhaltes. Hierbei ist unbedingt darauf zu achten, daß der Schreibvorgang vollständig und ohne Fehlermeldungen beendet werden konnte. Auf keinen Fall sollten Sie den Rechner während der Aktualisierung ausschalten, da dies auch das Schreiben des Flash-ROMs negativ beeinflußt. Da sich der Inhalt in diesem Fall nicht vollständig im ROM befindet, kann schon der nächste Boot-Vorgang fehlschlagen, da dem PC die notwendige »Intelligenz« noch nicht übertragen wurde.

Um das Update vorzunehmen, wählen Sie im Hauptmenü den Punkt 2 *Update BIOS Main Block From File* und geben im nächsten Fenster den Namen der Update-Datei, die Sie zuvor entpackt haben, an. Wollen Sie eine zuvor gesicherte Version des BIOS wieder zurückspielen, geben Sie den Namen Ihrer Sicherheitskopie an, die Sie mit der Option *Save Current BIOS To File* erstellt haben.

Sollte sich mit dem neuen BIOS auch der Boot-Block geändert haben, können Sie mit dem hier beschriebenen Befehl aus Sicherheitsgründen das BIOS nicht neu programmieren. In diesem Fall erhalten Sie einen Hinweis, daß Sie die Programmierung des BIOS über das Menü *Advanced Features* vornehmen sollen. Ist der Boot-Block von dem Update nicht betroffen, wird das BIOS nun neu programmiert.

```
Boot Block of New BIOS is different from old one !!!
Please Use 'Advanced Feature' to flash whole bios !!!
```

Abb. 4.9: Diese Meldung macht Sie darauf aufmerksam, daß sich mit der neuen Version auch der Boot-Block geändert hat

Über das Menü *Advanced Features* erreichen Sie die Menüpunkte, mit denen Sie die Plug&Play-Konfiguration löschen und das BIOS samt Boot-Block neu programmieren können. Über den Menüpunkt *Clear PNP ESCD Parameter Block* löschen Sie die Informationen der Plug&Play-Konfiguration. Der Menüpunkt *Update BIOS Including Boot Block and ESCD* programmiert das BIOS, den Boot-Block und den Plug&Play-ESCD-Parameter Block neu. In diesem Fall haben Sie das BIOS vollständig ersetzt, und es sind keine Einstellungen der Vorgängerversion mehr aktiv. Die letztgenannte Möglichkeit sollten Sie nur dann nutzen, wenn Sie das Programm durch den in Abbildung 4.9 gezeigten Hinweis dazu auffordert. Die erforderlichen Daten für das Upgrade werden auch hier von einer neuen BIOS-Datei bezogen. Wichtig bei der Programmierung ist, daß der PC auf keinen Fall ausgeschaltet werden darf. Sollte das Programmieren der neuen Version Probleme bereiten, wiederholen Sie zunächst den Vorgang. Bleibt das Problem weiterhin bestehen, verwenden Sie die – hoffentlich – zuvor gesicherte alte BIOS-Version und stellen den Originalzustand wieder her. Dieses BIOS sollte sich problemlos installieren lassen, da sich diese Daten ja bereits im Flash-ROM befunden haben. Sollte sich das BIOS nicht programmieren lassen, ist auf der Hauptplatine Ausschau nach einem Jumper mit der Bezeichnung *Boot Block Programming* zu suchen, der das BIOS gegen Überschreiben schützt. Ist der Schutz aktiviert, schlägt natürlich jeder Programmierversuch auf das BIOS fehl.

```
                    Advanced Features

Flash Type -- SST 29EE010
Current BIOS Revision: #401A0-xxxx
Choose one of the following:
1. Clear PNP ESCD Parameter Block
2. Update BIOS Including Boot Block and ESCD

Enter Choice: [ 2]

Press ESC To Exit
```

Abb. 4.10: Das Menü *Advanced Features* des Flash Memory Writers

4.5 Die BIOS-Default-Werte laden

Ist die Programmierung abgeschlossen, wird der PC neu gestartet. Dazu schalten Sie den PC komplett aus. Haben Sie vor dem Upgrade einen Schreibschutz-Jumper auf der Hauptplatine umsetzen müssen, aktivieren Sie nun den Schutz wieder, bevor Sie den PC erneut einschalten. Damit die Register des CMOS-RAMs korrekte Werte erhalten, gehen Sie während des POST wieder in das BIOS und laden die BIOS-Defaultwerte durch den entsprechenden Menüpunkt im BIOS-Setup. Speichern Sie die Werte ab, damit die bestehenden Informationen auf jeden Fall überschrieben werden und durch die Werte der neuen BIOS-Version ersetzt werden. Zur Sicherheit sollten Sie den PC während des POST oder Speichertests über die Taste [Pause] kurz anhalten und kontrollieren, ob die neue BIOS-Version oder Revisionsnummer korrekt angezeigt wird.

4.6 Einstellungen kontrollieren

Je nach Änderung der BIOS-Einstellungen kann der neue Boot-Vorgang etwas von dem vorangegangenen Start abweichen. Vor allem, wenn neue Plug&Play-Funktionen hinzugekommen sind, erhalten Sie eine weitere Ansicht, die Ihnen die Zuteilung der Ressourcen an die vorgefundenen Plug&Play-Komponenten anzeigt. Um das BIOS und seine neuen Funktionen kennenzulernen, sind die Optionen zu kontrollieren. Vor allem, wenn Sie bestimmte Einstellungen bezüglich der mittels Plug&Play vergebenen Ressourcen benötigen, ist jetzt der richtige Zeitpunkt, um die Einstellungen wieder entsprechend der vorangegangenen BIOS-Version anzupassen. Denn an den Hardwareeinstellungen haben Sie ja bisher nichts geändert. Legen Sie anschließend sofort eine neue Dokumentation der Einstellungen und Optionen an, damit Sie die Informationen für spätere Zwecke wieder zur Verfügung haben. Da das BIOS und dessen Setup nicht mehr dem Original entsprechen, können Sie in einigen Punkten nicht mehr das Handbuch der Hauptplatine zu Rate ziehen.

4.7 Virenattacken auf das BIOS

Da das Flash-ROM auf vielen Hauptplatinen nicht mehr durch einen Jumper gegen Überschreiben geschützt wird, kann nicht nur der *Flash Memory Writer* ungehindert darauf zugreifen, sondern jedes andere Programm ebenfalls, vorausgesetzt, die entsprechenden Routinen werden benutzt. Dies Tatsache läßt sich natürlich auch für weniger positive Anwendungen nutzen. Und genau in diese Kategorie gehört der CIH-Virus, der tatsächlich in der Lage ist, Teile des Startprogramms des Flash-BIOS zu überschreiben und damit den PC außer Gefecht zu setzen. Dabei wird der Vorgang an jedem 26. des Monats aktiviert, und neben dem Zugriff auf das Flash-ROM des Rechners wird auch der Inhalt der Festplatte gelöscht. Durch die Aktualität dieses Virus ist er nur mit neuesten Scannern aufspürbar und zu beseitigen. Ist der 1 KByte große Virus erst einmal auf dem Rechner gelandet, infiziert er unter Windows 95/98 vorwiegend EXE-Dateien. Der Virus verbleibt immer aktiv im Speicher und hängt sich an jedes geöffnete Programm an. Das fatale dabei ist, daß er in vielen Fällen die Dateigröße nicht um 1 KByte erhöht, sondern er analysiert die Anwendung und setzt sich in ungenutzte Bereiche des Programms ein. Für einen Virenscanner, der nur die Veränderung der Dateigröße ermittelt, erscheint auch ein infiziertes Programm unverändert und der Virenalarm bleibt aus.

Schutz vor diesem »PC-Killer« bieten nur aktuelle Virenscanner, und sollte sich auf der Hauptplatine ein Jumper für den Schreibschutz des Flash-ROMs befinden, aktivieren Sie ihn zusätzlich.

Programmierung BBLKW

Deaktiviert	[1-2]	(Voreinstellung)
Aktiviert	[2-3]	

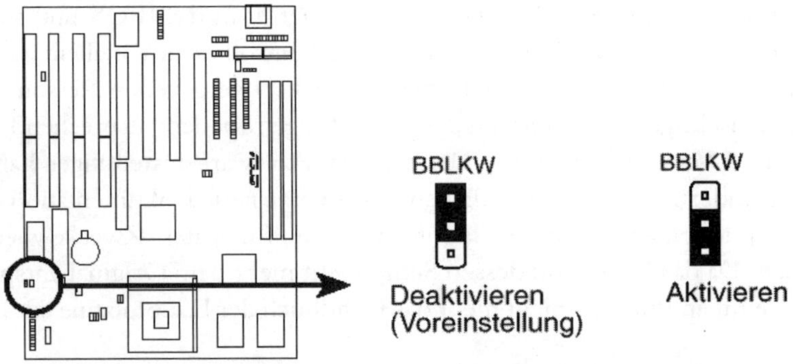

Programmieren des Boot Block (Deaktivieren/Aktivieren)

Abb. 4.11: Dieser Jumper schützt das Flash-ROM zusätzlich vor unbefugtem Überschreiben (Quelle: Asus Handbuch)

5 BIOS-Tuning

Im folgenden Kapitel möchte ich die Tuning-Möglichkeiten moderner PCs erläutern und aufzeigen, was innerhalb des Rechners zu einer Steigerung der Leistung führen kann. Eines allerdings vorneweg: Große Leistungsgewinne sind heute bei Rechnern nur dann möglich, wenn vom Hersteller das BIOS so konservativ eingestellt wurde, daß Sie beim Einschalten das Gefühl bekommen, Sie müßten den PC mit einer Kurbel antreiben.

5.1 Traum und Wirklichkeit

Moderne BIOS-Versionen lassen heute weitreichende Eingriffe in das Innenleben des Rechners zu. Und wie Sie bereits in den vorangegangenen Kapiteln kennengelernt haben, sind auch durch das BIOS-Setup zunächst nicht zugängliche Einstellungen mit Hilfe von geeigneter Software (z. B. TweakBIOS) trotzdem programmierbar. Dies verleitet dazu, den PC bis an den Rand seiner Funktionstüchtigkeit auszureizen, ohne sich der Folgen bewußt zu sein. Denn die Programmierer der BIOS-Versionen haben die Einstellungen geschaffen, um den Rechner optimal an die vorgefundene Hardware anzupassen. Und hier sind besonders die Einstellungen zum Speicher-Timing zu erwähnen, durch die sich – zum Glück – auch ältere RAM-Module in aktuellen PCs betreiben lassen. Nur müssen die Zugriffe in diesem Fall häufig etwas gebremst werden, damit sie sicher erfolgen können und die Module nicht einfach »überrannt« werden. Denn die vielleicht einprozentige Leistungssteigerung des Rechners, wenn sie denn meßbar ist, erkaufen Sie sich mit nicht zu vernachlässigenden Nachteilen. Werden die Speicher zu schnell getaktet und kann dadurch beispielsweise bei DRAMs der Refresh nicht im ausreichenden Maße erfolgen, kommt es zwangsläufig zu Speicherfehlern oder Datenverlusten, wenn das Modul den Inhalt der Speicherzelle, der ja nur aus einer elektrischen Ladung besteht (die ständig erneuert werden muß) verliert. Denn sinkt der Energiegehalt in dem (Quasi-) Kondensator, den eine Speicherzelle darstellt, unter ein bestimmtes Niveau, kippt das Bit förmlich um, und der Inhalt ist verloren. Da viele Rechner heute nicht mehr über eine Paritätsprüfung oder ECC-Erkennung verfügen, die zwar vom BIOS bereitgestellt wird, aber wegen der installierten RAM-Module nicht aktiviert werden kann, fällt dem PC dieser Fehler zunächst nicht auf. Aber durch undefinierte Systemzustände und nicht reproduzierbare Abstürze macht sich das Problem auch für den Anwender bemerkbar.

Aus diesen Gründen sollten Sie bei den Eingriffen in das BIOS und damit in die Hardwarekonfiguration des PCs folgende Punkte beachten:

- Welche Auswirkungen hat die Einstellung auf meine Hardware?
- Können Baugruppen des Rechners durch die Einstellungen zerstört werden?
- Benötige ich tatsächlich die gewonnene »Mehrleistung« in Anbetracht der Risiken?

- Ist ein Datenverlust mit größeren Folgen (z. B. Existenzprobleme bei Freiberuflern) verbunden?
- Bringt nicht gezieltes Nachrüsten von Komponenten (z. B. Erweitern des Arbeitsspeichers von 16 MByte auf 32 MByte) weitaus mehr Performance, als die Versuche im BIOS?

Die einzelnen Punkte werden in den folgenden Betrachtungen immer wieder auftauchen, da ich bei den Tuning-Möglichkeiten auch gezielt auf die Risiken aufmerksam machen werde.

5.2 Auswirkungen auf den Rechner

Tuning-Maßnahmen sind in der Regel immer mit einer Takterhöhung bei bestimmten Baugruppen verbunden. Beispielsweise ist es denkbar, einen Prozessor anstatt mit 266 MHz mit 300 MHz zu betreiben, um schnellere Rechenergebnisse zu erhalten. Das bedeutet für den Prozessor, daß er 33 Millionen Taktzyklen pro Sekunde mehr verarbeiten muß als vorher. In der Praxis ist eine Steigerung der Taktfrequenz aber bei allen Baugruppen immer mit einer Erhöhung der produzierten Verlustwärme verbunden, die der Prozessor oder die anderen Bauteile über das Gehäuse nach außen abführen müssen. Die ICs sind von den verwendeten Materialien so ausgelegt, daß sie innerhalb ihrer elektrischen Werte diese auftretende Wärme problemlos abführen können. Da das Material, der Kühlkörper und sogar die Umgebungsluft einen thermischen Widerstand besitzen, müssen diese »Barrieren« beim Wärmetausch überschritten werden. Tritt nun deutlich mehr Wärme auf, als der Hersteller in seinen Berechnungen (die den vorgegebenen Bedingungen plus Toleranzen entsprechen) berücksichtigt hat, ist die Wärmeabgabe nach außen nicht mehr in ausreichendem Maße gewährleistet. Hier kommt es zu einer Überhitzung der Komponenten, die sogar zu einer Zerstörung des Bauteils führen kann. Und ein häufig nicht beachteter Nebeneffekt wiegt den Leistungsgewinn durch Übertakten wieder auf: Durch die Erhöhung der Arbeitstemperatur arbeiten Halbleitermaterialien naturgemäß deutlich langsamer. Wenn überhaupt eine vom Hersteller nicht zugelassene Frequenzerhöhung zur Leistungssteigerung eingesetzt wird, ist unbedingt für ausreichende Kühlung zu sorgen. Bei Prozessoren kann dies beispielsweise durch ein aktives ICECAP erfolgen, bei dem ein Peltier-Element dafür sorgt, daß die Temperatur durch ein Halbleitermaterial, das bei Anlegen einer Spannung Kälte erzeugt, tatsächlich reduziert wird. Aber fällt das Element oder der installierte Lüfter aus, ist der Prozessor stark gefährdet. Hier tun Sie gut daran, wenn Sie eine weitere Kontrolle anwenden. Dazu können Sie beispielsweise einen Temperaturmeßfühler direkt an dem Prozessor anbringen und die Meßleitung nach außen führen. Solche Meßfühler, wie sie beispielsweise auch im Auto zur Bestimmung der Innen- und Außentemperatur eingesetzt werden, erhalten Sie im

Elektronikfachhandel. Auch wenn Ihre Hauptplatine über eine Temperaturmessung mittels LM78/79-Baustein verfügt, sollten Sie diese Zusatzmaßnahme einsetzen. Da der Prozessor außerhalb seiner Spezifikationen betrieben wird, kann die Temperatur schon über dem Grenzwert des BIOS liegen. Und in diesem Fall würde Sie das BIOS ständig darüber unterrichten, daß die Temperatur zu hoch ist. Meßgeräte mit einem Temperaturmeßbereich von -10°C bis +100°C erhalten Sie sehr günstig. Weiterhin erhalten Sie im Fachhandel spezielle Temperaturfühler, die mit einer Lüftersteuerung kombiniert sind und in einen freien 5,25-Zoll-Schacht des Gehäuses eingebaut werden können. Über ein Display können Sie von außen die Meßwerte ablesen und die Einstellungen bezüglich der Grenzwerte, bei denen die Lüfter aktiviert werden, vorgeben.

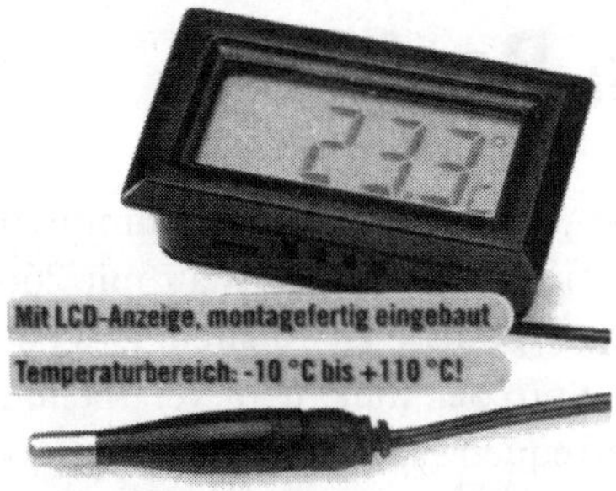

Abb. 5.1: Mit diesem preiswerten Meßgerät können Sie Temperaturen bis 100°C erfassen

Instabile Systemzustände

Sollten nach den Tuning-Maßnahmen häufiger Systemabstürze vorkommen, kann die Ursache hierfür in den durchgeführten Änderungen des BIOS-Setups liegen. Hängt das System einfach, ohne daß weitere Maus- oder Tastatureingaben möglich sind, konnte das Betriebssystem beim Auftreten des Problems nicht schnell genug reagieren. Häufige Ursache sind Programmschleifen, die kurzzeitig die gesamte Systemleistung in Anspruch nehmen und aufgrund eines Problems nicht mehr beendet werden konnten. Unter Windows 95/98 sind vor allem 16-Bit-Anwendungen in der Lage, diesen Fehler zu produzieren, denn beim kooperativen Multitasking muß die Anwendung selbst die Kontrolle an das Betriebssystem oder das nächste Programm weitergeben. Hängt also eine solche Anwendung, ist das gesamte System blockiert.

In diesem Fall sollten Sie unter Windows 95/98 zunächst die Tastenkombination Strg+Alt+Entf betätigen. Jetzt wird noch kein Warmstart durchgeführt, sondern versucht, das Dialogfenster *Anwendung schließen* einzublenden. Sollte das Betriebssystem an sich von dem Fehler noch nicht in Mitleidenschaft gezogen worden sein, kann das Fenster noch aufgerufen werden. Hier werden alle gestarteten Programme des Rechners aufgelistet, und hier sollte sich auch das Programm befinden, das den »Hänger« verursacht hat.

Sie erkennen es am Zusatz *Anwendung xyz - reagiert nicht mehr*. Markieren Sie die Anwendung in der Liste, und betätigen Sie anschließend die Schaltfläche *Task beenden*. Jetzt versucht das Betriebssystem, mit dem Problem fertig zu werden und die Anwendung vollständig aus dem Speicher zu entfernen. Da dies nicht immer komplett gelingt, ist nach einem solchen Absturz immer ein Neustart des Systems angeraten, damit wieder ein stabiler Systemzustand erreicht wird.

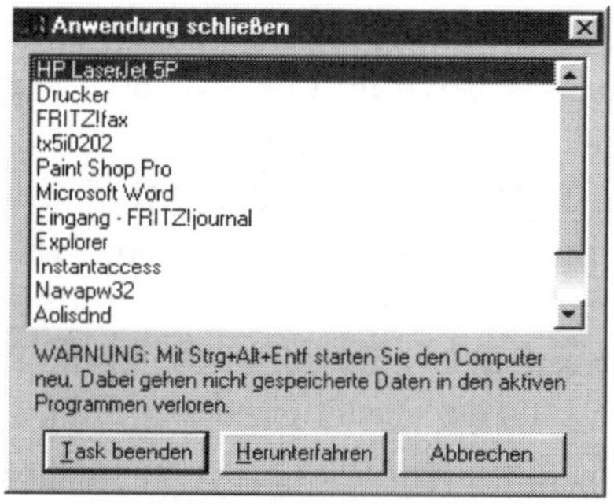

Abb. 5.2: In diesem Fenster können hängende Programme beendet und aus dem Speicher entfernt werden.

Sollten sich diese Abstürze häufen, sind die zuvor gemachten Änderungen im BIOS schnellstmöglich wieder gegen die vorherigen Einstellungen zu tauschen. Sollten aber die Probleme trotz der wieder geänderten Einstellungen weiterhin vorhanden sein, ist die Möglichkeit eines Hardwaredefektes aufgrund der Tuning-Maßnahmen sehr wahrscheinlich. Hier hilft nur eine vollständige Diagnose oder der Tausch der Komponenten.

5.3 Die Tuning-Möglichkeiten

Im folgenden Abschnitt werden die einzelnen Komponenten genannt, bei denen Tuning-Maßnahmen möglich sind. Dabei erhalten Sie auch die entsprechenden Optionen im BIOS genannt, wobei die Erklärung der Bedeutung in den zugehörigen BIOS-Versionen zu suchen sind. Hier soll nur aufgezeigt werden, welche Namensgebung die Hersteller für die Optionen verwenden.

Der Bustakt

Den Takt für den PCI-Bus stellen Sie auf einer Pentium- oder Pentium II-Hauptplatine in der Regel nicht direkt ein. Diese Taktfrequenz wird aus dem Systemtakt (Front Side Bus) gewonnen. Betreiben Sie die Hauptplatine also mit einem Systemtakt von 66 MHz, wird durch eine Halbierung der Bustakt für den PCI-Bus von 33 MHz gewonnen. Seit der Erhöhung der Systemtakts von Intel (BX-Chipsatz) und einigen anderen Herstellern beim Sockel 7 auf 100 MHz wird der PCI-Bus durch eine Teilung mit dem Faktor 3 wieder mit den vorgeschriebenen 33 MHz versorgt. Neben den schon beschriebenen Systemtakten von 66 MHz und 100 MHz finden Sie auf einigen Sockel 7-Hauptplatinen auch noch weitere Einstellungen zum Systemtakt. Dazu gehören die etwas ungewöhnlich anmutenden Taktfrequenzen von 75 MHz und 83 MHz. Der 75-MHz-Takt wird beispielsweise beim Cyrix 6x86 PR200 benötigt, da dieser intern mit 150 MHz getaktet wird und er diese Frequenz durch Verdopplung des Systemtaktes gewinnt. Um auf 150 MHz zu kommen, muß das Board 75 MHz zur Verfügung stellen. Da der PCI-Takt hier wieder durch Halbierung gewonnen wird, kommen nun nicht 33 MHz sondern 37,5 MHz zum Einsatz. Hierbei wird der PCI-Bus schon außerhalb seiner Spezifikation betrieben. Zwar kommen viele PCI-Karten auch mit diesem Takt zurecht, aber trotzdem kann der erhöhte Takt zu Problemen führen. Und zwei weitere Punkte werden bei dieser Art des Tunings häufig übersehen. Denn neben der Erzeugung des PCI-Taktes wird auch das Speicher-Interface mit dem Systemtakt betrieben. Also die RAM-Bausteine werden ebenfalls mit 75 MHz oder 83 MHz betrieben. Hier sind besondere Anforderungen zu erfüllen, damit ein Speicherbaustein hier dauerhaft stabil arbeitet. Also neben der Übertaktung des PCI-Busses kann auch die Stabilität des Speicher-Interfaces oder der Speicher selbst im Mitleidenschaft gezogen werden. Die zweite – häufig nicht berücksichtigte – Folge dieser Takterhöhung wirkt sich auch auf den ISA-Bus aus. Denn aus dem PCI-Takt wird durch weitere Teilung (z. B. durch 3 oder 4) der ISA-Bustakt gewonnen. Hier können Sie leicht ausrechnen, was passiert, wenn Sie beispielsweise bei einem ursprünglichen Systemtakt von 66 MHz, einem PCI-Takt von 33 MHz unter einer hier noch zulässigen Teilung durch 3 (was einem ISA-Bustakt von 11 MHz entspricht), den Systemtakt auf 75 MHz erhöhen. Der ISA-Bus wird hier mit 12,5 MHz getaktet, was bei vielen Karten schon zu einer Vielzahl von Problemen führen kann. Bei 83 MHz, für den unter anderem bei vielen Hauptplatinen spezielle RAM-Bausteine nötig werden, ist der ISA-Takt unbedingt zu kontrollieren, denn hier sind Sie weit von den zulässigen Spezifikationen entfernt.

Damit der PCI- und der ISA-Bus bei den höheren Takten trotzdem noch mit 33 MHz versorgt werden, haben sich die Entwickler der Hauptplatinen den sogenannten Asynchronmodus einfallen lassen. Hier wird durch eine komplizierte Elektronik trotz der 75 MHz ein 33 MHz PCI-Takt erzeugt. Durch die nun unterschiedlichen Frequenzen werden allerdings einige Takte zur Synchronisation der Signale benötigt, was den Geschwindigkeitsvorteil wieder etwas aufhebt.

PCI Bus-Takt	JP16
Asynchron	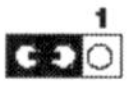
Synchron	

Dieser Jumper verändert den PCI Bus-Takt. Setzen Sie den Jumper auf „Synchronen“ Takt, wenn das System nicht stabil läuft.

CPU BUS-Takt	PCI Bus-Takt (Synchron)	PCI Bus-Takt (Asynchron)
50 MHz*	25 MHz	32 MHz
55 MHz*	27,5 MHz	32 MHz
60 MHz	30 MHz	32 MHz
66 MHz	33,3 MHz	32 MHz
75 MHz**	37,5 MHz	32 MHz

Abb. 5.3: Die Einstellungen und Auswirkungen des synchronen oder asynchronen Betriebes (Quelle: SOYO)

Die in Abbildung 5.3 gezeigten Werte für den PCI-Bus sind auch mit 37,5 MHz mit ausnahmslos modernen Karten noch vertretbar, auch wenn viele Hersteller keine Garantie mehr für den korrekten Betrieb ihrer Karten bei diesen Frequenzen übernehmen.

Haben Sie bereits eine Hauptplatine mit dem ALI (Acer Laboratories Inc.) Aladin V-Chipsatz mit AGP-Unterstützung erworben, wie beispielsweise die von Asus angebotene Hauptplatine P5A, sind die Einstellungen bezüglich der oben beschriebenen Taktfrequenz in noch größerem Umfang möglich. Trotz der Hinweise, die nur dann einen Betrieb mit 100 MHz Systemtakt zulassen, wenn entsprechende RAMs (Kennzeichnung PC100) vorhanden sind, ist man leicht versucht, mit den Speicherbausteinen, die eventuell schon den Betrieb mit 75 MHz überstanden haben, auch diese Betriebsart zu testen. Aber die Erfahrung hat gezeigt, daß hier kein stabiles Arbeitsverhalten zu erreichen ist. Deshalb kann von diesen Versuchen nur abgeraten werden.

Wenn Sie sich die nächste Abbildung genauer betrachten, werden Sie feststellen, daß bei der eben angesprochenen Hauptplatine sogar der PCI-Bus mit 40 MHz (siehe untere Zeile) betrieben werden kann. Zu dieser Betriebsart kann ich nur dann raten, wenn Sie statt einer PCI-Grafikkarte eine AGP-Grafikkarte einsetzen und kein PCI-Slot besetzt ist. Daß eine PCI-Karte hier dauerhaft korrekt arbeitet, ist höchstens reine Glückssache.

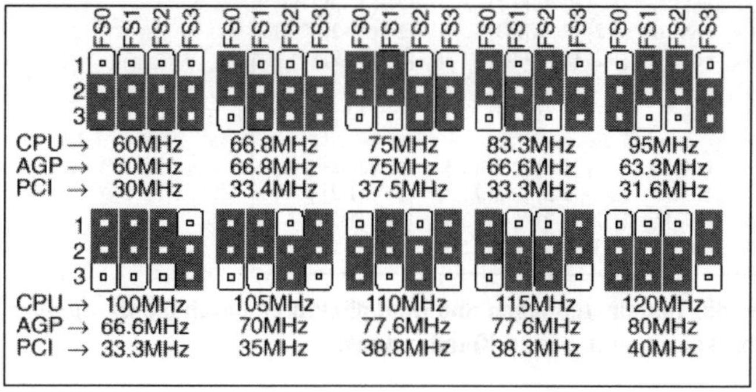

Abb. 5.4: Die Einstellung der Bustakte auf einer Aladin V-Hauptplatine (Quelle: Asus)

Für die Einstellung der ISA-Bustaktfrequenz verwenden die Hersteller unterschiedliche Optionen. Sie wird immer im Verhältnis zum PCI-Takt gewonnen.

AMI-BIOS: AT Bus Clock Selection
Enhanced ISA Timing

AWARD: ISA-Clock

Der CPU-Takt

Der Prozessortakt wird ebenfalls wie der PCI-Takt aus dem eingestellten Systemtakt gewonnen. Da aber moderne Prozessoren mit weitaus höheren Frequenzen arbeiten, wird hier mit einer internen Taktvervielfachung gearbeitet. Bei den Einstellungen zu den einzelnen Prozessortypen wird zunächst der Systemtakt vorgegeben (zwischen 66 MHz und 100 MHz) und anschließend ein Multiplikationsfaktor eingestellt, wodurch die interne Taktfrequenz des Prozessors erreicht wird. Die Einstellung des Faktors geschieht mit Hilfe der sogenannten BF-Jumper. Diese erreichte Taktfrequenz stimmt allerdings nur dann mit dem CPU-Takt überein, wenn beim Prozessor nicht das sogenannte P-Rating eingesetzt wird. Denn in diesem Fall ist die interne Frequenz immer niedriger als der aufgedruckte P-Rating-Wert. Denn diese Angabe sagt nur aus, daß der vorliegende Prozessor in einer festgelegten Umgebung nahezu die gleichen Werte erreicht, wie der Original Intel-Prozessor, dessen Frequenzangabe auf das PR folgt. Beispielsweise wird ein Cyrix M II PR333 intern nur mit 250 MHz betrieben.

Ein AMD K6-2 mit 333 MHz erreicht diese interne Taktfrequenz durch einen Systemtakt von 95 MHz und dem Multiplikator 3,5.

				(BUS Freq.)				(Freq. Ratio)		
CPU Model	Freq.	Ratio	BUS F.	FS0	FS1	FS2	FS3	BF0	BF1	BF2
AMD-K6-2-PR350	350MHz	A-3.5x	100MHz	[1-2]	[1-2]	[1-2]	[2-3]	[1-2]	[1-2]	[----]
AMD-K6-2-PR333	333MHz	A-3.5x	95MHz	[2-3]	[1-2]	[1-2]	[2-3]	[1-2]	[1-2]	[----]
AMD-K6-2-PR300	300MHz	A-3.0x	100MHz	[1-2]	[1-2]	[1-2]	[2-3]	[1-2]	[2-3]	[----]
AMD-K6-2-PR266	266MHz	A-4.0x	66MHz	[1-2]	[2-3]	[2-3]	[2-3]	[2-3]	[1-2]	[2-3]
AMD-K6-PR300	300MHz	A-4.5x	66MHz	[1-2]	[2-3]	[2-3]	[2-3]	[2-3]	[2-3]	[2-3]
AMD-K6-PR266	266MHz	A-4.0x	66MHz	[1-2]	[2-3]	[2-3]	[2-3]	[2-3]	[1-2]	[2-3]
AMD-K6-PR233	233MHz	A-3.5x	66MHz	[1-2]	[2-3]	[2-3]	[2-3]	[1-2]	[1-2]	[----]
AMD-K6-PR200	200MHz	A-3.0x	66MHz	[1-2]	[2-3]	[2-3]	[2-3]	[1-2]	[2-3]	[----]-
AMD-K6-PR166	166MHz	A-2.5x	66MHz	[1-2]	[2-3]	[2-3]	[2-3]	[2-3]	[2-3]	[----]
AMD-K5-PR133	100MHz	B-1.5x	66MHz	[1-2]	[2-3]	[2-3]	[2-3]	[1-2]	[1-2]	[----]
AMD-K5-PR120	90MHz	B-1.5x	60MHz	[2-3]	[2-3]	[2-3]	[2-3]	[1-2]	[1-2]	[----]
AMD-K5-PR100	100MHz	B-1.5x	66MHz	[1-2]	[2-3]	[2-3]	[2-3]	[1-2]	[1-2]	[----]
AMD-K5-PR90	90MHz	B-1.5x	60MHz	[2-3]	[2-3]	[2-3]	[2-3]	[1-2]	[1-2]	[----]

Abb. 5.5: Dieser Tabelle können Sie die Takteinstellungen und Multiplikatoren durch die BF-Jumper bei unterschiedlichen Prozessoren entnehmen (Quelle: Asus)

Mit Hilfe dieser Takteinstellungen wird häufig versucht, den Prozessor zu übertakten und somit etwas mehr Leistung aus dem System zu »kitzeln«. Meiner Erfahrung nach läßt sich ein Prozessor – ausreichende Kühlung immer vorausgesetzt – auch über einen längeren Zeitraum mit einer Frequenzstufe übertakten. Das bedeutet also, daß ein Pentium mit 200 MHz auch mit 233 MHz korrekt funktioniert, wenn die Verlustwärme genügend abgeführt wird. Wenn Sie dieses Wagnis eingehen, sollten Sie aber darauf achten, daß Sie die anderen Komponenten innerhalb der zulässigen Toleranzen betreiben. Es ist also denkbar ungünstig, sowohl den Systemtakt – und damit den PCI- und ISA-Bustakt – als gleichzeitig auch den Prozessor außerhalb seiner zulässigen Toleranzen zu betreiben. Denn sollte es zu Problemen oder Abstürzen kommen, ist der Ursache bei den vielen Unbekannten sehr schwer auf die Schliche zu kommen.

Bei Sockel 7-Hauptplatinen wird die Einstellung der BF-Jumper durch Steckbrücken oder durch DIP-Schalter vorgenommen. Neue Entwicklungen gehen auch in Richtung »jumperloses« Board, wobei die Identifizierung der CPU und der nötigen Einstellungen dem BIOS überlassen wird.

Bei Pentium II-Hauptplatinen sind ebenfalls Jumper oder DIP-Schalter vorhanden, nur lassen nicht alle Hersteller tatsächlich zu, das Taktverhältnis selbständig zu ändern. Hier wird nur eine bestimmte CPU (z. B. Pentium II mit 300 MHz) vorgegeben, wobei aus der Jumperstellung alle notwendigen Takteinstellungen gewonnen werden. Separate Jumper für Systemtakt und Multiplikator existieren hier häufig nicht.

Oberflächlich gesehen, erhalten Sie aus dieser Maßnahme den größten Leistungszuwachs, wobei ich aber jedem, der seinen PC auch beruflich nutzt, davon abrate. Denn der Hersteller hat den Prozessor langen Tests unterzogen und hat ihn dann für eine bestimmte Frequenz freigegeben. Generell wird beispielsweise von Intel jeder Pentium-Prozessor einzeln auf seine Funktion und die Einsatzmöglichkeiten (Taktrate, Notebookeinsatz etc.) getestet. Im Laufe der Produktion finden darüber hinaus ständig Überarbeitungen am Chipdesign statt. Sowohl die Revision als auch die Einstufung der Testergebnisse werden anhand eines Codes auf der CPU vermerkt. Angaben zu den Testverfahren, Ergebnissen usw. finden Sie im Internet auf den Web-Seiten von Intel. Diese Angaben lassen recht zuverlässige Schlüsse auf den Erfolg des Hochtaktens zu. Da die Ergebnisse aber auch von Hauptplatine zu Hauptplatine variieren, ist der Erfolg der Takterhöhung noch nicht garantiert. Sie sollten sich bei der Planung auch mit anderen Anwendern im Internet austauschen, die ihre Erfahrungen gerne weitergeben.

Zwar hört man immer wieder von Befürwortern dieser Tuning-Möglichkeit, daß Hersteller auch schnellere Prozessoren mit einer langsameren Frequenz bedrucken, wenn der Markt großen Bedarf an diesem Typ hat. Aber sicher sein können Sie nicht, daß Sie eine schnellere CPU in Ihrem System besitzen.

Eine Ausnahme bilden hier Pentium II-Hauptplatinen, die eine interne Kontrolle der Taktfrequenz durchführen. Beispielsweise lassen sich in der Hauptplatine GA-686LX von Gigabyte keine Pentium II-Prozessoren mit einer höheren Taktfrequenz als der aufgedruckten betreiben. Bei den Versuchen, unterschiedliche 233 MHz-Prozessoren zu übertakten, ist der Rechner bei keiner der drei CPUs mit der Einstellung für 266 MHz gestartet. Erst die exakte Einstellung führte wieder zu den gewohnten Ergebnissen. Auf der gleichen Hauptplatine ließ sich aber dann ein PII mit 266 MHz problemlos mit 300 MHz über einen längeren Zeitraum verwenden. Dabei wurde die auftretende Wärme sowohl von einem Thermometer als auch über den LM78/79-Baustein ständig überwacht. Da der Prozessor tadellos arbeitet, scheint hier eine heruntergestufte 300-MHz-CPU vorzuliegen. Durch die gleiche Hauptplatine wurden auch von Händlern und Fachzeitschriften Fälschungen der Prozessoren entlarvt, bei denen genau das Gegenteil durchgeführt wurde. Eine langsamere CPU wurde kurzerhand durch den neuen Aufdruck eine Klasse höher eingestuft.

Das Speicher-Timing

Die Einstellungen zum Speicher-Timing werden ausnahmslos im BIOS-Setup des Rechners vorgenommen. Dabei verweise ich auf die Kapitel über die einzelnen BIOS-Versionen, was die Erklärung der Optionen und deren Auswirkung auf den Rechner angeht. Die einzige Einstellung, die mit Hilfe von Jumpern auf der Hauptplatine durchgeführt wird, ist die Einstellung des Systemtaktes. Denn mit dieser Takteinstellung wird das Speicherinterface des PCs betrieben. Die eigentlichen Einstellungen für den Zugriff auf die Speichermodule werden im Advanced Chipset Setup (AMI) oder Chipset Features Setup (AWARD) durchgeführt. Hier bestimmen Sie die Wait States, die Burst-Zugriffe, den Refresh-Zyklus und viele weitere Vorgaben, die der Chipsatz beim Zugriff auf den Speicher verwendet. Da es sich bei den einzelnen Bits, die im Speicher abgelegt oder gelesen werden, um elektrische Energiezustände handelt, wird vom Speicherinterface eine gewisse Zeit benötigt, um die elektrische Energie in der Zelle, die vergleichbar mit einem Kondensator ist, zu erzeugen. Hier spielt vor allem die Zeit eine entscheidende Rolle. Denn die Information ist erst dann sicher gespeichert, wenn ein gewisses Energieniveau erreicht wurde. Dies gilt ebenso für den bei DRAMs nötigen Refresh, der die in der Zelle verlorengegangene Energie wieder auffrischt. Haben Sie nun durch die BIOS-Einstellungen diese Zykluszeit so verkürzt, daß der Zelle nicht genügend Energie zugeteilt werden konnte, ist mit Speicherproblemen zu rechnen. In der Praxis sind höchstens ein oder zwei Prozent Leistungsgewinn zu verzeichnen, wenn Sie ein System außerhalb der Sollwerte betreiben. Moderne Hauptplatinen arbeiten selbst mit den bei der Einstellung *Auto Configuration* vorgegebenen Parametern mit Bestleistung. Und haben Sie SDRAMs im Einsatz, werden sowieso die Timing-Parameter über ein kleines EEPROM auf dem Speicherbaustein ermittelt. Hier sind kaum noch Eingriffe möglich.

Für ein sicher arbeitendes System sollten Sie an den Timing-Einstellungen nicht weiter »drehen«. Denn kippen ein oder mehrere Bit(s) im Speicher um, weil beispielsweise der Refresh nicht mehr in ausreichendem Maße erfolgt ist, hat dies fatale Folgen für Ihre Daten oder die gerade aktiven Anwendungen. Einige Hersteller geben im Handbuch der Hauptplatine Tips für eine optimale Einstellung der Speicherbausteine. Dabei sind die Voraussetzungen aber von den Speichern zu erfüllen. Dazu gehört, daß alle RAM-Bausteine die entsprechende Zugriffszeit besitzen. Bei den Einstellungen zum Speicher gilt die alte Regel: »Das langsamste Glied gibt die maximale Geschwindigkeit vor«. Nur dann arbeitet auch der langsame Speicher korrekt, wobei die schnellen Module bei weitem nicht ausgereizt sind. Ein Blick auf die Speichermodule zeigt, mit welcher Zugriffszeit diese betrieben werden. Der Bezeichnung wird die Zugriffszeit (in Nanosekunden) durch eine Zahl angehängt. Dabei finden Sie die Endungen »-6« oder »-60« für Bausteine mit 60 Nanosekunden. Eine »7« oder »70« weist auf Module mit 70 Nanosekunden hin.

Abb. 5.6: Auf den Speichermodulen können Sie die Zugriffszeit ablesen (siehe Kästen)

Das IDE-Subsystem

Hauptplatinen haben heute einen zweikanaligen IDE-Controller bereits onboard integriert. Daher wird keine separate Steckkarte für den primären oder sekundären IDE-Controller benötigt. Für die Konfiguration finden Sie im BIOS eine Reihe von Optionen, die sich neben dem reinen Ein- oder Ausschalten der Controller auch mit dessen Übertragungseigenschaften beschäftigen. Auf der Hauptplatine selbst ist häufig nur noch ein Jumper vorhanden, über den der gesamte I/O-Chip ein- bzw. ausgeschaltet wird. Denn neben den IDE-Schnittstellen werden auch der Floppy-Controller und die Onboard-Schnittstellen über diesen Chip (z. B. von WINBOND) überwacht. Tuning-Maßnahmen sind hier im BIOS möglich, wobei hier hauptsächlich die Übertragung der Daten von den Einstellungen beeinflußt werden. Innerhalb der folgenden Menüs finden Sie die Einstellungen zu den IDE-Kanälen:

- AMI: Peripheral Setup
- AWARD: Integrated Peripherals; Chipset Features Setup
- Phoenix: Main Menü (Advanced Hard Disk Features)
- MR-BIOS: ATA Disk Configuration

Leistungssteigerungen sind vor allem dann möglich, wenn sich im BIOS der sogenannte Block Mode aktivieren läßt und die vorhandene Festplatte diesen Modus ebenfalls unterstützt. Normalerweise wird bei einem Zugriff auf die Festplatte pro Anfrage des Controllers nur ein 512 Byte großer Sektor übertragen. Durch den aktivierten Block-Mode können nun mehrere Sektoren (maximal 32) pro Anfrage übertragen werden. Gerade bei größeren Dateitransfers profitiert das System von dieser Möglichkeit, da die ständigen Anfragen des Controllers den Datentransfer eher bremsen würden. Da aber nun mehrere Sektoren übertragen werden, entfallen die anderen Unterbrechungen des Controllers, was sich natürlich in schnelleren Übertragungsleistungen bemerkbar macht. Allerdings muß die Festplatte diesen Modus unterstützen. Ich rate bei den Einstellungen *Auto* vorzugeben, damit sich der Controller und die Festplatte während der Initialisierung über die maximale Anzahl der pro Anfrage übertragbaren Sektoren verständigen können. Diese Angabe ist wie beispielsweise auch der mögliche PIO- oder DMA-Mode im 256 Byte großen Konfigurationssektor der Festplatte gespeichert. Sollte die automatische Erkennung nicht vorhanden sein, muß die korrekte Anzahl der Sektoren pro Zugriff vom Hersteller der Festplatte erfragt werden. Da selten Handbücher mit dieser Angabe vorhanden sind, sollten Sie sich mit der Hotline in Verbindung setzen. Ist der Wert im BIOS zu hoch eingestellt, kann der Leistungsgewinn sehr schnell wieder verspielt werden. Denn jetzt wartet der Controller während des Zugriffes auf weitere Sektoren, obwohl die Festplatte ihren Transfer schon beendet hat.

Eine weitere Möglichkeit der Leistungssteigerung besteht in der Einstellung des korrekten PIO- oder DMA-Transfermode. Moderne Festplatte beherrschen den PIO-Mode 4 (16,67 MByte pro Sekunde) oder den DMA-Mode 2 (= Ultra-DMA/33-Mode mit 33,33 MByte pro Sekunde). Allerdings ist der Ultra-DMA/33-Mode nicht auf allen Hauptplatinen sofort aktiviert. In diesem Fall werden Sie keine Fehlermeldung erhalten, sondern die Festplatte wird einfach im PIO-Mode 4 betrieben. Zwar bringt keine IDE-Festplatte heute den PIO-Mode 4 an seine Leistungsgrenzen, aber Sie verspielen die Sicherheitsreserven, die unter Ultra-DMA/33 eingeführt wurden. Dieser kommt auf seine höhere Transferrate, indem sowohl die ansteigende als auch die abfallende Flanke des Taktsignals zum Transfer verwendet werden. Um den Transport der Daten nun sicherer zu gestalten, sind bestimmte Signalleitungen zusätzlich terminiert (wie von SCSI bekannt), und es kommt eine Paritätsprüfung zum Einsatz. Und hierauf sollten Sie nicht verzichten, auch wenn Sie in der Regel nicht die 33,33 MByte pro Sekunde nutzen können. Aber bei sogenannten *Cachehits*, bei denen die angeforderten Daten bereits im internen Cache der Festplatte vorhanden sind, kann der Ultra-DMA/33-Modus wenigstens kurzzeitig zeigen, was in ihm steckt. Um den Modus zu aktivieren, wird beispielsweise die Option *IDE Ultra DMA Mode* oder *IDE Primary Master UDMA* (AWARD) verwendet, die in diesem Fall eingeschaltet werden muß.

Als Standardvorgaben für die PIO- oder DMA-Modes sollten Sie – wenn vorhanden – die Einstellung *Auto* verwenden, damit tatsächlich der Modus zum Einsatz kommt, den die Festplatte als schnellstmögliche Vorgabe unterstützt. Von statischen Einstellungen rate ich ab, wenn Sie den bestmöglichen Modus der Festplatte nicht kennen. Sollte Ihr PC die automatische Erkennung nicht unterstützen, rate ich Ihnen, das Laufwerk kurzzeitig an einen PC anzuschließen, der die automatische Erkennung beherrscht. Halten Sie mit Hilfe der Taste [Pause] den Rechner während der Anzeige des Konfigurationsbildschirms an, wird Ihre Festplatte und der vom BIOS festgelegte Modus angezeigt.

```
Diskette Drive  A : 1.44M, 3.5 in.
Diskette Drive  B : None
Pri. Master  Disk : LBA ,UDMA 2, 3249MB
Pri. Slave   Disk : None
Sec. Master  Disk : CDROM,Mode 4
Sec. Slave   Disk : None
```

Abb. 5.7: In der Übersicht wird der vom BIOS gewählte Übertragungsmodus angezeigt (siehe Kasten)

Die Schnittstellen

Die seriellen und parallelen Schnittstellen befinden sich bei modernen Hauptplatinen ebenfalls direkt auf der Hauptplatine. Bei den seriellen Schnittstellen kommen bei älteren PCs Chips vom Typ 8250 oder 16450 zum Einsatz, mit denen sich Modems mit einer maximalen Datentransferrate von 57.600 Baud ansteuern lassen. Moderne Rechner arbeiten hier mit ICs vom Typ 16550A und stellen eine maximale Datentransferrate von 115.200 Baud zur Verfügung. Durch einen sogenannten FIFO(First In First Out)-Puffer von 16 Byte sorgt dieser Chip auch für eine Entlastung des Prozessors, besonders in Mutitasking-Umgebungen durch Minimierung der lästigen Interrupts. Chips mit der Bezeichnung 16550AF sorgen sogar für die doppelte Datentransferrate gegenüber dem 16550A-Typ. Sollte noch ein »C« in der Bezeichnung zu lesen sein, weist dies nur auf die Herstellungsart CMOS hin. Innerhalb von Windows 95/98 können Sie die Verwendung des FIFO-Puffers explizit ein- oder ausschalten. Dazu rufen Sie innerhalb der Systemsteuerung das Symbol *Modems* auf und anschließend die Eigenschaften des installierten Modems. Im Register *Einstellungen* klicken Sie auf die Schaltfläche *Anschlusseinstellungen*, wobei das folgende Dialogfenster erscheint. Hier können Sie durch das Kontrollkästchen *FIFO-Puffer verwenden*, den Puffer konfigurieren. Um die oben beschriebenen Vorteile zu nutzen, sollten Sie den Puffer auf jeden Fall aktivieren.

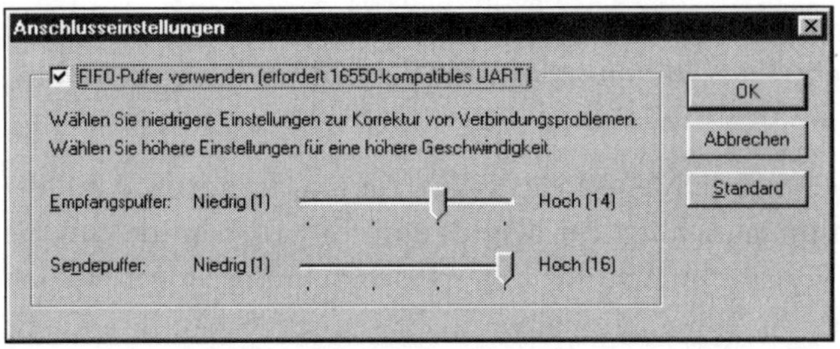

Abb. 5.8: Unter Windows 95/98 können Sie hier die Verwendung des beschriebenen FIFO-Puffers bestimmen

Außer der Einstellung, welchem COM-Port der serielle Anschluß zugeordnet werden soll, ist in der Regel für den ersten seriellen Anschluß keine weitere Option mehr im BIOS enthalten. Für den zweiten seriellen Anschluß erhalten Sie dagegen häufig die Möglichkeit, anstatt des 9-poligen Schnittstellensteckers eine Infrarot-Schnittstelle (IrDA-Standard) zu verwenden. Dazu wird ein optionales Infrarot-Modul auf der Hauptplatine aufgesteckt und nach außen geführt. Einige Drucker verfügen über eine entsprechende Empfangsdiode, über die sich Daten ohne Druckerkabel übertragen lassen. Auch Netzwerkzugänge oder der Datenabgleich mit PDAs und Organizern sind mittlerweile über diese Schnittstelle möglich.

Bei den parallelen Schnittstellen hat sich in den vergangenen Jahren einiges getan, wobei man immer daran interessiert war, den Datentransfer über die acht parallelen Datenleitungen zu steigern. Da für den Anschluß an diese Schnittstelle immer neue Geräte entwickelt werden, ist hier Bedarf an möglichst hohen Übertragungsgeschwindigkeiten. Die Spanne von Geräten beschränkt sich schon längst nicht mehr nur auf Drucker, sondern es sind Scanner, CD-Brenner, CD-ROM-, ZIP-, LS120-, Syquest- oder Festplatten-Laufwerke hinzugekommen. Und diese Geräte benötigen schnellere Übertragungen. Die Einstellungen zu den Modi werden in folgenden Menüs vorgenommen:

- AMI — Peripheral Setup
- AWARD — Integrated Peripherals; Chipset Features Setup
- Phoenix — Advanced Menü (Peripheral Configuration)
- MR-BIOS — Ports Configuration

Dabei stehen folgende Übertragungsmodi zur Auswahl:

Standard (SPP)	4 Bit (Lesen), 8 Bit (Schreiben), langsamster Modus
Extended (PS/2)	8 Bit (Lesen), 8 Bit (Schreiben), bidirektionaler Modus. Steigert die Leistung um 50 % gegenüber SPP

EPP	steigert die Leistung von »Extended« um rund 50 %.
ECP	verwendet FIFO-Puffer und eigenen DMA-Kanal (= CPU-Entlastung)
EPP/ECP	Kombination aus den beiden oben genannten Modi

Bei der Verwendung der erweiterten Möglichkeiten der parallelen Schnittstelle sollten Sie aber ausführlich testen, ob die verwendeten Komponenten einwandfrei arbeiten. Denn einige Laserdrucker haben bei Verwendung des EPP- oder ECP-Modes Schwierigkeiten, wobei der Ausdruck nur diffuse Muster anstatt der gewollten Daten enthält. Ist der schnellere Modus wegen eines hinzugekommenen Peripheriegerätes gewählt worden, können Sie in diesem Fall auf eine zweite parallele Schnittstelle ausweichen, die Sie in Form einer Karte in den PC einbauen. Dann können Sie das neue Gerät an der Onboard-Schnittstelle im schnellen Modus betreiben und den Drucker an der zweiten Schnittstelle im Standard- oder Extendedmodus.

Die Peripheriegeräte bieten teilweise die Möglichkeit, den vorhandenen Drucker weiterhin zu verwenden, wenn sie einen eigenen Sub-D-Stecker für den Drucker besitzen. Sie bilden also eine Kette (oder Reihenschaltung) mit dem Drucker. Hier ist vor allem die Länge des Druckerkabels zu beachten, die ja durch das Anschlußkabel des hinzugekommenen Gerätes weiter verlängert wird. Ab einer Länge von 5 Metern ist hier häufig kein gutes Ergebnis mehr zu erreichen. Wird trotzdem einmal ein längeres Kabel benötigt, so sollten Sie auf ein besonders hochwertiges, abgeschirmtes Kabel zurückgreifen, damit der Datentransfer problemlos abgewickelt werden kann.

Abb. 5.9: An diesem Syquest-Laufwerk für den Parallelport ist der Anschluß für den Drucker ebenfalls vorhanden

6

Das AMI-BIOS

Das AMI-BIOS gehört zu den am weitesten verbreiteten BIOS-Versionen. Auf den folgenden Seiten lernen Sie die unterschiedlichen Versionen des Herstellers kennen. Denn neben einem textbasierten BIOS-Setup bietet AMI eine an die Windows-Arbeitsumgebung angelehnte BIOS-Version an (AMI-WINBIOS), die besonders bei modernen Hauptplatinen zum Einsatz kommt. Sollte diese Version bei Ihnen nicht installiert sein, kommt eine Variante des AMI HI-FLEX-BIOS zum Einsatz.

6.1 Die Bedienung

Im CMOS-Setup des AMI-BIOS stehen Ihnen folgende Befehle zur Verfügung.

Im Hauptmenü:

Esc	Verlassen des Menüs
↑, ↓	Auswahl der gewünschten Optionen in vertikaler Richtung
←, →	Auswahl der gewünschten Optionen in horizontaler Richtung
F2, F3	Ändern der Bildschirmfarbe
F10	Verlassen und Speichern des Menüs

Im Standard CMOS Setup:

Esc	Verlassen des Menüs
↑, ↓	Auswahl der gewünschten Optionen in vertikaler Richtung
←→	Auswahl der gewünschten Optionen in horizontaler Richtung
F2, F3	Ändern der Bildschirmfarbe
Bild↑	Ändern der Werte einer Option
Bild↓	Ändern der Werte einer Option

Im Advanced CMOS Setup/Advanced Chipset Setup:

Esc	Verlassen des Menüs
↑, ↓	Auswahl der gewünschten Optionen in vertikaler Richtung
←, →	Auswahl der gewünschten Optionen in horizontaler Richtung
Bild↑	Ändern der Werte einer Option
Bild↓	Ändern der Werte einer Option

F1	Aufrufen des Hilfemenüs
F2, F3	Ändern der Bildschirmfarbe
F5	Laden der alten BIOS-Werte
F6	Laden der BIOS-Setup-Standardwerte (Default)
F7	Power-On Standardeinstellungen

6.2 Die Einstellungen

Das AMI-BIOS wird in unterschiedlichen Versionen und Aufmachungen vertrieben. Aus diesem Grund sind auf den folgenden Seiten auch verschiedene Varianten beschrieben. Da jede Prozessorgeneration ihre eigenen Menüpunkte, vor allem für die Programmierung des Chipsatzes, benötigt, sind die BIOS-Versionen nach dem verwendeten Prozessor geordnet.

Das Pentium-BIOS

Auf modernen Pentium-Hauptplatinen kommt neben dem später noch vorgestellten WINBIOS das HI-FLEX-BIOS von AMI zum Einsatz. Der folgende Abschnitt befaßt sich mit den Einstellungen dieser BIOS-Version. Sie wurde bereits bei der Einführung der Pentium-CPU eingesetzt und ist daher in unterschiedlichen Versionen (mit abweichenden Einstellungen) erhältlich.

In vielen Rechnern, vor allem Netzwerkservern, kommt auch heute noch eine Hauptplatine mit EISA-Steckplätzen zum Einsatz. Zwar ist der EISA-Bus fast gänzlich vom Markt verschwunden, aber diese Rechner sind quasi »unverwüstlich« und arbeiten sehr stabil. Bei diesen Rechnern kommt ebenfalls ein AMI-BIOS zum Einsatz, wobei die folgenden Einstellungen hier ebenfalls verwendet werden können.

Standard CMOS Setup

Um die grundlegende Systemkonfiguration nachzuprüfen oder auch abzuändern, wählen Sie diese Menüseite des Setup-Programms. Auf dem Bildschirm erscheinen folgende Optionen:

- *Date* (Monat, Tag, Jahr): Eingabe und Anzeige des aktuellen (System-) Datums im Format »Monat/Tag/Jahr«.

- *Time* (Stunde, Minute, Sekunde): Eingabe und Anzeige der aktuellen (System-) Zeit im 24-Stunden-Format »Stunde/Minute/Sekunde«.
- *Floppy Drive A: (B:)*: Einstellung des Typs der installierten Diskettenlaufwerke. Ist eines der beiden Diskettenlaufwerke nicht installiert, stellen Sie in der entsprechenden Zeile *Not Installed* ein. Folgende Einstellungen stehen zur Verfügung:
  - 5,25-Zoll-Laufwerk: 360 KByte, 1,2 MByte
  - 3,5-Zoll-Laufwerk: 720 KByte, 1,44 MByte, 2,88 MByte
- *Drive C: Type*: Es gibt drei verschiedene Möglichkeiten, eine IDE-Festplatte zu konfigurieren:
  - *Auto Configure*: Das BIOS erkennt automatisch die eingebaute Festplatte und konfiguriert sie dementsprechend.
  - *User Type 1*: Die Festplatte kann manuell konfiguriert werden für den Fall, daß die Festplatte keine im Punkt Auto Configuration stehende Konfiguration unterstützt.
  - *User Type 2*: siehe USER TYPE 1.
- *Drive D: (E:, F:) Type*: Unterstützen mehrerer IDE-Festplatten. Optionen wie unter Punkt DRIVE C: TYPE.
- *Drive C: Time-Out*: Time-Out-Spezifikation für die IDE Auto Configuration. Wird die Festplatte nicht in der eingestellten Zeit konfiguriert, erscheint eine Fehlermeldung. Einstellbar sind:
  - 0 sec, 5 sec (Standardwert), 15 sec, 31 sec.
- *Drive D: (E:, F:) Time-Out*: siehe *Drive C: Time-Out*
- *Keyboard*: Anmelden einer angeschlossenen Tastatur. Da im allgemeinen eine angeschlossene Tastatur zur Dateneingabe verwendet wird, ist die Standardeinstellung *Installed*. Wird die Tastatur aus Sicherheitsgründen (z. B. bei Netzwerkservern oder Touch-Screen-Systemen) nicht verwendet, ist hier die Einstellung *Not Installed* zu verwenden, damit der Bootvorgang nicht wegen fehlender Tastatur unterbrochen wird.
- *Base Memory*: Anzeige des verfügbaren konventionellen (Base Memory) Arbeitsspeichers. Hiermit ist der Speicher zwischen 0 KByte und 640 KByte gemeint. Manuelle Einstellungen sind hier nicht möglich. Die Angabe dient nur der Information, ob der Speicher während des POST korrekt erkannt wurde.
- *Extended Memory*: Angabe des je nach Speicherkonfiguration verfügbaren *Extended Memory*. Hiermit wird der Speicher ab dem ersten MByte bis zum maximalen Speicherausbau bezeichnet.

Beispiel:

Bei 32 MB Hauptspeicher in der Standardkonfiguration ergeben sich 31 MByte = 31744 KByte Extended Memory. Daher wird »31744 KB« angezeigt. Manuelle Einstellungen sind hier nicht möglich.

Advanced CMOS Setup

Dieses zusätzliche Menü bietet weitgehende Einstellmöglichkeiten der Systemkonfiguration, die teilweise jedoch genauere Kenntnisse des Systems voraussetzen. Das Menü zeigt folgende Optionen:

- *Typematic Rate Programming*: Einstellung der Tastenwiederholfunktion. Sobald man eine Taste betätigt, wird die aktuelle Tastenfunktion nach einer gewissen Verzögerungszeit mit einer bestimmten Frequenz so lange wiederholt, wie die Taste gedrückt wird.
  - Option aktiviert (*Enabled*): Die Tastenwiederholfunktion läßt sich über die beiden nachfolgend beschriebenen Optionen einstellen; sie arbeitet mit der in der Typematic Rate Delay (MSEC)-Option spezifizierten Verzögerungszeit und mit der in der Typematic Rate (CHARS/SEC)-Option eingestellten Wiederholfrequenz.
  - Option deaktiviert (*Disabled*) (Standardeinstellung): Die Tastenwiederholfunktion läßt sich nicht einstellen. Über Windows 95/98 läßt sich diese Einstellung in der Systemsteuerung sehr viel komfortabler vornehmen. Deshalb sollten Sie auf das Betriebssystem ausweichen, wenn Sie die Tastatureinstellungen ändern möchten.
- *Typematic Rate Delay* (MSEC): Einstellung der Verzögerungszeit (in Millisekunden), mit der die aktuelle Tastenfunktion nach dem Drücken der Taste einsetzt. Einstellbar sind: 250 Millisekunden; 500 Millisekunden (Standardwert); 1 .000 Millisekunden.
- *Typematic Rate* (CHARS/SEC): Einstellung der Wiederholfrequenz (in Zeichen pro Sekunde), mit der die aktuelle Tastenfunktion bei gedrückter Taste ausgeführt wird, sobald die Tastenfunktion nach Ablauf der zuvor eingestellten Verzögerungszeit einsetzt. Einstellbar sind: 0, 30, 24, 20, 15 (Standardwert), 12, 10, oder 8 Buchstaben/Sekunde.
- *Hard Disk Type 47 RAM Area* : Einstellung des Speicherbereiches für die Festplattenparameter des benutzerdefinierten Festplattentyps 47 der im BIOS resident gespeicherten Parametertabelle. Normalerweise werden im Betriebssystem die Festplattendaten im unteren Teil des Hauptspeichers im Adreßbereich von 0000h

bis 0300h abgelegt. Um eventuelle Probleme mit (DOS-) Applikationen zu vermeiden, können die Festplattendaten aber auch am oberen Ende des konventionellen Arbeitsspeichers abgelegt werden. Dabei wird der konventionelle Speicher um den benötigen Teil gekürzt. In der Regel ist es aber nicht nötig, von der Einstellung *0300* abzuweichen. Sollten Sie die Einstellung *DOS 1 KB* verwenden, wird 1 KByte des konventionellen Speichers reserviert, und der Gesamtspeicher beträgt nur noch 639 KByte. In diesem 1 KByte werden die Festplattendaten gespeichert. Bei dieser Einstellung ist allerdings zu beachten, daß die Reservierung von einigen Anwendern fälschlich für einen Virus gehalten wird. Denn einige Viren (z.B. Michelangelo) reduzieren ebenfalls den konventionellen Speicher um 1 KByte.

- *Press <FI> Message Display*:
  - Option deaktiviert (*Disabled*): Die Ausgabe der Meldung »Hit <F1> if you want to run SETUP« während des Bootvorgangs wird unterdrückt.
  - Option aktiviert (*Enabled*) (Standardeinstellung): Die Meldung »Press <F1> if you want to run SETUP« wird angezeigt.
- *System Boot Up Num Lock* : Voreinstellung des Zustandes der Numlock-Funktion der Tastatur nach dem Starten (Einschalten) des Systems. Ist die Funktion aktiviert, können Sie den numerischen Tastenblock zur komfortablen Zahleneingabe verwenden. Bei deaktivierter Funktion sind die Cursortastenfunktionen auf dem Tastenblock verwendbar. Anwendungen wie der Norton Commander lassen sich so sehr komfortabel bedienen.
  - Option in Stellung *On:* Beim Booten des Systems wird die Numlock-Funktion eingeschaltet, und die entsprechende Anzeige auf der Tastatur leuchtet. Die Erstbelegung des Ziffernblocks, also die Zahlen 0 bis 9 und das Dezimalkomma rechts auf der Tastatur, sind aktiviert.
  - Option in Stellung *Off* (Standardeinstellung): Beim Booten des Systems wird die Numlock-Funktion ausgeschaltet, und die entsprechende Anzeige auf der Tastatur leuchtet nicht. Die Zweitbelegung des Ziffernblocks, also die Cursortasten und die Tasten [Pos1], [Ende], [Bild↓], [Bild↑], [Einfg], [Entf] rechts auf der Tastatur, ist aktiviert.
- *System Boot Up Sequence*: Einstellung der Reihenfolge, in der beim Systemstart je nach Konfiguration des Systems das Diskettenlaufwerk A: (falls vorhanden) und das Festplattenlaufwerk C: (falls vorhanden) nach einem Betriebssystem abgefragt werden.
  - Option in Stellung *A:, C:* (Standardeinstellung): Das System versucht zuerst, vom Diskettenlaufwerk A: zu booten. Ist der Bootversuch von Laufwerk A: erfolglos, versucht das System anschließend, von der Festplatte C: zu starten.

- Option in Stellung *C:, A:* : Die Laufwerksabfrage erfolgt in umgekehrter Reihenfolge.

- *System Boot Up CPU Speed*

  - Option in Stellung *High* (Standardeinstellung): Der Prozessor wird schon während des Bootvorgangs mit seiner vollen Taktfrequenz betrieben.

  - Option in Stellung *Low*: Der Prozessor wird ab Systemstart mit einer niedrigeren Taktfrequenz betrieben und damit der Startvorgang des Systems in die Länge gezogen. Dies gibt zusätzlich eingebauten Systemkomponenten (Erweiterungskarten) älterer Bauart die Gelegenheit, sich korrekt zu initialisieren, ohne daß sie durch das schnelle System »überfahren« werden. Auch einige Spiele benötigen die langsame Einstellung, damit überhaupt noch ein Spielfluß möglich ist.

- *I/O Recovery Time Delay*: Diese Option wird genutzt, um die Zeitspanne einzustellen, die das System zwischen zwei I/O-Zyklen wartet. Einige Steckkarten älterer Bauart benötigen eine längere Zeit, bis sie für den nächsten I/O-Zugriff bereit sind. Dem muß man durch eine Verlängerung der Wartezeit (ganzzahlige Vielfache eines Busclocks) gerecht werden, damit die Karte entsprechend reagieren kann. Bei modernen Karten können Sie den Wert soweit wie möglich verringern.

- *Cache Read Hit Burst* : Der Cache-Burst ist seit dem 486-Prozessor eine fester Bestandteil der CPUs. Er braucht lediglich beim Einlesen des ersten Bytes, Wortes oder Langwortes etwas länger, die drei darauf folgenden Zugriffe auf den Second-Level-Cache gehen dann erheblich schneller vonstatten. Dies liegt an der Tatsache, daß bei den nachfolgenden Zugriffen nicht mehr die volle Adresse dekodiert werden muß, sondern durch den Cache-Controller die nächsten Speicherzellen ausgelesen werden. In der Regel können Sie hier den Burst 2-1-1-1 einstellen, wobei die Organisation und die Zugriffszeit moderner Cache-Bausteine damit keine Probleme hat.

- *DRAM Page Mode*: Der Page Mode stellt eine besondere Zugriffsart auf den Arbeitsspeicher dar. Das Verfahren ist einfach erklärt: Speicherbausteine sind in Zeilen (Row) und Spalten (Columne) organisiert, wobei der für die Speicherorganisation zuständige Chip bei jedem lesenden oder schreibenden Zugriff sowohl die Spalte als auch die Zeile angeben muß. Beim Pagemode darf die Angabe der immer wiederkehrenden Zeile unterbleiben, solange sich die angeforderten Daten immer in der selben Zeile befinden. Da immer mehrere Speicherbausteine parallel arbeiten, ergibt eine Zeile immer eine ganze Speicherseite (engl. Page). Diese Option kann die Speicherzugriffe erheblich beschleunigen, weil für das Anlegen der Adressen weniger Zeit benötigt wird und auch kürzere Zugriffszeiten möglich sind. Finden Sie diese Option noch in Ihrem BIOS vor, sollte sie auf jeden Fall aktiviert werden.

- *Fast Page Mode DRAM*: Der Fast Page Mode ist eine Steigerung des zuvor beschriebenen Page Mode, der die Speicherzugriffe innerhalb der Speicherseiten nochmals beschleunigt. Das Betriebssystem wird sicherlich meistens mehr Daten benötigen, als in einer Seite erreichbar sind. Dann ist ein zeitraubender Wechsel der Zeilenadresse notwendig. Im Fast Page Mode wird deshalb der Wechsel der Speicherseiten durch eine spezielle Verschachtelung beschleunigt. Ist die Option vorhanden, sollte sie ebenfalls eingeschaltet werden, auch wenn dies gegenüber dem Page Mode keine größere Beschleunigung mehr ergibt.

- *Cache Memory*: Die beiden Cache-Speicher können aktiviert oder deaktiviert werden. Die Standardeinstellung ist *Enabled*. Bei dieser Einstellung wird sowohl der interne Cache der CPU (L1-Cache) als auch der externe Cache auf der Hauptplatine (L2-Cache) eingestellt. Einige Hauptplatinen unterscheiden noch zwischen den beiden Cachespeichern und bieten die Optionen getrennt an.

- *Network Password Checking Option*: Einstellung der Paßwortfunktion. Die Paßwortfunktion ermöglicht einen Schutz des Systems vor unberechtigtem Zugang auf das Netz, indem eine Paßwortabfrage erfolgt.

- *ISA Linear Frame Buffer*: Diese Option kann unter Umständen die Performance von verschiedenen moderneren ISA-Bus-VGA-Karten verbessern, deren Videospeicher durch Verwendung eines nicht segmentierten, linearen Adreßfensters unterhalb der 16-MB-Grenze direkt adressiert werden kann. Die Größe des einzustellenden Buffers sollte der Größe des benutzten Videospeichers auf der VGA-Karte entsprechen. Benutzen Sie eine VGA-Karte, die dieses Feature nicht unterstützt, sollte die Option in jedem Fall auf *Disabled* gesetzt werden, um den adreßgleichen Hauptspeicher nicht zu blockieren. Mögliche Einstellungen: *Disabled*, 1 MB, 2 MB, 4 MB

- *Set Linear Frame Address To*: Wenn die *ISA Linear Frame Buffer*-Option aktiviert ist, wird dieser Eintrag automatisch angezeigt. Ist die Option die *ISA Linear Frame Buffer* deaktiviert, ist dieser Eintrag nicht verfügbar.

- *Disable Shadow Memory Size*: Diese Option steht in Zusammenhang mit der folgenden Option. Je nach eingestellter Anfangsadresse kann ein Bereich von 16, 32, 48 oder 64 KBytes ab dieser Adresse eingestellt werden. Die Standardeinstellung ist *Disabled*.

- *Disable Shadow Memory Base*: Mit dieser Option kann ein bestimmter Adreßbereich von einer Spiegelung in den Systemspeicher ausgeschlossen werden. Dies ist besonders bei Einsatz von peripherer Hardware sinnvoll, deren ROM-Adreßbereich für ordnungsgemäße Funktion nicht gespiegelt werden darf. Die Option bestimmt die Anfangsadresse des ausgeklammerten Bereiches in mehreren Schritten von C0000h bis DC000h. Standardeinstellung: C0000H

- *Base Memory Size*: Einstellmöglichkeiten sind 512, 640 KB (Standardeinstellung).
- *IDE DMA Transfer Mode*: Einstellmöglichkeiten sind *Disabled* (Standardwert), *Enabled*. Wenn die Einstellung *Enabled* gewählt wurde, können Sie zwischen drei verschiedenen Typen von IDE DMA Transfers wählen. Die Festplatte muß allerdings den DMA-Mode unterstützen, damit der Datentransfer sicher erfolgen kann. Sollten Sie sich nicht sicher sein, welchen Typ Ihre Festplatte unterstützt, verwenden Sie die Einstellung *Standard*. Über die Auto-Detect-Funktion des BIOS wird das bestmögliche Übertragungsverfahren automatisch ermittelt. Deshalb können Sie dem BIOS diese Aufgabe überlassen.
- *IDE Multiple Sector Mode*: Standardeinstellung ist *Disabled*. Diese Option steht in direktem Zusammenhang mit der o. g. Option. Ist diese Option aktiviert, können Sie Werte von 1, 2, 4, 8, 16, 32 oder 64 Sektoren pro Burst (S/B) einstellen. Diese Einstellung programmiert die IDE DMA Cycles, mehrere Sektoren pro Burst zu übertragen. Damit der Transfer sicher erfolgt, muß die hier vorgegebene Burstlänge mit der der Festplatte übereinstimmen. Auch diese Angabe kann durch das BIOS automatisch während der Erkennung der Festplatte aus dem Konfigurationssektor des Laufwerks ermittelt werden.
- *IDE LBA Translation*: Die möglichen Einstellungen sind
  - *Standard CHS (Cylinder, Head, Sector)*: Diese Einstellung ist eine konventionelle Methode zur Angabe der Plattenparameter, wie Anzahl der Köpfe, der Zylinder und der Sektoren pro Zylinder. Die Einstellung ist kompatibel zu allen IDE-Laufwerken.
  - *LBA (Logical Block Addressing)*: Diese Methode überwindet sowohl die auferlegten Einschränkungen der Int13h BIOS-Schnittstelle als auch die Einschränkungen bei Standard CHS IDE-Zugriffen. Sie ermöglicht unter anderem den Anschluß von IDE-Laufwerken mit mehr als 540 MByte Speicher. Diese Methode ist kompatibel zu Laufwerken, die LBA unterstützen.
  - *Ext. CHS (Extended CHS)*: Diese Methode kann genutzt werden, um einige der oben genannten Einschränkungen zu umgehen, und erlaubt den Zugriff auf Laufwerke mit mehr als 1024 Zylindern. Diese Methode arbeitet damit, die Anzahl der logischen Zylinder zu verringern und die Anzahl der logischen Köpfe zu erhöhen.
  - *Auto*: Mit dieser Einstellung wird der IDE Translation-Modus automatisch konfiguriert. Es wird eine der oben genannten Einstellmöglichkeiten ausgewählt. Test-Reihenfolge: 1. Test des IDE-Laufwerks auf LBA-Fähigkeit, 2. Verwendung von ECHS bei mehr als 1024 Zylindern, 3. Standard CHS.
- *Enhanced ISA Timing*: Einstellmöglichkeiten: *Enabled*, *Disabled* (Standardeinstellung). Wenn diese Option aktiviert ist, läuft der ISA-Bus mit 10 MHz. Daraus

resultiert eine schnellere System-Performance, vorausgesetzt, die ISA-Komponenten können 10 MHz anstelle der standardmäßigen 8 MHz verarbeiten.

- *ISA IRQ9*: Einstellmöglichkeiten sind *free*, *used* (Standardeinstellung). Wenn eine ISA-Komponente in diesem System diesen Interrupt benutzt, muß die Einstellung *used* gewählt werden. Der PCI Auto Configuration Code prüft diesen Eintrag und versucht, diesen Interrupt zu nutzen, wenn er frei ist.
- *ISA IRQ 10 / ISA IRQ 11*: siehe *ISA IRQ9*

Peripheral Mananegement Setup

Hier sind die Einstellungen zu den Onboard-Schnittstellen der Hauptplatine zusammengefaßt.

- *Programming Option*: Einstellmöglichkeiten sind *auto* (Standardeinstellung), *manual*. Die Einstellung *auto* bedeutet, daß Peripherie, die durch den I/O-Controllerchip SMC665 kontrolliert wird, automatisch konfiguriert wird, während das System startet. Wenn die Einstellung *auto* gewählt wurde, haben die folgenden Optionen keine Bedeutung. Bei der Einstellung *manual* müssen alle folgenden Optionen bearbeitet werden.
- *Onboard Floppy Drive*: Mit dieser Option können Sie den auf der Hauptplatine befindlichen Diskettencontroller ein- bzw. ausschalten. Verwenden Sie beispielsweise einen SCSI-Hostadapter mit eigenem Floppyanschluß, sollten Sie diesen verwenden. In diesem Fall deaktivieren Sie den Floppycontroller auf der Hauptplatine.
- *Onboard IDE Drive*: Mit dieser Option können Sie die auf der Hauptplatine befindlichen IDE-Controller (primärer und sekundärer IDE-Controller) ein- bzw. ausschalten. Haben Sie keine IDE-Komponenten wie Festplatten oder ATAPI-CD-ROM-Laufwerke im Einsatz, können Sie die Kanäle einzeln deaktivieren. Beim Einsatz von SCSI-Komponenten erhalten Sie auf diese Weise wieder zwei freie Interrupts (IRQ14 und IRQ15) zur Verfügung, die Sie anderen Komponenten zuweisen können. Da beide Kanäle separat konfigurierbar sind, können Sie auch nur einen Kanal verwenden und den anderen abschalten, wenn Sie einen weiteren freien IRQ im System benötigen. Bei der Aufteilung der Laufwerke sollten Sie darauf achten, Festplatten und CD-ROM-Laufwerke in separaten Kanälen zu betreiben. So wird der Datentransfer zur Festplatte nicht von den langsameren Zugriffen auf das CD-ROM, ATAPI-ZIP- oder LS120-Laufwerk negativ beeinflußt. Da vielen Hauptplatinen aber nur ein IDE-Anschlußkabel im Lieferumfang beiliegt, sollten Sie direkt beim Kauf auf das zweite Kabel achten.

- *First Serial Port Address* : Mit dieser Einstellung wird die Adresse des ersten seriellen Anschlusses auf der Hauptplatine festgelegt. Diese Adresse wird im Auto Programming Mode automatisch gesetzt, auch wenn der Eintrag *Disabled* angezeigt wird. Die Einstellungen repräsentieren die Ports COM1 bis COM4. Mögliche Einstellungen: *Disabled*, 2E8h; 3E8h; 2F8h; 3F8h

- *Second Serial Port Address*: Diese Adresse wird im Auto Programming Mode automatisch gesetzt, auch wenn der Eintrag *Disabled* angezeigt wird. Die Einstellungen repräsentieren die Ports COM1 bis COM4. Mögliche Einstellungen: *Disabled*, 2E8h; 3E8h; 2F8h; 3F8h. Weitere Einstellungen zu den seriellen Schnittstellen (z.B. Second Serial POST Mode) finden Sie in der Beschreibung des AMI-WINBIOS.

- *Parallel Port Address*: Diese Adresse wird im *Auto Programming Mode* automatisch gesetzt, auch wenn der Eintrag *Disabled* angezeigt wird. Mit dieser Einstellung wird die Adresse des Onboard-Parallelports festgelegt. Die Einstellungen entsprechen den LPT-Ports 1 bis 3. Mögliche Einstellungen: *Disabled*, 278h; 378h; 3BCh

- *Parallel Port Mode*: Einstellmöglichkeiten sind normal (Standardeinstellung), *extended*. Durch die Einstellung *extended* wird die Schnittstelle für bidirektionale Operationen aktiviert. Auf modernen Hauptplatinen kommt der ECP und/oder EPP ebenfalls als Port Mode in Frage. Von dieser Möglichkeit sollten Sie Gebrauch machen, wenn externe Laufwerke oder ein Parallelport-Scanner zum Einsatz kommen. Im ECP-Mode bekommt die parallele Schnittstelle neben einem Interrupt noch einen eigenen DMA-Kanal zugeordnet. Damit steigt die Übertragungsgeschwindigkeit auf ca. 2 MByte pro Sekunde an.

Configure with BIOS Defaults

Über diese Option kann eine Normalkonfiguration des Systems vorgenommen werden, bei der alle Menü-Optionen mit im BIOS-SETUP-Programm (im BIOS ROM) gespeicherten Standardwerten voreingestellt werden. Diese Standardwerte sind so gewählt, daß sich eine im allgemeinen bootfähige Normalkonfiguration mit optimaler Leistungsfähigkeit ergibt, welche insbesondere auch die Eigenschaften des verwendeten Chipsatzes berücksichtigt. Beachten Sie bei dieser Einstellung, daß eventuelle Änderungen der Schnittstellen oder der Boot-Reihenfolge der Laufwerke überschrieben werden.

Change Password

Gehen Sie bei der Erst- bzw. Neudefinition eines Paßwortes folgendermaßen vor.

Rufen Sie die *Change Password*-Funktion auf, indem Sie diese mit den Cursor-Tasten anwählen und dann die Taste [↵] betätigen.

Bei der Erstdefinition eines Paßwortes erscheint die Bildschirm-Meldung

```
ENTER ROM PASSWORD:
```

woraufhin Sie keine Zeichen eingeben, sondern lediglich die Taste ↵ betätigen. Bei der Neudefinition eines Paßwortes hingegen erscheint die Bildschirm-Meldung »Enter Current Password:«, worauf Sie das aktuelle Paßwort eingeben und ebenfalls mit der Taste ↵ bestätigen.

Nun wird die Meldung »Enter NEW Password:« ausgegeben, woraufhin Sie Ihr individuelles (neues) Paßwort mit maximal sechs Zeichen eingeben und dieses mit der Taste ↵ bestätigen.

Daraufhin wird die Meldung »Re-Enter NEW Password:« angezeigt, wobei Sie nochmals das im vorangegangenen Schritt eingegebene Paßwort eintragen und es mit der Taste ↵ bestätigen.

Abschließend erscheint die Meldung »NEW Password Installed« auf dem Bildschirm, die Sie ebenfalls mit der Taste ↵ bestätigen. Jetzt ist Ihr neues Paßwort installiert.

Verlassen Sie das Setup-Programm über die Option *Write to CMOS and exit*, damit das installierte Paßwort auch abgespeichert wird.

Falls Sie Ihr Paßwort vergessen sollten, können Sie es löschen, indem Sie den entsprechenden Jumper auf der Hauptplatine umsetzen. Genaue Informationen über den Jumper finden Sie im Handbuch Ihrer Hauptplatine oder Ihres Rechners.

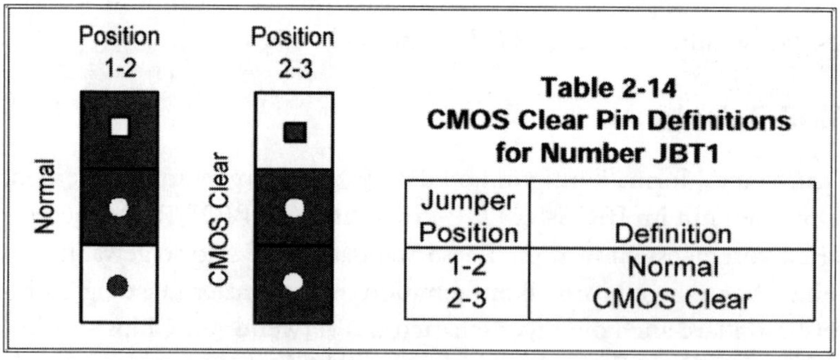

Abb. 6.1: Mit Hilfe dieses Jumpers löschen Sie das CMOS-RAM und damit auch das eingegebene Kennwort (Quelle: SOYO)

Write to CMOS and exit

Hier können die aktuellen Einstellungen abgespeichert und das Setup-Programm beendet werden.

Do not write to CMOS and exit

Mit dieser Option verlassen Sie das Setup-Programm ohne Änderungen der Systemkonfiguration zu speichern.

Pentium-WINBIOS

Das AMI-WINBIOS kommt sowohl in ISA- als auch in EISA-Rechnern zum Einsatz, wobei der Aufbau des BIOS-Setups einer Windows-Anwendung gleicht. Die Fenster sind ebenso gestaltet, und ein Maustreiber ist auch bereits beim Eintritt in das BIOS-Setup aktiv. Die einzelnen Menüs und Optionen sind mit Hilfe der Maus zugänglich, und man merkt erst auf den zweiten Blick, daß man im BIOS arbeitet.

Aufgerufen wird das WINBIOS-Setup über die Taste [Entf] während des POST, wenn folgende Meldung auf dem Bildschirm erscheint:

```
Hit <DEL> if you want to run Setup
```

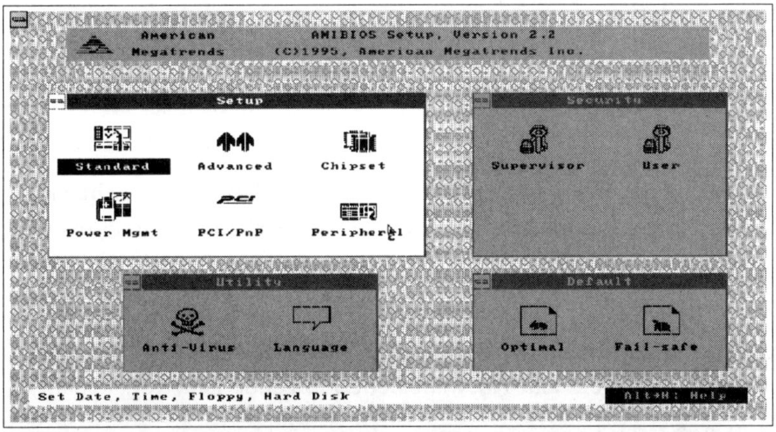

Abb. 6.2: Das AMI-WINBIOS ist der Windows-Arbeitsfläche nachempfunden

Innerhalb des WINBIOS-Setups sind folgenden Tasten verwendbar:

[Tab]	Wechseln zum nächsten Feld
[Alt]+[H]	Aufruf der Hilfeseite
[↑], [↓]	Wechseln der Optionen in vertikaler Richtung
[←], [→]	Wechseln der Optionen in horizontaler Richtung
[+], [-]	Ändern der Einstellung einer Option

Esc	Beenden einer Option oder Rückkehr ins Hauptmenü
Bild↑	Wechsel zum nächsten Bildschirm (falls möglich)
Bild↓	Wechsel zum vorangegangenen Bildschirm (falls möglich)
Pos1	Springt an den Anfang der Eingabe
Ende	Springt an das Ende der Eingabe
Strg + Alt + +	Ändern auf hohe Geschwindigkeit (vergleichbar mit Turbotaste)
Strg + Alt + -	Ändern auf niedrige Geschwindigkeit (vergleichbar mit Turbotaste)

Das Standard Setup

Im Hauptmenü öffnen Sie das Standard Setup über das Standard-Icon. In diesem Menü werden die grundlegenden Einstellungen des Rechners bezüglich der Laufwerke vorgenommen. Ist der Rechner einmal konfiguriert, benötigen Sie die hier aufgeführten Einstellungen erst wieder, wenn der PC erweitert wird. Folgende Einstellungen können Sie im Standard Setup vornehmen:

- *Date*: Einstellen des Systemdatums. Die Einstellungen werden in der Echtzeituhr (RTC – Real Time Clock) gespeichert und auch bei ausgeschaltetem Rechner weiter aktualisiert.
- *Time*: Einstellen der Systemzeit. Die Einstellungen werden in der Echtzeituhr (RTC – Real Time Clock) gespeichert und auch bei ausgeschaltetem Rechner weiter aktualisiert.
- *Floppy Drive A: / Floppy Drive B:* : Mit diesen Einstellungen konfigurieren Sie die vorhandenen Diskettenlaufwerke. Dabei können Sie die Diskettengröße und Kapazität pro Laufwerk festlegen. Zur Auswahl stehen folgende Laufwerkstypen:
  - 5,25-Zoll, 360 KByte
  - 5,25-Zoll, 1,2 MByte
  - 3,5-Zoll, 720 KByte
  - 3,5-Zoll, 1,44 MByte
  - 3,5-Zoll, 2,88 MByte
- *Primary Master, Primary Slave, Secondary Master, Secondary Slave*: Mit Hilfe dieser vier Einstellungen können Sie die angeschlossenen Festplatten an den zwei IDE-Kanälen konfigurieren. Moderne Hauptplatinen verfügen über einen primären und einen sekundären IDE-Kanal, an denen jeweils zwei Laufwerke (Master/Slave) betrieben werden können. Die Einstellungen sind nur dann notwendig, wenn IDE-

Festplatten oder CD-ROM-Laufwerke eingesetzt werden. Haben Sie SCSI-Komponenten im Einsatz, können Sie *Not Installed* bei den Optionen angeben.

Folgende Einstellungen stehen bei den Laufwerken zur Verfügung:

- *Auto*: Automatische Erkennung der Festplattenparameter durch Auslesen des Konfigurationssektors der Laufwerke. Werden die Parameter angezeigt, bestätigen Sie diese mit *OK*.
- Ist die Festplatte größer als 540 MByte, aktivieren Sie *LBA/Large Mode*.
- Wollen Sie den Blocktransfer zum beschleunigten Festplattenzugriff verwenden, aktivieren Sie die Option *Block Mode*.
- Wollen Sie den 32-Bit-Datentransfer über das BIOS verwenden, aktivieren Sie die Option *32-Bit Transfer*.
- Damit der bestmögliche Übertragungsmodus (PIO-Mode) festgelegt wird, sollte die Option auf *Auto* stehen. Nur, wenn das BIOS nicht in der Lage sein sollte, den Modus korrekt zu erkennen, sollten Sie diesen manuell vorgeben.
- Da das AMI-BIOS noch über eine Liste von 46 Standardvorgaben von Festplatten verfügt, können Sie auch aus dieser Liste die korrekten Parameter wählen. Moderne Festplatten sind hier aber nicht mehr zu finden. Wollen Sie dagegen noch eine ältere IDE- oder MFM-Festplatte verwenden, werden Sie in der Liste sicherlich fündig.
- Auch bei Verwendung eines ATAPI-CD-ROM-Laufwerkes bietet das AMI-BIOS einen entsprechenden Typ an. Wählen Sie am entsprechenden Kanal *Typ* und anschließend *CDROM*.

Wollen Sie die Parameter manuell für eine Festplatte eintragen, weil die vom BIOS ermittelten Werte nicht identisch mit denen sind, die beim Einrichten der Festplatte verwendet wurden, stehen Ihnen pro Laufwerk folgende Felder zur Verfügung:

- *Type*: Auswahl der Parameter aus 46 vorgegebenen Laufwerkstypen.
- *Cylinder*: Anzahl der Zylinder der Festplatte.
- *Heads*: Anzahl der Schreib-/Leseköpfe der Festplatte.
- *Write Precompensation*: Die physikalische Größe eines Sektors nimmt von den äußeren zu den inneren Spuren immer weiter ab. Da aber jeder Sektor 512 Byte speichert, muß der Controller dafür sorgen, daß die Daten auf den inneren Spuren stärker »zusammenrücken«. Hier geben Sie die Spur an, ab der dieses Verfahren beginnen soll.
- *Landing Zone*: Angabe des Zylinders, auf dem die Schreib-/Leseköpfe nach dem Ausschalten der Festplatte »geparkt« werden.

- *Sectors:* Anzahl der Sektoren pro Spur der Festplatte. MFM (17 Sektoren pro Spur), RLL (26 Sektoren pro Spur), ESDI (34 Sektoren pro Spur).
- *Capacity*: Die Kapazität der Festplatte wird aus den vorangegangenen Parametern berechnet. Dabei wird die Anzahl der Köpfe mit der Anzahl der Zylinder und der Anzahl der Sektoren multipliziert. Da jeder Sektor wiederum 512 Byte enthält, wird das zuvor ermittelte Ergebnis noch mit 512 multipliziert und die Kapazität wird angezeigt.

Bei modernen EIDE-Festplatten spielen diese Angaben (vor allem *Write Precompensation*) keine große Rolle mehr. Da aktuelle Festplatten mit dem sogenannten Zone-Bit-Recording arbeiten, bei dem auf den äußeren Spuren aufgrund der größeren Durchmesser auch mehr Sektoren untergebracht werden können, stimmen die im BIOS angegebenen Parameter nicht mehr mit den tatsächlichen physikalischen Gegebenheiten überein. Einzig die Kapazität ist identisch.

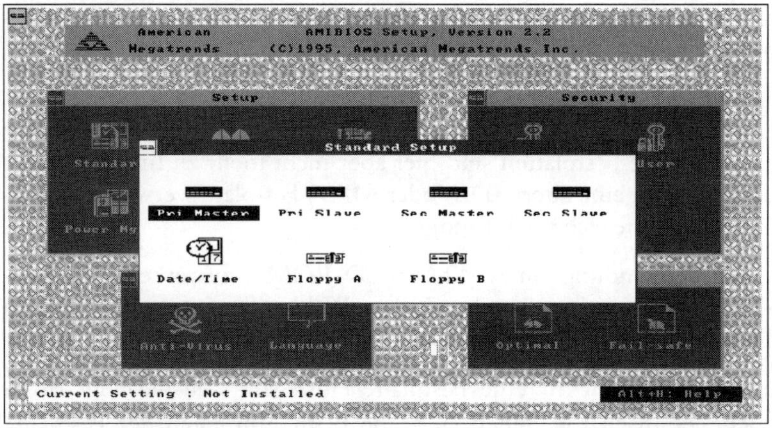

Abb. 6.3: Die Einstellungen des Standard-Setups

Das Advanced Setup

Hier erhalten Sie weitreichende Einstellungen für die Arbeitsumgebung Ihres Systems. Sie legen den Bootvorgang, die farbliche Darstellung, die Numlock-Funktion und eine Reihe weiterer Optionen fest.

Folgende Einstellungen sind vorhanden:

- *Quick Boot*: Diese Option ersetzt den Punkt »Above 1 MB Memory Test« älterer BIOS-Versionen und ermöglicht ein schnelleres Booten des Systems. Die Einstellungen sind:

- *Disabled*: Das AMI-BIOS testet den gesamten Arbeitsspeicher während des POST. Gleichzeitig wartet das BIOS bis zu 40 Sekunden auf das READY-Signal der IDE-Festplatten. Weiterhin wartet das BIOS eine halbe Sekunde nach dem Senden eines RESET-Impulses an ein IDE-Laufwerk, damit sich das Laufwerk wieder initialisieren kann. Während des POST wird die Taste [Entf] für den Zugang in das BIOS ständig überprüft.
- *Enabled*: In dieser Einstellung testet das BIOS während des POST nur den Speicher bis 1 MByte. Der darüber liegende Speicher wird nicht getestet. Die oben beschriebenen Wartezeiten werden nicht eingehalten, und auch die Tastatur wird nicht abgefragt.

- *System Keyboard*: Mit dieser Option legen Sie fest, ob eine Tastatur an den Computer angeschlossen ist oder nicht. Denn sollte während des POST ein Fehler diagnostiziert werden, wartet das AMI BIOS auf einen Tastendruck, damit der Bootvorgang fortgesetzt wird. Ohne Tastatur ist dies aber nicht möglich, und der PC bleibt an dieser Stelle stehen. Auch wird das BIOS melden, daß die Kontrolle der Tastatur fehlgeschlagen ist. Für Rechner ohne Tastatur (Server oder Touch-Screen-Systeme) kann dem BIOS mitgeteilt werden, daß sich keine Tastatur am System befindet. Die Einstellungen sind:
  - *Present*: Diese Einstellung ist zu wählen, wenn eine Tastatur angeschlossen ist.
  - *Absent*: Diese Einstellung ist zu wählen, wenn keine Tastatur angeschlossen ist.
- *Setup Color Scheme*: Mit dieser Option legen Sie die Farbeinstellungen des WINBIOS fest. Bei dem optischen Aussehen stehen Ihnen die Möglichkeiten *LCD*, *ARMY*, *PASTEL* und *SKY* zur Verfügung. Testen Sie die für Sie angenehmste Darstellung, und übernehmen Sie die Farbeinstellung.
- *PS/2 Mouse Support*: Mit dieser Option legen Sie fest, ob der PS/2-Mouseport auf der Hauptplatine aktiviert wird oder nicht. Wenn Sie den Port verwenden, wird gleichzeitig der Interrupt 12 für die PS/2-Maus reserviert und steht keinen anderen Komponenten mehr zur Verfügung.
- *Display BIOS POST Messages*: Mit dieser Optionen erlauben Sie dem AMI-BIOS, Status- und Fehlermeldungen während des POST auf dem Bildschirm anzuzeigen. Die Einstellungen sind:
  - *Yes*: Die Standardmeldungen des AMI-BIOS werden während des POST (vor dem Booten des Betriebssystems) auf dem Bildschirm angezeigt.
  - *No*: Die Bildschirmmeldungen werden während des POST nicht angezeigt.

- *Display Add-On ROM Messages*: Mit dieser Einstellung werden Bildschirmmeldungen von optionalen ROMs angezeigt. Dabei kann es sich beispielsweise um ROM-Erweiterungen von Grafikkarten oder SCSI-Hostadaptern handeln. Soll beispielsweise die Suche des SCSI-Hostadapters nach SCSI-Komponenten und die Möglichkeit, dessen BIOS aufzurufen, nicht dargestellt werden, verwenden Sie die Einstellung *No*.

- *Pause On Config Screen*: Mit dieser Option können Sie eine Pause festlegen, die das BIOS nach der Anzeige der Systemzusammenfassung wartet, bis das Betriebssystem gestartet wird. Dies sollten Sie beispielsweise während der Konfiguration des Rechners aktivieren, damit Sie nicht immer über die Taste [Pause] den PC anhalten müssen. Im normalen Betrieb ist diese Einstellung eher hinderlich, da der Startvorgang um diese Zeitspanne verlängert wird. Die Pause kann in folgenden Schritten (in Sekunden) vorgegeben werden: - 2, 3, 4, 5, 6, 7, 8, 9, 10, 11, 12, 13, 14 oder *Disabled* (= keine Pause)

```
   AMIBIOS System Configuration (C) 1985-1997 American Megatrends Inc.,

 Main Processor      : Pentium(tm) II   Base Memory Size    : 640 KB
 Math Processor      : Built-In         Ext. Memory Size    : 64512 KB
 Floppy Drive A:     : 1.44 MB, 3½      Display Type        : VGA/EGA
 Floppy Drive B:     : None             Serial Port(s)      : 3F8, 2F8
 AMI-BIOS Date       : 7/15/95          Parallel Port(s)    : 378
 Processor Clock     : 350MHz           External Cache      : 512 KB

 PCI Devices
 PCI Onboard PCI Bridge                 PCI Onboard Bridge Device
 PCI Onboard USB Controller             PCI Onboard IDE
 PCI Onboard SCSI, IRQ 10               PCI Onboard SCSI, IRQ 10
 PCI Slot 4 VGA, IRQ 11
```

Abb. 6.4: Die Anzeige der Systemzusammenfassung kann durch die Pause verlängert werden

- *Boot Up Num Lock*: Mit dieser Einstellung legen Sie die Funktion des numerischen Tastenblocks fest. Folgende Einstellungen sind möglich:
  - *On*: Der numerische Tastenblock kann für die Eingabe von Zahlen verwendet werden.
  - *Off*: Der numerische Tastenblock kann für Cursorbewegungen verwendet werden.

- *Password Check*: Mit dieser Option aktivieren Sie den Kennwortschutz für Ihren Rechner. Die Eingabe des Kennwortes wird bei jedem Bootvorgang oder Öffnen des BIOS-Setups abgefragt. Folgende Einstellungen sind vorhanden:
  - *Always*: Die Abfrage des Kennwortes ist bei jedem Start des PCs notwendig.
  - *Setup*: Für den Zugang in das BIOS-Setup ist die korrekte Eingabe des Kennwortes notwendig.

- *Boot to OS/2*: Verwenden Sie das Betriebssystems OS/2 von IBM und haben Sie mehr als 64 MByte RAM installiert, müssen Sie diese Option aktivieren, damit der Speicher oberhalb von 64 MByte korrekt erkannt wird. Andernfalls verwendet das System unter OS/2 nur 64 MByte. Bei anderen Betriebssystemen (Windows 95/98, Windows NT, Linux etc.) ist diese Option nicht von Bedeutung. Die Einstellung ist bis zum Fix-Level 17 von OS/2 Warp 3.0 notwendig. Allerdings kann hier keine generelle Empfehlung erteilt werden. Haben Sie mehr als 64 MByte Arbeitsspeicher installiert, testen Sie den vom Betriebssystem erkannten Speicher.
- *Floppy Drive Seek*: Mit dieser Option aktivieren Sie einen kurzen Laufwerkszugriff vor dem Booten des Betriebssystems. Um zu kontrollieren, ob das Laufwerk bezogen auf seine elektrischen Eigenschaften (Positionieren des Schreib-/Lesekopfes) korrekt arbeitet, ist die Option nützlich. Ursprünglich sollte dieser – von IBM patentierte – Zugriff zur Erkennung des angeschlossenen Laufwerkes (Kapazität) dienen. Da Sie aber im Standard-Setup den Laufwerkstyp vorgeben, ist die Funktion nicht mehr notwendig. Und während des Bootvorganges ist dieser Zugriff eher lästig, weshalb ich zum Abschalten der Funktion rate.
- *Floppy Drive Swap*: Diese Option tauscht die Bezeichnung der Laufwerksbuchstaben der Diskettenlaufwerke auf BIOS-Ebene. Wenn Sie beispielsweise noch über ein 5,25-Zoll-Laufwerk als Laufwerk B: verfügen und ein älteres Betriebssystem (z.B. DR-DOS 6) von Originaldisketten booten möchten, können Sie mit dieser Option die Laufwerksbuchstaben tauschen. Allerdings können Sie beispielsweise kein OS/2 von Disketten installieren, da dieses System einen eigenen Diskettentreiber einsetzt, der am BIOS vorbei arbeitet und den Wechsel nicht registriert. Ein vollständiger Tausch, wie beim AWARD-BIOS, durch das Umdrehen der Signale im I/O-Baustein ist bei AMI nicht vorgesehen.
- *Floppy Access Control*: Mit dieser Option können Sie bei den angeschlossenen Diskettenlaufwerken festlegen, ob sowohl das Lesen als auch das Schreiben möglich ist. Um einen Rechner oder ein Netzwerk vor »Datenklau« zu schützen, können Sie das Schreiben auf den Datenträger unterbinden. In diesem Fall können zwar Daten von der Diskette auf andere Datenträger kopiert werden, aber der Schreibzugriff ist nicht möglich. Tools, die am BIOS vorbei direkt den Diskettencontroller ansprechen, umgehen allerdings diese Schutzfunktion. Folgende Einstellungen sind möglich:
  - *read/write*: Sowohl der Lese- als auch der Schreibzugriff auf das Laufwerk ist möglich.
  - *read-only*: Nur der Lesezugriff ist beim Diskettenlaufwerk möglich.
- *S.M.A.R.T. For Hard Disk* : Moderne Festplatten unterstützen heute die Überwachung wichtiger Systemparameter mittels SMART (Self-Monitoring, Analysis and

Reporting Technology). Dabei werden eine Reihe von elektrischen Eigenschaften per Sensoren überwacht und ständig mit Sollwerten vergleichen. Beispielsweise die Drehzahl des Spindelmotors, der die Scheiben der Festplatte antreibt. Anhand der Meßergebnisse ist das Laufwerk in der Lage, eine Selbstdiagnose durchzuführen und auf Probleme aufmerksam zu machen. Über diese Option geben Sie dem AMI-BIOS die Möglichkeit, die Ergebnisse im SMART-Protokoll (z. B. eines Servers) über ein Netzwerk zu melden. Dazu ist geeignete Software notwendig, die diese Ergebnisse entsprechend interpretiert und in Warnhinweise umsetzt. Auch moderne Tools, wie die Norton Utilities 3.0, arbeiten mit SMART zusammen und können die Ergebnisse auswerten. SMART kann dabei keinen vollwertigen Schutz vor Laufwerksausfällen geben; es dient lediglich als zusätzliche Informationsquelle für den Status der Laufwerke.

- *Primary Master Armd Emulator As, Primary Slave Armd Emulator As, Secondary Master Armd Emulator As, Secondary Slave Armd Emulator As*: Mit diesen Optionen legen Sie fest, wie ein als Master oder Slave im entsprechenden IDE-Kanal angeschlossenes Wechselplattenlaufwerk vom System verwaltet wird. Dabei wählen Sie bei den folgenden Laufwerkstypen die aufgeführte Emulation:

LS120 Laufwerk	Diskettenlaufwerk
ATAPI ZIP-Laufwerk	Festplatte
Magneto optisches Laufwerk (MO)	Festplatte

- *1ST Boot Device, 2nd Boot Device, 3rd Boot Device, 4th Boot Device*: Mit diesen Einstellungen legen Sie die Suchreihenfolge nach einem bootfähigen Betriebssystem fest. Nach dem POST sucht das AMI BIOS die Laufwerke in der angegebenen Reihenfolge ab und startet ein Betriebssystem vom erstmöglichen Laufwerk. Dabei wird auf jeder Festplatte auf der ersten primären Partition nach einem Betriebssystem gesucht. Logische Laufwerke und erweiterte Partitionen werden nicht berücksichtigt. Die Optionen für das erste und die nächsten Bootdevice(s) lauten: *Disabled*, erste IDE-Festplatte, zweite IDE-Festplatte, dritte IDE-Festplatte, vierte IDE-Festplatte, Diskette, ARMD-FDD, ARMD-HDD, ATAPI-CD-ROM, SCSI, NETWORK, I_2O.

- *Try Other Boot Device*: Sollte das AMI-BIOS an den zuvor genannten Stellen bei der Suche eines Betriebssystems nicht fündig werden, können Sie hier veranlassen, daß auch auf den weiteren vorhandenen Laufwerken nach einem bootfähigen Betriebssystem gesucht wird. Über die Einstellung *Yes* sind auch die anderen Laufwerke in die Suche einbezogen.

- *Internal Cache*: Mit dieser Option können Sie den in der CPU integrierten First-Level-Cache (L1-Cache) deaktivieren. Dies ist häufig als »Bremse« für zu schnell laufende Spiele notwendig. Ansonsten wirkt sich diese Einstellung nur nachteilig auf die Systemleistung aus. Bei normaler Verwendung des Rechners ist die Option zu aktivieren.

- *External Cache*: Mit dieser Option können Sie den auf der Hauptplatine befindlichen Second-Level-Cache (L2-Cache) deaktivieren. Wie die vorangegangene Option kann auch diese Einstellung bei zu schnell laufenden Spielen helfen, wieder einen normalen Spielfluß zu erhalten. Bei normaler Verwendung des Rechners ist diese Option zu aktivieren, da der PC über den Cache den Zugriff auf den Arbeitsspeicher merkbar beschleunigt.

- *Caching Controller*: Sollte im System (in einem PCI-Slot) ein Cache-Controller installiert sein, aktivieren Sie diese Option. Da der Cache-Controller einen bestimmten Datenbestand in seinem RAM zwischenspeichert und diesen erst bei Bedarf auf die Festplatte zurückschreibt, kann es unter bestimmten Umständen zu Datenverlusten kommen. Dies ist dann der Fall, wenn Sie über die Tastenkombination [Strg]+[Alt]+[Entf] einen Warmstart durchführen, ohne daß die Daten vollständig auf die Festplatte geschrieben wurden. Denn gemäß den PCI-Spezifikationen müssen PCI-Karten immer dann auch zurückgesetzt (resettet) werden, wenn die CPU einen RESET-Impuls erhält. Setzen Sie die Option *Yes*, wird bei der oben beschriebenen Tastenkombination nur die CPU zurückgesetzt, und der PCI-Bus bleibt unangetastet. Jetzt haben Cache-Controller genügend Zeit, den Datenbestand auf den angeschlossenen Festplatten zu aktualisieren. Allerdings kann dies zu unbestimmten Systemzuständen führen, wenn der PCI-Bus für einen Rechnerabsturz verantwortlich ist und deshalb nicht korrekt zurückgesetzt wurde. In diesem Fall muß der PC komplett ausgeschaltet werden.

- *System BIOS Cacheable*: Wenn Sie diese Option aktivieren, wird das vorhandene BIOS-ROM ab der Adresse F0000h ebenfalls durch den Cachespeicher berücksichtigt. Dies beschleunigt den Zugriff auf BIOS-Funktionen und bringt höhere Systemleistung. Allerdings ist die Gefahr gegeben, daß veränderte BIOS-Daten durch ein fehlerhaftes Programm in das BIOS-Segment zurückgeschrieben werden können. Dabei kommt es zu Abstürzen des Rechners, da das BIOS-Segment schreibgeschützt sein muß und keine Änderungen am BIOS-Code akzeptieren darf. Moderne Betriebssysteme (Windows 95/98) ersetzen das System-BIOS fast vollständig durch eigene (virtuelle Geräte-) Treiber. Daher ist hier der Geschwindigkeitsvorteil nicht mehr in dem Maße vorhanden, wie beispielsweise bei DOS- oder Windows 3.x-Rechnern.

- *Video BIOS Shadow* C000, 32K: Mit dieser Einstellung aktivieren Sie während des Starts des Rechners das Kopieren des BIOS-ROMs der Grafikkarte in den Arbeitsspeicher. Da die Adressen des BIOS-ROMs im Adapter-Bereich identisch in den Arbeitsspeicher abgebildet werden können, wird durch das Kopieren das BIOS in den schnellen Arbeitsspeicher gespiegelt (Shadow = Spiegel). Von hier aus können die Grafikfunktionen erheblich schneller aufgerufen werden, was sich durch eine deutliche Leistungssteigerung bemerkbar macht. Aber auch hier gilt die Bemerkung, die in der vorangegangenen Option bereits aufgeführt ist. Der Leistungsgewinn ist vor allem in DOS- oder Windows 3.x-Umgebungen zu verzeichnen. Windows 95/98 verwendet hier wieder eigene Gerätetreiber, die das BIOS nicht mehr benötigen. Folgende Einstellungen sind hier möglich:

  - *Shadow*: Das Grafikkarten-BIOS (C0000h-C7FFFh) wird in den korrespondierenden Arbeitsspeicher verlagert.
  - *Cached*: Wie in der vorangegangenen Auswahl wird das BIOS in den Speicher kopiert, und zusätzlich wird der Speicherbereich vom Cache berücksichtigt. Diese Einstellung bringt gegenüber der vorangegangenen noch etwas mehr Performance.
  - *Disabled*: Das VIDEO-BIOS wird weder in den schnellen Arbeitsspeicher kopiert noch vom Cache berücksichtigt.

- *Shadow C800, 16K bis Shadow DC00, 16K*: Sollte eine Erweiterungskarte im System installiert sein, die ebenfalls einen ROM-Baustein (z. B. SCSI-Hostadapter) mitbringt, können Sie dieses ROM ebenfalls in den schnellen Arbeitsspeicher spiegeln. Auch hier wird dann vom System auf den schnelleren korrespondierenden Arbeitsspeicher mit dem gleichen Adreßbereich zurückgegriffen. Das Shadow-RAM ist in 16 KByte großen Blöcken aktivierbar. Da viele Karten aber ein 32 KByte großes BIOS mitbringen, müssen zwei benachbarte Bereiche aktiviert werden, damit das gesamte BIOS dort Platz findet. Unter Windows 95/98 benötigen Sie diese Einstellung aufgrund der verwendeten virtuellen Gerätetreiber (VxDs) nicht mehr.

Das Chipset Setup

In diesem Menü finden Sie Optionen vor, die sich mit dem verwendeten Chipsatz auf der Hauptplatine beschäftigen. Hier können je nach Hersteller verschiedene Optionen vorhanden sein, da die Chipsätze für den Pentium (Sockel 7) unterschiedliche Features bieten. Je nach Alter der Hauptplatine werden beispielsweise noch keine SDRAMs oder USB-Komponenten unterstützt. In diesem Fall fehlen die entsprechenden Optionen und sind auch nicht über ein BIOS-Upgrade nachträglich zu erhalten.

Die Einstellungen im einzelnen:

- *USB Function*: Über diese Option aktivieren Sie den USB- (Universal Serial Bus) Controller auf der Hauptplatine, der in der Regel über zwei USB-Ports verfügt. Ein Blick auf die Rückseite zeigt bei ATX-Hauptplatinen, ob diese Ports vorhanden sind oder nicht. Bei Baby-AT-Platinen kommt eine separater Slotblende mit den

USB-Anschlüssen zum Einsatz, die allerdings nicht jeder Hauptplatine beiliegt. Sollte das nicht der Fall sein, ist diese bei Ihrem Händler beziehbar, wenn der USB zum Einsatz kommen soll. Aktivieren Sie den USB-Controller, wird ein entsprechender Interrupt und alle weiteren benötigten Ressourcen durch das BIOS reserviert. Heute erhalten Sie bereits Tastaturen, Mäuse oder Scanner für den USB, und die Zahl der Geräte nimmt weiter zu. Aktuell haben beispielsweise Syquest und Iomega USB-Versionen des SparQ- bzw. ZIP-Laufwerks angekündigt.

- *USB Keyboard/Mouse Legacy Support*: Über diese Option aktivieren Sie die Unterstützung für eine Tastatur oder Maus über den Universal Serial Bus (USB). In diesem Fall wird der USB bei der Suche nach einer Tastatur vorrangig gegenüber dem normalen Tastaturanschluß behandelt.

- *ISA 8 Bit I/O Recovery Time*: Über diese Option konfigurieren Sie den Zugriff auf den 8-Bit-ISA-BUS. Dabei können Sie Wartezyklen festlegen, die vor allem den Betrieb von älteren Steckkarten in modernen PCs erlauben. Dabei wird der I/O-Zugriff verlangsamt, damit die Karte nicht einfach überrannt wird. Beim Einsatz moderner Karten ist diese Verzögerung nicht mehr notwendig.

- *ISA 16 BiT I/O Recovery Time*: Wie die vorangegangene Option legt auch diese Einstellung den Zugriff auf den ISA-Bus fest. Diesmal sind aber die 16-Bit-Zugriffe von der Einstellung betroffen. Die Verzögerung der I/O-Zugriffe sollte nur bei älteren 16-Bit-ISA-Karten aktiviert werden, da alle ISA-Steckplätze von der Einstellung betroffen sind.

- *Memory Hole*: Diese Einstellung ist ebenfalls für den ISA-Bus zuständig. Aktivieren Sie den Punkt, wird ein Loch in den Adreßraum zwischen dem 15. und 16. MByte für den ISA Frame Buffer »geschnitten«. Ältere Grafikkarten (z. B. ATI) verwenden den Frame Buffer, und hier ist die Option für eine korrekte Darstellung zu aktivieren. Allerdings ist der Arbeitsspeicher oberhalb von 16 MByte dann nicht mehr nutzbar, da das Betriebssystem nicht in der Lage ist, dieses »Loch« zu überbrücken und den restlichen Speicher wieder zu adressieren. Daher ist bei größerem Speicherausbau unbedingt von der Lösung abzuraten. Der einzige Grund, der noch für die Verwendung dieser Grafikkarte spricht, ist speziell programmierte Software (z. B. CAD), die nur mit der Karte zusammenarbeitet.

- *DRAM Timing*: Mit dieser Einstellung teilen Sie dem System mit, welche Zugriffszeit die verwendeten RAM-Bausteine verwenden. Anhand dieser Angabe werden weitere Optionen automatisch konfiguriert, die sich mit der Zeilen- und Spaltenadressierung des Speichers beschäftigen. Folgende Einstellungen sind möglich: 50 ns, 60 ns, 70 ns.

Verwenden Sie ausschließlich SDRAMs, ist diese Einstellung nicht von Belang. Sie finden in den BIOS-Versionen keine Einstellung, die beispielsweise den schnellen

Zugriffszeiten (8 ns, 10 ns, 12 ns) gerecht wird. Dies liegt daran, daß die Zugriffszeiten vom BIOS aus einem kleinen EEPROM auf dem Speicherchip ermittelt werden und alle anderen Parameter entsprechend konfiguriert werden.

- *Refresh Rate*: Mit dieser Einstellung wird der Refresh-Zyklus zum Auffrischen der Speicherinhalte in Abhängigkeit vom Systemtakt (Front-Side-Bus) eingestellt. Dabei geben Sie die Taktfrequenz an, mit der das System arbeitet. Den Rest erledigt der Chipsatz für Sie. Folgende Einstellungen sind möglich: 50 MHz, 60 MHz, 66 MHz, 75 MHz, 83 MHz, 95 MHz, 100 MHz.
- *DRAM Read Burst Timing*: Mit dieser Einstellung wird der Burst-Zyklus beim Lesen konfiguriert. Bei einem Burst handelt es sich um vier aufeinanderfolgende Zugriffe auf den Arbeitsspeicher. Für den ersten Zugriff (Leadoff Cycle) werden einige Takte mehr benötigt als für die drei folgenden Zugriffe. Denn nur beim ersten Zugriff wird die vollständige Adresse angelegt. Bei den nächsten Zugriffen zählt der Speichercontroller die Adressen automatisch gemäß der von der CPU benötigten Reihenfolge (Burst Order) hoch. Eine kleinere Zahl bei den nachfolgenden Zugriffen bedeutet einen schnelleren Zugriff, der aber von Speichermodulen unterstützt werden muß. Verwenden Sie EDO- (Extended Data Out) Speicher, die über zusätzliche Puffer verfügen, die das Auslesen der Daten gegenüber Fast-Page-Mode- RAMs (FPM) beschleunigen, können Sie immer eine schnellere Einstellung wählen als bei FPM-RAMs mit gleicher Zugriffszeit. Folgende Einstellungen sind möglich:
  - x-2-2-2: Für Speichermodule mit 50 ns und 60 ns Zugriffszeit (EDO-RAMs)
  - x-3-3-3: Für Speichermodule mit 60 ns und 70 ns Zugriffszeit (EDO-/ FPM-RAMs)
  - x-4-4-4: Für Speichermodule mit 70 ns Zugriffszeit (FPM-RAMs)
- *DRAM Write Burst Timing*: Mit dieser Einstellung konfigurieren Sie den Burst-Zyklus beim Schreiben in die Speichermodule. Beim Schreibvorgang besteht allerdings kein Unterschied zwischen EDO- und FPM-Speichern, weshalb die Einstellungen für beide Speichertypen identisch gewählt werden können. Folgende Einstellungen sind möglich:
  - x-2-2-2: Für Speichermodule mit 50 ns und 60 ns Zugriffszeit
  - x-3-3-3: Für Speichermodule mit 60 ns Zugriffszeit
  - x-4-4-4: Für Speichermodule mit 70 ns Zugriffszeit
- *Leadoff Timing*: Diese Option, die häufig auch *DRAM R/W Leadoff Timing* bezeichnet wird, legt fest, wie lange der erste Zugriff (Leadoff-Zyklus) bei einem Burst

dauert. Die hier eingestellte Taktanzahl sollte sich am oben gewählten Burst orientieren. Folgende Einstellungen sind möglich:

- 6 Ticks: bei einem x-2-2-2-Burst
- 7 Ticks: bei einem x-3-3-3-Burst
- 8 Ticks: bei einem x-4-4-4-Burst

- *Turbo Read Leadoff*: Mit dieser Einstellung verkürzen Sie den Leadoff-Zyklus, also den ersten Zugriff während eines Bursts, und sorgen so für noch schnellere Zugriffe auf den Arbeitsspeicher. Bei der Verwendung der ECC- oder Paritäts-Fehlerkorrektur darf diese Option allerdings nicht aktiviert werden, damit dem RAM-Controller genügend Zeit für die Fehlerkontrolle bleibt.

- *Fast RAS To CAS Delay*: Mit dieser Einstellung legen Sie fest, wieviel Zeit bei einem Speicherrefresh zwischen dem Anlegen des RAS(Row Address Strobe – Zeilenadressierung)- und CAS(Columne Address Strobe – Spaltenadressierung)-Signals vergeht. Schnelle Speicherbausteine kommen hier mit zwei Takten aus. Ältere Bausteine werden mit drei Takten betrieben, damit der Inhalt sicher aufgefrischt werden kann. Sollten keine Taktangaben vorhanden sein, werden folgende Einstellungen verwendet:

  - *Enabled*: (entspricht 2 Takten)
  - *Disabled*: (entspricht 3 Takten)

- *Turbo Read Pipelining*: Über diese aktivierte Option ist der Chipsatz in der Lage, der CPU das Lesen neuer Daten zu signalisieren, obwohl der aktuelle Prozeß noch nicht abgeschlossen ist. Dies erhöht die Performance beim Zugriff auf den Speicher. Ist die Option nicht aktiviert, kann der Chipsatz dem Prozessor den nächsten Speicherzugriff erst mitteilen, wenn der gerade laufende Prozeß komplett beendet wurde.

- *Speculative Leadoff*: Ist dieser Modus aktiviert, kann der Speichercontroller einen Lesebefehl an den Hauptspeicher schon absetzen, bevor die komplette Adresse decodiert ist. Dies bringt einen Gewinn beim Leadoff-Zyklus von einem Takt, also eine weitere Leistungssteigerung. Befindet sich die Adresse allerdings nicht im Speicher, sondern auf dem PCI-Bus oder im Cachespeicher, bringt der Modus keinen Gewinn, da der schon begonnene Zugriff unterbrochen und an einer anderen Stelle fortgesetzt werden muß.

- *Peer Concurency*: Diese Option wirkt sich besonders auf den PCI-Bus aus. Denn hier legen Sie fest, daß der Prozessor auch dann auf den Arbeitsspeicher oder Second-Level-Cache zugreifen kann, wenn eine PCI-Karte im Busmaster-Betrieb Daten überträgt. Bei der Verwendung eines PCI-SCSI-Hostadapters ist dieser

Punkt auf jeden Fall zu aktivieren, da von den SCSI-Festplatten größere Datenmengen über den PCI-Bus transferiert werden. Bei Busmasterzugriffen auf den Hauptspeicher, der gerade von der CPU angefordert wurde, sorgt der Chipsatz bei aktivierter Option für geregelte Verhältnisse bei den Zugriffen. Ist die Option abgeschaltet, werden die Zugriffe nur nacheinander zugelassen, was sich in verringerter Performance äußert.

- *ECC Test*: Mit dieser Option aktivieren Sie die interne Fehlerkorrektur des RAM-Controllers. Hierfür sind aber spezielle Speichermodule notwendig, die über ein weiteres Bit für die ECC- (Error Correction Code) oder Paritätskontrolle verfügen. In der Bezeichnung erkennen Sie diese Speicher, wobei die Angabe nicht 2M x **32** sondern 2M x **36** lautet. Haben Sie die entsprechenden Module installiert, sollten Sie dieses Feature auch nutzen. Bei der ECC-Betriebsart ist der Speichercontroller sogar in der Lage, 1-Bit-Fehler selbständig zu korrigieren.
- *DRAM Data Integrity Mode*: Mit dieser Option, die eng an die vorangegangene Option gekoppelt ist, legen Sie fest, welche Art der Fehlerkorrektur vom Speichercontroller verwendet werden soll. Zur Auswahl steht die weniger leistungsfähige Paritätsprüfung, die nur Fehler erkennt aber nicht beseitigt, und die ECC-Prüfung, bei der Speicherfehler vom Controller beseitigt werden können. Bei Netzwerkservern ist ECC die erste Wahl, wenn Sie schon die im Vergleich zu herkömmlichen Modulen teureren ECC-Speichermodule erworben haben.

Das Power Management Setup

Dieses Menü enthält alle Einstellungen zu den Energiesparmöglichkeiten des AMI-BIOS. Hier können Sie nach festgelegten Zeiten bestimmte Komponenten abschalten, was zu einer Einsparung von Energie führen kann. Vor allem bei tragbaren Rechnern (Notebooks), die mit Akkus betrieben werden, sind die Einstellungen sinnvoll. Bei Desktop-PCs rate ich allerdings eher zum vollständigen Abschalten des Rechners, anstatt die Funktionen hier zu verwenden, da die Lebenserwartung einiger Geräte (z.B. der Festplatte(n)) durch das ständige ein- oder ausschalten verkürzt werden kann. Nur Geräte, die ständig eingeschaltet sind, sollten einige der Optionen nutzen. Folgende Einstellungen sind vorhanden:

- *ACPI Aware OS*: Mit dieser Einstellung teilen Sie dem BIOS mit, daß Sie ein Betriebssystem verwenden, das den von Microsoft, Toshiba und Intel entwickelten ACPI- (Advanced Configuration and Power Interface) Standard unterstützt. Setzen Sie beispielsweise Windows 98 ein, sollte Sie diese Funktion auf jeden Fall einschalten, da die Energieeinstellungen weitaus mehr Komponenten betreffen, als dies in den Vorgängerversionen der Fall war.
- *Power Management*/APM: Ist diese Option aktiviert, unterstützt das BIOS die von Intel und Microsoft entwickelten INT15h Advanced Power Management-Funk-

tionen. In diesem Fall werden die Energiesparmaßnahmen vom BIOS und nicht vom Betriebssystem kontrolliert. Sollte das verwendete Betriebssystem keine weitreichenden Energiesparmöglichkeiten bieten, greifen Sie so auf das BIOS zurück. Soll dagegen das Betriebssystem den Energiehaushalt des Rechners managen, schalten Sie die APM-Unterstützung ein, konfigurieren aber keine der weiteren Optionen. Windows 95/98 greift für das eigene Power-Management auf die APM-Funktionen des BIOS zurück.

- *Power Button Function*: Mit dieser Einstellung konfigurieren Sie die Funktion des Eintasters bei ATX-Hauptplatinen. Verwenden Sie eine Baby-AT-Hauptplatine, ist diese Option nicht vorhanden. Da der Rechner über einen Taster ein- oder ausgeschaltet wird, der direkt mit der Hauptplatine verbunden ist, können ihm unterschiedliche Aufgaben zugewiesen werden. Folgende Einstellungen sind möglich:
  - *On/Off*: Betätigen des Tasters führt zum direkten Ein- oder Ausschalten des Rechners.
  - *Suspend*: Betätigen des Tasters bringt den Rechner sofort in den Suspend Mode oder wieder in den Arbeitsmodus zurück.
- *Green PC Monitor Power State*: Mit dieser Einstellung legen Sie fest, in welchen Betriebszustand der Monitor geschaltet wird, wenn er über die Grafikkarte in den Energiesparzustand geschaltet wird. Dies wird mittels VESA-DPMS (Display Power Management Signaling) erreicht, wobei ein bisher nicht verwendeter Pin des Grafikkartenanschlusses für die Übertragung der Signale verwendet wird. Allerdings muß der Monitor diese Möglichkeiten unterstützen. Ein Indiz dafür ist das Energy-Star-Symbol auf dem Gehäuse oder der Rückseite des Monitors. Auch die Beschreibung gibt Aufschluß darüber, welcher Modus unterstützt wird. Zur Auswahl stehen folgende Möglichkeiten:
  - *Disabled*: Monitor wird nicht abgeschaltet.
  - *Off*: Monitor wird vollständig abgeschaltet.
  - *Standby*: Monitor wird in den Standby Mode geschaltet.
  - *Suspend*: Monitor wird in den Suspend Mode geschaltet, wobei das V-Sync-Signal abgeschaltet und Leerzeichen zum Bildschirm gesendet werden.

  Verwenden Sie Windows 95/98 und haben Sie innerhalb der Systemsteuerung die Energiesparmöglichkeiten konfiguriert, können Sie die Option auf *Disabled* stellen. Denn die Steuerung wird komplett über Treiber des Betriebssystems realisiert.
- *Video Power Down Mode*: Diese Option beschreibt den Energiesparmodus, den das Grafiksubsystem (Grafikkarte und Monitor) nach der voreingestellten Zeit einnimmt. Diese Modi entsprechen den VESA-Vorgaben und schalten das System in folgende Zustände:

- *Disabled*
- *Standby*
- *Suspend*

Verwenden Sie Windows 95/98 und haben Sie innerhalb der Systemsteuerung die Energiesparmöglichkeiten konfiguriert, können Sie die Option auf *Disabled* stellen. Denn die Steuerung wird komplett über Treiber des Betriebssystems realisiert.

- *Hard Disk Power Down Mode*: Mit dieser Einstellung legen Sie den Energiesparmodus fest, den die Festplatte nach der voreingestellten Zeit einnimmt. Dabei werden die Teile der Festplatte abgeschaltet, die am meisten Energie benötigen. Dazu gehört der Spindelmotor, der die Platten mit der Nenndrehzahl (zwischen 5.000 und 10.000 Umdrehungen pro Minute) antreibt. Die Option läßt allerdings nur den Zugriff auf IDE-Festplatten zu. Bei der Verwendung von SCSI-Festplatten muß das Abschalten entweder über Software oder das BIOS des Hostadapters realisiert werden. Ist die Zeitspanne relativ kurz eingestellt, führt das ständige Rauf- und Runterfahren zu einer unnötigen Belastung des Motors, das auf lange Sicht gesehen auch die Lebensdauer der Festplatte reduziert. Ich rate daher bei Desktop-PCs und Servern unbedingt davon ab, von dieser Möglichkeit Gebrauch zu machen. Denn der ständige Betrieb mit der Nenndrehzahl schadet der Festplatte weitaus weniger als das Anfahren und Abschalten. Hier stehen folgende Einstellungen zur Auswahl:

  - *Disabled*: Die Festplatte wird nicht abgeschaltet
  - *Standby*
  - *Suspend*

  Verwenden Sie Windows 95/98 und haben Sie innerhalb der Systemsteuerung die Energiesparmöglichkeiten konfiguriert, können Sie die Option auf *Disabled* stellen. Denn die Steuerung wird komplett über Treiber des Betriebssystems realisiert. Allerdings sollten Sie auch hier bei Desktop-PCs das Abschalten der Festplatte deaktivieren.

- *Hard Disk Timeout* (Minute): Mit dieser Einstellung legen Sie fest, nach welcher Zeitspanne (in Minuten) die Festplatte in den zuvor eingestellten Energiesparmodus geschaltet wird. Dabei läuft der Timer nach jedem Zugriff erneut ab und aktiviert den Modus nach der hier vorgegebenen Zeit. Haben Sie die Abschaltung deaktiviert, hat diese Einstellung keine Wirkung. Folgende Einstellungen sind möglich: - 1 Minute bis 15 Minuten (in Ein-Minutenschritten).

- Auch diese Einstellung können Sie komfortabel innerhalb der Systemsteuerung und der Energieverwaltung von Windows 95/98 vornehmen, wobei weitaus längere Zeitspannen konfiguriert werden können.

- *Standby/Suspend Timer Unit*: Mit dieser Einstellung legen Sie fest, nach welcher Zeitspanne – ohne Benutzereingaben – der Suspend- und Standby-Modus aktiviert wird. Dabei läuft die hier festgelegte Zeitspanne nach Erreichen der zwei nachfolgend konfigurierten Zeiten an. Folgende Einstellungen sind möglich: - 4 ms (Millisekunden), 4 Sekunden, 32 Sekunden, 4 Minuten.
- *Standby Timeout*: Mit dieser Option legen Sie die Zeitspanne fest, die das System mit voller Leistung arbeitet, bis es anschließend in den Standby-Modus geschaltet wird. Wenn die Zeitspanne ohne weitere Benutzereingaben verstrichen ist, wird der PC in den Standby-Modus heruntergefahren. Folgende Einstellungen sind möglich:
  - *Disabled*
  - 4 Minuten bis 508 Minuten (in Vier-Minutenschritten)
- *Suspend Timeout*: Mit dieser Option legen Sie die Zeitspanne fest, die das System im Standby-Modus betrieben wird, bevor es in den nocheinmal energiesparenderen Suspend-Modus geschaltet wird. Wenn die Zeitspanne ohne weitere Benutzereingaben verstrichen ist, wird der PC in den Suspend-Modus heruntergefahren. Folgende Einstellungen sind möglich:
  - *Disabled*
  - 4 Minuten bis 508 Minuten (in vier-Minutenschritten)
- *Slow Clock Ratio*: Mit dieser Einstellung legen Sie fest, mit welcher Geschwindigkeit der Rechner arbeitet, wenn er in den Energiesparmodus geschaltet wird. Dabei wird die Taktfrequenz des Prozessors soweit reduziert, daß die erzeugte Verlustwärme nur noch einen Bruchteil der normalen Wärme entspricht. Die Frequenz kann dabei nicht vollständig abgeschaltet werden, da der Prozessor für den PC »lebenswichtige« Funktionen, wie den Speicherrefresh und die Abfrage der Schnittstellen, die wieder zum »Aufwachen« des Rechners führen, weiterhin initiieren muß. Die Einstellungen wird dabei in Prozent von der normalen Taktfrequenz angegeben. Folgende Einstellungen sind möglich: - 0-12,5%; 12,5-25%; 25-37,5%; 37,5-50%; 50-62,5%; 62,5-75%; 75-82,5%.
- *Display Activity*: Mit dieser Einstellung können Sie das AMI-BIOS anweisen, auch Monitorausgaben bei der Überwachung von Rechneraktivitäten zu berücksichtigen. Ist die Option auf *Monitor* eingestellt, läuft erst dann die Zeitspanne bis zum Erreichen des Standby-Modus an, wenn keine Bildschirmaktivitäten mehr zu verzeichnen sind. Beispielsweise wäre es unsinnig, den Energiesparmodus zu aktivieren, wenn ein Programm mit der aufwendigen Berechnung einer Grafik oder eines 3D-Objektes beschäftigt ist. Je nach Anwendung kann selbst ein schneller PC mehrere Tage für eine solche Berechnung benötigen. Arbeiten Sie mit CAD-, Gra-

fik- oder Videonachbearbeitungs-Software, sollten Sie auf diese Einstellung achten, damit nicht das BIOS einen Strich durch die Berechnungen macht. Denn hier ist es sehr ärgerlich, wenn Sie dem Rechner über das Wochenende eine Berechnung anvertraut haben, die wegen des Energiesparmodus (da keine Benutzeraktivität mehr vorhanden) nicht fertiggestellt wurde. Folgende Einstellungen sind möglich:

- *Monitor*: Monitorausgaben werden überwacht.
- *Ignore*: Monitorausgaben werden ignoriert.

Verwenden Sie einen animierten Bildschirmschoner und haben sie *MONITOR* konfiguriert, wird das System nicht in den Standby-Modus geschaltet. Dies ist bei der Planung zu berücksichtigen.

- *Device 6 (Serial Port 1), Device 7 (Serial Port 2), Device 8 (Parallel Port), Device 5 (Floppy Disk), Device 0 (Primary Master IDE), Device 1 (Primary Slave IDE), Device 2 (Secondary Master IDE), Device 3 (Secondary Slave IDE):* Mit diesen Einstellungen legen Sie fest, welche Komponenten und deren Interrupts überwacht werden sollen, während sich das System im Energiesparmodus befindet. Ist der Standby- oder Suspend-Modus aktiviert, überwacht das BIOS die mit *Monitor* gekennzeichneten Geräte. Sollte dort ein Ereignis (z. B. Mausbewegung oder eingehender Anruf am Modem) registriert werden, wird der Rechner wieder in den vollen Betriebszustand versetzt und die konfigurierten Timer zurückgesetzt. Erst wenn wieder eine der konfigurierten Zeiten ohne Benutzereingabe verstrichen ist, werden die Modi wieder in der beschriebenen Reihenfolge (erst Standby-, dann Suspend-Modus) aktiviert. Für alle oben genannten Möglichkeiten sind jeweils folgende Einstellungen möglich:
  - *Monitor*: Aktivität wird während des Standby- oder Suspend-Modus überwacht
  - *Ignore*: Aktivitäten an dieser Komponente führen nicht zum »Aufwachen« des Rechners

Das PCI/PNP Setup

In diesem Menü können Sie die Einstellungen zu den installierten PCI-Steckkarten und den Plug&Play-Funktionen des AMI-WINBIOS vornehmen. Die Optionen können je nach Alter und Ausstattung der Hauptplatine voneinander abweichen. Beispielsweise Einstellungen zum Universal Serial Bus (USB) sind nicht auf älteren Hauptplatinen möglich, da die entsprechenden Schnittstellen nicht vorhanden sind.

Folgende Einstellungen sind möglich:

- *Plug&Play Aware OS*: Mit dieser Option teilen Sie dem BIOS mit, ob Sie ein Betriebssystem installiert haben, das ebenfalls in der Lage ist, die Vergabe der Ressourcen per Plug&Play vorzunehmen. Verwenden Sie Windows 95/98, sollten Sie dem Betriebssystem die Aufgabe der Verteilung überlassen. In diesem Fall lautet die korrekte Einstellung *Yes*. Mit dieser Einstellung können die vom BIOS zugeteilten Ressourcen durch das Betriebssystem wieder geändert werden.

  Verwenden Sie allerdings noch DOS und Windows 3.x, sollten Sie das BIOS mit der Verteilung der Ressourcen beauftragen. Hier lautet die Einstellung *No*.

- *PCI VGA Palette Snoop*: Mit dieser Option sorgen Sie dafür, daß Zugriffe auf Palettenregister einer PCI-VGA-Karte auch auf dem ISA-Bus sichtbar werden. Eine MPEG- oder Videokarte für den ISA-Bus hat so die Möglichkeit, die Änderung der Farbpalette einer PCI-VGA-Karte zu erkennen und die eigenen Einstellungen entsprechend anzupassen. Haben Sie solche Hardware im Einsatz und sich schon häufig bei der Bearbeitung oder beim Abspielen von Videosequenzen über die fehlerhaften Farbinformationen gewundert, sollten Sie testweise diese Option aktivieren.

- *Allocate IRQ to PCI VGA*: Mit dieser Einstellung können Sie einer PCI-VGA-Karte einen eigenen Interrupt durch das BIOS zuweisen lassen. In der Regel arbeiten heute alle modernen VGA-Karten auch ohne IRQ korrekt, weshalb Sie zunächst die Einstellung deaktivieren sollten. Denn in diesem Fall sparen Sie einen Interrupt bei den eh schon wenigen freien IRQs im System. Nur wenn es zu Darstellungsproblemen kommen sollte, ist zunächst die Zuweisung mit einem Interrupt zu testen.

- *PCI Slot-1 Latency Timer*, PCI Slot-2 Latency Timer, PCI Slot-3 Latency Timer, PCI Slot-4 Latency Timer: Mit diesen Optionen legen Sie fest, wie lange (in PCI-Ticks) eine in dem Slot eingesetzte Karte den PCI-Bus noch als Master beanspruchen darf, nachdem eine weitere Karte den Bus ebenfalls angefordert hat. Für jeden PCI-Slot können Sie die Zeit individuell einstellen. Einige BIOS-Versionen bieten hier auch nur eine Option an, wobei der eingetragene Wert für alle Teilnehmer identisch ist. Folgende Einstellungen sind möglich: - 32, 64, 96, 128, 160, 192, 224, 248 (PCI-Ticks).

- *USB Device IRQ Preference*: Diese Option legt fest, mit welcher Interrupt-Priorität der USB-Controller im Rechner betrieben wird. Dabei wird ein normaler IRQ für den USB-Controller verwendet, auch wenn kein USB-Gerät vorhanden ist. Sollte das BIOS in diesem Fall die Möglichkeit bieten, den USB-Port zu deaktivieren, sollten Sie davon Gebrauch machen. Da der USB-Controller auf vielen Hauptplatinen auch als Plug&Play-Gerät angesehen wird, kann die Vergabe des benötigten Interrupts auch dem BIOS überlassen werden. Hierfür ist die Einstellung *Auto* zu verwenden. Folgende Einstellungen sind möglich:

- *Auto, IRQ5, IRQ9, IRQ10, IRQ11, IRQ14 und IRQ15*

- PCI Slot-1 Preference oder PCI Slot1 IRQ Priority, *PCI Slot-2 Preference oder PCI Slot2 IRQ Priority, PCI Slot-3 Preference oder PCI Slot3 IRQ Priority, PCI Slot-4 Preference oder PCI Slot4 IRQ Priority*: Mit diesen Einstellungen legen Sie die Zuordnung der Interrupts zu den einzelnen PCI-Steckplätzen fest. Auf diese Weise können Sie jedem Slot einen speziellen IRQ zuweisen oder dem AMI-BIOS diese Aufgabe durch die Einstellung *Auto* überlassen. Sollte die automatische Zuteilung zu keinem brauchbaren Ergebnis führen, können Sie die Interrupts manuell zuweisen. Vor allem, wenn die Interrupts knapp werden, sollten Sie hier mehreren PCI-Slots einen identischen IRQ zuweisen, um das Interrupt-Sharing zu aktivieren, den moderne PCI-Karten problemlos beherrschen.

- *IRQ3 bis IRQ15*: Mit dieser Option legen Sie für die aufgeführten Interrupts fest, ob diese einer ISA-Karte fest zugeordnet werden sollen, oder dem BIOS für die automatische Vergabe mittels Plug&Play zur Verfügung stehen. Älteren Karten, die nicht per Plug&Play konfigurierbar sind, sollten die Interrupts fest zugewiesen werden. Auf der Karte wird dafür häufig ein Jumper gesetzt oder ein Setup-Programm ausgeführt. Im BIOS gehen Sie nun in die Zeile des entsprechenden Interrupts und ändern die Einstellung von *PCI/PnP* auf *ISA/EISA*. Jetzt kann das BIOS die Ressource nicht mehr automatisch verteilen, und Sie können sicher sein, daß der betreffende Interrupt nur dieser Karte zur Verfügung steht. Welche Ressourcen dem Plug&Play-BIOS noch zur Verfügung stehen, ermittelt das BIOS durch das Auslesen des sogenannten ESCD NVRAM. Benötigen Sie mehrere freie Interrupts für ISA-Karten und sind eine Reihe von IRQs von PCI-Karten belegt, können Sie sich eines Tricks bedienen. Konfigurieren Sie alle Interrupts bis auf einen (z.B. IRQ 9) für die Benutzung von ISA-Karten (Einstellung ISA). Jetzt werden die Interrupts 14 und 15 für den Onboard IDE-Controller verwendet und nur der IRQ 9 steht für PCI- und Plug&Play-Geräte zur Verfügung. Da PCI-Geräte das Interrupt-Sharing beherrschen, kommt es bei diesen Karten trotz der Doppelbelegung nicht zu Konflikten. Folgende Einstellungen sind möglich:

  - *ISA/EISA*: Der Interrupt ist exklusiv für eine Karte reserviert und steht dem Ressourcen-Pool des AMI-BIOS nicht mehr zur Verfügung.
  - *PCI/PnP*: Der Interrupt steht dem Ressourcen-Pool des AMI-BIOS für die Vergabe per Plug&Play zur Verfügung.

- *DMA Channel 0, 1, 3, 5, 6,* 7: Mit dieser Option legen Sie für die aufgeführten DMA-Kanäle fest, ob diese einer ISA-Karte fest zugeordnet werden sollen, oder dem BIOS für die automatische Vergabe mittels Plug&Play zur Verfügung stehen. Älteren Karten, die nicht per Plug&Play konfigurierbar sind, sollte ein DMA-

Kanal fest zugewiesen werden. Auf der Karte wird dafür häufig ein Jumper gesetzt oder ein Setup-Programm ausgeführt. Im BIOS gehen Sie nun in die Zeile des entsprechenden DMA-Kanals und ändern die Einstellung von *PCI/PnP* auf *ISA/EISA*. Jetzt kann das BIOS die Ressource nicht mehr automatisch verteilen, und Sie können sicher sein, daß der betreffende DMA-Kanal nur dieser Karte zur Verfügung steht. Welche Ressourcen dem Plug&Play-BIOS noch zur Verfügung stehen, ermittelt das BIOS durch das Auslesen des sogenannten ESCD NVRAM. Folgende Einstellungen sind möglich:

  - *ISA/EISA*: Der DMA-Kanal ist exklusiv für eine Karte reserviert und steht dem Ressourcen-Pool des AMI-BIOS nicht mehr zur Verfügung.
  - *PCI/PnP*: Der DMA-Kanal steht dem Ressourcen-Pool des AMI-BIOS für die Vergabe per Plug&Play zur Verfügung.

- *Reserved ISA Card Memory Size*: Mit dieser Option legen Sie einen Speicherbereich fest, den eine ISA-Karte als sogenanntes Speicherfenster nutzen kann. Beispielsweise Netzwerkkarten, die ein eigenes RAM mitbringen (z.B. 3COM Tokenlink-Karten), benötigen dieses Speicherfenster. Dabei kann der Bereich von C8000h bis EFFFFh für dieses Fenster in definierten Schritten reserviert werden. Mit dieser Option legen Sie zunächst die Größe des Fensters fest, die mit der Vorgabe der ISA-Karte exakt übereinstimmen muß. Mit der folgenden Option wird dann die zugehörige Anfangsadresse reserviert. Ein Blick in das Setup oder die Beschreibung der Karte gibt Aufschluß über die Größe. Zur Auswahl stehen folgende Werte (in KByte): *Disabled*, 16K, 32K, 64K

- *Reserved ISA Card Memory Address*: Diese Option hängt direkt mit der vorangegangenen Einstellung zusammen. Haben Sie die Größe des Speicherfensters für ISA-Karten festgelegt, wird nun hier die Adresse des Fensters angegeben, die deckungsgleich mit der Konfiguration der ISA-Karte sein muß. Die Bereiche müssen sich also exakt überlagern. Erst dann kann die Karte mit dem PC in Kontakt treten. Zur Auswahl stehen folgenden Einstellungen: C0000h, C4000h, C8000, CC000, D0000, D4000, D8000, DC000

Peripheral Setup

In diesem Menü konfigurieren Sie die auf der Hauptplatine befindlichen Schnittstellen. Dazu gehören die seriellen und parallelen Ports ebenso wie die beiden IDE-Kanäle (primärer und sekundärer Kanal) und die eventuell vorhandene Infrarot-Schnittstelle.

Folgende Einstellungen sind vorhanden:

- *Onboard SCSI*: Sollte sich auf Ihrer Hauptplatine ein SCSI-Hostadapter befinden (z. B. Adaptec 294x), können Sie über diese Option das Adaptec 7895/7890 BIOS auf der Hauptplatine aktivieren. Jetzt werden die SCSI-Kanäle nach Geräten untersucht, und sollte eine bootfähige Festplatte vorhanden sein, kann dieses Laufwerk in die Boot-Reihenfolge des BIOS eingefügt werden. Die Einstellung sind:

- *Enabled*: Der Onboard-SCSI-Hostadapter wird verwendet
- *Disabled*: Der Onboard-SCSI-Hostadapter ist deaktiviert

- *Remote Power On*: Über diese Option teilen Sie dem BIOS mit, daß der PC über eine der seriellen Schnittstellen aktiviert werden soll. Dazu ist allerdings eine ATX-Hauptplatine notwendig. Hier kann beispielsweise ein eingehender Anruf über das Modem den Rechner aktivieren, um eine Faxnachricht entgegenzunehmen. Für diese Funktion kommt die erste (COM1) und zweite (COM2) serielle Schnittstelle in Frage. Hierbei sollten Sie aber beachten, daß auch normale Telefonanrufe den PC »wecken« können, wenn Sie das Modem an einer NFN-Dose parallel zum normalen Telefon angeschlossen haben. Sollten Sie häufig den PC eingeschaltet vorfinden, obwohl Sie den Rechner nach der letzten Arbeitssitzung ordnungsgemäß heruntergefahren haben, kontrollieren Sie Ihr BIOS nach dieser Funktion und deaktivieren das Aufwachen. Folgende Einstellungen stehen zur Verfügung:

  - *Enabled*: Der PC kann über COM1 und/oder COM2 aktiviert werden
  - *Disabled*: Der PC registriert Aktivitäten an den Schnittstellen nicht

- *CPU Current Temperature*: Sollte Ihre Hauptplatine über einen LM78/79-Baustein verfügen, werden eine Reihe von Systemparametern ständig überwacht und an das BIOS übergeben. An dieser Stelle wird die aktuelle CPU-Temperatur angezeigt, die über einen Wärmefühler in der Nähe des Prozessors ermittelt wurde. Einstellungen sind hier nicht möglich. Über das integrierte DMI (Desktop Management Interface) können die Werte auch über Software im PC sichtbar gemacht werden. Liegt dem Rechner oder der Hauptplatine eine geeignete Software (z.B. Intel LANDesk Client Manager) bei, sollten Sie diese installieren, um ständig über den Betriebszustand des Rechners informiert zu sein.

- *CPU Overheat Warning*: Aktivieren Sie diese Option, können Sie einen Grenzwert für die CPU-Temperatur bestimmen. Wird dieser Wert überschritten, meldet das BIOS sofort diese Überhitzung. In der Regel wird ein Warnton über den internen Lautsprecher ausgegeben. Folgende Einstellungen sind möglich:

  - *Enabled*: Die Eingabe eines CPU-Temperaturgrenzwertes wird in der nächsten Option möglich
  - *Disabled*: Keine Vorgabe eines Grenzwertes

- *CPU Overheat Warning Temperature*: Hier legen Sie nun den Grenzwert der CPU-Temperatur fest, wenn der vorangegangene Punkt aktiviert wurde. Dabei können Sie die Temperatur von 25°C bis 75°C in 1-Grad-Intervallen einstellen. Die exakte Arbeitstemperatur Ihres Prozessors können Sie Datenblättern der Prozessoren entnehmen. Die Standardeinstellung des Grenzwertes bei Pentium-Prozessoren liegt bei 55°C, obwohl beispielsweise AMD K6-Prozessoren teilweise nicht einmal die 37°C überschreiten. Hier sollten Sie mit den Einstellungen experimentieren, denn bei umfangreichen Berechnungen und sommerlichen Außentemperaturen kann es dem Prozessor schon mal etwas wärmer werden. Und auf die Dauer gehen Ihnen die Warnhinweise sicherlich auf die Nerven, wenn Sie den Grenzwert zu knapp oberhalb der normalen Arbeitstemperatur angelegt haben.

- *H/W Monitor (CPU1), ..., (CPU1 FAN)*: Hier werden je nach Ausstattung der Hauptplatine verschiedene Hardware-Sensoren angezeigt. Dabei wird die Core- und I/O-Spannung des Prozessors und alle vom Netzteil gelieferten Spannungen überprüft. Weiterhin wird die Drehzahl des Prozessorlüfters, des Netzteillüfters und weiterer auf der Hauptplatine angeschlossener Lüfter kontrolliert. Die Angaben spiegeln die Ergebnisse der Sensoren wieder, die über den LM78/79 verwaltet werden. Auch diese Werte sind über das Desktop Management Interface (DMI) an eine geeignete Software übertragbar und innerhalb einer Anwendung darstellbar.
- *Onboard Floppy Controller*: Mit dieser Option aktivieren Sie den Diskettencontroller auf der Hauptplatine. Da in der Regel keine Jumper mehr für das Ein- oder Ausschalten der Onboard-Komponenten vorhanden sind, wird dies über die BIOS-Einstellungen realisiert. Haben Sie einen zusätzlichen Controller oder SCSI-Hostadapter mit eigenem Diskettencontroller installiert, sollten Sie diesen verwenden und den Controller der Hauptplatine deaktivieren. Folgende Einstellungen sind möglich:
  - *Enabled*: Diskettencontroller der Hauptplatine wird verwendet
  - *Disabled*: Diskettencontroller der Hauptplatine wird nicht verwendet
- *Onboard Primary/Secondary IDE*: Mit dieser Einstellung können Sie die beiden Onboard-IDE-Controller (primärer und sekundärer IDE-Kanal) konfigurieren. Dabei können Sie sowohl beide Kanäle aktivieren, wenn Sie IDE-Geräte im Einsatz haben, als auch einzelne Kanäle deaktivieren, wenn dort kein Laufwerk installiert ist. Denn der zugeordnete Interrupt (IRQ14 und 15) kann bei deaktiviertem Kanal einer anderen Komponente zugeteilt werden. Haben Sie ausschließlich SCSI-Komponenten im Einsatz, können Sie auch beide IDE-Kanäle abschalten. Folgende Einstellungen stehen zu Verfügung:
  - *Disabled*: Beide IDE-Kanäle sind deaktiviert
  - *Primary*: Nur der primäre IDE-Kanal ist aktiviert, der sekundäre Kanal ist deaktiviert
  - *Secondary*: Nur der sekundäre IDE-Kanal ist aktiviert, der primäre Kanal ist deaktiviert

   - *Both*: Beide IDE-Kanäle sind aktiviert

- *Onboard IDE Bus Master*: Mit dieser Option aktivieren Sie die Möglichkeit des IDE-Controllers der Hauptplatine, als Busmaster auf dem PCI-Bus zu agieren. Um optimale Übertragungswerte bei den Festplatten und Laufwerken zu erhalten, sollten Sie diese Option aktivieren. Denn in diesem Modus kann der Controller ohne Zutun des Prozessors Daten an den Arbeitsspeicher liefern und den PCI-Bus exklusiv reservieren.

- *Offboard PCI/ISA IDE Card*: Sollte ein weiterer IDE-Controller in einem der Steckplätze installiert sein, müssen Sie dem BIOS hier mitteilen, um welche Art Controller es sich handelt und in welchem Slot er steckt. Dabei haben Sie die Wahl zwischen ISA-IDE-Controllern und Geräten für den PCI-Bus. Sollte ein weiterer IDE-Controller (z.B. IDE-Cache-Controller) installiert sein, wird der Onboard-Controller der Hauptplatine automatisch deaktiviert. Sollten Sie einen IDE-Controller installiert haben, sind die beiden nächsten Optionen ebenfalls zu konfigurieren. Folgende Einstellungen stehen zur Verfügung:

   - *absent*: Kein weiterer IDE-Controller wurde installiert
   - *Auto*: Das AMI-BIOS kontrolliert selbst, ob ein weiterer IDE-Controller vorhanden ist
   - *ISA*: Ein IDE-Controller für den ISA-Bus ist installiert
   - *SLOT1 bis SLOT4*: Geben Sie den Slot an, in dem der PCI-IDE-Controller arbeitet

- *Offboard Primary/Secondary*: Hier legen Sie bei einem zusätzlich installierten IDE-Controller fest, welcher IDE-Kanal dem Controller zugeordnet werden soll. Hat der IDE-Controller nur einen Kanal, können Sie ihm beispielsweise den primären oder sekundären IDE-Kanal zuweisen. Folgende Einstellungen stehen zur Verfügung:

   - *Disabled*: Keine Zuweisung eines IDE-Kanals
   - *Primary*: Der primäre IDE-Kanal wird dem IDE-Controller zugewiesen
   - *Secondary*: Der sekundäre IDE-Kanal wird dem IDE-Controller zugewiesen
   - *Both*: Beide IDE-Kanäle werden dem IDE-Controller zugewiesen

- *Offboard PCI IDE Primary IRQ, Offboard PCI IDE Secondary IRQ*: Über diese Option weisen Sie den beiden IDE-Kanälen des zusätzlich installierten PCI-IDE-Controllers einen PCI-Interrupt zu. Dabei sollten Sie ebenso verfahren, wie der Onboard-Controller konfiguriert wird. Dabei wird dem primären IDE-Kanal der INTA und dem sekundären IDE-Kanal der INTB zugewiesen. Sollte der PCI-

IDE-Controller bereits eigene Interrupts besitzen, verwenden Sie die Einstellung *Hardwired*. Zur Auswahl stehen folgende Einstellungen:

- *Disabled*: Kein PCI-Interrupt wird zugewiesen
- *Hardwired*: Die Interrupts des Controllers werden verwendet
- *INTA, INTB, INTC, INTD*

- *Onboard Serial Port1 IRQ*: Mit dieser Einstellung legen Sie den Interrupt fest, der von der ersten seriellen Schnittstelle auf der Hauptplatine verwendet wird. Zur Auswahl stehen folgende Einstellungen:
  - *IRQ4*: Der Interrupt 4 wird für den ersten seriellen Anschluß der Hauptplatine verwendet
  - *Disabled*: Es wird kein Interrupt verwendet
- *Onboard Serial Port1 Address*: Hier legen Sie für den ersten seriellen Anschluß die Adresse und damit den COM-Port fest. Dabei kann die Schnittstelle sowohl COM1 als auch COM3 repräsentieren. Folgende Einstellungen sind vorhanden:
  - *Auto*: Das AMI-BIOS legt die Schnittstelle automatisch fest
  - *3F8h*: Schnittstelle ist COM1
  - *3E8h*: Schnittstelle ist COM3
  - *Disabled*: Schnittstelle ist deaktiviert
- *Onboard Serial Port1 FIFO*: Mit dieser Einstellung aktivieren Sie den schnellen FIFO- (First In First Out) Puffer der seriellen Schnittstelle, über den die Schnittstelle eine höhere Übertragungsleistung (115.200 Baud) bietet. Für schnelle Modems ist diese Einstellung zwingend vorgeschrieben. Ohne FIFO-Puffer können nur Modems bis 57.600 Baud zufriedenstellend betrieben werden.
- *Onboard Serial Port2 IRQ*: Mit dieser Einstellung legen Sie den Interrupt fest, der von der zweiten seriellen Schnittstelle auf der Hauptplatine verwendet wird. Zur Auswahl stehen folgende Einstellungen:
  - *IRQ3*: Der Interrupt 3 wird für den zweiten seriellen Anschluß der Hauptplatine verwendet
  - *Disabled*: Es wird kein Interrupt verwendet
- *Onboard Serial Port2 Address*: Hier legen Sie für den zweiten seriellen Anschluß die Adresse und damit den COM-Port fest. Dabei kann die Schnittstelle sowohl COM2 als auch COM4 repräsentieren. Folgende Einstellungen sind vorhanden:
  - *Auto*: Das AMI-BIOS legt die Schnittstelle automatisch fest

- *2F8h*: Schnittstelle ist COM1
- *2E8h*: Schnittstelle ist COM3
- *Disabled*: Schnittstelle ist deaktiviert

- *Onboard Serial Port2 FIFO*: Mit dieser Einstellung aktivieren Sie den schnellen FIFO- (First In First Out) Puffer der seriellen Schnittstelle, über den die Schnittstelle eine höhere Übertragungsleistung (115.200 Baud) bietet. Für schnelle Modems ist diese Einstellung zwingend vorgeschrieben. Ohne FIFO-Puffer können nur Modems bis 56.800 Baud zufriedenstellen betrieben werden.

- *Onboard Serial Port2 Mode*: Mit dieser Option legen Sie fest, wie der zweite serielle Anschluß der Hauptplatine verwendet werden soll. Viele Rechner bieten eine sogenannte IrDA-Schnittstelle an, wobei zur Datenübertragung eine Infrarot-Diode eingesetzt wird. Sollten Sie diese Übertragung verwenden, wird der zweite serielle Port für die Übertragung eingesetzt und steht nicht mehr als normale serielle Schnittstelle zur Verfügung. Folgende Einstellungen sind möglich:
  - *Normal*: Der Anschluß erfolgt über die herkömmlichen SubD-Stecker
  - *IrDA*: Die Datenübertragung erfolgt über die Infrarot-Schnittstelle

- *Onboard Parallel Port IRQ*: Mit dieser Option weisen Sie dem parallelen Anschluß auf der Hauptplatine einen Interrupt zu. Zur Auswahl stehen folgende Einstellungen:
  - *Disabled*: Die Schnittstelle erhält keinen Interrupt
  - *IRQ5*: Interrupt 5 wird dem parallelen Anschluß zugewiesen
  - *IRQ7*: Interrupt 7 wird dem parallelen Anschluß zugewiesen

- *Onboard Parallel Port Address*: Mit dieser Option weisen Sie dem parallelen Anschluß der Hauptplatine eine I/O-Adresse zu und legen somit den LPT-Port fest. Zur Auswahl stehen folgende Einstellungen:
  - *Disabled*: Die Schnittstelle ist deaktiviert
  - *378h*: Die Schnittstelle erhält die I/O-Adresse 378h und ist somit LPT1
  - *278h*: Die Schnittstelle erhält die I/O-Adresse 278h und ist somit LPT2

- *Onboard Parallel Port Mode*: Mit dieser Option legen Sie den Übertragungsmodus der parallelen Schnittstelle fest. Neben dem normalen Standardverfahren (SPP – Standard Parallel Port) bietet die Option die Möglichkeit, einen der schnelleren Modi ECP (Enhanced Capability Port) oder EPP (Enhanced Parallel Port) für die Übertragung zu verwenden. Dabei verwendet der ECP-Mode einen zusätzlichen DMA-Kanal, der in der nächsten Option noch näher spezifiziert wird, und ist in der Lage, bis zu 2 MByte an Daten pro Sekunde zu übertragen. Diese zusätzlichen Modi sind besonders geeignet für externe Laufwerke oder Scanner an der parallelen Schnittstelle.

- *Parallel Port DMA Channel*: Sollten Sie den ECP-Mode verwenden, legen Sie hier den benötigten DMA-Kanal fest. Zur Auswahl stehen folgende Kanäle: DMA0, DMA1, DMA3

Security Setup

In diesem Menü stehen folgende Symbole zur Verfügung: Supervisor (Paßwort), User (Paßwort), Anti-Virus.

- *Der Kennwortschutz*: Das AMI-BIOS bietet einen zweistufigen Kennwortschutz. Dabei kann sowohl ein Supervisor- als auch ein Benutzer-Kennwort vergeben werden. Sie können festgelegen, ob das Kennwort bei jedem Start des Rechners oder nur beim Start des BIOS-Setups eingegeben werden muß. Dabei wird zunächst im Advanced Setup festgelegt, ob der Kennwortschutz überhaupt aktiviert ist oder nicht. Ist die Option aktiviert, können Sie in diesem Menü die zugehörigen Kennwörter eingeben. Wollen Sie sowohl ein Supervisor- als auch ein Benutzerkennwort verwenden, ist zunächst das Supervisorkennwort einzugeben und erst anschließend das Benutzerkennwort. Das Kennwort darf maximal sechs Zeichen lang sein und wird nach der Eingabe ein zweites Mal zur Sicherheit angefordert. Im CMOS-RAM wird es erst dann gespeichert, wenn beide Eingaben identisch erfolgt sind.

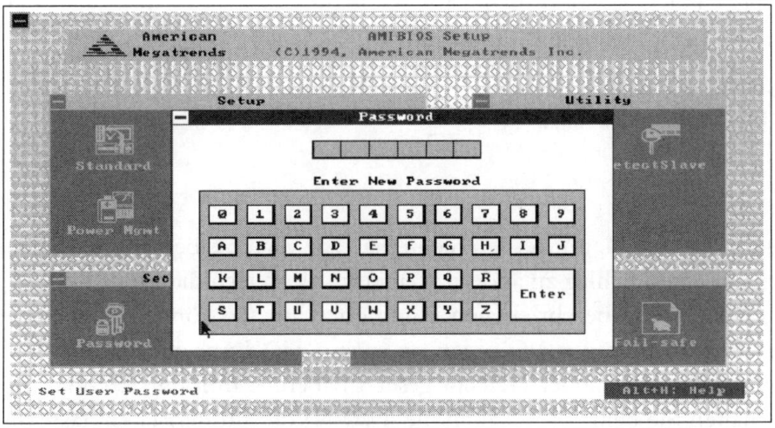

Abb. 6.5 Hier tragen Sie das Kennwort ein

Sollten Sie das Kennwort vergessen haben, können Sie nur durch vollständiges Löschen des CMOS-RAMs den PC wieder booten. Allerdings sind dann auch alle

Benutzereinstellungen in den Menüs gelöscht. Dies geschieht mit Hilfe eines Jumpers auf der Hauptplatine, der für das Löschen des CMOS-RAMs zuständig ist.

- *Anti Virus*: Mit dieser Option schützen Sie den Boot-Sektor der Festplatte vor unbefugtem Zugriffen durch Bootsektor-Viren oder »wildgewordene« Programme. Eine echter Schutz vor Viren ist diese Option allerdings nicht, da keine Kontrollen innerhalb des Rechners durchgeführt werden. Nur wenn eine Anwendung versucht, in den Bootsektor der Festplatte zu schreiben, gibt das BIOS einen Warnhinweis aus, der die gerade durchgeführte Aktion meldet und erst dann den Zugriff auf den Bootsektor zuläßt, wenn Sie ihn über die Taste [Y] zulassen. Denn in einigen Fällen kommt es durchaus vor, daß ein Programm auf diesen Bereich zugreift und dort auch schreiben muß. Beispielsweise »impfen« einige Virenscanner die Dateien, um Veränderungen durch einen Vergleich feststellen zu können. Auch wenn Sie ein Update eines Betriebssystems einspielen, muß der Bootsektor neu geschrieben werden. Hier kann es schon verwirren, wenn plötzlich ein Warnhinweis erscheint, der Sie auf eine Virentätigkeit hinweist. Anwendern, denen diese Meldung zum ersten Mal erscheint, kann schon Angst und Bange werden, wenn bei der Installation von Original-Disketten oder CD-ROMs plötzlich ein Virenhinweis erscheint. Hier ist vor einem Update ggf. die Funktion wieder zu deaktivieren. Bei einem Zugriff auf den vom BIOS geschützten Bootsektor erscheint folgende Meldung:

```
Boot Sector Write!!!
Possible VIRUS: Continue (Y/N)? _
```

- Auch bei einer Formatierung der Festplatte über den INT13h reagiert der BIOS-Schutz und gibt folgende Meldung aus:

```
Format!!!
Possible VIRUS: Continue (Y/N)? _
```

Default

Mit den Icons in diesem Menü werden Sie in die Lage versetzt, bestimmte Einstellungen der Optionen auf einen Schlag zu ändern. Dabei `wirken` sich die Einstellungen auf alle vorhandenen Menüs und beschriebenen Funktionen aus. So können Sie beispielsweise wieder einen funktionsfähigen PC erzeugen, wenn Sie durch weitreichende Tuning-Maßnahmen den Rechner außer Gefecht gesetzt haben. Damit der Rechner überhaupt noch bootet, halten Sie beim Einschalten die Taste [0] des numerischen Tastenfeldes bis zum Erscheinen des Startbildschirms gedrückt.

Folgende Einstellungen können Sie aktivieren:

- *Original*: Mit dieser Einstellung machen Sie bei der aktuellen Sitzung alle Änderungen wieder rückgängig, indem die Originalwerte, wie Sie beim Start des BIOS-Setups vorlagen, wieder eingestellt werden.
- *Optimal*: Mit dieser Einstellung wählt das AMI-BIOS für alle Optionen die optimalen Werte, die aufgrund der während des POST festgestellten Hardware-Parameter ausgewählt werden. Sie sollten nach dieser Einstellung aber alle Parameter kontrollieren. Vor allem durch Änderungen im PCI/PnP-Setup können Sie sonst beim nächsten Booten böse Überraschungen erleben, wenn plötzlich Ihre Vorgaben nicht mehr eingehalten werden und das BIOS wieder selbständig versucht, Plug&Play-Hardware zu konfigurieren.
- *Fail-Safe*: Diese Einstellung sollten Sie nur dann aktivieren, wenn Sie schwerwiegende Probleme mit dem PC haben und für die Diagnose eine voll funktionsfähige Systemumgebung benötigen. Denn hier werden nicht die optimalen Parameter für die Hardware eingestellt. Vor allem das Speichertiming ist auf Sicherheit und nicht auf Performance getrimmt.

Pentium II-BIOS

Beim Pentium II-BIOS finden Sie auf vielen Hauptplatinen sowohl das im vorangegangenen Abschnitt beschriebene AMI-WINBIOS als auch das (textbasierte) HI-FLEX-BIOS. In diesem Abschnitt wird allerdings auf das letztgenannte BIOS eingegangen, auch wenn es sich fast nur äußerlich vom WINBIOS unterscheidet. Allerdings ist keine Mausbedienung möglich; alle Optionen werden ausschließlich über die Tastatur erreicht.

Abb. 6.6: Das Hauptmenü des AMI HI-FLEX-BIOS

Bei den Einstellungen im Standard- und Advanced CMOS Setup unterscheidet sich das Pentium II-BIOS nicht von dem vorangegangenen Pentium-BIOS. Aus diesem Grund werden die einzelnen Optionen hier nicht noch einmal aufgeführt. Unterschiede ergeben sich vor allem im Advanced Chipset Setup, da hier völlig neue Chipsätze (FX, LX, BX, GX) zum Einsatz kommen, die auch neue Funktionen bereitstellen. Da beispielsweise auf den Pentium II-Hauptplatinen neuerer Bauart nur noch SDRAMs zum Einsatz kommen, wird das Speichertiming auch nur für diese Module eingestellt.

Das Advanced Chipset Setup

In bezug auf die Chipsätze des Pentium II und deren Speicher-Timing-Einstellungen finden Sie hier eine Reihe von Optionen, die im folgenden Abschnitt beschrieben werden.

- *Auto Configuration*: Haben Sie diese Option aktiviert, wird durch das BIOS eine funktionstüchtige Konfiguration des Speicherinterfaces erzeugt. Dies ist bei den schnellen SDRAMs in der Regel immer zu verwenden. Das Tunen des Speichers bringt hier in der Regel kaum meßbare Verbesserungen der Leistung. Sie erhalten eher einen instabilen Rechner, da der Speicherzugriff nicht mehr sicher ist.

- *RAS to CAS Delay*: Mit dieser Einstellung legen Sie fest, welche Zeitspanne nach dem Anlegen einer Zeilenadresse beim Speicherzugriff vergehen darf, bis die Spaltenadresse sicher anliegt. Je kleiner der Wert gewählt wird, desto schneller erfolgt der Zugriff.

- *Refresh RAS#* Assertition: Mit dieser Einstellung legen Sie die Anzahl der Wartezyklen fest, die das RAS-Signal für den Refreshzyklus verwendet. Wählen Sie den Wert hier zu klein, kommt es zu Aussetzern der Speichermodule, da der Inhalt nicht sicher erhalten werden kann.

- *SDRAM Write Burst*: Hier legen Sie für den Schreibzugriff auf die Speichermodule den Burstmodus fest. Die Anzahl der Takte, die für den Zugriff benötigt werden, hängen stark von der Qualität der Bausteine ab. Hier sollte aus Sicherheitsgründen immer auf die »Auto Configuration«-Werte zurückgegriffen werden. Bei schnellen RAMs ist ein x-2-2-2-Burst durchaus zulässig. Das »x« steht hier übrigens für den Leadoff-Zyklus, also den ersten Zugriff auf den Speicher. Dieser dauert in der Regel länger als die folgenden Zugriffe, da hier die vollständige Adresse angelegt werden muß. Bei den weiteren drei Zugriffen wird die Adresse automatisch durch den Speichercontroller hochgezählt, wodurch die Zugriffe schneller erfolgen können.

- *SDRAM Read Burst*: Hier legen Sie für den Lesezugriff auf die Speichermodule den Burstmodus fest. Die Anzahl der Takte, die für den Zugriff benötigt werden, hängen stark von der Qualität der Bausteine ab. Hier sollte aus Sicherheitsgründen immer auf die Auto Configuration-Werte zurückgegriffen werden. Bei schnellen RAMs ist ein x-2-2-2-Burst durchaus zulässig.

- *SDRAM Turbo Read Leadoff*: Hier legen Sie nun fest, wie lange der erste Zugriff (in Ticks) bei einem Burstzugriff dauert. Der Leadoff-Zyklus entscheidet darüber, wie sicher die restlichen Zugriffe auf den Speicher erfolgen, da nur hier eine vollständige Adreßangabe der Speicherzelle erfolgt. Aus diesem Grund darf die Zeitspanne nicht zu kurz gewählt werden. Auch hier sollten Sie auf die »Auto Configuration«-Werte zurückgreifen.
- *SDRAM Speculative Leadoff*: Bei dieser Einstellung geben Sie dem Speichercontroller die Möglichkeit, den ersten Zugriff (Leadoff-Zyklus) bei einem Burstzugriff noch einmal zur verkürzen. Hier startet der Speichercontroller schon den Zugriff, auch wenn die Adresse noch nicht vollständig anliegt. In der Regel funktioniert dieser Zugriff auch zufriedenstellend, weshalb Sie die Option aktivieren sollten. Nur, wenn die Daten im Cache oder auf dem PCI-Bus vorliegen, wird der Zugriff unterbrochen und an anderer Stelle fortgesetzt.
- *Power Down SDRAM*: Der Chipsatz unterstützt hier die Möglichkeit, den Speicher in einen energiesparenden Zustand zu versetzen. Hier muß aber von Seiten der CPU dafür gesorgt werden, daß der Speicherinhalt zuvor gesichert worden ist.

Das Hardware Health Management Setup

- *CPU Current Temperature*: Sollte Ihre Hauptplatine über einen LM78/79-Baustein verfügen, werden eine Reihe von Systemparametern ständig überwacht und an das BIOS übergeben. An dieser Stelle wird die aktuelle CPU-Temperatur angezeigt, die über einen Wärmefühler in der Nähe des Prozessors ermittelt wurde. Einstellungen sind hier nicht möglich. Über das integrierte DMI (Desktop Management Interface) können die Werte auch über Software im PC sichtbar gemacht werden. Liegt dem Rechner oder der Hauptplatine eine geeignete Software (z.B. Intel LANDesk Client Manager) bei, sollten Sie diese installieren, um ständig über den Betriebszustand des Rechners informiert zu sein.
- *CPU Overheat Warning*: Aktivieren Sie diese Option, können Sie einen Grenzwert für die CPU-Temperatur bestimmen. Wird dieser Wert überschritten, meldet das BIOS sofort diese Überhitzung. In der Regel wird ein Warnton über den internen Lautsprecher ausgegeben. Folgende Einstellungen sind möglich:
  - *Enabled*: Die Eingabe eines CPU-Temperaturgrenzwertes wird in der nächsten Option möglich
  - *Disabled*: Keine Vorgabe eines Grenzwertes

- *CPU Overheat Warning Temperature* : Hier legen Sie nun den Grenzwert der CPU-Temperatur fest, wenn der vorangegangene Punkt aktiviert wurde. Dabei können Sie die Temperatur von 25°C bis 75°C in 1-Grad-Intervallen einstellen. Die exakte Arbeitstemperatur Ihres Prozessors können Sie Datenblättern der Prozessoren entnehmen. Die Standardeinstellung des Grenzwertes bei Pentium II-Prozessoren liegt zwischen 70°C bis 75°C. Hier sollten Sie mit den Einstellungen experimentieren, denn bei umfangreichen Berechnungen und sommerlichen Außentemperaturen kann es dem Prozessor schon mal etwas wärmer werden. Und auf die Dauer gehen Ihnen die Warnhinweise sicherlich auf die Nerven, wenn Sie den Grenzwert zu knapp oberhalb der normalen Arbeitstemperatur angelegt haben.
- *H/W Monitor (CPU1), ..., (CPU1 FAN):* Hier werden je nach Ausstattung der Hauptplatine verschiedene Hardware-Sensoren angezeigt. Dabei wird die Core- und I/O-Spannung des Prozessors und alle vom Netzteil gelieferten Spannungen überprüft. Weiterhin wird die Drehzahl des Prozessorlüfters, des Netzteillüfters und weiterer auf der Hauptplatine angeschlossener Lüfter kontrolliert. Die Angaben spiegeln die Ergebnisse der Sensoren wieder, die über den LM78/79 verwaltet werden. Auch diese Werte sind über das Desktop Management Interface (DMI) an eine geeignete Software übertragbar und innerhalb einer Anwendung darstellbar.

Bei einigen BIOS-Versionen erhalten Sie in diesem Menü auch das folgende Fenster angezeigt, in dem Sie die Grenzwerte der Meßfühler vorgeben können.

Physical Parameter	Low Alert	High Alert	Low Warning	High Warning	Current Value
Ambient Temp (Deg. C)	00	99	00	99	38
VCCP 2.5V (Volts)	2.00	3.00	2.00	3.00	2.76
VTT 1.5V (Volts)	1.00	2.00	1.00	2.00	0.27
VCC3 +3.3V (Volts)	3.00	3.60	3.00	3.60	3.42
VCC +5V (Volts)	4.50	5.50	4.50	5.50	5.10
Board +12V (Volts)	11.50	12.50	11.50	12.50	12.29
Board -12V (Volts)	-12.50	-11.50	-12.50	-11.50	-12.29
Board -5V (Volts)	-5.50	-4.50	-5.50	-4.50	-4.78
CPU fan speed (RPM)	1600	1800	1500	2000	1675
Gen fan speed (RPM)	0800	0900	0500	0900	0820

↑→↓←: Navigate +/-/Ctrl+/Ctrl-:Edit Esc: Exit F1: Help

Abb. 6.7: Die Einstellungen im Hardware-Health-Management-Setup

6.3 Die Fehlermeldungen

In den folgenden Abschnitten finden Sie die Fehlermeldungen zum AMI-BIOS, die auf Probleme hinweisen, die während des POST erkannt wurden. Dabei handelt es sich sowohl um Beep-Codes – wenn eine Anzeige auf dem Bildschirm noch nicht möglich ist – als auch um Klartextmeldungen, die den Bootvorgang unterbrechen und auf das Problem hinweisen.

Die akustischen Meldungen

Sollte nach dem Einschalten des Rechners vom BIOS ein Problem diagnostiziert werden, das keinen weiteren Start des PCs zuläßt, meldet das AMI-BIOS dies durch Tonfolgen über den internen Lautsprecher. Tritt der Fehler vor dem Initialisieren des Grafiksubsystems auf, also noch bevor Meldungen auf dem Bildschirm ausgegeben werden, sind diese sogenannten Beepcodes die einzige Möglichkeit, dem Problem auf die Schliche zu kommen. Dabei werden je nach Problem eine bestimmte Anzahl von Tönen gefolgt von einer kleinen Pause ausgegeben. Zählen Sie die Anzahl und sehen Sie dann in der unten aufgeführten Liste nach, welche Komponente betroffen ist und welche Maßnahmen zu ergreifen sind. Bevor Sie allerdings direkt in den PC eingreifen oder Komponenten tauschen, sollten Sie zunächst den Rechner ausschalten und beim nächsten Neustart kontrollieren, ob das Problem überhaupt noch besteht. Tritt der Fehler nicht mehr auf, wurde beim vorangegangenen Start wahrscheinlich eine Steckkarte nicht korrekt initialisiert. Haben Sie allerdings Optionen im BIOS verändert und tritt das Problem danach erst auf, sollten Sie die Einstellungen überprüfen und korrigieren. Vor allem das Speicher-Timing und die Bustakt-Einstellungen für den ISA-Bus sollten Sie im Auge behalten, da diese Werte häufig automatisch in Abhängigkeit vom Systemtakt konfiguriert werden. Haben Sie beispielsweise den Takt von 66 MHz auf 75/83 MHz geändert, können die Komponenten hoffnungslos überlastet werden, wenn Sie das Teilerverhältnis für den Bustakt nicht anpassen.

1 Ton (kurz): Refresh nicht möglich

Das BIOS hat festgestellt, daß das regelmäßige Auffrischen der Speicherinhalte nicht durchgeführt werden kann. In dieser Phase des POST ist dies ein Problem des Speichercontrollers. Aktivieren Sie im BIOS die *Auto Configuration*-Werte und starten Sie den Rechner erneut. Bei weiterem Auftreten des Problems hat Ihre Hauptplatine ein Problem und muß sehr wahrscheinlich getauscht werden.

1 Ton: Refresh Failure

Während des Auffrischens des Arbeitsspeichers hat das BIOS festgestellt, daß dieser Vorgang nicht korrekt durchgeführt werden kann. Da DRAMs aber auf das regelmäßige Auffrischen des Speicherinhaltes angewiesen sind, damit die Inhalte erhalten bleiben, ist kein stabiles Arbeitsverhalten möglich, wenn der Refresh nicht funktioniert. Kontrollieren Sie die Takteinstellungen für den Speicher und verwenden Sie die *Auto Configuration*-Werte. Tritt das Problem weiterhin auf, nehmen Sie Module aus den Sockeln und stecken Sie diese erneut ein. Denn neben einem »echten« Defekt kann auch ein Kontaktproblem zwischen dem Modul und dem Sockel vorliegen, was den Zugriff beeinträchtigt. Hilft auch dies nicht weiter, sollte das betroffene Speichermodul durch gezieltes Tauschen und erneutem Test ermittelt und anschließend ausgetauscht werden. Haben Sie den Speicher erweitert, können auch die neuen Module aufgrund der internen Organisation nicht mit den vorhandenen harmonieren. Ist auch durch Speichertausch das Problem nicht zu beheben, ist wahrscheinlich ein Baustein auf der Hauptplatine defekt. Hier können Sie nur die gesamte Hauptplatine tauschen.

1 Ton (lang): POST korrekt beendet

Hiermit macht das BIOS darauf aufmerksam, daß alle Tests ohne Probleme durchgeführt werden konnten. Sie haben auch keinerlei Fehlermeldungen auf dem Bildschirm erhalten und der Rechner bootet anschließend. Diese Meldung sollten Sie auch als regelmäßigen Test des internen Lautsprechers ansehen. Hören Sie den Ton nicht, sollten Sie den Lautsprecher kontrollieren. Denn ist dieser defekt, stehen Ihnen die hier vorgestellten Beep-Codes nicht zur Verfügung.

1 Dauerton: Netzteilfehler

Das Netzteil liefert nicht die erforderlichen Spannungswerte an die Hauptplatine und kann somit nicht die Versorgung der Komponenten übernehmen. Schalten Sie auch hier den PC zunächst wieder aus. Bei ATX-Gehäusen schalten Sie zusätzlich auf der Rückseite den »echten« Netzschalter aus oder trennen das Gehäuse vom Netzstecker. Ist das Problem beim erneuten Einschalten immer noch vorhanden, muß das Netzteil getauscht werden. Ich rate dringend von der Möglichkeit ab, intern Reparaturen vornehmen zu wollen, wenn Sie nicht über die entsprechenden Kenntnisse über Schaltnetzteile verfügen. Außer einer Sicherung gibt es hier keine zu wartenden Bauteile und ein Fehler ist äußerst schwer zu finden.

1 Ton (lang) + 1 Ton (kurz): Hauptplatinenfehler

Mit dieser Tonfolge macht das BIOS auf einen schwerwiegenden Defekt der Hauptplatine aufmerksam, bei dem weder der POST noch der Start fortgesetzt werden kann. Kontrollieren Sie allerdings auch die Prozessoreinstellungen bezüglich des Taktes. Hier kann das Problem auch durch Übertakten des Prozessors verursacht werden. In der Regel läßt sich in diesem Fall auch der Rechner nicht mehr über den Taster (ATX-Hauptplatine) ausschalten, sondern Sie müssen den Schalter am Netzteil verwenden.

1 Ton (lang) + 3 Töne (kurz): Grafikkartenfehler

Bei dieser Fehlermeldung können mehrere Ursachen vorliegen. Zunächst kann der RAM-DAC (Digital Analog Converter), der für die Umwandlung der digitalen Rechnerdaten in analoge Videodaten für den Monitor verantwortlich ist, defekt sein. Auch die automatische Erkennung des angeschlossenen Monitors bringt diese Meldung, wenn die Erkennung nicht korrekt durchgeführt werden konnte. Eine weitere Möglichkeit ist defekter Videospeicher auf der Grafikkarte. Setzen Sie sich in diesem Fall mit dem Hersteller der Grafikkarte in Verbindung und schildern Sie ihm das Problem.

2 Töne (kurz): Parity Error

Bei der Kontrolle der Parität ist im Speicher ein Fehler aufgetreten. Dabei entspricht der ausgelesene Inhalt im Speicher nicht dem geschriebenen Speicherinhalt. Der Arbeitsspeicher arbeitet also sehr unzuverlässig und es sollten Maßnahmen getroffen werden, um das Problem zu lösen. Zunächst sollte geklärt werden, ob die Module überhaupt mit einer Paritätskontrolle arbeiten. Moderne Rechner bieten diese Option (ECC oder Paritätsprüfung) im BIOS zwar an, aber viele Module unterstützen diese Technik nicht. Sollte diese Funktion beispielsweise durch Laden der BIOS-Defaultwerte versehentlich aktiviert worden sein, tritt der Fehler beim nächsten Booten auf. Auch wenn Ihr vorhandener Speicher diese Funktion unterstützt und Sie weitere Module (ohne Paritätsbit) einsetzen, kommt es zu diesem Problem. Bei Modulen mit Paritätsbit löst häufig nur ein Tausch das Problem.

2 Töne (lang) + 2 Töne (kurz): Grafikkartenfehler

Diese Tonfolge weist auf ein Problem der Grafikkarte hin. Dabei handelt es sich häufig um eine fehlerhafte Prüfsumme im ROM-BIOS der Grafikkarte. Da diese Karten beispielsweise eine eigene Firmware in einem Flash-ROM-Baustein besitzen, kam es bei der Bildung der Prüfsumme zu einem Fehler. Setzen Sie sich in diesem Fall unbedingt mit dem Hersteller der Karte in Verbindung. Ein Firmware-Update sollten Sie nur auf ausdrückliches Anraten des Herstellers durchführen. Eine weitere Ursache für diese Tonfolge ist eine fehlerhafte horizontale Synchronisation (Horizontalrücklauf) der Grafikkarte. Auch hier kann nur der Hersteller der Grafikkarte weiterhelfen.

3 Töne (kurz): Base 64 KB Memory Failure

Beim Test der ersten 64 KByte des Basisspeichers (0-640 KByte) ist ein Fehler aufgetreten, der das korrekte Booten des Rechners nicht zuläßt. Hier muß das betroffene Speichermodul ausfindig gemacht und getauscht werden. Haben Sie nur ein SDRAM-Modul installiert, muß dieses leider komplett getauscht werden. Überprüfen Sie allerdings zuvor, ob das Speicher-Timing korrekt eingestellt ist. Beispielsweise lassen sich herkömmliche Speicherbausteine nicht korrekt mit 83 MHz oder 100 MHz Systemtakt betreiben. Korrigieren Sie die Speichereinstellungen und führen Sie einen Neustart aus.

4 Töne (kurz): Timer not Operational

Auch diese Fehlermeldung kann direkt mit dem Arbeitsspeicher zusammenhängen. Beim Test des ersten Systemzeitgebers (Timer 1) wurden Probleme diagnostiziert. Da dieser für elementare Funktionen auf der Hauptplatine zuständig ist, kann kein korrekter Betrieb des Rechners gewährleistet werden. Tauschen Sie allerdings zuvor die Speicherbausteine und kontrollieren Sie die RAM-Einstellungen, bevor leider ein Tausch der Hauptplatine in Erwägung gezogen werden muß.

5 Töne (kurz): Processor Error

Beim Test des Prozessors wurden Fehler diagnostiziert, die der CPU kein einwandfreies Betriebsverhalten bescheinigen. Bevor Sie allerdings den Prozessor austauschen, sollten Sie das Gerät aus- und wieder einschalten. Denn hier liegt häufig kein größeres Problem vor, da der Prozessor selbst zum Ausführen des POST benötigt wird. Und ist die CPU tatsächlich defekt, kann selbst der POST nicht gestartet werden. Ursache für diese Meldung ist häufig ein übertakteter Prozessor, der einfach nicht mit den vorgegebenen Takteinstellungen zurechtkommt. Tritt der Fehler erst nach einiger Zeit mit den schnelleren Einstellungen auf, sollten Sie unbedingt die Kühlung – besonders den CPU-Lüfter – kontrollieren. Indiz für eine unzulässig hohe Erwärmung ist das Auftreten des Fehlers nach einem Warmstart oder RESET, wobei der PC bereits einige Zeit gearbeitet hat. Eine weitere Ursache für diese Meldung kann ein Problem des Videospeichers auf der Grafikkarte sein. Hier können Sie nur durch Auswechseln der Grafikkarte kontrollieren, welche Komponente tatsächlich verantwortlich für die Meldung ist.

6 Töne (kurz): 8042 Gate A20 Failure

Das BIOS hat während des POST ein Problem des Tastaturcontrollers 8042 diagnostiziert. Dieser ist neben der Tastatur auch für die Umschaltung in den Protected Mode (Gate A20) zuständig. Daher kann die Ursache auch in einer fehlerhaften Umschaltung in den Protected Mode liegen. Hier konnte der Prozessor nicht korrekt vom Real Mode in den Protected Mode umschalten. Sollte der Chip defekt sein, kontrollieren Sie, ob der sich auf einem Chipsockel befindet. Wenn nicht, ist ein Tausch der Hauptplatine fällig.

7 Töne (kurz): Processor Expection Interrupt Error

Hier wurde ein Virtual Mode Ausnahmefehler diagnostiziert, der vom Prozessor verursacht wurde. Ursache kann ein Defekt im Prozessor sein, wobei ein Interruptfehler ausgelöst wurde. Dies führt zu einem sehr instabilen Arbeitsverhalten und häufig muß der Prozessor ausgetauscht werden. Kontrollieren Sie aber auch hier zunächst die Takteinstellung der CPU und machen Sie eine Übertaktung wieder rückgängig. Auch der korrekte Sitz der CPU im ZIF-Sockel oder Slot 1 sollte kontrolliert werden, damit kein Kontaktproblem für den Fehler verantwortlich ist.

8 Töne (kurz): Display Memory Read/Write Error

Bei dieser Fehlermeldung war das BIOS nicht in der Lage, den Videospeicher auf der Grafikkarte zu lokalisieren oder anzusprechen. Allerdings muß hier nicht der Speicher oder die Grafikkarte defekt sein. Ein hoffnungslos übertakteter ISA-Bus kann auch dafür verantwortlich sein, wenn die Grafikkarte nicht korrekt initialisiert werden kann. Auch wenn versehentlich keine Grafikkarte im Rechner eingesteckt wurde, tritt der Fehler auf. Bei diesem Fehler wird der Bootvorgang häufig noch ohne Bildschirmdarstellung fortgesetzt, was Sie an den Zugriffen auf die Bootfestplatte erkennen können.

9 Töne (kurz): ROM Checksum Error

Bei der Bildung der BIOS-Prüfsumme ist ein Fehler aufgetreten, oder es wurde ein anderer Wert ermittelt, als im ROM hinterlegt wurde. Dies deutet auf eine Veränderung des BIOS-Codes hin. Die Ursache kann ein defekter EPROM-, EEPROM- oder Flash-ROM-Baustein sein oder ein BIOS-Upgrade wurde nicht korrekt durchgeführt. Beide Ursachen können als fatale Fehler eingestuft werden, bei denen nur der Hersteller der Hauptplatine oder des Rechner weiterhelfen können. Ein Tausch eines identischen Bausteins mit den korrekten BIOS-Daten kann auch den Rechner wieder zum Leben erwecken.

Haben Sie mehrere Karten mit eigenem BIOS installiert, kann dieser Fehler auch auf eine Unverträglichkeit der BIOS-Inhalte hinweisen. In diesem Fall sollten Sie die Karten der Reihe nach entfernen und kontrollieren, ob der Fehler weiterhin vorhanden ist.

10 Töne (kurz): CMOS Shutdown Register Read/Write Error

Das CMOS-Shutdown-Register konnte nicht geschrieben oder gelesen werden. Da dieser Speicher nicht einzeln getauscht werden kann, ist nur durch einen Tausch der Hauptplatine das Problem zu beheben.

11 Töne (kurz): Cache Error / External Cache Bad

Beim Test des externen Cache-Speichers (Second-Level-Cache oder L2-Cache genannt) ist ein Fehler aufgetreten. Dies weist auf defekte Bausteine hin, die getauscht werden müssen. Sind die Module gesockelt (z. B. bei DIL- oder COAST-Modulen), sollten Sie die Module aus der Fassung entnehmen und erneut einstecken. So beheben Sie Kontaktprobleme, die Ursache für die Fehlermeldung sein können. Sind die Module auf der Hauptplatine verlötet, haben Sie nur die Möglichkeit die Hauptplatine zu wechseln.

Die Bildschirmmeldungen

Ist der POST bis zu dem Punkt gekommen, daß das Grafiksubsystem initialisiert werden konnte, kann das BIOS weitere Fehlermeldungen im Klartext auf dem Bildschirm ausgeben. Die nun aufgeführten Probleme sind nicht so gravierend wie die Beep-Codes und der Startvorgang kann meistens auch fortgesetzt werden. Allerdings sollten Sie der Ursache schon auf den Grund gehen, denn das Arbeitsverhalten des Rechners kann trotzdem beeinträchtigt sein. Zunächst sollten Sie das BIOS-Setup aufrufen und alle Werte über die Option *Save & Exit* wieder in das CMOS-RAM zurückschreiben lassen. Starten sie den PC anschließend neu, ist in vielen Fällen das Problem bereits behoben. Haben Sie den Arbeitsspeicher erweitert, führt dies auch zu einer Fehlermeldung, da der vom POST diagnostizierte Speicher von dem im CMOS-RAM gespeicherten Wert abweicht. Auf den zuviel vorgefundenen Speicher macht das BIOS ebenso aufmerksam wie auch fehlenden Speicher. In diesem Fall rufen Sie ebenfalls das BIOS-Setup auf und speichern einfach die Einstellungen wieder ab. Beim nächsten Start werden die neuen Werte zum Vergleich während des POST herangezogen und die Fehlermeldung erscheint nicht mehr.

Adress Line Short!

Hier wurde vom BIOS ein Fehler in der Codierung der Speicheradressen entdeckt. Kontrollieren Sie die Speicher-Timingeinstellungen im BIOS oder nach einem Speicherupgrade, ob die Speichermodule tatsächlich miteinander harmonieren.

CH-2 Timer Error

Moderne Hauptplatinen sind mit zwei Zeitgebern (Timern) ausgestattet. Sollte der erste Timer nicht korrekt arbeiten, wird dies über die Beep-Codes (4 Töne) gemeldet. Ist der zweite Zeitgeber auf der Hauptplatine vorhanden und wird während des POST ein Fehler festgestellt, erscheint diese Meldung auf dem Bildschirm. Da sich das Bauteil nicht auf der Hauptplatine wechseln läßt, kommt nur ein Tausch der Platine in Frage, um das Problem zu beheben.

INTR#1 Error

Der Interrupt-Kanal Nummer 1 zeigt einen Fehler in der POST-Routine. Entfernen Sie alle weniger wichtigen Erweiterungskarten (Netzwerkkarten, Scanner-, Soundkarten); die unbedingt notwendigen ersetzen Sie durch Karten, von denen Sie wissen, daß sie einwandfrei funktionieren (Grafikkarte, Festplatten/Diskettencontroller). Taucht der Fehler weiterhin auf, stammt er von einem Prozessor- oder Platinenschaden. Dann hilft nur noch ein Tausch des defekten Teils.

INTR#2 Error

Dies ist der gleiche Fehler wie bei INTR#1 Error, allerdings trat er beim zweiten Interruptkanal auf. Vorgehensweise, siehe oben.

CMOS Battery State Low

Die Batterie (Akku), die das CMOS-RAM puffert, damit die BIOS-Einstellungen auch nach dem Ausschalten noch erhalten bleiben, verliert ihre Nennspannung. Dies bedeutet, daß über kurz oder lang eine einwandfreie Funktion nicht mehr gewährleistet ist, also der Rechner sein »Gedächtnis« verliert. Dies äußert sich in zurückgesetztem Setup, also sind alle Daten über Festplatte oder Diskettenlaufwerke verloren. Aber **Vorsicht:** Sollte dies einmal auftreten, tauschen Sie nicht gleich die Batterie (Akku) aus, sondern schreiben Sie die benötigten Werte neu hinein und beobachten Sie die Funktion über einen längeren Zeitraum. Leider kommt es auch bei neuen Hauptplatinen vor, daß durch eine Fehlfunktion alle Daten verschwunden sind. Haben Sie eine Hauptplatine getauscht, müssen Sie den Rechner einige Stunden in Betrieb lassen, damit sich der Akku aufladen kann und genügend Spannung bekommt. Im Fachhandel bekommen Sie Batteriesätze oder auch einen neuen Akku auf Ihre Hauptplatine gelötet.

CMOS Checksum Failure

Nach dem Speichern der CMOS-Einstellungen legt das System eine Prüfsumme an. Stimmt die ermittelte Prüfsumme nicht mit der zuvor eingelesenen überein, erscheint diese Meldung. In den meisten Fällen wird der Fehler behoben, wenn Sie das BIOS aufrufen, alle Einstellungen kontrollieren und es anschließend wieder abspeichern. Ganz sicher entsteht dieser Fehler, wenn Sie Speicher zusätzlich einbauen und den Rechner anschließend zum ersten Mal einschalten. Auch hier ist die Vorgehensweise wie vorne beschrieben zu beachten. Ein defekter CMOS-Speicherbaustein erschwert allerdings die Reparatur, hier muß die Hauptplatine getauscht werden.

CMOS System Options Not Set

Die im CMOS-Speicher eingetragenen Werte sind entweder ungültig oder sie fehlen ganz. Sind nicht unsinnige Werte eingetragen, ist die Ursache für diesen Fehler eine leere CMOS-Batterie (Akku). Auch bei neuen Hauptplatinen kommt dieser Fehler beim ersten Einschalten vor.

CMOS Display Type Mismatch

Die im CMOS gespeicherte Bildschirmart stimmt nicht mit der vom BIOS beim POST ermittelten überein. Wurde nicht zuvor die Grafikkarte gewechselt, deutet dieser Fehler auf falsch diagnostizierten Video-Speicher hin. Tauschen der Grafikkarte kann diesen Fehler beheben, leichter geht es mit einem RESET, der den POST neu startet und dann die Grafikkarte evtl. richtig erkennt.

Display Switch Not Proper

Auf einigen Hauptplatinen befindet sich ein Jumper, mit dem die Bildschirmart (monochrom oder color) voreingestellt wird. Achten Sie bei einem Kartentausch darauf, daß dieser Jumper in der richtigen Position sitzt, sonst werden Sie bei jedem Rechnerstart mit dieser Fehlermeldung konfrontiert. Soll beispielsweise ein Netzwerkserver, der noch mit Herculeskarte (S/W) betrieben wurde, nun als Arbeitsstation eingesetzt werden, wird die vorhandene Karte durch eine VGA-Karte ersetzt. In diesem Fall erscheint diese Meldung und der beschriebene Jumper muß umgesteckt werden.

Keyboard is Locked

Die Tastatur ist abgeschlossen. Da durch diese Sperre einige Systeme ebenfalls blockiert werden, müssen Sie die Tastatursperre aufheben.

Keyboard Error

Das BIOS hat ein Timing-Problem mit der Tastatur. Fehlt die Tastatur oder ist sie nicht korrekt angeschlossen? Auch kann ein verfrühter Tastenanschlag den Schreibpuffer gefüllt haben. Wenn alles kontrolliert wurde und die Fehlermeldung bleibt, sollten Sie im Standard CMOS Setup die Tastatur als nicht installiert (*Disabled*) eintragen. Der BIOS-Check überspringt dann die Tastaturprüfung. Funktioniert die Tastatur anschließend nicht, so muß sie doch ausgetauscht werden. Liegt es nicht an der Tastatur, kann durch ein Tastatur-Controller-Update der Fehler behoben werden. Allerdings ist hier zu beachten, daß das BIOS und der Tastaturcontroller bei älteren BIOS-Versionen eine Einheit bilden und somit beide getauscht werden müssen. Jetzt kommen Sie so in den Genuß eines neueren BIOS. Bei eingelötetem Tastaturchip bleibt leider nur Platinentausch.

KB/Interface Error

Das BIOS hat einen Fehler im Tastaturstecker oder der dazugehörigen Buchse entdeckt. Überprüfen Sie alle Steckverbinder, ob evtl. Pins verbogen oder ganz hineingedrückt sind. Auch tritt der Fehler auf, wenn Sie mehrere Tastaturverlängerungskabel hintereinander verwenden, also die Kabellänge zu groß wird.

CMOS Memory Size Mismatch

Das BIOS hat eine andere Hauptspeichergröße festgestellt als im CMOS gespeichert war. Im Normalfall tritt diese Fehlermeldung bei Speicherausbau oder Verkleinerung auf. Trifft das nicht zu, betätigen Sie zuerst einmal RESET um den Speicher neu hochzählen lassen. Ist der Fehler nicht verschwunden, ist einer der Speicherchips defekt und muß getauscht werden. Hierzu müssen Sie, z. B. über CheckIt, den defekten Chip ermitteln und anschließend austauschen.

FDD Controller Failure

Das BIOS kann den Floppy-Controller nicht ansprechen, allerdings bezieht sich diese Fehlermeldung auf Leitungsverbindungen. Öffnen Sie das Gerät, und kontrollieren Sie alle Kabelverbindungen. Auch sollten Sie den Floppycontroller in einen anderen Erweiterungssteckplatz einbauen, denn oxidierte Verbindungskontakte rufen des öfteren auch diesen Fehler hervor. Um die Kontakte leitfähiger zu bekommen, sollten Sie sich sog. Kontaktspray besorgen und die Kontakte damit reinigen. Hilft das alles nicht, muß der Controller ausgewechselt werden.

HDD Controller Failure

Das BIOS erkennt den Festplattencontroller nicht. Überprüfen Sie auch hier zuerst alle Kabelverbindungen, oder tauschen Sie besser das HDD-Kabel zur Festplatte aus. Auch kann ein Jumper auf Festplatte oder Controller falsch gesetzt sein; überprüfen Sie die Einstellungen. Gehen Sie auch wie in »FDD Controller Failure« beschrieben vor, um Steckkontakte und richtigen Sitz der Karte zu kontrollieren.

C: Drive Error

Das BIOS findet die Festplatte zwar, aber es ist nicht in der Lage, auf diese zuzugreifen. Überprüfen Sie zuerst, ob die im BIOS eingetragenen Festplattenparameter mit denen des Festplattendatenblattes übereinstimmen. Ist dies der Fall, sollten Sie die Kabelverbindungen überprüfen. Auch beim Einbau einer zweiten Festplatte tritt diese Fehlermeldung auf, wenn die Master-Slave Einstellung bei AT-BUS-Festplatten nicht korrekt ausgeführt wurde oder Sie gerade zwei Festplatten vorliegen haben, die nicht 100%ig zueinander kompatibel sind. Ist nur eine Festplatte im System eingebaut, ist leider mit einem Defekt der Festplatte zu rechnen. Probieren Sie noch einen erneuten Start, um dann bei Erfolg wenigstens einen Teil der wertvollen Daten zu retten.

D: Drive Error

Gleiche Meldung wie vorher, jetzt nur bezogen auf das physikalische Laufwerk D: (die zweite Festplatte). Nicht zu verwechseln mit einer Partition D auf der ersten Festplatte; sie ist nur ein logisches Laufwerk.

C: Drive Failure

Die erste Festplatte gibt kein Lebenszeichen mehr von sich. Trat der Fehler nach einem Absturz auf, booten Sie den Rechner neu. Bleibt der Fehler, sind die BIOS-Parameter der Festplatte, anschließend die Kabelverbindungen und Jumper zu kontrollieren. Haben Sie z.B. den Bustakt des ISA-Busses zu hoch gewählt, kann diese Fehlermeldung auftauchen. Auch ein Timing-Problem bei der Installation von zwei und mehr Festplatten ist möglich. Selbst bei Festplatten des gleichen Herstellers sind solche Probleme nicht auszuschließen.

D: Drive Failure

Gleiche Meldung wie vorher, jetzt nur bezogen auf das physikalische Laufwerk D: (die zweite Festplatte). Nicht zu verwechseln mit einer Partition D auf der ersten Festplatte; sie ist nur ein logisches Laufwerk.

CMOS Time & Date Not Set

Das CMOS kennt den Tag und die Uhrzeit nicht. Sie müssen das BIOS-Setup aufrufen und die korrekten Daten eingeben. Wird der Bootvorgang fortgesetzt, können Sie auch über DOS-Befehle *Time*, *Date* diese Einstellungen vornehmen.

8042 Gate A20 Error

Die Umschaltung der Adreßleitung A20 im Tastaturcontroller (8042) funktioniert nicht einwandfrei. Überprüfen Sie im Advanced Chipset Setup die Einstellungen für den AT-BUS Clock. Ist die Einstellung zu hoch (10 MHz und größer), funktioniert die Einstellung unter Umständen nicht einwandfrei. Bei aktivierter Fast Gate A20 tritt dieser Fehler fast nie auf.

DMA #1 Error

Der DMA-Chip Nummer 1 ist fehlerhaft. Setzen Sie über das CMOS den DMA-Takt des Rechners herunter. Hilft das nicht: Hauptplatinentausch.

DMA #2 Error

Der DMA-Chip Nummer 2 ist fehlerhaft. Setzen Sie über das CMOS den DMA-Takt des Rechners herunter. Hilft das nicht: Hauptplatinentausch.

No ROM Basic

Dieser Fehler tritt vor allem bei älteren BIOS-Versionen auf, wenn der Rechner entweder auf Laufwerk A: oder der Festplatte C: keinen Bootsektor findet, also kein Betriebssystem installiert ist. Das BIOS versucht dann, ROM Basic zu starten. Da moderne PCs normalerweise kein Basic im ROM besitzen, erscheint diese Fehlermeldung.

Diskette Boot Failure

Die im Laufwerk eingelegte Diskette ist entweder nicht bootfähig oder defekt. Tauschen Sie die Diskette, oder starten Sie von Festplatte. Bleibt der Fehler bestehen, überprüfen Sie die Laufwerkseinstellungen im CMOS Setup. Ist hier alles in Ordnung, muß ein neues Laufwerk her.

Onboard Parity Error

Beim Checken der Speicherbausteine auf der Hauptplatine ist ein Fehler beim Lesen und Wiederbeschreiben aufgetreten. Es erscheint die zweizeilige Meldung »ONBOARD PARITY ERROR AT HEX =(FFFF). »FFFF« steht hier stellvertretend für eine hexadezimale Speicheradresse, in der der Fehler aufgetreten ist. »Onboard« bedeutet hier, daß es sich um den Speicher auf der Hauptplatine handelt. Überprüfen Sie die Speicherbausteine mit einem Diagnoseprogramm, und tauschen Sie den defekten Baustein aus.

Offboard Parity Error

Mit den Speicherbausteinen auf den Erweiterungskarten stimmt etwas nicht. »Offboard« bedeutet hier, daß es sich nicht um Speicherbausteine auf der Hauptplatine, sondern um Bausteine auf Steckkarten handelt. Kontrollieren Sie alle in Frage kommenden Karten (EMS-Speichererweiterungskarten, Cache-Controler).

Bad Cache memory – do not enable

Hier hat das BIOS einen fehlerhaft arbeitenden Cachespeicher diagnostiziert und warnt Sie mit dieser Meldung, den Cache nicht einzuschalten. Da ein fehlerhaft arbeitender Cache verheerende Folgen auf Programmabläufe hat, sollten Sie bei dieser Meldung sehr schnell reagieren und den Cache überprüfen lassen und ggf. austauschen. Auch tritt diese Fehlermeldung bei Rechnern auf, die ohne Cachespeicher geliefert wurden und bei denen der Anwender nachträglich versucht, den (ja nicht vorhandenen) Cache zu aktivieren. Vergewissern Sie sich, wenn Sie diese Option in Ihrem BIOS vorfinden, daß tatsächlich Cachespeicher vorhanden ist. Einfach zu sehen ist das an den Speichermodulen auf dem Motherboard, aber auch ohne das Gerät zu öffnen ist es erkennbar: Nach der Systemanzeige des BIOS (vor der Anzeige: Starte Windows 95...) wird folgende Anzeige eingeblendet: *512 KB Cache Memory*.

Plug&Play (P&P)-Fehlermeldungen

Diese Fehlermeldungen stehen im Zusammenhang mit den P&P-Fähigkeiten des AMI-BIOS. Da nicht alle Einsteckkarten dem gleichen Standard genügen, kann es hier zu Inkompatibilitäten kommen. Sollten Sie in der Lage sein, die P&P-Funktionen der Karte per Software zu deaktivieren, sollten Sie dies tun, wenn die automatische Konfiguration zu Problemen führt.

Bad PNP Serial ID Checksum

Die Seriennummern-ID-Prüfsumme wurde nicht korrekt erkannt oder kollidiert mit einer anderen Karte.

Floppy Disk Controller Resource Conflict

Der Floppy-Controller auf dem Mainboard hat eine Systemressource angefordert, die bereits von einer anderen Karte als belegt gekennzeichnet ist.

NVRAM Checksum Error, NVRAM Cleared

Die Konfigurationsdaten für das NVRAM wurden reinitialisiert, weil ein Prüfsummenfehler in diesem Speicherbereich diagnostiziert wurde. Zur Sicherheit wurde dieser Speicherbereich gelöscht. Die Daten können durch den erneuten Start von ICU wieder restauriert werden.

NVRAM Cleared by Jumper

Der »Clear CMOS«-Jumper auf der Hauptplatine wurde auf die »ON«-Position gestellt; alle gespeicherten Daten des CMOS sind damit gelöscht worden. Der Lieferzustand der Platine wurde damit wiederhergestellt.

NVRAM Data Invalid, NVRAM Cleared

Es wurde ein nichtzulässiger Eintrag im NVRAM-Speicherbereich festgestellt. Zur Sicherheit, damit kein Schaden entsteht, wurde der Speicherbereich gelöscht.

Parallel Port Resource Conflict

Der Parallel-Port auf dem Mainboard hat eine Systemressource angefordert, die bereits von einer anderen Karte als belegt gekennzeichnet ist.

PCI Error Log is Full

Diese Meldung erscheint, wenn mehr als 15 PCI-Konflikte festgestellt wurden. Es kann kein weiterer Fehler aufgezeichnet werden.

PCI I/O Port Conflict

Zwei PCI-Geräte haben denselben I/O-Port angefordert, hieraus resultiert ein Hardwarekonflikt.

PCI IRQ Conflict

Zwei PCI-Geräte haben denselben Interrupt angefordert, hieraus resultiert ein Hardwarekonflikt.

Primary Memory Conflict

Zwei PCI-Geräte haben denselben primären Speicherbereich angefordert, hieraus resultiert ein Hardwarekonflikt.

Primary IDE Controller Resource Conflict

Der primäre Festplattencontroller (IDE) auf dem Mainboard hat eine Systemressource angefordert, die bereits von einem anderen Gerät als belegt gekennzeichnet ist.

Secondary IDE Controller Resource Conflict

Der sekundäre Festplattencontroller (IDE) auf dem Mainboard hat eine Systemressource angefordert, die bereits von einem anderen Gerät als belegt gekennzeichnet ist.

Serial Port 1 Resource Conflict

Die erste serielle Schnittstelle auf dem Mainboard hat eine Systemressource angefordert, die bereits von einem anderen Gerät als belegt gekennzeichnet ist.

Serial Port 2 Resource Conflict

Die zweite serielle Schnittstelle auf dem Mainboard hat eine Systemressource angefordert, die bereits von einem anderen Gerät als belegt gekennzeichnet ist.

Static Device Resource Conflict

Eine nicht P&P-fähige ISA-Steckkarte hat eine Systemressource angefordert, die bereits von einem anderen Gerät als belegt gekennzeichnet ist.

System Board Device Resource Conflict

Ein nicht P&P-fähiges Systemgerät hat eine Systemressource angefordert, die bereits von einem anderen Gerät als belegt gekennzeichnet ist.

6.4 AMI im Internet

Benötigen Sie weitere Informationen zum AMI-BIOS oder eine Liste der Hersteller, die auf ihren Hauptplatinen das AMI-BIOS einsetzen, können Sie diese Informationen auf den Webseiten des Herstellers erhalten. Dazu geben Sie im Web-Browser folgende URL ein:

http://www.ami.com

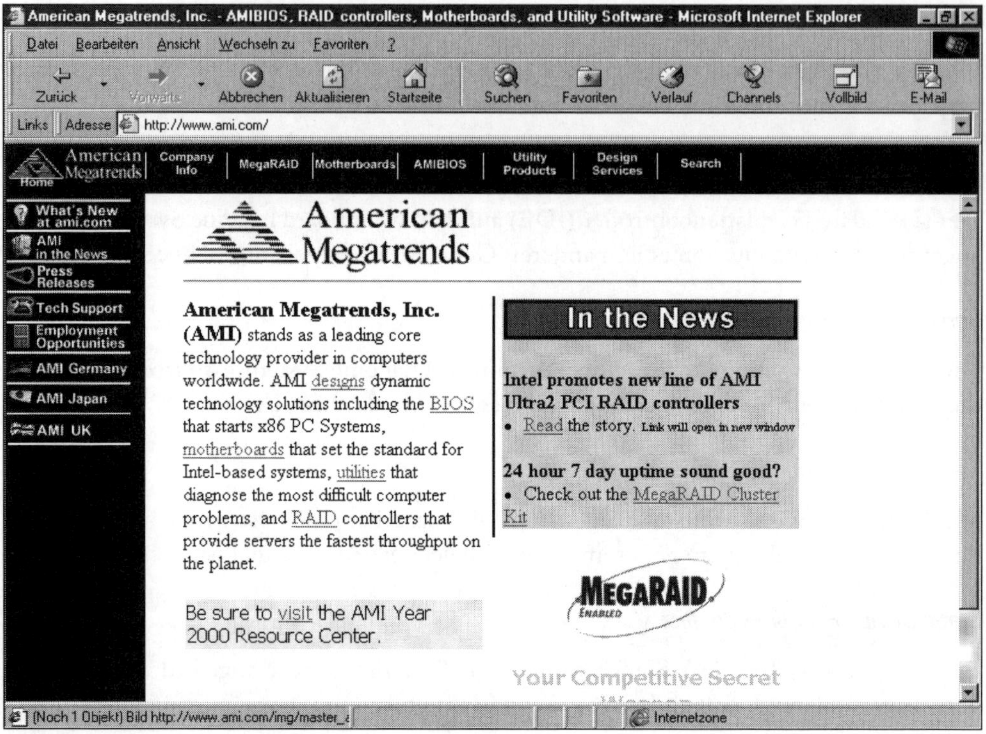

Abb. 6.8: Das Internetangebot von American Megatrends

7 Das AWARD-BIOS

Der Hersteller AWARD stellt ein sehr umfangreiches und flexibles BIOS-Setup zur Verfügung, das sich leicht auf die verschiedenen Chipsätze portieren läßt. Waren bei den 486-PCs noch hauptsächlich AMI-BIOS-Versionen im Einsatz, begann der »Siegeszug« des AWARD-BIOS mit der Einführung des Pentium-Prozessors. Seitdem hat sich das BIOS stark weiterentwickelt und wird heute auch beim Pentium II auf vielen Hauptplatinen eingesetzt.

7.1 Die Bedienung

Um das BIOS-Setup korrekt zu bedienen, stehen eine Reihe von Befehlen und Tastaturbelegungen zur Verfügung. Die folgende Übersicht zeigt die Befehle und deren Funktion:

[↑]	Wechsel zum vorangegangenen Menüpunkt
[↓]	Wechsel zum nächsten Menüpunkt
[←]	Wechsel zum linken Menüpunkt oder in die linke Spalte der Menüauswahl
[→]	Wechsel zum rechten Menüpunkt oder in die rechte Spalte der Menüauswahl
[Esc]	Rückkehr zum Hauptmenü oder »Beenden ohne Speichern«-Aufruf im Hauptmenü
[Bild↑], [Bild↓]	Ändert die numerische Eingabe oder wählt zwischen den vorhandenen Einstellungen bei den Optionen
[+]/[-]	Ändert die numerische Eingabe oder wählt zwischen vorhandenen Einstellungen bei den Optionen
[F1]	Ruft – falls vorhanden – eine Hilfeseite auf, die leider nicht besonders ausführlich gestaltet ist. In der Regel enthält diese Seite nur die Übersicht aller zur Verfügung stehenden Einstellungen pro Option. Echte Hilfe können Sie hier nicht erwarten.
[F2]	»Blättert« vorwärts durch die 16 möglichen Farbeinstellungen
[⇧] + [F2]	»Blättert« rückwärts durch die 16 möglichen Farbeinstellungen
[F3]	Öffnet – falls vorhanden – den Kalender
[F4]	Reserviert
[F5]	Restauriert die vorangegangenen CMOS-Werte und überschreibt die aktuellen Einstellungen für das gewählte Menü

F6	Lädt die BIOS-Default-Einstellungen aus dem ROM und überschreibt die aktuellen Einstellungen für das gewählte Menü
F7	Lädt Default-Werte des BIOS
F8	Reserviert
F9	Reserviert
F10	Speichert die Einstellungen aller Optionen im CMOS-RAM ab und beendet das BIOS-Setup. Der PC wird anschließend mit den neuen Einstellungen gebootet, damit diese aktiv werden.

Hinweis

Sollten Sie den PC so »getunt« haben, daß er kein Lebenszeichen mehr von sich gibt, können Sie ihn durch einen Trick wieder aktivieren. Halten Sie die Taste Entf beim Einschalten gedrückt, werden anstatt der tatsächlich vorhandenen CMOS-Einstellungen die BIOS-Default-Werte beim Booten verwendet. So können Sie zunächst das BIOS-Setup wieder aufrufen und die Einstellungen rückgängig machen.

7.2 Die Einstellungen

Nun geht es an die Betrachtung der BIOS-Optionen und die Möglichkeiten, die Ihnen das BIOS bietet. Um möglichst den Überblick zu behalten, habe ich die Einstellungen nach dem verwendeten Prozessor sortiert, da jede CPU-Generation eigene Eigenschaften besitzt, die auch vom BIOS unterstützt werden müssen. Viele Einstellungen, zum Beispiel im Standard CMOS-Setup oder dem Power Management Setup, sind nahezu indentisch, so daß sie nur einmal behandelt werden müssen. Aus diesem Grund fällt auch die Betrachtung des Pentium-BIOS weit ausführlicher aus als die der anderen Prozessoren. Denn hier soll nur auf die Unterschiede gegenüber den anderen Versionen eingegangen werden.

Das Pentium-BIOS (Version 4.51 PG)

Das AWARD-BIOS hat sich heute auf vielen Hauptplatinen als Standard-BIOS entwikkelt, was nicht zuletzt den umfangreichen Funktionen und der leichten Adaption an unterschiedliche Chipsätze und Prozessoren zuzuschreiben ist. Mit der Einführung des Pentium-Prozessors nahm die Verbreitung seinen Anfang. Denn bis zum 486 hatte AMI deutlich die Oberhand, was die Anzahl der installierten Systeme anging.

Bei der nun folgenden Auflistung der Befehle gilt zu beachten, daß der Hersteller der Hauptplatine den Umfang der Menüs und deren Inhalt festlegt. Daher kann es durchaus vorkommen, daß Sie nicht alle aufgeführten Optionen in Ihrem BIOS wiederfinden. Ich habe Wert darauf gelegt, möglichst viele Einstellungen und Optionen zu erläutern. Einige Funktionen können sicherlich nach einem BIOS-Upgrade in Ihrem CMOS-Setup auftauchen, und dann haben Sie die Erklärung bereits parat.

Bei der Betrachtung der Befehle kommt das heute verwendete AWARD-BIOS in der Version 4.51 PG zum Einsatz, wobei viele Befehle und Funktionen auch in der Version 4.50 verwendbar sind.

Der Aufruf des CMOS-Setups

Während des POSTs und des anschließenden Speichertests erscheint auf dem Bildschirm die Meldung »Press <Del> to Enter Setup«. Mit Hilfe der Taste [Entf] rufen Sie das Hauptmenü des AWARD-BIOS auf. Es gliedert sich in weitere Untermenüs, in denen artverwandte Funktionen zusammengefaßt sind. Mit den Cursortasten können Sie zwischen den Menüpunkten wechseln, und über die Taste [↵] rufen Sie das Menü auf. Da das BIOS üblicherweise in englischer Sprache verfaßt ist, stehen auch für die Optionen und deren Einstellungen nur englische Begriffe zur Verfügung. Einige Optionen werden nur aktiviert oder deaktiviert, wobei dies durch folgende Begriffe symbolisiert wird:

Eingeschaltet/Aktiviert = *Enabled*

Ausgeschaltet/Deaktiviert = *Disabled*

Weiterhin ist bei der Texteingabe zum Beispiel für ein Kennwort zu beachten, daß noch kein deutscher Tastaturtreiber aktiv ist. Die Buchstaben »Z« und »Y« sind also noch vertauscht. Dies ist besonders beim Verlassen des BIOS zu berücksichtigen, wenn das Setup nach dem Speichern der Einstellungen fragt. Denn hier wird für *YES* die Taste [Z] erwartet.

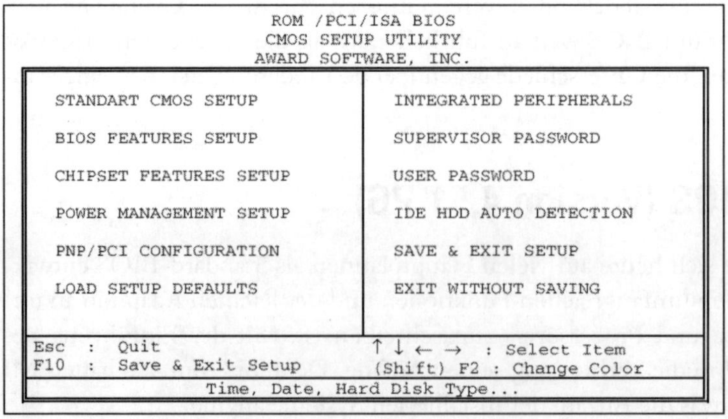

Abb. 7.1: Das Hauptmenü des AWARD-BIOS

Das BIOS-Hauptmenü

Haben Sie das Hauptmenü über die Taste [Entf] aufgerufen, stehen Ihnen eine Reihe von Menüs zur Verfügung. Folgende Punkte sind vorhanden:

- *Standard CMOS Setup*: Menü für Standardeinstellungen, in dem Vorgaben wie Uhrzeit, Datum Disketten- und Festplattenlaufwerke, Fehlerbehandlung während des Starts und der Videotyp eingestellt werden. In einem voll funktionsfähigen System wird dieses Menü in der Regel nicht mehr benötigt, da alle Komponenten bereits erkannt sind und korrekt arbeiten.
- *BIOS Features Setup*: In diesem Menü finden Sie eine Reihe von Einstellungen, mit denen Sie die Leistung des Systems beeinflussen, Sicherheit vor Viren vorgeben, Shadow-RAM-Optionen einstellen und Vorgaben für die Tastatur konfigurieren. Vor allem die Angaben zu den vorhandenen Cache-Speichern sollten Sie beachten.
- *Chipset Features Setup*: In diesem Menü werden die für den verwendeten Chipsatz möglichen Einstellungen zusammengefaßt. Da, je nach Prozessortyp, unterschiedliche Chipsätze (z. B. Intel, VIA, SIS) zum Einsatz kommen können, differieren die Einstellungen hier stark. Einstellungen zum Speicher-Timing sollten Sie mit Vorsicht verwenden, da hier bereits einige Schäden angerichtet werden können. Sollte es keinen Menüpunkt *Integrated Peripherals* im Hauptmenü geben, finden Sie hier auch die Einstellungen zu den vorhandenen Schnittstellen (LPT-, USB- und COM-Ports) und den IDE-Controllern vor.
- *Power Management Setup*: In diesem Menü nehmen Sie die Einstellungen zu den Energiesparmöglichkeiten des PCs vor. Weiterhin sind Einstellungen zum automatischen Power Up (Start) des Rechners konfigurierbar, wenn beispielsweise der PC beim Eingang einer Faxnachricht durch das Modem oder über das Netzwerk (Wake on LAN) aktiviert werden soll. Befindet sich bereits ein LM78/79-Baustein auf der Hauptplatine, über den Temperatur-, Lüfterdrehzahl und Spannungsüberwachungen möglich sind, werden hier die Meßergebnisse aufgeführt und Sie legen fest, welche Komponenten überwacht und welche Schwellwerte bei der Kontrolle berücksichtigt werden sollen.
- *PNP and PCI Setup*: Dieses Menü sollte es aufgrund der Plug&Play-Spezifikation eigentlich überhaupt nicht geben. Aber bereitet die automatische Vergabe von Ressourcen Probleme oder verwenden Sie Karten, die Plug&Play noch nicht unterstützen, können Sie hier Ressourcen reservieren, so daß sie dem BIOS bei der Vergabe nicht mehr zur Verfügung stehen. Auch die Abbildung der PCI-Interrupts der beiden IDE-Controller ist in diesem Menü einstellbar. Weitere Optionen zu SCSI-Hostadaptern oder Speicherfenstern, die beispielsweise für Token-Ring-Netzwerkkarten benötigt werden, runden das Angebot ab.

- *Integrated Peripherals*: Wenn die Einstellungen der Onboard-Komponenten nicht bereits im CHIPSET Feature Setup vorgenommen wurden, faßt dieser Menüpunkt alle Schnittstellen und deren Einstellungen zusammen. Weitreichende Möglichkeiten zu den PIO- oder DMA-Modi der Festplattencontroller (je nach Alter der Hauptplatine auch Ultra-DMA/33) und Einstellungen zu den parallelen und seriellen Schnittstellen bietet die Liste. Auch moderne Schnittstellen wie USB oder IrDA (Infrarot-Datenübertragung) sind bei entsprechender Ausstattung konfigurierbar.

- *Load BIOS Defaults*: Mit dieser »Notbremse« können Sie jederzeit die Standardwerte aller BIOS-Einstellungen aufrufen, wenn Sie aufgrund massiver Tuning-Maßnahmen plötzlich nur noch einen dunklen Bildschirm sehen oder der PC ständig abstürzt. Seien Sie sich nur im klaren darüber, daß die hier aktivierten Einstellungen nicht das Optimum an Leistung zur Verfügung stellen. Aber um das Tuning erneut zu beginnen, schaffen Sie sich eine sichere Ausgangssituation.

- *Load SETUP Defaults*: Mit diesen Einstellungen werden nicht, wie im vorangegangenen Punkt beschrieben, die sichersten Einstellungen aktiviert, sondern es werden die vom Hersteller als optimale Einstellungen angegebenen Vorgaben aktiviert. Führt Sie Ihr eigenes Tuning nicht zu einer funktionstüchtigen Konfiguration, sollten Sie diese Einstellungen aktivieren und anschließend alle Optionen kontrollieren.

- *Supervisor Password*: Kennwort für den Zugang zum BIOS-Setup und zum Booten des Systems. Dieses Kennwort ist nötig, um Änderungen im CMOS-Setup auch abspeichern zu können.

- *User Password*: Kennwort für den Zugang zum PC. Ohne korrekte Eingabe erfolgt kein Booten des Betriebssystems. Der Zugang in das BIOS-Setup ist zwar auch möglich, aber wenn ein Supervisor-Kennwort konfiguriert ist, können keine Änderungen abgespeichert werden.

- *IDE HDD Auto Detection*: Durch diese Funktion wird der 256 Byte große Konfigurationssektor von angeschlossenen IDE- und EIDE-Festplatten ausgelesen. Sie müssen also nicht mehr die Parameter für Zylinder, Köpfe und Sektoren kennen, wie dies beim manuellen Eintragen der Festplattenparameter der Fall ist. Je nach Alter des PCs können auf diese Weise bis zu vier Festplatten (jeweils zwei am primären und sekundären EIDE-Controller) konfiguriert werden.

- *Save & Exit Setup*: Sollen die Änderungen gespeichert und beim nächsten Booten aktiviert werden, gehen Sie über diesen Menüpunkt. Jetzt werden alle Einstellungen im CMOS-RAM gespeichert und der PC neu gestartet.

- *Exit without Saving*: Haben Sie Änderungen vorgenommen, die nicht gespeichert werden sollen, oder haben Sie das BIOS nur zu Informationszwecken »besucht«, können Sie es durch diesen Punkt verlassen, ohne daß die Änderungen im CMOS-RAM gespeichert werden.

Nach dieser Kurzerläuterung, welchen Zweck die einzelnen Menüs erfüllen, wollen wir uns nun den tatsächlichen Einstellungen und Möglichkeiten im BIOS widmen. Dazu werden die einzelnen Punkte der Menüs beleuchtet und deren Funktion erläutert.

Das Standard CMOS Setup

In diesem Menü findet eine Grundkonfiguration Ihres Rechners statt, dazu gehören die Einstellungen bezüglich der vorhandenen EIDE-Laufwerke und der Diskettenlaufwerke. Folgende Optionen sind vorhanden:

- *Date*: Jeder PC verfügt über eine interne Echtzeituhr, in der sowohl das Systemdatum als auch die Uhrzeit ermittelt und gespeichert wird. Mit Hilfe der Einstellungen können Sie das aktuelle Datum mit Monat, Wochentag und Jahr vorgeben. Beachten Sie hier, daß bei der amerikanischen Schreibweise Tag und Monat vertauscht sind. Ist Ihnen der Gang in das BIOS zu umständlich, können Sie auch mit Hilfe des DOS-Befehls *Date* oder innerhalb der Systemsteuerung das Systemdatum ändern. Damit wird der gleiche Speicherbereich des CMOS-RAM überschrieben.

- *Time*: Neben dem Datum kann auch die Systemzeit im BIOS eingestellt werden. Die Vorgabe wird in Stunden, Minuten und Sekunden eingetragen. Auch hier können Sie mit Hilfe des DOS-Befehls *Time* oder in der Systemsteuerung die Uhrzeit ebenfalls ändern.

- *Daylight Saving*: Sollte diese Option in Ihrem BIOS (noch) vorhanden sein, belassen Sie diese besser ausgeschaltet. Denn bei eingeschaltetem Menüpunkt wird eine Umstellung der Sommer- bzw. Winterzeit vorgenommen, wobei die Umstellungstage allerdings nicht unseren Vorgaben entspricht. Die Umstellung wird dabei am ersten Sonntag im April und letzten Samstag im Oktober durchgeführt. Da Windows 95/98 diese Umstellung auch ohne BIOS selbständig erledigt, sollten Sie diese Aufgabe getrost dem Betriebssystem überlassen.

- *Hard Disks*: In diesem Bereich konfigurieren Sie die vorhandenen Festplattenlaufwerke. Verwenden Sie SCSI-Festplatten, werden keine Einstellungen benötigt, da die Erkennung und Einrichtung der Laufwerke durch das BIOS des Hostadapters erledigt wird.

```
                  ROM PCI/ISA BIOS
                 STANDARD CMOS SETUP
                AWARD SOFTWARE, INC.

Date (mm:dd:yy) : Fri, Feb 1 1995
Time (hh:mm:ss) :  7 : 30 : 33

HARD DISKS          TYPE  SIZE CYLS HEAD PRECOMP LANDZ SECTOR MODE

Primary Master    :Auto    0    0    0      0      0     0   Auto
Primary Slave     :Auto    0    0    0      0      0     0   Auto
Secondary Master  :Auto    0    0    0      0      0     0   Auto
Secondary Slave   :Auto    0    0    0      0      0     0   Auto

Drive A : 1.44 MB, 3.5 in.
Drive B : None                       Base Memory:        640K
                                     Extended Memory:  3328K
Video    : EGA/VGA                   Other Memory:        12K
Halt on : All errors                 Total Memory:      4096K

Esc  : Quit        ↑ ↓ → ← : Select Item       PU/PD/+/- :Modify
F11  : Help    (Shift) F2  : Change Color     F3 : Toggle Calendar
```

Abb. 7.2: Das Standard CMOS Setup

Für alle anderen Festplattentypen (IDE, EIDE, MFM, RLL) sind die Einstellungen entsprechend dem Laufwerk vorzunehmen. Die Liste untergliedert sich in vier Anschlußmöglichkeiten, wobei der Onboard-Controller heutiger Hauptplatinen zwei IDE-Kanäle (primärer und sekundärer Kanal) bereitstellt. An jedem Kanal können zwei Geräte angeschlossen werden, wobei die Anordnung in der Liste von den Master-/Slave-Einstellungen abhängt. In dieser Aufstellung werden allerdings nur Festplatten eingetragen. CD-ROM-Laufwerke oder andere IDE-Geräte (IDE-ZIP- oder LS-120-Laufwerk) werden vom BIOS automatisch erkannt, wenn die Unterstützung im BIOS bereits vorhanden ist.

Kennen Sie die Parameter oder war die Festplatte bereits mit speziellen Einstellungen in einem anderen Rechner konfiguriert, wechseln Sie in den Usermodus. Hier können Sie alle Werte manuell eintragen. Vor allem ältere Festplatte werden durch die automatische Erkennung durch das BIOS häufig falsch erkannt und versagen ihren Dienst. Hier hilft nur die manuelle Einstellung der Parameter.

Wollen Sie dem BIOS die Aufgabe der Konfiguration überlassen, haben Sie zwei Möglichkeiten. Zunächst über die Funktion *IDE HDD Auto Detection* werden die Parameter aus dem Konfigurationssektor der Festplatte(n) ausgelesen und in der Liste eingetragen. Stellen Sie dagegen die Vorgabe auf *Auto*, werden die Plattenparameter bei jedem Systemstart ermittelt. Verwenden Sie auf dem Rechner verschiedene Betriebssysteme, die beispielsweise durch Wechselfestplatten aktiviert werden, ist die Einstellung *Auto* die beste Wahl. So entfällt nach dem Wechsel der Festplatte der aufwendige Gang in das BIOS und die Konfiguration der Festplatte. Nach dem Wechsel der Festplatte wird sie mit den richtigen Parametern erkannt und das System gebootet.

Sollen die Werte manuell eingetragen werden, stehen folgende Felder zur Verfügung:

- *Cyls*: (Anzahl der Zylinder)
- *Head*: (Anzahl der Köpfe)
- *Precomp*: (Pre-Kompensation)
- *LANZ*: (Landing Zone, Landezone der S/L-Köpfe nach dem Ausschalten der Festplatte)
- *Sector*: (Anzahl der Sektoren)
- *Mode*: (Modus LBA, Normal, XCHS, CHS)

Verwenden Sie Festplatten mit einer Kapazität unter 504 MByte, verwenden Sie den Modus *Normal* oder *CHS*. Ist die Festplatte größer als 504 MByte, wird in der Regel der LBA- (Large Block Addressing) Modus unterstützt. Sollte dies bei einer größeren Festplatte nicht der Fall sein, verwenden Sie den Modus *XCHS*. Ist eine Festplatte erst einmal unter einem Modus aktiviert und eingerichtet worden, sollte dieser nicht mehr gewechselt werden. Dies kann zu schweren Datenverlusten führen, da diese Einstellung die Verwaltung der zur Verfügung stehenden Cluster beeinflußt.

Die Größe (*Size*) wird aus den oben festgelegten Werten automatisch berechnet.

Sollten Anschlüsse nicht mit Laufwerken belegt sein, tragen Sie hier *None* ein. Die Einträge entsprechen folgenden Zuordnungen:

- *Primary Master* - erster IDE-Kanal (primär), Master-Laufwerk
- *Primary Slave* - erster IDE-Kanal (primär), Slave-Laufwerk
- *Secondary Master* - zweiter IDE-Kanal, (sekundär), Master-Laufwerk
- *Secondary Slave* - zweiter IDE-Kanal, (sekundär), Slave-Laufwerk

HARD DISKS	TYPE	SIZE	CYLS	HEAD	PRECOMP	LANDZ	SECTOR	MODE
Primary Master	:Auto	0	0	0	0	0	0	Auto
Primary Slave	:Auto	0	0	0	0	0	0	Auto
Secondary Master	:Auto	0	0	0	0	0	0	Auto
Secondary Slave	:Auto	0	0	0	0	0	0	Auto

Abb. 7.3: Die Einstellungen für die Festplatten im Standard CMOS Setup (Ausschnitt)

Die hier aufgeführten Einstellungen können für jeden Anschluß individuell vorgenommen werden. Die Vergabe von *Auto* ist daran gebunden, daß die Festplatte die automatische Erkennung korrekt unterstützt und die vom BIOS erkannten Parameter tatsächlich mit den Einstellungen der Festplatte übereinstimmen. Die Tests der Funktion sollten darüber Aufschluß geben.

- *Drive A:/Drive B:*: Der vorhandenen Disketten-Controller kann bis zu zwei Floppy-Laufwerke verwalten. Die vorhandenen Laufwerke werden hier konfiguriert, und zwar mit der Diskettengröße und der Kapazität. Dem Diskettenlaufwerk selbst ist es zunächst egal, welchen Laufwerksbuchstaben es erhält. Die Reihenfolge wird hier nur durch die Anordnung auf dem Datenkabel festgelegt. Folgende Merkregel kann hier gelten: Ein Laufwerk vor den gedrehten Adern (vom Controller aus gesehen) erhält den Buchstaben B:; nach den gedrehten Adern befindet sich das Laufwerk A:.

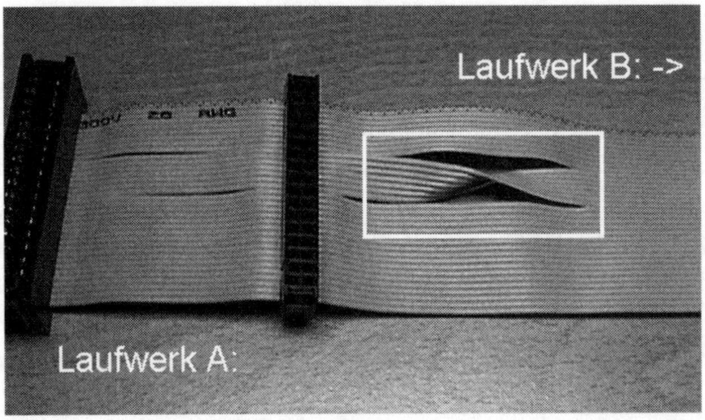

Abb. 7.4: Durch die gedrehten Adern des Floppy-Kabels wird der Laufwerksbuchstabe festgelegt

Bei der Art und Kapazität stehen pro Laufwerk folgende Einstellungen zur Verfügung:

- 360 KByte, 5,25 Zoll
- 1,2 MByte, 5,25 Zoll
- 720 KByte, 3,5 Zoll
- 1,44 MByte, 3,5 Zoll
- 2,88 MByte, 3,5 Zoll
- None (kein Laufwerk)

- *Floppy 3 Mode Support*: Diese Option spielt in unseren Breitengraden keine Rolle. In Japan existiert neben den oben genannten Diskettenformaten noch ein Sonderformat, bei dem 1,25 MByte auf einer 3,5-Zoll-Diskette geboten wird. Nur wenn dieses Laufwerk im Rechner Verwendung findet, darf diese Option aktiviert (= *Enabled*) werden. Dabei legen Sie fest, welches Laufwerk (A: und/oder B:) dem beschriebenen Standard entspricht.

Als Einstellungen stehen zur Verfügung:

- *Drive A:* (Laufwerk A:)
- *Drive B:* (Laufwerk B:)
- *Both* (beide Laufwerke)
- *Disabled* (kein Laufwerk)

- *Video*: Mit dieser Einstellung legen Sie fest, welcher Grafikstandard in Ihrem PC vorhanden ist. Bei den Einstellungen zur Grafikkarte steht folgendes zur Auswahl:

  - *EGA/VGA* (für Windows-Systeme zu verwenden)
  - CGA
  - CGA 80
  - *Mono* (für Herculeskarten oder MDA, beispielsweise für Netware-Server)

- *Halt on*: Mit dieser Einstellung legen Sie fest, wie auf entdeckte Fehler während des POST reagiert werden soll. Tritt ein Fehler auf, der durch eine Bildschirmmeldung bekanntgegeben wird, ist in der Regel die Funktionstüchtigkeit des PCs beeinträchtigt. Deshalb sollte der Rechner nun den Boot-Vorgang abbrechen und der Ursache des Problems nachgegangen werden. Wenn ein Fehler gefunden wird, wartet der PC an dieser Stelle, und Sie haben die Möglichkeit, mit Hilfe der Taste [Entf] in das BIOS zu gelangen oder mit der Taste [F1] den Boot-Vorgang fortzusetzen. Bei dieser Einstellung stehen folgende Vorgaben zur Verfügung:

  - *All Errors* (alle Fehler werden berücksichtigt)
  - *No Errors* (kein Fehler wird berücksichtigt)
  - *All, But Keyboard* (alle Fehler außer Tastatur werden berücksichtigt)
  - *All, But Diskette* (alle Fehler außer Diskettenlaufwerk werden berücksichtigt)
  - *All, But Disk/Key* (alle Fehler außer Diskettenlaufwerk und Tastatur werden berücksichtigt)

Die Option *All, But Keyboard*, bei der Fehlermeldungen der Tastatur nicht zu einem Stop des Boot-Vorganges führen, bietet sich beispielsweise als Sicherheitsvorkehrung bei Netzwerkservern an. Wenn Sie hier, um den Server vor »Spielkindern« zu schützen, die Tastatur einfach abziehen, würde beim nächsten unbeaufsichtigten Neustart (z. B. aufgrund eines Stromausfalls oder dem regelmäßigen Test der USV) die Fehlermeldung »Keyboard Error or no Keyboard present« erscheinen und der Boot-Vorgang nicht fortgesetzt. Damit der Startvorgang wie gewünscht fortgesetzt wird, darf also in diesem Fall das Fehlen der Tastatur nicht zum Stillstand führen.

Weitere Anzeigen im Standard CMOS Setup

Neben den Einstellungen werden auch Angaben zum vorgefundenen Arbeitsspeicher aufgelistet, die nur der Information dienen. Änderungen sind in diesem Bereich nicht möglich. Der angezeigte Speicher entspricht den Angaben, die während des POST ermittelt wurden.

- *Base Memory*: Hier wird der installierte Basisspeicher angezeigt, also der Arbeitsspeicher zwischen 0 und 640 KByte.
- *Extended Memory*: Hier wird der Speicher angezeigt, der oberhalb des ersten MByte während des POST identifiziert wurde. Als Faustformel kann man sagen, daß die hier angezeigte Größe dem Gesamtarbeitsspeicher minus 1 MByte entspricht. Hier können Sie noch einmal feststellen, ob der installierte Speicher korrekt erkannt wurde.
- *Other Memory*: Hinter dieser Bezeichnung verbirgt sich der Speicher zwischen 640 KByte und 1 MByte, also der gesamte Adapter-ROM-Bereich. Die Größe beträgt 384 KByte und füllt damit genau die Lücke zwischen der Angabe von Base Memory und Extended Memory.
- *Total Memory*: Hier wird aus den oben genannten Angaben die Summe des Speicher gebildet. Der hier angezeigte Wert sollte dem installierten Arbeitsspeicher entsprechen, den Sie eingebaut haben. Häufig bringen Speichererweiterungen mit nicht kompatiblen Modulen sehr kuriose Werte zutage; deshalb sollten Sie den Wert nach einer Erweiterung besonders kontrollieren.

BIOS Features Setup

Hier werden nun einige Funktionen des BIOS eingestellt, mit denen sich bereits der PC beschleunigen läßt und die zusätzliche Sicherheit bieten. Im einzelnen stehen folgende Optionen zur Verfügung:

- *Virus Warning*: Unter dieser Option ist zunächst kein eigenständiger Virenscanner zu verstehen, der Ihren PC auf Computerviren hin untersucht. Denn das BIOS stellt hier lediglich einen Schreibschutz für die Bootsektoren und Partitionstabelle der Festplatte zur Verfügung. Sollte eine Software in diesen Bereich schreiben wollen, hält das BIOS den PC an und fragt zunächst, ob der Zugriff erwünscht und gestattet werden soll. Die eingeschaltete Funktion hat bei vielen Anwendern zu Verwirrungen geführt, die plötzlich mit Ihren Betriebssystemdisketten oder -CD-ROMs beim Händler standen und eine Virenverseuchung ihrer Originalsoftware vermuteten. Denn beim Übertragen der Systemdateien wird genau in den durch das BIOS geschützten Bereich geschrieben, und das BIOS erkennt in diesem Fall nicht, daß es sich um eine reguläre Installation des Systems handelt. Es meldet nur den Zugriff und vermutet dahinter einen Bootsektor-Virus. Auch einem echten Virenscanner (z. B. Norton Antivirus) kommt das BIOS in die Quere, wenn der Scanner nach der Installation die Bereiche »impfen« möchte. Auch dieser Zugriff wird als »Viren-Attacke« diagnostiziert und die Fortsetzung der Aktion zunächst unterbunden.

Weiterhin Probleme bereitet die Option, wenn Sie mit Boot-Managern (z. B. von OS/2 oder Linux) arbeiten. Denn der Boot-Manager aktualisiert unter Umständen je nach ausgewähltem Betriebssystem regelmäßig die Partitionstabelle und verursacht den Eingriff des BIOS. In diesem Fall sollten Sie die Option allerdings ausschalten.

Verwenden Sie dagegen nur ein Betriebssystem, ist die Option ein erster Schritt in Richtung Virenschutz, wobei allerdings nur der Bootsektor und die Partitionstabelle geschützt werden. Ein Ausbreiten eines Virus über Dateien wird nicht unterbunden. Wollen Sie sich die Meldung des BIOS ansehen, starten Sie Ihren PC mit einer Boot-Diskette, auf der sich das gleiche Betriebssystem wie auf der Festplatte befindet. Schalten Sie zuvor im BIOS die Option ein (= *Enabled*). Am DOS-Prompt angelangt starten Sie den Befehl:

```
SYS C:
```

Das Dienstprogramm SYS dient dazu, die Betriebssystemdateien (IO.SYS, MSDOS.SYS, COMMAND.COM) auf die Festplatte zu kopieren. Dabei erfolgt genau der beschriebene Zugriff auf den Bootsektor, und das BIOS wird dies entsprechend melden.

```
               ! WARNING !
  Disk boot sector is to be modified
  Type "Y" to accept write or "N" to
              abort write
         Award Software, Inc.
```

Abb. 7.5: Diese Meldung erscheint beim Versuch, den Bootsektor zu modifizieren

CPU Internal Cache: Heutige Prozessoren für den Sockel 7 besitzen zwischen 16 und 64 KByte internem Cache-Speicher, durch den sie zusätzliche Performance erreichen. Der auch als First-Level-Cache bezeichnete Speicher versorgt die CPU sehr schnell mit Daten. Bei der hohen Geschwindigkeit moderner Prozessoren kommt es häufig beim Betrieb von DOS-Spielen zu sehr schnellen Bildfolgen, die den Spielgenuß trüben. Um den Prozessor zu bremsen, können Sie deshalb den L1-Cache abschalten. Unter anderen Betriebssystemen ist dieser Effekt natürlich nicht erwünscht, denn hier zählt nur die Geschwindigkeit. Unter Windows 95/98, NT oder OS/2, Linux ist deshalb der interne Cache auf jeden Fall zu verwenden.

Kontrollieren Sie diese Vorgabe auch, wenn Sie die BIOS-Defaultwerte geladen haben. Es gibt leider immer noch Hersteller, bei denen durch die Defaultwerte der interne – und auch der externe – Cache deaktiviert wird. Der Rechner wird dadurch extrem ausgebremst. Die Kontrolle der Optionen gibt Aufschluß darüber, und Sie können die Einstellungen wieder aktivieren.

External Cache: Mit External Cache ist der auf der Hauptplatine vorhandene Second-Level-Cache gemeint. Dieser umfaßt je nach Alter der Hauptplatine zwischen 256 KByte, 512 KByte, 1 MByte und 2 MByte. Dabei ist auf Hauptplatinen mit Intel-Chipsatz (FX, HX, VX, TX) die Größe auf 512 KByte beschränkt. Erst die Chipsätze von VIA oder SIS unterstützen hier einen größeren Speicherausbau des Cache. Für das Abschalten dieses Speichers gelten die gleichen Hinweise wie schon unter »CPU Internal Cache« genannt. Nur für zu schnell laufende Spiele können Sie den Cache deaktivieren. Alle anderen Anwendungen profitieren sehr stark von diesem schnellen Zwischenspeicher, der zwischen CPU und dem vergleichsweise langsamen Arbeitsspeicher zum Einsatz kommt.

Abb. 7.6: Cache-Speicher in Form eines COAST-Moduls auf einer Pentium-Hauptplatine

Quick Power On Self Test: Wollen Sie die Tests der Komponenten vor dem Start des Betriebssystems abkürzen, aktivieren Sie diese Option. Bei deaktivierter Option wird der Test bis zu viermal durchgeführt, was Sie beispielsweise an dem Hochzählen des Arbeitsspeichers erkennen können. Da der POST nur einmal durchgeführt wird, ist der Startvorgang beschleunigt. In der Regel reicht dieser einmalige Test aus, um die Komponenten exakt zu testen. Verwenden Sie allerdings im System ältere SCSI-Festplatten, die nach dem Einschalten etwas Zeit zum Initialisieren benötigen, kann es bei den heutigen Rechnergeschwindigkeiten durchaus vorkommen, daß die Geräte einfach »überfahren« und vom Hostadapter nicht korrekt erkannt werden. In diesem Fall sollten Sie den Quicktest deaktivieren, denn Sie zögern so die Erkennung der Geräte durch den SCSI-Hostadapter um die zusätzlichen Testzeiten hinaus. Diese Zeit kann bereits ausreichen, damit die Komponenten beispielsweise ihre Nenndrehzahl (bei Festplatten) erreicht oder die Initialisierung (bei SCSI-Scannern) abgeschlossen haben.

- *HDD Sequence SCSI/IDE First*: Diese Option finden Sie häufig erst in modernen Hauptplatinen vor. Aber viele Hersteller bieten diese Funktion durch ein BIOS-Upgrade an, damit Sie auch die Boot-Reihenfolge von SCSI- und IDE-Komponenten beeinflussen können. Denn bei älteren PCs haben bei einer IDE/SCSI-Mischkonfiguration immer die IDE-Festplatten Vorrang. Hier sucht ein System zunächst immer erst nach IDE-Festplatten. Es war also nicht möglich, von einer SCSI-Festplatte zu booten, wenn am ersten (primären) IDE-Controller eine Master-Festplatte eingerichtet war. Mit Hilfe der hier genannten Option legen Sie nun fest, ob von einer IDE- oder SCSI-Festplatte als Boot-Laufwerk ein Betriebssystem gestartet werden soll. Mit Hilfe der Einstellung können Sie also nach dem Wechsel auf eine SCSI-Konfiguration Ihre vorhandenen IDE-Laufwerke weiterhin im System einsetzen. Die Reihenfolge der Laufwerksbuchstaben wird gemäß der Vorgabe geändert.

  Bei der Reihenfolge der Laufwerksbuchstaben ist zu beachten, daß die logischen Laufwerke auf den IDE-Festplatten hinter denen der SCSI-Festplatte angeordnet werden, wenn SCSI als erste Boot-Möglichkeit angegeben wird. Dies kann bei vorhandenen Konfigurationen allerdings dazu führen, daß die Reihenfolge und Zuordnungen der Laufwerksbuchstaben gründlich durcheinander gerät. Vor allem für installierte Anwendungen hat dies unangenehme Folgen, wenn plötzlich durch die Zuordnung der Buchstaben die Partition einen neuen Laufwerksbuchstaben erhält. Die Anwendung ist in diesem Fall nicht mehr startbar. Deshalb sollten Sie sich vor dem Umstieg bereits Gedanken über die Verteilung machen, und gegebenenfalls müssen alle Anwendungen neu installiert werden.

- *Boot Sequence*: Über diese Einstellung legen Sie fest, in welcher Reihenfolge auf den Laufwerken nach einem Betriebssystem gesucht werden soll. Bei älteren Hauptplatinen war hier nur der Wechsel zwischen Laufwerk A: und Festplatte C: möglich. Aufgrund der erweiterten Möglichkeiten der neuen Laufwerke kann heute auch ein Betriebssystem von CD-ROM, ZIP- oder LS-120-Laufwerken gestartet werden. Zusätzlich sind alle Plätze der beiden IDE-Controller als Startlaufwerke verwendbar. Folgende Einstellungen stehen zur Verfügung:

  - A:, C:
  - C:, A:
  - A:, CD-ROM, C:
  - CD-ROM, C:, A:
  - D:, A:
  - E:, A:
  - F:, A:

- C only
- LS/ZIP, C:

Virus Warning	:Enabled
CPU Internal Cache	:Enabled
External Cache	:Enabled
Boot Sequence	:A,C
Swap Floppy Drive	:Disabled
Boot Up Floppy Seek	:Enabled
Boot Up NumLock Status	:On
Memory Parity Check	:Enabled
Gate A20 Option	:Fast
Typematic Rate Setting	:Disabled
Typematic Rate (Chars/sec)	:6
Typematic Delay (msec)	:250
Security Option	:Setup
PS/2 mouse function	:Disabled
PCI/VGA Palette Snoop	:Disabled

Video BIOS Shadow	:Enabled
C8000-CBFFF Shadow	:Disabled
CC000-CFFFF Shadow	:Disabled
D0000-D3FFF Shadow	:Disabled
D4000-D7FFF Shadow	:Disabled
D8000-DBFFF Shadow	:Disabled
DC000-DFFFF Shadow	:Disabled

ESC :Quit ↑↓ → ← :Select Item
F1 :Help PU/PD/+/- :Modify
F5 :Old Values (Shift)F2 :Color
F6 :Load BIOS Defaults
F7 :Load Setup Defaults

Abb. 7.7: Das BIOS Features Setup

Bei den Laufwerksbuchstaben D:, E: und F: sollten Sie beachten, daß es sich hierbei nicht um logische Laufwerke innerhalb einer erweiterten Partition handelt, sondern um die Laufwerke an den beiden IDE-Controllern. Die Zuordnung sieht dabei folgendermaßen aus:

- *C:* Master-Festplatte am ersten (primären) IDE-Controller
- *D:* Slave-Festplatte am ersten (primären) IDE-Controller
- *E:* Master-Festplatte am zweiten (sekundäre) IDE-Controller
- *F:* Slave-Festplatte am zweiten (sekundären) IDE-Controller

Um den Boot-Vorgang von der Festplatte zu beschleunigen, können Sie die Startreihenfolge auf »C:, A:« oder nur »C: only« einstellen. Dabei wird erst gar nicht auf dem Diskettenlaufwerk nach dem System gesucht. Schöner Nebeneffekt hierbei ist, daß eine versehentlich im Laufwerk vergessene Diskette ohne Betriebssystem nicht zu der verwirrenden Fehlermeldung »Kein System oder Laufwerksfehler« führt. Hierbei ist nur im Hinterkopf zu behalten, daß diese Reihenfolge wieder umgestellt werden muß, wenn Sie den PC über eine Notstartdiskette booten müssen.

- *Boot Up Floppy Seek*: Bei dieser Option handelt es sich um einen kurzen Laufwerkstest, bei dem vor dem eigentlichen Booten des Betriebssystems ein Zugriff auf das Laufwerk durchgeführt wird. In der Praxis ist dieser Vorgang eher lästig und verzögert nur den Startvorgang des Systems. Deshalb können Sie diese Option getrost abschalten.

Den Floppy-Seek hatte IBM zur Erkennung des Laufwerkstyps entworfen. Allerdings richtet sich der ausgeführte Seek-Befehl immer nach dem im Standard CMOS Setup eingetragenen Laufwerkstyp. Eine Erkennung findet hier also nicht statt. Bei der Fehlersuche können Sie mit diesem Zugriff lediglich feststellen, ob das Laufwerk elektrisch angesprochen wird.

- *Floppy Disk Access Control (R/W)*: Diese Option dient besonders dem Datenschutz in größeren Netzwerken oder auf Einzelplätzen, auf dem wichtige Daten gespeichert sind. Denn mit dieser Option können Sie die Funktionalität der angeschlossenen Diskettenlaufwerke beschränken, so daß zwar Daten von der Diskette gelesen, aber nicht mehr darauf geschrieben werden können. Auf diese Weise verhindern Sie das unbefugte Kopieren von Daten auf das Laufwerk. Das Einlesen von Briefen oder anderen Dateien des Büroalltags ist aber weiterhin möglich. Folgende Einstellungen stehen zur Verfügung:

  - *R/W* (*Read/Write* – Lesen und Schreiben ist mit dem Laufwerk möglich)
  - *Read Only* (Disketten im Laufwerk können nur gelesen, aber nicht beschrieben werden)

  Im Prinzip funktioniert dieser Schutz sehr zuverlässig. Wenn Sie aber ein Tool verwenden, das am BIOS vorbei direkt den Diskettencontroller anspricht, kann der Schutz umgangen werden. Aber innerhalb eines Netzwerkes bietet die Option bei gleichzeitig kennwort-geschütztem BIOS-Zugang eine erste Barriere gegen Datenmißbrauch.

- *Swap Floppy Drive*: Mit Hilfe dieser Option können Sie ohne Aufschrauben des Rechners und anschließendem Kabeltausch die Laufwerksbuchstaben der Diskettenlaufwerke vertauschen. Zur Erinnerung sei hier noch einmal erwähnt, daß die Zuordnung des Buchstabens alleinig von dem Standort des Laufwerkes auf dem Datenkabel abhängt. Durch die hier gezeigte Option können Sie die Zuordnung mit Hilfe des BIOS vertauschen. Dies ist beispielsweise sinnvoll, wenn Sie noch über ein 5,25-Zoll-Diskettenlaufwerk verfügen und die Bootdiskette für ein benötigtes Betriebssystem nur in diesem Format vorliegt. Es soll zum Beispiel immer noch Anwender geben, die für bestimmte Zwecke lieber ein DR-DOS starten, als Windows zu verwenden. Durch die Option entfällt also der mühsame Tausch der Stecker.

- *IDE HDD Block Mode Sectors*: Im sogenannten Block-Modus werden mit einem Zugriff auf die Festplatte gleich mehrere Blöcke an den PC übertragen. Mit dieser Option legen Sie nun fest, wie viele Blöcke bei dem Zugriff übertragen werden. Diese Einstellung richtet sich immer nach der angeschlossenen Festplatte. Dem Datenblatt des Herstellers ist zu entnehmen, wie viele Blöcke eingestellt werden können. Tuning-Maßnahmen an dieser Stelle, also mehr Blöcke anzugeben, als die

Festplatte übertragen kann, führt zwangsläufig zu Problemen, da das Laufwerk die Anfragen des Controllers nicht zufriedenstellend bedienen kann.

Normalerweise fordert das BIOS pro *Read*-Befehl nur einen Sektor (mit 512 Byte) an. Werden viele Sektoren benötigt, muß also jeder Sektor einzeln angefordert werden, was sich nachteilig auf die Gesamtperformance auswirkt, da jede Anforderung ebenfalls Systemzeit benötigt. Hier können Sie mit zusätzlicher Arbeitsgeschwindigkeit rechnen, wenn anstatt einem Sektor plötzlich 2, 4, 8, 16 oder 32 Sektoren pro Anforderung übertragen werden. In den Datenblättern der Festplattenhersteller ist hier häufig auch vom *Multi Sector Read* die Rede. Neben den schon genannten festen Einstellungen für die Anzahl der Sektoren können Sie das BIOS auch während der Initialisierung der Festplatte damit beauftragen, die maximale Anzahl automatisch zu ermitteln. Mit der Einstellung »HDD Max« wird die Anzahl, wie schon bei der Feststellung der Zylinder-, Kopf- und Sektorangabe, aus dem Konfigurationssektor der Festplatte ausgelesen.

Unter Windows 95/98 ist dieser Einstellung aber nicht mehr so viel Bedeutung beizumessen. Denn diese Systeme steuern die Festplatte über eigene Treiber – am BIOS vorbei – an. Unter DOS und Windows 3.x sind aber durchaus Leistungsgewinne zu verzeichnen. Beachten Sie hierbei nur, daß während eines Blocktransfers alle Interrupt-Anfragen gesperrt sind. Zusammen mit schnellen Modems kann es hier zu Übertragungsproblemen oder Verbindungsabbrüchen kommen. Sollte Ihnen die Datenübertragungsrate zu gering vorkommen, kontrollieren Sie zusätzlich diese Einstellung im BIOS. Denn nicht immer kann man nur die Qualität der Telefonleitung für Übertragungsprobleme verantwortlich machen.

- *Security Option*: Mit Hilfe dieser Option legen Sie generell fest, ob beim Systemstart eine Kennwortabfrage erscheint oder nicht. Die eigentlichen Kennwörter werden später in den noch folgenden Menüpunkten eingetragen. Aber hier ist der Schutz ein- bzw. ausschaltbar. Weiterhin besteht die Möglichkeit, festzulegen, welcher Zugang mittels Kennwort geschützt werden soll. In der Einstellung *System* wird bei jedem Systemstart ein Benutzerkennwort abgefragt, nach dessen korrekter Eingabe der Startvorgang fortgesetzt wird. Mit der Einstellung *Setup* wird lediglich beim Aufruf des CMOS-Setups über die Taste [Entf] ein Kennwort angefordert. Wenn Sie den Benutzern den Zugang in das BIOS verwehren wollen oder beispielsweise die Diskettenlaufwerke gesperrt haben, sollte das BIOS ebenfalls geschützt werden, damit sich ein Anwender die Funktion nicht selbst wieder aktivieren kann.

- *PS/2 Mouse Function Control*: Verwenden Sie eine PS/2-Maus über den entsprechenden Anschluß auf der Hauptplatine (nicht über die serielle Schnittstelle) erreichen Sie über die Einstellung *Auto*, daß während des Systemstarts nach diesem Maustyp gesucht wird. Sollte die Testroutine fündig werden, wird für die PS/2-

Maus der Interrupt 12 reserviert, über den die Mausaktivitäten kontrolliert werden. Wird eine serielle Maus eingesetzt, belassen Sie die Option ebenfalls auf *Auto*. Da die Testroutine feststellen wird, daß sich keine PS/2-Maus im System befindet, wird der Interrupt 12 nicht belegt und ist für andere Geräte nutzbar. Da heute praktisch jede Hauptplatine mit dem PS/2-Mausanschluß versehen ist, sollten Sie diesen auch verwenden, so haben Sie noch beide seriellen Schnittstellen zur Verfügung.

Kommt sowieso eine PS/2-Maus zum Einsatz, können Sie auch die Einstellung *Enabled* verwenden. In diesem Fall wird sichergestellt, daß die Maus den Interrupt 12 auf jeden Fall erhält und dieser nicht mehr für andere Geräte nutzbar ist.

- *PCI/VGA Palette Snoop*: Mit dieser Option werden die wenigsten Anwender tatsächlich etwas anfangen können. Sie ist dafür zuständig, daß Zugriffe auf die Palettenregister einer VGA-Karte für den PCI-Bus ebenfalls über den ISA-Bus sichtbar sind. Eine MPEG- oder Video-Karte für den ISA-Bus hat auf diese Weise die Möglichkeit, den Wechsel der Farbpalette der Grafikkarte zu registrieren und entsprechend zu reagieren. Sollten Sie bei der Verwendung eines MPEG-Decoders für den ISA-Bus feststellen, daß die Farben bei der Wiedergabe eines Videos nicht korrekt dargestellt werden, aktivieren Sie zum Test diese Funktion. Ansonsten ist die Option immer zu deaktivieren, da sich diese Aufgabe negativ auf die Systemperformance auswirkt.

- *OS/2 Onboard Memory > 64M*: Diese Einstellung ist nur bei der Verwendung von OS/2 Version 3.0 (Warp) bis Fix Level 17 notwendig und in diesem Fall auch nur dann, wenn mehr als 64 MByte RAM eingesetzt werden. Von diesem Betriebssystem wird bei deaktivierter Option nur 64 MByte an Speicher erkannt. Erst durch die Aktivierung werden die restlichen Speicherbereiche für OS/2 nutzbar. Andere Betriebssysteme arbeiten auch ohne diese Option mit dem Speicher oberhalb von 64 MByte korrekt zusammen. Testen Sie die Funktion bei der Installation von OS/2, und stellen Sie sie entsprechend ein.

- *Video ROM BIOS Shadow*: Mit Hilfe dieser Option können Sie den Inhalt des ROMs der Grafikkarte in den schnelleren Arbeitsspeicher kopieren. Dabei wird der gesamte Inhalt des ROMs in das RAM kopiert und zwar an eine Position, die exakt dem der ROM-Adresse entspricht. Denn ein ROM-Baustein, der sich im sogenannten Adapterbereich (RAM zwischen 640 KByte und 1 MByte) befindet, kann problemlos in den Arbeitsspeicher abgebildet werden, da hier die Adressen identisch sind. Wichtig ist von seiten des BIOS nur der Schutz dieses RAM-Bereiches, auf den kein Schreibzugriff erfolgen darf. Dieser Bereich wird also wie ein normales ROM (nur Lesen) behandelt. Es wird quasi ein Schatten des Original-ROM-Bausteins gebildet, woher sich auch die Namensgebung »Shadow-RAM« erklären läßt. Vor allem, wenn Sie mit DOS und Windows 3.x arbeiten, werden Sie von dieser Funktion profitieren, da hier häufig direkte Zugriffe auf das ROM der Grafikkarte verwendet werden. Unter 32-Bit-Betriebssystemen sieht dies etwas anders aus. Durch eigene Gerätetreiber ist das BIOS der Karte in der Regel nicht mehr von Belang, da die Funktionen über Gerätetreiber (VxDs) bereitgestellt werden.

Verwenden Sie eine VGA-Karte für den PCI-Bus oder AGP-Port, ist die Shadow-RAM-Funktion nicht mehr effektiv nutzbar. Denn das BIOS dieser Karten liegt häufig in einem Bereich, der durch die im BIOS zur Verfügung stehenden Shadow-Bereiche nicht erfaßt wird. Auch wenn das PCI-BIOS zunächst kopiert wurde, wird es nach dem Systemstart automatisch in andere Speicherbereiche verlagert.

- *System BIOS Shadow*: Mit dieser Option ist das Rechner-BIOS selbst in der Lage, sich in den schnellen Arbeitsspeicher zu verlagern, da heute das BIOS häufig nur in einem 8-Bit-EPROM untergebracht ist. Zwar können die Pentium-CPUs trotz einer Busbreite von 32 Bit diesen Code direkt ausführen; durch die Umsetzung der Busbreite leidet aber stark die Ausführungsgeschwindigkeit. Deshalb sollte – ebenso wie für das Grafikkarten-BIOS – auch das System-BIOS in den schnellen Arbeitsspeicher (64 Bit Busbreite) kopiert werden. Unter DOS wird die Systemleistung merklich gesteigert, wenn das System BIOS Shadow aktiviert wurde. Unter Windows 95/98 werden die BIOS-Routinen durch eigene Treiber ersetzt, wodurch kein merklicher Performance-Gewinn erzielt wird, wenn das System-BIOS in den Arbeitsspeicher kopiert wird.

- *C8000 – CBFFF Shadow bis DC000 – DFFFF Shadow*: Neben dem Grafikkarten-ROM können sich im Adapterbereich weitere Karten mit eigenem ROM befinden. Dazu zählen beispielsweise SCSI-Hostadapter. Klären Sie in der Dokumentation, welcher Speicherbereich durch das Erweiterungs-BIOS belegt wird, und aktivieren Sie nur diesen Bereich im BIOS-Setup. Verwenden Sie DOS, können diese Speicherbereiche auch zum Auslagern von Systemkomponenten mittels EMM386 eingesetzt werden. Deshalb sollten beim Einsatz von DOS auch nur die Bereiche für DOS-Shadow reserviert werden, die auch tatsächlich mit einem BIOS-ROM abgebildet werden sollen.

  Ein interessantes Phänomen erscheint beim Einsatz eines PCI-SCSI-Hostadapters und der Shadow-Funktion. Starten Sie das BIOS-Setup des Hostadapters, wird dort auch die derzeitige Adresse des SCSI-BIOS angezeigt. Um das Shadow-RAM für diesen Bereich zu aktivieren, notieren Sie die Adresse und beenden das BIOS. Während des Neustarts gehen Sie in das CMOS-Setup und aktivieren den Bereich für das Shadow-RAM. Aufgrund der Plug&Play-Fähigkeiten moderner PCI-Komponenten wird aber der für Shadow-RAM reservierte Bereich vom Hostadapter als bereits belegt gewertet, und er bekommt eine neue Adresse zugewiesen.

Das Shadow-RAM kann also in diesem Fall nicht die gewünschte Aufgabe übernehmen, da sich an der Adresse kein Adapter-BIOS mehr befindet. Für PCI-Komponenten sollten Sie aus diesem Grund auf diese Funktion verzichten.

- *Delay for HDD*: Mit dieser Option zögern Sie die Erkennung der Festplatten um die vorgegebene Zeitspanne hinaus. Auf diese Weise haben vor allem ältere Festplatten genügend Spielraum, um sich entsprechend zu initialisieren. Der Boot-Vorgang wird um die hier vorgegebene Zeitspanne verlängert. Dabei stehen 0 bis 15 Sekunden zur Auswahl.

- *Boot Up NumLock Status*: Mit dieser Option können Sie bereits beim Systemstart festlegen, wie der numerische Tastenblock der Tastatur genutzt wird. Dabei können schnelle Zahlenfolgen bei aktivierter Funktion und die Cursortastenfunktionen bei deaktivierter Option eingesetzt werden. Geben Sie in Ihrer Anwendung oder Tabellenkalkulation häufig Zahlen ein, sollte die Zahleneingabe aktiviert sein. Da Sie direkt neben dem numerischen Tastenblock die Cursorsteuerung noch einmal vorfinden, benötigen Sie die Cursorfunktionen nur in seltenen Fällen. Beispielsweise der Norton Commander für DOS, der immer noch bei vielen Anwendern und Netzwerkadministratoren hoch im Kurs steht, läßt sich sehr gut über die Cursorfunktionen des Tastenblocks steuern. In diesem Falle wäre die Funktion aber über die Taste [Num] leicht abschaltbar.

- *Typematic Rate Setting*: Mit dieser Option aktivieren Sie die weiteren Einstellungen zur Tastatureingabe. Ist die Funktion aktiviert, werden die nächsten beiden Optionen zugänglich, mit denen bestimmte Tastatureinstellungen vorgenommen werden. Unter Windows 95/98 sind diese Vorgaben aber sehr viel komfortabler innerhalb der Systemsteuerung einstellbar. Diese sollten Sie den BIOS-Einstellungen vorziehen.

- *Typematic Rate (Chars/Sec)*: Über diese Option legen Sie fest, wie viele Zeichen pro Sekunde in den Tastaturpuffer geschrieben werden, wenn eine Taste über einen längeren Zeitraum gedrückt wird. Die Standardvorgabe sieht hier sechs Zeichen pro Sekunde vor. Folgende Schritte sind hier möglich:

  - *6, 8, 10, 12, 15, 20, 24, 30 Zeichen pro Sekunde*

- *Typematic Delay (Msec)*: Mit dieser Option legen Sie fest, nach welcher Zeit mit dem Wiederholen eines Zeichens begonnen werden soll. Nach Ablauf der Zeitspanne (Standardvorgabe 250 ms) werden die unter *Typematic Rate* angegebenen Zeichen pro Sekunde eingegeben. Folgende Einstellungen sind hier möglich:

  - *250, 500, 750, 1000 Millisekunden*

Das Chipset Features Setup

Hier finden Sie nun spezielle Einstellungen, die zu dem Chipsatz Ihrer Hauptplatine gehören. Da es unterschiedliche Chipsatz-Hersteller für dem Sockel 7 auf den Markt gibt, können hier durchaus unterschiedliche Einstellungen vorhanden sein. Beispielsweise werden Sie keine Einstellungen zu SDRAMs im Menü vorfinden, wenn es sich um einen Intel HX-Chipsatz handelt, da dieser diesen Speichertyp nicht unterstützt. Auch spezielle Einstellungen zu Prozessoren von Cyrix und AMD werden Sie in den BIOS-Versionen vorfinden, die auf einem Board mit alternativem Chipsatz ihren Dienst versehen. Intel-Chipsätze haben diese Funktionen nicht unterstützt.

Hier werden nun sehr weitreichende Eingriffe in das Innenleben des PCs möglich, und Sie sollten hier wirklich wissen, was Sie tun. Denn durch ungeschicktes Konfigurieren können Sie den PC vollständig »lahmlegen«. Zur Sicherheit sei hier nochmal erwähnt, daß Sie in diesem Fall den PC ausschalten und bei gedrückter Taste [Entf] wieder einschalten. Durch diesen Tastendruck veranlassen Sie das BIOS, vorübergehend sichere Defaultwerte zu verwenden, und Sie können die Änderungen rückgängig machen.

```
                    ROM PCI/ISA BIOS
                 CHIPSET FEATURES SETUP
                  AWARD SOFTWARE, INC.

Auto Configuration          : Enabled   | 8 Bit I/O Recovery Time  : 1
                                        | 16 Bit I/O Recovery Time : 1
DRAM Speed Selection        : 70ns      | Memory Hole At 15M-16M   : Disabled
DRAM RAS# Precharge Time    : 3         |
MA Additional Wait State    : Enabled   |
RAS# To CAS# Delay          : Disabled  |
DRAM Read Burst (B/E/F)     : x2/3/3    |
DRAM Write Burst (B/E/F)    : x3/3/3    |
ISA Bus Clock               : PCICLK/4  |
DRAM Refresh Queue          : Enabled   |
DRAM RAS Only Refresh       : Disabled  |
DRAM ECC/PARITY Select      : Disabled  |
Read-Around-Write           : Enabled   | ESC: Quit       ↑↓→←: Select Item
PCI Burst Write Combine     : Enabled   | F1 : Help       PU/PD/+/- : Modify
PCI-To-DRAM Pipeline        : Enabled   | F5 : Old Values (Shift) F2: Color
CPU-To-PCI Write Post       : Enabled   | F6 : Load BIOS Defaults
CPU-To-PCI IDE Posting      : Enabled   | F7 : Load Setup Defaults
System BIOS Cacheable       : Disabled  |
Video RAM Cacheable         : Disabled  |
```

Abb. 7.8: Das Chipset Features Setup

- *Auto Configuration*: Ist diese Option aktiviert, werden für eine Reihe von Speichereinstellungen optimierte Vorgaben des Herstellers verwenden. Diese Vorgaben gewinnt das BIOS aus der vorgegebenen Taktfrequenz und den vorhandenen Speicherbausteinen. Verwenden Sie PS/2-Module, werden die optimalen Werte durch bestimmte Testroutinen gewonnen und eingestellt. Sind bereits DIMM-Speicher im Einsatz, entnimmt das BIOS einem EEPROM-Baustein auf dem Speichermodul die Timing-Vorgaben, damit die Module korrekt arbeiten. Daher sind in der Regel keine Einstellungen zur schnellen Zugriffszeit (ca. 10 ns) von DIMM-Speichern vorhanden. Wenn Sie eine der folgenden Optionen ändern möchten, setzen

Sie diese Option auf *Disabled*. Jetzt werden die weiteren Einstellungen zugänglich. Nach den Änderungen sollten Sie den PC aber einer Reihe von Dauertests unterziehen und kontrollieren, ob das Speicher-Subsystem noch korrekt arbeitet. Denn das »Bißchen« mehr an Systemperformance, wenn es denn überhaupt ermittelbar ist, erkaufen Sie sich mit reduzierter Betriebssicherheit.

Neben der Einstellung *Disabled* können Sie hier auch häufig die Zugriffszeit Ihrer PS/2-Speichermodule angeben. In der Regel stehen Einstellungen zwischen 50 ns und 70 ns zur Verfügung. Haben Sie auf den Bänken Module mit unterschiedlicher Zugriffszeit eingesetzt, ist hier natürlich die langsamste Zeit einzutragen, damit auch diese Module korrekt angesprochen werden. In einer Bank sollten Sie dagegen keine unterschiedlichen Module einsetzen. Aber es spricht nichts dagegen, in Bank 0 zwei 60-ns-Module und in Bank 1 zwei 70-ns-Module zu verwenden, wenn innerhalb einer Bank identische Speicher zum Einsatz kommen.

Wurde *Auto Configuration* deaktiviert, werden die mit (*) gekennzeichneten Optionen zugänglich.

DRAM Read Burst Timing (*): Mit dieser Option wird der Burst-Zyklus beim Lesen aus dem Arbeitsspeicher festgelegt. Dabei handelt es sich bei einem Burst um vier aufeinanderfolgende Zugriffe auf den Arbeitsspeicher. Das erste Zugreifen (Leadoff Cycle) benötigt in der Regel einige Ticks länger als die drei nachfolgenden Zugriffe. Dies liegt in der Tatsache begründet, daß nur beim ersten Zugriff eine echte Adresse übergeben wird. Für die nachfolgenden Zugriffe muß der Chipsatz für das korrekte Hochzählen der Adressen sorgen. Die vom Prozessor benötigte Reihenfolge bei den Zugriffen wird auch als *Burst-Order* bezeichnet. Moderne EDO-Speicherbausteine mit 60 ns Zugriffszeit unterstützen theoretisch einen Read Burst von x-2-2-2. Aber in der Praxis hat sich immer wieder gezeigt, daß es hierbei zu Problemen kommen kann. Sicherlich fehlerfrei funktionieren die 60-ns-Module mit einem Read Burst von x-3-3-3.

Bei dem Lesezugriff entscheidet der Speichertyp über die Geschwindigkeitseinstellungen. Dabei kann man allgemein sagen, daß hier EDO-RAMs (Extended Data Out) aufgrund ihrer Schaltungstechnik deutliche Vorteile gegenüber den FPM- (Fast Page Mode) Modulen besitzen. Bei gleicher Zugriffszeit können Sie in der Regel die EDO-Module immer einen Tick schneller ansprechen, da hier die Daten beim Zugriff schneller zur Verfügung stehen und von der CPU abgeholt werden können.

Die Sicherheit des Speicherzugriffes sollte bei diesen Einstellungen immer oberstes Gebot sein, damit es nicht zu instabilen Systemzuständen und Abstürzen kommt.

- *DRAM Write Burst Timing (*)*: Beim Schreibzugriff haben die EDO-Speicher keinen Vorteil gegenüber den FPM-RAMs. Deshalb können hier für beide Speichertypen identische Werte angenommen werden. 50- ns- oder 60-ns-Speicher können mit x-2-2-2 problemlos betrieben werden. Sind dagegen bei dieser Einstellung Speicherprobleme zu verzeichnen, gehen Sie auf x-3-3-3. Diese Einstellung ist auch für 70-ns-RAMs zu verwenden, damit der Arbeitsspeicher korrekt angesprochen wird. Wenn Sie Änderungen an den Timing-Vorgaben machen, ist es angeraten, nur eine der Optionen zu verändern und anschließend die Auswirkung auf den Rechner genau unter die Lupe zu nehmen. Denn ob ein Speicherproblem nun am Lese- oder Schreibzugriff hängt, ist nicht eindeutig feststellbar, da diese Zugriffe mit hoher Geschwindigkeit quasi parallel erfolgen können.

- *RAS to CAS Delay (*)*: Mit Hilfe dieser Option stellen Sie ein, wieviel Zeit nach dem Anlegen eines RAS-Signals (Row Address Strobe – Zeilenadressierung) vergeht, bis das CAS-Signal (Columne Address Strobe – Spaltenadressierung) erscheint. Diese Angaben beziehen sich auf den bei DRAMs nötigen Refresh, bei dem der Speicherinhalt in regelmäßigen Abständen aktualisiert werden muß. Aufgrund der Schaltungsweise kommt es zu der sogenannten Kondensatorentladung, bei der der Speicherinhalt ohne Aufladung verloren wäre. Schnelle Speicherbausteine kommen hier mit zwei Takten aus, was häufig auch der Einstellung *Enabled* entspricht. Als weitere Einstellung können Sie hier drei Takte oder *Disabled* vorgeben.

- *Fast RAS to CAS Delay (*)*: Im Gegensatz zur oben genannten Option können hier keine Takte festgelegt werden. Sie können nur ein- oder ausgeschaltet werden. Wenn DRAM-Speicher aufgefrischt werden, wird die Zeilen- und Spalten-Adressierung separat ausgeführt. Über diese Einstellung fügen Sie eine Zeitverzögerung zwischen den CAS- und RAS-Strobe-Signalen ein, die dann zum Einsatz kommt, wenn in die Speicher geschrieben, von dort gelesen oder die Daten aufgefrischt (Refresh) werden. Schalten Sie diese Option aus, erhalten Sie mehr Performance beim Speicherzugriff. Eingeschaltet erhalten Sie mehr Systemstabilität während der Zugriffe, da für das Anlegen der Signale mehr Zeit bleibt.

- *DRAM R/W Leadoff Timing (*)*: Mit dieser Option stellen Sie ein, wie lange der Leadoff-Zyklus, also das erste Anlegen einer Adresse beim Burst-Zugriff, dauern darf. Dieser orientiert sich am eingestellten Burst-Timing. Bei einem x-2-2-2-Zugriff sollten sechs Takte ausreichen, damit die Adresse vollständig ansteht. Bei einem x-3-3-3-Timing hingegen wählen Sie besser sieben Takte. Sollten sich diese Taktzeiten für den Schreib- und Lesezugriff separat einstellen lassen, gelten für das Anlegen der Adressen identische Regeln. Unterschiede können hier nur beim Lesezugriff zwischen EDO- und FPM-Speichermodulen gemacht werden. Beim Schreibzugriff verhalten sich die Module identisch.

- *DRAM Turbo Leadoff Timing (*)*: Durch diese Option können Sie den Leadoff, also das Anlegen einer Adresse vor dem Burstzugriff, weiter beschleunigen. Der Performance-Zuwachs, der durch diese Einstellung vorhanden ist, kann aber nur bedenkenlos auf Systemen erreicht werden, die mit 50 MHz oder 60 MHz arbeiten. Auch wenn nur eine Bank bestückt ist, also keine weiten Signalwege mehr zurückgelegt werden müssen, ist die Einstellung bei 66 MHz zu testen. Verwenden Sie allerdings Module mit Paritäts- oder ECC-Fehlerkorrektur, darf der Turbo Leadoff nicht aktiviert werden. Da diese Module häufig in Netzwerkservern oder Highend-Workstations zum Einsatz kommen, sollte hier die Sicherheit des Speicherzugriffs im Vordergrund bleiben. Das bißchen mehr an Performance kann schnell durch häufige Systemabstürze aufgehoben werden.

- *DRAM Speculative Leadoff (*)*: Wird diese Option aktiviert, schickt der Speichercontroller einen Lesebefehl an den Hauptspeicher, bevor die komplette Adresse dekodiert ist. Befindet sich die gewünschte Adresse allerdings im Cache anstatt im Hauptspeicher, muß der Zugriff unterbrochen werden, sobald die vollständige Adresse vorliegt. Nur wenn die Adresse tatsächlich im Speicher vorhanden ist, kann man einen Performancegewinn verzeichnen, da der Inhalt der Adresse bereits gelesen werden kann, bevor die Dekodierung beendet ist.

- *Fast EDO Leadoff (*)*: Aktivieren Sie diese Option nur dann, wenn Sie EDO- (Extended Data Out) Speichermodule einsetzen. Als Resultat wird der Lesezyklus beschleunigt, da die EDO-Module durch spezielle Register Daten beim Lesen sehr schnell zur Verfügung stellen können. Fast-Page-Module sind mit dieser Einstellung hoffnungslos überlastet, was zu Speicherzugriffsfehlern führt.

  Deaktivieren Sie die Option, werden die Lesezugriffe auf das Niveau der FPM-Speicher herabgesetzt. Dies führt bei EDO-Speichern natürlich zu Performance-Einbußen, da die Speicher Daten schneller liefern könnten. Sollten Sie nicht sicher sein, welche Module im Gerät verwendet werden, lohnt ein Blick auf die Hauptplatine oder die Konfigurationsübersicht des BIOS vor dem Systemstart, also unmittelbar nach dem POST.

- *Turbe Read Pipelining (*)*: Mit Hilfe dieser aktivierten Option versetzen Sie den Chipsatz in die Lage, dem Prozessor schon das Lesen neuer Daten zu signalisieren, auch wenn der gerade laufende Zugriff noch nicht abgeschlossen ist. Dadurch sind meßbare Leistungsgewinne möglich, da der Zugriff auf den Speicher beschleunigt wird. Ist die Funktion deaktiviert, wird der nächste Lesezyklus erst dann gestartet, wenn der vorangegangene komplett abgeschlossen ist.

- *Chipset NA Asserted (*)*: Sollte die vorangegangene Option *Turbo Read Pipelining* nicht vorhanden sein, ist häufig die hier genannte Einstellung im BIOS zu finden. In diesem wird aber das System schneller, wenn die Option deaktiviert ist.

- *Chipset Special Features*: Diese Option bezieht sich zunächst auf den PCI-Bus und verspricht ebenfalls Leistungsgewinne. Mit aktivierter Einstellung kann ein PCI-Busmaster, also eine Steckkarte, die als Initiator auf dem Bus agieren kann, mit voller Leistung auf den Bus zugreifen. Verwenden Sie Karten, die mindestens der PCI-Spezifikation 2.1 entsprechen, können hier in der Regel keine Zugriffsprobleme auftauchen. Nur bei älteren Karten treten aufgrund von Signallaufzeiten Probleme beim schnellen Zugriff auf, wobei die Karten einfach übergangen werden.

- *Peer Concurency*: Auch diese Option steht im Zusammenhang mit dem PCI-Bus. Ist sie aktiviert, kann die CPU auch dann noch auf den Arbeitsspeicher oder den Second-Level-Cache zugreifen, wenn ein PCI-Busmaster Daten an einen anderen Ort überträgt. So kann besonders bei PCI-SCSI-Hostadaptern weitere Performance erreicht werden, da dieser häufig große Datenmengen als Busmaster überträgt. Wäre die Option deaktiviert, kann der Chipsatz nur jeweils einer Komponente den Zugriff auf den Speicher gewähren. Verschachtelte Zugriffe, wie bei aktiviertem *Peer Concurency* möglich, können dann nicht realisiert werden, was in der Praxis Leistungseinbußen mit sich bringt.

- *Passive Release*: Diese Option bezieht sich auf den ISA-Bus. Diese eingeschaltete Option sorgt dafür, daß eine ISA-Steckkarte als Busmaster den PCI-Bus nicht blockiert, während er Daten überträgt. Der PCI-Bus steht dadurch den Karten schneller und länger zur Verfügung. Wird die Option deaktiviert, steht der PCI-Bus den Karten solange nicht zur Verfügung, bis der ISA-Busmaster die Kontrolle wieder abgibt. Da der ISA-Bus um Klassen langsamer arbeitet als der PCI-Bus, kann die Blockierung zu Performance-Einbrüchen führen. Vor allem Anwendungen oder Karten, die auf kontinuierlichen Datenfluß angewiesen sind (Video- oder CD-Brenner-Daten), können durch diese Blockierung negativ beeinflußt werden.

- *16-Bit I/O Recovery Time*: Diese Option ist vor allem für den Zugriff auf den ISA-Bus (16-Bit-Karten) zuständig. Denn vor allem ältere Karten haben häufig Probleme, mit den Geschwindigkeiten moderner Prozessoren mitzukommen und versagen einfach ihren Dienst. Mit Hilfe dieser Option verlangsamen Sie den Zugriff auf den ISA-Bus bei 16-Bit-Zugriffen. Beachten Sie aber, daß Sie hiermit die Zugriffe auf alle ISA-Steckplätze verlangsamen, also auch moderne Karten »ausbremsen«. Aber um eine Netzwerkkarte oder einen älteren CD-ROM-Controller zu aktivieren, leistet dieser Punkt gute Dienste.

  Moderne ISA-Karten haben mit dem Timing keine Probleme und sollten daher auch nicht – noch weiter – verlangsamt werden. Denn gegenüber dem PCI-Bus fällt der ISA-Bus mit seiner Übertragungsleistung weit zurück.

- *8-Bit I/O Recovery Time*: Wie schon bei der vorangegangenen Option dient auch diese Einstellung der Kompatibilität des ISA-Busses. Allerdings betrifft dieser

Punkt nun die 8-Bit-Karten und deren Zugriffe. Auch hier verlangsamen Sie die Zugriffe auf den 8-Bit-Teil des ISA-Slots. Für ältere NE-1000-Netzwerkkarten oder CD-ROM-Controller der ersten Generation ist diese Einstellung häufig die einzige Möglichkeit, diese Karten überhaupt in Pentium-Systemen weiter verwenden zu können.

- *System BIOS Cacheable*: Haben Sie diese Option aktiviert, kann der Cache-Speicher das System BIOS ROM an der Adresse F0000h bis FFFFFh mit berücksichtigen. Als Ergebnis erhalten Sie eine verbesserte Systemperformance, wenn Programme häufig auf BIOS-Routinen zugreifen müssen. Dies ist vor allem bei DOS- und Windows 3.x-Anwendungen der Fall. Unter Windows 95/98 ist dieser Leistungsgewinn kaum meßbar, da hier viele BIOS-Routinen durch eigene Treiber ersetzt werden.

  Bei aktivierter Option sollten Sie aber immer im Hinterkopf behalten, daß dieses Caching auch Risiken birgt. Sollte eine Software versuchen, in den BIOS-Bereich zu schreiben, und befindet sich der Code gerade im Cache, kann es zu instabilen Systemzuständen und Abstürzen kommen.

- *Video BIOS Cacheable*: Haben Sie diese Option aktiviert, kann der Cache-Speicher das VIDEO-BIOS der Grafikkarte an der Adresse C0000h bis C7FFFh mit berücksichtigen. Als Ergebnis erhalten Sie eine verbesserte Systemperformance, wenn Programme häufig auf BIOS-Routinen der Grafikkarte zugreifen. Dies ist vor allem bei DOS- und Windows 3.x-Anwendungen der Fall. Unter Windows 95/98 ist dieser Leistungsgewinn kaum meßbar, da hier das BIOS der Grafikkarte durch eigene Treiber ersetzt wird.

  Bei aktivierter Option sollten Sie aber immer im Hinterkopf behalten, daß dieses Caching auch Risiken birgt. Sollte eine Software versuchen, in den BIOS-Bereich zu schreiben, und befindet sich der Code gerade im Cache, kann es zu instabilen Systemzuständen und Abstürzen kommen.

- *Memory Hole At 15M-16M*: Sollte diese Option noch vorhanden sein, hat dies eigentlich nur historische Bedeutung. Denn bei aktivierter Funktion wird ein »Loch« in den Adreßbereich oberhalb des 15. MBytes eingefügt. Hier wird ein sogenannter Frame-Buffer für ISA-Grafikkarten erzeugt, den beispielsweise ATI-ISA-Grafikkarten nutzten. Als Konsequenz ist aber der Speicher oberhalb von 15 MByte nicht mehr für Anwendungen nutzbar. Denn kein Betriebssystem ist in der Lage, dieses Loch im Speicherbereich auszuklammern und den darüber liegenden Speicher wieder korrekt zu adressieren.

- *Memory Parity/ECC Check*: Hauptplatinen mit HX-Chipsatz (und neuer) warten heute wieder verstärkt mit einer Fehlererkennung und -korrektur von Speicherfehlern auf. Die bisher verwendeten Mechanismen arbeiteten in diesem Fall mehr als schlecht. Denn wurde ein Speicherfehler (Paritätsfehler) während der Ausführung entdeckt, sorgte das Auslösen des NMI-Interrupts lediglich dafür, daß der PC sofort angehalten und eine Fehlermeldung auf dem Bildschirm ausgegeben wurde. Die nicht gespeicherten Daten waren auf jeden Fall verloren. Anders arbeitet dagegen die ECC- (Error Correction Code) Erkennung. Sind spezielle Speichermodule auf der Hauptplatine vorhanden, die Sie an der Kennzeichnung (z. B. 2M x 36 anstatt 2M x 32) identifizieren können, kann der Chipsatz mit Hilfe von ECC auch kleinere Speicherfehler selbständig korrigieren, ohne daß Sie als Anwender davon etwas merken. Vor allem bei Netzwerkservern sollten Sie von dieser Möglichkeit Gebrauch machen, damit Ihre Daten entsprechend geschützt sind. Mit dieser Option legen Sie aber zunächst nur fest, daß die Fehlerkorrektur verwendet werden soll, also entsprechende Module im PC eingebaut sind. Verwenden Sie die Option nicht bei herkömmlichen Speicher (z. B. 2M x 32), da hier das fehlende Bit zur Paritätsprüfung häufig zu Fehlermeldungen führt. Die Art der Fehlerkontrolle legen Sie nun mit der nachfolgenden Option fest.

- *DRAM ECC/Parity Select*: Mit Hilfe dieser Option legen Sie nun fest, welche Methode zur Fehlererkennung verwendet werden soll. Dazu muß aber die vorangegangene Option aktiviert sein. Ansonsten hat die Auswahl keine Wirkung. Zur Auswahl steht hier *ECC* (Error Correction Code) und die Paritätsprüfung (*Parity*), wobei Sie immer die erstgenannte Möglichkeit vorziehen sollten.

- *Pipeline Cache Speed*: Die Zugriffsgeschwindigkeit des Second-Level-Caches kann mit dieser Einstellung bestimmt werden. Zur Auswahl stehen *Fast* und *Faster*, wobei Ihre Cachebausteine und die Art der Kontaktherstellung über die Geschwindigkeit entscheiden. Ist der Cache fest auf der Hauptplatine aufgelötet, was bei modernen Pipeline-Burst-Caches in der Regel der Fall ist, können Sie hier die Einstellung *Faster* verwenden. Der Cache arbeitet dann mit einem 1-1-1-1-Burst. Wird der Cache noch mittels COAST- (Cache On a Stick) Modul mit der Hauptplatine verbunden, ist aufgrund der längeren Signalwege und Kontaktübergänge besser die Einstellung *Fast* zu verwenden, damit der Cache korrekt arbeitet. In diesem Fall arbeitet der Cache dann mit einem 3-1-1-1-Burst.

- *L2 Cache Cacheable Area*: Mit dieser Option läßt sich die Größe des Hauptspeichers bestimmen, die vom Second-Level-Cache abgedeckt wird. Die tatsächlich abgedeckte Größe hängt aber von der Größe des installierten TAG-RAMs ab. Ist auf der Hauptplatine nur ein 8Kx8-Baustein installiert, können maximal 64 MByte vom Cache berücksichtigt werden. Erst bei einer Größe des TAG-RAMs von 32Kx8 sind die vollen 512 MByte im Cache verwaltbar. Allerdings hängt die Größe der Cacheable Area auch vom verwendeten Chipsatz ab. Hier hat Intel bei seinem – auch heute noch weit verbreiteten – TX-Chipsatz die Cacheable Area auf 64 MByte begrenzt. Speicher oberhalb dieser Marke wird nicht gecached und der

Prozessor muß lange Wartezyklen einplanen, wenn hier Daten angefordert werden. Dies hat bei der Verwendung von Windows 95/98 einen unangenehmen Nebeneffekt. Da der Speicher von oben nach unten, also von der höchsten Speicheradresse beginnend, adressiert wird, liegen elementare Betriebssystemfunktionen im nicht gecachten Bereich und bremsen das System aus. Wollen Sie heute auf ein Sockel-7-System mit schnellen AMD- oder Cyrix-Prozessoren umsteigen, sollten Sie daher auf Hauptplatinen mit alternativem Chipsatz zurückgreifen. Diese bieten neben der größeren Cacheable Area auch bereits AGP, 100 MHz Frontside-Bus und größere Cache-Speicher (1-2 MByte) an.

Das Nachrüsten von Cache-Speicher und dem zusätzlichen TAG-RAM ist heute von der Kostenseite nicht mehr vertretbar. Zum einen sind die Module kaum noch zu bekommen, und die Preis für hochwertigere Sockel-7-Hauptplatinen sind so gesunken, daß der Umstieg auf eine komplett neue Platine eher Sinn macht.

ISA Bus Clock: Diese Option werden Sie gelegentlich in älteren BIOS-Versionen noch vorfinden. Damit legen Sie das Taktverhältnis zwischen PCI- und ISA-Bus fest. Diese Einstellung programmiert ein Register in der PCI-ISA-Bridge (PIIX3 oder PIIX4), wobei der PCI-Bustakt von 33 MHz entweder durch 3 oder 4 geteilt wird. Geteilt durch 3 ergibt sich somit für den ISA-Bus ein Takt von 11 MHz und bei 4 ein Takt von 8,33 MHz. Wenn Sie nachrechnen, werden Sie bei 33 MHz und Teiler 4 auf eine Frequenz von 8,25 MHz kommen. Aber in der Praxis existiert nicht die PCI-Frequenz von 33 MHz, sondern von 33,33 MHz, wobei hier hinter dem Komma die Periode 3 erscheint. Und nun stimmt das Ergebnis wieder mit 8,33 MHz. Verwenden Sie nur moderne ISA-Steckkarten (z. B. Soundblaster- oder Netzwerkkarten) können Sie getrost 11 MHz verwenden. Mit diesem Takt kommen die Geräte spielend zurecht. Nur beim Einsatz älterer Karten takten Sie den ISA-Bus besser langsamer, damit die Karten nicht überlastet werden. Denn der hohe Takt sorgt auf den Karten für eine unzulässig hohe Erwärmung, und dies kann die Karte dauerhaft zerstören.

SDRAM-Unterstützung: Viele moderne Hauptplatinen unterstützen heute bereits SDRAM-Module und bieten sowohl die Sockel für PS/2-Speicher- als auch für SDRAM-Module an. Da Konfigurationsparameter bei den SDRAMs in einem kleinen EEPROM auf dem Chip untergebracht sind, bietet das BIOS häufig keine Konfigurationsmöglichkeiten für diesen Speichertyp. Was Sie vor allem klären sollten, bevor SDRAMs zum Einsatz kommen, ist die Größe der Speichermodule und, ob sich PS/2- und SDRAM-Module parallel betreiben lassen. In der Regel ist das nicht der Fall, da bei diesen Speichern mit unterschiedlichen Betriebsspannungen gearbeitet wird. Die PS/2-Speichermodule arbeiten hier mit den herkömmlichen 5 Volt und die SDRAMs benötigen nur 3,3 Volt. Da das Speicherinterface häufig nicht beide Spannungen gleichzeitig liefern kann, wird ein Speichertyp außerhalb seiner Spezifikationen betrieben: entweder die PS/2-Module mit 3,3

Volt oder die SDRAMs mit 5 Volt. Beides führt zu Zugriffsfehlern, und bei den SDRAMs kann die überhöhte Spannung sogar zur Zerstörung der Module führen.

Hinweis

Planen Sie den Kauf einer Hauptplatine mit Sockel 7, sollten Sie auf SDRAMs zurückgreifen, die man später wieder in Pentium II-Hauptplatinen einsetzen kann. Denn diese Boards verfügen nicht mehr über PS/2-Sockel. Außerdem sollten Sie direkt zu sogenannten PC-100-SDRAMs greifen. Diese Speicher sind für eine Taktfrequenz von 100 MHz auf dem Speicherbus ausgelegt. Da beim Pentium II (ab BX-Chipsatz) und auch vielen Sockel-7-Chipsätzen von SIS oder VIA in Zukunft diese Taktfrequenz zum Einsatz kommt, können Sie die Speichermodule problemlos weiter verwenden.

- *Onboard-Schnittstellen*: Einige Boardhersteller (z. B. Asus) integrieren in das Chipset Features Setup ebenfalls die Einstellungen zu den Onboard-Schnittstellen. Dabei sind der zweikanalige IDE-Controller, Diskettencontroller, die seriellen und parallelen Schnittstellen und die USB-Ports konfigurierbar. Ist das der Fall, wurde auf das Menü *Integrated Peripherals* verzichtet. Da dieses Menü aber weiter hinten in dieser Beschreibung noch erläutert wird, verzichte ich an dieser Stelle auf die Erklärungen der Optionen und verweise auf dieses Kapitel.

Power Management Setup

Innerhalb dieses Menüs erhalten Sie nun alle Einstellungen, die beim Energiesparen des Rechners helfen sollen. Auch Optionen bezüglich der Aktivierung bei anstehenden Ereignissen (z. B. Wake on LAN) und der Überwachungsfunktionen des LM78/79-Bausteins werden hier aufgelistet. Allerdings sollte man sich im klaren darüber sein, welche Auswirkungen die Einstellungen auf die Hardware haben. Vor allem vor dem schnellen Abschalten des Festplatten-Spindelmotors kann ich bei Desktop-PCs nur warnen. Zwar lassen sich hier einige Milliwatt Energie sparen, aber mit welcher Folge? Eine Festplatte ist für eine bestimmte Anzahl von Start-Zyklen ausgelegt. Jedes Abschalten und anschließende Hochfahren des Motors ist mit einem solchen Zyklus beschreibbar. Auf Dauer gesehen verkürzen Sie mit dieser – eigentlich unnötigen – Maßnahme die Lebensdauer Ihrer Festplatte. Der Dauerbetrieb ist für ein Laufwerk die beste Lebensversicherung, da die Nenndrehzahl des Motors einen definierten Betriebszustand bedeutet. Kritisch sind die Phasen des Erreichens eines solchen Zustandes; also das Starten oder Herunterfahren des Motors. Auf diese Art der Energieeinsparung sollten Sie deshalb bei Desktop-Rechnern (bei Notebooks im Batteriebetrieb sieht dies wieder etwas anders aus) verzichten. Auch beim Abschalten des Monitors durch den PC erreichen Sie weitaus mehr Einsparung, wenn Sie den Monitor ganz ausschalten. Beispielsweise bei Servern oder Rechnern, die ständig für den Faxempfang und -Versand genutzt werden, bringt das Ausschalten über den Netzschalter mehr Einsparung, da hier wirklich alle elektronischen Bauteile vom Netz getrennt werden.

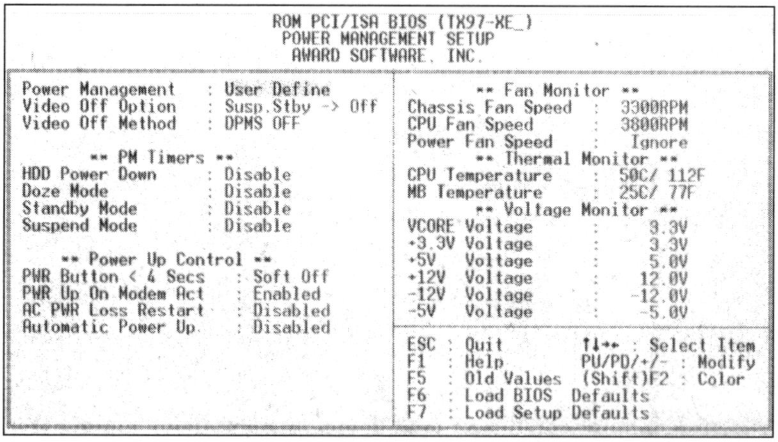

Abb. 7.9: Power Management-Einstellungen im AWARD-BIOS

- *Power Management*: Durch diese Option können Sie entweder die Einstellungen zu den Zeiten, nach denen eine Komponente in den Energiesparmodus versetzt wird, manuell vorgeben, oder Sie greifen auf definierte Schemata zurück, die der Hersteller der Hauptplatine festgelegt hat. Dies ist beispielsweise mit den Einstellungen unter Windows 95/98 innerhalb der Systemsteuerung (Symbol *Energieverwaltung*) vergleichbar.

  Für das Power Management stehen folgende Einstellungen zur Verfügung:

  - *Disabled* (Energiesparfunktionen werden nicht verwendet)
    Hierbei ist zu beachten, daß durch diese Einstellung auch das automatische Ausschalten nach dem Beenden von Windows 95/98 auf ATX-Hauptplatinen deaktiviert wird. Sie müssen also den Aus-Taster wieder selbst betätigen.
  - *Min Saving* (Einstellung, bei der die geringste Energieeinsparung zu erwarten ist)
    Hierbei wird das System erst nach Ablauf von 40 Minuten – ohne Benutzeraktivitäten – in den Energiesparmodus geschaltet.
  - *Max Saving* (Einstellung, bei der sehr schnell mit dem »Energiesparen« begonnen wird)
    Hierbei wird das System bereits nach Ablauf von 30 Sekunden – ohne Benutzeraktivität – in den Energiesparmodus geschaltet. Für den Büroalltag ist diese Einstellung aber denkbar ungünstig, denn ein kurzes Telefonat oder eine andere Tätigkeit führen anschließend immer wieder zu Wartezeiten, da das Aktivieren des Rechners immer wieder Zeit benötigt.

- *User Define*
  Nun stehen Ihnen die einzelnen Einstellungen ohne Vorgaben zur Verfügung, und Sie können die Komponenten nach eigenem Ermessen konfigurieren. Von dieser Möglichkeit sollten Sie Gebrauch machen, da hier auch einzelne Komponenten (z. B. Festplatten) aus den zuvor genannten Gründen aus dem Energiesparkonzept herausgenommen werden können.

Hinweis

Für die optimale Nutzung müssen unter dem verwendeten Betriebssystem Treiber für das Advanced Power Management (APM) installiert werden. Für DOS wird dies beispielsweise durch die Zeile:

```
DEVICE = C:\DOS\POWER.EXE
```

in der Startdatei CONFIG.SYS erreicht. Unter Windows 95/98 werden die entsprechenden Komponenten während der Hardwareerkennung gefunden und anschließend die benötigten Treiber auf die Festplatte kopiert. Innerhalb der Systemsteuerung können Sie dann beispielsweise bei einem Notebook eine Batterieanzeige in die Taskleiste integrieren, die Sie über den Ladezustand der Akkus informiert.

Soll das Power Management optimal genutzt werden, muß eine S-CPU verwendet werden. Mit dieser Bezeichnung wird die Fähigkeit verdeutlicht, daß das BIOS des Rechners den Prozessor heruntertakten kann. Dabei kommt der System-Management-Modus (SMM) der CPU zum Einsatz. Durch den Modus ist die CPU in der Lage, bestimmte Register vor dem Eintritt in den Energiesparmodus an einen geschützten Bereich zu sichern. Alle modernen Pentium- und kompatiblen Prozessoren ab den 75 MHz-Varianten unterstützen diesen Modus. Ausnahmen bilden hier die 60- und 66-MHz-Prozessoren und auch 486-CPUs.

- *PM Control by APM*: Sollten Sie Windows 95/98 verwenden, sollten Sie diese Option unbedingt aktivieren. Denn nun arbeitet das BIOS gemäß der Richtlinien des Advanced Power Managements. Dies ist notwendig, damit die Gerätetreiber von Windows die Geräte korrekt ansteuern können und die Systemintegrität gewahrt bleibt. Hatten Sie diese Funktion bei der Installation von Windows noch deaktiviert, führen Sie nach dem Einschalten im BIOS eine Hardwareerkennung durch, damit die Treiber für die Komponenten installiert werden.
- *Video Off Option/Video Off Method*: Mit dieser Option legen Sie fest, wann der angeschlossene Monitor abgeschaltet wird. Bei modernen Grafikkarten finden Sie heute DPMS (Display Power Management System) vor, wobei die Grafikkarte den Monitor über einen für das Videosignal nicht benötigen Pin in den Energiespar-

modus schaltet und auch wieder »wecken« kann. Besitzen Sie einen Monitor und eine Grafikkarte, die mit dem *Energy-Star-Symbol* ausgestattet sind, können Sie diese Einstellung verwenden.

Folgende Auswahlmöglichkeiten stehen Ihnen noch zur Verfügung:

- *V/H Sync + Blank*
  Mit dieser Methode können vor allem ältere Monitore (ohne Energiespar-Funktionen) problemlos dunkel geschaltet werden. Dazu schaltet das BIOS das Horizontal- und Vertikal-Synchronisationssignal ab und schickt statt dessen Leerzeichen zum Monitor.
- *Blank Screen*
  Auch diese Einstellung kann bei älteren Monitoren zum Abschalten führen, da hier ebenfalls nur Leerzeichen zum Bildschirm gesendet werden.
- *DPMS*
  Die schon beschriebene Möglichkeit, den Monitor über die Grafikkarte direkt in den Energiesparmodus zu schicken. Diese Einstellung setzt aber bei beiden Geräten die Unterstützung von DPMS voraus.

Diese Einstellungen können Sie unter Windows 95/98 auch dem Grafiktreiber der Karte überlassen. In den Einstellungen zur Anzeige geben Sie die zeitlichen Vorgaben an, wann der Monitor abgeschaltet werden soll.

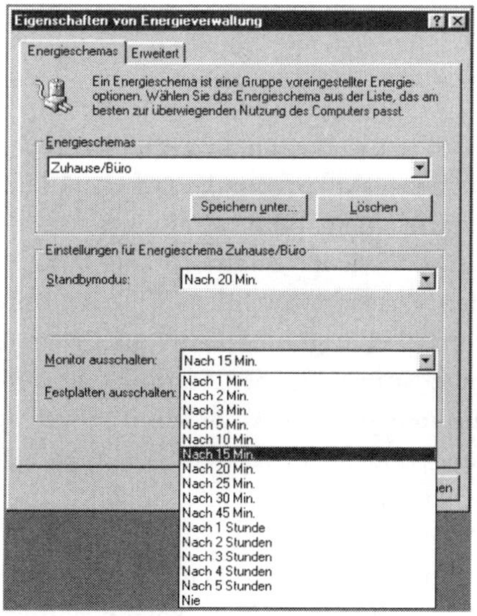

Abb. 7.10:
Auch Windows 98 können Sie die Steuerung des Monitors bezüglich der Energiesparmöglichkeiten überlassen

- *HDD Power Down (PM Timer)*: Für die Abschaltung der Festplatte legen Sie hier die Zeitspanne fest, nach deren Ablauf ohne Benutzereingriff der Motor der Festplatte abgeschaltet wird. Die Einstellung hat allerdings nur Auswirkungen auf

IDE-Festplatten. SCSI-Laufwerke werden durch diese Einstellung nicht erfaßt. Die Zeitspanne für das Herunterfahren der Festplatte ist zwischen 1 Minute und 15 Minuten einstellbar. Soll die Funktion nicht verwendet werden, verwenden Sie die Einstellung *Disabled*. Diese Einstellung hat keinen Einfluß auf die gleichlautende Einstellung unter Windows 95/98 innerhalb der Energieverwaltung. Sie sollten sich deshalb nur für das BIOS entscheiden, wenn Ihr verwendetes Betriebssystem keine vergleichbare Funktion bereitstellt.

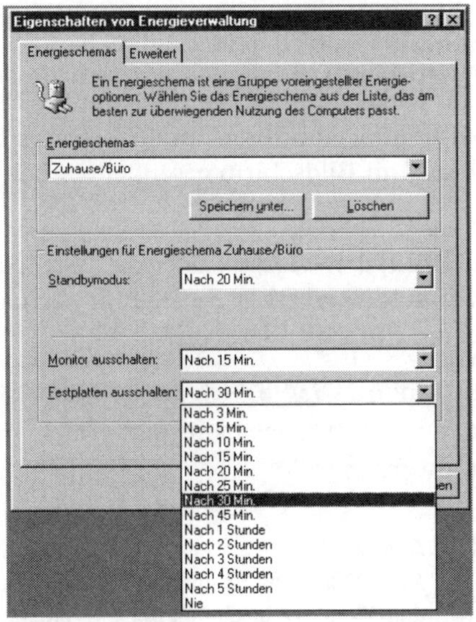

Abb. 7.11:
Unter Windows 98 können Sie das Abschalten der Festplatte in größeren Zeitschritten als im BIOS vorgeben

- *Doze Mode (PM Timer)*: In diesem Modus wird lediglich die CPU heruntergetaktet und mit einem Bruchteil ihrer möglichen Taktfrequenz betrieben. Alle anderen Geräte bleiben in Betrieb und sind nach einem Benutzereingriff und dem anschließenden Hochtakten der CPU sofort wieder funktionsfähig. Die Energieeinsparung liegt hier in der reduzierten Verlustleistung der CPU, die durch eine verringerte Taktfrequenz weniger Energie benötigt und somit auch weniger Wärme (= Verlust) erzeugt. Die Zeitspanne ist in folgenden Schritten einstellbar: 30 Sekunden, 1 Minute, 2 Minuten, 4 Minuten, 8 Minuten, 20 Minuten, 30 Minuten, 40 Minuten und 1 Stunde. Soll der Doze Mode nicht verwendet werden, geben Sie hier *Disabled* ein. Diese Einstellung ist, wie die anderen Timer auch, von Benutzereingaben abhängig. Ab dem letzten Mausklick oder der Tastatureingabe läuft die Uhr, und wird bis zum Erreichen der eingestellten Zeit kein Benutzereingriff registriert, startet die Funktion. Sie sollten sich aber darüber bewußt sein, daß auch längere Berechnungen (z. B. Statikplanungen) ohne Benutzereingriff ablaufen. Hier ist für das BIOS nicht erkennbar, daß die Rechenleistung weiterhin voll benötigt wird.

- *Standby Mode (PM Timer)*: Im Standby Mode wird der Bildschirm und die Festplatte abgeschaltet. Der Prozessor bleibt weiterhin ohne Frequenzreduzierung aktiv. Hier wäre zusammen mit dem Doze Mode eine Kombination möglich, bei der beispielsweise nach 20 Minuten der Doze Mode den Prozessor heruntertaktet und nach weiteren 10 Minuten (also 30 Minuten für die Aktivierung des Standby Mode, da beide Timer den gleichen Startzeitpunkt haben) wird zusätzlich der Bildschirm und die Festplatte abgeschaltet.

  Auch diese Einstellungen sind über die Energieverwaltung von Windows 98 komfortabler einstellbar. Hier sollte die BIOS-Funktion ebenfalls nur dann eingesetzt werden, wenn das Betriebssystem diese Funktion nicht unterstützt.

- *Suspend Mode (PM Timer)*: In diesem Modus werden alle Geräte inklusive des Prozessors nach der vorgegebenen Zeit deaktiviert. Dieser Modus sollte vornehmlich bei Notebooks im Batteriebetrieb gewählt werden, damit die Akkuleistung möglichst lange Arbeitsphasen ermöglicht.

- *PWR Button < 4 Secs*: Diese Funktion finden Sie nur auf ATX-Hauptplatinen, da hier die Arbeitsweise des im Gehäuse befindlichen Eintasters festgelegt wird. Denn anders als bei AT-Platinen, wird der Taster direkt mit der Hauptplatine verbunden und schaltet den Rechner über einen kurzen Impuls ein oder aus. Es wird also keine Netzspannung (230 Volt) zum Taster geführt, sondern nur 5 Volt. Mit dieser Option legen Sie nun die Funktion des Tasters fest. Folgende Einstellungen stehen zur Verfügung:

  - *Soft Off*
    Hier arbeitet der Taster als normaler Ein- oder Austaster des Systems. Über einen Tastendruck (< 4 Sekunden) aktivieren oder deaktivieren Sie den PC.

  - *Suspend*
    Mit dieser Einstellung besitzt der Taster neben der schon unter Soft Off beschriebenen Funktion eine weitere Eigenschaft. Wird der Taster länger als 4 Sekunden gehalten, startet automatisch der Energiesparmodus.

  - *No Function*
    In dieser Einstellung wird die Tasterfunktion deaktiviert. Dabei wird das System erst dann ausgeschaltet, wenn der Taster länger als 4 Sekunden gehalten wird.

- *PWR Up On Modem Act*: Diese Funktion ist besonders dann interessant, wenn Sie den Rechner auch zum FAX- oder Datenempfang per Modem verwenden möchten. In diesem Fall wird die verwendete serielle Schnittstelle auch bei ausgeschalteter ATX-Hauptplatine weiterhin auf eingehende Anrufe hin überwacht. Wird das externe Modem angewählt, versucht es, über die serielle Schnittstelle Daten an den Computer zu übertragen. In diesem Fall wird also der Interrupt ausgelöst, der den Datentransfer steuert. Wird dieser Vorgang vom BIOS registriert, schaltet es das ATX-Netzteil ein, und der Rechner wird gestartet. In diesem Fall sollten Sie nur dafür sorgen, daß der Rechner und das empfangende Programm schnell genug zur Verfügung stehen, damit die Verbindung aufgenommen und die Daten empfangen werden. Beispielsweise Suspend to Disk wäre eine solche Möglichkeit, bei der der aktuelle Speicherinhalt vor dem Ausschalten des Rechners auf die Festplatte geschrieben wird und nach dem Einschalten einfach wieder in die entsprechenden Register übertragen werden muß. So kann genau an der Stelle weitergearbeitet werden, an der sich der PC zuvor befand. Der langwierige Boot-Vorgang entfällt somit.

Allerdings sollten Sie folgende Eigenart dieser Funktion beachten. Haben Sie das Modem an Ihrem normalen Telefonanschluß (parallel) angeschlossen und dauerhaft (durch NFN-Dose) eingesteckt, kann Ihr PC bei aktivierter Option auch durch normale Telefonanrufe, die das Modem ja registriert, eingeschaltet werden. Haben Sie also Ihren PC häufig eingeschaltet vorgefunden, obwohl Sie ihn nach Beenden der Arbeit heruntergefahren haben, sollten Sie diese Option im BIOS kontrollieren und gegebenenfalls deaktivieren.

- *AC PWR Loss Restart*: Diese Option bezieht sich auf einen auftretenden Stromausfall. Bei herkömmlichen AT-Hauptplatinen und deren Netzteilen wird der PC nach dem Wiederkehren der Netzspannung sofort wieder gebootet, da der Schalter ja immer noch eingeschaltet ist. Da aber eine ATX-Hauptplatine durch einen Taster aktiviert wird, bleibt der Bildschirm dunkel, wenn die Option deaktiviert ist. Erst ein erneuter Tastendruck führt zum Start des Rechners. Wollen Sie den PC nach einem Stromausfall dennoch wieder automatisch aktivieren, schalten Sie diese Option ein. Auch bei der Verwendung von unterbrechungsfreien Stromversorgungen bei Netzwerk-Servern sollten Sie diese Option aktivieren. Denn fährt die USV den Server aufgrund regelmäßiger Wartung oder tatsächlich fehlender Spannung herunter, ist ein automatischer Start nach dem Wiederkehren der Netzspannung ausgeschlossen. Hier müßten Sie den Taster immer wieder manuell betätigen, was sicherlich im Netzwerk nicht erwünscht ist.

- *Automatic Power Up*: Mit Hilfe dieser Option können Sie den PC zu bestimmten Zeiten automatisch einschalten. Ist die Funktion aktiviert, geben Sie einen Zeitpunkt ein, zu dem das BIOS den PC automatisch startet. Damit der PC nicht rund um die Uhr arbeiten muß, können Sie ihn so – unbeaufsichtigt – zu einem bestimmten Zeitpunkt starten, um beispielsweise Wartungsarbeiten (Defragmentierung oder Fehlersuche auf den Laufwerken) oder andere Tätigkeiten ausführen zu lassen. Auch für unbeaufsichtigte Datensicherungen zu einer bestimmten Uhrzeit ist die Funktion verwendbar. Neben der täglichen wiederkehrenden Tätigkeit, die über die Einstellung »Every Day« eingestellt wird, können Sie auch ein Datum definieren, an dem diese Aktion stattfindet.

- *Chassis Fan Speed (Fan Monitor)*: Über den Baustein LM78/79 können Sie wichtige Systemparameter auf der Hauptplatine und im PC abfragen. Dazu gehört auch die Kontrolle der Lüfterdrehzahl. Mit diesem Punkt hier ist ein eventuell im Gehäuse plazierter Lüfter gemeint, der ebenfalls auf der Hauptplatine angeschlossen wird und vom BIOS überwacht wird. Dazu stehen Ihnen auf der Hauptplatine eine Reihe von Anschlüssen zur Verfügung. Die Anzeige erfolgt in Umdrehungen pro Minute. Sollte hier keine Drehzahl angezeigt werden, ist mit großer Sicherheit kein Lüfter eingebaut. Denn bei Ausfall eines Lüfters geben viele Hauptplatinen einen Alarm über den Systemlautsprecher aus. Vor allem in kleinen Gehäusen oder bei Verwendung von SCSI-Festplatten sollten Sie nicht an ausreichender Belüftung sparen. Denn ein Hitzestau im Gerät reduziert die Lebensdauer der Geräte und führt schlimmstenfalls zum Totalausfall der Komponente. Sollte kein Lüfter vorhanden sein, setzen Sie die Option auf *Ignore* (= Ignorieren).

- *CPU Fan Speed (Fan Monitor)*: Dem Lüfter des Prozessors ist besondere Aufmerksamkeit zu widmen, denn er entscheidet über die Funktionstüchtigkeit des ganzen Rechners. Moderne Prozessoren kommen heute nicht mehr ohne eine zusätzliche Kühlung aus. Es muß also von Seiten des Herstellers dafür gesorgt werden, daß eine ausreichende Abführung der erzeugten Verlustwärme vorhanden ist. Der Kühlkörper alleine reicht hier nicht aus. Deshalb sollte der Lüfter auf jeden Fall überwacht werden. Meiner Erfahrung nach haben die – häufig sehr preiswerten – Lüfter eine maximale Lebensdauer von zwei bis drei Jahren. Dann ist häufig das Lager »festgefressen« oder Staub in den Lüfterblättern sorgt dafür, daß er nicht mehr korrekt anläuft. Aufgrund der nicht mehr vorhandenen Wärmeabführung kommt es zu instabilen Systemzuständen, die sich durch Abstürze, Fehlfunktionen oder einfaches Hängen von Programmen bemerkbar macht. Da der Fehler häufig nicht reproduzierbar ist, nimmt eine lange und fast aussichtslose Fehlersuche ihren Anfang, da man sämtliche andere Komponenten oder die Betriebssystem- und Programminstallation für den Fehler verantwortlich macht. Auf den Lüfter kommt man häufig erst nach langer Suche.

Leider ist es bis heute für mich nicht verständlich, warum ein Bauteil, das höchstens Pfennigbeträge in der Kalkulation ausmacht, einen PC, der mehrere tausend Mark kostet, zum unzuverlässigen Arbeiter werden läßt. Ansätze für die Lösung dieses Problems bietet die hier angesprochene Überwachung der Lüfterdrehzahl. Auch der vielen Hauptplatinen kostenlos beiliegende Intel LANDesk Client-Manager greift direkt auf den LM78/79-Baustein zu und kann innerhalb von Windows den Ausfall dieses Bauteils melden. Sogar die Meldung dieser Fehlfunktion über das Netzwerk an einen anderen Arbeitsplatz ist möglich. So können Sie sich als Systemadministrator den Defekt melden lassen und sparen sich die eben angesprochene Fehlersuche.

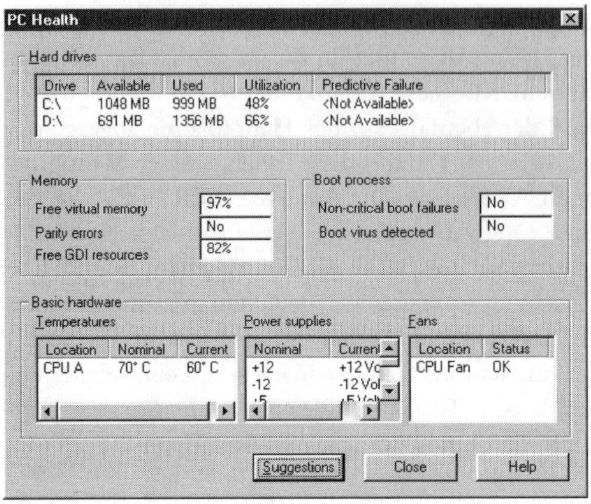

Abb. 7.12: Der Intel LANDesk Client Manager überwacht die Funktionen der Hauptplatine

- *Power Fan Speed (Fan Monitor)*: Mit dieser Option wird der Lüfter im ATX-Netzteil überwacht. Da Sie diesen Lüfter häufig auch von außen hören können, ist das Identifizieren eines Defektes hier leichter möglich.

- *CPU Temperature (Thermal Monitor)*: Neben der Drehzahl verschiedener Lüfter können über den LM78/79-Baustein auch Temperaturen überwacht werden. Dazu gehört auch die Temperatur des Prozessors. Auch diese Meldung dient der Betriebssicherheit des Rechners, da hier eine Überhitzung der CPU gemeldet wird und entsprechende Gegenmaßnahmen getroffen werden können. Allerdings muß die unzulässige Erwärmung des Prozessors nicht unbedingt von einem defekten Lüfter herrühren. Auch ein Wärmestau durch Verlustwärme, die nicht im ausreichenden Maße abgeführt werden konnte (wegen falschem Standort), kann die Ursache für dieses Problem sein. Mit Hilfe des LANDesk Client Managers kann auch diese Information auf der Windows-Oberfläche sichtbar gemacht werden. Diese Meldung sollten Sie unbedingt ernst nehmen, da unzulässige Erwärmung zu instabilen Betriebszuständen führen kann. Neben der eigentlichen Messung der Temperatur kann häufig auch ein Schwellwert festgelegt werden, nach dessen Überschreiten ein Warnhinweis angezeigt wird. Dieser Wert sollte aber unbedingt mit dem verwendeten Prozessor übereinstimmen, da jede CPU eine andere Betriebstemperatur aufweist. Beispielsweise Cyrix-Prozessoren neigen hier zu sehr hohen Temperaturen, wodurch der Hersteller bei den ersten Generationen des 6x86 einen eigenen Lüfter mitlieferte, der mit der anfallenden Wärme fertig wurde.

- *MB Temperature (Thermal Monitor)*: Mit dieser Bezeichnung ist die Mainboard-Temperatur gemeint, die durch spezielle Meßfühler am Chipsatz ermittelt wird. Auch hier sind bei einigen Herstellern Grenzwerte bestimmbar, bei denen ein Alarm ausgelöst wird.

- *VCORE Voltage (Voltage Monitor)*: Als weitere Überwachungsmöglichkeit werden einige Betriebsspannungen vom BIOS überprüft. Dazu gehört zunächst die Core-(Kern-) Spannung des Prozessors. Denn moderne Pentium- und kompatible Prozessoren arbeiten nach dem sogenannten Dual-Voltage-Prinzip. Hierbei werden für die I/O-Leitungen der CPU und den Prozessorkern unterschiedliche Spannungen benötigt. Um mit den vorhandenen I/O-Leitungen kompatibel zu sein, wird hier mit 3,3 Volt gearbeitet. Der Prozessorkern wird je nach Modell und Hersteller mit 2,1 Volt (AMD K6-233) bis 3,5 Volt (Cyrix M1) versorgt. Damit die CPU korrekt arbeiten kann, muß dieser Wert exakt eingehalten werden. Nach der Konfiguration des Prozessors sollten Sie daher den hier angezeigten Wert mit der Dokumentation des Herstellers kontrollieren. Denn einige Hersteller von Hauptplatinen (z. B. Gigabyte) haben eine automatische Erkennung des Prozessortyps mit gleichzeitiger Festlegung der Versorgungsspannung in das BIOS integriert. Sollte die CPU mangels entsprechender BIOS-Parameter nicht korrekt erkannt worden sein (z. B. neue AMD- oder Cyrix-Prozessoren), können Sie nicht davon ausgehen, daß am Prozessor die richtige Versorgungsspannung anliegt. Hier hilft häufig ein BIOS-Upgrade, um das BIOS mit den neuen Prozessoren bekanntzumachen. Ein Indiz für die korrekte Erkennung ist die Anzeige des vollständigen Prozessornamens (mit Frequenzangabe) während des Speichertests nach dem Einschalten des Prozessors.

- *+ 3,3V Voltage (Voltage Monitor)*: Bei Verwendung eines ATX-Gehäuses wird diese Spannung zusätzlich vom Netzteil an die Hauptplatine geliefert. So steht für die I/O-Bausteine und den Prozessor eine eigene Versorgungsspannung vom Netzteil aus zur Verfügung. Bisher mußte bei AT-Hauptplatinen diese Spannung aus den 5V oder 12V gewonnen werden. Der hier angezeigte Wert entspricht dem vom BIOS gemessenen Wert und sollte annähernd der Vorgabe entsprechen.

- *+ 5V Voltage, +12V Voltage, - 12V Voltage, - 5V Voltage (Voltage Monitor)*: Diese Spannungswerte entsprechen den Standardvorgaben, die sowohl bei AT- als auch bei ATX-Hauptplatinen benötigt werden. Die angezeigten Werte entsprechen den Meßwerten des BIOS und können zusätzlich an den Intel LANDesk Client Manager geliefert werden. So können Sie die Werte auch unter Windows kontrollieren.

Sollte während des POST ein Wert außerhalb seiner Grenzen liegen, wobei sowohl die Spannung zu hoch als auch zu niedrig sein kann, erscheint folgende Fehlermeldung:

```
Hardware Monitor found an error,
enter POWER MANAGEMENT SETUP for Details
```

Anschließend können Sie mit der Taste [Entf] das CMOS-Setup aufrufen oder mit der Taste [F1] den Fehler ignorieren und den Boot-Vorgang fortsetzen.

PNP and PCI Setup

Mit Hilfe der hier aufgeführten BIOS-Optionen werden Sie in die Lage versetzt, dem Plug&Play-BIOS etwas auf die Sprünge zu helfen, wenn es seinen Anforderungen mal wieder nicht gerecht werden sollte und die Zuordnung der Ressourcen fehlerhaft ist. Denn eigentlich sollte es aufgrund der Vorüberlegungen, die zu Plug&Play führten, kein separates Menü dafür geben, da diese Technik mit den Worten »Automatische Vergabe der Ressourcen ohne Benutzereingriffe« angepriesen wurde. Aber meiner Erfahrung nach funktioniert dieser – eigentlich geniale – Mechanismus nicht bei jeder Rechnerbestückung einwandfrei. Vor allem beim Einsatz von älteren oder exotischen Karten kann es hier leicht zu Unstimmigkeiten kommen, die nur zusammen mit den hier aufgeführten BIOS-Einstellungen und einer akribisch genauen Vorgehensweise bei der Installation in den Griff zu bekommen sind.

Hier kann es durchaus vorkommen, daß bei der Verwendung von drei parallelen Schnittstellen, wobei zwei über eine intelligente Schnittstellenkarte realisiert werden, die Ports (LPT2, LPT3) nicht in Betrieb genommen werden können, weil bereits eine vorher im System konfigurierte Soundkarte mittels Plug&Play die benötigten Ressourcen belegt. Nimmt man die Soundkarte heraus, können die parallelen Schnittstellen einwandfrei installiert und verwendet werden. Nach der Installation der Treiber für die Parallelports unter Windows 95 kann nun die Soundkarte anschließend wieder in das System gesteckt werden. Durch deren Plug&Play-Informationen und der Fähigkeit des BIOS werden nun der Karte andere Ressourcen zugewiesen, und das Gesamtsystem arbeitet mit allen Komponenten einwandfrei. Ohne Herausnehmen der Soundkarte wäre dies allerdings nicht möglich gewesen.

Daher ist eine Erweiterung genau zu planen, und Sie sollten im Gerätemanager kontrollieren, welche Ressourcen bereits belegt und welche von der neuen Erweiterung benötigt werden. Hier gilt es nun, durch geschicktes Planen und Vorgehen, diese beiden Ansätze miteinander in Einklang zu bringen. Dabei helfen unter anderem die Einstellungen im *PNP and PCI Setup*.

Hinweis

Das Plug&Play-BIOS hilft bei der Beseitigung von Ressourcenkonflikten, die aufgrund von falschen Zuordnungen durch das BIOS entstanden sein können. Es schützt aber nicht vor Problemen, die Sie selbst verursachen. Denn haben Sie bei den Steckkarten selbst eine Doppelbelegung der Ressourcen konfiguriert, wird auch das BIOS diesen Fehler nicht beseitigen können.

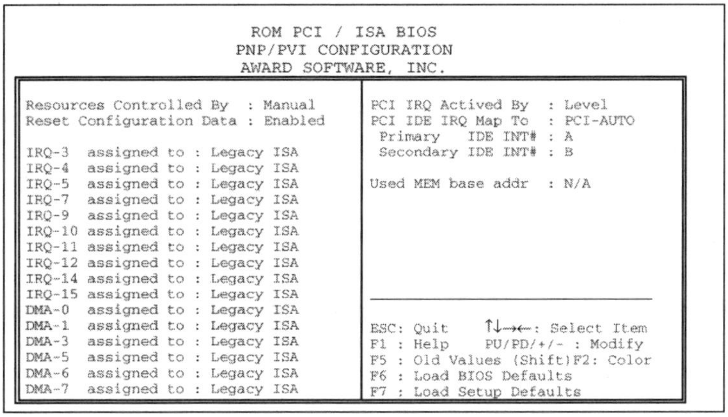

Abb. 7.13: Das PNP and PCI Setup von AWARD

PNP OS Installed: Schalten Sie diese Option ein (= *Enabled*), teilen Sie dem BIOS mit, daß ein Plug&Play-fähiges Betriebssystem verwendet wird, das selbst in der Lage ist, die Vergabe der Ressourcen zu koordinieren. Bei der Verwendung von Windows 95/98 sollten Sie diese Option auf jeden Fall aktivieren, damit dem Betriebssystem möglichst viel Freiheit bei der Vergabe von Ressourcen eingeräumt wird. In diesem Fall kann das Betriebssystem nicht vom BIOS bereits vorgenommene Vergaben korrigieren und modifizieren. Da das Plug&Play von Microsoft gute Resultate – trotz aller Unkenrufe – erzielt – man erinnere sich nur an die Zeiten, in denen der Erfolg der Erweiterung nur von den eigenen Fähigkeiten abhing – ist dem Betriebssystem hier immer Vorrang zu geben. Verwenden Sie dagegen noch DOS, Windows 3.x oder Windows NT, Linux oder OS/2, sollte das BIOS mit der Vergabe der Ressourcen betraut werden. Wobei Linux hier eine Sonderrolle einnimmt, da es eine Vielzahl von Komponenten ebenfalls korrekt erkennt.

PNP BIOS Auto Config: Finden Sie diese Option noch vor, weisen Sie damit das BIOS an, die Vergabe der Interrupts auf dem ISA-Bus automatisch zu übernehmen. Auf modernen Hauptplatinen finden Sie heute eher die nachfolgende Option anstatt der hier genannten.

Ressources Controlled By: Haben Sie diese Option auf *Auto* gestellt, übernimmt das BIOS vollständig die Vergabe der Interrupts und DMA-Kanäle im System. Die

Liste der einzelnen Ressourcen ist nicht einsehbar. Ändern Sie die Einstellung auf *Manual*, erscheint in der unteren Bildschirmhälfte eine Liste aller Ressourcen, die im System durch das BIOS vergeben werden können. Jeder einzelne Interrupt oder DMA-Kanal kann nun für die Vergabe durch das Plug&Play-BIOS gesperrt oder freigegeben werden. Dabei sind die beiden nachfolgenden Optionen für alle Interrupts und DMA-Kanäle zugänglich.

- *Reset Configuration Data*: Mit dieser Option veranlassen Sie das BIOS, sämtliche Informationen, die über die vorhandenen Steckkarten und deren Ressourcenvergabe ermittelt wurden, wieder zu löschen. Sie setzen also alle Einstellungen zurück, so daß die Vergabe der Ressourcen durch das BIOS erneut vorgenommen wird. Alle Mechanismen zur Erkennung der Ressourcen werden beim Start des Rechners aktiviert. Die bereits gespeicherten Informationen werden gelöscht. Haben Sie eine funktionsfähige Konfiguration, sollten Sie diese Option deaktivieren.

- *IRQ x Used By ISA*: In der Regel sind hier die Interrupts 3 bis 15 zugänglich, wobei Sie durch die Einstellung »Yes« festlegen, daß der entsprechende Interrupt exklusiv für eine ISA-Karte verwendet wird. Dies sollten Sie besonders bei älteren – nicht Plug&Play-fähigen – Karten berücksichtigen, damit diese nicht einfach vom BIOS übergangen werden und die benötigten Ressourcen anderen Karten ebenfalls zugeordnet werden. Diese Möglichkeit ist vor allem bei der Fehlerbeseitigung äußerst nützlich, da hier Interrupts fest zugewiesen werden. Sind aufgrund vieler Erweiterungskarten die Interrupts eh schon knapp, können Sie durch einen kleinen Trick weitere IRQs für den ISA-Bus freimachen. Denn – entgegen der landläufigen Meinung – verwenden auch PCI-Steckkarten ISA-Interrupts, auch wenn diese auf die PCI-IRQs A bis D abgebildet werden. Da moderne PCI-Karten das Interrupt-Sharing – also die gemeinsame Nutzung eines Interrupts – beherrschen, müssen Sie die Karten nur dazu bringen, einen IRQ gemeinsam zu nutzen. Dies erreichen Sie dadurch, daß Sie alle IRQs, bis auf einen, für die Vergabe durch das Plug&Pay-BIOS sperren. Beim nächsten Systemstart werden Sie feststellen, daß sich die vorhandenen PCI-Karten den übriggebliebenen IRQ teilen.

- *DMA x Used By ISA*: Bei der manuellen Festlegung der Ressourcen ist dieser Punkt ebenfalls für alle DMA-Kanäle vorhanden. Hier können Sie – wie schon bei den Interrupts erwähnt – bestimmte Kanäle exklusiv zuordnen. Für ältere Sound-, SCSI- oder CD-ROM-Controller ist diese Einstellung besonders nützlich, da diese häufig nicht durch das BIOS erkannt werden. Bei diesen Karten werden häufig die Ressourcen noch über Steckbrücken (Jumper) festgelegt, und dann ist es praktisch, wenn man den soeben reservierten Kanal auch im BIOS fest zuordnen kann. Sollte sich beispielsweise eine Scannerkarte nicht in Betrieb nehmen lassen, ist der entsprechende DMA-Kanal zunächst für das BIOS zu sperren und die Installation zu wiederholen.

- *Slot 1 (Right) IRQ, Slot 2 IRQ, Slot 3 IRQ, Slot 4 (Left) IRQ*: Mit Hilfe dieser Einstellung können Sie jedem PCI-Slot auf der Hauptplatine einen Interrupt zuweisen. Dabei wird solange vom BIOS für jede Karte ein separateter IRQ reserviert, bis diese erschöpft sind. Erst dann teilt das BIOS den erstgenutzten Interrupt der nächsten Karte zu. Bei der Verteilung erhält der PCI-Slot mit der niedrigsten Adresse den ersten freien IRQ, und so geht es Slot für Slot weiter. Wollen Sie einem Slot keinen IRQ zuordnen, weil moderne Grafikkarten heute auch ohne Interrupt arbeiten, geben Sie bei dem entsprechenden Slot den Eintrag *NA* ein. Mit der Einstellung *Auto* überlassen Sie die Vergabe der Interrupts dem BIOS. Sollte wider Erwarten eine Karte durch die Doppelnutzung (Shared Interrupt) nicht korrekt arbeiten, können Sie die Anordnung der Karten solange tauschen, bis die entsprechende Karte ihren eigenen IRQ erhält. Hier setzt man die Karte in den Slot mit der niederwertigsten Adresse (Slot 1) und kontrolliert dann die Zuteilung in der Zusammenfassung vor dem Start des Betriebssystems.
- *PCI Latency Timer*: Mit dieser Einstellung legen Sie fest, wie lange (in PCI-Ticks) eine als PCI-Master konfigurierte Karte im System als aktiv gekennzeichnet werden kann. In der Regel schafft die Standardeinstellung von 32 Ticks ein schnelles System. Denn haben Sie mehrere PCI-Karten im System installiert, wollen alle Karten den Bus für sich beanspruchen. Je länger die Zeitspanne eingestellt ist, desto mehr Zeit erhalten PCI-Karten auf dem Bus exklusiv zugewiesen.
- *ISA MEM Block Base (auch ISA Shared Memory oder Used MEM base Addr)*: Mit dieser Option aktivieren Sie einen freien Speicherbereich zwischen C8000h und EFFFFh für ISA-Karten. Dieses Speicherfenster ist beispielsweise beim Einsatz von Token-Ring-Netzwerkkarten notwendig, die über diesen Speicherbereich mit der CPU in Kontakt treten. Die im BIOS eingestellte Adresse muß identisch sein mit der Einstellung auf der Karte, sodaß sich die Bereiche exakt überlappen. Bei der Konfiguration sollten Sie daher zunächst im Konfigurationsprogramm der Karte den Bereich vorgeben und anschließend das BIOS entsprechend anpassen.
- *ISA MEM Block Size*: Haben Sie die zuvor beschriebene Option aktiviert, können Sie nun festlegen, wie groß (in KByte) dieses Fenster sein soll. Diese Vorgabe richtet sich nach der installierten Karte, die ebenfalls über diese Einstellung verfügt. Auch hier müssen wieder beide Größen identisch sein. Zur Auswahl stehen folgende Fenstergrößen:
  - 8 KByte, 16 KByte, 32 KByte, 64 KByte
- *PCI IRQ Activated By*: Mit dieser Einstellung legen Sie fest, ob die Interrupts der PCI-Karten Edge- oder Level-getriggert werden. Ältere Karten benötigen hier häufig die Einstellung *Edge-Triggered*. Diese Karten sind aber so schnell wie möglich auszumustern, denn diese Einstellung führt zu gravierenden Nachteilen. Beispielsweise kann das Shared-Interrupt-Verfahren nicht verwendet werden, da die

PCI-Spezifikation 2.1 für diese Betriebsart die Interrupts *Level-Triggered* vorschreibt. Bei modernen Karten ist deshalb unbedingt auf diese Einstellung zu achten.

- *PCI IDE IRQ Map To*: Verwenden Sie die beiden auf der Hauptplatine befindlichen IDE-Controller, legen Sie hier fest, ob die dazu verwendeten Interrupts 14 und 15 auf den ISA- oder den PCI-Bus abgebildet werden sollen. Sind IDE-Komponenten angeschlossen, wählen Sie *Map to PCI*. Haben Sie die onboard-Komponenten deaktiviert, und verwenden Sie statt dessen einen ISA-IDE-Controller, stellen Sie die Option auf *Map to ISA*. Im Zusammenhang mit dieser Option sind auch die beiden folgenden Menüpunkte zu sehen.
- *Primary IDE INT#*: Mit dieser Option legen Sie fest, auf welchen PCI-Interrupt der primäre IDE-Controller (ISA-IRQ 14) abgebildet werden soll. Zur Auswahl stehen hier INTA, INTB, INTC und INTD. Für den korrekten Einsatz sollte für diese und die nächste Option ein separater Interrupt gewählt werden.
- *Secondary IDE INT#*: Mit dieser Option legen Sie fest, auf welchen PCI-Interrupt der sekundäre IDE-Controller (ISA-IRQ 15) abgebildet werden soll. Zur Auswahl stehen hier INTA, INTB, INTC und INTD. Für den korrekten Einsatz sollte für diese und die vorangegangene Option ein separater Interrupt gewählt werden.
- *Symbios SCSI BIOS*: Viele Hersteller implementieren die SCSI-BIOS-Routinen von Symbios (Logic) in das BIOS-ROM. Bei Verwendung eines Hostadapters mit einem SCSI-Chip dieses Herstellers können Sie diese Option aktivieren. Bringt der Hostadapter (z. B. von Adaptec, Tekram etc.) ein eigenes – häufig nicht kompatibles – BIOS mit, ist die Option zu deaktivieren.

Integrated Peripherals

Sollten die Einstellungen zu den Onboard-Schnittstellen nicht bereits im Chipset Features Setup vorhanden sein, finden Sie dieses Menü vor, in dem die Schnittstellen übersichtlich zusammengefaßt sind.

Folgende Optionen stehen Ihnen zur Verfügung:

- *IDE HDD Block Mode*: Mit dieser Einstellung aktivieren Sie den Block-Mode von IDE-Festplatten, bei der mehrere Sektoren pro Anforderung übertragen werden. In der Regel wird pro Anforderung ein Sektor von 512 Byte übertragen. Bei größeren Datenmengen bremst das häufige Anfordern den Datentransfer. Ob Ihre Festplatte diesen Modus unterstützt, erfahren Sie in der Dokumentation Ihres Laufwerkes. Bei aktivierter Option wird die Anzahl der Blöcke, die pro Anforderung übertragen werden können, während der Initialisierung der Festplatte aus deren Konfigurationssektor herausgelesen.

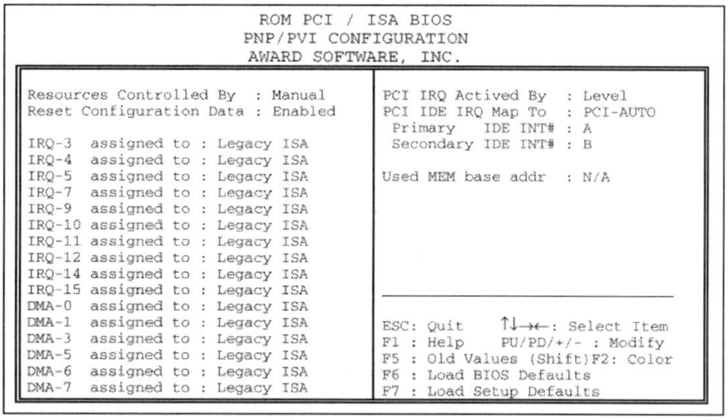

Abb. 7.14: Das Menü *Integrated Peripherals* des AWARD-BIOS

- *On-Chip Primary PCI-IDE (On Chip IDE First Channel)*: Wollen Sie den primären IDE-Controller auf der Hauptplatine verwenden, aktivieren Sie den Port über *Enabled*. Ist neben der IDE-Festplatte auch ein ATAPI-CD-ROM-Laufwerk vorhanden, sollten Sie dieses in den sekundäre IDE-Kanal integrieren. So wird der Zugriff auf die Festplatte nicht durch die vergleichsweise langsamen Zugriffe auf das CD-ROM-Laufwerk gebremst. Verwenden Sie ausschließlich SCSI-Komponenten, können Sie den Kanal deaktivieren, wobei der IRQ14 wieder für andere Geräte zur Verfügung steht.

  Sollten Sie für die Intel PIIX3- oder PIIX4-Bridge die Treiber von Intel oder TRIONES unter Windows 95 verwenden, sollten Sie folgende Eigenschaft der Treiber kennen: Wird einer der beiden Kanäle unter Windows installiert, aber kein Laufwerk daran angeschlossen, erhalten Sie im Gerätemanager von Windows 95 einen Hinweis auf ein nicht korrekt arbeitendes Gerät (Ausrufezeichen im gelben Kreis). Versuchen Sie nicht, das Problem beheben zu wollen, denn es gibt keine Lösung dafür.

- *On Chip Secondary PCI IDE (On Chip IDE Second Channel)*: Wollen Sie den sekundären IDE-Controller auf der Hauptplatine verwenden, aktivieren Sie den Port über *Enabled*. Kommt neben der IDE-Festplatte ein ATAPI-CD-ROM-Laufwerk zum Einsatz, sollten Sie es in diesem Kanal betreiben. Durch die Trennung wird der Zugriff auf die Festplatte im primären Kanal nicht negativ beeinflußt. Wird der Kanal nicht benötigt, können Sie ihn deaktivieren, wobei der IRQ15 wieder für andere Geräte zur Verfügung steht.

- *Onboard PCI IDE Enable*: Sollten die beiden vorangegangenen Optionen nicht vorhanden sein, werden Sie sicherlich hier fündig. Mit diesem Menüpunkt schalten Sie ebenfalls die beiden Onboard-IDE-Controller ein oder aus. Dazu stehen Ihnen folgende Auswahlmöglichkeiten zur Verfügung:

- *Primary IDE Channel*
  Nur der primäre IDE-Controller ist aktiviert. Der sekundäre Kanal ist automatisch deaktiviert, und Interrupt 15 ist frei.
- *Secondary IDE Channel*
  Nur der sekundäre IDE-Controller ist aktiviert. Der primäre Kanal ist automatisch deaktiviert, und der Interrupt 14 ist frei.
- *Both*
  Beide IDE-Controller sind aktiviert.
- *Disabled*
  Beide IDE-Controller sind deaktiviert, und IRQ14 sowie IRQ15 sind frei.

- *IDE Primary Master PIO (IDE 0 Master PIO/DMA Mode)*: Je nach Hersteller können Sie eine der beiden Optionen vorfinden, die aber die gleiche Bedeutung haben. Dabei legen Sie fest, welcher PIO-Mode für die IDE-Festplatte verwendet werden soll. Die Einstellung richtet sich nach der angeschlossenen Festplatte. Wird hier ein zu schneller Modus gewählt, kann es zu Datenverlusten kommen, da die Daten nicht so schnell von der Festplatte weiterverarbeitet werden können, wie sie vom PC geliefert werden. Die sicherste Einstellung ist hier *Auto*, bei der beim Initialisieren der Festplatte der Konfigurationssektor der Festplatte Aufschluß über die maximale Geschwindigkeit gibt. Bei den PIO-Modes stehen Mode 0 bis 4 und bei den DMA-Modes 0 bis 2 zur Verfügung. Dabei entspricht der DMA-Mode 2 beispielsweise dem Ultra-DMA/33 mit einer theoretischen Übertragungsgeschwindigkeit von 33,33 MByte pro Sekunde. Der PIO-Mode 4 überträgt hier maximal 16,67 MByte pro Sekunde. Um Datenverluste zu vermeiden, rate ich Ihnen, die Option auf Auto zu belassen, damit sich der Controller und das Gerät über den bestmöglichen Übertragungsmodus verständigen können.

Für die nächsten drei Optionen gelten die gleichen Erläuterungen.

- *IDE Primary Slave PIO (IDE 0 Slave PIO/DMA Mode)*: Erklärung siehe oben
- *IDE Secondary Master PIO (IDE 1 Master PIO/DMA Mode)*: Erklärung siehe oben
- *IDE Secondary Slave PIO (IDE 1 Slave PIO/DMA Mode)*: Erklärung siehe oben
- *IDE Ultra DMA Mode*: Mit dieser Option aktivieren Sie zusätzlich zu den PIO-Modes die DMA-Übertragung der Festplattencontroller. Dies sollten Sie vor allem dann tun, wenn Sie tatsächlich eine DMA-taugliche oder Ultra-DMA/33-Festplatte verwenden. Auch wenn Sie dadurch im Moment keinen Geschwindigkeitszuwachs erhalten, sichern Sie den Datentransfer zusätzlich ab, da auf diese Weise die Paritätsprüfung auf dem Bus aktiviert wird.
- *Onboard FDD Controller*: Mit Hilfe dieser Option können Sie den Onboard-Diskettencontroller ein- oder ausschalten. Haben Sie beispielsweise einen SCSI-

Hostadapter mit eigenem Diskettencontroller installiert, ist es sinnvoller, den Onboard-Controller der Hauptplatine zu deaktivieren und den zusätzlichen Anschluß für die Diskettenlaufwerke zu verwenden. Wollen Sie den PC gegen »Datenklau« schützen, können Sie hier den Diskettencontroller deaktivieren und das CMOS-Setup mittels Kennwort schützen. Benötigen Sie das eingebaute Diskettenlaufwerk, aktivieren Sie es einfach wieder im BIOS. Dieser Schutz bringt häufig mehr als teure Diskettenschlösser. Denn hier wird häufig übersehen, daß sich dieser Schutz durch einfaches Entfernen der Frontblende umgehen läßt. Denn ist das Diskettenschloß nicht im Laufwerk direkt verankert, läßt es sich leicht entfernen. Reicht der Schließbügel nur kurz hinter die Blende, sollten Sie sich das Geld für dieses »Schlößchen« besser sparen. Da bringt das Deaktivieren im BIOS weitaus mehr Sicherheit.

- *Onboard FDD Swap A & B*: Durch diese Option können Sie den Laufwerksbuchstaben der beiden Diskettenlaufwerke ohne Öffnen des PCs vertauschen. Dies geschieht durch einfaches Invertieren der Signale im I/O-Baustein, was mit dem Umstecken des Floppykabels vergleichbar ist. Diese Möglichkeit bietet sich beispielsweise auch dann an, wenn aufgrund der Laufwerksanordnung (z. B. im Towergehäuse) keine andere Möglichkeit der Kabelführung besteht. Denn diesen Tausch können Sie auch dauerhaft belassen.
- *Onboard Serial Port 1*: Mit Hilfe dieser Option legen Sie fest, mit welchen Port-Einstellungen der erste serielle Anschluß betrieben werden soll. Hier ist es durchaus möglich, ihm neben den Vorgaben zur ersten seriellen Schnittstelle (COM1) auch Einstellungen anderer Ports zuzuweisen. Dabei stehen folgende Einstellungen zur Verfügung:
  - *Adresse 3F8h*: Interrupt 4 (COM1)
  - *Adresse 2F8h*: Interrupt 3 (COM2)
  - *Adresse 3E8h*: Interrupt 4 (COM3)
  - *Adresse 2E8h*: Interrupt 3 (COM4)
  - *Disabled*: (Anschluß nicht aktiviert)
- *Onboard Serial Port 2*: Mit Hilfe dieser Option legen Sie fest, mit welchen Port-Einstellungen der zweite serielle Anschluß betrieben werden soll. Hier ist es durchaus möglich, ihm neben den Vorgaben zur zweiten seriellen Schnittstelle (COM2) auch Einstellungen anderer Ports zuzuweisen. Dabei stehen folgende Einstellungen zur Verfügung:
  - *Adresse 3F8h*: Interrupt 4 (COM1)
  - *Adresse 2F8h*: Interrupt 3 (COM2)

  - *Adresse 3E8h*: Interrupt 4 (COM3)
  - *Adresse 2E8h*: Interrupt 3 (COM4)
  - *Disabled*: (Anschluß nicht aktiviert)

  Verwenden Sie beispielsweise eine Multi-I/O-Karte älteren Datums, hat diese häufig Probleme bei der Einstellung auf COM3 und COM4. Hier können Sie sich folgendermaßen behelfen:

  - Multi-I/O-Karte mit COM1 und COM2 konfigurieren
  - Onboard-Anschlüsse auf COM3 und COM4 konfigurieren

  Verwenden Sie eine intelligente Schnittstellenkarte, die vier oder mehr serielle Schnittstellen bereitstellt, können Sie beide Onboard-Schnittstellen durch »*Disabled*« deaktivieren. Auf diese Weise machen Sie die beiden Interrupts 3 und 4 frei für die Erweiterungskarte.

- *UART2 Use Infrared (Onboard UART 2 Mode)*: Moderne PCs bieten die Möglichkeit, den zweiten seriellen Port auch für die Datenübertragung mittels Infrarotdiode zu verwenden. Bei Notebooks hat sich diese Schnittstelle (IrDA) bereits zum Datentransfer zu Druckern durchgesetzt, wobei kein Druckerkabel benötigt wird. Die entsprechende Vorrichtung bieten viele Hersteller von Hauptplatinen als Zubehör an, wobei der zweite serielle Anschluß in diesem Fall für den Datentransfer verwendet wird. Neben der Übertragung von Druckerdaten (z. B. an HP-Laserjets 5P oder 6P) können Sie auch normale PC-Daten über diese Schnittstelle transferieren. Beispielsweise für den Abgleich von Datenbeständen zwischen einem Notebook und einem Desktop-PC eignet sich die Schnittstelle hervorragend. Unter Windows 95/98 wird dieser Schnittstellentyp direkt unterstützt.

- *Onboard Parallel Port*: Wie schon bei den seriellen Schnittstellen kennengelernt, können Sie hier nun die Einstellungen zum Onboard Parallel Port festlegen. In der Regel werden die Schnittstellen mit den Einstellungen zu LPT1 betrieben. Folgende weitere Einstellungen sind möglich:

  - *Adresse 378h*, Interrupt 7 (LPT1 bei Verwendung von zwei Parallelports, LPT2 bei Verwendung von drei Parallelports)
  - *Adresse 278h*: Interrupt 5 (LPT2 bei Verwendung von zwei Parallelports, LPT3 bei Verwendung von drei Parallelports)
  - *Adresse 3BCh*: Interrupt 7(LPT1 bei Verwendung von drei Parallelports, wobei die oben genannten Einstellungen der restlichen Ports geändert werden)
  - *Disabled*: (Onboard Parallel Port wird nicht verwendet)

- *Onboard Parallel Mode*: Diese Option hängt stark vom Alter der Hauptplatine ab. Denn neben der herkömmlichen Datenübertragung über die parallele Schnittstelle sind weitere – schnellere – Übertragungsmodi im Laufe der Zeit entwickelt worden. Folgende Einstellungen können vorhanden sein:
  - *Standard*, *SPP* oder *Normal* legt den unidirektionalen Modus fest, also die Übertragung in eine Richtung.
  - *Extended* legt den bidirektionalen Datentransfer fest, wobei Daten in beide Richtungen übertragen werden können.
  - *EPP* (Enhanced Parallel Port) legt einen schnellen Übertragungsmodus fest, bei dem in der Praxis bis zu 1 MByte pro Sekunde übertragen werden können.
  - *ECP* (Enhanced Capability Port) legt einen schnellen Übertragungsmodus fest, bei dem bis zu 2 MByte pro Sekunde übertragen werden. Zusätzlich wird ein DMA-Kanal und ein 16 Byte großer Pufferspeicher verwendet. Bei dieser Einstellung erscheint zusätzlich die Auswahl eines DMA-Kanals.
  - *ECP/EPP* werden parallel angeboten, wobei sie als sogenannte Submodi verwendet werden. Dabei wird je nach Anforderung der entsprechende Port bereitgestellt.

  Die beiden letztgenannten Schnittstellentypen sind vor allem bei der Verwendung externer Laufwerke oder Scanner für den Parallelport erste Wahl. So beschleunigen Sie den Datentransfer mindestens um den Faktor 3 gegenüber der Standardübertragung. Testen Sie aber ausführlich die angeschlossenen Drucker, wenn die Geräte in Reihe geschaltet werden. Denn einige Laserdrucker können mit den erweiterten Möglichkeiten der Schnittstelle nichts anfangen und drucken nur noch wirre Zeichen.

- *USB Controller*: Mit dieser Option schalten Sie den Onboard USB Controller (Universal Serial Bus) der Hauptplatine ein oder aus. Sollten Sie bereits über USB-Komponenten verfügen, ist der Controller natürlich zu aktivieren. Dabei wird bei USB vielfach sowohl die Spannungsversorgung als auch der Datentransfer über den Anschluß realisiert. Ein zusätzliches Netzteil wird daher häufig nicht benötigt, wenn sich das Gerät innerhalb der Spezifikationen bewegt. Der unten gezeigte Scanner von Logitech bezieht seine Energie vom Rechner und benötigt keine zusätzliche Spannungsversorgung.

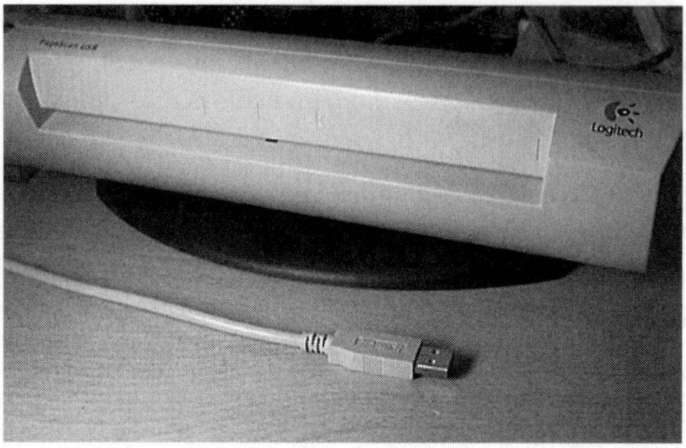

Abb. 7.15: Dieser Einzugsscanner von Logitech wird über den USB-Port mit dem PC verbunden.

- *USB Keyboard Support*: Speziell USB-Tastaturen dient diese Einstellung, durch die sämtliche Tastaturfunktionen über den Universal Serial Bus realisiert werden. USB-Tastaturen sind beispielsweise von Cherry verfügbar, und es werden sicherlich noch einige Hersteller folgen. Ob sich der USB allerdings durchsetzen wird, hängt von der Preisgestaltung und Treiberunterstützung ab. Denn zur Zeit kosten USB-Tastaturen etwa 2-3 Mal soviel wie herkömmliche Tastaturen, und von seiten der Betriebssysteme ist nur Windows 98 in der Lage, die Geräte ohne aufwendige Treiberinstallation zu unterstützen. Diese Option ist natürlich nur dann zugänglich, wenn der USB-Controller über vorherige Option aktiviert wurde.

IDE HDD Auto Detection

Mit Hilfe dieser Funktion identifizieren Sie alle angeschlossenen IDE-Festplatten. Dabei werden beide IDE-Controller nach Festplatten abgesucht und wenn das Programm fündig wird, deren Konfigurationssektor ausgelesen. In diesem Speicherbereich werden alle wichtigen Systemdaten (Zylinder, Köpfe, Sektoren, Kapazität, Übertragungsprotokoll, IDE-PIO- oder DMA-Mode, SMART-Informationen etc.) der Festplatte gespeichert. Im Bereich der Shareware finden Sie eine Reihe von Tools, die ebenfalls diese Aufgabe erfüllen. Neue Festplatten werden über diese Funktion zuverlässig erkannt, und während der Erkennung haben Sie die Wahl zwischen unterschiedlichen Einstellungen. Sie sollten hier immer die Einstellung wählen, die zusammen mit dem LBA (Large Block Addressing)-Mode genannt wird. Denn diese Adressierungsform gilt heute als Standard und wird von allen Herstellern unterstützt. Eine Ausnahme bilden an dieser Stelle ältere Festplatten. Hier konnte ein Laufwerk häufig mit mehreren unterschiedlichen Einstellungen betrieben werden. In der Regel findet die automatische Erkennung die Einstellung, die den tatsächlichen physikalischen Gegebenheiten bezüglich Platten, Köpfen und Zylindern am nächsten kommt. Dies muß aber nicht die Einstellung sein, mit die Festplatte im System angemeldet wurde. Sollte das Laufwerk nicht funktionieren, müssen Sie die Werte manuell im *Standard CMOS Setup* eintragen. ATAPI-CD-ROM-Laufwerke werden an dieser Stelle nicht aufgelistet, obwohl man deren Konfiguration (Kanal und Master oder Slave) bei der Erweiterung des Systems im Hinterkopf behalten sollte.

Supervisor Password und User Password

Haben Sie den Kennwortschutz im *BIOS Features Setup* über den Punkt *Security Option* aktiviert, können Sie hier unter den entsprechenden Menüpunkten die Kennwörter eintragen. Die Kennwörter können maximal acht Zeichen lang sein, wobei Groß- und Kleinschreibung zu beachten ist. Zur Sicherheit wird das Kennwort nach der Eingabe ein zweites Mal abgefragt und erst, wenn beide Eingaben übereinstimmen, wird das Kennwort akzeptiert.

Das Supervisor-Kennwort kann sowohl beim Booten des PCs als auch beim Versuch, das BIOS-Setup zu öffnen, abgefragt werden. Nur mit Hilfe des Supervisor-Kennwortes sind Änderungen im BIOS-Setup auch abzuspeichern.

Das User-Kennwort kann sowohl beim Booten des PCs als auch beim Zugang zum BIOS-Setup abgefragt werden. Im Gegensatz zum Supervisor-Kennwort können Sie aber im BIOS nur die Einstellungen betrachten. Änderungen sind zwar im Setup möglich, aber das Speichern wird nicht zugelassen. Dazu ist das Supervisor-Kennwort notwendig.

Sollten Sie das Kennwort einmal vergessen haben, hilft nur das Löschen des gesamten CMOS-RAMs. Dazu finden Sie einen Jumper auf der Hauptplatine, mit dem dieser Vorgang durchgeführt wird. Beachten Sie aber, daß nun auch alle Einstellungen in den Menüs gelöscht wurden. Es sind wieder alle BIOS-Default-Daten aktiv, und die Einstellungen müssen anschließend erneut eingegeben werden.

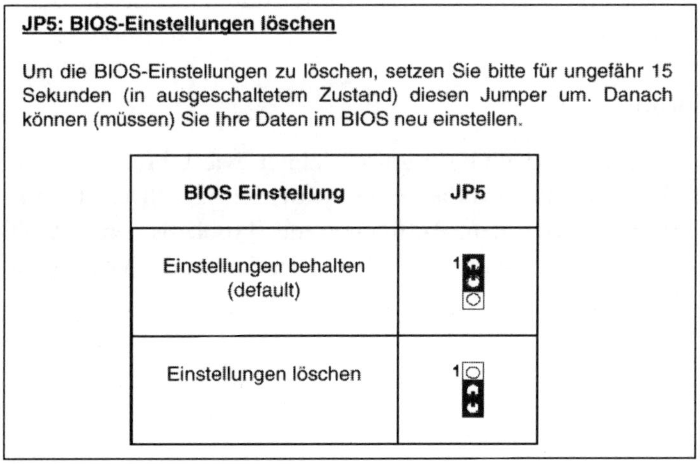
JP5: BIOS-Einstellungen löschen

Um die BIOS-Einstellungen zu löschen, setzen Sie bitte für ungefähr 15 Sekunden (in ausgeschaltetem Zustand) diesen Jumper um. Danach können (müssen) Sie Ihre Daten im BIOS neu einstellen.

BIOS Einstellung	JP5
Einstellungen behalten (default)	1
Einstellungen löschen	1

Abb. 7.16: Im Handbuch ist der Jumper zum Löschen des CMOS-Inhaltes angegeben

Das Pentium Pro-BIOS

Als direkter Nachfolger des Pentium-Prozessors hat der Pentium Pro keine große Verbreitung gefunden. Hauptsächlich ist er im Server- und Workstation-Bereich zu finden, da der Prozessor ganz spezielle Anforderungen an das eingesetzte Betriebssystem stellt. Durch die Integration des Second-Level-Caches in das CPU-Gehäuse des Pentium Pro wird der Cache mit voller CPU-Taktfrequenz getaktet. Das Prinzip wurde übrigens auch im Pentium II weiter verwendet. Allerdings wird der L2-Cache im CPU-Gehäuse des Pentium II nur mit halber CPU-Taktfrequenz betrieben.

Da der Prozessor ein auf 32-Bit-Code optimiertes Betriebssystem benötigt, kam Windows 95 für den Prozessor nicht in Frage. Dieser Umstand verwehrte ihm den Zugang zum Massenmarkt, bei dem dieses System zum Einsatz kam. Erst unter Windows NT konnte der Prozessor zeigen, was in ihm steckt.

Um den Prozessor optimal zu betreiben, kommt ein eigener Chipsatz zum Einsatz. Zunächst wurde der 440GX (Codename Orion) eingesetzt, der aber durch den 440FX Chipsatz (Codename Natoma) abgelöst wurde. Bei der Entwicklung des 440FX wurde besonders auf die Erhöhung des Speicherdurchsatzes geachtet, was den Pentium Pro vor allem für den Einsatz in Netzwerkservern auszeichnete. Dieser Chipsatz wurde auch bei den ersten Pentium II-Hauptplatinen weiter verwendet, da sich diese Prozessoren in einigen Ansätzen ähneln. Allerdings unterstützt der 440FX keine SDRAMs.

Die BIOS-Einstellungen

Da das AWARD-BIOS nach dem Aufruf in den unterschiedlichen Versionen relativ identisch aussieht, finden Sie auch einige Menüs wieder, die bereits im Pentium-BIOS eingehend beschrieben wurden. Der Vollständigkeit halber werde ich diese hier zwar nennen, aber weder die Optionen noch deren Erklärung noch einmal aufführen. Schlagen Sie einfach im entsprechenden Kapitel zum Pentium nach.

Das Standard CMOS Setup

Dieses Menü enthält grundlegende Einstellungen zum Rechner, wie Uhrzeit, Datum, verwendete Festplatten und Diskettenlaufwerke. Auch wird der installierte Grafikstandard und die Fehlerbehandlung nach dem Auffinden eines Problems beim POST näher behandelt. Die Einstellungen sind identisch mit denen des Standard CMOS Setup beim Pentium Prozessor.

Das BIOS Features Setup

Wie schon das Standard CMOS Setup ist auch dieses Menü beim Pentium Pro weitestgehend identisch mit dem des Pentium. Einige Besonderheiten sind dennoch vorhanden, die ich im folgenden Abschnitt erläutern möchte:

- *BIOS-Update*: Mit Hilfe dieser Option ist das BIOS in der Lage, den Microcode des Pentium Pro per Software zu aktualisieren. Denn um nicht beim Auftreten eines Problems das gesamte Chip-Layout des Prozessors bearbeiten zu müssen, hat sich Intel dazu entschieden, den Microcode als Software zu implementieren, der natürlich im Fehlerfall weitaus einfacher zu tauschen ist. Damit das BIOS diese Korrektur durchführen kann, sollte die Option eingeschaltet werden.
- *CPU Fast String*: Durch diese Option ist der Prozessor in der Lage, die *String-Move*-Befehle schneller auszuführen. Sie sollten diese Option daher immer aktivieren, um die Geschwindigkeitsvorteile, die sich besonders beim Zugriff auf den L1-Cache bemerkbar machen, nutzen zu können.
- *Turbo Mode*: Mit dieser Option können Sie das System bremsen, wenn beispielsweise Spiele oder andere Anwendungen mit der Geschwindigkeit der CPU nicht zurechtkommen. Beim Pentium Pro werden in diesem Fall beide im Prozessor liegenden Cache-Speicher (L1- und L2-Cache) und das Pipelining auf dem GTL+-Bus, der Teile des Prozessors mit der Hauptplatine verbindet, abgeschaltet.

```
                    ROM PCI/ISA BIOS
                  BIOS FEATURES SETUP
                  AWARD SOFTWARE, INC.

CPU Internal Cache          : Enabled    Video  BIOS Shadow  : Enabled
External Cache              : Enabled    C8000-CBFFF Shadow  : Disabled
Quick Power On Self Test    : Enabled    CC000-CFFFF Shadow  : Disabled
Boot Sequence               : C,CDROM,A  D0000-D3FFF Shadow  : Disabled
Swap Floppy Drive           : Disabled   D4000-D7FFF Shadow  : Disabled
Boot Up NumLock Status      : On         D8000-DBFFF Shadow  : Disabled
Gate A20 Option             : Fast       DC000-DFFFF Shadow  : Disabled
Typematic Rate Setting      : Disabled
Typematic Rate (Chars/Sec)  : 6          ESC : Quit      ↑↓→←: Select Item
Typematic Delay (Msec)      : 250        F1  : Help      PU/PD/+/- : Modify
Security Option             : Setup      F5  : Old Values (Shift) F2: Color
PCI/VGA Palette Snoop       : Disabled   F6  : Load BIOS Defaults
OS Select For DRAM > 64MB   : OS2        F7  : Load Setup Defaults
```

Abb. 7.17: Das BIOS Features Setup des Pentium Pro

Das Chipset Features Setup

Der Chipsatz 82440 FX (Codename: Natoma) besitzt eine Reihe von Registern, die über das BIOS konfiguriert werden können. Viele Einstellungen beziehen sich auf das Speicherinterface, wobei diese Einstellungen erst zugänglich sind, wenn Sie die Option *Auto Configuration* deaktivieren. Folgende Einstellungen stehen zur Verfügung:

- *Auto Configuration*: Mit dieser Einstellung werden einige nachfolgende Optionen vom BIOS selbständig konfiguriert. Häufig bietet das BIOS hier die zusätzliche Möglichkeit, die Zugriffszeit der verwendeten Speicherbausteine anzugeben. In Abhängigkeit von dieser Angabe werden dann die Einstellungen für die Zugriffe auf den Speicher vom BIOS vorgenommen.

  Wollen Sie die Einstellungen für den Speicher selbständig ändern, muß die Option deaktiviert sein.

- *DRAM Speed Selection*: Hier geben Sie die Zugriffsgeschwindigkeit der verwendeten Speichermodule an. Je nach BIOS stehen Ihnen unterschiedliche Einstellungen zur Verfügung. Beachten Sie hier, daß beim Einsatz unterschiedlicher Speicher immer die Zugriffszeit der langsamsten Module angegeben werden muß, damit diese korrekt angesprochen werden. Folgende Einstellungen stehen zur Verfügung:

  - *60 ns*
    Die verwendeten Speichermodule haben eine Zugriffszeit von 60 Nanosekunden.
  - *70 ns*
    Die verwendeten Speichermodule haben eine Zugriffszeit von 70 Nanosekunden.
  - *Faster*
    Sollte keine Angabe der Zugriffszeit (siehe oben) vorhanden sein, entspricht dieser Eintrag den Modulen mit 60 ns.
  - *Fast*
    Sollte keine Angabe der Zugriffszeit (siehe oben) vorhanden sein, entspricht dieser Eintrag den Modulen mit 70 ns.

- *DRAM Read Burst (B/E/F)*: Ist die Auto Configuration deaktiviert, stellen Sie über diese Option den Read-Burst ein. Die Angaben in Klammern deuten dabei auf die Speicherarten hin, die vom Natoma-Chipsatz unterstützt werden. Dazu gehören Burst-EDO-RAMs (Abkürzung B), EDO-RAMs (Abkürzung E) und Fast-Page-Mode-Speicher (Abkürzung F). Die Burst-EDO-Speicher sind aber heute nahezu nicht mehr zu bekommen, wodurch sich die Einstellung nur auf die nachfolgend genannten Speicherarten reduziert. Dabei können – in Abhängigkeit vom Speicher – folgende Read-Bursts (bei 60-ns-RAMs) verarbeitet werden:

  - *Burst EDO* *x-1-1-1-Burst*
  - *EDO* *x-2-2-2-Burst*
  - *Fast Page* *x-3-3-3-Burst*

Verwenden Sie 70-ns-Speicher, sollten Sie einen etwas langsameren Read-Burst nehmen. Für die Einstellung des Lead-Off steht kein eigenes Menü zur Verfügung. Die vom Chipsatz verwendeten Werte werden automatisch durch die Einstellung des Read-Burst festgelegt.

- *DRAM Write Burst (B/E/F)*: Hier geben Sie den Zugriff beim Schreiben in den Hauptspeicher vor. Bei dieser Einstellung verhalten sich EDO- und Fast-Page-Module identisch, da EDO-Speicher nur Vorteile beim Lesen der Daten besitzen. Die Abkürzungen der Speicherarten wurden bereits im vorangegangenen Punkt »DRAM Read Burst« beschrieben. Dabei können – in Abhängigkeit vom Speicher – folgende Write-Bursts (bei 60-ns-RAMs) verwendet werden:
  - *Burst EDO* *x-2-2-2-Burst*
  - *EDO* *x-2-2-2-Burst*
  - *Fast Page* *x-3-3-3-Burst*

Verwenden Sie 70-ns-Speicher, sollten Sie einen etwas längeren Write-Burst nehmen. Für die Einstellung des Lead-Off steht kein eigenes Menü zur Verfügung. Die vom Chipsatz verwendeten Werte werden automatisch durch die Einstellung des Read-Burst festgelegt.

- *MA Wait States*: Mit dieser Einstellung legen sie fest, wie lange (Takte) der Chipsatz nach dem Festlegen der Speicheradresse wartet, bis er bei Schreib- oder Lesezugriffen das RAS- bzw. CAS-Signal setzt. Ist diese Option, die auch mit »*MA Additional Wait State*« bezeichnet wird, wird zur Verlängerung des Lead-Off-Zyklus ein Takt mehr vom Chipsatz bei Speicherzugriffen verwendet. Die Folge ist eine sinkende Performance, die aber nur dann in Kauf genommen werden sollte, wenn die Speichermodule den schnellen Zugriff nicht verkraften.
- *DRAM Fast Leadoff*: Mit dieser Option verkürzen Sie den Leadoff-Zyklus und erhöhen so die Leistung des Systems. Bei Verwendung der Paritäts- oder ECC-Fehlererkennung sollte man diese Option nicht aktivieren, damit dem Speicherinterface genügend Zeit bleibt, um die Kontrollberechnungen durchzuführen. Nur wenn der *Front Side Bus* mit höchstens 60 MHz getaktet wird, kann auch bei der Fehlerkorrektur der Fast Leadoff aktiviert werden.
- *DRAM Refresh Type*: Mit dieser Option legen Sie fest, wie der Refresh beim 82440FX-Chipsatz gesteuert wird. Bei der Einstellung sollte *CAS before RAS* anstatt *RAS Only* verwendet werden, damit beide Signale vom Chipsatz korrekt koordiniert werden können.
- *DRAM RAS# Precharge Time*: Diese Option ist besonders wichtig für die Integrität des Speicherinhaltes, denn hier geben Sie vor, wie lange das RAS-Signal brauchen darf, bis es vollständig aufgebaut ist. Dies gilt sowohl bei normalen Zugriffen als

auch beim Refresh. Zu kleine Zeitspannen führen zu instabilen Systemzuständen, da der – bei DRAMs lebenswichtige – Refresh nicht in ausreichendem Maße durchgeführt werden kann.

- *Fast DRAM Refresh*: Mit dieser Option legen Sie fest, daß der Refresh, also das Auffrischen der Speicherinhalte, alle 32 Takte erfolgt. Hiermit erreichen Sie einen besonders sicheren Speicherzugriff. Allerdings erkaufen Sie sich die Sicherheit mit einer reduzierten Systemleistung, da die häufigen Refresh-Zyklen, bei denen der Inhalt neu geschrieben wird, sehr viel Zeit benötigen. Denn während dieser Phase kann die betreffende Speicherzelle nicht vom System beschrieben oder ausgelesen werden. Da moderne Speichermodule auch mit dem normalen Refreshzyklus korrekt arbeiten, sollten Sie diese Option unbedingt ausschalten.
- *ISA Bus Clock*: Über diese Option legen Sie in Abhängigkeit vom PCI-Bustakt (33 MHz) die ISA-Bustaktfrequenz fest. Zur Auswahl stehen folgende Einstellungen:
  - *PCICLK/3* *Teilt den PCI-Bustakt durch 3 (= 11 MHz)*
  - *PCICLK/4* *Teilt den PCI-Bustakt durch 4 (= 8,33 MHz)*

  Bei älteren ISA-Karten sollte die langsamere Einstellung gewählt werden, damit die Karten korrekt arbeiten. Moderne Karten kommen dagegen problemlos mit 11 MHz zurecht.
- *PCI Burst Write Combine*: Mit dieser Einstellung werden mehrere nacheinander ausgeführte Schreibzugriffe auf den PCI-Bus zu einem Burst zusammengefaßt. Dabei profitiert vor allem die Grafikkarte durch den beschleunigten Datendurchsatz. Aus Performance-Gründen sollte diese Option unbedingt aktiviert werden.
- *PCI to DRAM Pipeline*: Durch diese Option aktivieren Sie einen schnellen Speicherzugriff, denn alle Schreibzugriffe auf den PCI-Bus werden zunächst in einen schnellen Zwischenspeicher des Chipsatzes umgeleitet, von wo sie dann in kleinen Stücken in den Arbeitsspeicher transferiert werden. Verzögerungen während der Schreibzugriffe werden damit verhindert, da der Zwischenspeicher als Puffer dient. Ist diese Funktion nicht aktiviert, können Geräte auf dem PCI-Bus pro Transfer nur ein Datenwort übertragen, was die Leistung des Systems herabsetzt.
- *CPU to PCI Write Post*: Ähnlich der vorangegangenen Option ist auch hier zwischen der CPU und dem PCI-Bus ein Zwischenspeicher vorhanden, der aus Performance-Gründen aktiviert sein sollte. Denn dieser zusätzliche Speicher entlastet den Prozessor bei seinen Zugriffen auf den PCI-Bus.
- *CPU to IDE Posting*: Auch der Datentransfer zwischen dem Prozessor und den IDE-Festplatten kann über Puffer beschleunigt werden. Mit Hilfe der Puffer wer-

den Daten von der CPU zunächst zwischengespeichert, bevor sie an das IDE-Interface weitergereicht werden. Moderne Festplatten kommen mit dieser Option mühelos zurecht. Daher sollte sie eingeschaltet werden.

```
                          ROM PCI/ISA BIOS
                        CHIPSET FEATURES SETUP
                         AWARD SOFTWARE, INC.

Auto Configuration         : Enabled   | 8 Bit I/O Recovery Time  : 1
                                       | 16 Bit I/O Recovery Time : 1
DRAM Speed Selection       : 70ns      | Memory Hole At 15M-16M   : Disabled
DRAM RAS# Precharge Time   : 3         |
MA Additional Wait State   : Enabled   |
RAS# To CAS# Delay         : Disabled  |
DRAM Read Burst (B/E/F)    : x2/3/3    |
DRAM Write Burst (B/E/F)   : x3/3/3    |
ISA Bus Clock              : PCICLK/4  |
DRAM Refresh Queue         : Enabled   |
DRAM RAS Only Refresh      : Disabled  |
DRAM ECC/PARITY Select     : Disabled  |
Read-Around-Write          : Enabled   | ESC: Quit      ↑↓→←: Select Item
PCI Burst Write Combine    : Enabled   | F1 : Help      PU/PD/+/- : Modify
PCI-To-DRAM Pipeline       : Enabled   | F5 : Old Values (Shift) F2: Color
CPU-To-PCI Write Post      : Enabled   | F6 : Load BIOS Defaults
CPU-To-PCI IDE Posting     : Enabled   | F7 : Load Setup Defaults
System BIOS Cacheable      : Disabled  |
Video RAM Cacheable        : Disabled  |
```

Abb. 7.18: Das Chipset Features Setup

Das PNP and PCI Setup

Die Einstellungen entsprechen denen im Pentium-BIOS.

Das Power Management Setup

Die Einstellungen entsprechen denen im Pentium-BIOS.

Das Pentium II-BIOS

Bei der Einführung des Pentium II ging Intel ab von der bisherigen Chipsockel-Technik. Denn anstatt einen neuen ZIF-Sockel zu entwickeln, wurde der Pentium II im Slot 1 vorgestellt, der eher an eine Steckkarte anstatt einen Prozessor erinnert. Da sich der Second-Level-Cache weiterhin – wie schon beim Pentium Pro – innerhalb des CPU-Gehäuses befindet, hat sich auch der Aufbau der Hauptplatine geändert.

Zusammen mit dem Pentium II wurde zunächst der Chipsatz 440FX verwendet, der ursprünglich für den Pentium Pro entwickelt wurde. Daher können ältere Pentium II-Systeme auch identische Menüpunkte (siehe »Pentium Pro-BIOS«) aufweisen. Da die Unterstützung von DIMMs längst von den Anwendern gefordert wurde, kam schnell der 440LX-Chipsatz auf den Markt, der unter anderem dieses Manko des 440FX-Chipsatzes beseitigte. Daher finden Sie im BIOS-Setup des LX-Chipsatzes auch bei der Konfiguration des Speicherinterface die Bezeichnung »SDRAM« vor, die sich auf diesen Speichertyp bezieht. Die DIMM- (Dual Inline Memory Modules) werden unterschieden in SDRAMs (Synchrone DRAMs) und EDO-RAMs.

Der BX-Chipsatz bietet neben den schon genannten Funktionen einen 100-MHz-*Front Side Bus*, wobei das Speicherinterface von bisher 66 MHz nun ebenfalls mit 100 MHz getaktet wird. Hierzu sind spezielle Speichermodule notwendig, die vom Hersteller für diese Frequenz freigegeben wurden. In Anzeigen der Anbieter erkennen Sie diese zunächst an der Bezeichnung »PC100« und am vergleichweise teureren Preis für Module gleicher Kapazität. In dieser Übersicht werden allerdings nur Optionen für die Intel-Chipsätze aufgelistet, da weitere Hersteller (z. B. VIA mit dem Apollo Pro-Chipsatz) zwar Chipsätze angekündigt haben, aber zur Zeit der Bucherstellung lagen noch keine funktionstüchtigen Hauptplatinen mit diesen Intel-Alternativen vor.

Einige Menüpunkte des AWARD-BIOS sind wieder identisch mit den vorangegangenen Versionen.

Die hauptsächlichen Unterschiede liegen vor allem wieder im Chipset Feature Setup, weshalb ich diesem Menü die meiste Aufmerksamkeit widmen werden.

Das Chipset Feature Setup

Hier legen Sie spezielle Eigenschaften des Pentium II-Chipsatzes fest, die vor allem den Speicherzugriff und das Boardtiming betreffen. An dieser Stelle sei nochmals erwähnt, daß bei Verwendung des 100-MHz-*Front Side Bus*ses spezielle Speichermodule benötigt werden. Herkömmliche DIMMs (z. B. mit 10 ns oder 12 ns) sind an dieser Stelle völlig überfordert. Folgende Einstellungen stehen zur Verfügung:

- *Auto Configuration/SDRAM Configuration (by SPD)*: Mit dieser Einstellung ist nicht etwa die gleichnamige Partei gemeint, sondern eine Funktion, mit der automatisch wichtige Parameter der eingebauten SDRAMs ermittelt werden. Die Standardeinstellung (*by SPD*) konfiguriert die nachfolgenden – mit * gekennzeichneten Optionen – anhand der Informationen, die vom BIOS aus dem SPD- (Serial Presence Detect) Device ermittelt werden. Dabei handelt es sich um ein serielles EEPROM mit acht Anschlußpins, das sich auf dem Speichermodul befindet. In diesem EEPROM sind beispielsweise Informationen über Speichertyp (z. B. SDRAM, EDO), die Größe des Moduls, Geschwindigkeitsangaben, Stromversorgung und Modulbestückung gespeichert. Alle diese Angaben mußten bisher (bei PS/2-RAMs) über aufwendige Testverfahren während des POST vom BIOS ermittelt werden und stehen nun schneller zur Verfügung.

  Für ein stabil funktionierendes System sollten Sie die Option auf jeden Fall aktivieren. Denn aufgrund der Angaben im EEPROM wird der Speicher optimal konfiguriert. Ein nachträgliches Tuning bringt keine meßbaren Leistungsgewinne sondern nur ein instabiles System. Ich rate daher dringend für alle mit (*) gekennzeichneten Optionen von einer »Optimierung« ab.

- *SDRAM CAS Latency (*)*: Mit dieser Angabe legen Sie die Zeitspanne fest, nach der, nach dem Anlegen eines SDRAM-Lese-Kommandos, die Daten tatsächlich für den Prozessor zur Verfügung stehen.

- *SDRAM RAS to CAS Delay (*)*: Wie bei normalen DRAMs auch, werden die SDRAMs über Reihen- (RAS – Row Address Strobe) und Spalten- (CAS – Columne Address Strobe) Adressen angesprochen. Hier legen Sie also fest, wieviel Zeit zwischen dem Anlegen des RAS- und CAS-Signals vergehen soll, damit die Speicherzelle eindeutig feststeht. Moderne Speicher kommen mit der Einstellung *2T* (für zwei Takte) problemlos zurecht. Die Einstellung »Slow« (= drei Takte) sollte nur bei älteren Speichermodulen oder Problemen beim Zugriff auf den Speicher eingesetzt werden.

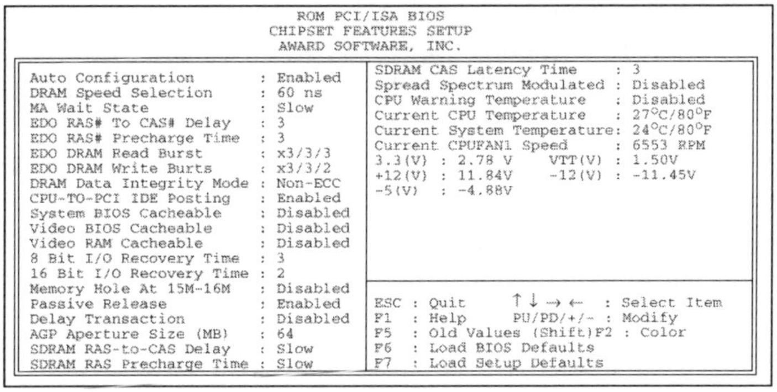

Abb. 7.19: Das Chipset Features Setup

- *SDRAM RAS Precharge Time (*)*: Diese Option bezieht sich auf den Refresh, der bei DRAMs in regelmäßigen Abständen für eine Aktualisierung des Speicherinhaltes sorgt. Hier geben Sie nun vor, wieviel Zeit dem RAS-Signal gelassen wird, um seine Ladung bei normalen Zugriffen oder dem Refresh aufzubauen. Ist die Zeitdauer zu klein gewählt, kann der Refresh nicht vollständig durchgeführt werden, und das System läuft instabil.

- *SDRAM MA Waite State*: Durch diese Einstellung legen Sie die Zeitspanne fest, nach der nach dem Anlegen der Memory-Adresse (MA) die Speicheradresse durch das RAS-Signal für gültig erklärt wird.

- *USWC Write Posting*: Dieser Punkt bezieht sich auf die ISA-Bridge im PIIX4-Baustein und bündelt mehrere 8- oder 16-Bit-Zugriffe auf den ISA-Bus zu einem zusammen. Der Begriff »USCW« steht dabei für »Uncacheable, Speculative Write

Combining«. Die Option birgt aber einige Gefahren, vor allem, wenn der ISA-Bus schon schneller als 8 MHz getaktet wird. Probleme mit Sound- oder Videokarten können hier die Folge sein.

- *PCI 2.1 Support*: Mit dieser Option aktivieren Sie die Unterstützung für die PCI-Spezifikation 2.1. Dazu gehören die Funktionen *Passive Release* und *Delayed Transaction*. Vor allem, wenn Sie Shared-Interrupts nutzen wollen, sollte diese Option aktiviert sein. Bei modernen PCI-Karten besteht kein Grund, diese Option abzuschalten, da sie für den PCI-Betrieb nur Vorteile bietet. Nur ältere Karten, die beispielsweise noch edge-triggered betrieben werden müssen, können mit den Modus nichts anfangen. Diese sollten Sie aber schleunigst ausmustern, da sie das System nur ausbremsen.
- *DRAM are xx bits wide*: Wollen Sie die ECC-Fehlerkorrektur auf der Hauptplatine einsetzen, benötigen Sie spezielle Speicherbausteine. Denn je Datenbyte wird ein zusätzliches Bit für die Paritätsinformationen benötigt, wobei die Speichermodule also nicht mit 64 Bit, sondern mit 72 Bit ausgestattet sein müssen. Da der Speicherbus bei DIMM-Speichern 64 Bit breit ist, wird pro 8 Bit ein zusätzliches Bit für die Fehlererkennung benötigt. Bei 64 Bit sind dies acht weitere Bits, wodurch die neue Bezeichnung mit 72 Bit herrührt. Innerhalb dieser Option können Sie festlegen, welche Module Sie im System verwenden. Durch die ECC-Fehlererkennung kann der Chipsatz 1-Bit-Fehler automatisch korrigieren, und erst ab 2 Bit kommt es zur Meldung. Wichtig ist nur, daß alle installierten Module diese Erkennung unterstützen müssen, also mit 72 Bit ausgestattet sein müssen.

7.3 Die Fehlermeldungen

Solange der PC einwandfrei funktioniert, werden Sie mit den Fehlermeldungen des BIOS kaum in Berührung kommen. Wird allerdings während des POST ein Fehler diagnostiziert, wird dieser Fehler – wenn möglich – im Klartext auf dem Bilschirm ausgegeben. »Wenn möglich« bedeutet hier, daß grundlegende Funktionen (z. B. Prozessor, Arbeitsspeicher) und natürlich das Grafik-Subsystem mit der Grafikkarte bereits initialisiert und nicht selbst Ursache des Problems sein dürfen. Für den Fall, daß der Fehler vor der Initialisierung der Grafikkarte erschienen ist, werden sogenannte Beep-Codes über den PC-Lautsprecher zu Gehör gebracht. Die Anzahl der Töne gibt dabei Aufschluß über den vorliegenden Fehler. In den folgenden Abschnitten werden die akustischen- (Beepcodes) und Bildschirm-Fehlermeldungen eingehend erläutert.

Die akustischen Fehlermeldungen

Sollte während des POST ein Fehler durch das BIOS diagnostiziert werden, erhalten Sie dies durch die folgenden Beep-Codes vom Lautsprecher mitgeteilt.

Im Gegensatz zu den Beep-Codes der anderen BIOS-Hersteller wirken die Möglichkeiten des AWARD-BIOS eher spartanisch. In der Regel kommen sehr aussagekräftige Fehlermeldungen auf den Bildschirm, falls dieser erreicht wird.

Tonfolge	Ursache
1 kurz	kein Fehler
1 lang, 2 kurz oder 2 kurz	Fehler in der Videokarte
2 kurz	irgendein Fehler (*)

(*) Dem Fehler folgt die Bildschirmmeldung »*PRESS F1 KEY TO CONTINUE*«. Dieser Fehler hat keinen Einfluß auf die Funktionalität des PCs. Sie können diesem Fehler nachgehen oder ihn durch Betätigen der Taste [F1] ignorieren.

Die Bildschirmfehlermeldungen

Sollte während des POST ein Fehler durch das BIOS diagnostiziert werden, erhalten Sie eine der folgenden Fehlermeldungen, wenn die Grafikkarte bereits initialisiert wurde und der Bildschirm korrekt angesteuert werden kann.

BIOS ROM checksum error - System halted

Die Prüfsumme des BIOS-Code im ROM-Baustein (EPROM, EEPROM oder Flash-ROM) ist fehlerhaft. In diesem Fall ist die Funktionstüchtigkeit des Rechners stark eingeschränkt. Das BIOS konnte in diesem Fall nicht die Defaultwerte des BIOS laden, was auf einen schwerwiegenden Defekt des Bausteins hinweist. In diesem Fall kann nur noch der Fachhändler/Hersteller weiterhelfen, oder Sie tauschen den BIOS-Baustein selbständig aus.

CMOS battery failed

Die Batterie, die den CMOS-Speicher auch nach dem Abschalten des Computers weiterhin mit Energie versorgt, macht Probleme. In der Regel neigt sich die Kapazität dem Ende zu, so daß die Spannung nicht mehr ausreicht, um den Speicher zu versorgen. Auch oxidierte Kontakte können das Problem verursachen. Nehmen Sie die Batterie kurzzeitig aus der Fassung, und messen Sie zunächst die Spannung nach. Der Wert ist auf der Batterie aufgedruckt oder graviert. Sollte die Spannung 0,2 Volt bis 0,5 Volt unter dem Sollwert liegen, können Sie davon ausgehen, daß die Batterie »leer« ist.

CMOS checksum error - Defaults loaded

Die Prüfsumme des BIOS-Code im ROM-Baustein (EPROM, EEPROM, Flash-ROM) ist fehlerhaft. Im Gegensatz zur weiter oben gezeigten Fehlermeldung war das BIOS aber in der Lage, die Standardwerte zu laden und in alle Register zu schreiben. Dies deutet zunächst nicht auf einen Defekt des CMOS-Speichers hin. Häufig ist diese Meldung das erste Anzeichen einer fast leeren Pufferbatterie des CMOS-Speichers. Konfigurieren Sie das BIOS neu, und speichern Sie die Werte wieder ab. Schalten Sie den PC nun aus, und warten Sie eine gewisse Zeit. Sollte das Problem beim nächsten Start wieder vorhanden sein, ist die Wahrscheinlichkeit eines Defektes schon höher. Häufig ist der Fehler aber nicht reproduzierbar, so daß über einen längeren Zeitraum keine Meldungen mehr erscheinen. In diesem Fall ist es günstig, wenn Sie eine Dokumentation der BIOS-Einstellungen angelegt haben.

CPU at nnnn

Bei dieser Meldung handelt es sich nicht um eine Fehlermeldung, sondern um die Anzeige der Taktfrequenz, die während des POST ermittelt wurde. Viele Hauptplatinen besitzen eine automatische Identifikation der CPU und deren Frequenz. Der hier gezeigte Hinweis sollte vor allem nach einem CPU-Upgrade überprüft werden, da Sie hier sehen können, ob der Prozessor von Ihnen korrekt auf der Hauptplatine konfiguriert oder vom BIOS erkannt wurde. Sollte die Anzeige eine höhere (oder niedrigere) Frequenz angeben, schalten Sie den PC aus und korrigieren die Einstellungen. Bei Pentium II-Hauptplatinen ist besonders zu beachten, daß sich einige Platinen nicht betreiben lassen, wenn die CPU übertaktet wird. Beispielsweise das Board 6LX von Gigabyte versagt seinen Dienst, wenn die Frequenz höher als angegeben eingestellt wird. Freunde des »Übertaktens« werden mit dieser Platine keine Freude haben.

Display switch is set incorrectly

Auf der Hauptplatine haben einige Hersteller einen Jumper integriert, mit dem man den Grafikstandard (VGA oder Monochrome) definieren kann. Erscheint diese Meldung, hat das BIOS festgestellt, daß der auf der Hauptplatine vorgegebene Grafikstandard nicht mit der tatsächlich eingebauten Grafikkarte übereinstimmt. Dieser Fehler tritt häufig nach dem Tausch einer Grafikkarte auf, wenn beispielsweise ein »ausgedienter« Netzwerkserver mit Herculeskarte einem Verwendungszweck als Arbeitsstation zugeführt werden soll. In diesem Fall wird die Grafikkarte gegen eine VGA-Karte getauscht und der Jumper häufig vergessen.

Press ESC to skip memory test

Diese Meldung erscheint während des Speichertests nach dem Einschalten des Rechners. Hierbei handelt es sich nicht um eine Fehlermeldung, sondern um den Hinweis, daß der Speichertest mit Hilfe der Taste [Esc] abgebrochen werden kann. Haben Sie viel Arbeitsspeicher installiert und ist im BIOS der vollständige POST aktiviert, ist der langwierige Speichertest eher lästig und kann mit der Taste unterbrochen werden.

Floppy disk(s) fail

Bei der Initialisierung eines oder beider Diskettenlaufwerke ist ein Fehler aufgetreten. Dieses Problem kann allerdings auch mit dem Floppycontroller selbst zu tun haben. Zur Kontrolle sollten Sie im Standard CMOS-Setup klären, ob die richtigen Laufwerkstypen eingestellt sind. Sollte kein Laufwerk installiert sein, muß die Einstellung im BIOS *None* lauten.

Hard Disk initializing, Please wait a moment...

Diese Meldung erscheint bei der automatischen Erkennung von IDE-Festplatten nach dem Einschalten des Rechners. Dazu wurde im Standard CMOS Setup anstatt der tatsächlichen Plattenparameter der Eintrag *Auto* vorgegeben. Vor allem ältere Festplatten benötigen häufig etwas länger zur Initialisierung, wobei auch das BIOS auf diese Laufwerke warten muß. Durch diese Meldung wird darauf aufmerksam gemacht.

Hard Disk Install Failure

Bei der Initialisierung der Festplatte oder des Controllers ist ein Fehler aufgetreten. Bei Festplatten kann dies auf falsche Parameterangaben im BIOS hindeuten, da die vom BIOS ermittelte Plattengeometrie nicht mit dem tatsächlichen Laufwerk übereinstimmt. Bei eingebauter Controller-Karte ist der Sitz im Slot und die Verkabelung zu kontrollieren.

Keyboard error or no keyboard present

Bei der Initialisierung der Tastatur oder des Controllers ist ein Fehler aufgetreten. Dabei sollte beim Einschalten des Rechners darauf geachtet werden, daß keine Taste gedrückt wurde oder z. B. durch ein Buch versehentlich heruntergedrückt wurde. Bei Rechnern mit ATX-Netzteilen kann dieser Fehler auch auftreten, wenn der Einschaltimpuls durch den Taster zu kurz gegeben wird.

Wollen Sie einen Rechner ohne Tastatur konfigurieren (z. B. Netzwerkserver oder mit Touchscreen-Monitor), können Sie im BIOS festlegen, daß das Fehlen der Tastatur ignoriert wird. Dazu geben Sie im Standard CMOS Setup *Halt on all, but Keyboard* an.

Keyboard is locked out - Unlock the key

Mit dieser Meldung macht das BIOS darauf aufmerksam, daß eine oder mehrere Tasten während der Initialisierung der Tastatur gedrückt waren.

Memory Test

Diese Meldung erscheint während des Speichertests, wobei dahinter die Speicherangabe des gerade getesteten RAMs erscheint. In der Regel zählt der Wert sehr schnell bis zum Endwert des installierten Speichers hoch. Ist der vollständige POST gewählt, geschieht dies mehrmals hintereinander.

Memory test fail

Wird während des Speichertests ein Fehler diagnostiziert, erscheint diese Meldung. Allerdings muß es sich hierbei nicht um einen Defekt handeln. Haben Sie zuvor das Speicher-Timing im Chipset Feature Setup unzulässig beschleunigt, weist diese Meldung darauf hin, daß ein oder mehrere Speichermodule mit den Einstellungen nicht zurecht, kommen. Nach einer Speichererweiterung kann diese Meldung erscheinen, wenn die RAM-Module nicht kompatibel zueinander sind. Beispielsweise sind einige Hauptplatinen nicht in der Lage, den Speicher einwandfrei zu identifizieren, wenn auf einer Bank Single-Sided- und auf der anderen Bank Double-Sided-Module installiert sind. Dies hat nichts mit der Bestückung des Moduls mit Speicher-ICs (einseitig oder beide Seiten des Moduls) zu tun, sondern diese Begriffe beschreiben die Kontaktbelegung auf dem RAM-Modul.

Override enabled - Defaults loaded

Wenn das System nicht in der Lage ist, mit den zur Zeit im BIOS eingestellten Werten zu starten, kann es selbständig die Defaultwerte aktivieren, wenn dies im BIOS gestattet wurde.

Primary master hard disk fail

Bei der Initialisierung des Master-Laufwerkes am primären IDE-Controller ist ein Fehler festgestellt worden.

Primary slave hard disk fail

Bei der Initialisierung des Slave-Lauferkes am primären IDE-Controller ist ein Fehler festgestellt worden.

Resuming from disk, Press TAB to show POST screen

Diese Meldung erscheint speziell bei Notebook-Computern mit AWARD-BIOS. Dabei handelt es sich um eine Funktion, die vor dem Herunterfahren des Systems wegen leerer

Akkus die Daten auf die Festplatte speichert (Suspend to Disk). Diese Meldung erscheint, nachdem der Anwender nach einem solchen Vorgang das System wieder startet. Hier wird der Inhalt des Speichers mit Hilfe der Datei auf der Festplatte wieder restauriert.

Secondary master hard disk fail

Bei der Initialisierung des Master-Laufwerkes am sekundären IDE-Controller ist ein Fehler festgestellt worden.

Secondary slave hard disk fail

Bei der Initialisierung des Slave-Laufwerkes am sekundären IDE-Controller ist ein Fehler festgestellt worden.

7.4 AWARD im Internet

Benötigen Sie weitere Informationen zum BIOS oder Beschreibungen zur Unterstützung spezieller Chipsätze, können Sie sich direkt an AWARD im Internet wenden. Unter folgender URL erreichen Sie den Hersteller:

http://www.award.com

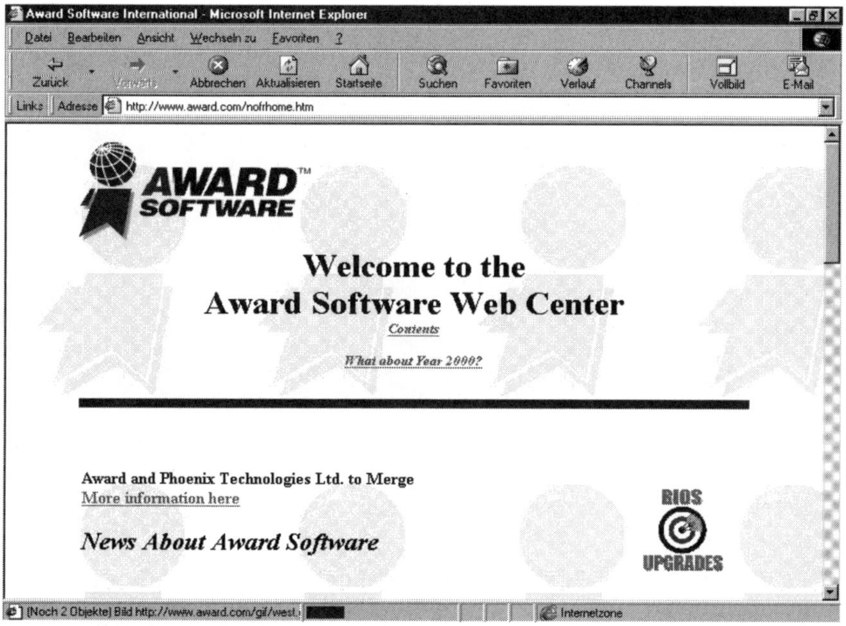

Abb. 7.20: Die Angebote von AWARD im Internet

8 Das Phoenix-BIOS

Das Phoenix-BIOS bietet eine Reihe von Einstellungen an und hat sich besonders bei portablen Notebooks einen Marktanteil erobert. Aber auch auf normalen Hauptplatinen läßt sich das Phoenix-BIOS finden, da alle modernen Hardwarestandards (z. B. zwei IDE-Kanäle, die bei Notebooks häufig nicht vorhanden sind) ebenfalls unterstützt werden. Sie starten das BIOS-Setup über die Tastenkombination [Strg]+[Alt]+[S] oder [F2] solange eine der folgenden Meldungen auf dem Bildschirm erscheint:

```
Press <Crtl + Alt + S> for Setup Utility

Press <F2> to enter Setup
```

Anschließend erscheint das folgenden Hauptmenü:

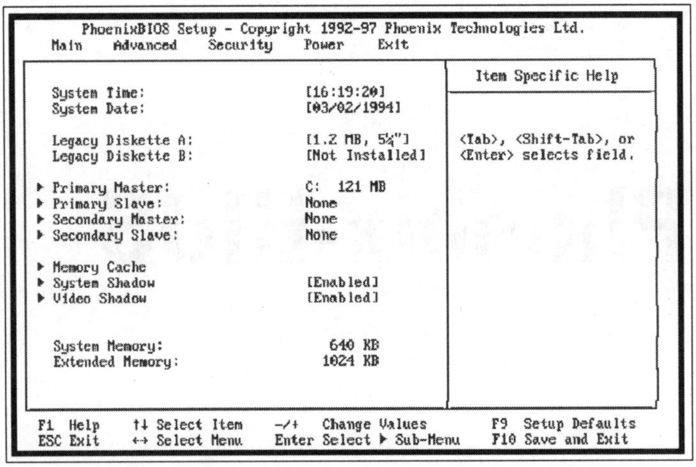

Abb. 8.1: Das Hauptmenü des Phoenix-BIOS

8.1 Die Einstellungen des Phoenix-BIOS

Auf den folgenden Seiten sind die Einstellungen des BIOS-Setups aufgeführt.

Das Main-Menü

Das *Main*-Menü enthält grundlegende Einstellungen für den PC. Dazu gehört die Konfiguration der Systemzeit, des Datums, der vorhandenen Diskettenlaufwerke und der Festplatten. Alle Punkte, die mit einem Pfeil gekennzeichnet sind, führen in ein weiteres Menü, in dem Einstellungen zu den Komponenten (z. B. Festplattendaten, Shadow-RAM) vorgenommen werden können.

Folgende Einstellungen sind vorhanden:

- *System Time*: Einstellen der Systemzeit. Die Einstellungen werden in der Echtzeituhr (RTC – Real Time Clock) gespeichert und auch bei ausgeschaltetem Rechner weiter aktualisiert.
- *System Date*: Einstellen des Systemdatums. Die Einstellungen werden in der Echtzeituhr (RTC – Real Time Clock) gespeichert und auch bei ausgeschaltetem Rechner weiter aktualisiert.
- *Legacy Diskette A:/Legacy Diskette B:*:Mit diesen Einstellungen konfigurieren Sie die vorhandenen Diskettenlaufwerke. Dabei können Sie die Diskettengröße und -kapazität pro Laufwerk festlegen. Zur Auswahl stehen folgende Laufwerkstypen:
  - 5,25-Zoll, 360 KByte
  - 5,25-Zoll, 1,2 MByte
  - 3,5-Zoll, 720 KByte
  - 3,5-Zoll, 1,44 MByte
  - 3,5-Zoll, 2,88 MByte
- *Primary Master, Primary Slave Secondary Master, Secondary Slave*: Mit Hilfe dieser vier Einstellungen können Sie die angeschlossenen Festplatten in den zwei IDE-Kanälen konfigurieren. Moderne Hauptplatinen verfügen über einen primären und einen sekundären IDE-Kanal, an denen jeweils zwei Laufwerke (Master/Slave) betrieben werden können. Die Einstellungen sind nur dann notwendig, wenn IDE-Festplatten oder CD-ROM-Laufwerke eingesetzt werden. Haben Sie SCSI-Komponenten im Einsatz, können Sie *None* bei den Optionen angeben. Bei den Einstellungen bezüglich der Laufwerkstypen stellt das Phoenix-BIOS folgende Möglichkeiten zur Verfügung:
  - *Hard disk drives*: Für Festplatten zu verwenden
  - *Removable-disk drives*: Für Wechselplattenlaufwerke mit IDE-Schnittstelle zu verwenden
  - *CD-ROM drives*: Für ATAPI-CD-ROM-Laufwerke zu verwenden

  Wollen Sie die Parameter manuell für eine Festplatte eintragen, weil die vom BIOS ermittelten Werte nicht identisch mit denen sind, die beim Einrichten der Festplatte verwendet wurden. Bei der Eingabe stehen pro Laufwerk folgende Felder zur Verfügung:

  - *Type*: Auswahl des Parametertyps
  - *Cylinders*: Anzahl der Zylinder der Festplatte

  - *Heads*: Anzahl der Schreib-/Leseköpfe der Festplatte
  - *Sectors/Track*: Anzahl der Sektoren pro Spur der Festplatte. MFM (17 Sektoren pro Spur), RLL (26 Sektoren pro Spur), ESDI (34 Sektoren pro Spur)
  - *Maximum Capacity*: Die Kapazität der Festplatte wird aus den vorangegangenen Parametern berechnet. Dabei wird die Anzahl der Köpfe mit der Anzahl der Zylinder und der Anzahl der Sektoren multipliziert. Da jeder Sektor wiederum 512 Byte enthält, wird das zuvor ermittelte Ergebnis noch mit 512 multipliziert, und die Kapazität wird angezeigt.

- *System Shadow*: Mit dieser Option ist das Rechner-BIOS selbst in der Lage, sich in den schnellen Arbeitsspeicher zu verlagern. Heute ist das BIOS häufig nur in einem 8-Bit-EPROM untergebracht ist. Zwar können die Pentium-CPUs trotz einer Busbreite von 32 Bit diesen Code direkt ausführen, durch die Umsetzung der Busbreite leidet aber stark die Ausführungsgeschwindigkeit. Deshalb sollte – ebenso wie für das Grafikkarten-BIOS – auch das System-BIOS in den schnellen Arbeitsspeicher (64 Bit Busbreite) kopiert werden. Unter DOS wird die Systemleistung merklich gesteigert, wenn das System BIOS Shadow aktiviert wurde. Unter Windows 95/98 werden die BIOS-Routinen durch eigene Treiber ersetzt, wodurch kein merklicher Performance-Gewinn erzielt wird, wenn das System-BIOS in den Arbeitsspeicher kopiert wird.

- *Video Shadow*: Mit Hilfe dieser Option können Sie den Inhalt des ROMs der Grafikkarte in den schnelleren Arbeitsspeicher kopieren. Dabei wird der gesamte Inhalt des ROMs in das RAM kopiert, und zwar an eine Position, die exakt dem der ROM-Adresse entspricht. Denn ein ROM-Baustein, der sich im sogenannten Adapterbereich (RAM zwischen 640 KByte und 1 MByte) befindet, kann problemlos in den Arbeitsspeicher abgebildet werden, da hier die Adressen identisch sind. Wichtig ist von seiten des BIOS nur der Schutz dieses RAM-Bereiches, auf den kein Schreibzugriff erfolgen darf. Dieser Bereich wird also wie ein normales ROM (nur Lesen) behandelt. Es wird quasi ein Schatten des Original-ROM-Bausteins gebildet, woher sich auch die Namensgebung »Shadow-RAM« erklären läßt. Vor allem, wenn Sie mit DOS und Windows 3.x arbeiten, werden Sie von dieser Funktion profitieren, da hier häufig direkte Zugriffe auf das ROM der Grafikkarte verwendet werden. Unter 32-Bit-Betriebssystemen sieht dies etwas anders aus. Durch eigene Gerätetreiber ist das BIOS der Karte in der Regel nicht mehr von Belang, da die Funktionen über Gerätetreiber (VxDs) bereitgestellt werden.

  Verwenden Sie eine VGA-Karte für den PCI-Bus oder AGP-Port, ist die Shadow-RAM-Funktion nicht mehr effektiv nutzbar. Denn das BIOS dieser Karten liegt häufig in einem Bereich, der durch die im BIOS zur Verfügung stehenden Shadow-Bereiche nicht erfaßt wird. Auch wenn das PCI-BIOS zunächst kopiert wurde, wird es nach dem Systemstart automatisch in andere Speicherbereiche verlagert.

- *Shadow Option ROM´s (C800-EFFF)*: Mit diesen Einstellungen können Sie ein ROM einer Erweiterungskarte, das im Adapterbereich eingeblendet wurde, ebenfalls in den schnellen Arbeitsspeicher kopieren lassen. Beachten Sie aber hier, daß einige Karten nicht mehr korrekt arbeiten, wenn das Shadow-RAM aktiviert wurde. Sie sollten in der Beschreibung der Karte nachlesen, ob von dieser Funktion Gebrauch gemacht werden sollte. Beispielsweise SCSI-Hostadapter von Adaptec vertragen sich nicht mit der Funktion. Hier ist das Shadow-RAM zu deaktivieren.

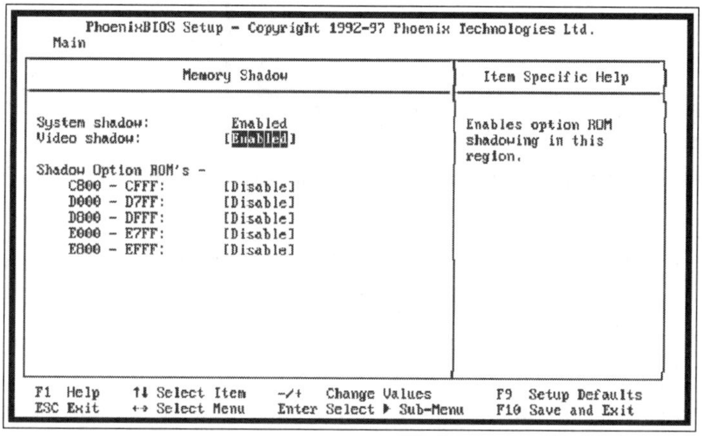

Abb. 8.2: Einstellungen zum Shadow-RAM

- *System Memory*: Hier wird der installierte Basisspeicher angezeigt, also der Arbeitsspeicher zwischen 0 und 640 KByte. Änderungen sind hier nicht möglich.

- *Extended Memory*: Hier wird der Speicher angezeigt, der oberhalb des ersten MByte während des POST identifiziert wurde. Als Faustformel kann man sagen, daß die hier angezeigte Größe dem Gesamtarbeitsspeicher minus 1 MByte entspricht. Hier können Sie noch einmal feststellen, ob der installierte Speicher korrekt erkannt wurde.

Einstellungen zur Festplatte

Öffnen Sie den Menüpunkt einer Festplatte, erscheint das folgende Fenster, in dem die zuvor genannten Einstellungen durchgeführt werden können.

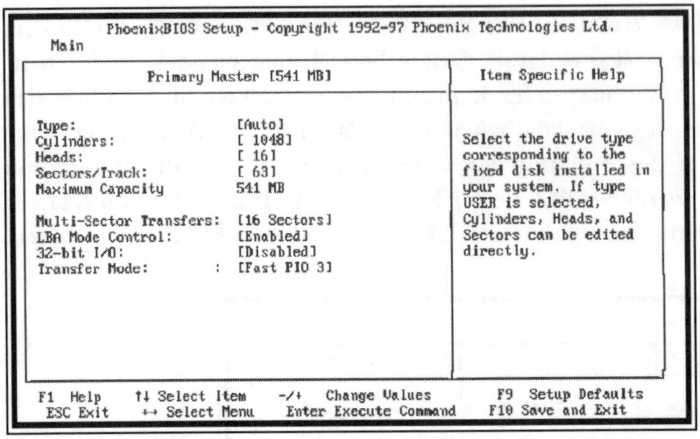

Abb. 8.3 Die Einstellungen zur Festplatte im Phoenix-BIOS (hier *Primary Master*)

Folgende Einstellungen sind bei den Festplattenparametern möglich:

- *Type*: Hier geben Sie den Typ des Laufwerkes an, das an dem gewählten IDE-Kanal angeschlossen ist. Zur Auswahl stehen 39 definierte Festplattentypen, die allerdings nicht mehr zeitgemäß sind. Verwenden Sie ältere MFM-, RLL- oder AT-BUS-Festplatten, werden Sie hier noch vom Typ her fündig. Moderne Laufwerke sind nicht in der Liste vorhanden. Wechselplattenlaufwerke und ATAPI-CD-ROM-Laufwerke stehen ebenfalls zur Auswahl. Weiterhin können Sie den benutzerdefinierten Typ auswählen, bei dem die nachfolgenden Einstellungen von Bedeutung sind.
- *Cylinders*: Hier geben Sie beim benutzerdefinierten Typ die Anzahl der Zylinder ein. Das BIOS unterstützt die Angabe von 1 bis 65.536 Zylinder.
- *Heads*: Hier geben Sie beim benutzerdefinierten Typ die Anzahl der Schreib-/Leseköpfe an. Das BIOS unterstützt die Angabe von 1 bis 16 Köpfen.
- *Sectors/Track*: Hier geben Sie beim benutzerdefinierten Typ die Anzahl der Sektoren pro Spur an. Das BIOS unterstützt die Angabe von 1 bis 63 Sektoren pro Spur.
- *Multi Sector Transfers*: Diese Option ist mit dem Blockmode anderer BIOS-Versionen vergleichbar, wobei in diesem Modus gleich mehrere Blöcke an den PC übertragen werden. Mit dieser Einstellung legen Sie nun fest, wie viele Sektoren bei dem Zugriff übertragen werden. Diese Einstellung richtet sich immer nach der angeschlossenen Festplatte. Dem Datenblatt des Herstellers ist zu entnehmen, wie viele Sektoren (Blöcke) eingestellt werden können. Normalerweise fordert das BIOS pro *Read*-Befehl nur einen Sektor (mit 512 Byte) an. Werden viele Sektoren benötigt, muß also jeder Sektor einzeln angefordert werden, was sich nachteilig auf

die Gesamtperformance auswirkt, da jede Anforderung ebenfalls Systemzeit benötigt. Hier können Sie mit zusätzlicher Arbeitsgeschwindigkeit rechnen, wenn anstatt einem Sektor plötzlich 2, 4, 8 oder 16 Sektoren pro Anforderung übertragen werden. In den Datenblättern der Festplattenhersteller ist hier häufig auch vom *Multi Sector Read* die Rede. Neben den schon genannten festen Einstellungen für die Anzahl der Sektoren können Sie das BIOS auch während der Initialisierung der Festplatte beauftragen, die maximale Anzahl automatisch zu ermitteln. Unter Windows 95/98 ist dieser Einstellung aber nicht mehr so viel Bedeutung beizumessen, denn diese Systeme steuern die Festplatte über eigene Treiber – am BIOS vorbei – an. Unter DOS und Windows 3.x sind aber durchaus Leistungsgewinne zu verzeichnen. Beachten Sie hierbei nur, daß während eines Blocktransfers alle Interrupt-Anfragen gesperrt sind. Zusammen mit schnellen Modems kann es hier zu Übertragungsproblemen oder Verbindungsabbrüchen kommen. Sollte Ihnen die Datenübertragungsrate zu gering vorkommen, kontrollieren Sie zusätzlich diese Einstellung im BIOS. Denn nicht immer kann man nur die Qualität der Telefonleitung für Übertragungsprobleme verantwortlich machen.

- *LBA Mode Control*: Mit dieser Einstellung aktivieren Sie die Unterstützung des Logical-Block-Addressing-Verfahren zur Unterstützung großer Festplatten durch das BIOS. Bei Laufwerken größer als 540 MByte sollte dieser Modus immer aktiviert werden.

- *32 Bit I/O*: Über diese Option aktivieren Sie den 32-Bit-Datentransfer zwischen dem Prozessor und dem IDE-Controller. Die funktioniert aber nur beim Onboard-Controller oder bei PCI-IDE-Controllern.

- *Transfer Mode*: Hier legen Sie den Übertragungsstandard der Festplatte fest. Zur Auswahl stehen die Möglichkeiten, die das Laufwerk und die Hauptplatine gemeinsam unterstützen. Dabei können Sie entweder die PIO-Modes 1 bis 4 oder die DMA-Modes 1 bis 3 aktivieren.

Memory Cache

Aktivieren Sie den Punkt *Memory Cache* im *Main*-Menü, erscheint folgender Bildschirm auf dem Monitor, in dem Einstellungen zu den vorhandenen Cache-Speichern vorgenommen werden können. Dazu gehört zunächst das Aktivieren des externen Cache-Speichers und der verwendete Cache-Algorithmus. Folgende Einstellungen stehen zur Verfügung:

- *External Cache*: Mit dieser Einstellung schalten Sie den externen Second-Level-Cache (L2-Cache) auf der Hauptplatine ein oder aus. Sollte es eine Anwendung verlangen, beispielsweise ein Spiel, ist von der Option Gebrauch zu machen. Ansonsten sollte schon aus Performance-Gründen dieser Cache eingeschaltet werden.

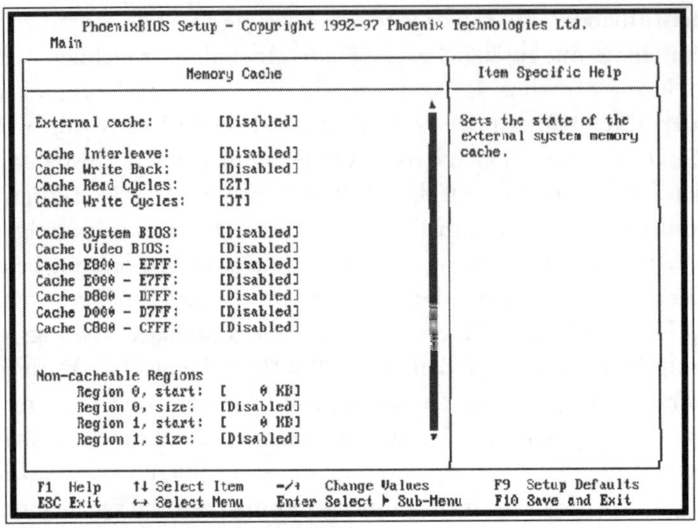

Abb. 8.4: Das Menü *Memory Cache*

- *Cache Interleave*: Mit dem Interleave-Verfahren ermöglichen Sie es der CPU, auf verschiedene Bänke des Cache-Speichers schneller zuzugreifen. Dieses Verfahren wird auch beim Arbeitsspeicher für einen schnellen Zugriff verwendet und sollte auch hier aktiviert werden.

- *Cache Write Back*: Durch diese etwas irreführende Option ist nicht das sonst mit »Write-Back« bezeichnete Cache-Verfahren gemeint, sondern hier legen Sie fest, wie die Daten vom Cache behandelt werden dürfen. Ist die Option aktiviert, können Daten im Cache sowohl in den Arbeitsspeicher geschrieben als auch von dort gelesen werden. Ist die Option deaktiviert, kann der Cache lediglich Daten aus dem Arbeitsspeicher lesen.

- *Cache Read Cycles*: Hiermit legen Sie die Zyklen in Ticks fest, die der Prozessor warten muß, bis er den externen Cache auslegen darf. Je kleiner der Wert gewählt wird, desto schneller arbeitet der Cache.

- *Cache Write Cycles*: Hiermit legen Sie die Zyklen in Ticks fest, die der Prozessor warten muß, bis er in den externen Cache schreiben kann. Je kleiner der Wert gewählt wird, desto schneller arbeitet der Cache.

- *Cache System BIOS*: Mit dieser Option legen Sie fest, ob das System-BIOS ebenfalls vom Cache berücksichtigt werden soll oder nicht. Haben Sie diese Option aktiviert, kann der Cache-Speicher das System BIOS ROM an der Adresse F0000h bis FFFFFh mit berücksichtigen. Als Ergebnis erhalten Sie eine verbesserte Systemperformance, wenn Programme häufig auf BIOS-Routinen zugreifen müssen. Dies ist vor allem bei DOS- und Windows 3.x-Anwendungen der Fall. Unter

Windows 95/98 ist dieser Leistungsgewinn kaum meßbar, da hier viele BIOS-Routinen durch eigene Treiber ersetzt werden.

Bei aktivierter Option sollten Sie aber immer im Hinterkopf behalten, daß dieses Caching auch Risiken birgt. Sollte eine Software versuchen, in den BIOS-Bereich zu schreiben, und befindet sich der Code gerade im Cache, kann es zu instabilen Systemzuständen und Abstürzen kommen.

- *Cache Video BIOS*: Mit dieser Option legen Sie fest, ob das Video-BIOS ebenfalls vom Cache berücksichtigt werden soll oder nicht. Haben Sie diese Option aktiviert, kann der Cache-Speicher das VIDEO-BIOS der Grafikkarte an der Adresse C0000h bis C7FFFh mit berücksichtigen. Als Ergebnis erhalten Sie eine verbesserte Systemperformance, wenn Programme häufig auf BIOS-Routinen der Grafikkarte zugreifen. Dies ist vor allem bei DOS- und Windows 3.x-Anwendungen der Fall. Unter Windows 95/98 ist dieser Leistungsgewinn kaum meßbar, da hier das BIOS der Grafikkarte durch eigene Treiber ersetzt wird.

- Bei aktivierter Option sollten Sie aber immer im Hinterkopf behalten, daß dieses Caching auch Risiken birgt. Sollte eine Software versuchen, in den BIOS-Bereich zu schreiben, und befindet sich der Code gerade im Cache, kann es zu instabilen Systemzuständen und Abstürzen kommen.

- *Cache E800-EFFF bis Cache C800-CFFF*: Mit dieser Option legen Sie fest, ob die im Adapterbereich liegenden BIOS-Erweiterungen ebenfalls vom Cache berücksichtigt werden sollen oder nicht. Hier können Sie für jedes Adaptersegment die Unterstützung explizit ein- oder ausschalten. Hier gelten bei der Verwendung von Windows 95/98 die gleichen Einschränkungen wie bei den beiden vorangegangenen Optionen.

- *Non-cacheable Regions*: Hier können Sie Bereiche des Speichers angeben, die nicht vom Cache berücksichtigt werden sollen. Dabei kann dieser Bereich sowohl im konventionellen Speicher als auch im Extended Memory liegen. Haben Sie beispielsweise im Speicher ein RAM-Laufwerk angelegt, würde ich aus Sicherheitsgründen das Caching für diesen Bereich ausklammern, damit die Daten sicher zur Verfügung stehen. Weiterhin können Sie die Startadresse des Speichers und die Größe des Blocks angeben, die nicht vom Cache berücksichtigt werden soll.

Boot Options

In diesem Menü legen Sie grundlegende Eigenschaften für den Start des Rechners fest. Dabei sind folgende Einstellungen möglich:

- *Boot Sequence*: Hier legen Sie die Startreihenfolge der angeschlossenen und bootfähigen Laufwerke fest. Allerdings stehen hier nur die Laufwerksbuchstaben A:

und C: zur Verfügung. Außerdem steht Ihnen noch das weiter unten beschriebene Boot-Menü zur Verfügung, in dem auch weitere Laufwerke für den Start eines Betriebssystems festgelegt werden können.

- *Setup prompt*: Hier legen Sie fest, ob die Meldung »Press <F2> for Setup« während des Starts auf dem Bildschirm angezeigt werden soll oder nicht. Die Taste F2 ist aber weiterhin für den Start des BIOS-Setups verwendbar, nur dem Anwender wird die Meldung vorenthalten. So kommt er erst gar nicht in die Versuchung, im BIOS etwas zu verändern. Vor allem in größeren Netzwerken ist diese Einstellung ratsam.
- *POST Errors*: Haben Sie diese Option aktiviert, wird der Boot-Vorgang nach dem Auffinden eines Problems durch den POST angehalten und die Meldung »Press <F1> to resume, <F2> to Setup« ausgegeben. Diese Option sollten Sie aktivieren, damit der PC nicht trotz des Problems gestartet wird. Denn wird der POST fündig und diagnostiziert einen Fehler, sollte zunächst der Ursache auf den Grund gegangen werden, bevor der Start erfolgt.
- *Floppy Seek*: Ist diese Option aktiviert, wird vor dem Start des Betriebssystems ein kurzer Zugriff auf die angeschlossenen Diskettenlaufwerke durchgeführt. Als elektrische Kontrolle der Laufwerke kann diese Funktion nützlich sein. Ansonsten sollte man sie abschalten, um den Boot-Vorgang nicht unnötig zu verlängern.
- *Summary Screen*: Ist diese Option aktiviert, wird vor dem Start des Betriebssystems eine Systemzusammenfassung aller diagnostizierter Hardware (z. B. Prozessor, Speicher, Festplatten, Schnittstellen) angezeigt. Zur Kontrolle der Hardware während der Installation sollten Sie diese Option aktiviert lassen. Da der Boot-Vorgang kaum aufgehalten wird, kann die Option eingeschaltet bleiben.

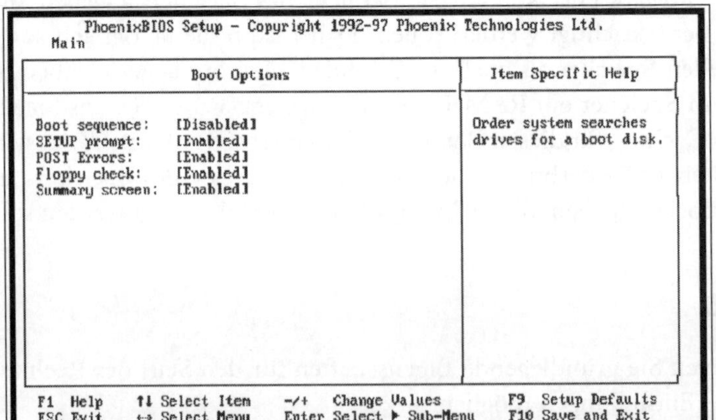

Abb. 8.5 Die *Boot Options*

Keyboard Features

Hier legen Sie Einstellungen zur Tastatur fest, die nach dem Start durch das BIOS aktiviert werden. Folgende Einstellungen sind möglich:

- *Numlock*: Mit dieser Option legen Sie die Arbeitsweise des numerischen Tastenblocks auf der Tastatur fest. Dabei sind folgenden Einstellungen möglich:
  - *Auto*: Die Zifferneingabe wird durch das BIOS aktiviert, wenn ein numerischer Tastenblock gefunden wird
  - *On*: Die Zifferneingabe ist auf dem numerischen Tastenblock aktiviert
  - *Off*: Die Cursortastenfunktionen sind auf dem numerischen Tastenblock aktiviert
- *Key Click*: Mit dieser Option können Sie einen Klickton bei jedem Tastendruck aktivieren, wie man es von Textverarbeitungen oder Schreibmaschinen kennt. Vor allem für Blindschreiber ist diese Funktion sehr hilfreich, da dieser Klick als zusätzliche Kontrolle dient, ob die Taste ausreichend gedrückt ist und das gewünschte Zeichen zum Rechner gesendet wird.
- *Keyboard auto-repeat rate*: Die Funktion ist mit der Funktion *Typematic Rate* anderer BIOS-Versionen vergleichbar. Hier legen Sie fest, wie viele Zeichen pro Sekunde wiederholt werden, wenn Sie eine Taste dauerhaft drücken. Die Spanne reicht von 2 Zeichen bis 30 Zeichen pro Sekunde. Wie lange Sie die Taste drücken müssen, bis mit der hier eingestellten Wiederholung begonnen wird, legen Sie in der nächsten Option fest.
- *Keyboard auto-repeat delay*: Hier legen Sie im Zusammenhang mit der vorangegangenen Option fest, nach welcher Zeitspanne mit der Wiederholung der Zeichen begonnen wird. Zur Auswahl stehen folgende Zeiten:
  - 0,25 Sekunden, 0,5 Sekunden, 0,75 Sekunden, 1 Sekunde

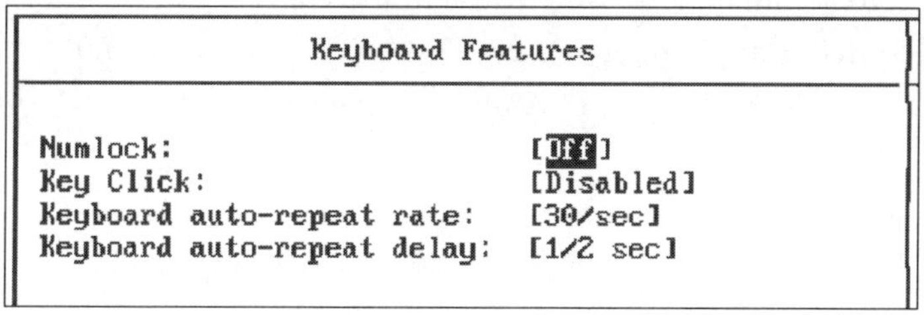

Abb. 8.6: Die Einstellungen zur Tastatur

Boot-Reihenfolge festlegen

In diesem Fenster legen Sie die Boot-Reihenfolge von bis zu vier Geräten fest. Dabei können Sie sowohl Festplatten, Wechselplattenlaufwerke, CD-ROM-Laufwerke und sogar ein Bootrom festlegen, wobei hier das Betriebssystem über das Netzwerk zum Rechner übertragen wird. Diese Option gibt Ihnen die Möglichkeit, sogenannte Diskless-Arbeitsstationen zu verwenden, die völlig ohne Laufwerke auskommen und sämtliche Programme und Daten über das Netzwerk beziehen. Um die Reihenfolge der Laufwerke zu ändern, gehen Sie auf die entsprechende Position, wählen das Laufwerk zuerst aus den unten stehenden Menüs (*Hard Drives* und *Removeable Drives*) aus und legen über die Tasten [+] und [-] die Priorität in der Boot-Reihenfolge fest. Wollen Sie die Anordnung nachträglich ändern, wählen Sie das Laufwerk über die Tasten [↓] und [↑] aus und legen dann, wie zuvor beschrieben, die neue Position fest. Da hier kein Diskettenlaufwerk aufgeführt ist, können Sie nur von einer Boot-Diskette starten, wenn Sie im Menü *Boot Options* unter der Option *Boot Sequence* die Einstellung *A: then C:* ausgewählt haben.

8.2 Die Fehlermeldungen

Hier finden Sie die Fehlermeldungen des Phoenix-BIOS, die Ihnen nach dem POST gemeldet werden, wenn ein Problem festgestellt wurde.

Die akustischen Fehlermeldungen

Tonfolge	Ursache
1 1 3	Lesen/Schreiben des CMOS-RAM
1 1 4	ROM-BIOS-Prüfsumme
1 2 1	Programmierbarer Timerbaustein (8253)
1 2 2	Adreß- oder Zählregister des DMA-Controllers Kanal 0
1 2 3	Lesen/Schreiben des DMA Page Registers
1 3 1	RAM Refresh
1 3 3	Baustein oder Datenleitung der ersten 64 KByte RAM
1 4 2	Paritätsfehler in den ersten 64 KByte RAM aufgetreten
1 4 3	Sicherheitstimer (nur bei EISA-BIOS)
1 4 4	Software der NMI-Schnittstelle

Tonfolge	Ursache
2 1 1	Bit 0 (*)
2 1 2	Bit 1 (*)
2 1 3	Bit 2 (*)
2 1 4	Bit 3 (*)
2 2 1	Bit 4 (*)
2 2 2	Bit 5 (*)
2 2 3	Bit 6 (*)
2 2 4	Bit 7 (*)
2 3 1	Bit 8 (*) in den ersten 64 KByte defekt
2 3 2	Bit 9 (*) gilt für Bit 0 bis 15
2 3 3	Bit 10 (*)
2 3 4	Bit 11 (*)
2 4 1	Bit 12 (*)
2 4 2	Bit 13 (*)
2 4 3	Bit 14 (*)
2 4 4	Bit 15 (*)
3 1 1	Register Test DMA-Controller (Slave)
3 1 2	Register Test DMA-Controller (Master)
3 1 3	Register Test Interrupt Controller (Master)
3 1 4	Register Test Interrupt Controller (Slave)
3 2 4	Test Keyboard Controller
3 3 4	Bildschirmspeicher
3 4 1	Initialisierung des Bildschirmspeichers
3 4 2	Video Strahlrücklauf (retrace failure)
4 2 1	Timerbaustein (8253)
4 2 2	Shutdown/Restart
4 2 3	Adreßleitung 20 (Gate A20 Failure)
4 2 4	Nicht erwarteter Interrupt im Protected Mode
4 3 1	RAM-Test ab 64 KByte aufwärts
4 3 2	Timerbaustein (8253) Kanal 2
4 3 4	Echtzeituhr
4 4 1	Serielle Schnittstelle
4 4 2	Parallele Schnittstelle
4 4 3	Mathematischer Coprozessor defekt oder fehlt

Die Bildschirmfehlermeldungen

Hier finden Sie die Fehlermeldungen, die das BIOS auf dem Bildschirm ausgibt, wenn das Grafiksubsystem bereits initialisiert und funktionsbereit ist.

Diskette drive A: (B:) error

Das Diskettenlaufwerk mit dem entsprechenden Laufwerksbuchstaben wurde während des POST nicht gefunden. Kontrollieren Sie die Anschlüsse des Datenkabels und der Stromversorgung.

Diskette drive 0 seek to track 0 failed

Das Laufwerk A: ist defekt oder funktioniert nicht richtig. Das BIOS konnte die Spur 0 auf dem eingelegten Datenträger nicht finden. Wechseln Sie den Datenträger gegen eine intakte Bootdiskette und wiederholen Sie den Vorgang erneut.

Diskette drive reset failed

Der Controller der Diskettenlaufwerke arbeitet fehlerhaft. In diesem Fall ist weder ein Start von Diskette noch ein Laufwerkszugriff auf eine eingelegte Disketten möglich.

Diskette read failure - strike F1 to retry boot

Der Versuch, von der eingelegten Diskette im Laufwerk ein Betriebssystem zu starten, ist fehlgeschlagen. Tauschen Sie die Diskette gegen einen bootfähigen Datenträger. Auch eine nicht formatierte Diskette erzeugt im Laufwerk diese Meldung.

Entering Setup...

Sie haben die Tastenkombination zum Start des CMOS-Setups betätigt. Diese Meldung macht Sie darauf aufmerksam, daß das Menü in wenigen Augenblicken erscheint.

Fixed Disk 0 (1) failed

Die angeschlossene Festplatte kann nicht angesprochen werden. Kontrollieren Sie in diesem Fall die im BIOS eingetragenen Festplattenparameter und die Verkabelung, wobei neben dem Datenkabel auch die Stromversorgung kontrolliert werden sollte.

Fixed Disk Controller Failure

Beim Test des Festplattencontrollers ist ein Fehler aufgetreten. Sollten Sie einen Festplattencontroller für den ISA-Bus verwenden, kontrollieren Sie die Takteinstellungen des Busses, damit sichergestellt ist, daß der Controller korrekt initialisiert werden kann. Kontrollieren Sie ebenfalls die komplette Verkabelung des Festplattensubsystems und die Master-/Slave-Einstellung der vorhandenen Festplatten.

Gate A20 Failure

Die Umschaltung der Adressleitung A20 im Tastaturcontroller (8042) funktioniert nicht einwandfrei. Dadurch kann der Prozessor nicht in den Protected Mode geschaltet werden. Hier hilft nur ein Tausch der Hauptplatine, da der Tastaturcontroller nicht einzeln gewechselt werden kann.

Hard Disk Controller Failure

Der Controller der Festplatte hat ein Problem und ist mit großer Wahrscheinlichkeit defekt. Liegt er als Einsteckkarte vor, wechseln Sie die Karte aus. Sollte er als On-Board-Controller vorliegen, deaktivieren Sie ihn im BIOS und verwenden Sie eine Steckkarte. Ist kein Controller mehr zu bekommen, bleibt nur der Tausch der kompletten Hauptplatine.

Hard Disk Failure

Es ist ein Fehler beim Zugriff auf die Festplatte aufgetreten. Dies kann beispielsweise an der Verkabelung, aber auch an einem defekten Bootsektor liegen. Booten Sie den Rechner mit einer Startdiskette und überprüfen Sie mit einem Tool (z. B. ScanDisk oder Norton Disk Doctor) das Laufwerk. Sollte es nicht fündig werden, übertragen Sie mit dem Befehl SYS die Systemdateien erneut auf die Festplatte.

Hard Disk Read Failure

Beim Zugriff auf die Festplatte ist ein Fehler aufgetreten. Kontrolle sollte, wie im vorangegangenen Punkt beschrieben, durchgeführt werden.

Invalid Configuration Information - Please run Setup Program

Die im CMOS-RAM gespeicherten Informationen bezüglich der Hardware stimmen nicht mit denen während des POST ermittelten Werte überein. Dazu gehört vor allem die Angabe der Speichergröße, der Grafikkarte und der vorhandenen Diskettenlaufwerke. Beispielsweise führt ein Aufrüsten des Arbeitsspeichers beim ersten Neustart nach dem Einbau zu dieser Meldung. Starten Sie das Setup und speichern Sie die Werte einfach nur ab. Sollte der Fehler immer noch vorhanden sein, kontrollieren Sie die Angaben im Setup.

Invalid NVRAM Media Type

Der Zugriff auf das CMOS-RAM und der darin gespeicherten Informationen konnte nicht korrekt während des POST durchgeführt werden. Versuchen Sie auch hier zunächst, alle Werte im BIOS-Setup wieder durch »Save« in das CMOS-RAM zu speichern. Sollte der Fehler nach dieser Prozedur noch vorhanden sein, ist sehr wahrscheinlich das CMOS-RAM defekt und ein Tausch der Hauptplatine notwendig.

Keyboard Clockline Failure

Beim Test der Tastatur ist ein Fehler aufgetreten. Hier ist entweder die Tastatur nicht angeschlossen oder nicht korrekt eingesteckt. Ist der Fehler nach der Kontrolle immer noch vorhanden, wechseln Sie die Tastatur.

Keyboard Controller Error

Beim Test des Tastatur-Controllers ist ein Fehler aufgetreten. Kontrollieren Sie den Anschluß der Tastatur. Ist diese korrekt angeschlossen, ist sehr wahrscheinlich der Tastatur-Controller defekt und muß ausgewechselt werden. Ist der Baustein (8042) nicht gesockelt, muß die Hauptplatine ausgewechselt werden.

Keyboard Error

Beim Test der Tastatur ist ein Fehler aufgetreten. Kontrollieren Sie den Anschluß und führen Sie den Test erneut durch. Achten Sie beim Einschalten darauf, daß die LEDs (Numlock, Rollen, Capslock) kurzzeitig aufleuchten. Bleibt dies aus, wird die Tastatur mit großer Sicherheit nicht funktionieren und muß ausgewechselt werden.

No Boot Sector on Hard Disk - strike F1 to retry boot

Auf der Festplatte wurde kein Bootsektor gefunden, so daß von der Festplatte kein Betriebssystem gestartet werden kann. Hier kann der Bootsektor physikalisch zerstört worden sein, oder die Festplatte wurde noch nicht formatiert.

No Timer Tick

Der Zeitgeber auf der Hauptplatine ist defekt. Hier kann nur die komplette Hauptplatine getaucht werden, um den Fehler zu beheben.

Operation System Not Found

Es wurde kein Betriebssystem auf den in der Startreihenfolge angegebenen Laufwerken gefunden. Kontrollieren Sie die Reihenfolge der Laufwerke und korrigieren Sie die Angabe. Beachten Sie hierbei, daß das Phoenix-BIOS zwei Einstellungen für die Startreihenfolge besitzt. Einmal nur die Wahl zwischen A: und C: und weiterhin die Festlegung der Laufwerke (maximal 4), die der Reihe nach kontrolliert werden.

Parity Check 1 (2)

Während des POST wurde ein Paritätsfehler auf dem Systembus (1) oder dem I/O-Bus (2) diagnostiziert. Sollte das BIOS die Adresse finden, an der der Fehler aufgetreten ist, erscheint eine vierstellige Hex-Anzeige. Ansonsten werden nur vier Fragezeichen dargestellt.

Previous Boot Incomplete - Default Configuration Used

Sollte der POST nicht korrekt abgeschlossen werden, versucht das BIOS zunächst wieder die Standard- (Default-) Werte zu aktivieren, um trotzdem eine lauffähige Konfiguration zu erstellen. Vor allem zu rigorose Speicher-Timing-Einstellungen können zu dieser Maßnahme durch das BIOS führen. Starten Sie das BIOS-Setup und kontrollieren Sie die Einstellungen. Beheben Sie die Ursache nicht, erscheint die Meldung bei jedem Start und Ihre Einstellungen werden dabei übergangen.

Real Time Clock Error

Beim Test der Echtzeituhr auf der Hauptplatine ist ein Fehler aufgetreten. Hier hilft nur ein Tausch des Bausteins (wenn gesockelt) oder ein Wechsel der Hauptplatine.

System Battery Is Dead - Replace And Run Setup

Die Batterie, die das CMOS-RAM bei ausgeschaltetem PC weiterhin puffert, ist leer und muß gewechselt werden. Da in diesem Fall alle CMOS-Einstellungen von Ihnen gelöscht und nur die Default-Werte verwendet werden, müssen Sie bei jedem Start in das BIOS-Setup, um die Einstellungen zu aktualisieren. Wechseln Sie die Batterie auf der Hauptplatine daher schnellstmöglich aus.

System Cache Error - Cache Disabled

Während des POST wurde ein Fehler im Cache-Speicher diagnostiziert und dieser vorsichtshalber deaktiviert. Da dies zu einem enormen Leistungseinbruch führt, sollten Sie der Ursache schnell auf den Grund gehen. Beispielsweise Timing-Einstellungen für den Cache könnten zu schnell eingestellt sein.

System CMOS Checksum Bad - Run Setup

Die Prüfsumme, die aus den Speicherinhalten des CMOS-RAMs ermittelt wird, hat einen nicht zulässigen Wert angenommen. Dies deutet auf veränderte oder beschädigte CMOS-Inhalte hin. Hier sollten Sie das BIOS-Setup aufrufen und alle Werte erneut speichern. Tritt der Fehler weiterhin auf, muß die Hauptplatine gewechselt werden.

Timer Or Interrupt Controller Bad

Beim Test des Zeitgebers oder der Interrupt-Controller ist ein Fehler aufgetreten. Die Ursache ist hier häufig ein defekter Baustein. Da er aber nicht einzeln ausgewechselt werden kann, bleibt nur ein Tausch der Hauptplatine, um das Problem zu lösen.

8.3 Phoenix im Internet

Benötigen Sie weitere Informationen zum BIOS, erhalten Sie diese auf den Web-Seiten des Herstellers im Internet. Unter folgender URL erreichen Sie Phoenix:

http://www.phoenix.com

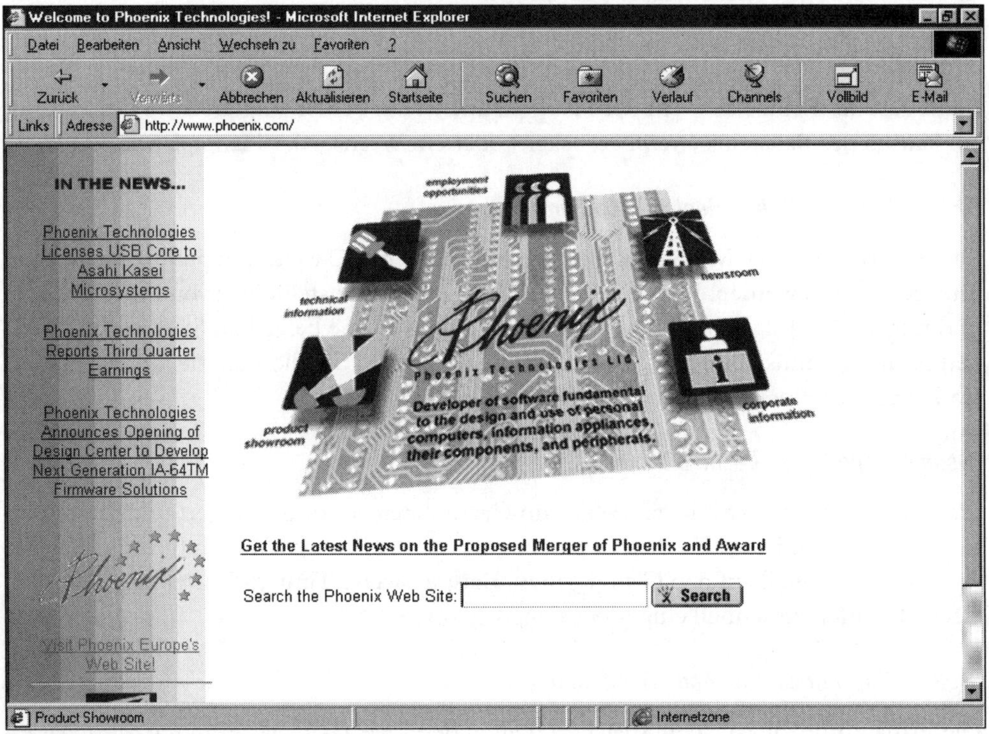

Abb. 8.7: Das Angebot von Phoenix im Internet

9

Das MR-BIOS

Das MR-BIOS ist hierzulande nicht so bekannt wie die vorangegangenen BIOS-Versionen, aber wenn man sich die Features näher betrachtet, ist es ein echter Geheimtip. Beispielsweise die im BIOS integrierte RAID-Lösung für bis zu acht IDE-Festplatten oder die Unterstützung von bis zu vier Diskettenlaufwerken suchen ihresgleichen. Dabei läßt sich das BIOS auf Hauptplatinen mit AMI-BIOS einfach nachrüsten. Im Internet erhalten Sie eine kostenlose Testversion für die unterschiedlichen Chipsätze, wobei eine detaillierte Anleitung zum Update vorhanden ist. Die URL des Herstellers Microid Research finden Sie am Ende dieses Kapitels.

9.1 Die Menüeinstellungen

Während des POST starten Sie das MR-BIOS über die Taste [Esc], wobei anschließend das Hauptmenü angezeigt wird.

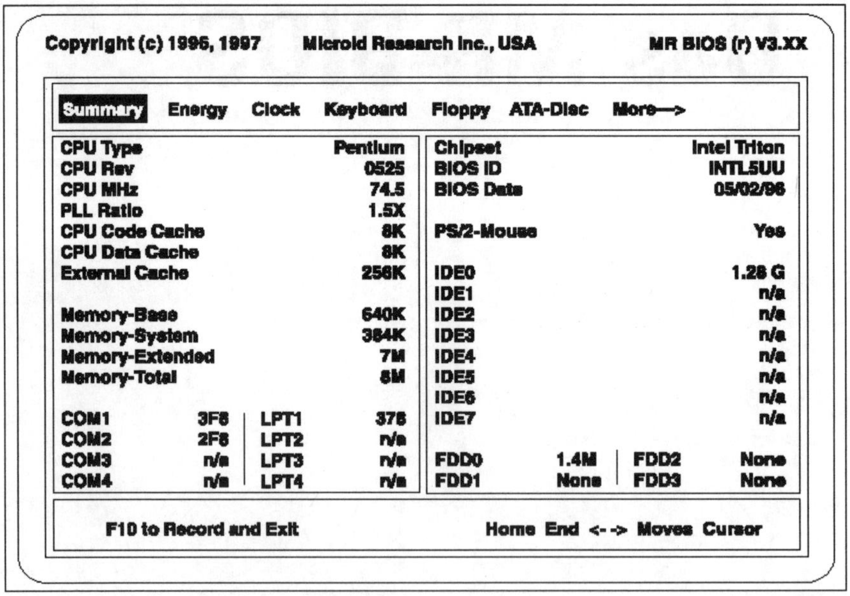

Abb. 9.1: Das Hauptmenü des MR-BIOS

Das Menü Summary

In diesem Fenster (siehe Abbildung 9.1) werden zunächst eine Reihe von Komponenten angezeigt, die das BIOS während des POST identifiziert hat. Bei diesen Komponenten sind keine Änderungen notwendig. Dabei erhalten Sie folgende Angaben in der Systemzusammenfassung:

- *CPU Type*: Dieses Feld zeigt den Prozessor, der auf der Hauptplatine installiert ist. Beispielsweise ein Pentium, Pentium Pro, der während des POST gefunden wurde.

- *Revision*: Diese Feld zeigt das Modell des Prozessors und die interne Revisionsnummer an, den die CPU ausgibt. Normalerweise geben die linken beiden Ziffern den CPU-Typ und die rechten beiden Ziffern die Revisionsnummer an. Beispielsweise bezeichnet der Ausdruck: „CPU Rev .... 0525“ einen Pentium-Prozessor (05) mit der Revision (25).

- *Taktfrequenz*: Hier wird die vom BIOS ermittelte Taktfrequenz in MHz angezeigt, mit der der Prozessor intern betrieben wird. Die Anzeige hängt natürlich von der Einstellung auf der Hauptplatine ab, die Sie manuell vorgenommen haben. Sie können den Wert an dieser Stelle nicht ändern.

- *PLL Ratio*: Mit dieser Angabe teilt Ihnen das BIOS mit, welcher Faktor für die Erzeugung der internen Taktfrequenz verantwortlich ist. Dabei steht PLL für Phase-Locked-Loop. Dabei läßt sich mit dieser Angabe und der zuvor genannten Taktfrequenz einfach der Systemtakt des Rechners bestimmen. Teilen Sie einfach die Prozessortaktfrequenz durch den hier angegebenen Wert, und Sie erhalten den Takt des Front-Side-Busses, der zwischen 50 MHz und 66 MHz liegen kann. Höhere Taktfrequenzen werden vom MR-BIOS derzeit nicht unterstützt.

- *CPU Code Cache*: Hier wird der in der CPU integrierte Code-Cache angezeigt. Dabei besitzt ein Pentium-Prozessor beispielsweise 16 KByte und ein AMD K6 32 KByte dieses Cachetyps. Dieser Wert und der nächste Wert zusammen ergeben den First-Level-Cache (L1-Cache) des Prozessors.

- *CPU Data Cache*: Hier wird der in der CPU integrierte Data-Cache angezeigt. Dabei besitzt ein Pentium-Prozessor beispielsweise 16 KByte und ein AMD K6 32 KByte dieses Cachetyps. Dieser Wert und der vorangegangene Wert zusammen ergeben den First-Level-Cache (L1-Cache) des Prozessors.

- *Memory Base*: Hier wird der während des POST identifizierte konventionelle Arbeitsspeicher von 0 bis 640 KByte angezeigt.

- *Memory System*: Hier wird der Speicherbereich zwischen 640 KByte und 1 MByte angezeigt. Dieser Bereich kann unter dem MR-BIOS sowohl für Shadow-RAM verwendet oder dem Extended Memory hinzugefügt werden.

- *Memory Extended*: Hier wird der während des POST identifizierte Extended Memory angezeigt. Als Faustformel entspricht dieser Wert dem Gesamtwert des Speichers minus 1 MByte.
- *Memory-Total*: Hier wird die Summe der drei vorangegangenen Speicherwerte angezeigt, die sich aus Base-, System- und Extended-Memory zusammensetzt.
- *COM1 (2, 3, 4)*: Hier werden die Adressen der bis zu vier möglichen seriellen Schnittstellen angezeigt. Erscheint bei einer Schnittstelle die Anzeige „n/a", ist der Port nicht vorhanden. Beispielsweise sind COM3 und COM4 nicht vorhanden, wenn Sie nur die beiden auf der Hauptplatine befindlichen seriellen Schnittstellen verwenden.
- *LPT1 (2, 3, 4)*: Hier werden die Adressen der bis zu vier möglichen parallelen Schnittstellen angezeigt. Erscheint bei einer Schnittstelle die Anzeige „n/a", ist der Port nicht vorhanden. Beispielsweise sind LPT2 und LPT3 nicht vorhanden, wenn Sie nur die eine auf der Hauptplatine befindliche parallele Schnittstellen verwenden.
- *Chipset*: Hier erhalten Sie die Angabe, welcher Chipsatz auf der Hauptplatine verwendet wurde. Die Anzeige hier ist ein Indiz dafür, ob das BIOS mit Ihrer Hauptplatine korrekt zusammenarbeitet. Denn nur, wenn das BIOS den Chipsatz korrekt identifizieren kann, ist es in der Lage, den Chipsatz auch zu programmieren.
- *BIOS ID*: Hier wird die aktuelle BIOS-Firmware mit deren Revisionsnummer angezeigt. Hier gibt das MR-BIOS zu erkennen, welche Revision installiert wurde.
- *BIOS Date*: Hier wird angezeigt, wann die im BIOS gespeicherte Software erstellt wurde.
- *IDE 0 (1,2,3,4,5,6,7)*: Hier werden die bis zu acht möglichen IDE-Festplatten mit der Kapazität angezeigt. Haben Sie weitere IDE- oder ATAPI-Geräte installiert, werden diese durch den Typ (z. B. CD, Tape) identifiziert.
- *FDD 0 (1,2,3)*: Hier werden die bis zu vier möglichen Diskettenlaufwerke mit deren Kapazität angezeigt. Unter DOS entspricht das Laufwerk 0 dem Laufwerksbuchstaben A:.

Der gezeigte Bildschirm dient nur der Information; es können keine Änderungen durchgeführt werden. Sie wechseln mit der Taste [⇥] in die nächsten Konfigurationsmenüs. Haben Sie Änderungen an den BIOS-Einstellungen durchgeführt, sollten Sie einen Screenshot dieses Bildschirms auf dem Drucker über die Taste [Druck] erstellen und diesen zu Ihrer Rechnerdokumentation legen.

Das Menü Energy

Um dem EPA Energy Star gerecht zu werden, können in diesem Menü eine Reihe von Energiesparmaßnahmen konfiguriert werden. Dabei unterstützt das MR-BIOS einige Standards, die zunächst vorgestellt werden:

- *APM* bezeichnet das von Microsoft und Intel entwickelte *Advanced Power Management*
- *ATA* bezeichnet die *AT Attachments Specification* für IDE-Laufwerke
- *DPMS* bezeichnet das *Display Power Management Signaling* (VESA-Standard)

Dabei werden zunächst eine Reihe von Timern konfiguriert, die einen bestimmten Modus aktivieren. Dazu gehören folgende Timer:

- *IDE-Spindown* (Festplattenmotorabschaltung):
  - Einstellung: *Off, 5 Min, 10 Min, 20 Min*
- *Standby Timer*:
  - Einstellung: *Off, 5 Min, 10 Min, 20 Min*
- *Suspend Timer*:
  - Einstellung: *Off, 1, 2, 3, 4, 5, 10, 15 Min*

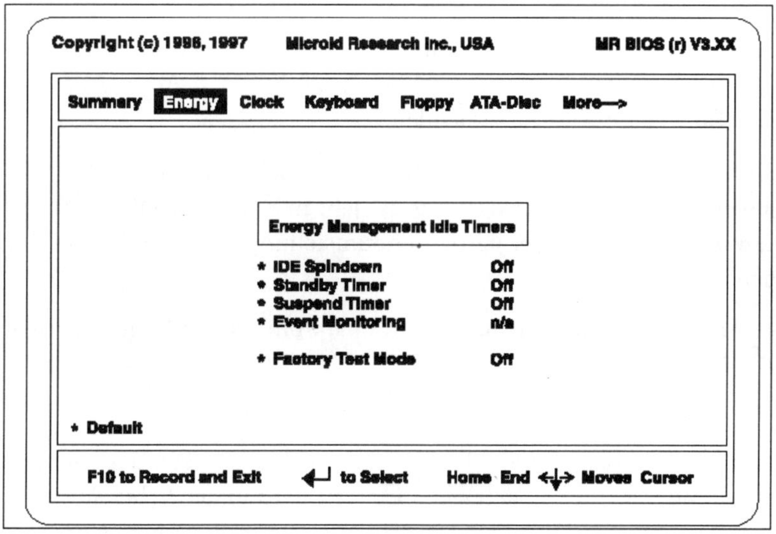

Abb. 9.2: Das Menü *Energy*

Innerhalb von APM und DPMS sind folgende Energiezustände definiert, die in der angegebenen Reihenfolge durchlaufen werden können:

- *Betrieb*: Der Rechner arbeitet normal, und alle Komponenten werden mit Energie versorgt. In diesem Modus benötigt der PC am meisten Energie. Die IDE Spindown, Standby- und Suspend-Timer laufen immer dann los, wenn die letzte Benutzereingabe abgeschlossen ist. Die Timer werden bei jedem erneuten Betätigen wieder zurückgesetzt und starten nach der nächsten abgeschlossenen Eingabe wieder. Wird die Zeit eines Timers überschritten, kann einer der nachfolgend beschriebenen Energiesparmöglichkeiten aktiviert werden.
- *Standby*: Wird die Zeit des Standby-Timers überschritten, wird dieser Modus aktiviert. Dabei wird die CPU mit geringerer Taktfrequenz betrieben und der Monitor dunkel geschaltet. Der Vorteil des Standby-Modus liegt darin, daß Energie gespart und der PC schnell wieder aktiviert werden kann. In der Regel reicht ein Tastendruck oder eine Mausbewegung, um nach kurzer Zeit wieder arbeiten zu können.
- *Suspend*: Der Supend-Mode geht noch einen Schritt weiter und reduziert den Energieverbrauch noch einmal, indem nun wirklich Komponenten abgeschaltet werden. Dazu gehört der Monitor, die Festplatte und je nach Konfiguration auch der Prozessor. Soll nun der PC wieder aktiviert werden, müssen alle Geräte wieder aktiviert werden, was eine gewisse Zeit in Anspruch nimmt.

Das Menü Clock

In diesem Menü konfigurieren Sie die Uhrzeit und das Datum der Echtzeituhr. Dabei haben Sie auch die Möglichkeit, die Uhrzeit in der 12- oder 24-Stunden-Anzeige darstellen zu lassen. Folgende Einstellungen sind vorhanden:

- *Display Format*: Mit dieser Einstellung legen Sie fest, in welchem Format die Uhrzeit angezeigt werden soll. Dabei wird bereits das Jahr in einer vierstelligen Anzeige dargestellt, was besonders bei der Jahrtausendumstellung sehr hilfreich ist. Zur Auswahl stehen:
  - *United States*: 12 Stundenanzeige mit am/pm, Datum im Format Monat.Tag.Jahr
  - *International*: 24 Stundenanzeige, Datum im Format Tag.Monat.Jahr
- *Time hh:mm:ss*: Einstellen der Uhrzeit. Das Format ist abhängig von der vorangegangenen Einstellung. Die hier eingetragene Uhrzeit wird in der Echtzeituhr auf der Hauptplatine gespeichert und bleibt auch bei ausgeschaltetem Rechner erhalten.

- *Date mm/dd/yyyy*: Einstellen des Datums. Das Format ist abhängig von der *Display Format*-Einstellung. Das hier eingetragene Datum wird in der Echtzeituhr auf der Hauptplatine gespeichert und bleibt auch bei ausgeschaltetem Rechner erhalten.
- *Daylight Savings*: Mit dieser Option können Sie das BIOS anweisen, die automatische Sommer- und Winterzeitumstellung durchführen zu lassen, die allerdings nur im amerikanischen Raum korrekte Ergebnisse liefert. Verwenden Sie Windows 95/98, sollten Sie diese Funktion ebenfalls nicht aktivieren, da das Betriebssystem eigene Routinen zum Umschalten dieser Zeiten besitzt.

Die Einstellungen zu den weiteren Menüs entsprechen denen der vorangegangenen BIOS-Versionen, was beispielsweise die Tastatur, Shadow-RAM-Funktion, Cache-Speicher, Laufwerkskonfigurationen, PCI-Bus- und Chipsatzeinstellungen angeht. Deshalb möchte ich diese nicht wiederholen, sondern verweise auf die Beschreibungen der anderen BIOS-Versionen.

9.2 MR-BIOS im Internet

Benötigen Sie weitere Informationen zum BIOS, erhalten Sie diese auf den Web-Seiten des Herstellers im Internet. Unter folgender URL erreichen Sie *Microid Research*:

http://www.mrbios.com

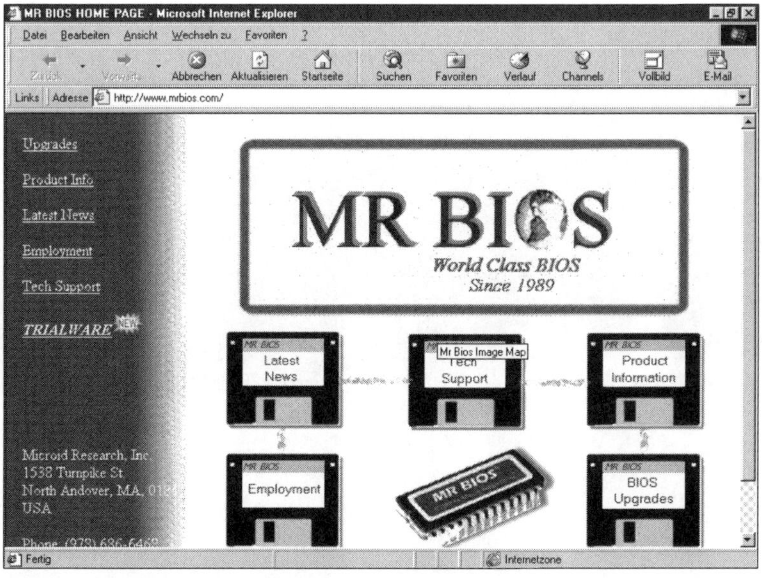

Abb. 9.3 Das Angebot von *Microid Research* im Internet

10 Fehlersuche im PC

Ein Thema, mit dem man sich spätestens dann auseinandersetzen muß, wenn der PC oder die Zusatzperipherie ihre Arbeit versagen. Gerade im PC, bei dem in geordneten Bahnen bis zu 400 Millionen Arbeitsschritte pro Sekunde (bei 400 MHz) ausgeführt werden können, ist es denkbar, daß sehr häufig Probleme auftreten. Innerhalb dieser Zeitspanne werden eine fast unvorstellbar große Zahl an Bits verschoben und verteilt. Diese wiederum lösen wieder zeitlich genau definierte Aktionen aus. Hier ist ein sehr exaktes Zusammenspiel vonnöten, was nur durch eine saubere Konfiguration und Arbeitstüchtigkeit der Geräte möglich ist.

Für den Fall der Fälle müssen Sie genau analysieren, welche Baugruppen für den Fehler verantwortlich sind oder durch welche Aktion das Problem verursacht wurde. Im folgenden Kapitel möchte ich einige Hilfestellungen geben für den Fall, daß Sie selbst einen Fehler beheben wollen. Leider hat sich in der Praxis immer wieder gezeigt, daß auch Händler nicht immer in der Lage sind, einen Fehler einwandfrei zu lokalisieren. Hier sollten Sie selbst so viele Informationen wie möglich vorab liefern können, damit genügend Anhaltspunkte für die Fehlersuche, aber auch Fehlerbereinigung vorhanden sind. Hier können Sie selbst einiges tun.

Im Falle eines Hardwaredefektes einer Einsteckkarte beispielsweise kommt nur ein Tauschen in Frage. Durch die stark gefallenen Preise bei Erweiterungskarten macht es (leider) keinen Sinn mehr, den Lötkolben und das Meßgerät zu bemühen und den Fehler durch Tauschen eines Bausteins zu beheben. Dies ist im Sinne des Umweltschutzes eine bedenkliche Entwicklung, allerdings an einem Beispiel leicht einsichtig. Haben Sie eine defekte Schnittstellenkarte diagnostiziert, können Sie relativ günstig eine neue Karte erwerben. Für den Händler, der seine Technikerarbeitsstunde berechnen muß, ist es nicht rentabel, diese Karte reparieren zu lassen. Wobei noch nicht von Anfang an feststeht, welcher Baustein defekt ist. Klären Sie in diesem Fall, ob nicht noch andere Schnittstellen nutzbar sind, da in der Regel nicht alle Komponenten gleichzeitig defekt sind. Eventuell reicht das Nachrüsten einer einzelnen seriellen oder parallelen Schnittstelle, ohne daß die gesamte Karte ersetzt werden muß.

10.1 Fehlerarten im PC

Wenn während der Arbeit mit dem PC etwas nicht funktioniert, hat das Gerät oder das Programm einen Fehler. Bei der Fehlersuche sind Sie bemüht, diejenige Baugruppe oder das Programm herauszufinden, das für den Fehler verantwortlich ist. Allerdings ist dies im Fall des PCs nicht ganz so einfach. Hier kommen eine Reihe unterschiedlicher Fehler in Betracht, die man in verschiedene Klassen unterteilen kann. Bevor wir uns nun der eigentlichen Fehlersuche widmen, möchte ich kurz aufzeigen, welche Arten von Fehlern im PC zu erwarten sind:

- *Hardwarefehler*: Defekte PCs, defekte Bestandteile des Rechners, defekte Peripheriegeräte
- *Softwarefehler*: Fehlerhafte Programme, Programmteile oder Treiber, Inkompatibilitäten mit anderer Software, falsche Betriebssystemversion
- *Konfigurationsfehler*: Fehlerhafte Konfiguration von Hard- und Software
- *Anwenderfehler*: Falsche Bedienung von Hard- und Software

Wie Sie aus dieser Aufstellung ersehen können, muß eine Fehlfunktion des Rechners nicht zwingend einen Geräte- oder Programmfehler voraussetzen. Es kann auch ein Fehler des Anwenders sein. Leider kommt diese Fehlbedienung häufiger vor, als man auf den ersten Blick vermuten würde. Durch Unkenntnis der Hard- und Software werden eine Reihe von Problemen verursacht. Und das vom Anwender dann direkt kontaktierte Handbuch liefert dazu auch meistens keine Abhilfe, weil der Hersteller mit solchen Fehlern nicht gerechnet hat. Auch die vorhandene Hotline (Telefonhilfe) kann nicht alle solche Probleme vorhersehen und nur in den seltensten Fällen eine Hilfestellung bieten. Nach Aussagen von Herstellern sind etwa 80 Prozent aller Fehler und Fehlfunktionen Anwenderfehler; dies gilt insbesondere für Fehler in der Software.

10.2 Erkennen der Fehler

Am folgenden Beispiel soll gezeigt werden, wie man einen Fehler eingrenzt, indem man systematisch alle in Frage kommenden Bestandteile abfragt und sie bewertet. So können Sie mit sehr großer Sicherheit dem Fehler auf die Spur kommen.

In unserem Beispiel soll der Text einer Textverarbeitung auf einem Laserdrucker ausgegeben werden. Im Text sind Grafiken eingefügt und einige Textattribute (**Fett**, <u>Unterstrichen</u>) gesetzt. Allerdings sind im Ausdruck keine Umlaute zu sehen, auch die Grafik fehlt, und die Textattribute sind nicht im Text erkennbar.

Hier kann es sich durchaus um einen Softwarefehler in der Textverarbeitung oder einen Hardwarefehler im Drucker handeln. Sind aber an diesem Arbeitsplatz bisher einwandfreie Ausdrucke gemacht worden, kann durch Beantworten der folgenden Fragen die Ursache eingegrenzt werden:

- Wurde bei der Installation des Programms der richtige Drucker angegeben, um den entsprechenden Druckertreiber bereitzustellen? Wenn nicht: Konfigurationsfehler.

- Wurde bei der Installation des Programms die richtige Schnittstelle angegeben, an der der Drucker angeschlossen ist? Wenn nicht: Konfigurationsfehler.
- Wird inzwischen ein anderer Drucker verwendet als der, der bei der Installation angegeben wurde? Wenn ja: Konfigurationsfehler.
- Wurden Schriftattribute verwendet, die der Drucker in der vorhandenen Ausstattung noch nicht unterstützt? Wenn ja: Anwenderfehler.
- Stimmt der beim Programm angemeldete Drucker noch mit dem tatsächlichen überein? Wenn nein: Konfigurationsfehler.
- Haben Sie, falls Sie Windows verwenden, den richtigen Drucker als Standarddrucker eingetragen? Wenn nein: Konfigurationsfehler.
- Ist am Drucker die richtige Emulation eingestellt? Bei manchen DOS-Anwendungen müssen Sie ein vergleichbares Modell installieren, wenn Sie den Originaldruckertreiber nicht zur Verfügung haben. Wenn nein: Konfigurationsfehler.
- Haben Sie den Druckerselbsttest gestartet? Werden die betreffenden Zeichen dort auch nicht ausgedruckt? Wenn ja: Konfigurationsfehler.
- Haben Sie zwischenzeitlich ein anderes Druckerkabel im Einsatz, das eventuell auch noch länger als zehn Meter ist? Wenn ja: Hardwareproblem.
- Läuft das Druckerkabel an elektrischen Verbrauchern, die ein starkes magnetisches Feld verursachen, etwa einem Elektromotor entlang? Wenn ja: Hardwarefehler.
- Ist vor dem Drucker ein Umschalter installiert, der eventuell fehlerhafte Kontakte aufweist? Wenn ja: Hardwarefehler.
- Bekommen Sie eine Fehlermeldung des Druckers, beispielsweise im Display, angezeigt? Wenn ja: Konfigurationsproblem.

Nach diesen Fragen sollten Sie das Problem soweit eingekreist haben, daß Sie kurz vor der Lösung stehen. Sind noch weitere Komponenten mit dem Druck beschäftigt, beispielsweise ein Netzwerk, muß dieses natürlich auch in die Fragestellung einbezogen werden. In vielen Fällen hilft auch ein Austausch einer Komponente, den Fehler einzugrenzen. Haben Sie die Möglichkeit, den Drucker an einen anderen PC anzuschließen, sollten Sie diese Möglichkeit auch nutzen. Ist das Problem dann nicht mehr vorhanden, können Sie Ihre Suche auf den PC beschränken. Auch ein anderer Drucker ist denkbar. So können Sie der Reihe nach jede potentielle Fehlerquelle durch ein anderes Gerät ersetzen. Bleibt das Problem, ist die Ursache im noch vorhandenen Originalteil zu suchen.

10.3 Die Diagnose mit System

Alle diese Möglichkeiten sollten Sie natürlich protokollieren. So haben Sie später eine Übersicht über den Diagnoseverlauf und eine gute Arbeitsgrundlage für einen späteren erneuten Fehler. Auch ist diese Dokumentation wichtig, wenn Sie nach (vielleicht) erfolgloser Suche den Händler oder die Hersteller-Hotline kontaktieren. Hier können Sie dann sehr detaillierte Auskunft darüber geben, welche Schritte Sie bereits unternommen haben. Sie sparen Ihre Zeit für wesentliche Tips und können angebotene Ratschläge am Telefon bewerten, wenn Sie den Tip bereits in Ihrer Testreihe durchgeführt haben.

Um dem Fehler auf die Spur zu kommen, müssen Sie auch räumliche Veränderungen mit in Betracht ziehen. Ist der PC an einen neuen Ort gestellt worden? Sind Veränderungen des Arbeitsplatzes vorgenommen worden? Sind andere Personen an Ihrem Arbeitsplatz tätig, die ebenfalls mit der gesamten Hardware arbeiten? Ist das Problem nach längerer Abwesenheit vom Arbeitsplatz aufgetreten, was auf zwischenzeitliche Umkonfigurierung schließen läßt? Sind an diesem Arbeitsplatz Reinigungskräfte tätig, die durch versehentliches Berühren Kabel gelöst haben könnten?

Oder ist der Fehler eine Folge von Mitarbeiterhumor? Jetzt werden Sie sich bestimmt fragen, was diese Frage zu bedeuten hat. Aber häufig machen Kollegen oder Freunde sich einen Scherz daraus, Einstellungen am PC zu verändern, die erst nach längerer Suche gefunden werden. Da man mit dieser Möglichkeit häufig nicht rechnet, scheint es besonderen Spaß zu machen, jemanden damit »hinters Licht« zu führen.

Die Hotline: der heiße Draht

Diese Hilfsrufnummer stellt für den Anwender eine zusätzliche Möglichkeit dar, Probleme mit der Hard- und Software zu klären. Am anderen Ende sitzen häufig qualifizierte Fachkräfte, die Ihnen für viele Probleme auch Lösungen bieten können. Leider sind diese Rufnummern heiß begehrt und dadurch oft nicht auf Anhieb zu erreichen. Planen Sie den Anruf ausreichend, damit die knappe Zeit, die Ihnen für den Anruf bleibt, auch optimal genutzt wird. Leider sind nicht alle Support-Telefonnummern kostenlos. Einige Hersteller sind dazu übergegangen, z. B. bis maximal drei Monate nach Kauf kostenlose Hilfe zu leisten. Anschließend muß ein Vertrag abgeschlossen werden, der Ihnen weitere Hilfe zusichert. Nutzen Sie die Software nur privat, lohnt sich dieser Vertrag in der Regel nicht. Erst wenn Sie die Zeit nicht haben, um ein Problem selbst zu lösen, ist dieser Vertrag anzuraten.

Durch hohe Frequentierung der Hotline sind Hersteller dazu übergegangen, keine direkte Rufnummer mehr anzugeben. Zum Beispiel AVM in Berlin, ein führender Hersteller von ISDN-Produkten, hat nur eine Hotline-Faxnummer. Sie müssen Ihr Problem per

Fax an die Mitarbeiter schicken. Nach kurzer Zeit werden Sie von einem Mitarbeiter der Firma zurückgerufen, der dann sehr bemüht ist, Ihr Problem zu lösen.

Beachten Sie folgende Regeln, wenn Sie den Hotline-Support in Anspruch nehmen:

- Da die angerufene Firma meist nicht in Ihrer nächsten Umgebung liegt, ist mit einem längeren Ferngespräch zu rechnen. Gerade, wenn Sie in Warteschleifen geraten, ist längere Ausdauer nötig. Notieren Sie sich alle Fragen vorher, die Sie mit dem Mitarbeiter besprechen wollen. Sammeln Sie so viele Fakten wie möglich, die im Zusammenhang mit dem Problem stehen können. Denn es ist sehr frustrierend, wenn Sie ein endlich zustandegekommenes Gespräch wieder beenden müssen, weil Ihnen wichtige Fakten fehlen.

- Halten Sie die Versions- und Seriennummer des Programms bereit, bei Hardware die Seriennummer und die Modellbezeichnung. Die Hotline kann Ihnen die Auskunft verweigern, wenn Sie diese Angaben nicht machen können, da gerade bei Software die Gefahr der Raubkopie vorhanden ist und ein Hersteller verständlicherweise nur den Anwendern Auskunft gibt, die für das Produkt auch bezahlt haben. Sollten Sie die Registrierkarte, die jeder Software beiliegt, noch nicht abgeschickt haben, legen Sie diese auch zu Ihren Unterlagen und machen Sie den Hotline-Mitarbeiter darauf aufmerksam, wenn er Ihre Anschrift nicht in der Kundenkartei findet.

- Sollten Sie den Gesprächspartner auch nach längeren Versuchen nicht erreicht haben, versuchen Sie, der Firma ein Fax zu schicken. Über diesen Weg erreicht Ihr Problem auf jeden Fall einen der Hotline-Mitarbeiter. Auf diesem Fax sollten Sie neben der detaillierten Fehlerbeschreibung auch eine Rückrufnummer und Zeiten angeben, zu denen Sie bei der angegebenen Rufnummer erreichbar sind.

- Verfügen Sie über ein Modem, lassen Sie sich von der Zentrale der Firma die Nummer der hauseigenen Mailbox (falls verfügbar) geben. Besuchen Sie diese Mailbox, und gehen Sie in den Bereich, der Ihre Hard- oder Software betrifft. In der Regel finden Sie dort Textdateien, die sich mit häufig vorkommenden Problemen auseinandersetzen. Diese Liste kann schon eine wertvolle Hinweisquelle für Ihr Problem sein. Gerade, wenn dieses Problem auch bereits bei anderen Anwendern aufgetreten ist, werden Sie hier mit Sicherheit fündig.

- Besuchen Sie die Angebote des Herstellers im Internet. Hier werden häufig umfangreiche Support-Bereiche angeboten, die Unterstützung bieten. Beispielsweise Treiber-Updates, Handbücher, Testprogramme und Readme-Dateien, in denen Probleme und deren Lösungen beschrieben werden. Häufig können Sie auch eine Anfrage per E-Mail an den technischen Support erstellen, die binnen ein bis zwei Tagen beantwortet wird.

- Notieren Sie auf jeden Fall den Namen des Mitarbeiters, mit dem Sie gesprochen haben. Sollten Sie weitere Fragen haben, ist es sinnvoll, sich mit dem vorherigen Mitarbeiter verbinden zu lassen. Ansonsten müssen Sie jedem »Hotliner« Ihr Problem erneut schildern, und dies kostet wieder Zeit. Da in der Regel die Hotline-Nummer eine Sammeltelefonnummer ist, wird Ihr Anruf immer an den nächsten frei werdenden Anschluß gelegt, und das muß nicht der Mitarbeiter sein, mit dem Sie zuvor geredet haben.

- Haben Sie ein ganz dringendes Problem oder sitzen Sie bei einem Kunden, der auf Ihre Hilfe angewiesen ist, bitten Sie Ihren Ansprechpartner um Rückruf, wenn nicht direkt eine Lösung parat ist. Damit lassen Sie dem Hotline-Mitarbeiter etwas Zeit, sich mit dem Problem auseinanderzusetzen und Ihnen eine Lösung zu präsentieren. Natürlich kommt als positiver Nebeneffekt dazu, daß Sie in diesem Fall nicht die Telefonkosten zu tragen haben.

10.4 Die systematische Fehlersuche

Die zuvor erwähnte Hotline kann zwar helfen, einen Fehler zu beheben oder ihm zumindest auf die Spur zu kommen. Leider kann es aber durchaus vorkommen, daß der Anruf nicht zu einem positiven Ergebnis führt, wodurch wieder Ihre eigene Initiative gefragt ist.

Softwarefehler

Häufig treten gerade Softwarefehler immer im Zusammenspiel verschiedener anderer Programme auf. Beispielsweise verträgt sich ein Programm nicht mit einem exotischen Druckertreiber oder der Treiber sollte längst durch eine neue Version ersetzt werden. Denn nicht immer sind die Softwaretreiber, die im Lieferumfang einer Hardware mitgeliefert werden, auch auf Anhieb fehlerfrei. Der Hersteller hat nicht die Zeit und Möglichkeit, alle Konfigurationen zu testen, die denkbar und möglich sind. Durch kurze Produktzyklen ist der Hersteller unter einem gewissen Druck. Hier lohnt immer wieder der Blick in das Internet-Angebot oder die Hersteller-Mailbox, ob eventuell ein neuerer Treiber vorhanden ist, der bekannte Fehler beseitigt.

Auch werden in der Beschreibung der Software sogenannte Softwarevoraussetzungen genannt, also Mindestanforderungen, die an das Betriebssystem und die Arbeitsumgebung gestellt werden. Hier stellt sich immer wieder heraus, daß ein Programm deshalb nicht einwandfrei funktioniert, weil das Betriebssystem nicht diese Anforderungen erfüllt oder die Software nicht für das verwendete Betriebssystem entwickelt wurde.

Das Update (Software)

Besonders seit der Einführung von Windows 95/98 beklagen sich viele Anwender darüber, daß die zuvor unter Windows 3.1x eingesetzte Software plötzlich nicht mehr stabil funktioniert. Diese Verträglichkeit der Software mit dem Betriebssystem ist ebenso zu klären wie, ob es eventuell eine modifizierte Software für das verwendete Betriebssystem gibt. Da Sie die Software ordentlich erworben haben, bekommen Sie für die neue Version häufig vergünstigte Update-Konditionen. Dieser Umstieg lohnt sich in jedem Fall, da neben den neuen Funktionen das Betriebssystem optimal unterstützt wird. Die Einschränkungen, die eine Software älteren Datums mitbringt, werden damit ebenfalls behoben.

Hardwarefehler

Diese Probleme sind etwas anders gelagert. Wenn sich beim Einschalten des Rechners erst einmal nichts mehr rührt, handelt es sich sicherlich nicht um einen Softwarefehler. Da der Fehler am Vortag wahrscheinlich noch nicht vorhanden war, muß in der Zwischenzeit irgend etwas passiert sein. Und genau hier müssen Sie ansetzen, um dann gezielt weiter die Ursache herauszufinden.

Sie müssen herausfinden, um was für einen Fehler es sich handelt. Denn solange der PC funktionierte, war die Welt in Ordnung. Erst wenn Sie vor dem Problem stehen, müssen Sie einige Regeln beachten, die ich im folgenden nennen möchte:

Gehen Sie systematisch vor:

- Was läuft nicht oder funktioniert falsch?
- Unter welcher Bedingung läuft es nicht?
- Äußert sich der Fehler immer in gleicher Weise?
- Wann funktionierte es noch? Befragen Sie ggf. andere Personen dazu.
- Was hat sich an der Umgebung verändert (Umzug, Transport, Wartung, Reinigung, neue Software)?
- Gab es äußere Umstände, die zu einem Fehler führen können (Gewitter, Feuchtigkeit, starke Sonneneinstrahlung)?
- Sind alle Stecker richtig eingesteckt, und liegt kein Stromausfall vor?

Versuchen Sie, klar zu definieren, daß es sich um einen Fehler und nicht um ein kurzzeitiges Fehlverhalten handelt. Wenn beispielsweise beim ersten Einschalten der Systemstart mißlingt und nach einem Warmstart wieder alles einwandfrei funktioniert, kann man nicht von einem dauerhaften Fehlverhalten sprechen. Schalten Sie den PC wieder aus, und versuchen Sie nach einer kurzen Pause einen weiteren Start. Funktioniert der Start jetzt wieder, können Sie das Problem getrost vergessen, da keine echte Fehlerursache vorliegt. Sollte allerdings der Fehler weiterhin auftreten und erst nach einem erneuten Warmstart über die Tastenkombination [Strg]+[Alt]+[Entf] wieder ein Start möglich sein, müssen Sie das Problem weiter beobachten. Denn bei einem Warmstart werden nicht alle Systemtests durchgeführt, die beim Einschalten anfallen. Da offensichtlich bei dem intensiveren Test der PC nicht startet, liegt ein Problem mit einer Komponente vor, die während des Starts im Power On Self Test (POST) mit berücksichtigt wird. Als erste Möglichkeit starten Sie das BIOS-Setup und speichern alle Werte ohne Veränderungen noch einmal ab. Durch das Neuschreiben des CMOS-RAM kann das Problem schon behoben sein.

Lassen Sie sich bei der Suche nicht aus der Ruhe bringen, bleiben Sie systematisch:

- Ändern Sie bei der systematischen Suche nicht mehrere Parameter auf einmal. Testen Sie nach jeder Änderung die Auswirkung auf das Betriebsverhalten. Denn wenn Sie mehrere Parameter ändern und der Fehler behoben ist, können Sie nicht mit Sicherheit sagen, welche Änderung für das positive Ergebnis verantwortlich ist. Durch einzelne Parameter können Sie den »Übeltäter« immer weiter einkreisen und natürlich auch andere Bereiche ausschließen, wenn diese keinen Einfluß auf das Betriebsverhalten haben.

- Protokollieren Sie jeden Arbeitsschritt, und vermerken Sie die Auswirkung auf den PC. So sind Sie in der Lage, später alle Veränderungen wieder rückgängig zu machen. Denn nicht selten ziehen solche Diagnosen weitere Probleme nach sich, da man nach längerer Suche nicht mehr in der Lage ist, den Grundzustand des PCs wieder herzustellen. Dies ist insbesondere dann ärgerlich, wenn Sie das Problem gelöst haben, dann aber dafür mit anderen zu kämpfen haben.

- Bedenken Sie vor jedem Arbeitsschritt, welche Auswirkung die Arbeit auf die Funktionsfähigkeit des Rechners haben kann. Nehmen Sie direkt Abstand von solchen Änderungen, bei denen Sie die Folgen nicht abschätzen können. Gerade Softwareeingriffe, beispielsweise in den INI-Dateien oder der Registrierung von Windows, sind genau zu planen. Zuvor sollten Sicherheitskopien dieser Dateien angelegt werden, damit später der Originalzustand wiederhergestellt werden kann.

- Notieren Sie alle nur denkbaren Fehlerquellen, und haken Sie diese der Reihe nach ab. Auch wenn Sie die Bereiche keinem Test unterziehen konnten, hilft dies bei der späteren Suche schon weiter. Wird nach Ihrer Suche Fachpersonal mit der Fehlersuche beauftragt, kann Ihre Liste als weitere Arbeitsgrundlage verwendet werden.

Achten Sie auf optische oder akustische Veränderungen:

- Je nach Art des Fehlers untersuchen Sie die Verbindungskabel des Rechners zur Peripherie. Auch bereits länger verwendete Verbindungen können so korrodiert sein, daß sie Kontaktprobleme bereiten. Da die Kontaktflächen dadurch einen höheren Übergangswiderstand besitzen, kommen einige Signale nicht in der Form an, wie sie vom Peripheriegerät benötigt werden. Da kann es schon helfen, den betreffenden Stecker zu lösen und erneut einzustecken. Da der Kontakt innerhalb des Steckers auf Reibung von zwei Kontaktwerkstoffen beruht, kann das Problem bereits behoben sein. Ist am Stecker eine Verfärbung zu erkennen, müssen Sie das Kabel austauschen oder mit einem Kontakt-Spray bearbeiten. Dieses Mittel erhalten Sie im Elektrofachhandel. Es bewirkt, daß die Oberflächen der Kontakte von Verunreinigungen befreit werden. Ein weiteres Einsatzgebiet dieses Mittels sind schleifende Kontakte bei Lautstärkereglern, die unschöne Nebengeräusche verursachen.

- Kontrollieren Sie vor allem das Netzkabel und alle Spannungsversorgungskabel. Auch die Sichtkontrolle auf Kabelbrüche oder Beschädigungen der Isolation sollten Sie vornehmen. Aber Vorsicht: Da es sich hierbei um 230 Volt handelt, besteht Lebensgefahr. Ziehen Sie vor der Kontrolle alle Stecker ab, und sichten Sie dann erst das Kabel genau. Ist keine Beschädigung erkennbar, prüfen Sie auf Kabelbruch innerhalb der Leitung. Hierzu verbinden Sie ein Gerät mit der Steckdose. Anschließend bewegen Sie das Kabel an den beiden Steckern in alle erdenklichen Richtungen. Finden Sie eine Position, bei der das Gerät an- oder ausgeht, sollten Sie das Kabel sofort auswechseln. Zusätzlich markieren Sie das Kabel als defekt und entsorgen es fachgerecht. Versuchen Sie zu vermeiden, daß dieses Kabel anderen Anwendern zur Verfügung steht. Denn ansonsten ist die Gefahr groß, daß es bei nächster Gelegenheit wieder zum Einsatz kommt und erneut eine Fehlerquelle darstellt.

- Öffnen Sie das Gehäuse, nachdem Sie alle Netzkabel abgezogen haben. Kontrollieren Sie alle Kabelverbindungen, die zwischen Laufwerken, Schnittstellen und Controllern vorhanden sind. Beachten Sie aber, daß verschiedene Kabel (z. B. Floppykabel) mehrere Anschlüsse aufweisen, die nicht alle belegt sein müssen. So liegen bei Floppykabeln die Anschlußstecker für 3,5-Zoll- und 5,25-Zoll-Laufwerke direkt nebeneinander, wobei nur einer davon verwendet wird. Achten Sie mehr auf den Sitz des Kabels. Sitzt der Stecker parallel zur Gehäusewand des angeschlossenen Gerätes? Stellen Sie fest, daß ein Stecker etwas schief sitzt, drücken Sie ihn vorsichtig wieder in seine normale Position. Können Sie einen Stecker nicht direkt einem Gerät zuordnen, können Sie weiter hinten im Anhang nachsehen. Dort sind viele im PC verwendeten Stecker abgebildet. Durch einen optischen Vergleich können Sie den Stecker richtig zuordnen.

- Kontrollieren Sie die vorhandenen Sicherungen. Diese Sollbruchstelle ist vorhanden, damit im Fehlerfall nicht das gesamte Gerät in Mitleidenschaft gerät. Diese Sicherungen sind also als Schutzvorrichtung zu verstehen und nur einmalig zu verwenden. In dem kleinen Glas- oder Keramikkolben befindet sich ein dünner Draht, der bei zu großem Strom durchbrennt. Auch wenn die Fehlerursache beseitigt wurde, muß die Sicherung gewechselt werden, damit das Gerät wieder mit Strom versorgt wird. Sehr viele Serviceeinsätze sind unnötig, wenn man diese Sicherungen mit in Erwägung zieht.

- Neben diesen optischen Prüfungen sollten Sie auch auf Geräuschveränderungen achten. Mit der Zeit kennt man »seinen« PC, auch die Geräusche, die er von sich gibt, sei es die Festplatte beim Anlaufen oder während der Schreibzugriffe, der Netzteillüfter oder das Diskettenlaufwerk. Bei modernen Pentium- und Pentium II-PCs befindet sich zur weiteren Kühlung noch ein Lüfter auf der CPU. Auch dieser kann unschöne Geräusche von sich geben und sich »festfressen«. Diesen Lüfter sollte man von Zeit zu Zeit auf Funktion kontrollieren, da ohne Lüfter nicht genügend Kühlung für den Prozessor bereitgestellt wird.

- Gerade Festplatten geben schon frühzeitig Auskunft darüber, wie ihr technischer Zustand aussieht. Diese Geräte haben eine festgelegte Lebensdauer. Dieser Wert wird als MTBF (Mean Time Between Failures) bezeichnet und sollte bei Ihrer Diagnose berücksichtigt werden. Also wie lange ist die Festplatte bereits im Einsatz, und kann das Problem mit ihr zusammenhängen. Sollte auch der leiseste Anhaltspunkt dafür sprechen, daß die Probleme damit zusammenhängen, sollten Sie sich frühzeitig um Datensicherungen kümmern. Eine neue Festplatte kostet nicht mehr die Welt, aber Ihre Dokumente sind ohne Sicherung hoffnungslos verloren und sicher auch nicht einfach zu reproduzieren.

Elektrische Kontrolle

Nach dieser Prüfung müssen wir noch einen Schritt weitergehen, wenn das Problem noch immer nicht gelöst wurde. Für die nächsten Arbeiten benötigen Sie ein normales OHM-Meter, was zur Ausstattung jedes Vielfachmeßgerätes gehört. Leitungen können bei dieser Messung auch als Widerstände bezeichnet werden. Nur mit der Eigenschaft, daß der Leitungswiderstand sehr klein sein muß. Wollen Sie also feststellen, ob eine Leitung in Ordnung ist, müssen Sie beide Enden mit dem OHM-Meter verbinden. Geht der angezeigte Widerstandswert gegen Null, ist das Kabel in Ordnung. Diese Messung müssen Sie für jede Ader einzeln durchführen. Läßt sich für eine Ader kein Widerstandswert ermitteln, kann mit einem Kabelbruch gerechnet werden. Sollte bereits die Messung an den Kontakten eines Steckers ergeben, daß der Widerstandswert gleich Null ist, haben Sie einen Kurzschluß im Stecker. Dieser äußert sich im laufenden Betrieb durch Ansprechen der Sicherungsautomaten in der Hausverteilung.

- Alle Anschlußkabel sollten Sie nach dem oben beschriebenen Verfahren prüfen und defekte Kabel direkt ausmustern.

- Haben Sie sich Kabel selbst angefertigt, kontrollieren Sie deren Funktion auch auf kalte Lötstellen. Diese sorgen, nicht nur in Kabeln, immer wieder für Ausfälle, da die Fehlerstelle nicht auf Anhieb erkennbar ist. Diese kalte Lötstelle ist ein tückischer Fehler, da hier eine Verbindung suggeriert wird, die keine mehr ist. Innerhalb der Lötstelle haben sich große Übergangswiderstände gebildet, die zu den Fehlfunktionen führen. Hier hilft nur konsequentes Nachlöten aller Verbindungen. Das Lötzinn muß hier sauber zerfließen.

- Bei Netzwerkkabeln wird ein bestimmter Widerstand vorgeschrieben. Dieser ergibt sich aus den vorhandenen Abschlußwiderständen, die das jeweilige Netzsegment abschließen. Trennen Sie den Kabelstrang auf, und messen Sie den Innenleiter gegen die Isolation. Die Werte müssen zwischen 50 und 90 Ohm liegen, je nach Netzwerktyp.

Weitere Fragen bei der Fehlereingrenzung

Um dem Fehler auf die Schliche zu kommen, sind eine Reihe von Fragen systematisch zu beantworten. Die folgende Liste soll Ihnen als Richtlinie zum Finden des Problems dienen:

- Leuchten alle Leuchtdioden am Gehäuse, die normalerweise leuchten müssen? Leuchten Dioden auf, die normalerweise nicht leuchten dürfen? Beispielsweise darf die Festplatten-Diode nicht permanent leuchten, wenn Sie keinen Zugriff auf die Festplatte durchführen. Eine Ausnahme bildet hier Windows, das von Zeit zu Zeit auf die Festplatte zugreift und Daten auslagert oder von der Auslagerungsdatei in den Arbeitsspeicher zurückschreibt. Auch die LEDs von anderen Laufwerken oder Streamern dürfen eventuell nicht dauerhaft leuchten. Bei einem Streamer deutet eine ständig leuchtende LED darauf hin, daß eine Erkennungs-Lichtschranke defekt oder verschmutzt ist, die das Vorhandensein eines Sicherungsbandes feststellen soll. Wird hier dauernd ein vorhandenes Band gemeldet, wird der Streamer auch Zugriffsgeräusche von sich geben.

- Während der Startphase achten Sie bitte auf die Tastatur. Alle LEDs »Num-Lock«, »Caps-Lock« und »Scroll-Lock« leuchten kurz auf und verlöschen anschließend wieder. Je nach Einsatz kann die »Num-Lock«-LED auch anbleiben, da hier der numerische Tastenblock aktiviert ist. Werden lange Zahlenkolonnen eingegeben, ist der Einsatz dieses Zahlenblocks sinnvoll.

- Hören Sie auf das vertraute Lüftergeräusch des Netzteils. In einigen Fällen eines Hauptplatinenfehlers sehen Sie einen kurzen Ruck des Lüfters, der dann sofort wieder stehenbleibt. Das Netzteil gibt aber keinerlei Spannung für andere Geräte ab. Diese Eigenschaft des Netzteils wird durch die sogenannte »Power-Good«-Leitung gewährleistet. Nach einem kurzen Test gibt das Mainboard einen Impuls an das Netzteil, der besagt: »Bei mir alles in Ordnung«. Jetzt steuert das Schaltnetzteil auf und versorgt alle Geräte mit Strom. Unterbleibt dieser Impuls infolge eines Fehlers, schaltet das Netzteil direkt wieder ab, wobei auch der eigene Lüfter betroffen ist. Um sich Gewißheit zu verschaffen, müssen Sie den PC öffnen und die Verbindungskabel vom Netzteil zur Platine lösen. Schalten Sie jetzt den Rechner wieder ein. Läuft das Netzteil wie gewohnt, ist das Problem auf der Hauptplatine zu suchen. Bitte beachten Sie im Zusammenhang mit dem Netzteil, daß Sie es niemals lastfrei, also ohne angeschlossenen Verbraucher betreiben. Öffnen Sie es nicht selbständig, wenn Sie nicht über die nötigen Kenntnisse verfügen. Da es sich hier um 230 Volt handelt, besteht Lebensgefahr.

Bei dieser Fehlersuche sollte man sich die folgenden Fragen immer wieder systematisch stellen und beantworten:

- Was läuft nicht oder falsch?

  Versuchen Sie, den Fehler für sich (und auch andere Personen) so präzise wie möglich zu beschreiben. Es reicht nicht festzustellen: »Der Monitor geht nicht«, sondern die Fragestellung muß geändert werden in: »Der Monitor funktioniert nicht, wenn ich ...«. Oft beinhaltet die anschließende Bedingung, unter der der Fehler auftritt, Ansätze für die Lösung oder sogar die Lösung selbst. Lassen Sie den Fehler von anderen Personen reproduzieren, um festzustellen, ob in dieser neuen Konstellation der Fehler immer noch vorhanden ist. Leider kann es immer wieder (beispielsweise streßbedingt) zu Fehlbedienungen kommen, die bei genauerer Betrachtung keine echten Fehler sind.

- Unter welchen Bedingungen läuft es nicht?

  Isolieren Sie mit einer eingehenden Analyse der Umgebung und der Bedingungen den Fehler so genau wie eben möglich: »Der Drucker funktioniert nicht bei der Textverarbeitung und der Tabellenkalkulation. Ein direkter Druck von DOS aus funktioniert einwandfrei.« Bei diesem Fehler müssen Sie nicht nach einem Hardwarefehler suchen, sondern die Druckertreiber-Einstellungen kontrollieren.

- Äußert sich der Fehler immer in der gleichen Weise?

  Manche Probleme äußern sich unter verschiedenen Bedingungen gleich, andere haben jeweils andere Auswirkungen. So kann es beispielsweise beim Einschalten zu dem Problem kommen, daß der PC nicht von der Festplatte bootet. Nach einem Reset wird die Festplatte einwandfrei erkannt und auch das Betriebssystem anstandslos geladen. In diesem Fall sollten Sie die Bustakt-Einstellungen kontrollieren, da dieser Fehler auf eine fehlgeschlagene Initialisierung der Controllerhardware schließen läßt. Dies kann bei zu schnell getaktetem System-Bus zu diesem Problem führen. Das gleiche gilt für nicht erkannte Grafikkarten oder Schnittstellen.

- Wann funktionierte noch alles einwandfrei?

  Konzentrieren Sie sich auf den Zeitraum, in dem das Problem verursacht wurde. Klären Sie mit anderen Personen, die ebenfalls mit dieser Hardware zu tun haben, was in der Zwischenzeit vorgefallen sein kann. Was wurde seit der letzten Arbeitssitzung geändert? Wurde der Arbeitsplatz verändert oder mit den Geräten ein Ortswechsel durchgeführt? Wurde der PC über Nacht im Auto »aufbewahrt«, sollten Sie ihn nicht direkt einschalten, damit er sich wieder an die häuslichen Temperaturen gewöhnen kann. Ohne diese etwa einstündige Phase kann es zu massiven Problemen kommen.

Wichtige Ratschläge zur Fehlersuche

Natürlich ist es nicht ganz einfach, wenn Sie in die Situation kommen, ein Rechnerproblem lösen zu müssen. Vor allem dann, wenn zusätzlich Termindruck da ist und eine wichtige Aufgabe erledigt werden muß. Auch kann es in Streß ausarten, wenn Sie nach stundenlanger, mühevoller Arbeit plötzlich feststellen müssen, daß Ihr Werk nicht mehr abzuspeichern ist oder der PC ohne Sicherung abstürzt.

Aber all dies sollte Sie nicht davon abhalten, die dann fällige Fehlersuche ruhig, präzise und systematisch durchzuführen. Leider kann man durch eine überschnelle, unüberlegte Reparatur erheblich mehr Schaden anrichten als bereits entstanden ist.

Bitte beachten!

Gerade, wenn Sie keine professionelle Werkstatt haben und nicht jeden Tag einen PC reparieren oder auf Fehlersuche gehen müssen, sollten Sie die nachfolgenden Hinweise beachten:

- Nehmen Sie sich Zeit, da bereits durch den Fehler genug Unheil angerichtet ist. Da muß nicht noch ein Fehler durch eine überschnelle Reparatur verursacht werden. Vor allem machen Sie eine kurze Schaffenspause, wenn ein Problem gerade aufgetreten ist. Überlegen Sie sich eine Vorgehensweise, die Sie auch dokumentieren als spätere Arbeitsanleitung.
- Befragen Sie Fachleute aus Ihrem Bekanntenkreis, die Ihnen wertvolle Tips zu diesem Problem geben können.
- Achten Sie auf statische Aufladung, die einen PC zerstören kann. Wenn Sie mit Gummisohlen auf einem Synthetikteppich laufen, werden Sie feststellen, daß Sie einen kleinen Funken verursachen, wenn Sie metallische Gegenstände berühren.

Dieser kleine Funken ist für einen PC schon eine bedrohliche Gefahr. Wenn Sie beispielsweise Speicherbausteine nachrüsten, kann dieser Funke das Modul zerstören. Um dieses Entladen im PC zu vermeiden, werden im Fachhandel Erdungsbänder angeboten, die man sich wie ein Armband anzieht. Diese wiederum sind mit einem Erdungsleiter mit einem geerdeten Gegenstand verbunden. Sollten Sie solch ein Band nicht besitzen, können Sie auch ein in der Nähe des Rechners befindliches Metallteil berühren. Beispielsweise müssen Wasserhähne, Heizungen und metallische Haushaltsgeräte laut VDE geerdet sein.

- Achten Sie im PC auf Kleinteile, die lose im Gehäuse herumliegen. Sammeln Sie diese Teile, und befragen Sie einen Fachmann, von welcher Baugruppe sie stammen könnten. Sollten Sie bereits den Ursprungsort gefunden haben, achten Sie darauf, daß das Anbringen des Steckers oder anderer Teile nur bei ausgeschaltetem PC erfolgen darf. Auch wenn Sie die Teile nicht direkt zuordnen können, sollten Sie alles aufheben. Zu einem späteren Zeitpunkt können diese Teile vielleicht wieder eine gute Hilfe sein.

- Wenn Sie nach einer Reparatur erste Einschaltversuche planen, achten Sie darauf, daß alle Steckkarten wieder richtig im Steckplatz sitzen und auch alle Kabelverbindungen wieder gesteckt sind. Kontrollieren Sie die folgenden Komponenten auf korrekten Sitz: Prozessor, Arbeitsspeicher, Cache-Speicher, Steckkarten, Stromanschlüsse aller Bauteile, Datenkabel.

- Achten Sie bei Tests immer auf Ihr Werkzeug. Sie sollten keine Werkzeuge im PC zurücklassen, wenn Sie testen. Die meisten Zangen und Schraubendreher bestehen aus Metall, dieses wiederum kann innerhalb des Rechners einen Kurzschluß verursachen. Gerade wenn Sie unter Zeitdruck arbeiten, kann durch überhastetes Arbeiten dieser Fall sehr schnell eintreten. Haben Sie Ihre Arbeiten erfolgreich abgeschlossen, sollten Sie besonders vor dem Schließen des Gehäuses darauf achten, daß kein Werkzeug zurückbleibt.

- Dokumentieren Sie jede Veränderung an Schaltern und Jumpern, die Sie auf Steckkarten durchgeführt haben. Sollte das Problem eine andere Ursache gehabt haben, müssen Sie alle Änderungen wieder rückgängig machen. Sie werden feststellen, daß Sie nach einer mehrstündigen Fehlersuche nicht mehr alle Schritte zurückverfolgen können, die zuvor durchgeführt wurden. Auch für andere Mitarbeiter und für Ihre weiteren Arbeiten ist diese Dokumentation wichtig. So können Sie auch nach einer längeren Zeitspanne genau Auskunft darüber geben, welche Arbeiten durchgeführt wurden.

- Schreiben Sie auf, warum Sie welche Arbeiten durchgeführt haben. Schreiben Sie Vermutungen und Befunde Ihrer Arbeit peinlich genau auf. Sollte das Gerät doch zu einem Fachmann gebracht werden müssen, haben Sie einen eindeutigen Arbeitsbericht vorzuweisen. Auch haben Sie eine Kontrolle über intakte Geräte, wenn Sie einzelne Baugruppen bereits getestet haben. Leider haben unabhängige Tests von EDV-Fachzeitschriften immer wieder ergeben, daß unseriöse Händler zu ihrer eigenen Umsatzsteigerung mehr tauschen und »reparieren«, als eigentlich nötig ist.

Haben Sie ein Problem gelöst, planen Sie einen gründlichen Probelauf. Starten Sie viele Anwendungen, die Sie sonst verwenden, und testen Sie alle Funktionen, die Sie im Programm immer wieder benötigen. Reizen Sie den PC bis an seine Grenze aus. Drucken Sie aus jeder Anwendung, und vergleichen Sie die Ergebnisse mit früheren Dokumenten. Nur durch solche Vorgehensweise können Sie sicher sein, daß Sie das Problem wirklich gelöst haben. Trauen Sie dem PC solange nicht über den Weg, bis er alle Ihre Tests zur Ihrer Zufriedenheit absolviert hat. Nehmen Sie zusätzlich noch Programme in Anspruch, die auch Funktionen testen können, die Sie über Anwendungen nicht erreichen können.

10.5 Das BIOS meldet Fehler

Bei der Fehlersuche ist besonders das BIOS mit einzubeziehen. Denn während des POST nimmt es Ihnen eine Reihe von Aufgaben ab, da es selbst alle Geräte initialisiert und deren Funktion kontrolliert. Mit Hilfe von Beep-Codes – wenn der Bildschirm dunkel bleiben sollte – oder Fehlermeldungen auf dem Bildschirm gibt es Auskunft über die Ergebnisse dieser Tests. In den Kapiteln zu den einzelnen BIOS-Versionen und im Anhang finden Sie eine Reihe von sogenannten Error-Codes, mit denen der BIOS-Hersteller das Ergebnis seiner Überprüfungen mitteilt. Die Fehlermeldungen sollten Sie unbedingt ernst nehmen und deren Ursache auf den Grund gehen. Denn arbeitet ein Gerät oder eine Komponente bei den relativ einfachen Tests schon nicht einwandfrei, sind auch beim Einsatz unter dem verwendeten Betriebssystem Probleme zu erwarten.

10.6 Fehlerdiagnose mit Software

Bei der Fehlerdiagnose mittels Software verlagern Sie das Aufspüren des Problems auf ein Programm, das mit Hilfe bestimmter Testroutinen versucht, dem Fehler auf die Schliche zu kommen. Hierbei ist allerdings zu beachten, daß keine elementaren Probleme diagnostiziert werden können, da der PC bereits eine gewisse Intelligenz besitzen muß. Denn zum Ausführen des Programms muß sich bereits ein Betriebssystem laden lassen; auch wenn es das eigene System des Softwareherstellers ist. Liegt der Fehler bereits in der

CPU, dem Chipsatz oder dem Arbeitsspeicher vor, ist diese Möglichkeit nur bedingt tauglich. Denn hier gibt der PC häufig kein Lebenszeichen mehr von sich, geschweige denn er lädt noch ein System. Sie reduzieren also die Probleme auf Bereiche, die nicht während des POST erkannt wurden.

Allerdings gibt es Bereiche, die vom POST erkannt wurden und bei denen Software gute Dienste leisten kann. Beispielsweise bei Festplattenproblemen bringt ein Tool wie ScanDisk oder der Norton Disk Doctor das Laufwerk wieder zum Laufen, wenn durch einen Systemabsturz die Partitionsdaten durcheinandergeraten sind. Aber der PC muß immer in der Lage sein, Programme und Befehle ausführen zu können.

Sehr gute Hilfe leisten die Programme bei der Identifikation von Problemen bei Peripheriegeräten, da hier definierte Schnittstellen zur Verfügung stehen, die mit Hilfe von Software abgefragt und ausgewertet werden können. Auch die seriellen und parallelen Schnittstellen lassen sich mit Hilfe von Software und Teststeckern einwandfrei überprüfen. Solche Teststecker erhalten Sie beispielsweise bei der Vollversion von CheckIt direkt mitgeliefert. Bei Problemen mit den Ports werden diese einfach auf die entsprechende Schnittstelle aufgesteckt und die Software gestartet. Über Kurzschlußbrücken im Stecker werden Daten von Schreibleitungen direkt in die Leseregister übertragen und die Arbeitsweise überwacht. So kann die Funktionstüchtigkeit kontrolliert werden. Aber nicht nur bei dem Verdacht eines Defektes ist dieser Test angeraten. Auch wenn Sie eine Hauptplatine im AT-Format gewechselt haben, bei der die Schnittstellenstecker über kurze Anschlußkabel mit der Hauptplatine verbunden werden, bietet der Test eine gute Möglichkeit, vor dem Verschließen des Gehäuses zu kontrollieren, ob die Stecker korrekt angebracht sind. Denn häufig ist die Orientierung des Steckers in einem engen Gehäuse nicht einwandfrei zu identifizieren.

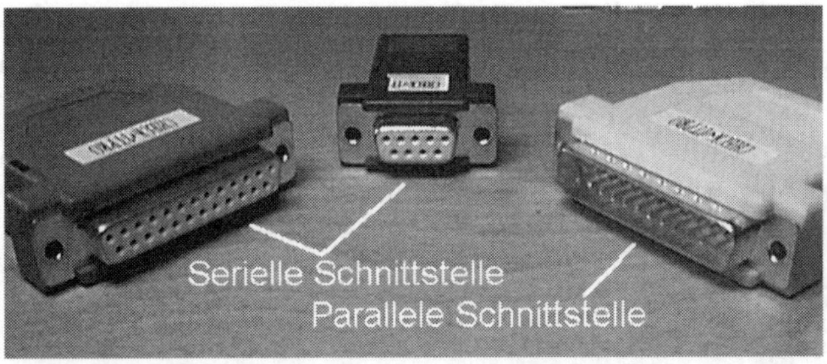

Abb. 10.1: Mit diesen Schnittstellensteckern können serielle und parallele Schnittstellen getestet werden

Für den versierten PC-Benutzer sind auch im Fachhandel sogenannte RS232-Break-Out-Boxen erhältlich. Bei diesen Schnittstellenboxen können Sie mittels Steckbrücken jede beliebige Kontaktverbindung herstellen. Einfachstes Beispiel wäre ein Nullmodemkabel zur Datenübertragung. Oder Sie benötigen eine bestimmte Steckerbelegung bei einem seriellen Druckerkabel. Viele weitere Einsatzzwecke sind für diese Box denkbar, bei denen es darauf ankommt, ohne Lötvorgang eine bestimmte Steckerbelegung bei der Schnittstelle herzustellen. Nebenbei kann man sich den Signalfluß über Leuchtdioden ansehen, was bei der Fehlersuche und Funktionskontrolle sehr von Vorteil ist.

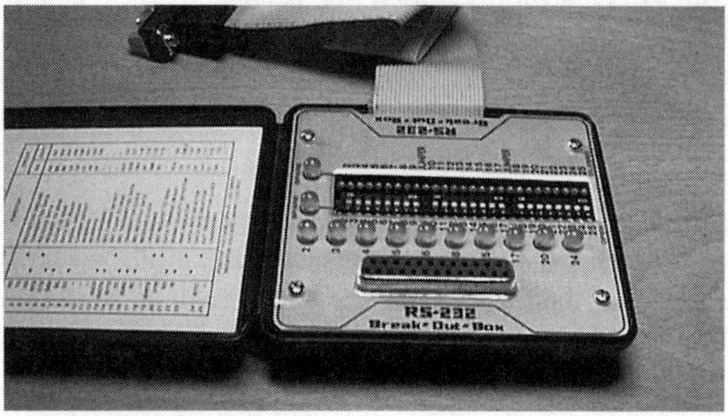

Abb. 10.2: Diese Break-Out-Box hilft bei der Herstellung von Verbindungen zu Peripheriegeräten

Aber auch Microsoft hat bei der Entwicklung von Windows 98 darauf geachtet, daß die Diagnose innerhalb des Systems mit Software weiter ausgebaut wird. Neben den schon bekannten Möglichkeiten im Gerätemanager steht Ihnen innerhalb des Startmenüs das Programm *Systeminformationen* zur Verfügung. Sie erreichen es über *Start / Programme / Zubehör / Systemprogramme / Systeminformationen*. Zwar ist diese Anwendung kein Diagnose-Tool im klassischen Sinne, denn Tests können Sie nicht durchführen, aber Windows 98 hat eine Reihe von Diagnosen während des Starts durchgeführt und bietet innerhalb der Übersicht die Ergebnisse zur Ansicht an. Sollten also dem Betriebssystem Probleme aufgefallen sein, können Sie diese durch einen Blick in die Kategorien ermitteln. Auf jeden Fall lohnt ein Blick in diese Anwendung, denn hier erhalten Sie weitere Tools (im Menü *Extras*), mit denen Sie das Betriebssystem besser im Griff haben.

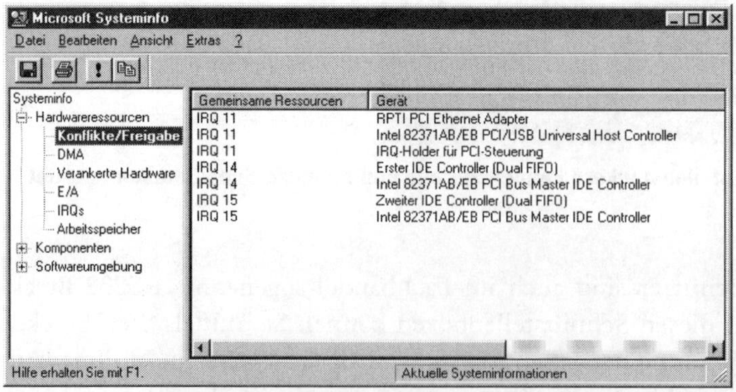

Abb. 10.3: Microsoft Systeminfo von Windows 98 bietet weitreichende Informationen zum Rechner an

11 Rechner-Theorie

Um die BIOS-Einstellungen und deren Auswirkungen beurteilen zu können, benötigen Sie auch Hardwarekenntnisse. Die folgenden Abschnitte beschäftigen sich daher mit einer Reihe von Grundlagen, die man immer wieder benötigt. Dazu zählen vor allem die Ressourcenvorgaben, bei denen für Interrupts, I/O-Adressen und DMA-Kanäle erkennbar ist, welche Ressourcen bereits belegt und welche noch frei zur Verfügung stehen. Nur durch diese Hinweise und die Kontrolle im eigenen PC können Sie Ihren PC entsprechend konfigurieren und sicher sein, daß alle Komponenten korrekt arbeiten. Als oberste Regel sollten Sie in jedem Fall beachten, daß Ressourcen nicht doppelt belegt werden dürfen, da in diesem Fall nicht einwandfrei festgestellt werden kann, wer für einen Interrupt verantwortlich ist. Dies führt zu Fehlfunktionen und schlimmstenfalls zu Systemabstürzen. Eine Ausnahme bilden PCI-Komponenten, bei denen durch einen bestimmten Betriebsmodus das *Interrupt-Sharing* – also die gleichzeitige Verwendung eines Interrupts von mehreren Geräten – zugelassen ist.

11.1 Die Interrupts im PC

Die Zuteilung der Interrupts muß häufig trotz Plug&Play manuell vorgenommen werden. Als Grundregel ist hier zu beachten, daß keine Interrupts doppelt belegt werden dürfen. Eine Ausnahme bilden PCI-Steckkarten, bei denen das sogenannte Interrupt-Sharing eingesetzt werden kann. Dabei können sich sehr wohl mehrere Karten einen IRQ teilen. Werden die Interrupts knapp, können Sie auch einzelne Geräte ohne IRQ betreiben. Beispielsweise die Grafikkarte oder parallele Schnittstellen funktionieren auch ohne Interrupt. Bei den letztgenannten Schnittstellen können auf diese Weise drei parallele Ports in einem Rechner betrieben werden. Um die Zuordnung zu vereinfachen, sollten Sie eine Liste der vergebenen Interrupts erstellen. So erkennen Sie auf den ersten Blick, welche Ressourcen frei oder bereits belegt sind.

Aber wie arbeiten Interrupts? Ein Interrupt ist ein Hardware-Signal, das dem Prozessor mitteilt, seine momentane Aufgabe zu stoppen und sich der Komponente zu widmen, die dem Interrupt zugeteilt wurde. So kann beispielsweise die Tastatur auf sich aufmerksam machen und mitteilen, daß Daten – also Befehle – anstehen, die nun verarbeitet werden sollen. Ohne Interrupts müßte der Prozessor ständig die gesamte Hardware überwachen, um ein Ereignis zu erkennen. Durch die Verwendung der IRQs kann sich die CPU ganz ihren Aufgaben widmen und reagiert nur dann, wenn ein Ereignis eine Unterbrechung anfordert. Hierbei ist zu beachten, daß ein Prozessor auch einen Interrupt übergehen kann, wenn ein Programm oder eine Funktion ausgeführt wird, die durch externe Ereignisse nicht unterbrochen werden darf. Aus diesem Grund haben die Prozessoren einen speziellen Interrupt, der auch dann aktiv ist, wenn die herkömmlichen Interrupts abgeschaltet sind. Dieser als NMI (Non-Maskable-Interrupt) bezeichnete IRQ kommt beispielsweise zum Einsatz, wenn schwerwiegende Probleme wie Speicherfehler diagnostiziert wurden.

Die Prozessoren der x86-Familie sind in der Lage, 256 unterschiedliche Interrupts zu verarbeiten. Dabei können diese Interrupts auch mit bestimmten Instruktionen versehen werden. Diese IRQs werden als Software-Interrupts bezeichnet. Software-Interrupts werden in der x86-Prozessorfamilie auch mit INT, gefolgt von der Interrupt-Nummer (z. B. INT13h) bezeichnet. Die Software-Interrupts werden von Anwendungen und Programmen ausgelöst, wobei anschließend zu einem anderen Programm verzweigt wird. Da Sie bei der Konfiguration des Rechners ausschließlich mit Hardware-Interrupts in Berührung kommen, werden auch nur diese bei der nachfolgenden Betrachtung eingehend behandelt. Die Software-Interrupts sind in der Regel nur für Programmierer von Interesse.

Der Ur-PC (IBM PC, XT) besaß zunächst nur einen Interrupt-Controller. Daher standen auch nur acht Interrupt-Leitungen zur Verfügung. Erst mit der Einführung des 80286 (AT) wurde ein zweiter Interrupt-Controller in das System integriert. Auf diese Weise sind nun 15 IRQs nutzbar. Über den fehlenden 16. Interrupt (IRQ 2) spricht der erste Interrupt-Controller (Master) den zweiten Controller (Slave) an. Es besteht eine Verbindung zwischen IRQ 2 und IRQ 9. Hierbei ist zu beachten, daß Karten, die auf den IRQ 2 konfiguriert sind, tatsächlich IRQ 9 verwenden. Daher dürfen Sie bei der Vergabe nicht den Fehler machen, IRQ 2 und IRQ 9 an unterschiedliche Karten zu vergeben, da es hier zu einer – zunächst nicht sichtbaren – Doppelbelegung kommt. Diese Verbindung zwischen dem ersten und zweiten Interrupt-Controller wird in der Literatur häufig auch mit *Cascade* bezeichnet, was auf die Aneinanderreihung (Kaskadierung) der Bauteile hinweist.

Erfolgt aufgrund eines Ereignisses eine Unterbrechung mittels IRQ, unterbricht der Prozessor seine Tätigkeit und widmet sich dem Gerät, das für den Interrupt verantwortlich war. Zuvor merkt sich der Prozessor die Stelle, an der seine Arbeit unterbrochen wurde. Anschließend wird zur vorgesehenen Routine verzweigt und diese verarbeitet. Bei diesen Routinen handelt es sich beispielsweise um Programmteile eines Treibers oder Bestandteile des Rechner-BIOS. Ist die Verarbeitung beendet, springt der Prozessor wieder zur zuvor gespeicherten Stelle des gestoppten Prozesses zurück und nimmt dort seine Arbeit wieder auf.

Welche Routine nach dem Auslösen einer Unterbrechung abgearbeitet wird, hängt vom jeweiligen Interrupt ab. Während beispielsweise IRQ 1 den Prozessor davon in Kenntnis setzt, daß Eingaben von der Tastatur zu verarbeiten sind, ist IRQ 7 für die Steuerung der ersten parallelen Schnittstelle (LPT 1) zuständig. Was die Ursache für die Auslösung eines Interrupts war, wird durch entsprechende Routine festgestellt. Im Falle der parallelen Schnittstelle kann dies beispielsweise von einer Anwendung erfolgt sein, die Daten zum Drucker senden möchte. Aber auch der Drucker kann durch den IRQ darauf aufmerksam machen, daß beispielsweise kein Papier mehr vorhanden ist oder der Toner zur Neige geht. Jetzt wird klar, warum Interrupts möglichst nur mit einer Komponente belegt sein sollten. Bei Doppelbelegungen können sich die Komponenten und deren Interrupt-Routinen ins Gehege kommen, was schlimmstenfalls zum Absturz des Rechners führt.

Verwenden Sie DOS-Tools zur Anzeige der Interrupt-Belegungen, sollten Sie folgende Hinweise beachten. Beispielsweise das mit DOS gelieferte MSD kann eine Interruptliste anzeigen. Das Problem bei DOS-Anwendungen ist, daß bereits belegte IRQs häufig nur dann korrekt angezeigt werden, wenn ein Treiber für die Komponente geladen wurde. Beispielsweise wird eine auf IRQ 5 konfigurierte Netzwerkkarte nicht im Programm angezeigt, wenn kein Netzwerkkartentreiber geladen wurde. Die Anzeige repräsentiert in diesem Fall nicht die tatsächlich vorhandene Konfiguration. Auch für Soundkarten gelten diese Hinweise. Hier sind besonders DOS-Spiele absturzgefährdet, wenn die Einstellung der Soundkarte nicht den Standardvorgaben entspricht. Diese Anwendungen suchen nach dem Start bestimmte Interrupts (z. B. IRQ 5 oder 7) nach Soundkarten ab. Ist die Karte mit anderen Ressourcen konfiguriert, ist das Spiel häufig überfordert und versagt komplett seinen Dienst.

Unter Windows 95/98 sind die noch freien und belegten Interrupts innerhalb der Systemsteuerung einsehbar. Dazu starten Sie in der Systemsteuerung das Symbol *System* und rufen das Register *Geräte-Manager* auf. Markieren Sie *Computer* und klicken Sie auf die Schaltfläche *Eigenschaften*. Im erscheinenden Dialogfenster *Eigenschaften von Computer* ist bereits die Optionsschaltfläche *Interrupt (IRQ)* markiert, und in der Liste sind alle belegten Interrupts und die zugeordneten Komponenten aufgeführt. Da hier bereits alle Treiber installiert wurden, kann man mit großer Sicherheit davon ausgehen, daß die Anzeige korrekt den Status des Rechners darstellt.

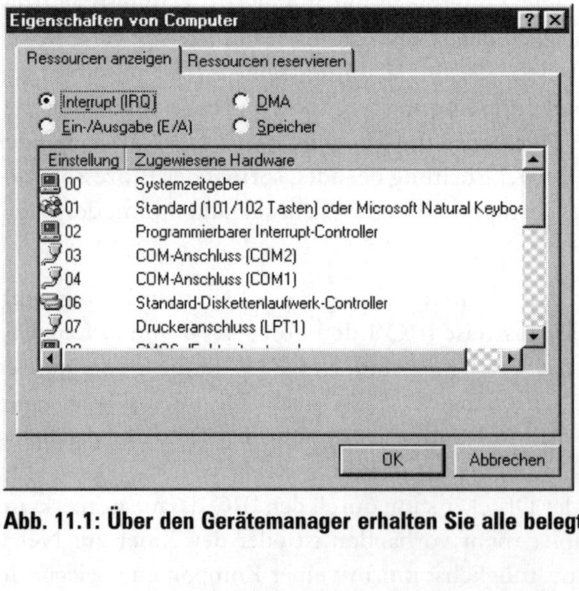

Abb. 11.1: Über den Gerätemanager erhalten Sie alle belegten Interrupts angezeigt

Die folgende Übersicht zeigt die möglichen Interrupts im PC und deren Belegungen. Dabei habe ich auch Standardeinstellungen einiger Karten berücksichtigt. Sollten Sie diese Karten nicht verwenden, stehen die entsprechenden Interrupts natürlich zur Verfügung.

IRQ	Verwendung
0	Hauptplatine: Systemtimer
1	Hauptplatine: Tastatur-Controller
2	Hauptplatine: Verbindung zum zweiten Interrupt-Controller
3	zweite und vierte serielle Schnittstelle (COM 2/COM 4)
4	erste und dritte serielle Schnittstelle (COM 1/COM 3)
5	Soundkarten oder zweite parallele Schnittstelle (LPT 2)
6	Disketten-Controller
7	Soundkarten oder erste parallele Schnittstelle (LPT 1)
8	Hauptplatine: Echtzeituhr (RTC)
9	Manche VGA-Karten, Onboard-SCSI-Hostadapter, MIDI-Anschluß von Soundkarten (entspricht IRQ 2)
10	frei (z. B. für 16-Bit-Netzwerkkarten)
11	frei (Standardeinstellung vieler SCSI-Hostadapter)
12	frei (nur bei Verwendung einer PS/2-Maus belegt)
13	Mathematischer Coprozessor
14*	Erster EIDE-Festplatten-Controller (primär)
15*	Zweiter EIDE-Festplatten-Controller (sekundär)

* Bei den beiden Festplatten-Controllern ist zu beachten, daß sich diese häufig direkt auf der Hauptplatine des Rechners befinden. Wird einer nicht benötigt oder verwenden Sie einen SCSI-Hostadapter, können die Controller deaktiviert werden. Dazu stehen Optionen im CMOS-Setup oder Jumper auf der Hauptplatine zur Verfügung. Sind die Controller deaktiviert, können die nun freien Interrupts wieder für andere Komponenten verwendet werden.

Die Arbeit der Interrupts

Die unteren 1024 Byte des Arbeitsspeichers sind für eine Tabelle reserviert, in der die Adressen für die 256 möglichen Interrupts gespeichert sind. Tritt eine Unterbrechung auf, sei es ein Hard- oder Software-Interrupt, multipliziert der Prozessor die Interrupt-Nummer mit 4 und sieht an der entsprechenden Speicherstelle nach. Dort findet er die Adresse des Programms, das diesen Interrupt behandelt. Die aktuelle Adresse und die Flags werden in einem Stack gespeichert; und durch einen Sprung an den Anfang der Interrupt-Behandlung wird mit dieser begonnen. Nach Abschluß der Interrupt-Routine wird eine spezielle Instruktion ausgeführt, um an die zuvor verlassene Programmstelle zurückzukehren. Diese Instruktion liest die zuvor gespeicherte Adresse und die Flags aus dem Stack und plaziert diese zurück in die entsprechenden Register des Prozessors.

Die Software-Interrupts des PCs

Adresse	INT #	Interrupt-Name
000 - 003	0	Division durch Null
004 - 007	1	Single Step IRET
008 - 00B	2	NMI Non Maskable Interrupt
00C - 00F	3	Breakpoint
010 - 013	4	Overflow IRET
014 - 017	5	Print Screen
018 - 01F	6	Reserviert 018-01B und 01C-01F
020 - 023	8	Time of Day Ticker IRQ0
024 - 027	9	Keyboard IRQ1
028 - 02B	A	XT reserviert, AT IRQ2 direct to IRQ9
02C - 02F	B	COM2 Kommunikation, IRQ3
030 - 033	C	COM1 Kommunikation, IRQ4
034 - 037	D	XT Hard Disk, AT Parallel Printer, IRQ5
038 - 03B	E	Floppy Disk, IRQ6
03C - 03F	F	Parallel Printer 1, IRQ7, slave 8259, IRET
040 - 043	10	ROM Handler - Video
044 - 047	11	ROM Handler - Equipment Check
048 - 04B	12	ROM Handler - Memory Check
04C - 04F	13	ROM Handler - Diskette I/O
050 - 053	14	ROM Handler - COMM I/O
054 - 057	15	XT Cassette, AT ROM Catchall Handlers
058 - 05B	16	ROM Handler - Keyboard I/O

Adresse	INT #	Interrupt-Name
05C - 05F	17	ROM Handler - Printer I/O
060 - 063	18	ROM Handler - Basic Startup
064 - 067	19	ROM Handler - Bootstrap
068 - 06B	1A	ROM Handler - Time of Day
06C - 06F	1B	ROM Handler - Keyboard Break
070 - 073	1C	ROM Handler - User Ticker
074 - 077	1D	ROM Pointer, Video Initialization
078 - 07B	1E	ROM Pointer, Diskette Parameters
07C - 07F	1F	ROM Pointer, Graphics Character Set 2
080 - 083	20	DOS - Terminate Program
084 - 087	21	DOS - Function Call
088 - 08B	22	DOS - Program's Terminate Address
08C - 08F	23	DOS - Program's Control-Break Address
090 - 093	24	DOS - Critical Error Handler
094 - 097	25	DOS - Absolute Disk Read
098 - 09B	26	DOS - Absolute Disk Write
09C - 09F	27	DOS - TSR Terminate & Stay Ready
0A0 - 0FF	28-3F	DOS - Idle Loop, IRET
100 - 103	40	Hard Disk Pointer - Original Floppy Handler
104 - 107	41	ROM Pointer, XT Hard Disk Parameters
108 - 10B	42-45	Reserviert
10C - 10F	46	ROM Pointer, AT Hard Disk Parameters
110 - 17F	47-5F	Reserviert
180 - 19F	60-67	Reserviert für Benutzer (67 is Expanded Memory)
1A0 - 1BF	68-6F	Nicht verwendet
1C0 - 1C3	70	AT Real Time Clock, IRQ8
1C4 - 1C7	71	AT Redirect to IRQ2, IRQ9, LAN Adapter 1
1C8 - 1CB	72	AT Reserved, IRQ10
1CC - 1CF	73	AT Reserved, IRQ11
1D0 - 1D3	74	AT Reserved, IRQ12
1D4 - 1D7	75	AT 80287 Error to NMI, IRQ13

Adresse	INT #	Interrupt-Name
1D8 - 1DB	76	AT Hard Disk, IRQ14
1DC - 1DF	77	AT Reserved, IRQ15
1E0 - 1FF	78-7F	Nicht verwendet
200 - 217	80-85	Reserviert für BASIC
218 - 21B	86	NetBIOS, Relocated Interrupt 18H
218 - 3C3	87-F0	Reserviert für BASIC Interpreter
3C4 - 3FF	F1-FF	Nicht verwendet

Die Speicherbereiche des PCs

Adressbereich	Größe	Verwendung
00000 – 003FF	1 K	Interrupt-Vektoren (Tabelle)
00400 – 7FFFF	512 K	BIOS, DOS, 512 KByte Speicherbereich
80000 – 9FFFF	128 K	128 KByte Speicherbereich (bis 640 KByte)
A0000 – AFFFF	64 K	EGA/VGA Video-Pufferspeicher
B0000 – B7FFF	32 K	Monochrome Pufferspeicher
B8000 – BFFFF	32 K	CGA- und EGA-Pufferspeicher
C0000 – C3FFF	16 K	EGA/VGA Video-BIOS
C4000 – C7FFF	16 K	ROM-Erweiterungsbereich
C8000 – CCFFF	20 K	XT Festplatten-Controller BIOS
CD000 – CFFFF	12 K	Benutzer PROM, Memory Mapped I/O
D0000 – DFFFF	64 K	LIM-Speicherfenster für Expanded Memory
E0000 – EFFFF	64 K	ROM-Erweiterung, I/O für XT
F0000 – FDFFF	56 K	ROM-Basic, falls vorhanden
FE000 – FFFD9	8 K	BIOS
FFFF0 – FFFF4	4 K	Urlader (erster Code nach dem Einschalten)
FFFF5 – FFFFC	8 K	BIOS Release Date
FFFFE – FFFFF	2 K	Machine ID (Top of 1 MByte RAM)
100000 – FFFFFF	15 Mbyte	AT Extended Memory

11.2 Die I/O-Adressen

Viele Komponenten wie Erweiterungskarten benötigen eine definierte I/O-Adresse, über die sie angesprochen werden können. Allerdings sind einige dieser Bereiche bereits belegt und können nicht erneut zugewiesen werden. Achten Sie vor dem Einbau auf die in Ihrem PC belegten Adressen. Der Gerätemanager von Windows 95/98 bietet einen guten Überblick über die bereits belegten I/O-Adressen. Dazu rufen Sie zunächst innerhalb der Systemsteuerung das Symbol *System* auf und wechseln in das Register *Geräte-Manager*. Hier markieren Sie *Computer* und klicken auf die Schaltfläche *Eigenschaften*. Im erscheinenden Dialogfenster *Eigenschaften für Computer* aktivieren Sie die Optionsschaltfläche *Ein-/Ausgabe (E/A)*. Mit dieser Vorgabe sind die I/O-Adressen bezeichnet, und Sie können mit Hilfe der Bildlaufleiste am rechten Fensterrand die einzelnen Komponenten und deren Adressen einsehen.

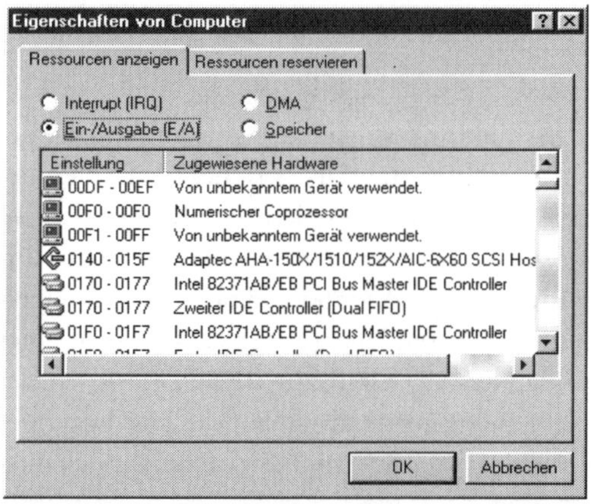

Abb. 11.2: Im Dialogfenster *Eigenschaften von Computer* sind die I/O-Adressen einsehbar

Um einen geeigneten Bereich für eine Erweiterungskarte zu ermitteln, nehmen Sie nun das Handbuch der Karte zur Hand und kontrollieren, welche Möglichkeiten der Hersteller für die Auswahl der I/O-Adresse zur Verfügung gestellt hat. Denn in der Regel stehen mehrere Adressen zur Verfügung. Mit Hilfe der Windows-Übersicht ist es nun nicht schwer, einen geeigneten freien Bereich für die Karte zu ermitteln. Dazu scrollen Sie solange durch die Übersicht, bis die verwendbaren Adressen erscheinen. Ist jetzt kein Gerät an dieser Adresse aufgelistet, können Sie diese verwenden. Für viele Karten (z. B. Netzwerk- oder SCSI-Hostadapter) wird beispielsweise die Adresse 0300h als Standardvorgabe verwendet. Haben Sie bereits ein solches Gerät im Einsatz, ist diese mit Sicherheit bereits belegt. Notieren Sie nach der Auswahl die freie Adresse in Ihrer Rechnerdokumentation. Mit Hilfe des Handbuches ist im nächsten Schritt zu ermitteln, wie die I/O-Adresse eingestellt wird. Hier haben selbst in Zeiten von Plug&Play die Steckbrücken (Jumper) noch nicht ausgedient. Die verwendete I/O-Adresse ist in diesem Fall natürlich vor dem Einbau festzulegen. Sollten keine Jumper vorhanden sein, kommt mit großer Sicherheit ein Setup-Programm zum Einsatz. Dieses sollten Sie nur vom DOS-Prompt (nicht in einer DOS-Box von Windows!) aus starten. Dazu rufen Sie das Startmenü beim Booten des PCs auf. Der richtige Menüpunkt lautet hier *MS-DOS-Eingabeaufforderung*. Rufen Sie das Tool von der Diskette auf, und programmieren Sie die entsprechenden Ressourcen. Neben den I/O-Adressen sind beispielsweise auch Interrupts oder DMA-Kanäle einstellbar. Beispielsweise AVM verwendet bei der Fritz!CARD (ISA-Version) eine auf den ersten Blick verwirrende Konfiguration der Ressourcen. Die I/O-Adresse wird mittels Jumper vor dem Einbau festgelegt und der benötigte Interrupt mit Hilfe des Installationsprogramms, also per Software. Dabei wird der Treiber noch vor dem Einbau der Karte installiert und dieser ermittelt die freien Ressourcen, die anschließend, nach dem Einbau der Karte verwendet werden. Während der Installation erhalten Sie in einem Fenster die Mitteilung, welche I/O-Adresse vor dem Einbau eingestellt werden soll. Ist das geschehen, wird die Karte anschließend sofort richtig erkannt und kann eingesetzt werden. Durch diesen »Trick« werden also Doppelbelegungen und Konflikte weitestgehend vermieden.

Die Konfiguration am DOS-Prompt, ohne daß Windows vollständig geladen wurde, bewahrt Sie vor einer Reihe weiterer Probleme. Denn sollte die Karte mit noch falsch eingestellten Ressourcen von Windows 95/98 gefunden werden, versucht das Betriebssystem bereits, Treiber zu laden und die Karte zu konfigurieren. Dies führt sehr häufig zu instabilen Rechnerzuständen und Fehlfunktionen anderer Komponenten, da noch eine Doppelbelegung vorliegt. Einige Programme für Netzwerkkarten legen durch den Start in einer DOS-Box den kompletten Rechner lahm, so daß nur der Griff zur RESET-Taste wieder zu einem funktionstüchtigen PC führt. Da diese Programme direkt auf die Hardware des Rechners zugreifen, kommt es hier zu Konflikten mit den internen Sicherheitsmechanismen von Windows 95/98.

Abb. 11.3: Diese aktuelle ISDN-Karte verwendet Jumper zur Einstellung der I/O-Adresse (siehe Kasten)

Die folgende Liste zeigt einige bereits verwendete I/O-Adressen im PC, die nicht zur Konfiguration von Erweiterungskarten zur Verfügung stehen oder als Standardwerte von Karten eingesetzt werden. Diese Liste erhebt allerdings keinen Anspruch auf Vollständigkeit, zeigt aber den Zustand in vielen Rechnern:

I/O-Adresse	**Belegung**
0000h – 001Fh	1. DMA-Controller
0020h – 003Fh	Interrupt-Controller (Master)
0040h – 005Fh	Timerbaustein (8254)
0060h – 006Fh	Tastatur-Controller (8042)
0070h – 007Fh	Real Time Clock
0080h – 009Fh	DMA-Page Register
00A0h – 00BFh	2. Interrupt-Controller (Slave)
00C0h – 00DFh	2. DMA-Controller
00F0h – 00FFh	Numerischer Prozessor (Coprozessor)
0108h – 0109h	Belegt für PCI-Bus
0170h – 0178h	Zweiter EIDE-Controller (sekundär)
0179h – 01CDh	Grafikkarte (VGA/8514)
01F0h – 01F8h	Erster EIDE-Controller (primär)
0200h – 0207h	Gameport für Joystick
0220h – 023Bh	Soundblaster und kompatible Soundkarten
023Ch – 023Fh	Bus-Maus Standardbelegung
0278h – 027Fh	Druckeranschluß (LPT 2)
02E8h – 02Efh	Grafikkarte (VGA/8514) oder COM 4
02F8h – 02FFh	Serielle Schnittstelle (COM 2)
0300h – 031Fh	SCSI-Hostadapter oder Netzwerkkarten
0330h – 0377h	MIDI-Schnittstelle (Standardeinstellung)
0378h – 037Fh	Druckeranschluß (LPT 1)
03B0h – 03BFh	Grafikkarte (Monochrome, Hercules)
03C0h – 03CFh	Grafikkarte (EGA oder VGA)
03D0h – 03DFh	Grafikkarte (CGA)
03E8h – 03EFh	Serielle Schnittstelle (COM 3)
03F0h – 03F7h	Disketten-Controller
03F8h – 03FFh	Serielle Schnittstelle (COM 1)

11.3 Die DMA-Kanäle

Um dem Prozessor die zeitraubende Arbeit des Datentransfers zum Arbeitsspeicher zu erleichtern, entwickelten die Ingenieure den DMA- (Direct Memory Access-) Betrieb, wobei in den Anfangstagen noch mit Taktfrequenzen zwischen 4 und 8 MHz gearbeitet wurde. Zwar ist die Taktfrequenz in modernen Rechner um ein Vielfaches höher und schnelle Bussysteme sorgen für einen hohen Datentransfer, aber DMA findet weiterhin bis heute Verwendung.

Um mit den Arbeitsabläufen vertraut zu werden, muß man sich zunächst vor Augen führen, zwischen welchen Komponenten regelmäßig Daten transportiert werden müssen. Größere Datenmengen werden vom Arbeitsspeicher zur Grafikkarte, von der Festplatte und vom Diskettenlaufwerk in den Arbeitsspeicher, vom CD-ROM-Laufwerk zur Soundkarte verschoben. Da es sich beim Transport der Daten um keine komplizierte, wohl aber um eine zeitaufwendige Tätigkeit handelt, haben die Ingenieure schon bei der Entwicklung darauf geachtet, den Prozessor von dieser Aufgabe zu befreien. Das entwikkelte DMA-Zugriffsverfahren arbeitet dabei heute in jedem modernen PC. Beim Transfer kommt ein zusätzlicher Baustein – der DMA-Controller – zum Einsatz, der nach Aufforderung durch den Prozessor beliebige Datenmengen von einem Speicherplatz zu einem anderen kopiert. Der Vorteil dieser Übertragung liegt darin, daß, nachdem die CPU die Aktion durch Übermittlung der Start- und Zieladresse sowie der Blocklänge gestartet hat, sich der Prozessor wieder anderen Aufgaben widmen kann. Er ist also nicht ständig mit der Überwachung des Datentransfers beschäftigt. Bei der Entwicklung des PCs (XT mit 8086-CPU) besaß dieser nur einen DMA-Controller; und auch nur einen Interrupt-Controller. Dabei standen vier DMA-Kanäle zur Verfügung, wobei allerdings nur einer vom Anwender frei belegt werden konnte. Ab dem AT (80286) wurden zwei DMA-Controller eingesetzt.

DMA-Betrieb mit 8 Bit

In den ersten PCs wurde vom Direct Memory Access reger Gebrauch gemacht. Von den vier 8 Bit DMA-Kanälen des IBM PC/XT war nur ein Kanal (Kanal 1) frei verfügbar. Kanal 0 wurde für die Auffrischung der Speicherzellen (= RAM-Refresh), also das regelmäßige Neuschreiben der Speicherinhalte, damit DRAMs den Inhalt wegen des Effekts der sogenannten Kondensatorentladung nicht verlieren, verwendet. Kanal 2 wurde für den Datentransfer zwischen den Diskettenlaufwerken und dem Arbeitsspeicher eingesetzt. Kanal 3 schließlich sorgte für einen reibungslosen Datentransfer zwischen Festplatten und Arbeitsspeicher, denn beim PC/XT kam erstmalig eine 10 MByte MFM-Festplatte zum Einsatz.

DMA-Betrieb mit 16 Bit

Bei den nachfolgenden Entwicklungen (AT, 80286) wurde ein zweiter DMA-Controller hinzugefügt, der eine Datenbreite von 16 Bit verwendet. Von den hinzugekommenen vier DMA-Kanälen wird allerdings ein Kanal (DMA4) für die Koordination zwischen erstem und zweitem Controller verwendet. Diese Einschränkung ist Ihnen schon bei der Betrachtung der Interrupt-Controller begegnet, wobei die sogenannte Cascade durch Verbinden der IRQs 2 und 9 ebenfalls für die Koordination zwischen erstem und zweitem Interrupt-Controller zuständig ist. Ebenfalls beim AT wurde eine neue Datenübertragungsart eingeführt: Dabei wird die Übertragung von und zu Festplatten nicht mehr über DMA, sondern über Programmed Input/Output (PIO) realisiert. Der Umstieg von der CPU-schonenden Methode der Datenübertragung zu PIO wurde aufgrund zweier Umstände notwendig:

- Die 286-Prozessoren von Intel waren inzwischen so leistungsfähig, daß sie den Datentransfer von Festplatteninformationen nebenher mit erledigen konnten.
- Unter dem damaligen Betriebssystem (MS-DOS 3.1) war der Prozessor ohnehin nicht ausgelastet, während er auf einen DMA-Transfer wartete.

Bei der Entwicklung der nachfolgenden Hauptplatinen- und Speicher-Generationen wurde auch der DMA-Kanal 0 wieder freigegeben. Durch diesen wurde, wie bereits erwähnt, der Speicher-Refresh durchgeführt. Durch die Entwicklung moderner Speicheradressierungs- und Refreshverfahren wie *Page Interleave Mode* und *Hidden Refresh*, kann die Auffrischung der Speicherinhalte effektiver vom Chipsatz der Hauptplatine durchgeführt werden.

Durch diese Entwicklung stehen also sechs freie DMA-Kanäle zur Verfügung. Aber DMA wird heute bei den Hardwareentwicklern immer seltener eingesetzt. Die wichtigsten Geräte, bei denen man derzeit noch auf Jumper oder Einstellungen zu DMA stößt, sind Soundkarten, ISDN-Karten und ältere CD-ROM-Laufwerke mit eigenem Controller. In diesen Fällen handelt es sich um den Datentransfer zu Peripheriegeräten mit relativ geringen Datenraten, der etwa bei 500 KByte pro Sekunde liegt.

Heute spielt DMA, wenn schneller Datentransfer gefordert ist, kaum noch eine große Rolle. Denn heutige Prozessoren stellen einen eigenen Befehl (REP MOVS) zur Verfügung, der die Leistung der DMA-Übertragung bei weitem übertrifft. Auch beim Datentransfer zwischen Komponenten (z. B. Festplatten und Arbeitsspeicher) hat DMA seine Bedeutung verloren. Nur zu Zeiten der XTs waren DMA-Zugriffe noch deutlich schneller als programmgesteuerte Datenübertragungen mittels CPU. Die maximale DMA-Datentransferrate von 2 MByte pro Sekunde wird heute allerdings von jedem Prozessor weit übertroffen.

Für Soundkarten ein Muß

Beim Betrieb von Soundkarten stört die Einschränkung bei der Datentransferrate jedoch nicht. Hier werden maximal 200 KByte pro Sekunde übertragen, wenn Musikdaten in Stereo- und CD-Qualität wiedergegeben werden. Hier zeigt der DMA-Controller seine Stärken. Denn einmal mit den Sounddaten versorgt, werden diese präzise zur Soundkarte verschoben. Der Prozessor kann sich anschließend mit anderen Aufgaben beschäftigen. Bei der Konfiguration von Soundkarten treten allerdings häufig Probleme auf, vor allem, wenn diese ebenfalls über einen Anschluß für ein CD-ROM-Laufwerk verfügen. Auch hier wird ein DMA-Kanal beansprucht. Unter Windows 95/98 taucht dieser Anschluß im Gerätemanager als weiterer *Standard-IDE/ESDI Festplattenlaufwerk Controller* auf, wenn es sich um einen ATAPI-Anschluß handelt. Dieser benötigt ebenfalls Ressourcen. Da diesem Anschluß seine Herkunft (auf der Soundkarte) nicht angesehen werden kann, sorgt er häufig für Verwirrung, da beim ersten Hinsehen kein weiterer Festplattencontroller im System identifiziert wird. Daß der CD-ROM-Anschluß als Festplattencontroller angesehen wird, ist eine Eigenart von Windows, die man kennen muß. Noch problematischer wird die Konfiguration, wenn der Soundkartencontroller die Ressourcen des sekundären IDE-Controllers belegt und es dadurch zu einer Doppelbelegung von Ressourcen kommt. Benötigen Sie den Controller auf der Soundkarte nicht, schalten Sie den Anschluß mittels Jumper oder im Setup der Karte ab. So vermeiden Sie unnötige Probleme. Da Soundkarten heute gängige Standards (z. B. Soundblaster 16, Pro, 32) unterstützen, werden weitere DMA-Kanäle benötigt. Im Falle der Soundblaster 16 oder AWE32 sind dies der DMA-Kanal 1 und 5. Um die Konfiguration von nicht Plug&Play-fähigen Karten korrekt durchführen zu können, müssen Sie wissen, welche DMA-Kanäle belegt bzw. noch frei sind. Die nächste Liste zeigt die Belegung der vorhandenen DMA-Kanäle:

Kanal	**Bitbreite**	**Belegung**
0	8 Bit	Speicher-Refresh (heute frei)
1	8 Bit	frei (für Soundkarten verfügbar)
2	8 Bit	Diskettencontroller
3	8 Bit	ab AT frei
4	16 Bit	Kaskadierung zum ersten DMA-Controller
5	16 Bit	frei (für Soundkarten verfügbar)
6	16 Bit	frei
7	16 Bit	frei

Innerhalb der Systemsteuerung können Sie sich die unter Windows 95/98 belegten DMA-Kanäle ansehen. Dazu rufen Sie in der Systemsteuerung das Symbol *System* auf und wechseln in das Register *Geräte-Manager*. Bei markiertem Eintrag *Computer* klicken

Sie auf die Schaltfläche *Eigenschaften*. Im Dialogfenster *Eigenschaften für Computer* markieren Sie die Optionsschaltfläche *DMA*. In der darunter angezeigten Übersicht sehen Sie nun alle bereits belegten DMA-Kanäle und die Geräte, denen sie zugeordnet wurden.

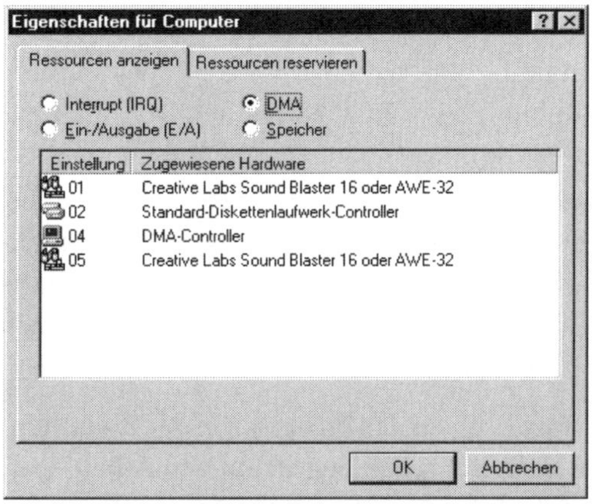

Abb. 11.4: Im Gerätemanager sind die belegten DMA-Kanäle einsehbar

Bei DMA-Kanälen handelt es sich wie bei Interrupts oder I/O-Adressen um Ressourcen. Bei der Vergabe gelten die gleichen Hinweise wie schon vorher mitgeteilt. Dazu gehört die Tatsache, daß jeder DMA-Kanal nur einem Gerät zugeordnet werden darf. Doppelbelegungen führen zu problematischen Systemabstürzen.

Virtuelle Adressen

Prozessoren ab dem Intel 80386 verfügen über eine eigene Memory Management Unit (MMU). Dabei werden logische Speicheradressen und physikalische Adressen umgerechnet. Auf diese Weise können auch in Rechnern mit wenig physikalischem Speicher große Adreßräume realisiert werden. Unter Windows wird diese Technik eingesetzt, um einen Teil des Arbeitsspeichers auf die Festplatte auszulagern und dem Rechner damit mehr Speicher zur Verfügung zu stellen. Die Memory Management Unit stellt bei jedem Speicherzugriff fest, ob sich die benötigte Speicherseite noch im »echten« Arbeitsspeicher (RAM) oder in der Auslagerungsdatei auf der Festplatte befindet. Den DMA-Controllern sind diese beiden Adreßwelten allerdings unbekannt.

Um trotzdem DMA in diesem System nutzen zu können, sind einige Vorkehrungen notwendig. Damit Direct Memory Access zusammen mit der virtuellen Speicherverwaltung funktioniert, muß ein sogenannter DMA-Puffer im ersten MByte des Arbeitsspeichers, in dem physikalische und logische Adressen noch übereinstimmen, eingerichtet werden. Hierher schreibt der DMA-Controller die Daten, die anschließend vom Prozessor an ihren Bestimmungsort transferiert werden. Diese Technik wird auch als *Double-Buffering* bezeichnet und hat allerdings einen entscheidenden Nachteil: Aus Sicht der CPU bringt diese Technik einen erhöhten Verwaltungsaufwand mit sich, da der Prozessor nun doch mit dem Transfer der Daten beschäftigt ist. Deshalb nehmen viele Entwickler Abstand von DMA.

Busmaster-DMA

Um ohne Belastung des Prozessors hohe Dauertransferraten zu erreichen, setzte man bei SCSI-Hostadaptern sehr früh auf den Busmaster-DMA-Betrieb. Dabei wird ein spezieller Chip auf dem Hostadapter verwendet, der den im Vergleich dazu trägen DMA-Controller der Hauptplatine ersetzt. Dieser Chip kann selbständig die Kontrolle über den PC-Bus übernehmen und entlastet die CPU dabei erheblich.

Dieser Vorteil kam allerdings nur dann zum Tragen, wenn der Prozessor in der Zwischenzeit tatsächlich andere Aufgaben übernehmen konnte. Da der Zugriff auf den Arbeitsspeicher während des DMA-Transfers für die CPU gesperrt ist, wurde ein zusätzlicher Cache-Speicher notwendig, der als schneller Zwischenspeicher, in diesen Perioden Daten an den Prozessor liefern kann. Erst mit der Einführung von Multitasking-Betriebssystemen konnten dem Prozessor in dieser Wartezeit andere Aufgaben zugeordnet werden, wodurch der Busmaster-Betrieb immer mehr an Bedeutung gewann.

Heute begegnet Ihnen vor allem bei Festplatten-Subsystemen immer wieder diese Betriebsart. Denn EIDE verwendet neben den PIO-Übertragungen auch DMA-Transfers. Die DMA-Modi 1 und 2 (mit Datentransferraten von 13,3 oder 16,7 MByte pro Sekunde) wurden zwischenzeitlich durch Ultra-DMA/33 abgelöst, bei der theoretisch 33,33 MByte pro Sekunde zwischen Festplattencontroller und Arbeitsspeicher transportiert werden können. Dies wird möglich durch die Nutzung der steigenden und abfallenden Taktflanke des Taktsignals.

Allerdings sei der Vollständigkeit halber erwähnt, daß keine aktuelle Festplatte diese Übertragungsgeschwindigkeit tatsächlich ausnutzt. Denn bei der Betrachtung der Festplattenleistung muß auch die Übertragung zwischen Plattenoberfläche, Schreib-/Leseköpfen und Controller mit berücksichtigt werden. Und genau hier hinken selbst moderne Festplatten extrem hinter den Möglichkeiten des Bussystems hinterher. Erst durch höhere Drehzahlen, gesteigerte Packungsdichten der Daten auf der Oberfläche und leistungsfähigere Köpfe werden in Zukunft höhere Datentransferraten erreicht.

Auch sogenannte Cachetreffer, bei denen Daten in voller Geschwindigkeit zwischen dem Cache-Speicher der Festplatte und dem Arbeitsspeicher übertragen werden, sind die Ausnahme, und betrachtet man die Größe dieser Speicher (in der Regel bis 512 KByte), kann man hier nicht von einer Dauertransferleistung sprechen. Erwerben Sie heute eine moderne Hauptplatine oder eine EIDE-Festplatte, wird dieser Ultra-DMA/33-Modus ausnahmslos unterstützt. Zwar muß er in einigen BIOS-Versionen über eine spezielle Option erst aktiviert werden, aber bei der Einrichtung sollten Sie darauf achten, daß der Modus verwendet wird. Die dazu nötige Option wird bei der Beschreibung der einzelnen BIOS-Versionen genannt.

Auch wenn sich die Nutzung von Ultra-DMA/33 nicht unbedingt in höherer Leistung äußert, so sollten Sie dennoch nicht darauf verzichten, wenn beide Komponenten (Hauptplatine, Festplatte) diesen Modus unterstützen. Denn hierbei kommt erstmalig unter EIDE eine Paritätsprüfung zum Einsatz, die der Datenübertragung mehr Sicherheit gibt, und diese Sicherheit sollten Sie sich gönnen. Ob die neue Festplatte im Ultra-DMA-Modus betrieben wird, können Sie beispielsweise in der Systemzusammenfassung vor dem eigentlichen Start des Betriebssystems einsehen. Hier wird bei der vorhandenen Festplatte der PIO- oder DMA-Modus, in dem sie betrieben wird, angezeigt. Da die Ultra-DMA/33-Festplatten abwärtskompatibel sind, werden sie auch in einem PIO-Mode einwandfrei funktionieren. Nur fehlt jetzt die Paritätsprüfung. Vergewissern Sie sich deshalb der verwendeten Übertragungsart, damit Sie die bestmögliche und sicherste Variante verwenden können.

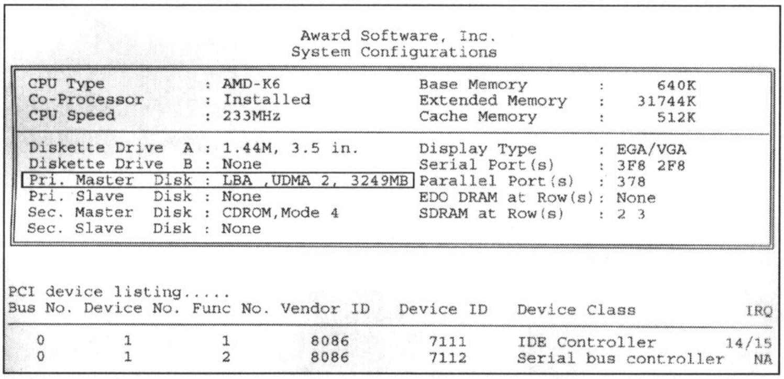

Abb. 11.5: In der Systemzusammenfassung erkennen Sie, ob Ultra-DMA/33 zum Einsatz kommt (siehe Kasten)

Neben der Festplatte profitiert auch die parallele Schnittstelle in einer bestimmten Betriebsart von DMA. Für den alleinigen Einsatz von Druckern sind höhere Datenraten nicht notwendig, aber sobald andere Peripheriegeräte zum Einsatz kommen, sollten Sie der parallelen Schnittstelle mehr Leistung entlocken. Ältere Parallelports arbeiten unidirektional, wobei maximal 100.000 Zeichen pro Sekunde übertragen werden. Bidirektionale Schnittstellen verdoppeln bereits diese Transferrate, sind aber für den Betrieb von Parallelport-Scannern oder -ZIP-Laufwerken immer noch zu langsam. Verwenden Sie dagegen den ECP- (Enhanced Capability Port) Modus, können bereits 2 MByte pro Sekunde übertragen werden. In dieser Variante wird der Schnittstelle neben einem IRQ auch ein DMA-Kanal zugeordnet, und die Übertragung wird zusätzlich durch einen

16 Byte großen Puffer unterstützt. Im CMOS-Setup des Rechners sind für die onboard befindlichen Schnittstellen die Modi und der DMA-Kanal einstellbar.

Unter Windows 95/98 können Sie den verwendeten Modus und dessen Ressourcen einsehen. In der Kategorie *Anschlüsse* ist der Druckeranschluß aufgeführt. Markieren Sie ihn, und klicken Sie auf *Eigenschaften*. Im Register *Ressourcen* ist die verwendete I/O-Adresse, der Interrupt und auch ein evtl. konfigurierter DMA-Kanal erkennbar.

Setzen Sie einen Parallelport-Scanner ein, können Sie auf diese Weise den Transport der Bilddaten in den Arbeitsspeicher beschleunigen. Wird allerdings ein Drucker am gleichen Anschluß eingesetzt, wobei das Druckerkabel am Scanner angebracht wird – die Geräte also in Reihe geschaltet sind – sollten Sie beide Komponenten ausführlich testen. Denn häufig kommen Drucker mit dem DMA-Betrieb nicht zurecht, und beispielsweise Laserdrucker bringen nur noch wirre Zeichen zu Papier. Eine Lösung dieses Problems ist eine weitere Schnittstellenkarte, wobei jedes Gerät seinen eigenen Anschluß erhält. So können Sie den Scanner im schnellen DMA-Modus und den Drucker im kompatiblen Extended- oder Standardmodus betreiben. Auch externe Laufwerke, wie ZIP-, LS120- oder Bandlaufwerke profitieren von der schnellen Übertragung im ECP-Mode. Iomegas ZIP-Laufwerk bringt beispielsweise einen eigenen Parallelportbeschleuniger mit, der die Schnittstelle auf bestmögliche Übertragungsgeschwindigkeit hin testet. Und ein – quasi kostenloser – Leistungsgewinn durch einfaches Umstellen des Parallelport-Modus ist sicherlich auch in Ihrem Interesse, wenn ein Backup oder der Transfer von Daten schneller vonstatten geht. Für den Anschluß eines Druckers am selben Port gelten die gleichen Hinweise, wie bereits beim Parallelport-Scanner beschrieben.

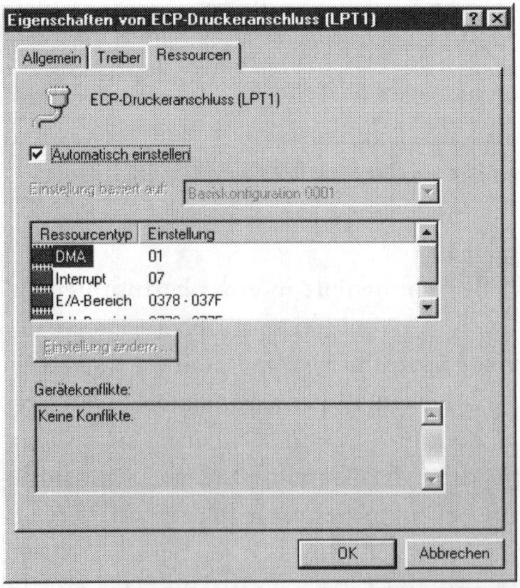

Abb. 11.6: Im Gerätemanager ist der Parallelportmodus einsehbar

11.4 Windows 98 und BIOS-Funktionen

Bereits Windows 95 war in der Unterstützung und Erkennung von Hardwarekomponenten kaum zu schlagen, und auch Plug&Play wird von den Kontrahenten nicht auch nur ansatzweise so gut unterstützt. Unter Windows 98 hat Microsoft diese Fähigkeiten weiter ausgebaut und auch die Liste der unterstützten Komponenten erweitert. Vor allem im Bereich der Hardwareerkennung und bei Plug&Play sind diese Neuerungen erkennbar. Beispielsweise mit der nun zweigeteilten Hardwareerkennung innerhalb der Systemsteuerung ist die Suche nach neuen Komponenten deutlich schneller abgeschlossen, falls das Gerät Plug&Play unterstützt. Denn bevor die, von Windows 95 bekannte, langwierige Hardwareerkennung gestartet wird, werden vorhandene Plug&Play-Geräte identifiziert und angezeigt. Erst wenn die gesuchte Komponente nicht in der Liste aufgeführt ist, startet die Suche nach nicht PnP-fähigen Geräten. Aber wie funktioniert Plug&Play? Auf den folgenden Seiten wird die Funktion und die dazu benötigten Voraussetzungen näher beleuchtet.

Plug&Play in der Praxis

Laut Spezifikation besitzt jede PCI-Steckkarte einen Speicherbereich von 256 Byte, der beim Start des PCs vom Plug&Play-BIOS ausgelesen wird. Die gewonnenen Informationen dienen dazu, der Karte entsprechende und benötigte Ressourcen (z. B. I/O-Adresse, IRQ, DMA) zuteilen zu können. Dieser Speicherbereich enthält zunächst einen 64 Byte großen Konfigurationsspeicher (Header), in dem Setup-Daten abgelegt sind. Zusätzlich zu den erforderlichen Ressourcen enthält dieser Bereich eine ID, über die eine zugehörige INF-Datei, die weitere Konfigurationsdaten enthält, zugeordnet wird. Im verbleibenden Speicher kann der Hersteller eigene Informationen unterbringen. Innerhalb der ersten 64 Byte dienen 24 Byte zur Zuordnung von *Shared Memory*, *I/O-Adressen* und *ROM-Erweiterungen*. Mit Hilfe dieser Informationen ist das BIOS in der Lage, fast beliebig Ressourcen zu verteilen und Adreßkonflikte weitestgehend auszuschließen. Bei einer Adresse von 32 Bit können sechs I/O-Adressen und Speicherbereiche festgelegt werden (siehe Abbildung 11.7).

Erkennt Windows 98 eine Plug&Play-fähige Karte nach dem Einbau automatisch, wird der Assistent zur Installation der Treiber (*Neue Hardware gefunden*) aufgerufen. Hier werden Sie gefragt, ob ein bereits im Betriebssystem vorhandener Treiber oder von einer Installationsdiskette (oder CD-ROM) installiert werden soll. Bleibt diese Meldung aus, sollten Sie auf keinen Fall direkt die Hardwareerkennung oder das Setup-Programm der Karte starten. Denn wurde die Karte beim Systemstart nicht erkannt, wird auch die Hardwareerkennung nichts bringen, die sich der gleichen Erkennungsmechanismen bedient.

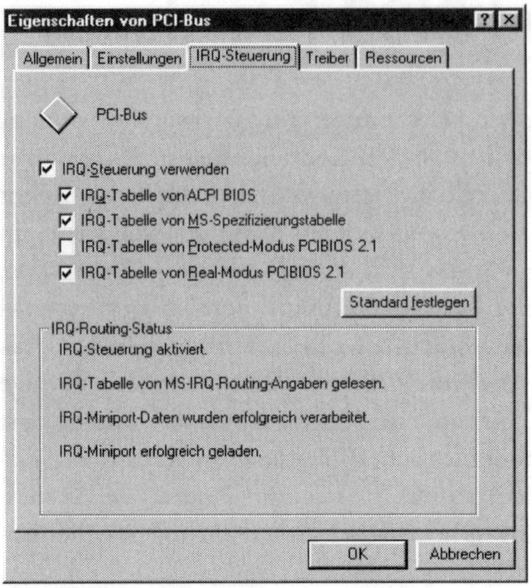

Abb. 11.7: Die Einstellungen zum PCI-Bus unter Windows 98

Die Installation mittels Setup birgt die Gefahr, daß einfach Ressourcen für die Nutzung der Karte »ohne Rücksicht auf Verluste« umgebogen werden und somit die Systemstabilität in Mitleidenschaft gezogen wird. Eingriffe dieser Art sollten Sie möglichst vermeiden.

Aber auch wenn die Karte korrekt erkannt wird, können Probleme bei der Zuteilung von Ressourcen auftreten. Diese liegen in der Historie der PC-Technik begründet, wobei schon immer die Ressourcen eines Rechners knapp bemessen sind. Denn auch das Plug&Play kann nur die Ressourcen zuteilen, die ihm der PC zur Verfügung stellt und die nicht bereits statisch fest vergeben sind. Vor allem der Mangel an freien Interrupts macht sich auch hier nachteilig bemerkbar. Beim Systemstart liest das Plug&Play-BIOS die Konfigurationsbereiche der vorhandenen PCI-Karten aus und ordnet die verfügbaren Interrupts nacheinander den Karten zu. Dabei werden beginnend mit Slot 1 alle vorhandenen PCI-Slots berücksichtigt. Sollten keine freien Interrupts mehr verfügbar sein, bedient sich der PCI-Bus des sogenannten Interrupt-Sharings, bei dem immer zwei Karten einen gemeinsamen Interrupt verwenden können. Auch hier wird bei der Zuteilung wieder bei Slot 1 begonnen. Problematisch wird die Zuteilung immer dann, wenn eine Karte einen Interrupt exklusiv für sich beansprucht oder wenn die Karte nicht den PCI-Spezifikationen (ab Version 2.1) entspricht. Dies sind vor allem ältere Karten (z. B. EIDE-Controller oder Grafikkarten). Etwas verwirrend bei dieser Zuteilung kommt hinzu, daß im BIOS bei der Vergabe der PCI-Interrupts von A, B, C und D die Rede ist. Aber auch diese PCI-Interrupts können nicht losgelöst von den PC-Ressourcen betrachtet werden, denn sie müssen immer einem vorhandenen IRQ (0 bis 15) zugeordnet werden.

```
                        ROM PCI / ISA BIOS
                      PNP/PVI CONFIGURATION
                      AWARD SOFTWARE, INC.

Resources Controlled By   : Manual     PCI IRQ Actived By    : Level
Reset Configuration Data : Enabled     PCI IDE IRQ Map To    : PCI-AUTO
                                        Primary   IDE INT#  : A
IRQ-3  assigned to : Legacy ISA         Secondary IDE INT#  : B
IRQ-4  assigned to : Legacy ISA
IRQ-5  assigned to : Legacy ISA        Used MEM base addr   : N/A
IRQ-7  assigned to : Legacy ISA
IRQ-9  assigned to : Legacy ISA
IRQ-10 assigned to : Legacy ISA
IRQ-11 assigned to : Legacy ISA
IRQ-12 assigned to : Legacy ISA
IRQ-14 assigned to : Legacy ISA
IRQ-15 assigned to : Legacy ISA
DMA-0  assigned to : Legacy ISA
DMA-1  assigned to : Legacy ISA        ESC: Quit      ↑↓→←: Select Item
DMA-3  assigned to : Legacy ISA        F1 : Help      PU/PD/+/- : Modify
DMA-5  assigned to : Legacy ISA        F5 : Old Values (Shift)F2: Color
DMA-6  assigned to : Legacy ISA        F6 : Load BIOS Defaults
DMA-7  assigned to : Legacy ISA        F7 : Load Setup Defaults
```

Abb. 11.8: Im BIOS-Setup werden den PCI-Komponenten ebenfalls Interrupts zugeordnet.

Betrachten Sie die Vergabe der Interrupts bei dem primären und sekundären EIDE-Controller, fällt auf, daß diese den PCI-Interrupts A und B zugeordnet sind. Im realen System können Sie beispielsweise mit Hilfe der Systemsteuerung feststellen, daß die Interrupts 14 und 15 genau mit diesen Geräten belegt sind. Hier ist die Zuordnung von PCI-IRQ zu ISA-IRQ besonders gut erkennbar.

Benötigen Sie diese beiden Kanäle aufgrund einer SCSI-Ausstattung nicht, können Sie die IDE-Ports deaktivieren, wenn der Hersteller der Hauptplatine dies über das CMOS-Setup oder über Jumper ermöglicht hat. Auch die weiteren vorhandenen Komponenten (z. B. serielle, parallele Schnittstellen, Diskettencontroller, Onboard-SCSI-, Grafik- oder Netzwerkkarte) und deren Ressourcen sind über das CMOS-Setup einstellbar. Dazu besitzt das AWARD-BIOS beispielsweise den Menüpunkt *Integrated Peripherals*, der die Komponenten übersichtlich zusammenfaßt.

Eine häufig übersehene Komponente ist die PS/2-Maus. Hierbei handelt es sich zwar um ein Gerät, das in das oben genannte Menü gehört, aber die BIOS-Programmierer haben die Funktion im *BIOS Features Setup* versteckt. Ist der IRQ12 im System als belegt gekennzeichnet, auch wenn Sie eine serielle Maus verwenden, sollten Sie im BIOS kontrollieren, ob die Option *PS/2 Mouse Funktion Control* eingeschaltet (= *Enabled*) ist. Daß sich auf der Rückseite des Gehäuses kein PS/2-Mausanschluß befindet, ist kein Indiz dafür, daß der Port nicht vorhanden ist. Leider ist durch die Verwendung von Standardgehäusen, die nur die Aussparung für den Anschluß des Diodensteckers der Tastatur bieten, der auf der Hauptplatine vorhandene PS/2-Mausanschluß einfach verdeckt. Wieder andere Hersteller bieten einen PS/2-Mausanschluß als Slotblende.

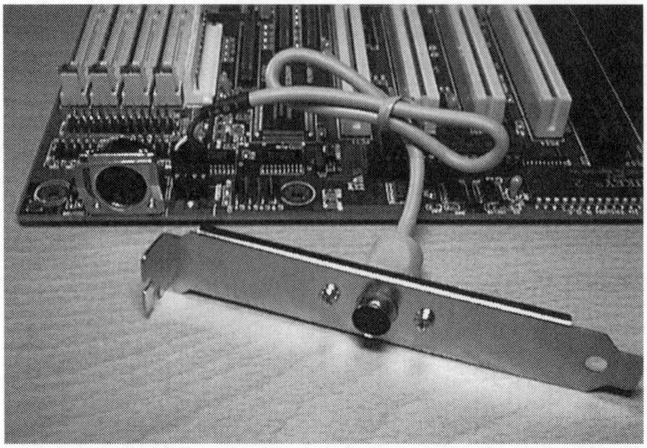

Abb. 11.9: Über die Slotblende können Sie den PS/2-Mausport auf einer Hauptplatine nutzen

Soll der Port aber nicht verwendet werden, ist zunächst nach der beschriebenen Option im BIOS zu suchen. Denn einfach den Mausport im Gerätemanager von Windows zu löschen, bringt nicht den gewünschten Erfolgt. Denn beim nächsten Systemstart wird die Komponente wieder erkannt und der Treiber installiert. Auch das Deaktivieren des Gerätes in seinen Eigenschaften führt oft in eine Sackgasse. Denn andere Programme und Installationshilfen erkennen die zugeordneten Ressourcen häufig trotzdem als bereits belegt.

Sollte Ihre BIOS-Version Ihnen nicht die Möglichkeit geben, in die Vergabe der PCI-Ressourcen einzugreifen, kann schon ein einfacher Tausch der Karten in den PCI-Slots Abhilfe schaffen. Da mit der Vergabe der Ressourcen immer bei Slot1 begonnen wird, können Sie die Reihenfolge der Karten so verändern, daß unproblematische Zuordnungen vorhanden sind. Bei der gleichzeitigen Verwendung einer PCI-Grafikkarte, einer Netzwerkkarte und eines SCSI-Hostadapters brachte folgende Anordnung wieder ein tadellos funktionierendes System:

- *Slot 1 Grafikkarte*
- *Slot 2 SCSI-Hostadapter*
- *Slot 3 Netzwerkkarte*

Beachten Sie bei der Konfiguration der Karten, daß diese der PCI-Spezifikation 2.1 oder höher entsprechen müssen, damit das *Interrupt-Sharing* einwandfrei funktioniert. Auch muß im BIOS-Setup bei der Ansteuerung der PCI-Slots die Einstellung *Level-Triggered* anstatt *Edge-Triggered* gewählt werden. Denn nur mit dieser Vorgabe ist die verteilte Nutzung eines Interrupts von mehreren PCI-Karten überhaupt möglich.

Auch wenn das BIOS bereits die Vergabe der Ressourcen vorgenommen hat, ist Windows 98 unter bestimmten Voraussetzungen in der Lage, eigene Zuordnungen zu erstellen und somit Probleme zu beseitigen. Dazu muß im BIOS-Setup zunächst im *PNP And PCI Setup* die Option *PnP OS installed* auf *Yes* eingestellt sein. Hierdurch legen Sie fest, daß ein Plug&Play-fähiges Betriebssystem eingesetzt wird und die Vergabe der Ressourcen durch das Betriebssystem neu erstellt werden kann. Mit Hilfe eines virtuellen Gerätetreibers (BIOS.VXD) können die Konfigurationsbereiche der Karten erneut ausgelesen und die Vergabe der Ressourcen wiederholt werden. Neu ist auch die Möglichkeit, daß mit Hilfe einer INF-Datei die Plug&Play-Informationen einer Karte deaktiviert werden können. Denn die Daten der INF-Datei werden dabei vorrangig behandelt. Sollten die Vorgaben im Speicherbereich der Karte fehlerhaft sein, ist durch Software der Fehler einfach behebbar. Haben Sie bereits Windows 95 (OSR2) mit neuer Hardware erworben, stehen die eben beschriebenen Funktionen auch zur Verfügung.

Den Hauptteil der Konfiguration von PCI-Komponenten übernimmt das Setup-Programm von Windows 95/98 bei der Installation des Betriebssystems. Dabei werden PCI-Daten vom BIOS übernommen und eine Reihe von Tests durchgeführt. Die Ergebnisse dieser Tests werden auf der Festplatte gespeichert, damit im Fehlerfall, der fast immer mit einem Neustart einhergeht, die Testergebnisse ausgewertet und entsprechend reagiert werden kann. Sind alle Komponenten erfaßt, wird versucht, eine funktionsfähige Konfiguration herzustellen. Bei jedem Neustart werden nur noch die bereits vorhandenen Komponenten und PCI-Karten der Reihe nach überprüft. Sollte sich eine neue Plug&Play-fähige Karte im System befinden, wird automatisch der Assistent zur Installation neuer Geräte gestartet. Probleme sind häufig dann zu erwarten, wenn eine Komponente durch eine neue ersetzt wird. Kommt beispielsweise eine neue Grafikkarte zum Einsatz und verbleiben die Treiber der vorangegangenen innerhalb der Registrierung aktiv, kann dies eine böse Überraschung nach sich ziehen. Denn der Treiber der alten Karte wird versuchen, die Karte gemäß den Herstellerangaben zu aktivieren. Nur sitzt hier nun eine andere Grafikkarte mit anderen Hardwarekomponenten. Im schlimmsten Fall hängt sich das System vollständig auf. Die Lösung dieses Problems führt Sie über das Startmenü von Windows 95/98 nach dem Systemstart. Hier wählen Sie den Punkt *Abgesichert*, wobei nur ein Standardgrafiktreiber geladen wird, der auf jeder Karte eingesetzt werden kann. Löschen Sie nun im Gerätemanager den Treiber der alten Karte, oder starten Sie eine vorhandene Deinstallationsroutine, um den Treiber vollständig zu entfernen. Jetzt können Sie das System – ohne aktive Grafikkarte – neu starten, und die Hardwareerkennung wird anschließend die aktuelle Karte korrekt erkennen. Um das Problem erst gar nicht aufkommen zu lassen, sollten Sie den Treiber vor dem Ausbau der alten Karte deaktivieren und sie nach dem Beenden von Windows sofort ausbauen. Dies geht natürlich nur dann, wenn die Karte nicht wegen eines Defektes ersetzt werden mußte.

Abb. 11.10: Über die Schaltfläche *Entfernen* nehmen Sie eine markierte Komponente aus der Konfiguration heraus

Die BIOS-Version

Bei all diesen Betrachtungen wurde immer davon ausgegangen, daß die vorhandene BIOS-Version die neuen Funktionen von Windows 98 auch tatsächlich unterstützt. Vor allem ältere Rechner mit 486- oder den ersten Pentium-Prozessoren erfüllen zwar die Mindestanforderungen an die Hardware von Windows 98, sind aber nicht in der Lage, alle Funktionen optimal zu unterstützen. Schuld daran ist das BIOS, in dem viele grundlegende Funktionen nicht vorhanden sind, da diese zur Zeit der BIOS-Programmierung noch nicht verfügbar oder entwickelt waren. Für einige Funktionen (z. B. Power Management, Booten von ZIP- oder CD-ROM-Laufwerk) ist in diesem Fall ein BIOS-Upgrade notwendig. Je nach Alter des Rechners ist das BIOS entweder in einem EPROM, EEPROM oder Flash-RAM untergebracht. Durch diese unterschiedlichen Möglichkeiten bringt nur ein Blick auf die Hauptplatine Klarheit, welcher Chip bei Ihnen zum Einsatz kommt. Und für jedes IC ist wiederum eine andere Art des BIOS-Upgrades notwendig. Dies geht vom Chiptausch (EPROM) bis zum Neuprogrammieren mittels Software (EEPROM, Flash-RAM). Allerdings sollten Sie sich vor dem Upgrade einige Fragen beantworten, denn leider geht der Wechsel zu einer neueren BIOS-Version nicht immer reibungslos vonstatten. Folgende Fragen sind zu klären:

- Bietet der Hersteller meiner Hauptplatine überhaupt ein Upgrade an (beispielsweise für viele 486er sehr unwahrscheinlich)?

- Ist das Upgrade tatsächlich günstiger als ein Neukauf von entsprechender Hardware, die diese Funktionen direkt unterstützt? Beispielsweise EPROMs werden, wenn überhaupt, sehr teuer bezahlt, und häufig kommt der Tastaturprozessor noch hinzu, da beide Komponenten gleichzeitig getauscht werden müssen.
- Ist in der Readme-Datei des Upgrades explizit von den gewünschten Funktionen die Rede? Denn nur dann bringt das Upgrade auch das gewünschte Ergebnis zutage.
- Gibt der Hersteller Ratschläge, wann ein Upgrade besser nicht durchgeführt werden sollte, und sind diese Gründe mit der eigenen Hardwareausstattung verglichen worden?
- Benötige ich tatsächlich die zur Zeit nicht vorhandenen Funktionen, und lohnt sich dafür der Aufwand eines BIOS-Upgrades?
- Arbeitet Windows 98 bereits fehlerfrei?
- Welche zusätzlichen Ressourcen benötigen die neuen Funktionen, und ist der PC entsprechend ausgestattet?
- Werden durch das neue BIOS eventuell vorhandene Fehler im PC behoben, durch die das Upgrade auch ohne weitere Funktionen Sinn macht?
- Kann man das vorangegangene BIOS sichern, um im Fehlerfall wieder die Ausgangskonfiguration herstellen zu können?
- Existiert der Hersteller noch, und bietet er für den Fall von Problemen eine kompetente Hotline an? Beispielsweise gehen BIOS-Upgrades von Commodore-Notebooks auf das eigene Risiko, da der Hersteller vom PC-Markt verschwunden ist.

Kommen Sie bei der Beantwortung der Fragen zu dem Schluß, daß Sie das BIOS-Upgrade trotzdem benötigen, können Sie das Upgrade guten Gewissens durchführen. Wird das Upgrade mittels Software (Flash-RAM) durchgeführt, sollten Sie sich über die Risiken im klaren sein. Kann der Upgrade-Prozeß aus irgendeinem Grund nicht korrekt beendet werden, weil beispielsweise ein Stromausfall auftritt oder die BIOS-Version nicht zur Hauptplatine paßt, haben Sie große Probleme zu erwarten. Schlimmstenfalls ist der Rechner nicht mehr verwendbar, da ihm seine grundlegende Intelligenz fehlt. Häufig hilft hier nur ein Gang zum Händler, der die Komponente zum Hersteller schickt. Klären Sie aber vor den eigenen Versuchen, ob Ihr Händler bereits Erfahrungen mit einem Upgrade bei vergleichbaren Geräten gewonnen hat, und lassen Sie sich ein Angebot für ein Upgrade unterbreiten. Denn Erfahrung ist nicht hoch genug einzuschätzen, wenn Sie sich dadurch tagelange Systemausfälle und schlaflose Nächte ersparen können.

Wollen Sie dennoch selbst Hand anlegen, sei auf die weiter vorne beschriebenen Abschnitte zum erfolgreichen BIOS-Upgrade verwiesen, in denen die genaue Vorgehensweise ausführlich beschrieben wurde.

12

Diagnosekarten in der Praxis

Neben der Verwendung von Software kommen bei der professionellen Fehlersuche auch Testkarten zum Einsatz, mit denen man dem Fehler auf die Schliche kommen kann. Gegenüber Programmen, die den PC testen, haben Diagnosekarten den Vorteil, daß sie auch dann einen Defekt zuverlässig erkennen, wenn sich der PC nicht booten läßt. Zwar ist auch hier eine gewisse Intelligenz notwendig, damit überhaupt Kontrollen des Busses und anderer Hardware vorgenommen werden können, aber es ist kein komplett gebootetes Betriebssystem erforderlich.

In der Praxis können also Probleme während des POST angezeigt werden, die den Start des Systems verhindern. Zwar helfen hier auch die Beep-Codes schon weiter, aber die sind je nach Hersteller sehr spartanisch (siehe AWARD-BIOS) ausgelegt. Tritt während des POST ein Fehler auf, wird versucht, den Fehler nach außen hin sichtbar oder hörbar zu machen. Tritt der Fehler nämlich vor der Initialisierung der Grafikkarte oder des Timerbausteins 8254, der den Lautsprecher ansteuert auf, sind keine Angaben über den Fehler auf diesen Wegen zu erhalten.

Um nun trotzdem Angaben zum Fehler zu erhalten, haben die Ingenieure bei der Entwicklung an bestimmten Stellen der jeweiligen Tests sogenannte Checkpoint-Codes (vergl. Fehlercodes im Kapitel 14) entwickelt, die an eine bestimmte I/O-Adresse geschrieben werden. Dabei wird der hexadezimale Code vor dem Test einer Komponente an die betreffende I/O-Adresse geschrieben. Wird der Test erfolgreich gemeistert, wird der Code durch die Ziffern der nächsten zu testenden Komponente ersetzt. Sollte nun der Test einer Komponente wegen eines Defektes nicht beendet werden können, bleibt die Anzeige an dieser Stelle stehen, und der angezeigte Code muß mit einer Tabelle verglichen werden. Hier können Sie entnehmen, um welche Komponente es sich handelt. Die einzige Schwierigkeit, die nun noch zu überwinden ist, liegt darin, die Fehlercodes nach außen sichtbar zu machen. Hier helfen die sogenannten POST-Karten, die in der Lage sind, diese Checkpoint-Codes an der entsprechenden Stelle zu ermitteln und über eine Logik nach außen sichtbar zu machen. Dabei bedienen sie sich zwei einfacher Siebensegmentanzeigen, auf denen sich der Hex-Code optimal darstellen läßt.

Sie finden heute zwei unterschiedliche Arten von Karten. Zunächst die preiswerten POST-Karten, mit denen sich tatsächlich nur der POST-Code darstellen läßt und die ansonsten keinerlei Diagnosemöglichkeiten bieten. Zur zweiten Kategorie gehören die erweiterten POST-Karten (z. B. Super POST-Karte von Madex, Info: *http://www.madex.com*), mit denen sich neben den POST-Codes eine Reihe weiterer Diagnosen durchführen lassen. Dazu gehören die Kontrolle wichtiger Spannungen auf der Hauptplatine, die belegten Interrupts und DMA-Kanäle und viele weitere Testmöglichkeiten. Durch die Möglichkeit, die Karte über eine parallele Schnittstelle mit einem zweiten PC zu verbinden, können Sie die Diagnosen auch protokollieren lassen und die Fehlermeldungen im Klartext einsehen. Dies hilft insbesondere in Serviceabteilungen ungemein bei der Fehlersuche.

Abb. 12.1: Vergleich der »kleinen« POST-Karte (vorne, Kasten) mit der Super POST-Karte (hinten) des Herstellers Madex

Die folgende Aufstellung gibt einen Überblick über die verschiedenen I/O-Adressen, in die während des POST der Code geschrieben wird:

I/O-Port	Hersteller oder Rechnertyp
60h	IBM PC, XT und kompatible Rechner
80h	IBM AT (80286) und kompatible Rechner
84h	Compaq
90h	IBM PS/2-Rechner vom Typ 25, 30
280h	AT-kompatible Rechner
300h	EISA-BIOS

12.1 Die einfache POST-Karte

Für den schnellen Test bei nicht mehr bootendem PC kann die einfache POST-Karte schon hilfreiche Angaben zur Fehlerursache machen, wenn das Problem während des POST vom BIOS erkannt wurde oder der entsprechende Test nicht beendet werden konnte. Auch werden die wichtigen Betriebsspannungen auf dem Bus (+/- 5 Volt, +/- 12 Volt) angezeigt. Vor dem Test ist die BIOS-Version der Hauptplatine zu ermitteln, und zeigt die Karte einen Fehlercode an, ziehen Sie die POST-Code-Liste des Herstellers zu Rate (siehe Anhang, Kapitel 14).

Abb. 12.2: Die einfache POST-Karte

12.2 Einsatzgebiete einer professionellen POST-Karte (Madex)

Auf den nächsten Seiten lernen Sie den Einsatz einer professionellen POST-Karte anhand von praktischen Problemstellungen kennen. Hier werden Sie schnell feststellen, welchen echten Nutzen eine solche Karte vor allem für den Servicetechniker bietet, der bei Kunden vor Ort oder bei der Diagnose von firmeneigenen Rechnern immer in Zeitnot ist. Die Testergebnisse sind teilweise auf andere Art nicht zu erhalten, und das Problem wird dann nur durch den Tausch einer Komponente gelöst. Aber woran es letztendlich gelegen hat, ist später kaum noch nachvollziehbar.

Fehlerdiagnose und Fehleranzeige

Die erweiterte POST-Karte dient zur einfachen Fehlerdiagnose nicht mehr bootfähiger oder nur noch sporadisch bootfähiger Rechner.

Es kann vorkommen, daß einzelne Bauteile der Hauptplatine oder des Computers ausfallen, und somit der Rechner nicht mehr startet. Für den Anwender oder den Servicetechniker ist nun schwer zu erkennen, welche Komponente des Computers defekt ist. Mit Hilfe einer erweiterten POST-Karte kann die fehlerhafte Komponente ermittelt werden, da der Diagnosevorgang genau an der Stelle anhält, an der der Fehler auftritt. Mit Hilfe der POST-Code Tabellen im Anhang dieses Buches (Kapitel 14) kann der Fehler, der als Hexadezimalcode auf den zwei großen 7-Segment LED-Anzeigen angezeigt wird, einfach und schnell ermittelt werden. Dabei ist vor dem Test zu ermitteln, welches BIOS in dem Rechner verwendet wird. Denn wenn Sie sich die POST-Codes näher betrachten, werden Sie feststellen, daß diese von Hersteller zu Hersteller unterschiedlich sind. Ist der BIOS-Hersteller nicht klar, könnte der Fehlercode falsch interpretiert werden. Um die BIOS-Version zweifelsfrei zu ermitteln, sollten Sie während des Einbaus der Karte einen Blick auf den BIOS-Baustein werfen. Hier ist häufig ein Aufkleber mit dem Hersteller, der Version und einer Seriennummer zu finden. Auch ein Blick in das Originalhandbuch des Herstellers kann die Information geben. Wenn all das nicht zum Ergebnis führt, setzen Sie sich mit dem Hersteller der Hauptplatine in Verbindung oder suchen dessen Internetseiten auf. Einige Adressen finden Sie in Kapitel 14.

Abb. 12.3: Die professionelle POST-Karte mit Schnittstelle zum Zweit-PC

Bessere Konfiguration des Computers

Mit der erweiterten POST-Karte kann aber auch der Computer besser konfiguriert werden. Durch die Vielzahl der Erweiterungskarten von verschiedensten Herstellern ist die Hardware oft nicht optimal aufeinander abgestimmt. Die Karten werden lediglich mit dem mitgelieferten Software-Konfigurationsprogramm eingestellt, doch dies nützt oft nicht viel, da vielfach die einzelnen Hardware-Komponenten nicht optimal zusammenarbeiten. Diese Optimierung geht aber nur über die Einstellung im BIOS-Setup, vor dem jedoch viele Anwender zurückschrecken, da es sehr leicht passieren kann, daß der Computer nach Veränderung der Einstellungen überhaupt nicht mehr bootet. Welche Komponente für die Fehlfunktion verantwortlich ist, läßt sich meist nicht feststellen. Damit nun der Rechner doch funktioniert, werden oft die »Default«-Werte eingestellt. Diese Wahl bietet jedoch nicht die optimale Einstellung, da die »Default«-Werte vom Hersteller so gewählt werden, daß möglichst viele Speicherbausteine und Erweiterungskarten im Computer funktionieren. Auch werden auf diese Weise die häufig in langer Probierarbeit ermittelten lauffähigen Einstellungen des Rechners wieder überschrieben, wobei hier hauptsächlich die Einstellungen zum Speicher-Timing, die PCI- und Plug&Play-Einstellungen betroffen sind.

Mit Hilfe der erweiterten POST-Karte können nun problematische Einstellungen ermittelt werden, so daß es kein Problem mehr darstellt, diese zu beheben oder zu korrigieren.

DMA- und IRQ-Anzeige

Zusätzlich bietet die erweiterte POST-Karte die Möglichkeit, mit Hilfe der aufleuchtenden LEDs die von den Erweiterungskarten belegten DMA-Kanäle anzuzeigen. Ebenso werden durch aufleuchtende LEDs die benutzten Interrupts angezeigt. Da aber von manchen Erweiterungskarten ein IRQ nur während der Initialisierung kurz benutzt wird, kann man durch einfaches Drücken eines Resetschalters die IRQ-Belegung jederzeit aktualisieren.

Anzeige des Bustaktes

Ein wichtiges Kriterium für das »Durchstarten« des Rechners ist auch, ob überhaupt der Bustakt vorliegt.

Hierfür ist auf der erweiterten POST-Karte eine LED angebracht, die dem Benutzer durch Blinken anzeigt, ob der Bustakt vorhanden ist. Die Blinkrate kann durch Jumper auf der erweiterten POST-Karte den Bedürfnissen des Benutzers angepaßt werden.

Anzeige der Netzteilspannung

Eine nicht zu unterschätzende Fehlerquelle stellt auch das Netzteil der Computers dar. Viele unerklärliche Abstürze, seltsames Verhalten oder auch Schutzverletzungen können durch mangelhafte Spannung des Netzteils verursacht werden. Hierfür sind auf der erweiterten POST-Karte vier LEDs angebracht, die die korrekte Spannung des Netzteils überwachen und anzeigen. Es sind jeweils LEDs für +12 Volt, -12 Volt, +5 Volt und -5 Volt vorhanden, wobei für die positiven Spannungen grüne LEDs und für die negativen Spannungen gelbe LEDs benutzt werden.

Übertragung der Daten an einen Zweitrechner

Für die Übertragung der Meßergebnisse steht häufig eine parallele Schnittstelle auf der Testkarte zur Verfügung, über die Daten an einen zweiten PC übertragen werden können.

Die Daten des Testprogramms werden mittels eines Verbindungskabel an einen zweiten Computer übertragen und können mit der entsprechenden Software ausgewertet und dargestellt werden. Neben den Anzeigen auf der Karte erhalten Sie so noch genauere Angaben zu Problemen, da Ihnen die Software in diesem Fall die Auswertung des Fehlercodes abnimmt und auch entsprechende Fehlerquellen aufzeigt.

Automatische Protokollierung der POST-Meldungen

Da in der Regel die Anzeige auf der Testkarte sehr schnell durchläuft, kann man oft nicht erkennen, welcher Test vom BIOS gerade durchgeführt wird. Mit Hilfe der Software und eines zweiten Computers findet eine vollautomatische Protokollierung der POST-Meldungen statt. Sie können in einer separaten LOG-Datei gespeichert und bei Bedarf auch ausgedruckt und weiterverarbeitet werden.

Die Fehlersuche im Detail

Ablauf des Funktionstestes:

Nachdem der Rechner geöffnet und die erweiterte POST-Karte eingebaut wurde, können Sie den Test folgendermaßen durchführen:

- Versichern Sie sich, daß die Karte richtig eingebaut worden ist.
- Schalten Sie Ihren Rechner ein.
- Vergleichen Sie die Anzeigen auf der Testkarte mit den POST-Codes des Handbuches oder mit den in diesem Buch aufgeführten Fehlercodes der entsprechenden BIOS-Version.

Nacheinander können Sie nun die folgenden Funktionen überprüfen:

Netzteilspannung

Zur Überprüfung der Netzteilspannung befinden sich vier LEDs auf der Karte. Bei einer korrekten Netzteilspannung leuchten alle LEDs gleichmäßig auf. Sollte jedoch eine der Spannungen nicht vorhanden sein, leuchtet die entsprechende LED nicht auf.

Fehlersuche

Beobachten Sie die 7-Segment-Anzeige auf der Karte. Wenn Ihr Rechner keinen Fehler aufweist, erscheint nach Ablauf des Testprogrammes FF bzw. 00 auf den Anzeigefeldern. Wenn Ihr Rechner jedoch fehlerhaft ist, stoppt das Testprogramm und zeigt Ihnen den Fehler in Form einer zweistelligen Hexadezimalzahl an. Die Bedeutung der Zahl können

Sie in den POST-Code-Listen, im Handbuch Ihrer Hauptplatine oder auf der mitgelieferten Diskette der erweiterten POST-Karte nachschlagen.

Wenn Sie einen zweiten Rechner über den Parallel-Port angeschlossen haben, auf dem die mitgelieferte Software installiert ist, können Sie auf dem Monitor die Bedeutung der Hexadezimalzahlen im Klartext einsehen.

Kontrolle des Bustaktes

Überprüfen Sie, ob die Bustakt-LED permanent leuchtet oder blinkt. Dieses Leuchten oder Blinken der LED bedeutet, daß auf Ihrer Hauptplatine der Bustakt vorhanden ist. In der Regel bieten die Karten die Möglichkeit, das Blinken der LED an den vorhandenen Bustakt anzupassen.

Belegte DMA-Kanäle

Die LEDs in der LED-Kette von Position 1-7 zeigen Ihnen die belegten DMA-Kanäle an. Dabei bedeuten die leuchtenden LEDs, daß dieser DMA-Kanal belegt ist. Durch Drücken des Resetschalters auf der Karte wird jeweils die aktuelle Belegung angezeigt.

Benutzte Interrupts

Die LEDs in der LED-Kette von Position 8-15 zeigen Ihnen die bereits benutzten Interrupts an. Dabei bedeuten die leuchtenden LEDs, daß dieser IRQ benutzt wird. Durch Drücken des Resetschalters auf der Karte wird jeweils die aktuelle Belegung angezeigt.

Adreß-, Daten- und Steuerbusmonitor

Während des Bootens oder bei Ausführung von Programmen erfolgen immer Zugriffe auf die Adreß-, Daten-, oder Steuerbusleitungen. Die Anzeige dieser Aktivitäten auf den Adreß-, Daten- und Steuerbusleitungen erfolgt über die LED-Kette der Testkarte.

Die einzelnen Tests und deren Interpretation

Im folgenden Abschnitt erhalten Sie einen Einblick, welche Testmöglichkeiten eine erweiterte POST-Karte in der Praxis bietet.

Single Step-Modus

Mit der erweiterten POST-Karte haben Sie die Möglichkeit, die einzelnen Testschritte nacheinander ablaufen lassen zu können. Sie müssen dazu in der Regel einen Kippschalter in Stellung STEP bringen. Wenn Sie nun den Rechner einschalten, läuft der Power-

On-Self-Test nur, solange Sie den Taster betätigen. Sobald Sie den Taster loslassen, hält der Test an. Mit Hilfe dieser Funktion kann man ganz einfach jeden einzelnen Schritt des POST-Tests verfolgen und genau beobachten, welche Komponente getestet wird.

Die Einzelschrittfunktion der erweiterten POST-Karte eröffnet natürlich auch neue Möglichkeiten, Programme oder Hardware zu testen. Da die CPU nur auf Tastendruck einen Befehl nach dem anderen ausführt, kann man ganz einfach und bequem mit Hilfe der POST-Karte beobachten, welche IRQs benutzt werden, welcher DMA-Kanal belegt ist oder auf welche Adreß-, Daten-, oder Steuerbusleitungen gerade zugegriffen wird. Aus diesem Grund ist die Testkarte auch ideal geeignet für Programmierer, um ihre selbstgeschriebenen Programme oder Applikationen zu testen. Selbstverständlich kann man somit auch die korrekte Funktion eigener Hardware überprüfen.

Mit dieser Einzelschrittfunktion werden aber keine vitalen Abläufe unterdrückt. So ist es sehr wichtig, daß z. B. der Speicherrefresh des NMI immer abläuft, da hierdurch die Grundfunktionen des Computers gesteuert werden. Auch läuft der Bustakt ohne Unterbrechung weiter.

Interrupt anzeigen

Die Signale der Interruptleitungen besitzen die Eigenschaft, daß sie auch, wenn der Interrupt nur ein einziges Mal angefordert wurde, den Signalpegel von *low* auf *high* wechseln. Dies bedeutet, daß die Kontrolleuchten auf der LED-Leiste permanent leuchten. Manchmal ist es aber gewünscht, die Interruptanforderung zu einem bestimmten Zeitpunkt verfolgen zu können. Dies kann bei besonders schwer zu kontrollierenden Interruptkonflikten der Fall sein. Wenn zum Beispiel zwei Erweiterungskarten (z. B. Soundkarte und I/O-Karte) auf den gleichen Interrupt zugreifen, muß dies nicht unweigerlich zum sofortigen Absturz führen. Ein anderes Phänomenen ist die gestörte Datenkommunikation (z. B. gestörte Soundausgabe). Vielmehr ist entscheidend, ob beide Karte den Interrupt zur selben Zeit beanspruchen. Um dies verfolgen zu können, bietet sich folgende Vorgehensweise an:

- Rechner hochfahren
- Interruptkontrollanzeigen beobachten
- Aktivierte Kontrolleuchten notieren
- Interruptanzeigen-Reset ausführen
- Verdächtige Erweiterungskarte aktivieren (bei einer Soundkarte zum Beispiel das Abspielen einer Sounddatei veranlassen)
- Zustand der Interruptanzeige beobachten und notieren

- Sollte es zum Absturz kommen, muß die zweite Erweiterung gesucht werden, die den gleichen Interrupt anfordert.
- Sollte es nicht zum Rechnerabsturz kommen, sollten nach und nach alle Erweiterungen aktiviert und deren Interruptanforderung notiert werden.

Sehr hilfreich ist hierbei die genaue Kenntnis der Interrupts und deren übliche Belegung. Diese Angabe gilt allerdings nur eingeschränkt, weil Anbieter von Erweiterungen sich eventuell nicht an diese Empfehlungen halten. Es kann also bei außergewöhnlichen Erweiterungskarten (z. B. für Videobearbeitung, Industrie I/O-Karten, Netzwerkkarten) zu den genannten Interruptkonflikten kommen.

Empfehlung zur Interruptbelegung (nach IBM):

Master

IRQ 0:	Timer	08h
IRQ 1:	Tastatur	09h
IRQ 2:	Slave ansprechen	0Ah
IRQ 3:	Serieller Port 2	0Bh
IRQ 4:	Serieller Port 1	0Ch
IRQ 5:	Paralleler Port 2	0Eh
IRQ 6:	Diskettencontroller	0Eh
IRQ 7:	Paralleler Port 1	0Fh

Slave

IRQ 8:	Echtzeituhr	70h
IRQ9:	Umgeleiteter IRQ2	71h
IRQ 10:	Frei	72h
IRQ 11:	Frei	73h
IRQ 12:	Frei	74h
IRQ 13:	Coprozessor	75h
IRQ 14:	Festplattencontroller	76h
IRQ 15:	Frei	77h

Eine große Stärke solcher Testkarten im Vergleich zu Testsoftware ist die Tatsache, daß die Überprüfung der Interrupts und deren Aktivierung hardwaremäßig erfaßt wird. Wenn auch Betriebssysteme wie Windows 95/98 über eine Konflikterkennungsroutine verfügen, so muß das System zuerst einmal in der Lage sein, bis zu diesem Punkt den Boot-Vorgang auszuführen. Zudem stellt jede zusätzliche Programmausführung auch eine potentielle Fehlerquelle dar. Mit den Interruptanzeigen blicken Sie sozusagen in das Herz des Prozessors.

Anmerkung 1: Ein Interruptkonflikt, d.h. die Anforderung eines Interrupts von zwei oder mehreren Geräten gleichzeitig, kann nicht von den Anzeigen direkt erkannt werden. Wie oben ausgeführt, bleibt nach einmaliger Anforderung des Interrupts dieser aktiviert. Eine zweite Erweiterung, die denselben Interrupt anfordert, ist daher nicht darstellbar.

Anmerkung 2: Die Wahrscheinlichkeit, daß einzelne Interruptleitungen oder der Interruptcontroller des PCs defekt sind, ist aus der Erfahrung eher gering einzuschätzen. Der Interruptcontroller ist heutzutage entweder im Chipsatz oder in der CPU integriert. Die Interruptleitungen führen zu den Slots. Hierbei ist ein Kurzschluß oder eine Unterbrechung theoretisch möglich. In der Praxis sind Interruptprobleme jedoch eher auf Konflikte mehrerer Erweiterungskarten zurückzuführen. Es empfiehlt sich darum nach dem »Karten wechsel dich«-Prinzip alle in Frage kommenden Erweiterungen reihum aus dem System zu entfernen und so den Fehler einzugrenzen.

Anmerkung 3: Sollten nach Hinweis 2 reihum alle Erweiterungen getestet werden, dann sollten die Steckkarten nicht nur per Jumper deaktiviert, sondern tatsächlich physisch aus dem Slot genommen werden. Die Steckkarten stehen nämlich grundsätzlich unter Spannung auch wenn sie deaktiviert sind; zudem ist es möglich, daß durch sogenanntes Übersprechen – also dem Zugriff auf die Hardware der Karte trotz deaktivierter Optionen – der Interrupt doch angefordert wird.

DMA-Anzeige

Die Zusammenhänge eines Fehlers bei der Konfigurierung der DMA-Kanäle sind ähnlich der bei den Interrupts. DMA (Direct Memory Access) dient zum beschleunigten Datenaustausch zwischen Systemkomponenten ohne den Umweg über den Hauptprozessor. DMA-Kanäle sind bildlich gesprochen tatsächlich Datenkanäle, die aber korrekt zugeordnet sein müssen. Sollten mehrere Erweiterungen diese »Datenautobahnen« benutzen, ist das Durcheinander vorprogrammiert. Genauso wie bei der Interrupt-Anzeige bleiben die Anzeigen bei einmaliger Anforderung des DMA-Kanals stehen. Sie können über den Reset auf der Karte zurückgesetzt werden.

Die Vorgehensweise beim Aufspüren eines DMA-Konflikts ist ähnlich der bei der Suche nach einem Interruptkonflikt:

- Rechner hochfahren
- Erweiterungskarten reihum aktivieren
- DMA-Aktivität auf der Kontrolleiste verfolgen und notieren
- Bei gleicher Beanspruchung eines DMA-Kanals durch zwei unterschiedliche Erweiterungen eine Karte neu konfigurieren oder aus dem System nehmen

Folgende Fehler können auftreten:

- *Die LEDs leuchten nie, Rechner bootet nicht*: Eventuell DMA-Controller defekt. Ursache kann aber auch eine andere sein. Umgekehrt gilt, daß bei defektem DMA-Controller die LEDs nie leuchten.
- *Die LEDs leuchten immer, LEDs gehen nie aus, Rechner bootet nicht*: Schwerer Hardwarefehler oder Konfigurationsfehler im Betriebssystem. DMA-Controller kann defekt sein.

Hinweis

Beim Testen der DMA-Kanäle ist darauf zu achten, daß die Dauer der Datentransfers über einen DMA-Kanal nicht zu kurz (> 1 s) gewählt wird. Aufgrund der Durchlaufverzögerung und einer gewissen Ansprechträgheit bei Leuchtdioden ist sonst kein Signal erkennbar.
Im Gegensatz zu dem Interrupt-Controller ist der DMA-Controller üblicherweise nicht im Chipsatz integriert, sondern diskret auf der Hauptplatine untergebracht. Dies hat natürlich seinen Grund: Die enorme Beanspruchung, d. h. die großen Datenmengen, die durch diesen Knotenpunkt gesendet werden, führen zu einer erheblichen Erwärmung des DMA-Controllers. Der DMA-Controller gehört aus diesem Grund zu den Bauteilen, die am häufigsten auf der Hauptplatine versagen.

Die Hersteller scheuen sich darum, dieses Bauteil weiter zu integrieren. Der DMA-Controller ist reparabel bzw. kann ausgetauscht werden. Er ist als Bauteil sehr billig, lediglich die Löttechnik ist aufgrund der Bauform (SMD/BGA) nicht für jedermann durchführbar. Wenn es auch manchmal günstiger erscheint, eine Hauptplatine ganz auszutauschen, so ist es doch in manchen Fällen durchaus sinnvoll, den DMA-Controller zu ersetzen. Dies gilt insbesondere für Sonderbauformen der Hauptplatine, wie sie in Notebooks, Industrie-PCs oder auch vielen Markengeräten anzutreffen sind.

IOR, IOW, MEMR, MEMW

Diese Kontrolleuchten zeigen den Zustand der Steuerleitungen IOR, IOW und MEMR, MEMW an. Sie signalisieren, daß ein Lese (-R) oder Schreibzugriff (-W) auf einen Port (I/O-) oder den Speicher (MEM) erfolgen soll.

Am aktivsten ist in der Regel die MEMR-Anzeige. Sie sollte bei Zugriffen auf die Laufwerke immer leuchten.

Interpretation der Kontrolleuchten dieser Steuerleitungen:

- *Normalzustand*: Beim Booten leuchten alle LEDs abwechselnd in unregelmäßigen Abständen. Nach dem Boot-Vorgang leuchtet die MEMR bei Zugriffen auf Laufwerke und andere Geräte.
- *Fehlerfall 1*: Alle LEDs leuchten permanent und gehen nie aus (= schwerer Hardwarefehler)
- *Fehlerfall 2*: Keine der LEDs leuchtet während oder nach dem Boot-Vorgang (= schwerer Hardwarefehler)

13 Die Hardware im Überblick

Die Kenntnis der BIOS-Optionen alleine reicht nicht aus, um ein funktionsfähiges System zu erhalten. Weitreichende Hardwarekenntnisse sind vonnöten, um das System zu bewerten und die Tuning-Möglichkeiten ins Auge zu fassen. Der folgende Überblick zeigt Ihnen aktuelle Hardwarekomponenten und deren Einsatz in der Praxis.

13.1 Die CPUs im Überblick

Auf den folgenden Seiten erhalten Sie einen umfassenden Überblick über die Prozessoren, die Ihnen in modernen Rechnern begegnen werden. Dabei werden auch die Ahnen nicht vergessen, da es heute immer noch eine Vielzahl von PCs gibt, bei denen diese Prozessoren zufriedenstellend ihren Dienst versehen.

Durch die gestiegenen Anforderungen der Software an die vorhandene Hardware werden leistungsfähige Systeme benötigt, mit denen zufriedenstellende Ergebnisse in den Bereichen Bildbearbeitung, Multimedia, Netzwerkserver oder Office-Anwendungen erreicht werden.

Derzeit finden Sie zwei unterschiedliche Prozessorfamilien auf dem Markt, die Ihnen die entsprechende Leistung bieten können. Dazu gehören zunächst die Pentium-Prozessoren und Kompatiblen (AMD, Cyrix/IBM, IDT), die auch als Sockel 7-CPUs bezeichnet werden, was den verwendeten Stecksockel, also die Schnittstelle zwischen CPU und Hauptplatine bezeichnet.

Die zweite Familie stellt der Pentium II dar, eine direkte Weiterentwicklung des Pentiums, wobei neben höheren Taktfrequenzen auch ein neuer Steckverbinder (Slot 1) die Verbindung zur Hauptplatine herstellt. Kompatibilität ist auf Grund der unterschiedlichen Sockel nicht gegeben.

In den folgenden Kapiteln erhalten Sie umfassende Informationen zu den beiden Gruppen, wobei Sie anhand der Angaben Ihre eigenen Bedürfnisse konkret benennen und danach den für Sie richtigen Prozessor auswählen können. Denn beide Familien haben durchaus ihre Daseinsberechtigung in unterschiedlichen Anwendungsgebieten, und auch das Preis-Leistungs-Verhältnis sollten Sie als Kriterium nicht aus dem Blick verlieren. Der Pentium Pro hat sich allerdings im breiten Markt nicht durchsetzen können und verschwindet langsam von der Bildfläche. Allerdings hat er im Server- und High-End-Bereich durchaus seine Daseinsberechtigung.

Abb. 13.1: Der Vergleich eines Pentium II (hinten) mit einem AMD K6 (vorne)

Übersicht über aktuelle Prozessoren

Im folgenden Abschnitt möchte ich Ihnen die derzeit geläufigsten Prozessoren für den PC vorstellen.

AMD K6

Als größter Konkurrent von Intel bietet AMD mit K6 einen leistungsfähigen Prozessor für den Sockel 7 an, der sogar bei seiner Einführung schneller als der damals schnellste Intel (Pentium-) Prozessor war. Der Prozessor wird heute mit einer Taktfrequenz bis zu 300 MHz gefertigt, wobei diese Frequenz auch tatsächlich mit der internen Taktfrequenz übereinstimmt. Das noch beim K5 verwendete P-Rating wurde damit aufgegeben, da es bei der Konfiguration dieses Prozessors immer wieder zu Mißverständnissen kam. Die Modelle mit 166 MHz und 200 MHz werden zwischenzeitlich nicht mehr hergestellt und durch die Umstellung der Fertigungstechnologie von 0,35μm auf 0,25μm konnte die Spannungsversorgung von ursprünglich 3,2 Volt auf 2,2 Volt reduziert werden. Prozessoren ab dem AMD K6-266 werden in dieser Technologie hergestellt. Bei der Wahl der Prozessors sollten Sie im Hinterkopf behalten, daß die Leistung der numerischen Recheneinheit (Stichwort: Coprozessor) nicht mit den Intel-Prozessoren mithalten kann. Bei normalen Büroanwendungen und Spielen, die wenig auf 3D-Berechnungen zurückgreifen, fällt dieser Mangel nicht ins Gewicht. Kommen aber aufwendige Texturen und dreidimensionale Räume ins Spiel, fällt die Leistung etwas ab. Diesem Prozessor ist ein weiteres Kapitel (siehe *Seite 316*) in diesem Buch gewidmet, das die Arbeitsweise und Technologien des Prozessors ausführlich beschreibt.

AMD K6-2

Als direkte Weiterentwicklung des schon beschriebenen K6 brachte AMD den K6-2 im Mai 1998 auf den Markt. Neben dem schon im K6 unterstützten MMX-Befehlssatz integrierte AMD 21 weitere 3D-Befehle (3DNow) in den Prozessor, mit denen die CPU bei aufwendigen 3D-Berechnungen schnellere Ergebnisse erzielen kann. Der Prozessor ist derzeit mit 266 MHz, 300 MHz und 333 MHz verfügbar, wobei durch die 0,25µm-Technologie bereits Varianten bis 400 MHz entwickelt werden sollen. Wie schon beim K6 wird auch hier kein P-Rating mehr eingesetzt, sondern die echte interne Taktfrequenz angegeben. Da sich AMD mit der 3DNow-Technologie vom (Quasi-) Standard Intel wegbewegt, wird sich die Technik nur soweit durchsetzen können, wie es Anwendungen gibt, die mit den Befehlen etwas anfangen können. Unter Windows 95/98 müssen Sie die DirectX-Treiber (Version 6) installieren, damit Software auf DirectX-Basis überhaupt mit den Befehlen umgehen kann. Diese Version kann im Internet von Microsoft bezogen werden und ersetzt die vorhandene Multimedia-Schnittstelle.

Die für den Sockel 7 entwickelte CPU benötigt eine Versorgungsspannung von 2,2 Volt und arbeitet mit Bustakten von 66 MHz und sogar 100 MHz zusammen. Wollen Sie diese CPU einsetzen, achten Sie bei der Hauptplatine darauf, daß die CPU bereits vom BIOS unterstützt wird, oder fragen Sie den Hersteller, ob bereits ein BIOS-Upgrade verfügbar ist. Denn das BIOS muß den Prozessor korrekt erkennen, damit der interne Takt bereitgestellt und auch der Chipsatz entsprechend programmiert werden kann.

6x86MX und M II

Diese beiden Bezeichnungen beschreiben ein und denselben Prozessor, wobei durch den Namen nur der Anbieter eindeutig hervorgeht. Beide Prozessoren basieren auf einer Entwicklung von Cyrix. Da Cyrix diesen Prozessor aber – mangels Produktionsanlagen – bei IBM fertigen läßt, hat dieser ebenfalls das Recht erworben, den Prozessor unter eigenem Namen zu vermarkten. Dabei wird die CPU unter dem Namen 6x86MX von IBM und unter der Bezeichnung M II von Cyrix vertrieben. Die Anlehnung der Bezeichnung an den Pentium II ist nicht zufällig, da in der Taktangabe das sogenannte P-Rating zum Einsatz kommt. Dabei wird nicht der exakte interne Takt der CPU angegeben, sondern wie schnell sich der Prozessor im Vergleich zu einer Intel Pentium II-CPU verhält. Ein M II PR333 arbeitet allerdings intern mit einer Taktfrequenz von 250 MHz und mit einem Systemtakt von 83 MHz. Der M II PR300 wird intern nur mit 225 MHz getaktet und benötigt einen Systemtakt von 75 MHz. Der Prozessor ist für sogenannte Sockel 7-Hauptplatinen ausgelegt und benötigt eine Core-Spannung von 2,9 Volt.

Intel Pentium MMX

Mit dieser Prozessorgeneration läutete Intel die Geschichte der Prozessoren mit integriertem MMX- (Multimedia eXtensions) Befehlssatz ein, ohne den heute keine CPU mehr auf dem Markt zu finden ist. Zwar sind immer noch nicht viele Anwendungen zu finden, die den Befehlssatz tatsächlich unterstützen, aber alle anderen CPU-Hersteller sahen sich gezwungen, den Befehlssatz ebenfalls in ihre Modelle zu integrieren. Die Prozessoren wurden von Intel bis zu einer Taktfrequenz von 233 MHz entwickelt, wobei zwischenzeitlich die Produktion zugunsten des Pentium II und des Celeron (siehe weiter unten) eingestellt wurde. Restbestände finden Sie teilweise noch in den Fachgeschäften, wobei gegenüber den Mitbewerbern aber in bezug auf Leistung und Preis von dem Kauf abgeraten werden muß. Denn die Sockel 7-Prozessoren, zu denen auch der Pentium MMX gehört, haben längst die 300-MHz-Grenze erreicht. Der Prozessor arbeitet mit einem Systemtakt von 66 MHz und benötigt eine Core-Spannung von 2,8 Volt.

Intel Pentium II

Der Pentium II, dem auch in diesem Buch ein eigenes Kapitel gewidmet wird, befindet sich bereits seit seiner Einführung im Mai 1997 in der zweiten Produktgeneration. Die ersten Pentium II-Chips mit einer Taktfrequenz von 233 MHz, 266 MHz und 300 MHz (Codename: Klamath) wurden in der 0,35μm-Technologie gefertigt. Die zweite Generation ab 333 MHz (Codename: Deschutes) liegt nun in der 0,25μm-Technologie vor, wobei die Verkleinerung der Chipstrukturen zwei Effekte nach sich zieht. Zunächst kann die Taktfrequenz weiter gesteigert werden und zum zweiten kann die Versorgungsspannung weiter gesenkt werden. Betrug sie bei den ersten Chips noch 2,8 Volt, wurde sie nun auf 2 Volt reduziert. Mit diesem Chip verließ Intel erstmals die gewährte Sockeltechnologie, die zunächst – nach dem Sockel 7 – noch durch den Sockel 8 beim Pentium Pro weiter verfolgt wurde. Zusätzlich können die Deschutes-Modelle ab 350 MHz mit einem Systemtakt von 100 MHz betrieben werden, wenn die Hauptplatine (mit BX-Chipsatz) dies erlaubt. Der Pentium II wird im Slot 1 betrieben, der in seinem Aufbau eher einem Erweiterungssteckplatz gleicht als einem CPU-Sockel. Weitere Informationen zu diesem Prozessor und seinen Eigenschaften finden Sie weiter hinten in diesem Kapitel.

Beim Kauf eines Rechnersystems ist unbedingt darauf zu achten, welcher Pentium II-Prozessor zum Einsatz kommt. Wird in der Anzeige kein Second-Level-Cache von 512 KByte erwähnt, kommt häufig der nachfolgend vorgestellte »Low-Cost-Pentium II« zum Einsatz. So kann sich ein auf den ersten Blick preiswertes Angebot etwas relativieren.

Intel Celeron

Eher für den Massenmarkt konzipiert, stellte Intel im April 1998 den Celeron vor. Dabei handelt es sich um eine fast mit dem Pentium II identische CPU, bei der auf die Integration des Second-Level-Caches in den Prozessor verzichtet wurde. Um den Low-Cost-

Rechner perfekt zu machen, wurde gleichzeitig ein abgespeckter LX-Chipsatz als EX-Chipsatz für diesen Prozessor vorgestellt. Der Prozessor arbeitet mit 266 MHz und 300 MHz und läßt sich, bei einer im BIOS implementierten Unterstützung, auch auf herkömmlichen LX-Hauptplatinen betreiben. Der Prozessor arbeitet mit einem Systemtakt von 66 MHz und benötigt eine Core-Spannung von 2 Volt.

Eine direkte Weiterentwicklung dieses Prozessors bildet der Mendocino, bei dem neben einer Takterhöhung auf 333 MHz wieder ein Second-Level-Cache von 128 KByte vorhanden ist. Im Gegensatz zum »echten« Pentium II, der seinen L2-Cache nur mit halber Prozessortaktfrequenz ansprechen kann, wird der L2-Cache des Mendocino mit voller CPU-Taktfrequenz (333 MHz) angesteuert.

IDT WinChip C6

Dieser, ebenfalls für den Sockel 7, erhältliche Prozessor von IDT, ist durch ein sehr gutes Preis-Leistungs-Verhältnis eine echte Alternative zu den schon vorgestellten Prozessoren, wenn Sie eine CPU für reine Büroanwendungen unter Windows 95/98 suchen. Denn wie Sie der Bezeichnung schon entnehmen können, ist dieser Prozessor besonders für Windows optimiert worden. Auch für die preisgünstige Aufrüstung älterer PCs mit Sockel 7 eignet sich der Prozessor besonders. Denn er wird mit einer Core-Spannung 3,52 betrieben, die beispielsweise beim Cyrix M1 (6x86) oder AMD K5 zum Einsatz kam. Da der Prozessor bei einer internen Taktfrequenz von 225 MHz mit einem Systemtakt von 75 MHz arbeitet, eignet er sich für Rechner, in denen ein Cyrix 6x86 PR200 seinen Dienst versieht. Denn dieser Prozessor, der intern mit 150 MHz betrieben wurde, benötigte eine spezielle Hauptplatine, die den halben Prozessortakt – eben diese 75 MHz – liefern konnte. Bei gleichen Einstellungen erhalten Sie hier einen ordentlichen Leistungsschub. Durch die sehr geringe Leistungsaufnahme eignet sich der Prozessor hervorragend für Notebooks.

Bei der weiteren Betrachtung habe ich allerdings nur noch die Unterscheidung nach dem verwendeten CPU-Sockel (Sockel 7 und Slot 1) getroffen und die Installation für den Pentium- und Pentium II-Prozessor gezeigt. Die im Bereich des Sockel 7 beschriebenen Eigenschaften gelten neben dem Intel Pentium natürlich auch für die Prozessoren von AMD, Cyrix/IBM und IDT.

Der Pentium-Prozessor

Seit der Pentium-Prozessor 1993 vorgestellt wurde, hat er bereits einige Veränderungen und Entwicklungen erfahren. Anfangs mit 60 MHz, wird er nun bereits mit 266 MHz getaktet und bietet ausreichend Leistung für viele Anwendungsgebiete. Neben dem Erfinder Intel wird der Markt dieser Prozessoren noch von den Herstellern AMD (K5, K6), Cyrix (6x86 MX) und kleineren Anbietern (IDT) bedient, was zu einem wahren Preiskampf geführt hat. Gewinner sind auf jeden Fall Sie als Anwender, da fast monatlich Preissenkungen zu verzeichnen sind.

Abb. 13.2: Auswahl einiger Sockel-7-CPUs und ein 486-Prozessor (rechts)

Besitzen Sie noch einen Pentium-Rechner der ersten Generation, werden Sie sicherlich schon darüber nachgedacht haben, das »alte« Herzstück gegen einen neuen Prozessor auszutauschen. Allerdings ist neben dem Prozessor auch die Hauptplatine zu kontrollieren, um festzustellen, ob der Tausch problemlos möglich ist. Denn die ersten Pentium-Prozessoren arbeiteten noch mit 5 Volt Versorgungsspannung, die noch beim 486 durchaus üblich war. Schnell erkannten die Entwicklungsingenieure, daß diese Spannung zu viel Verlustwärme nach sich zieht, und reduzierten den Wert auf 3,3 Volt. Für den erfolgreichen Wechsel der CPU muß das Board also über einen konfigurierbaren Spannungswandler verfügen. Ab dem Pentium mit 90 MHz wurde die Versorgungsspannung kontinuierlich gesenkt. Weiteres Kriterium für einen Wechsel der CPU ist der vorhandene Stecksockel, in dem der Prozessor betrieben wird. Auf den ZIF-Sockeln (Zero-Insertation-Force = Nullkraft-Sockel) sind die Bezeichnungen angebracht. Auf einem Sockel 7-Mainboard trägt der Sockel die Bezeichnung »Socket 7«. Verwenden Sie einen Pentium 60, trägt der Sockel häufig die Bezeichnung »Socket 4«, wobei er über 273 Pins und nur 5 Volt Versorgungsspannung verfügt. Besitzt Ihre Hauptplatine bereits den »Socket 5«, können zwar 3,3 Volt-Prozessoren eingesetzt werden, allerdings liegt die maximale Taktfrequenz bei 100 MHz (siehe Abbildung 13.3).

Erst der Sockel 7 bietet Unterstützung für die heutigen modernen Pentium-Prozessoren, deren Taktfrequenzen die 200 MHz schon weit überschritten haben. Laut AMD wird bereits an einem Sockel 7-Prozessor gearbeitet, der mit 366 MHz arbeiten wird. Dies ist vor allem dahingehend beruhigend, da Intel gerne den Pentium als Auslaufmodell deklarieren möchte. Sie setzen also beim Kauf eines modernen Sockel 7-Mainboards samt Prozessors keineswegs auf ein aussterbendes System. Moderne Technologien wie der AGP (Accelerated Graphic Port) und 100 MHz Systemtakt (anstatt 66 MHz) sind von Herstellern alternativer Chipsätze bereits auf diversen Hauptplatinen zu finden.

Abb. 13.3: Die Bezeichnung »Socket 5« finden Sie auf dem ZIF-Sockel (siehe Kasten)

Die Sockel für Pentium-Prozessoren:

Bezeichung	Anschlüsse	CPU-Typ	Spannung
Socket 4	273 Pins	P60, P66, P5-Overdrive	nur 5 Volt
Sockel 5	320 Pins	P75, P90, P100	nur 3,3 Volt
Socket 7	321 Pins	P5, AMD K5/6, Cyrix	Split-Voltage

(Der hier fehlende Socket 6 wurde für den 486 DX4-100 entwickelt)

Für diese älteren Pentium-Rechner werden allerdings sogenannte Upgrade-Prozessoren angeboten, bei denen die fehlende Taktvervielfachung (um z. B. 166 MHz intern zu erreichen) und die Anpassung an die Versorgungsspannung auf einer kleinen Platine untergebracht sind. Diese CPUs bieten zwar intern die Leistung eines Pentium 166 MHz (oder mehr), da aber alle anderen vorhandenen Komponenten weiterhin verwendet werden, fällt die Leistungsverbesserung dennoch geringer aus. Denn viele Pentium 60/66 verwenden langsame Speichermodule (70ns), und auch die Grafikkarten sind sicherlich nicht mehr auf der Höhe der Zeit. Der Austausch weiterer Komponenten bedarf einer genauen Analyse, da auch PCI-Bus nicht gleich PCI-Bus ist. Viele ältere Karten müssen vom PCI-Bus »edge-triggered« angesteuert werden, was allerdings kein Interrupt-Sharing (Doppelbelegung eines IRQs durch mehrere PCI-Geräte) ermöglicht. Neuere Steckkarten benötigen die PCI-Bus Revision 2.0 oder 2.1 und werden »level-triggered« betrieben. Diese Karten sind in älteren PCs häufig nur eingeschränkt nutzbar. Dieser Umstand der Ansteuerung ist auch bei der Verwendung älterer Karten in neuen PCs zu beachten, und häufig ein Grund für undefinierbare Fehlfunktionen und Abstürze. Im BIOS-Setup ist im *PCI PNP Configuration Setup* die Ansteuerung konfigurierbar.

Da Pentium-kompatible Prozessoren auch von anderen Herstellern angeboten werden, ist besonders bei der Hauptplatine auf die Unterstützung zu achten. Dies gilt insbesondere für die Versorgungsspannung und die Einstellung der benötigten Taktfrequenz. Weiteres zu diesem Thema (P-Rating) finden Sie weiter hinten in diesem Kapitel. Gerade Hauptplatinen der ersten Generation bieten hier häufig nur Unterstützung für Intel-CPUs. Aber Cyrix und AMD halten sich mit ihren Spezifikationen nicht an diese Vorgaben; vor allem, was die Versorgungsspannung des Prozessors angeht. Ein Liste der technischen Daten der gängigsten Prozessoren finden Sie im nächsten Abschnitt, wobei diese Werte zwingend eingehalten werden sollten. Ansonsten führt eine zu hohe Spannung zu einer unzulässigen Wärmeentwicklung und damit zu einer schnelleren Alterung und Zerstörung des Prozessors, wenn nicht für ausreichende Kühlung gesorgt wird.

Die MMX-Technologie erklärt

Im folgenden Abschnitt lernen Sie einige Grundlagen von MMX kennen, die bei der Auswahl und Konfiguration des Prozessors hilfreich sind.

MMX-Technologie

Die Abkürzung MMX bezeichnet die von Intel entwickelte *Multimedia Extensions*. Dabei handelt es sich um 57 neue Befehle bzw. Befehlsvarianten für den Prozessor, die sich vor allem bei der Ausführung von Multimedia-Anwendungen bemerkbar machen. Die Befehle verwenden die Register des mathematischen Coprozessors als Universalregister, in denen sie komplexe Rechenschritte, die vor allem bei 3D-Berechnungen und Videodekomprimierung anfallen, sehr schnell abarbeiten. Viele Spiele unterstützen diesen Befehlssatz auch unter Windows 95/98, wobei ein entsprechender Direct-X-Treiber mit MMX-Unterstützung installiert wird. Neben dieser Erweiterung wurden auch die internen Werte des Pentium-Prozessors verbessert. Dazu gehört beispielsweise beim Original Intel-Prozessor die Verdopplung des First-Level-Cache (L1-Cache) von 16 auf 32 KByte. Bei AMD wurde der L1-Cache beim K6 sogar auf 64 KByte erhöht. Damit eine Anwendung allerdings tatsächlich von der MMX-Technolgie profitiert, müssen die entsprechenden Befehle integriert sein. Zwar ist ein 200-MHz-MMX-Prozessor auch ohne MMX-Befehle schon schneller als ein herkömlicher 200-MHz-Pentium, aber dies ist dem verdoppelten First-Level-Cache und einigen internen Designänderungen zuzuschreiben. Sind die MMX-Befehle allerdings in eine Anwendung integriert, sind Leistungssteigerungen (z. B. bei Bildbearbeitungssoftware) von bis zu 35 Prozent zu beobachten. Beispielsweise bei der Bearbeitung von Farbbildern mittels Filter oder dem Abspielen von Videos im AVI-Format profitieren Anwendungen deutlich von der MMX-Technik. Durch den schnellen

Verbreitungsgrad dieser Technologie finden Sie heute praktisch keine Pentium- oder kompatiblen Prozessoren ohne MMX-Technologie mehr am Markt. Auch wenn es immer noch sehr wenig Programme gibt, die tatsächlich diese Technik nutzen, haben sich diese CPUs am Markt durchgesetzt.

Die Eigenschaften von MMX

Der erste MMX-Prozessor wurde von Intel mit der Bezeichnung P55C Ende 1996 eingeführt. Bevor die Intel-Ingenieure die 57 neuen Befehle integrierten, wurden zunächst eine Reihe von Anwendungen analysiert, darunter Grafik, MPEG-Video, Sound- und Sprachverarbeitung, Bildbearbeitung und Spiele. Das Ergebnis zeigte, daß diese Applikationen häufig gleiche rechenintensive Berechnungen aufweisen. Deren Kennzeichen sind beispielsweise kleine Integerdaten, die für 8-Bit-Bildpixel (256 Farben) oder 16-Bit-Audiodateien benötigt werden. Weiterhin finden sich kleine, sehr oft durchlaufene Schleifen und parallele Operationen in den Anwendungen. Basis von MMX ist die SIMD-Technik (Single Instruction, Multiple Data). Mit dieser Technik können mehrere Informationen mit einem einzigen Befehl parallel verarbeitet werden. Dazu wurden neue Datentypen eingeführt: gepackte Integerformate, die jeweils 64 Bit groß sind und mehrere Einzeldaten enthalten. Ein *packed Byte* enthält 8 Byte, ein *packed Word* vier 16-Bit-Words.

Bei Grafikdaten ist MMX in der Lage, die Daten von 8 Pixeln gleichzeitig in ein Register zu schreiben und zu verarbeiten. Acht 64-Bit-Register stehen MMX zur Verfügung. Dabei handelt es sich nicht um neu hinzugefügte Register, sondern es werden Register des numerischen Coprozessors genutzt. Vorhandene Betriebssysteme und Applikationen merken nichts von diesen zusätzlichen Funktionen und arbeiten wie bisher über die vorhandenen Register. Die MMX-Befehle umfassen verschiedene Sorten von Funktionen. Dazu gehören Grundoperationen wie Addition, Subtraktion, Multiplikation, arithmetische Verschiebungen und weiterhin Vergleichsoperationen wie AND, OR, XOR und Anweisungen zum Datentransfer zwischen Registern oder dem Register und dem Arbeitsspeicher.

Windows 98 besitzt bereits eine integrierte Unterstützung für MMX-Prozessoren, wobei Sie über das Symbol *System* im Register *Allgemein* den vorhandenen Prozessor genannt bekommen. Windows 95 besitzt noch keine Unterstützung für MMX und wird aufgrund der Erscheinung von Windows 98 diese Erweiterung nicht mehr erfahren. Die DirectX-Komponenten können dagegen auch unter Windows 95 nachträglich installiert werden. Viele Spiele bringen bereits diese aktualisierten Treiber mit und kopieren diese während der Installation in das Windows-Verzeichnis.

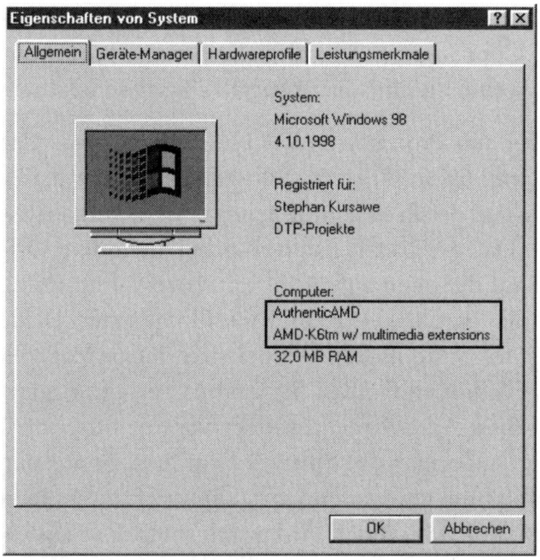

Abb. 13.4: Windows 98 bietet bereits die Unterstützung für MMX-Prozessoren

Die Zukunft von MMX

Neben der schon bekannten MMX-Technologie plant Intel für die erste Jahreshälfte 1999 die Einführung eines erweiterten MMX-Befehlssatzes, der allerdings nur im Pentium II integriert sein wird. Unter dem Codenamen *Katmai* (oder MMX2) setzt auch die erweiterte Technologie wie schon MMX1 auf die SIMD-Architektur (Single Instruction, Multiple Data), wobei durch ein Kommando mehrere Daten gleichzeitig bearbeitet werden können. Zu den 57 existierenden MMX-Befehlen sind 70 neue Kommandos hinzugekommen. Ein Hauptanliegen von MMX2 liegt bei der Optimierung von numerischen Berechnungen, von denen hauptsächlich 3D-Applikationen, CAD oder Animationssoftware Gebrauch machen. Aber auch objektorientierte Datenbanken mit Audio- und Videofiles haben Vorteile von dieser Technik.

Das P-Rating

Da die Hersteller kompatibler Pentium-Prozessoren mit anderen Taktfrequenzen arbeiten als Intel, mußte eine Grundlage geschaffen werden, auf der die Prozessoren verglichen werden können. Das sogenannte P-Rating gibt dabei in einer definierten und fest vorgegebenen PC-Ausstattung die Leistung eines Prozessors im Vergleich zu einer Intel-CPU an. Als Benchmark-Programm wird Winstone von ZIF-Davis verwendet, der verschiedene Aufgaben anhand reeller Softwareprodukte testet. Auf der CPU wird anschließend vermerkt, welchem Pentium der getestete Prozessor leistungsmäßig gleicht. Dabei bedeutet die Bezeichnung PR200, daß der Prozessor bei den getesteten Anwendungen auf gleichem Niveau arbeitet wie ein Pentium mit 200 MHz. Allerdings hat sich in der Praxis immer wieder gezeigt, daß der integrierte Coprozessor, der für numerische Berechnungen zuständig ist, bei den Kompatiblen bei weitem nicht so leistungsfähig ist wie bei Intel.

Eine weitere Kennzeichnung finden Sie bei den Prozessoren des Herstellers Cyrix. Die CPUs tragen die Bezeichnung 6x86 166+ und 6x86 200+. Das Pluszeichen hinter der P-Rating-Angabe bringt dabei zum Ausdruck, daß der Prozessor gegenüber dem Vergleichsmodell noch einen Deut schneller arbeitet. Daß die Taktfrequenzen dabei nicht dem Original entsprechen müssen, zeigt ein Blick auf die oben aufgeführten Prozessoren. Dabei wird der 6x86 166+ mit 133 MHz und der 6x86 200+ mit 150 MHz getaktet. Beide verwenden eine interne Taktverdopplung des Systemtaktes, wobei sich der 6x86 166+ mit 2 x 66 MHz noch innerhalb der Spezifikationen für den Systembus bewegt. Anders dagegen der 6x86 200+ mit 150 MHz, der diese Taktfrequenz aus der Verdopplung von 2 x 75 MHz gewinnt. Dieser Systemtakt liegt außerhalb der Spezifikation, und da aus den 75 MHz auch der PCI-Bustakt durch Halbierung gewonnen wird, liegt auch dieser Takt mit 37,5 MHz außerhalb der Spezifikation (33 MHz). Hier wird durch spezielle Bausteine eine Anpassung an einen asynchronen Bustakt nötig, wobei allerdings der Prozessor einige Wartezeiten benötigt. Aufgrund der 75 MHz als Systemtakt ist diese CPU nicht auf allen Hauptplatinen einsetzbar. Da dieser Prozessor aufgrund seines sehr niedrigen Preises als Schnäppchen gelten kann, sollten Sie vor dem Kauf klären, ob Ihre vorhandene Hauptplatine diesen Systemtakt erzeugen kann. Ansonsten können Sie diese CPU nur mit geringerer Leistung verwenden. Das Handbuch Ihrer Hauptplatine gibt Auskunft über die verwendbaren Prozessoren.

Setzen Sie die Jumper wie folgt:

				(BUS Freq.)			(Freq. Ratio)	
CPU-Typ	**Frequenz**	**Verhältnis**	**BUS**	**FS0**	**FS1**	**FS2**	**BF1**	**BF0**
Intel (Reserved)	233MHz	3.5x	66MHz	[1-2]	[2-3]	[2-3]	[1-2]	[1-2]
Intel Pentium	200MHz	3.0x	66MHz	[1-2]	[2-3]	[2-3]	[2-3]	[1-2]
Intel Pentium	166MHz	2.5x	66MHz	[1-2]	[2-3]	[2-3]	[2-3]	[2-3]
Intel Pentium	150MHz	2.5x	60MHz	[2-3]	[2-3]	[2-3]	[2-3]	[2-3]
Intel Pentium	133MHz	2.0x	66MHz	[1-2]	[2-3]	[2-3]	[1-2]	[2-3]
Intel Pentium	120MHz	2.0x	60MHz	[2-3]	[2-3]	[2-3]	[1-2]	[2-3]
Intel Pentium	100MHz	1.5x	66MHz	[1-2]	[2-3]	[2-3]	[1-2]	[1-2]
Intel Pentium	90MHz	1.5x	60MHz	[2-3]	[2-3]	[2-3]	[1-2]	[1-2]
Intel Pentium	75MHz	1.5x	50MHz	[2-3]	[1-2]	[2-3]	[1-2]	[1-2]
AMD-K6-PR233	233MHz	3.5x	66MHz	[1-2]	[2-3]	[2-3]	[1-2]	[1-2]
AMD-K6-PR200	200MHz	3.0x	66MHz	[1-2]	[2-3]	[2-3]	[2-3]	[1-2]
AMD-K6-PR166	166MHz	2.5x	66MHz	[1-2]	[2-3]	[2-3]	[2-3]	[2-3]
AMD-K5-PR133	100MHz	1.5x	66MHz	[1-2]	[2-3]	[2-3]	[1-2]	[1-2]
AMD-K5-PR120	90MHz	1.5x	60MHz	[2-3]	[2-3]	[2-3]	[1-2]	[1-2]
AMD-K5-PR100	100MHz	1.5x	66MHz	[1-2]	[2-3]	[2-3]	[1-2]	[1-2]
AMD-K5-PR90	90MHz	1.5x	60MHz	[2-3]	[2-3]	[2-3]	[1-2]	[1-2]
AMD-K5-PR75	75MHz	1.5x	50MHz	[2-3]	[1-2]	[2-3]	[1-2]	[1-2]
*IBM/Cyrix-PR166+	133MHz	2.0x	66MHz	[1-2]	[2-3]	[2-3]	[1-2]	[2-3]

***HINWEIS:** Diese Platine unterstützt nur IBM/Cyrix 166+ ab Revision 2.7. Zur Identifizierung siehe nächste Seite. Beim Booten wird **6x86-P166+** anzeigen, wenn IBM/Cyrix 166+ installiert ist.

Abb. 13.5: Die Einstellungen zur Taktfrequenz verschiedener Prozessoren (Quelle: Asus)

Im Zusammenhang mit der Takteinstellung finden Sie immer wieder den Begriff »BF-Jumper«, den ich hier der Vollständigkeit halber erläutern möchte. Mit Hilfe dieser Jumper stellt man bei Pentium-CPUs das Verhältnis zwischen interner und externer Taktrate ein. Bei der Einführung des Prozessors lag dieses Verhältnis bei 1:1,5 und wurde später um 1:2 erweitert. Mit welcher Frequenz der Prozessor betrieben wurde, legte das Signal »BF0« fest. Da die Entwicklung aber immer schnellere Prozessoren auf den Markt brachte, wurden Frequenzverhältnisse von 1:3 und 1:3,5 benötigt. Aus diesem Grund wurde ein weiterer BF-Jumper (»BF1«) eingeführt. Zusammen mit dem P-Rating kommt es hier immer wieder zu Verwirrungen, da dieses Teilerverhältnis bei der Einstellung nicht berücksichtigt werden darf. Ziehen Sie das Handbuch für die korrekte Jumperstellung zu Rate, wenn Sie das interne Teilerverhältnis Ihrer CPU nicht kennen. In der Regel ist für jeden unterstützten Typ (oder Gruppe) ein entsprechendes Konfigurationsbeispiel gezeigt. Beispielsweise zeigt sich beim AMD K5 ein weiterer Unterschied, der bei der Einstellung berücksichtigt werden muß. Der K5 PR166 wird zwar wie ein Pentium 133 (66 MHz externer Takt, Verhältnis: 1:2) eingestellt, aber durch eine interne elektronische Schaltung wird die Taktfrequenz intern auf 116,7 MHz reduziert. Erst beim AMD K6 entspricht der aufgedruckte Wert tatsächlich der internen Taktfrequenz des Prozessors. Die BF-Jumper dienen also zur Festlegung eines bestimmten CPU-Typs. Allerdings sind damit nicht für alle Prozessoren identische Taktverhältnisse verbunden. Zum Beispiel wird ein Intel Pentium mit 233 MHz über die BF-Jumper auf 1:1,5 eingestellt, was normalerweise einem Pentium 100 (66 MHz x 1,5) entspräche, dennoch arbeitet er intern mit 233 MHz und extern mit 66 MHz, wobei das Teilerverhältnis 1:3,5 beträgt. AMD hat neben BF0 und BF1 noch den Jumper BF2 entwickelt, mit dem sich Teilerverhältnisse von bis zu 1:5,5 verwirklichen lassen. Dies entspricht einer CPU-Taktfrequenz von 366 MHz bei 66 MHz Systemtakt und über 500 MHz beim neuen 100 MHz Systemtakt.

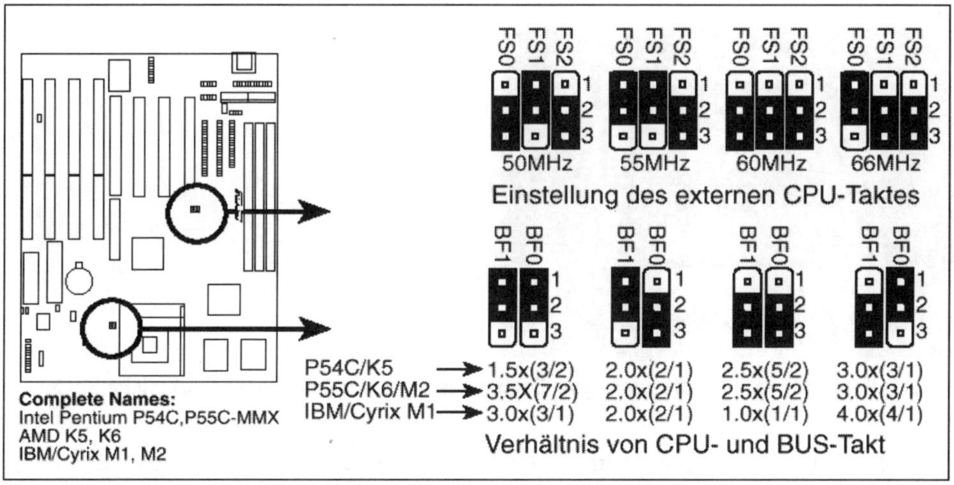

Abb. 13.6: Die Einstellungen der BF-Jumper auf einer Asus-Hauptplatine

Haben Sie die Werte konfiguriert, sollten Sie mit der neuen CPU einen Testlauf starten. Dabei schalten Sie den PC ein, wobei Sie die Kühlung des Prozessors nicht vergessen sollten, und kontrollieren während des Speichertests die darüberstehende Prozessorangabe. Hier wird die CPU mit eingestellter Taktfrequenz aufgeführt. Eine weitere Möglichkeit ist die Systemzusammenfassung nach dem Speichertest, wobei neben der CPU auch alle vorhandenen Schnittstellen, der Arbeitsspeicher und die Laufwerke aufgelistet werden. Über die Taste [Pause] können Sie den Start des Betriebssystems stoppen und die Übersicht in aller Ruhe nach den Vorgaben kontrollieren. Ist dort eine andere Angabe (CPU-Typ, Taktfrequenz) zu finden, kontrollieren Sie anhand des Handbuches Ihre Einstellungen und nebenbei, ob der neue Prozessor überhaupt namentlich erwähnt wurde. Sollte dies nicht der Fall sein, können Sie nur auf kompatible Werte anderer Prozessoren zurückgreifen, wobei allerdings das P-Rating und die BF-Jumper zu beachten sind. Abbildung 13.6 kann hier eine gute Hilfe sein.

Split-Voltage

Wurden erste Pentium-CPUs noch mit einer Versorgungsspannung (5 Volt) über den ZIF-Sockel versorgt, wobei sowohl die Eingabe-/Ausgabeleitungen (I/O) als auch der Prozessorkern (Core) mit 5 Volt betrieben wurden, benötigen moderne Pentium-Prozessoren zwei unterschiedliche Spannungen (Split-Voltage). Die Eingabe-/Ausgabeleitungen werden dabei einheitlich mit 3,3 Volt angesteuert, nur die Core-Spannung differiert von Prozessor zu Prozessor. Zwar bewegen sich die Hersteller in einem engen Bereich (2,1-3,52 Volt), aber jede CPU benötigt ihre charakteristische Spannung. Selbst bei Prozessoren gleicher Baureihe unterscheiden sich die Spannungswerte bei steigenden Taktfrequenzen. Um die Einstellung zu erleichtern, drucken Hersteller (z. B. AMD) die benötigte Core-Spannung auf das Gehäuse auf.

Abb. 13.7: Hersteller drucken die benötigten Spannungswerte auf das Gehäuse auf (siehe Kasten)

Durch diesen positiven Trend entfällt das langwierige Blättern in Tabellen, und leider tauchen auch in Handbüchern des öfteren Druckfehler auf, die fatale Folgen auf die Lebensdauer der CPU haben. Im Zweifelsfall ist immer der Aufdruck auf dem Prozessor bindend. Der Sockel 7 ist allerdings allein noch kein Garant dafür, daß sich moderne MMX-Prozessoren von AMD, Cyrix, IBM oder Intel betreiben lassen. Ältere Hauptplatinen bieten zwar diesen Sockel, können aber trotzdem nicht die geforderten Versorgungsspannungen liefern. Dabei fehlt häufig der benötigte Regler für die Core-Spannung, oder Sie finden einen freien Steckplatz für ein *Voltage Regulation Modul* (VRM), das nachträglich eingebaut werden kann. Hat die Hauptplatine allerdings ein gewisses Alter erreicht, stehen die Chancen nicht mehr besonders gut, ein solches Modul beim Hersteller zu bekommen. Da ist der komplette Tausch der Hauptplatine, der auch neue Features (z. B. Ultra DMA/33, USB) bringt, weitaus günstiger. Neben den benötigten Spannungswerten muß der Regler allerdings auch die entsprechende Leistung für den Prozessor bieten. Dabei sind einige Kühlkörper so unterdimensioniert, daß sie während des Betriebes so heiß werden, daß man sie kaum berühren kann. Beispielsweise benötigt der AMD K6 PR233 9,5 Ampere Strom, was nur von modernen Schaltreglern geliefert werden kann. Diese Regler erkennen Sie an einer kleinen Spule in der Nähe des Sockels, wobei ein auffällig dicker Draht auf einen Keramikkörper gewickelt wurde. Durch diese Spulen wird überschüssige Verlustleistung verhindert, die bei Längsreglern in Wärme umgewandelt und über einen Kühlkörper an die Umgebung abgegeben werden müßte. Sollten Sie auf Ihrer Hauptplatine eine erhöhte Temperatur feststellen, können Sie mit zusätzlich im Gehäuse angebrachten Lüftern für Abhilfe sorgen. Auch kann der vorhandene Kühlkörper mit einem im Elektronikfachhandel erhältlichen Kühlkörper erweitert werden. Durch den zusätzlichen Kühlkörper erhöhen Sie die Oberfläche und damit die Wärmemenge, die pro Zeiteinheit abgegeben werden kann. Sitzt der Regler unmittelbar neben dem Prozessor, können Sie auch den Kühlkörper der CPU so ausrichten, daß die Kühlrippen auf den Regler zeigen. Bläst jetzt der Lüfter auf die CPU, wird durch die Kühlrippen die Luft auch auf den Regler gelenkt. Zwar ist die Luft schon teilweise erwärmt, aber der Kühleffekt ist trotzdem noch meßbar.

CPU Manufacturer	CPU-Typ	Spannung	VID0	VID1	VID2
Intel/AMD/IBM/Cryix	P54C/CS/K5/M1	3.5V(VRE)	[1-2]	[1-2]	[2-3]
Intel/AMD	P54C/CS/K5	3.4V(STD)	[2-3]	[1-2]	[2-3]
AMD	K6-PR233	3.2V	[2-3]	[VID1: 3 VID2: 3]	[1-2]
AMD	K6-PR166,PR200	2.9V	[1-2]	[2-3]	[2-3]
Intel/IBM/Cyrix	P55C-MMX/M2	2.8V	[2-3]	[2-3]	[2-3]

Abb. 13.8: Die Spannungswerte für einige CPUs samt Jumperstellungen (Quelle: Asus)

Achten Sie bei der Einstellung der Spannung darauf, daß die benötigten Werte nicht überschritten werden. In diesem Fall ist die Gefahr groß, daß der Prozessor »gebraten« wird, was auf Dauer die Zerstörung zur Folge hat. Denn in der Regel liefern die Regler der Hauptplatine 0,1-0,2 Volt mehr Spannung als angegeben, und wenn Sie nun noch zusätzlich eine höhere Spannung vorgeben, wird der Toleranzbereich der CPU weit überschritten. Sollte die Hauptplatine die geforderte Spannung nicht liefern können, kontrollieren Sie den Betrieb zunächst mit dem nächst kleineren Wert. Mit Hilfe eines Benchmark-Tests können Sie überprüfen, ob der Rechner stabil funktioniert. Sollte dies nicht der Fall sein, wählen Sie die nächst höhere Spannung. Allerdings sind hier verbesserte Kühlmöglichkeiten zwingend vorgeschrieben. Dazu gehört beispielsweise ein aktives ICECAP, was im nächsten Abschnitt näher erläutert wird. Nur so wird die Verlustwärme des Prozessorkerns ausreichend abgeführt.

Die Kühlung

Seit der Einführung des 486 DX2/66 ist die Verwendung eines Kühlkörpers samt Lüfters für den Betrieb eines Prozessors zwingend vorgeschrieben. Die erzeugte Wärme wird über den Keramikkörper der CPU an den Kühlkörper abgegeben, und durch den Lüfter weiter transportiert. Schon an der Verbindungsstelle zwischen CPU und Kühlkörper können Sie die Wärmeabfuhr positiv beeinflussen, indem Sie die sogenannte *Wärmeleitpaste* verwenden, die den thermischen Widerstand zwischen CPU und Kühlkörper, der den Wärmeaustausch behindert, verringern. Diese Paste ist für wenig Geld im Elektronikfachhandel (z. B. EDV+Elektronik Systeme, Taubentränke 23, 56645 Andernach, 0 26 32/92 93 0) erhältlich. Achten Sie auf korrekten Sitz des Kühlkörpers, wobei er plan auf dem Prozessor aufliegen muß. Vor allem bei neuen AMD K6-Prozessoren, die einen unebenen Korpus aufweisen, ist der Kontakt bei einigen Kühlkörpern schwierig herzustellen. Wenn in diesem Fall der Kühlkörper nur auf dem äußeren Rand aufliegt, ist ein Wärmeaustausch kaum optimal möglich. Abbildung 13.7 zeigt die Oberfläche der beschriebenen CPU. Vergewissern Sie sich bei Ihrem Händler, daß der Kühlkörper ausreichend dimensioniert ist und auch für Ihre bevorzugte CPU verwendet werden kann. Achten Sie vor dem Einbau auf den korrekten Kontakt zwischen CPU und Kühlkörper. Abbildung 13.9 zeigt eine denkbar schlechte Kombination, da die Halteklammern die Kühlkörper/Lüfterkombination nicht dauerhaft mit der CPU verbinden. Kleine Erschütterungen führen zum Verschieben des Kühlkörpers und damit zu fehlender Wärmeableitung. Auch ist der Kühlkörper für eine AMD-CPU unterdimensioniert und wird mit großer Sicherheit nicht die erforderliche Wärmeabstrahlung bewirken. Sporadische Systemabstürze und Fehlfunktionen sind dann die Folge. Das Trügerische daran ist, daß der Lüfter korrekt arbeitet, der Fehler also zunächst an einer anderen Stelle gesucht wird.

Abb. 13.9:
Dieser Lüfter ist für den Prozessor nicht geeignet, da die Klammern den Lüfter nicht ausreichend befestigen

Die geeignete Befestigung des Lüfters geschieht über Klammern am ZIF-Sockel, der dafür entsprechende Halterungen aufweist. Durch die Federkraft des Haltebügels wird der Kühlkörper auf die CPU gedrückt und eine gut wärmeleitende Verbindung geschaffen.

Neben der Größe des Kühlkörpers entscheidet auch die Drehzahl und Größe des Lüfters über die Effektivität der Kühlung. Beide Faktoren zusammen können schon einen empfindlichen Preisunterschied rechtfertigen. Beispielsweise hatte Cyrix beim 6x86 166+ (und 200+) diesen Umstand erkannt und diesen CPUs Hochleistungslüfter plus passende Kühlkörper gleich beigelegt. Diese Prozessoren erzeugten derart viel Verlustwärme, daß viele herkömmliche Lüfter einfach überfordert waren und eine Reihe von Problemen durch Erwärmung auftraten. Investieren Sie lieber ein paar Mark mehr in die Kühlung, damit der Rechner problemlos mit dem Wärmeaufkommen fertig wird. Denn häufig werden sündhaft teure PCs durch einen ausgefallenen Lüfter instabil, weil der Hersteller hier an der falschen Stelle gespart hat. Wollen Sie ganz auf Nummer sicher gehen, bieten Hersteller Lüfter mit Überwachungsfunktionen an. Fällt der Lüfter aufgrund eines Defektes aus, wird dies durch einen Pfeifton unüberhörbar mitgeteilt.

Verwenden Sie bereits einen Rechner mit TX-Chipsatz, können Sie in vielen Fällen auch dem PC, bzw. dem BIOS die Überwachung lebenswichtiger Parameter überlassen. Dazu besitzt die Hauptplatine eine entsprechende Schnittstelle, die über einen Baustein (LM78/79) die Temperatur wichtiger Komponenten (Hauptplatine, CPU) mißt, und dem BIOS meldet. Ebenso wird über diese Schnittstelle die Drehzahl des Lüfters überwacht, sofern der Lüfter über den entsprechenden Anschluß für die Hauptplatine verfügt. Abbildung 13.10 zeigt zunächst einen Lüfter mit herkömmlichem Anschluß an das PC-Netzteil (links) und daneben einen Lüfter mit Anschluß an die Hauptplatine. Fällt der Lüfter aus, wird dies zunächst nur an das BIOS gemeldet; Sie als Anwender erfahren von diesem Umstand nichts. Mittels Software, die der Hauptplatine beiliegt, können Sie unter verschiedenen Betriebssystemen diese Meldungen auf den Bildschirm bringen. Daß diese Meldungen sogar über ein Netzwerk an einen Systemadministrator weitergereicht werden können, erleichtert vor allem Systemadministratoren in großen Netzwerken die Arbeit enorm.

Abb. 13.10:
Vergleich: preiswerter Lüfter mit herkömmlichem Anschluß (links) und Hochleistungslüfter für die Hauptplatine (rechts)

Eine weitere, aber teurere Variante, ist die Nutzung eines sogenannten ICECAPS, das die effektivste Möglichkeit darstellt. In diesem Fall wird durch ein sogenanntes Peltier-Element tatsächlich Kälte erzeugt, die den Prozessor weit unter seine normale Arbeitstemperatur kühlt. Dies ist durch ein spezielles Halbleitermaterial möglich, wobei durch Anlegen einer äußeren Spannung auf der einen Seite Kälte und auf der anderen Seite Wärme erzeugt wird. Die erzeugte Wärme muß nun über einen geeigneten Kühlkörper samt Lüfter nach außen abgeführt werden. Gegner dieser Technologie führen die Gefahr des Kondenswassers an, was bei dieser Kühlschrank-ähnlichen Technik entstehen kann, und natürlich schädlich für den Rechner ist. Ich kann allerdings aus meiner fast zweijährigen Erfahrung mit einer solchen Kombination sagen, daß bisher keinerlei Ausfälle oder Probleme zu verzeichnen sind. Weiterer Vorteil dieser Technik ist eine weitere Beschleunigung des Rechners, da durch die erzeugte Kälte der Prozessor schneller arbeiten kann, und eine Verlängerung der Lebensdauer, da das Halbleitermaterial langsamer altert. Mit ICECAP liegt die Arbeitstemperatur bei gerade mal 35°C.

Abb. 13.11:
Der Lüfter mit Peltier-Element (Rückseite)

Sollten Sie über keinerlei Kontrollmöglichkeiten des Lüfters durch den Rechner verfügen, ist ein regelmäßiger Blick in das Innere des Gehäuses angeraten. Ein ausgefallener Lüfter ist häufig Ursache für Systemabstürze, da sich der Prozessor unzulässig erwärmt.

Meiner Erfahrung nach kann man schon nach ein bis zwei Jahren mit einem Defekt des Lüfters rechnen, da deren Qualität häufig nicht besonders hoch ist.

Übertakten des Prozessors

Eine vielfach genutzte Möglichkeit der »Leistungssteigerung« des Rechners ist das Übertakten der CPU, also der Betrieb mit einer höheren als der zulässigen Taktfrequenz. Da häufig Prozessoren aus einer Produktion unterschiedlich gekennzeichnet werden, da der Markt entsprechende CPUs fordert, kann es durchaus vorkommen, daß man eine 233 MHz-CPU mit 200 MHz gekennzeichnet vorfindet. In diesem Fall ist das Übertakten kein Problem, da der Prozessor ja eigentlich für die höhere Taktfrequenz ausgelegt ist. Allerdings hat man keinerlei Gewähr oder Testmöglichkeit, um die höchstzulässige Frequenz zu ermitteln. Ist der Prozessor tatsächlich nur für 200 MHz ausgelegt, betreiben Sie ihn außerhalb seiner zulässigen Spezifikationen. Dieser Schritt ist nur dann anzuraten, wenn Sie für ausreichende Kühlung sorgen und wenn dieser Schritt auch tatsächlich eine merkliche Leistungssteigerung bringt. Allerdings sollte der Sprung nur bis zur nächsthöheren Taktfrequenz ausfallen. Einen 100-MHz-Prozessor plötzlich mit 200 MHz takten zu wollen, wird sicherlich nicht lange gutgehen, wenn der Rechner sich überhaupt starten läßt. Vor allem bei älteren Pentium-Prozessoren (60-133 MHz) können Sie getrost einen Gang höher schalten, um ein wenig näher an die aktuellen Leistungen heranzukommen. Bei dem momentanen Preisverfall kann man auch einen Ausfall der CPU und einen Tausch zu einem aktuellen Modell gut verkraften. Durch ein geeignetes Benchmark-Programm (z. B. WINCheckIt Pro, Info Pro) sollten Sie den Leistungsgewinn durch das Übertakten ermitteln, und anhand des Ergebnisses entscheiden, ob sich das erhöhte Risiko lohnt.

Eine weitere Möglichkeit der Leistungssteigerung läßt sich neben dem Übertakten der CPU mit der Erhöhung des Bustaktes erreichen. Normalerweise arbeitet eine Hauptplatine mit 66 MHz, wobei aus dieser Taktfrequenz der interne Takt der CPU (durch Vervielfachung) und auch der PCI-Bustakt (Teilen durch 2) von 33 MHz gewonnen wird. Durch die Prozessoren von Cyrix (6x86 200+) wurde ein Systemtakt von 75 MHz benötigt, den einige Hauptplatinen liefern können. Takten Sie aber beispielsweise einen Pentium 233 mit 75 MHz Systemtakt, läuft dieser plötzlich mit 266 MHz, und auch der Speicherbus, der nun mit 75 MHz betrieben wird, läßt schnellere Zugriffe zu. Allerdings sollten in diesem Fall schnelle SDRAMs mit 10 oder 12 ns Zugriffszeit zum Einsatz kommen. Bei normalen EDO-PS/2-Modulen (60 ns) sind kaum Geschwindigkeitsvorteile zu verzeichnen. Da der PCI-Bustakt durch Halbierung des Systemtaktes gewonnen wird, läuft dieser nun mit 37,5 MHz (anstatt 33 MHz). Da nun alle PCI-Steckkarten außerhalb der Spezifikation betrieben werden, ist nicht sichergestellt, daß die Karten dauerhaft stabil funktionieren. Vor allem Netzwerkkarten und SCSI-Hostadapter reagieren hier häufig sehr sensibel auf die Takterhöhung. Da die Takterhöhung auch zu einer unzulässigen Erwärmung führen kann, werden so auch Erweiterungskarten in Mitleidenschaft gezogen.

Sollte Ihre Hauptplatine bereits einen Systemtakt von 83 MHz unterstützen, ist bei dieser Einstellung äußerste Vorsicht geboten. Neben der enormen Übertaktung des PCI-Busses müssen Sie auch das Teilerverhältnis des Prozessors überdenken. Denn hier wird plötzlich ein Pentium 166 (66 MHz x 2,5) bei 83 MHz x 2,5 mit 207,5 MHz getaktet. Dabei ist allerdings keine stabile Arbeitsumgebung zu erwarten. Bei der Verwendung von alternativen Chipsätzen (z. B. VIA, Aladin) können Sie auf einen asynchronen Betrieb des Busses zurückgreifen. Dabei wird der Speicherbus mit schnellen SDRAMs mit 83 MHz und der PCI-Bus trotzdem mit 33 MHz betrieben.

Neueste Entwicklungen bieten nun auch bei Sockel 7-Hauptplatinen den beim Pentium II eingeführten Front Side Bus mit 100 MHz. Allerdings sind hierzu nur Hauptplatinen ohne Intel-Chipsatz in der Lage, da Intel selbst die Produktion der Sockel 7-Chipsätze eingestellt hat. Neben dem 100-MHz-Bus, für den spezielle Speichermodule (Kennzeichnung mit PC100) nötig sind, unterstützen die Chipsätze von ALI oder SIS den Accelerated Graphics Port (AGP) und sind damit vor allem in Office-Umgebungen eine ernstzunehmende Konkurrenz zu den Intel-Chipsätzen.

Der AMD-K6

Die folgenden Abschnitte beschäftigen sich mit den Eigenschaften des AMD-K6 und zeigt die Leistungsmerkmale dieses Prozessors auf.

Technische Leistungsmerkmale des AMD-K6-Prozessors mit MMX-Technologie:

- Sehr schnell sowohl unter Windows 95/98 als auch unter Windows NT
- Superskalare Sechsfach-RISC86-Mikroarchitektur
- Sieben parallele Ausführungseinheiten
- Mehrere x86/RISC86-Befehlsdecodierer
- Verbesserte zweistufige Sprungvorhersage
- Spekulative Befehlsausführung
- Komplett entkoppelte Verarbeitung
- Registerumbenennung
- 32 KByte Befehls-Cache plus Vordecodierpuffer
- 32 KByte Write-Back-Dual-Ported-Daten-Cache
- MESI-Protokoll sichert Cache-Kohärenz bei Write Back-Betriebsart

- Schnelle IEEE 754-kompatible Gleitpunkteinheit (FPU)
- Integrierte MMX-Technologie nach Industriestandard
- Vollständig kompatible SMM (System Management Mode)
- Sockel 7-Kompatibilität
- Erhältlich in (Sockel 7-kompatiblem) 321 Pin CPGA-Gehäuse mit C4 Flip-Chip-Technik
- Herstellung mit AMDs 0,25μm-Fünfschicht-Metall-Prozeßtechnologie in AMDs Fab 25 Wafer-Fertigung

Der AMD-K6-Prozessor ist in vollem Umfang kompatibel zum x86-Binärcode und unterstützt den Hochleistungs-MMX-Technologie-Befehlssatz nach dem Industriestandard. Bei der Entwicklung des AMD-K6-Prozessors wurde die Kompatibilität durch umfassende Tests mit gängigen Tools sowohl bei AMD selbst als auch bei PC-Herstellern und in unabhängigen Prüflabors kontinuierlich geprüft. AMDs Erfahrungen mit vier Generationen von x86-Prozessoren flossen in die Entwicklung des AMD-K6-Prozessors ein, um Kompatibilität mit Windows 95/98, Windows 3.x, Windows NT, MS-DOS, OS/2, Novell Netware, Unix, Linux, Solaris und anderen Betriebssystemen und Anwendungspaketen zu gewährleisten.

Die RISC86-Mikroarchitektur

Die RISC86-Mikroarchitektur des AMD-K6-Prozessors stützt sich auf einen superskalaren Entwurf mit entkoppelter Decodierung und Ausführung, der volle Kompatibilität zur x86-Software gewährleistet. Der Entwurf beinhaltet zahlreiche Techniken, wie zum Beispiel Mehrfach-Decodierung von x86-Befehlen, interne Eintakt-RISC-Operationen, entkoppelte Verarbeitung, spekulative Ausführung und Registerumbenennung. Der AMD-K6-Prozessor arbeitet mit parallelen Decodierern, einem zentralen Scheduler für RISC86-Operationen und sieben Ausführungseinheiten, die eine superskalare Verarbeitung von x86-Befehlen möglich machen. Diese Elemente sind in einer sehr schnellen sechsstufigen Pipeline zusammengefaßt. Die RISC86-Mikroarchitektur setzt den x86-Befehlssatz intern in RISC86-Operationen um. Durch Operanden mit fester Länge, vereinheitlichte Befehlsfelder und einen großen Registersatz wird damit volle RISC-Leistung ohne Aufgabe der x86-Kompatibilität erreicht. Die RISC86-Mikroarchitektur ermöglicht den Aufbau eines sehr schnellen Prozessorkerns und erleichtert direkte Erweiterungen bei zukünftigen Entwürfen. Anstatt komplexe x86-Befehle mit Längen von 1 bis 15 Bytes direkt zu verarbeiten, führt der AMD-K6 einfache RISC86-Operationen mit fester Länge aus, ohne die in den x86-Programmen vorhandenen Optimierungen zu beeinträchtigen.

Die Sprungvorhersagelogik des AMD-K6-Prozessors arbeitet mit einer 8.192 Einträge umfassenden Sprung-Historietabelle, einem Sprungzielpuffer und einem Rücksprungadreßstapel. Dadurch wird eine Vorhersagegenauigkeit von mehr als 95 % erzielt.

Decodierer

Bevor der auf dem Chip integrierte Befehlscache gefüllt wird, werden die x86-Befehle vordecodiert. Die Vordecodierlogik ermittelt durch Byte-Zählung die Länge des x86-Befehls. Diese Information wird zusammen mit dem x86-Befehl zur späteren Verwendung durch die Decodierer im Befehlscache gespeichert. Die Decodierer setzen pro Takt bis zu zwei x86-Befehle in RISC86-Operationen um. Die Befehle werden bei der Decodierung in drei Befehlsklassen unterteilt:

- Kurzbefehle: Hierunter fallen die gebräuchlichsten x86-Befehle.
- Langbefehle: Diese Klasse umfaßt gebräuchliche und weniger gängige Befehle.
- Vektorbefehle: In diese Klasse fallen die komplexen x86-Befehle.

Scheduler/Befehlssteuereinheit

Der zentrale Scheduler mit Puffer wird von der Befehlssteuereinheit (Instruction Control Unit (ICU)) verwaltet. Die ICU puffert und steuert gleichzeitig bis zu 24 RISC-Operationen. Mit 24 RISC-Operationen ist die Puffergröße auf optimale Nutzung der sechsstufigen RISC86-Pipeline und sieben parallelen Ausführungseinheiten abgestimmt. Der Scheduler übernimmt gleichzeitig bis zu vier RISC-Operationen von den Decodierern. Die ICU kann in jedem Takt bis zu sechs RISC-Operationen an die Ausführungseinheiten übergeben.

Register

Bei der Verwaltung der 24 RISC-Operationen benutzt der Scheduler 48 physikalische Register in der RISC86-Mikroarchitektur des Prozessors. Diese Register sind in einem universellen Registersatz enthalten und in 24 Mehrzweckregister und 24 umbenennbare Register unterteilt.

Sprunglogik

Der AMD-K6-Prozessor greift auf eine dynamische Sprunglogik zurück, um Verzögerungen durch die in der x86-Software gebräuchlichen Verzweigungsbefehle zu minimieren. Diese dynamische Sprunglogik arbeitet mit einer Sprung-Historie-Vorhersage-Tabelle, einem Sprungzielpuffer und einem Rücksprungadreßstapel. Der Prozessor implementiert ein zweistufiges Sprungvorhersageschema basierend auf der Sprung-

Historietabelle mit Platz für 8.192 Einträge, in denen die Vorhersagedaten für bedingte Verzweigungen gespeichert sind. Die vorhergesagten Zieladressen werden aus Platzgründen nicht in der Historietabelle abgelegt. Sie werden daher direkt bei der Decodierung des Befehls von speziellen Arithmetik-Logik-Einheiten (ALUs) für die Adreßberechnung ermittelt. Der Sprungzielpuffer beschleunigt die Sprungvorhersage, weil er einen zusätzlichen Zyklus beim Lesen des Cache vermeidet. Nachdem die Sprungvorhersage erfolgt ist, übergibt der Sprungzielpuffer die ersten 16 Bytes der Zielbefehle an die Decodierer.

Cache, Befehlsvorabruf und Vordecodierbits

Der Level-1-Write-Back-Cache des AMD-K6-Prozessors umfaßt jeweils 32 KByte Befehls-Cache und Daten-Cache mit Zweiweg-Teilassoziativität. Die Cache-Zeilen werden mit einer schnellen Pipeline-Burst-Transaktion aus dem Hauptspeicher geladen. Beim Füllen des Befehls-Cache wird jedes Befehlsbyte von der Vordecodierlogik auf die Befehlsgrenze untersucht. Dieses Verfahren gestattet es, mehrere Befehle in einer einzigen Pipeline-Stufe rationell zu decodieren.

Cache

Der Cache des Prozessors ist in Sektoren unterteilt. Jeder Sektor enthält 64 Bytes, die in zwei 32-Byte-Cache-Zeilen konfiguriert sind. Die Cache-Zeilen haben eine gemeinsame Kennung, nutzen aber separate Paare von MESI- (Modified, Exclusive, Shared, Invalid) Bits, um den Zustand jeder Cache-Zeile zu verfolgen.

Kein Cache-Treffer

Wenn für die Ausführung benötigte Befehle oder Daten im Level-1-Cache nicht vorhanden sind, liest der Prozessor in einer Blockoperation (‚*Burst*«) Daten aus dem Speicher. Um diese Operation zu optimieren, stellt der Prozessor fest, welches der vier Vierfachworte in der Cache-Zeile die notwendigen Daten oder den benötigten Befehl enthält. Dieses Vierfachwort wird als erstes an den Level-1-Cache zurückgegeben, so daß der Prozessor die Verarbeitung so schnell wie möglich fortsetzen kann. Dieses Verfahren zur Veränderung der Übertragungsfolge steigert die Leistung, denn es verkürzt die Wartezeit, wenn Befehle oder Daten im Cache nicht vorhanden sind.

Vorabfrage

Der AMD-K6-Prozessor führt eine Cache-Vorabfrage nur bei einem Sektorwechsel durch. Es wird daher zunächst die benötigte Cache-Zeile gefüllt, dann folgt die Vorabfrage der zweiten Cache-Zeile. Auf dem externen Bus erscheinen die beiden Cache-Zeilen-Übertragungen als zwei gekoppelte 32-Byte-Blocklesezyklen oder, falls zulässig, als Pipeline-Zyklen.

Vordecodierbits

Die Decodierung von x86-Befehlen ist besonders schwierig, weil es sich um Mehrbytebefehle mit einer Länge von 1 bis 15 Bytes handelt. Die Vordecodierlogik liefert die zu jedem Befehlsbyte gehörenden Vordecodierbits. Diese Bits zeigen unter anderem die Anzahl von Bytes bis zum Beginn des nächsten x86-Befehls. Die Vordecodierbits werden zusammen mit jedem x86-Befehlsbyte im erweiterten Befehls-Cache gespeichert. Sie werden mit den Befehlsbytes an die Decodierer übergeben, um die parallele Decodierung zu vereinfachen und so die Bandbreite zu erhöhen.

Befehlsabruf

Der AMD-K6-Prozessor kann pro Takt bis zu 16 Bytes aus dem Befehls-Cache oder Sprungzielpuffer abrufen. Die abgerufenen Informationen werden über einen 16-Byte-Befehlspuffer direkt an die Decodierer übergeben. Der Abruf kann in einer Ausführungssequenz mit bis zu sieben ausstehenden Sprüngen erfolgen. Die Befehlsabruflogik kann beliebige 16 zusammenhängende Informationsbytes innerhalb einer 32-Byte-Grenze bereitstellen. Kein zusätzlicher Strafzyklus ist notwendig, wenn die 16 Befehlsbytes über eine Cache-Zeilengrenze hinausgehen. Die Befehlsbytes werden, so wie sie von den Decodierern verarbeitet werden können, in den Befehlspuffer geladen.

Befehlsdecodierung

Die Decodierlogik kann in einem Taktzyklus mehrere x86-Befehle verarbeiten. Sie übernimmt die x86-Befehlsbytes und die zugehörigen Vordecodierbits aus dem Befehlspuffer, sucht die Befehlsgrenzen und setzt die Befehle in RISC86-Operationen um. RISC86-Operationen haben ein festes Format und werden meist in einem einzigen Taktzyklus ausgeführt. Jede Funktion des x86-Befehlssatzes kann aus RISC86-Operationen zusammengesetzt werden. Für einige x86-Befehle ist keine RISC86-Operation erforderlich, manche Befehle benötigen nur eine RISC86-Operation. Komplexere x86-Befehle werden in mehrere RISC86-Operationen aufgelöst.

Der AMD-K6-Prozessor benutzt zur Umsetzung von x86-Befehlen in RISC86-Operationen verschiedene Decodierer. Auf dem Chip sind vier Decodierer vorhanden:

- *Zwei parallele Decodierer für Kurzbefehle*: Diese setzen die einfachsten x86-Befehle jeweils in null, eine oder zwei RISC86-Operationen um. Es können auch zwei x86-Befehle pro Takt parallel decodiert werden.

- *Decodierer für Langbefehle*: Dieser Decodierer verarbeitet übliche x86-Befehle, die in höchstens vier RISC86-Operationen umgesetzt werden können.

- *Vektordecodierer*: Dieser Decodierer verarbeitet alle anderen Befehle, wobei die zugehörigen Sequenzen von RISC86-Operationen aus einem ROM abgerufen werden, das auf dem Chip integriert ist.

Alle gängigen und einige wenige der weniger häufigen Gleitpunktbefehle werden in Kurzoperationen umgesetzt. Letztere erzeugen eine RISC86-Gleitpunktoperation und, optional, eine assoziierte Gleitpunkt- oder Speicheroperation. Gleitpunkt- oder ESC (Escape) -Befehlsdecodierung ist nur im ersten Kurzdecodierer erlaubt; Nicht-ESC-Befehle (mit Ausnahme von MMX-Befehlen) können aber parallel im zweiten Kurzdecodierer verarbeitet werden.

Alle MMX-Befehle werden in Kurzoperationen umgesetzt. Dabei wird eine RISC86-MMX-Operation und optional eine assoziierte MMX-Lade- oder -Speicheroperation erzeugt. MMX-Befehle können nur im ersten Kurzdecodierer verarbeitet werden; Decodierung von Nicht-MMX- und Nicht-ESC-Befehlen im zweiten Kurzdecodierer ist aber parallel erlaubt.

Zentraler Scheduler

Der Scheduler ist die zentrale Steuerung des AMD-K6-Prozessors. Er enthält die Logik, mit der die entkoppelte Verarbeitung, Datenweitergabe, Registerumbenennung, parallele Übergabe und Ausgabe von RISC-Operationen sowie die spekulative Ausführung gesteuert und verwaltet wird. Der Puffer des Schedulers speichert bis zu 24 RISC86-Operationen. Der Scheduler kann gleichzeitig RISC86-Operationen an jede verfügbare Ausführungseinheit (Speicher-, Lade-, Verzweigungs-, Integer-, Integer/MMX- oder Gleitpunkteinheit) übergeben. In einem Takt können insgesamt sechs RISC86-Operationen zur Ausführung weitergegeben und die Ergebnisse von bis zu vier Operationen übernommen werden.

Dem Scheduler mit seinem Puffer steht zu jedem beliebigen Zeitpunkt ein Fenster von zwölf x86-Befehlen zur Prüfung zur Verfügung. Dieser Vorteil beruht auf der Tatsache, daß der Scheduler die RISC86-Operationen parallel verarbeitet und dem AMD-K6-Prozessor erlaubt, die Befehlsverarbeitung dynamisch zu disponieren, damit die Ausführung des Programms optimiert werden kann.

Der Scheduler kann zwar RISC86-Operationen zur entkoppelten Ausführung übergeben, übernimmt die Ergebnisse aber immer in geordneter Folge.

Ausführungseinheiten

Der AMD-K6-Prozessor enthält sieben unabhängige Ausführungseinheiten zur Verarbeitung von RISC86-Operationen:

- *Ladeeinheit*: Liest Daten über eine zweistufige Pipeline aus dem Hauptspeicher. Die Daten stehen nach zwei Takten am Ausgang zur Verfügung.
- *Speichereinheit*: Führt Daten-Schreiboperationen und Registerberechnungen über eine zweistufige Pipeline durch. Datenspeicher- und Register-Schreiboperationen aus Puffern sind nach einem Takt verfügbar.
- *Integer-X-Einheit*: Führt ALU-, Multiplikations, Divisions-, Verschiebungs- und Umlaufoperationen aus.
- *Multimedia-Einheit*: Führt alle MMX-Befehle aus.
- *Integer-Y-Einheit*: Verarbeitet grundlegende Wort- und Doppelwort-ALU-Operationen.
- *Gleitpunkteinheit*: Führt alle Gleitpunktbefehle aus.
- *Verzweigungseinheit*: Löst bedingte Sprünge, nachdem sie ausgewertet worden sind.

Sprungvorhersagelogik

Die Sprunglogik des AMD-K6-Prozessors soll nach Möglichkeit verhindern, daß durch Änderungen im normalen Programmablauf Verzögerungen entstehen. Verzweigungen in x86-Programmen fallen in zwei Kategorien: unbedingte Verzweigungen (die den Programmablauf immer verändern) und bedingte Verzweigungen (die den Programmfluß umleiten können oder nicht). Wenn ein bedingter Sprung nicht erfolgt, fährt der Prozessor mit der Dekodierung und Verarbeitung der nächsten Befehle im Speicher fort. Typische Anwendungen enthalten bis zu 10 % unbedingte Verzweigungen und weitere 10-20 % bedingte Verzweigungen. Die Sprunglogik des AMD-K6-Prozessors ist so ausgelegt, daß der Einfluß von Sprüngen auf die Befehlsverarbeitung (d. h. Verzögerung durch Abruf der Befehle und Leeren der Pipeline) so gering wie möglich gehalten wird.

Sprung-Historietabelle

Der AMD-K6-Prozessor verarbeitet unbedingte Sprünge ohne Strafzyklen, indem er den Befehlsabruf direkt auf die Sprungzieladresse umleitet. Für bedingte Sprünge kommt die eingebaute dynamische Sprungvorhersagelogik des AMD-K6-Prozessors zum Tragen. In der 8.192 Einträge umfassenden Sprung-Historietabelle ist ein zweistufiger adaptiver Historie-Algorithmus implementiert. Die Tabelle wird benutzt, um Informationen über ausgeführte Sprünge zu speichern und Vorhersagen zu einzelnen Sprüngen oder Gruppen von Sprüngen zu treffen. Um diese großzügige Dimensionierung der Sprung-Historietabelle zu ermöglichen, werden die vorhergesagten Sprungzieladressen nicht in der Tabelle gespeichert. Die Zieladressen werden statt dessen in der zweiten Decodierstufe mit Hilfe von ALUs direkt ermittelt.

Sprungzielpuffer

Um einen Strafzyklus beim Befehlsabruf für eine Sprungvorhersage zu vermeiden, werden die ersten 16 Bytes der Befehle aus dem integrierten Sprungzielpuffer direkt an den Befehlspuffer übergeben. Der Sprungzielpuffer faßt 16 Einträge mit je 16 Bytes. Über die Sprungvorhersagelogik wird insgesamt eine Vorhersagegenauigkeit von über 95 % erreicht.

Rücksprungadreßstapel

Der Rücksprungadreßstapel optimiert die Ausführung paarweiser *Call*- und *Ret*-Operationen. Um Platz zu sparen, wird die Software im allgemeinen mit Subroutinen aufgebaut, auf die häufig von verschiedenen Stellen im Programm zugegriffen wird. Der Einsprung in eine Subroutine erfolgt mit einem *Call*-Befehl. Wenn der Prozessor einen *Ret*-Befehl erkennt, holt die Verzweigungslogik die Rücksprungadresse aus dem Stack und liest die nächsten Befehle ab dieser Speicherstelle. Um bei *Call*- und *Ret*-Befehlen Verzögerungen durch Hauptspeicherzugriffe zu vermeiden, werden die Rücksprungadressen in den Stapelspeicher geschoben.

Sprungausführungseinheit

Diese Einheit ermöglicht eine schnelle spekulative Ausführung, indem sie dem Prozessor gestattet, die Verarbeitung über bedingte Verzweigungen hinaus fortzusetzen, bevor feststeht, ob die Sprungvorhersage korrekt war. Der AMD-K6-Prozessor aktualisiert die x86-Register und Speicherstellen erst dann, wenn alle spekulativ ausgeführten bedingten Sprungbefehle aufgelöst worden sind. Bis zu sieben ausstehende Verzweigungen können gespeichert werden.

Der Pentium II-Prozessor

Als Nachfolger des Pentium-Prozessors wurde der Pentium II am 6. Mai 1997 der Öffentlichkeit vorgestellt. Neben internen Veränderungen verließ Intel mit diesem Prozessor erstmals den bewährten ZIF-Sockel und entwickelte einen speziellen Steckplatz (Slot 1), in dem die CPU zunächst eher an eine Erweiterungskarte als an einen Prozessor erinnert. Die Vergrößerung des Gehäuses wurde zusätzlich nötig, da der sonst auf der Hauptplatine sitzende Second-Level-Cache (L2-Cache) nun direkt auf eine gemeinsame Trägerplatine gewandert ist. Wurde dieser Cache-Speicher beim Pentium Pro noch direkt in das CPU-Gehäuse integriert, sind die Module nun neben dem eigentlichen Prozessorkern aufgelötet. Dieser Cache-Speicher wird mit der halben Taktfrequenz des Prozessors angesteuert und erreicht damit nicht die Leistungsfähigkeit des im Pentium Pro integrierten Cache, auf den mit voller CPU-Taktgeschwindigkeit zugegriffen werden konnte. Um diese Schwäche des Pentium II auszugleichen, wurde der Second-Level-Cache von 256

KByte auf 512 KByte verdoppelt. Da gleichzeitig die Taktfrequenz bei 233 MHz beginnt, ist eine höhere Leistungsfähigkeit dennoch gegeben. Hatte der Pentium Pro sein Einsatzgebiet ausschließlich bei 32-Bit-Betriebssystemen (Windows NT), wurde der Pentium II auch auf 16-Bit-Code (Teile von Windows 95/98) optimiert und läßt sich ohne große Leistungseinbrüche auch mit Windows 95/98 einsetzen. Die schon bei den Pentium-Prozessoren eingesetzte MMX-Technologie wurde ebenfalls in den Pentium II integriert und zeigt hier eindrucksvoll, was die zusätzlichen Befehle leisten können. Die von Intel angekündigte MMX-II-Technologie, bei der der bestehende MMX-Befehlssatz um weitere 70 Befehle erweitert wird, kommt nur im Pentium II zum Einsatz. Für die Sockel 7-Prozessoren wird es diese Technik nur bei den kompatiblen Herstellern (AMD, Cyrix/IBM) geben, sofern hier keine patentrechtlichen Gründe die Integration dieser Technik verhindern.

Abb. 13.12: Der Pentium II-Prozessor im Slot 1-Gehäuse

Warum Intel von der Herstellung des in den Prozessorkern integrierten Cache abgegangen ist, kann wohl nur mit technologischen Schwierigkeiten zu erklären sein. Die 512-KByte-Variante des Pentium Pro war so gut wie nicht zu bekommen, was Rückschlüsse auf Fertigungsprobleme zuläßt. Da der Pentium II nun wieder externe Module verwendet, haben sich die Ingenieure dieses Problems wieder entledigt. Nebenbei lassen sich auf diesem Wege auch die Produktionskosten erheblich senken, da die Chip-Ausbeute deutlich höher liegt. Denn auch wenn der Chip-Bereich einwandfrei arbeitet, wäre ein Pentium Pro nicht verwertbar, wenn sein Cache fehlerhaft ist.

Durch den Slot 1, der gegen Ende des Jahres 1998 wiederum durch den Slot 2 abgelöst wird, wird für den Einsatz des Pentium II eine neue Hauptplatine benötigt, auf der sich alle nötigen Komponenten befinden. Zusammen mit den ersten Modellen des Pentium II wurden Hauptplatinen mit dem für den Pentium Pro entwickelten 440FX-Chipsatz (Codename *Natoma*) eingeführt, die allerdings heute durch den 440LX-Chipsatz abgelöst wurden. Hauptplatinen mit dem älteren Chipsatz unterstützen noch nicht den Accelerated Graphics Port (AGP), der heute in allen Pentium II-Rechnern für Grafikhöchstleistungen sorgt. Alleine im Server-Bereich, wo Dual-Pentium II-Boards mit zwei parallel betriebenen Prozessoren zum Einsatz kommen, sind noch vereinzelt Hauptplatinen mit dem 440FX-Chipsatz zu finden. Weiteres zum Thema *Chipsätze* finden Sie im Abschnitt *Die Chipsätze für den Pentium II*. Im Slot 1 verwendet Intel den sogenannten *Dual Independent Bus*, der den Second-Level-Cache von der Systemlogik entkoppelt. Über den Systembus können maximal 533 MByte pro Sekunde übertragen werden. Über den L2-Cache-Bus, der sich innerhalb des CPU-Gehäuses befindet, können Daten mit maximal 1066 MByte pro Sekunde übertragen werden.

Die internen Veränderungen

Als Grundlage für die Entwicklung des Pentium II diente der bereits 1995 vorgestellte Pentium Pro, der als CPU der sechsten Generation allerdings keine große Verbreitung fand. Dies lag zunächst am hohen Preis, aber auch maßgeblich an der Tatsache, daß er ein reinrassiges 32-Bit-Betriebssystem benötigte und unter Windows 95 nur magere Ergebnisse lieferte. Aufgrund von umfangreichen Benchmark-Tests lag schnell die Tatsache offen, daß bei weiterer Verwendung von Windows 95 ein Wechsel keinen nennenswerten Leistungsgewinn nach sich zieht. Allerdings kamen Technologien wie Branch-Prediction, Register Renaming und Out-of-Order-Executation bereits in diesem Prozessor zum Einsatz und helfen auch dem Pentium II zu erhöhter Rechenleistung. Dabei bedient er sich folgender »Tricks«, die ich kurz erläutern möchte. Intel bezeichnet diese Technologie als »Dynamic Execution« (= Dynamische Ausführung). Dahinter verbergen sich im wesentlichen folgende Techniken:

- *Sprungvorhersage*: Der Prozessor kontrolliert im voraus die laufende Software und bestimmt, welche Funktionen mit der größten Wahrscheinlichkeit als nächstes durchgeführt werden sollen und welche Befehle der Prozessor dafür ausführen muß.

- *Datenflußanalyse*: Im nächsten Schritt untersucht der Prozessor, welche Befehle von anderen Resultaten und Daten abhängig sind. Damit stellt er einen optimalen Zeitplan für die Bearbeitung der einzelnen Befehle auf. Die ursprüngliche Reihenfolge der Instruktionen und Befehle muß dabei nicht eingehalten werden.

- *Spekulative Ausführung*: Auf der Basis des vorher erstellten Zeitplanes werden Befehle auf Verdacht ausgeführt, um den Prozessor ständig beschäftigt zu halten.

Konnten beim Pentium schon zwei Instruktionen pro Takt abgearbeitet werden, so ist es durch die »Superpipelined-Technologie« nun möglich, drei Instruktionen pro Takt auszuführen. Für diese Parallelabarbeitung hat der Prozessor drei sogenannte Pipelines, die je eine dieser drei Instruktionen abarbeiten.

Gegenüber der »normalen« Sockel 7-CPU hat der Pentium II weiterhin den Vorteil, daß er seinen Second-Level-Cache mit halber CPU-Taktfrequenz ansteuern kann. Beim Pentium und Kompatiblen ist hier eine maximale Taktfrequenz von 66 MHz erreichbar, egal ob die CPU mit 166 MHz oder 266 MHz arbeitet. Dazu wurde gegenüber dem Pentium Pro der interne First-Level-Cache von 8 KByte auf 16 KByte verdoppelt. Eine Designschwäche hat Intel allerdings in den Pentium II hineingelegt: Der Speicherbereich, der vom Second-Level-Cache (Cacheable Area) berücksichtigt wird, ist auf 512 MByte beschränkt. Da aber Hochleistungsrechner oder Netzwerkserver durchaus mehr Speicher benötigen können, ist in diesem Fall der Pentium II keine gute Wahl. Da der Speicher oberhalb von 512 MByte ohne Cacheunterstützung angesprochen werden muß, verlangsamt sich die Arbeitsgeschwindigkeit des Rechners beträchtlich.

Die bekannte 16-Bit-Schwäche des Pentium Pro mußte für einen schnellen Erfolg der neuen CPU ebenfalls beseitigt werden. Die Ursache dieses Problems liegt darin, daß ein reiner 32-Bit-Prozessor ein exaktes Daten-Alignment an 8-Byte-Registergrenzen benötigt. Bei 16-Bit-Programmcode, aus dem ein Teil von Windows 95 besteht, kann diese Vorderung häufig nicht erfüllt werden, und es erfordert viel mehr Rechenaufwand, diese »Unordnung« eindeutig zu durchsuchen. Um dieser Lage Herr zu werden, optimierte Intel beim Pentium II die prozessorinternen Routinen, damit die Daten entsprechend ausgerichtet werden. Damit erreicht der Pentium II auch unter Windows 95/98 eine gute Performance, und da Windows 98 bereits MMX unterstützt, kann hier eine weitere Steigerung der Leistung erwartet werden. Verwenden Sie Software unter Windows 95, die für MMX optimiert wurde (z. B. Adobe Photoshop 4), profitieren auch diese Programme von den integrierten MMX-Befehlen des Pentium II. Allerdings bringt der Prozessor seine Höchstleistung erst unter Windows NT, da hier kein 16-Bit-Code mehr zu einer Verlangsamung führt.

Die CPU-Typen

Der Pentium II steht in der »Urfassung« (Codename *Klamath*) mit folgenden Taktfrequenzen zur Verfügung: 233 MHz, 266 MHz und 300 MHz. Bei diesen Prozessoren ist der CPU-Kern, also das Silizium-Die, in sogenannter 0,35-μm-Technologie gefertigt. Die Größenangabe beschreibt dabei die Strukturbreite der Leiterbahnen, die durch phototechnische Verfahren in das Silizium geätzt werden. Durch die Breite der Leiterbahnen wird die Größe des Dies (der CPU-Kern) vorgegeben, und da die Dies aus einem Wafer (runde Siliziumscheibe – ähnlich einer CD) gewonnen werden, liegt durch die Ausmaße auch die Anzahl der Dies pro Wafer fest.

Beim L2-Cache wird zusätzlich eine Fehlerkorrektur nach dem bereits bei RAM-Bausteinen verwendeten ECC-Verfahren (Error Correction Code) eingesetzt. Allerdings finden Sie bei den 233- und 266-MHz-CPUs einige Modelle, die ohne Fehlerkorrektur und auf diese Weise sogar schneller arbeiten. Diese CPUs sind sowohl mit einem 2 x 64 Bit breiten L2-Cache ohne Fehlerkorrektur als auch in einer Version mit 2 x 72 Bit mit ECC verfügbar. Sie erkennen den Unterschied an der Namesgebung der CPU. Ist die Fehlerkorrektur vorhanden, ist der Zusatz »EC« hinter der Typenbezeichnung zu finden. Der 300-MHz-Prozessor ist dagegen nur mit ECC erhältlich. Beim externen Bus hat sich allerdings nicht sehr viel gegenüber dem Pentium Pro geändert. Wie schon sein Vorgänger arbeitet er mit externen 66 MHz und mit dem GTL+-Bus, der diese CPU für Multiprozessorsysteme prädestiniert. Das Busprotokoll hat sich Intel allerdings patentieren lassen, wodurch andere Hersteller nicht so ohne weiteres Chipsätze oder eigene CPUs für den Slot 1 entwickeln dürfen. Einzig AMD hat aufgrund eines Cross-Lizenz-Abkommens mit Intel Zugang zur Slot 1-Technologie. Als weiterer Hersteller hat VIA bereits eine Lizenz für das Slot 1-Protokoll erworben, und bald werden sicherlich erste Hauptplatinen mit dem Appolo Pro-Chipsatz auf dem Markt sein.

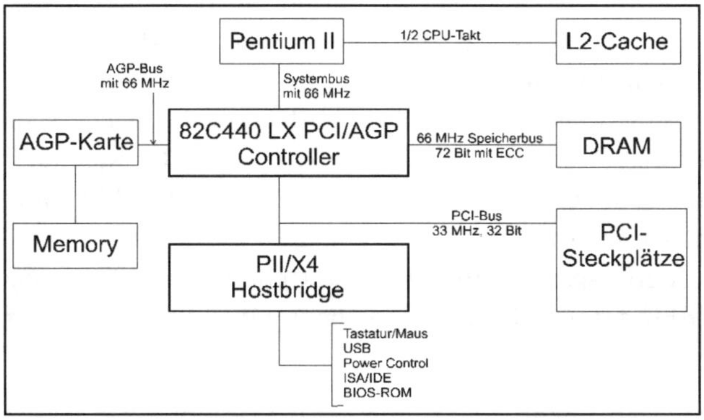

Abb. 13.13: Das Blockschaltbild einer LX-Hauptplatine

Bei der Entwicklung des »Deschutes«, so der Name des Pentium II der zweiten Generation, stand die Verkleinerung der Leiterbahnen im Mittelpunkt. Durch Verwendung der 0,25-μm-Technologie konnte die Fläche des Dies weiter reduziert werden, was pro Wafer eine höhere Chip-Ausbeute bringt. Gleichzeitig erlaubt diese Strukturbreite weitaus höhere Taktfrequenzen, wobei der *Deschutes* zunächst mit 333 MHz verfügbar ist. Die feineren Strukturen bedeuten auch einen besseren Störspannungsabstand, so daß die Betriebsspannung (Core-Spannung) von bislang 2,8 Volt auf 2,0 Volt gesenkt werden konnte. Die direkte Folge der Spannungsreduzierung ist eine geringere Leistungsaufnahme des Prozessors und damit auch eine geringere Verlustleistung, die in Wärme abgeführt werden muß. Bei der Betrachtung der Werte ist diese Eigenschaft deutlich erkennbar, wie Sie der nächsten Tabelle entnehmen können.

	Klamath Pentium II	Deschutes Pentium II
Takt	300 MHz	300 MHz/333 MHz
P(auf)*	32 Watt	14 Watt/15 Watt

* Mit P(auf) ist die aufgenommene Leistung des Prozessors gemeint.

Die interne Architektur des Deschutes-CPU-Kerns hat sich allerdings nicht geändert. Jeweils ein 16 KByte großer interner First-Level-Cache (L1-Cache) stehen für Daten und Befehle zur Verfügung, die beide mit vollem Prozessortakt betrieben werden. Der Deschute-Prozessor eignet sich wie schon der Klamath für Single- und Dual-Prozessing. Der CPU-Kern unterstützt sogar Multiprozessing mit bis zu vier Prozessoren. Diese Funktionalität steht allerdings erst dann zur Verfügung, wenn die ersten Slot-II-Prozessoren verfügbar sind.

Eine auffällige Änderung wurde allerdings am auf dem Prozessormodul untergebrachten L2-Cache (512 KByte) durchgeführt. Dieser arbeitet zwar immer noch mit der halben CPU-Taktfrequenz, besteht aber nur noch aus drei Bausteinen: Dem Tag-RAM (Intel S82459AC) und zwei handelsüblichen Burst-Cache-Chips. Beim Vorgänger waren hier noch fünf Chips vorhanden, wobei ein Tag-RAM (Intel S82459AB) und vier Cache-Bausteine verwendet wurden. Die Verringerung der Bausteine senkt zwar die Herstellungskosten, schadet aber auch der Leistung der CPU. Mit vier Chips (jeweils 32K x 32) konnten zwei 64 Bit breite Cache-Bänke aufgebaut werden, auf die die CPU im Wechsel zugreifen kann. Dieser Interleaved-Zugriff spart bei aufeinanderfolgenden Zugriffen einige Takte, ist also schneller. Bei 300 MHz arbeitet der L2-Cache beim Deschutes aus diesem Grund etwa vier Prozent langsamer als beim Ur-Pentium II.

Bei der Festlegung der Taktfrequenzen reicht die Spanne beim Deschutes bis zu 450 MHz, wobei erst eine weitere Verkleinerung der Strukturen eine Erhöhung über den genannten Wert zuläßt. War der Systembus bisher nur mit 66 MHz spezifiziert, wird es den Deschutes auch in Versionen für einen Systemtakt von 100 MHz geben. Für diesen Takt sind allerdings Hauptplatinen mit dem Intel BX-Chipsatz (Intel 82C440BX) notwendig, da der LX-Chipsatz nur 66 MHz zuläßt. Die 333-MHz-Version des Deschutes arbeitet noch mit dem 66-MHz-Systemtakt. Die Versionen mit 350, 400 und 450 MHz arbeiten dagegen mit 100-MHz-Systemtakt und benötigen eine neue Hauptplatine mit BX-Chipsatz. Durch Einsatz von SDRAMs mit 10ns (oder schneller) sind hohe Datentransferraten und schnelle Zugriffszeiten möglich.

Um den Sockel 7-Herstellern weitere Marktanteile abzugewinnen, wird der Pentium II in einer weiteren Variante gefertigt, die allerdings keinen Second-Level-Cache beinhaltet. Diese CPU mit dem Codenamen *Covington* arbeitet mit 266/300 MHz und externen 66 MHz und ist unter dem Namen *Celeron* auf den Markt gekommen. Bis zum Jahresende 1998 wird dieser Prozessor wiederum um einen 128 KByte großen L2-Cache ergänzt und die Taktfrequenz auf über 300 MHz angehoben. Dieser Prozessor wird unter dem Codenamen *Mendocino* geführt und benötigt ebenso wie der *Celeron* einen eigenen Chipsatz. Auf Basis des 440LX kommt dieser Chipsatz als 440EX auf preiswerten Hauptplatinen zum Einsatz. Neben der Hostbridge PIIX4e unterstützt der Chipsatz allerdings nur zwei DIMM-Steckplätze und maximal drei PCI-Slots. Auch wird auf den Dual-CPU-Support und auf die ECC-Fehlererkennung verzichtet. Um das Fehlen des Second-Level-Cache wieder wettzumachen, wäre es denkbar, den L2-Cache wieder auf die Hauptplatine zu integrieren (wie von Sockel 7-Hauptplatinen bekannt). Allerdings besitzt der 440EX-Chipsatz keinerlei Möglichkeiten, einen externen Cache anzusprechen. Da diese Prozessoren weniger Silizium-Plättchen enthalten, ist auch deren Aufbau und Fertigung preiswerter zu realisieren. Nebenbei wird auch weniger Wärme erzeugt, wodurch weniger Maßnahmen zur Kühlung notwendig sind. Aus diesem Grund wird auf das Pentium-II-typische schwarze Gehäuse verzichtet, und die CPU stellt lediglich eine Steckkarte dar, wobei der benötigte Steckmechanismus von Intel mit SEPP (Single Edge Processor Package) bezeichnet wird.

13.2 Die Chipsätze für den Prozessor

Der Chipsatz organisiert die Datenübertragung zwischen CPU, Speicher und Peripherie und sorgt damit für einen reibungslosen Betrieb der vorhandenen Komponenten. Dabei entscheidet die Auswahl des Chipsatzes über Leistung und Erweiterbarkeit eines Systems.

Chipsätze für den Pentium

In diesem Abschnitt werden die Chipsätze für den Pentium-Prozessor betrachtet. Diese unterscheiden sich erheblich in ihrer Leistungsfähigkeit. Der Chipsatz nimmt großen Einfluß auf die Gesamtleistung des Rechners, da er bestimmt, wie sich der vorhandene Prozessor entfalten darf. Denn der Chipsatz stoppt den Prozessor immer dann durch Verzögern des Ready-Signals, wenn er die Daten nicht schnell genug weiterleiten kann. Drei verschiedene Techniken helfen, das Arbeitstempo des Prozessors zu erhöhen: schnelle RAM-Bausteine, Cache-Speicher und sogenannte Puffer (Buffers). Die Puffer sind hierbei extrem schnelle Speicherzellen, die bei einem Zugriff der CPU die Adresse und die Daten mit fast maximaler CPU-Geschwindigkeit aufnehmen, zwischenspeichern und mit niedriger Geschwindigkeit an RAM und andere Komponenten weiterreichen. So kann die CPU sofort andere Aufgaben erledigen, auch wenn die Daten noch nicht an ihrem Bestimmungsort angekommen sind. Die Puffer helfen vor allem in Problemzonen, also den Verbindungsstellen zwischen verschiedenen Recheneinheiten. Zum Beispiel sollten die CPU und Cache-Speicher durch Puffer vom Arbeitsspeicher und Bussystem entkoppelt werden. Sie finden diese im Chipsatz, dem Speichercontroller und den PCI-Bridges.

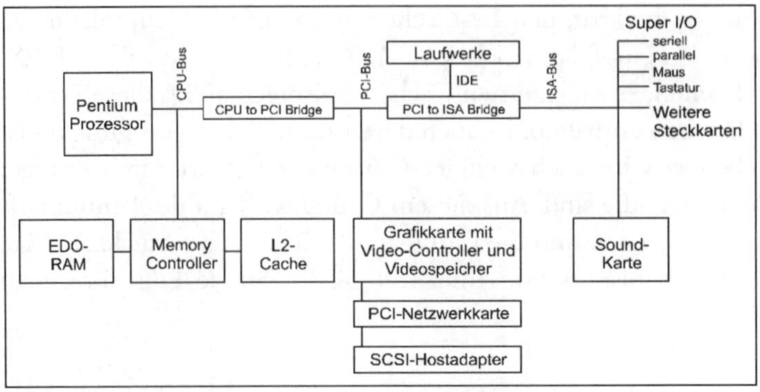

Abb. 13.14: Der prinzipielle Aufbau eines Pentium-Rechners

Waren in den Anfangstagen des Pentiums nur Chipsätze von Intel verfügbar (430FX), sorgen nun eine Reihe weiterer Hersteller für interessante Features. Da Intel wegen der Marktpositionierung des Pentium II derzeit keinen Chipsatz mehr für den Pentium entwickelt, müssen Sie auf alternative Chipsätze zurückgreifen, um beispielsweise Techniken wie AGP oder 100 MHz-Systemtakt nutzen zu können. Da man den Chipsatz nicht nachträglich (wie eine CPU) tauschen kann, ist mit dem Wechsel auch gleich der Austausch der Hauptplatine verbunden. Da neben den Intel-CPUs auch weitere Hersteller (AMD, Cyrix, IBM, IDT) mit kompatiblen Prozessoren am Markt vertreten sind, liegt es in der Hand des Boardherstellers, den Chipsatz an die entsprechende CPU anzupassen. In der Regel geschieht die Konfiguration des Prozessors durch Jumper oder DIP-Schalter auf der Hauptplatine. Weiterhin bietet das BIOS des Rechners entsprechende Unterstützung an. Sollte dies nicht der Fall sein, hilft ein Blick auf die Internetseiten des Herstellers. Hier werden kostenlos aktualisierte und fehlerbereinigte BIOS-Updates zum Download angeboten.

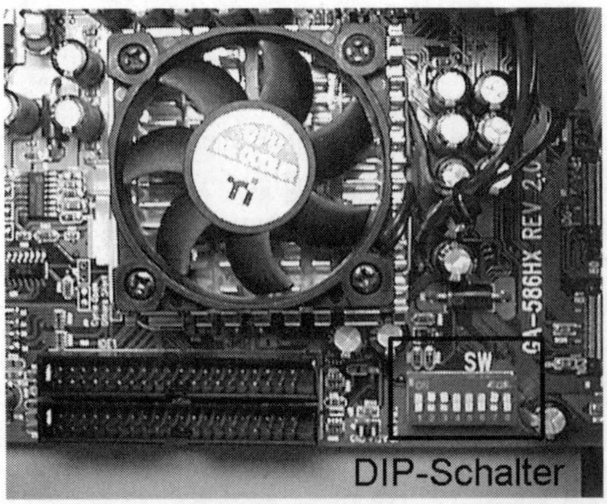

Abb. 13.15: Die Einstellung der CPU über DIP-Schalter auf einem Gigabyte-Board (siehe Kasten)

Die Cacheable-Area

Der Chipsatz bestimmt neben dem schon erwähnten Leistungsverhalten auch die Größe des maximal ansprechbaren Arbeitsspeichers und die sogenannte *Cacheable-Area*, also die Größe des Arbeitsspeichers, der vom Second-Level-Cache berücksichtigt wird. Daß diese Größe nicht immer mit der maximal adressierbaren Speichergröße übereinstimmen muß, zeigt ein Blick auf aktuelle Chipsätze. Aktuellstes Beispiel für Pentium-Systeme ist der Intel TX-Chipsatz, der eigentlich der modernste und neueste Chipsatz von Intel, der gleichzeitig auch der letzte für den Sockel 7 ist. Dieser kann zwar 512 MByte Arbeitsspeicher verwalten, sein 512 KByte großer Cache kann aber nur 64 MByte berücksichtigen. Auf Speicher jenseits dieser Grenze muß der Prozessor ohne L2-Cache-Unterstützung zugreifen. Für moderne Betriebssysteme (Windows 95/98, NT) bedeutet dies einen merklichen Einbruch der Systemleistung, da diese Betriebssysteme den Speicher von oben nach unten adressieren. Demzufolge liegen wichtige Teile des Betriebssystems im nicht-gecachten Bereich des Speichers. Da Server oder hochwertige Workstations mehr als 64 MByte RAM benötigen, müssen Sie in diesem Fall auf andere Chipsätze (z. B. Intel HX, VIA, ALI, SIS) zurückgreifen. Auch die Größe des TAG-RAMs entscheidet über die Cacheable-Area. Ist der Baustein zu klein dimensioniert, kann es auch bei Chipsätzen, die einen größeren Bereich unterstützen, zu Leistungseinbußen kommen, da das TAG-RAM nur einen gewissen Prozentsatz des Speichers abdeckt. Im Handbuch der Hauptplatine sollten Sie Auskunft darüber bekommen, welcher Baustein verwendet wurde. Auch finden Sie hier Hinweise, ob sich das TAG-RAM erweitern oder gegen einen größeren Baustein austauschen läßt.

Die Pentium-Chipsätze im Vergleich

Wenn Sie heute ein Sockel 7-Mainboard erwerben, sollten Sie besonderen Wert auf den vorhandenen Chipsatz legen. Am Markt reihen sich neben den Intel-Chipsätzen HX, VX und TX auch Vertreter von ALI, SIS und VIA ein. Von Hauptplatinen mit älteren Chipsätzen (Intel FX, VX-Pro) sollten Sie dagegen besser die Finger lassen, da sie in puncto Performance und unterstützten Speichermodulen nicht mehr auf der Höhe der Zeit sind. Moderne Chipsätze unterstützen sowohl die schnellen SDRAM-Speicher (10-12 ns) als auch Ultra-DMA/33-Festplatten und USB-Geräte.

Der Intel TX-Chipsatz stellt zusätzlich die ISA-Bridge PIIX4 mit einer I²C-Schnittstelle zur Verfügung, über die sich beispielsweise Überwachungsbausteine für CPU-Temperatur und Lüfterdrehzahl steuern lassen. Allerdings ist er durch die kleine Cacheable-Area von 64 MByte nicht für Hochleistungsrechner interessant. Auch wenn Sie einen Prozessor von Cyrix oder IBM verwenden möchten, sollten Sie nicht zu diesem Chipsatz greifen. Denn die schon erwähnten 75 MHz Systemtakt für den Cyrix 6x86 200+ werden ebensowenig unterstützt wie der Linaer-Burst-Modus, den Cyrix/IBM in ihrem CPUs verwenden. Dieser Modus wurde nötig, da Intel die sogenannte *Burst-Order*, also die Reihenfolge, mit der die Daten zwischen Prozessorcache (L1-Cache) und Second-Level-Cache (L2-Cache) übertragen werden, patentiert hat. Dadurch mußten die Konkurrenten andere Übertragungen entwickeln oder Lizenzgebühren entrichten. Da die Intel-Chipsätze die Burst-Order anderer Hersteller nicht unterstützt, entfalten IBM- und Cyrix-CPUs auf diesen Hauptplatinen nicht die ihre Leistung. AMD ist von diesem Problem nicht betroffen, da gültige Verträge die Nutzung der Intel-Technologie auch in AMD-Prozessoren zulassen.

Auch neue Technologien machen die Nutzung der alternativen Chipsätze interessant. Da Intel keinen weiteren Chipsatz für den Sockel 7 mehr entwickelt, werden der schnelle Grafikbus (AGP) und das mit 100 MHz getaktete Speicherinterface von Intel nur in der Pentium II-Klasse unterstützt.

Abb. 13.16: Übersicht verschiedener Chipsätze zum Sockel 7

Da der PCI-Bus laut Spezifikation nur mit maximal 33 MHz getaktet werden darf, und diese Frequenz in der Regel durch Halbierung des Systemtaktes gewonnen wird, mußten sich die Hersteller bei Systemtakten von 75 und 83 MHz etwas einfallen lassen, um den PCI-Bus nicht hoffnungslos zu überlasten und außerhalb seiner Spezifikation zu betreiben. Der Trick dabei ist ein asynchroner Betriebsmodus, der im folgenden erläutert wird. Dabei wird der PCI-Takt asynchron zum Systemtakt erzeugt. Hier arbeitet der PCI-Bus mit einer festen – vom Systemtakt unabhängigen – Frequenz, die in der Regel knapp unterhalb von 33 MHz liegt. Der asynchrone Betrieb ist allerdings nicht ganz ohne Nachteile: Da bei jedem Zugriff auf den PCI-Bus ein bis zwei Takte zur Synchronisierung nötig sind, arbeitet er in der Regel etwas langsamer als ein synchroner Takt. Der Vorteil durch den schnelleren Speicherzugriff macht hier aber den genannten Nachteil fast wieder wett. Die nächste Tabelle zeigt Ihnen die Eigenschaften der aktuellen Sockel 7-Chipsätze und deren Eigenschaften.

Hersteller	Intel	Intel	VIA	VIA	VIA	ALI	ALI	SiS	SiS
Bezeichnung	HX	TX	Apollo VPX	Apollo 2	Apollo 3	Aladin 4	Aladin 4+	5581/2	5597/8
Max L2-Cache	512 KB	512 KB	2 MB	2 MB	2 MB	1 MB	1 MB	512 KB	512 KB
Max RAM	512 MB	256 MB	512 MB	512 MB	512 MB	1 GB	1 GB	384 MB	384 MB
Cacheable Area	512 MB	64 MB	512 MB	512 MB	512 MB	512 MB	512 MB	128 MB	128 MB
Asynchr. Betrieb	Nein	Nein	Ja	Ja	Ja	Ja	Ja	Ja	Ja
Takt	66 MHz	66 MHz	66 MHz 75 MHz	66 MHz	66 MHz	66 MHz 75 MHz 83 MHz	66 MHz 75 MHz 83 MHz	66 MHz 75 MHz	66 MHz 75 MHz
ECC-RAM	Ja	Nein	Nein	Ja	Ja	Ja	Ja	Nein	Nein
Cyrix Burst	Nein	Nein	Ja	Ja	Ja	Ja	Ja	Ja	Ja
AGP-Support	Nein	Nein	Nein	Nein	Ja	Nein	Nein	Nein	Nein
Ultra-DMA/33	Nein	Ja	Ja	Ja	Ja	Ja	Ja	Ja	Ja
USB	Ja	Ja	Ja	Ja	Ja	Ja	Ja	Ja	Ja

Abb. 13.17: Spezifikationen von Sockel 7 Chipsätzen (Auswahl)

Chipsätze für den Pentium II

Da für den Pentium II eine vollständig neue Arbeitsumgebung notwendig wurde, haben die Ingenieure von Intel ebenfalls einen eigenen Chipsatz für die CPU entwickelt. Bei Erscheinen des Pentium II war dies zunächst der 82440FX (Codename Natoma), der ursprünglich für den Pentium Pro verwendet wurde. Werden mehr als zwei Prozessoren benötigt, haben einige Hersteller auch noch den Intel 82440KX (Codename Orion) im Einsatz, wobei bis zu vier CPUs unterstützt werden. Beiden Chipsätzen ist allerdings gemein, daß Sie den Accelerated Graphics Port (AGP) nicht unterstützen, der heute Standard bei Pentium-II-Systemen ist. Bei Netzwerkservern, bei denen der Multiprozessorbetrieb häufig gewünscht wird, ist auch nicht unbedingt grafische Höchstleistung gefragt, wodurch beispielsweise der 440FX-Chipsatz durchaus noch anzutreffen ist. Standard ist allerdings derzeit der Intel 440LX-Chipsatz, der neben AGP einen Systemtakt von 66 MHz und eine Cacheable-Area von 512 MByte bietet. Weiterhin unterstützt der LX-Chip das schnelle synchrone DRAM (SDRAM) und kann auch mit EDO-RAM (Extended Data Out) umgehen. Die von Sockel 7-Hauptplatinen bekannten Fast-Page-Module sind dagegen nicht mehr zu verwenden. Die SDRAM-Module werden heute ausschließlich in der Bauform DIMM (= Dual Inline Memory Module, ein 168-poliges, beidseitig mit Kontakten ausgestattetes Speichermodul) angeboten, wobei durch den 64 Bit breiten Datenbus einzelne Module nachgerüstet werden können. Die Doppelbesetzung einer Bank – wie von PS/2-Modulen bekannt – ist somit nicht mehr nötig. Auf den ersten Pentium II-Boards wurden vornehmlich PS/2-Speichermodule eingesetzt, die allerdings vollständig durch DIMM-Speicher abgelöst wurden. Da das Speicherinterface bei den Prozessoren 64 Bit breit ausgelegt ist, müssen hier jeweils zwei identische Module eingesetzt werden.

Abb. 13.18: Der 440LX-Chipsatz bietet AGP-Support und 66 MHz Systemtakt

Beim 440LX-Chipsatz wird die Ansteuerung des ISA-Busses und der IDE-Schnittstelle von demselben Chip wie bei P5-Boards mit TX-Chipsatz durchgeführt. Diese PCI-to-ISA-Bridge mit der Bezeichnung 82371AB (PIIX4) arbeitet im Gegensatz zu seinen Vorgängern (z. B. PIIX3) nur noch mit einer Signalspannung von 3,3 Volt. Komponenten, die eine Spannung von 5 Volt benötigen – dazu gehören beispielsweise ältere Festplatten oder ISA-Steckkarten – arbeiten in diesem System nicht mehr einwandfrei. Daß selbst moderne Karten mit diesem Problem zu tun haben, zeigt die ISDN-Karte Fritz!Card von AVM, bei der genau dieses Problem bei einigen Asus-Hauptplatinen auftratt. Erst ein Austausch der Karte durch den Hersteller (AVM Berlin) führte wieder zu korrekten Online- und ISDN-Verbindungen. Wie der TX-Chipsatz unterstützt auch der LX-Chipsatz (PIIX4) das schnelle Ultra-DMA/33-Festplattenprotokoll mit einer Übertragungsleistung von 33,33 MByte pro Sekunde.

Weiterhin bietet der Chipsatz die Unterstützung für Universal Serial Bus (USB) an, wobei heute alle erhältlichen Hauptplatinen zwei USB-Anschlüsse mitbringen. Da die Auswahl an USB-Geräten (z. B. Tastatur, Maus, Lautsprecher) ständig wächst und Windows 98 bereits die Unterstützung integriert hat, wird dieser Bus in Zukunft eine größere Rolle spielen. Denn unter Windows 95 oder NT mußte die Unterstützung durch zusätzliche Treiber bzw. Updates hinzugefügt werden, was nicht selten neue Probleme nach sich zog.

Abb. 13.19:
Unter Windows 98 wird der USB direkt unterstützt (hier im Geräte-Manager)

Um den LX-Chipsatz unter Windows 95 korrekt ansprechen zu können, liegt der Hauptplatine eine CD-ROM mit den entsprechenden Treibern bei, die Sie unbedingt einspielen sollten. Nur so werden die Features des Chipsatzes und die erweiterten Fähigkeiten der PCI-to-ISA-Bridge (PIIX4) auch tatsächlich genutzt. Ein Blick in die Systemsteuerungen von Windows 95 zeigt, ob die erforderlichen Treiber bereits installiert sind. Dazu öffnen Sie im *Geräte-Manager* die Sektion *Systemkomponenten*. Sind die Treiber nicht installiert, sind die verwendeten Treiber mit einem Ausrufezeichen gekennzeichnet, was darauf hinweist, daß mit den vorgefundenen Chips nichts angefangen werden kann. Die in Abbildung 13.20 gezeigte Treiberkonfiguration erreichen Sie durch Einspielen der Patches für den LX-Chipsatz.

Abb. 13.20:
Mit den richtigen Treibern arbeitet der LX-Chipsatz auch unter Windows 95 (siehe Kasten)

Mit der Bezeichnung 82440BX wurde bereits für den Pentium II (Deschutes ab 350 MHz) der entsprechende Chipsatz vorgestellt, der das 100 MHz-Systeminterface entsprechend unterstützt. Gegenüber dem LX-Chipsatz bleibt außer dem 100-MHz-Systemtakt und der Anpassung an den Deschutes alles beim alten.

Zusätzlich bieten viele Hersteller Überwachungsfunktionen, die die Betriebssicherheit des Rechners erhöhen. Dabei werden über Sensoren und Analog/Digital-Wandler beispielsweise die Temperatur von Prozessor und Hauptplatine ermittelt, die Drehzahl der auf dem Board angeschlossenen Lüfter überwacht und die Versorgungsspannungen kontrolliert. Dazu verwenden viele Hersteller den Baustein LM78/79 von National Semiconductor. Die ermittelten Werte sind schon beim Start des Rechners im BIOS-Setup einsehbar. Im AWARD-BIOS eines Asus-Boards befinden sich die entsprechenden Menüpunkte im Menü *Power Management Setup*. Dabei können Sie innerhalb der einzelnen Sektionen auch Überwachungsfunktionen deaktivieren, indem Sie mit den Cursortasten den Punkt markieren und durch Betätigen der Taste [Bild↓] den angezeigten Wert in *Ignore* (= Ignorieren) ändern.

Abb. 13.21: Der LM78/79-Chip stellt wichtige Überwachungsfunktionen zur Verfügung

Da Sie während Ihrer laufenden Arbeit nicht ohne Neustart in das BIOS-Setup gelangen, nutzen die Werte eigentlich nichts. Erst wenn ein Defekt oder eine Überhitzung auch im verwendeten Betriebssystem gemeldet werden, können Sie entsprechende Maßnahmen zum Schutz des Rechners ergreifen. Dazu liefern viele Hersteller spezielle Programme (z. B. Intel LanDesk Manager) auf der beiliegenden CD-ROM. Neben der Meldung eines Defektes an einem lokalen Arbeitsplatz bietet das Programm besonders für Netzwerkverwalter ein besonderes Schmankerl: Der Defekt oder ein Ressourcenmangel kann auch über ein Netzwerk an einen anderen Arbeitsplatz gemeldet werden. So werden Sie als Systemadministrator sofort über den Defekt unterrichtet und können entsprechend reagieren. Durch die Meldung entfällt auch die langwierige Fehlersuche, denn ein ausgefallener CPU-Lüfter macht sich auf vielfältige Weise (undefinierbare Systemzustände, Abstürze) bemerkbar. Support-Aufgaben werden also auf diesem Weg erheblich schneller gelöst. Da vom Intel LanDesk Manager auch Speicherressourcen (z. B. Festplattenplatz) überwacht werden können, sehen Sie schnell in Ihrem Netzwerk, welcher Benutzer in nächster Zukunft über mangelnden Speicherplatz »klagen« wird. Auf diese Weise wird Ihr Netzwerk weitaus besser überschaubar, und viele Arbeiten werden erleichtert. Neben dem Programm befinden sich auch »kleinere« Anwendungen zur Überwachung im Lieferumfang der Hauptplatinen. Diese können Sie verwenden, wenn Sie den großen Funktionsumfang des LanDesk Managers nicht benötigen. Abbildung 13.22 zeigt den *System Information Viewer (SIV)* von Gigabyte.

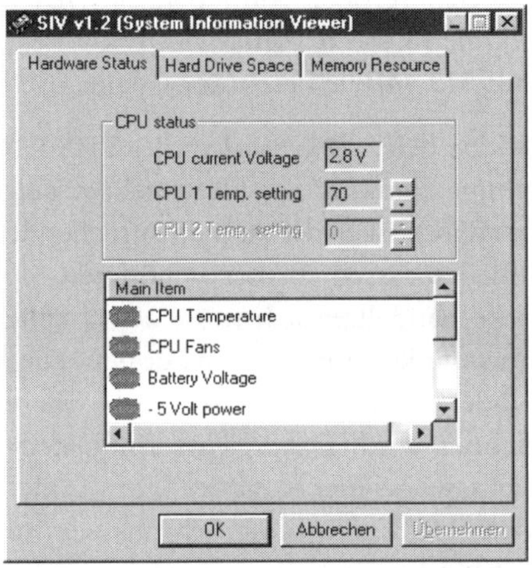

Abb. 13.22: Der System Information Viewer zeigt die wichtigsten Parameter ohne viel Ballast

Der Intel 440BX-Chipsatz beschleunigt den Speicherbus auf 100 MHz, die z. B. der AGP benötigt, um zu voller Form aufzulaufen. Da sich mit 66 MHz Systemtakt »nur« maximal 528 MByte pro Sekunde aus dem Speicher laden lassen, sind nicht alle AGP-Modi mit diesem Takt realisierbar. Im normalen AGP-Modus wird durch 66 MHz die doppelte Datenmenge des PCI-Busses (33 MHz), nämlich 266 MByte pro Sekunde, transportiert. Im sogenannten 2X-Modus überträgt der AGP ein Datenwort sowohl auf der ansteigenden als auch auf der abfallenden Flanke des Taktsignals, was den Datendurchsatz bei 66 MHz auf 528 MByte pro Sekunde verdoppelt. Zusätzliche Maßnahmen wie das AGP Sideband-Signaling, das auf dem AGP Daten- und Befehlsübertragung entkoppelt, Pipelining (Befehlsverkettung) und die mit DIME oder DME bezeichnete Memory Execution, über die der Grafikprozessor Texturoperationen direkt im Hauptspeicher des Rechners durchführen kann, erweitern ebenfalls die Bandbreite.

Weitere Steigerungen werden durch den AGP-Mode 4x möglich. Durch die Teilung des 3,3-Volt-Signalpegels in zwei 1,5-Volt-Signale lassen sich pro Datenleitung zwei Bit in einem Takt übertragen, so daß der Speicherdurchsatz auf 4 x 266 MByte pro Sekunde ansteigt. Hier kommt die Eigenschaft des BX-Chipsatzes ins Spiel, der sein Speicherinterface mit 100 MHz betreibt.

Weiterhin besteht der BX-Chipsatz aus der Hostbridge 443BX und dem fehlerbereinigten Nachfolger der aus dem 440LX-Chipsatz bekannten Bridge PIIX4E. Der 440BX ist für den Einzelbetrieb einer CPU oder symetrisches Multiprozessing (SMP) von zwei Slot 1-Deschutes vorgesehen, also CPUs mit 100 MHz Systemtakt und mehr als 300 MHz Prozessortakt. Für SDRAM bietet das 64-Bit-Speicherinterface eine ECC-Fehlererkennung und -korrektur. Der integrierte DRAM-Controller arbeitet unter Verwendung von Speicherchips der 16-MBit-Generation mit Arbeitsspeichergrößen von 8 bis 256 MByte zusammen. Beim Einsatz von 64-MBit-Speichermodulen kann maximal 1 GByte adressiert werden, wobei allerdings die Cacheable Area auf 512 MByte beschränkt bleibt.

Wenn im ersten Quartal 1999 der 440BX mit der Bridge PIIX6 (Nachfolger des PIIX4E) ausgestattet wird, erhält der Chipsatz weitere wichtige Funktionen. Dazu gehört beispielsweise der Link-Layer des 1394-Protokolls (FireWire), über das sich entsprechende Geräte (z. B. Digitale Videokameras) direkt anschließen lassen. Bisher benötigten Sie dazu spezielle Hostadapter. Bei der 1394-Schnittstelle handelt es sich um eine schnelle serielle Schnittstelle, über die bis zu 63 Geräte miteinander kommunizieren können. Diese Geräte können sogar bei laufendem Rechner ein- oder ausgesteckt werden, wobei diese Funktionalität als *Hot-Plug-and-Play-Support* bezeichnet wird. Dabei wird ein Datendurchsatz von zunächst 400 MBit pro Sekunde erreicht, wobei hier sogar der Ultra-Wide-SCSI-Standard überboten wird. Zusammen mit dem USB wird diese Schnittstelle im sogenannten *Device Bay* verankert, der einen Steckverbinder für Komponenten darstellt. In diesem Konzept verschwinden die unterschiedlichen Anschlußstecker für interne und externe Geräte und erleichtern somit die Erweiterung des Rechners. Für schnelle Komponenten wird das 1394-Protokoll eingesetzt, und beispielsweise für Tastaturen, Maus, Modem oder Drucker reicht der USB mit seiner Transferleistung von 12,5 MBit pro Sekunde völlig aus.

13.3 Eigenschaften von Hauptplatinen

Um den Prozessor in Betrieb zu nehmen, benötigen Sie eine geeignete Hauptplatine. In den folgenden Abschnitten finden Sie eine Reihe von Tips und Hinweisen zu den Boards, wobei auch hier wieder die Trennung nach Pentium (Sockel 7) und Pentium II (Slot 1) aufgrund der unterschiedlichen Baugruppen angebracht ist.

Hauptplatinen für Pentium-Prozessor

Damit der Prozessor seine Arbeit verrichten kann, benötigt er sein Arbeitsumfeld. Die Komponenten wie Chipsatz, Bussystem, Steckplätze, Arbeitsspeicher und I/O-System sind auf der Hauptplatine integriert. Häufiges Unterscheidungsmerkmal ist hier der verwendete Prozessorsockel (z. B. Sockel 7-Board) oder der verwendete Chipsatz (TX, SiS etc.). Allerdings gibt es noch eine Reihe weiterer Komponenten, auf die man beim Einsatz einer Hauptplatine achten sollte. Im folgenden Abschnitt stelle ich Ihnen die wichtigsten Bestandteile der Hauptplatine vor und gebe Ihnen Tips zur Handhabung.

Der Formfaktor

Eine weitere Unterscheidung wird durch den Formfaktor vorgenommen, der den Aufbau der Hauptplatine beschreibt. Ältere Boards sind im sogenannten AT-Format hergestellt und sind beispielsweise am 5-poligen Diodenstecker für die Tastatur erkennbar. Ein entscheidender Nachteil dieser Hauptplatinen ist die Anordnung der Komponenten. Dabei sind in den PCI- oder ISA-Steckplätzen häufig keine Erweiterungskarten in voller Baulänge verwendbar, weil in der Verlängerung der Slots der Prozessor sitzt und diesen Platz für sich beansprucht. Da dieses Format bereits mit dem 286er eingeführt wurde und sich seit Jahren bewährt hat, sollten Sie eine AT-Hauptplatine für die Erweiterung eines bestehenden PCs ins Auge fassen. Selbst für den noch später vorgestellten Pentium II sind Hauptplatinen in diesem Format verfügbar.

Abb. 13.23: Die Hauptplatine im Baby-AT-Format

Neben dem AT-Format wurde für den Pentium-Prozessor das sogenannte ATX-Format (Advanced Technology Extended) vorgestellt. Hierbei handelt es sich eigentlich um eine AT-Platine, bei der einige Bestandteile um 90° gedreht wurden. Bei genauerer Betrachtung fällt die Anordnung der Komponenten auf, wobei der Prozessor nun nicht mehr den Einsatz langer Erweiterungskarten behindert. Zusätzlich wurden die Schnittstellen (seriell, parallel, USB) nun direkt auf die Hauptplatine integriert. Der Anschluß der Stecker über ein Flachbandkabel entfällt somit. Durch diese Bauform wird allerdings beim Einsatz der Hauptplatine ein neues Gehäuse fällig, da sich aufgrund der veränderten Maße und der integrierten Schnittstellen die Platine nicht in ein AT-Gehäuse einbauen läßt. Beim Neukauf eines Rechners sollten Sie auf den Formfaktor achten. Für die Erweiterung eines bestehenden Systems ist der Kauf des Gehäuses mit einzuplanen. Für die Zukunft wird ATX das AT-Format ablösen, und wenn Sie heute schon Funktionen, wie das automatische Ausschalten des Rechners beim Herunterfahren von Windows 95/98 oder die Überwachung wichtiger Systemparameter, benötigen, ist ATX die richtige Wahl. Auch der Einbau dieser Hauptplatine gestaltet sich sehr einfach, da weniger Kabel durch die Onboard-Schnittstellen mit der Hauptplatine verbunden werden müssen.

Bei der Wahl des Gehäuses sollten Sie dem Händler allerdings den Hersteller Ihrer Hauptplatinen nennen. Da sich in der Anordnung der Schnittstellen noch keine Norm etabliert hat, muß je nach Boardhersteller eine andere Rückblende in das Gehäuse eingesetzt werden. Liegt nun dem Gehäuse keine passende bei, haben Sie bereits Probleme, diese nachträglich zu beschaffen. In der Regel sollten dem Gehäuse mindestens drei bis fünf unterschiedliche Blenden beiliegen.

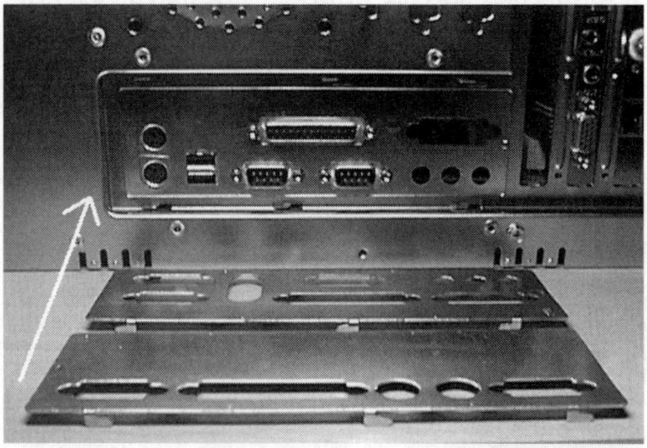

Abb. 13.24: Die Rückseite des ATX-Gehäuses mit alternativen Blenden

Fassungen für den Arbeitsspeicher

Mit der Einführung des Pentium-Prozessors wurden auch neue Speichermodule nötig, da die CPU einen 64 Bit breiten Datenbus aufweist. Mit den bis dahin verwendeten SIMM-Speichern (8 Bit) konnte durch Einsatz von vier Modulen der 32-Bit-Datenbus des 486er ausreichend abgedeckt werden. Später wurden die sogenannten PS/2-Speichermodule vorgestellt, die bereits 32 Datenleitungen aufwiesen. Da IBM diese Module bereits in der Rechnerserie PS/2 einsetzte, lag es nahe, die Namensgebung beizubehalten. Den (nur) 32 Datenleitungen haben Sie es zu verdanken, daß Sie auf einem Pentium-Board immer zwei (gleiche) Module pro Bank benötigen, damit der Rechner einwandfrei arbeitet. Diese Module erhalten Sie mit Speicherkapazitäten von 2 MByte bis 64 MByte. Je nach Hersteller der Hauptplatine finden Sie zwischen 4 und 8 PS/2-Sockeln auf der Hauptplatine. Wichtiges Kriterium für den Arbeitsspeicher ist die Zugriffszeit und die Speicherart. Dabei wurden in den Anfangstagen des Pentiums RAMs mit 70 ns Zugriffszeit eingesetzt. Um den schnellen Prozessoren (ab 120 MHz) gerecht zu werden, reicht diese Zugriffszeit allerdings nicht mehr aus. Hier wurde auf 60 ns umgestiegen und die sogenannten EDO-Speicher (Extended Data Out) entwickelt, die ein sehr schnelles Auslesen der gespeicherten Daten zulassen und dadurch weitere Geschwindigkeitsgewinne bringen. Beim Schreibzugriff sind diese Module allerdings genauso schnell wie normale Fast-Page-Modul-RAMs (FPM-RAM).

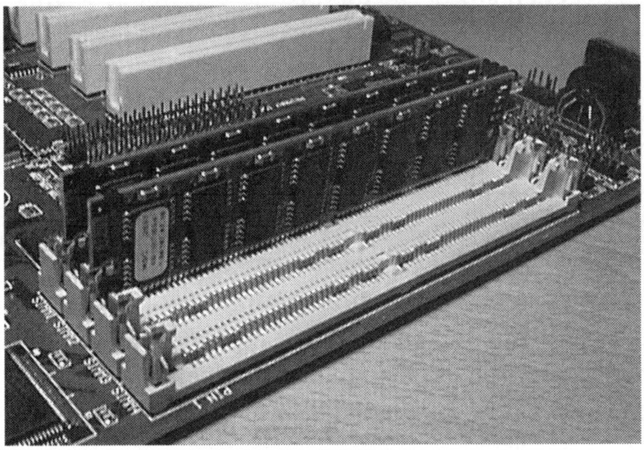

Abb. 13.25: Jeweils zwei PS/2-Module werden pro Bank bestückt

Neben den PS/2-Steckplätzen integrieren viele Hersteller Sockel für DIMM-Speichermodule auf der Pentium-Hauptplatine. Diese Speicher mit 168 Kontakten besitzen bereits einen 64-Bit-Datenbus, wobei das Board mit nur einem Modul bestückt werden kann. *Dual Inline Memory Module*, so der ausgeschriebene Begriff, erhielten ihre Namensgebung aus der Tatsache, daß an den gegenüberliegenden Kontakten des Moduls unterschiedliche Signale anliegen, wobei z. B. PS/2-Speicher an beiden Seiten identische Signale besitzen. Da diese Speicher nun ausschließlich im Pentium II (ab LX-Chipsatz) eingesetzt werden, arbeiten sie mit einer Versorgungsspannung von 3,3 Volt. Dies macht den Gemischtbetrieb mit PS/2-Modulen sehr problematisch, da diese Module mit 5 Volt Betriebsspannung arbeiten. Das Handbuch der Hauptplatine gibt Auskunft über diese Frage, wobei z. B. Asus (TX97 XE-Hauptplatine) die gleichzeitige Verwendung der beiden Speicherarten untersagt.

Erwerben Sie heute eine neue Hauptplatine samt Speicher, sollten Sie auf SDRAMs zurückgreifen. Diese spezielle Bauform der DIMM-Speicher arbeitet mit schnellen SDRAM-Modulen (synchrones DRAM), die Zugriffszeiten von 8-12 ns aufweisen.

Zusammen mit einem schnellen L2-Cache erreichen Sie so die bestmögliche Performance Ihres Rechners. Vorteil dieser Module ist auch, daß Sie bei einem Umstieg auf den Pentium II die Speicher weiterhin verwenden können. Sockel für PS/2-RAMs suchen Sie nämlich auf einem Pentium II-Board vergeblich. Beim Kauf des Speichers sollten Sie das Handbuch der Hauptplatine mit zum Händler nehmen, da die Kapazität der DIMM-Speicher bei einigen Hauptplatinen 32 MByte pro Modul nicht übersteigen darf.

Die Steckplätze

Der Vorteil der offenen Architektur der IBM-kompatiblen PCs ist die universelle Erweiterbarkeit durch Steckkarten. So können Sie jederzeit durch Einsetzen einer Karte den PC für weitere Aufgaben verwenden. Dazu stehen auf der Hauptplatine verschiedene Bus-Systeme zur Verfügung, die durch eigene Steckplätze charakterisiert sind. Bei Einführung des IBM-PCs war dies der ISA-Bus, der zunächst mit 8 Bit ausgelegt war, aber schnell um die Erweiterung auf 16 Bit ergänzt wurde. Der ISA-Bus dient heute immer noch als Investitionsschutz für bereits vorhandene Steckkarten. So können Sie beim Umstieg auf eine höhere Prozessorklasse die Steckkarte weiterhin einsetzen, sofern dies Sinn macht. Denn eine 16 Bit ISA-Grafikkarte wird im Zeitalter von PCI- und AGP-Grafikkarten sicherlich keine befriedigende Leistung in einem für Spiele genutzten Rechner bringen, wobei im Server-Betrieb die Karte durchaus noch Verwendung findet. Aber für Sound-, Scanner- und Netzwerkkarten bietet der ISA-Bus auch heute noch ausreichend Leistung. Und für das interne Modem oder die ISDN-Karte, die für einen erfolgreichen Einstieg in das Internet oder den Online-Dienst benötigt werden, bietet der ISA-Bus preiswerte Lösungen an.

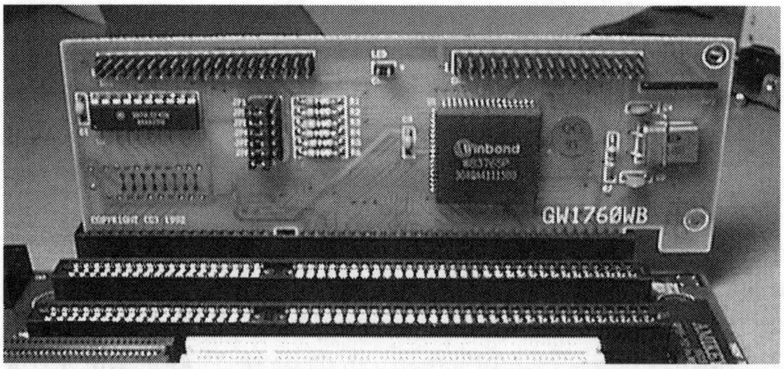

Abb. 13.26: ISA-Steckplätze mit 16-Bit-Steckkarte auf einer Pentium-Hauptplatine

Neben den ISA-Steckplätzen bieten Pentium-Hauptplatinen Steckplätze für PCI-Komponenten. Dazu gehören leistungsfähige Grafikkarten, SCSI-Hostadapter, Netzwerkkarten und auch bereits Sound- und ISDN-Karten. Da dieser Bus wesentlich höhere Datentransferleistungen zuläßt, sollten Sie ihn für Erweiterungen verwenden, die diese Leistung ausschöpfen oder benötigen. Auch wenn Ihnen Ihr ISA-SCSI-Hostadapter

(z. B. AHA 1542 CF) ans Herz gewachsen ist, sollten Sie ihn gegen einen PCI-Adapter austauschen, da nur so SCSI seine ganze Leistungsfähigkeit ausspielen kann. Denn gegenüber einer Übertragungsleistung von etwa 5 MByte pro Sekunde und 8-12 MHz Taktfrequenz (ISA-Bus) erreicht der PCI-Bus bereits eine Übertragung von (theoretisch) 133 MByte pro Sekunde bei einer Taktfrequenz von 33 MHz. Nur durch die hohe Leistungsfähigkeit erhalten Sie bei der Wiedergabe von AVI-Videos ruckelfreie Bilder, und der Bildaufbau bei Grafikanwendungen und Spielen erfolgt in der gewünschten Geschwindigkeit.

Neben dem PCI-Bus bietet der Hersteller Asus beispielsweise eine erweiterte Karte an, die den sogenannten Asus Media-Bus benötigt. Dabei handelt es sich um ein Erweiterung des PCI-Bus (ähnlich der 16-Bit-Erweiterung des 8-Bit-ISA-Busses), in dem allerdings nur spezielle Karten des Herstellers zum Einsatz kommen. Beispielsweise erhalten Sie einen SCSI-Hostadapter mit kombinierter Soundkarte für den Media-Bus. In Abbildung 13.27 ist die Erweiterung am ersten PCI-Slot erkennbar.

Abb. 13.27: Die PCI-Steckplätze auf einer Pentium-Hauptplatine mit Media-Bus (siehe Kasten) auf einer Asus Hauptplatine

Eigentlich von Intel dem Pentium II vorbehalten, hält der AGP-Bus (Accelerated Graphics Port) nun auch im Sockel 7-Bereich der Pentium-Hauptplatinen Einzug. Dabei steht ein Steckplatz für spezielle AGP-Grafikkarten zur Verfügung. Gegenüber dem PCI-Bus ist die Taktfrequenz von 33 MHz auf 66 MHz verdoppelt worden, was schon einen Geschwindigkeitsvorteil bei Standardanwendungen bedeutet. Auf einer Breite von 32 Bit lassen sich auf dem Bus zwischen CPU und Grafikkarte bis zu 266 MByte pro Sekunde übertragen. Der Grafikprozessor einer AGP-Karte kann zusätzlich auch von sich aus mittels spezieller AGP-Zyklen direkt auf den Hauptspeicher des Rechners zugreifen. Da diese Leistung für aufwendige 3D- und Rendering-Berechnungen immer noch nicht ausreicht, erhalten Sie durch eine spezielle (optionale) »2X-Betriebsart« noch einmal die doppelte Leistung des normalen AGP-Busses. Da sich viele Spiele aber auch 3D-Anwendungen sogenannter Texturen bedienen, bei denen realistisch aussehende Bitmaps auf Objekte gelegt werden, damit ein möglichst »echtes« Bild entsteht, die häufig nicht mehr in den Speicher der Grafikkarte passen. Bei PCI-Karten wird dann einfach die Auflösung reduziert, was den realistischen Gesamteindruck wieder schmälert. Einen anderen Weg geht das AGP-Prinzip. Dabei werden die benötigten Texturen einfach im Arbeitsspeicher abgelegt und mittels schnellem Datentransfer zur Grafikkarte gebracht, wenn sie dort benötigt werden. Dabei werden die Texturen nicht mehr durch den Speicher der Grafikkarte beschränkt. Um die bestmögliche Geschwindigkeit zu erreichen, werden im Zusammenhang mit AGP fast zwingend SDRAM-Speichermodule benötigt, da nur diese den entsprechend schnellen Datentransfer zwischen Speicher und Grafikkarte mitmachen. PS/2-Module heben den Vorteil von AGP fast wieder auf.

Um den AGP-Bus allerdings konsequent nutzen zu können, muß der Hersteller der Hardware spezielle Treiber zur Verfügung stellen. Dazu gehört auch unter Windows 95 ein eigener Grafiktreiber.

Stromanschluß

Zur Stromversorgung der Hauptplatine stehen heute zwei unterschiedliche Steckverbinder zur Verfügung. Durch den Formfaktor (AT, ATX) sind auch unterschiedliche Stromversorgungen notwendig. Da ATX-Netzteile neben den +/- 12 Volt und +/- 5 Volt auch + 3,3 Volt zur Verfügung stellen, darf es nicht zu Verwechslungen kommen. Durch den einteiligen Verbindungsstecker ist eine ATX-Hauptplatine problemlos anzuschließen.

Abb. 13.28: Der Stromanschluß einer ATX-Hauptplatine

Bei AT-Hauptplatinen besteht der Stromanschluß aus zwei Anschlußsteckern, bei denen es leicht zu einem Vertauschen kommen kann, da auf den ersten Blick nicht erkennbar ist, in welcher Reihenfolge die Stecker anzubringen sind. Als »Eselsbrücke« kann hier folgendes helfen: Die schwarzen Adern (oder Masse) beider Stecker zeigen bei korrekt aufgesetzten Kabeln zueinander. Haben Sie den Anschluß des Netzteils versehentlich vertauscht, bemerken Sie nach den Einschalten des Rechners keinerlei Regung, was ein erster Hinweis auf den Fehler ist. Dabei läuft weder der Lüfter noch der Motor der Festplatte an.

Abb. 13.29: Der Stromanschluß einer AT-Hauptplatine

Der Cache-Speicher

Um die Arbeitsgeschwindigkeit des Rechners zu erhöhen, besitzt eine Pentium-Hauptplatine zwischen 256 KByte und 2 MByte Cache-Speicher, wobei dieser Wert vom Alter der Platine und dem verwendeten Chipsatz abhängt. Durch die Einführung der EDO-RAMs sollte zwar die Verwendung von Cache-Speicher überflüssig werden, aber die Praxis hat hier gezeigt, daß man auf diesen Speicher nicht verzichten kann. Je nach Alter der Hauptplatine finden Sie den Cache-Speicher in unterschiedlichen Bauformen vor. Noch vom 486 übernommen wurden zunächst Speicherchips im DIL-Gehäuse verwendet, wobei diese keine besonders schnellen Zugriffszeiten zuließen. Als Nachfolger dieser Module kamen die sogenannten COAST-Module (Cache On A Stick) auf den Markt, die über einen speziellen Steckplatz mit der Hauptplatine verbunden wurden und im Gegensatz zu den DIL-Chips eine schnelle und sichere Aufrüstung der Hauptplatine ermöglichten. In diesem Zusammenhang gewannen die Pipelined-Burst-Cache-Speicher immer mehr an Bedeutung und wurden später permanent auf die Hauptplatine gelötet.

Abb. 13.30: Der Cache-Speicher (vorne: DIL-Gehäuse, dahinter: Pipelined-Burst aufgelötet)

In der Übergangsphase bestand allerdings mittels COAST-Modul auch weiterhin die Möglichkeit, den Cache-Speicher zu erweitern. Auf heutigen Boards ist dieser Sockel komplett verschwunden, und der Cache-Speicher befindet sich mit einer Mindestgröße von 512 KByte bereits auf der Hauptplatine. Eine Erweiterung ist in diesen Fällen nicht möglich, da neben dem fehlenden Sockel auch der Chipsatz (z. B. Intel TX) nicht mehr Cache-Speicher verwalten kann.

Der BIOS-Chip

Aus dem BIOS bezieht der Rechner direkt nach dem Einschalten seine »Intelligenz«. Hier sind in einem ROM (heute EEPROM oder Flash-ROM) die Startroutinen gespeichert, also die Programme, die beispielsweise den Power-On-Self-Test (POST) und den Speichertest starten. Dazu gehört auch der sogenannte Urlader, der den Start des Betriebssystems von einem der angeschlossenen Laufwerke veranlaßt. Zum Einsatz kommt heute überwiegend die Software des Herstellers AWARD, wobei aber auch ein AMI-, Phoenix- oder MR-BIOS vorhanden sein kann. Mußte in früheren Tagen bei einer Aktualisierung des BIOS der gesamte Chip (EPROM) entfernt, mittels UV-Licht gelöscht und neu programmiert werden, können Sie die Aktualisierung heute mittels Software vornehmen. Auf der Hauptplatine befindet sich heute ein EEPROM, was zu Deutsch mit »elektrisch lösch- und programmierbarer Nur-Lesespeicher« übersetzt werden kann. Vielen Hauptplatinen liegt eine entsprechende Software bei, oder sie kann über das Internet oder die Mailbox des Herstellers bezogen werden. Allerdings ist hier Vorsicht geboten. Verwenden Sie nur BIOS-Updates, die vom Hersteller Ihrer Hauptplatine explizit für Ihr Board freigegeben wurden. Dabei erhalten Sie zu den Updates häufig eine Beschreibung, welche Fehler beseitigt oder welche neuen Features neu hinzugekommen sind. Nur wenn Sie Probleme beheben müssen oder neue Funktionen benötigen, sollten Sie den Update-Pfad einschlagen. So erhalten Sie beispielsweise die Möglichkeit, endlich von CD-ROM- oder LS-120/ZIP-Laufwerken zu booten.

Abb. 13.31: Das BIOS befindet sich in diesem Baustein

Da Sie einige Parameter des BIOS-Setups selbständig programmieren können, benötigt der Rechner einen Speicher (CMOS-RAM), in dem diese Informationen auch nach dem Ausschalten dauerhaft erhalten bleiben. Dazu bedient man sich eines kombinierten Bausteins, in dem nebenbei auch die Echtzeituhr (RTC – Real Time Clock) untergebracht ist. Dieser Speicher wird nach dem Ausschalten über eine interne Batterie, einen Akku oder eine zusätzliche Batterie gepuffert, so daß der Inhalt auch beim nächsten Systemstart wieder zur Verfügung steht. Hier werden alle Einstellungen des BIOS-Setups gespeichert, die Sie während einer Optimierung verändern. Aber auch die installierten Laufwerke und Festplattenparameter werden hier abgelegt.

Abb. 13.32: Der CMOS-Speicher und die Echtzeituhr (RTC) befinden sich in diesem Baustein

Anschlüsse für Bedienungselemente

Damit Sie von außen Einfluß auf das Arbeitsverhalten des Rechners nehmen können, befinden sich eine Reihe von Anschlüssen auf der Hauptplatine, über die Schalter, Taster oder Signal-LEDs angeschlossen werden. Beispielsweise die Power- und die HD-LED zeigen in der Gehäusefront den Status der zugehörigen Komponenten. Im Handbuch der Hauptplatine ist die Belegung aufgeführt, und häufig sind die Stecker der Kabel im Gehäuse entsprechend beschriftet. Bei der Inbetriebnahme des Rechners ist der interne Lautsprecher des Gehäuses eine große Hilfe, wenn der Bildschirm dunkel bleibt und der PC kein Lebenszeichen von sich gibt. Eine Reihe von Fehlern werden über kurze Tonfolgen über den Lautsprecher mitgeteilt. Deshalb sollten Sie den Lautsprecher auch bei Vorabtests, also vor dem eigentlichen Einbau der Hauptplatine, immer mit anschließen, damit Ihnen diese Fehlermeldungen nicht verborgen bleiben.

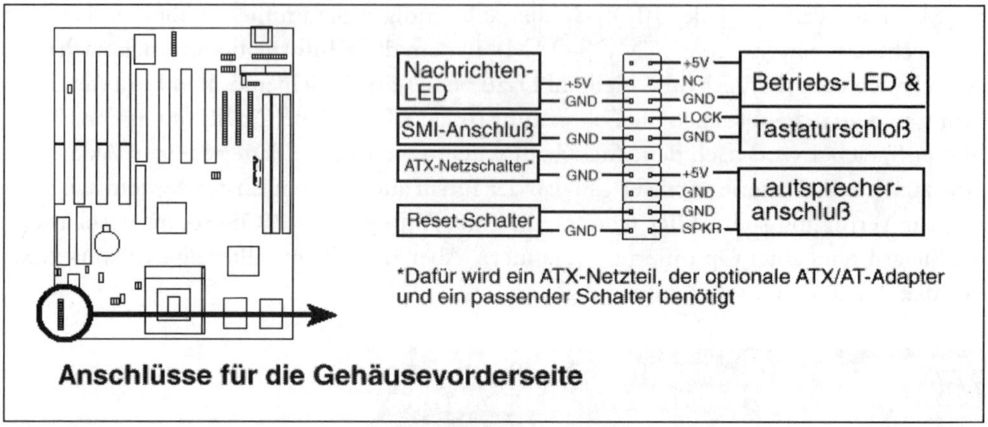

Abb. 13.33: Im Handbuch ist die Funktion der Anschlüsse aufgeführt (Quelle: Asus)

Abb. 13.34: Der Anschluß der Bedienungselemente auf der Hauptplatine

Batterie

Wird der CMOS-Speicher, der Konfigurationsdaten und Einstellungen speichert, von einer Batterie gepuffert, ist diese in einem Sockel auf der Hauptplatine integriert. Sollten Sie häufig fehlende Konfigurationsdaten, ein falsches Systemdatum oder nicht erkannte Festplatten beim Start des Rechners beobachten, ist dies ein Indiz für eine leere oder defekte Batterie. Haben Sie den Rechner geöffnet, können Sie die Batterie entnehmen und mit einem normalen Multimeter die Spannung messen. Diese muß der aufgedruckten Spannung entsprechen. Bei mehr als 1 oder 1,5 Volt unterhalb des Sollwertes kann die Batterie als defekt angesehen werden und muß getauscht werden. Im Elektronikfachhandel erhalten Sie unter Vorlage des Originals (als Muster) die entsprechende Batterie. Für einen solchen Fall sollten Sie allerdings einen gültigen Ausdruck der BIOS-Setup-Daten besitzen, den Sie nach jeder Änderung durch Drücken der Taste [Druck] auf Ihrem

Drucker erstellen können. Mit dieser Vorlage geht die Restaurierung des Rechners nach dem Fehlerfall problemlos vonstatten.

Abb. 13.35: Die Batterie puffert das CMOS-RAM auf der Hauptplatine

Upgrade-Prozessoren mit MMX

Sind Ihnen aufgrund älterer Hauptplatinen oder dem fehlenden Sockel 7 die Erweiterungsmöglichkeiten auf aktuelle MMX-Prozessoren verwehrt, können Sie auf sogenannte Upgrade-Prozessoren zurückgreifen, die mit spezieller Elektronik ausgestattet sind und sogar einen 200-MHz-Prozessor auf einem Sockel 5-Board (maximal 100 MHz-CPU) möglich machen. Da diese Prozessoren das sogenannte *Split-Voltage* benötigen, also zwei unterschiedliche Versorgungsspannungen für Prozessorkern (Core) und I/O-Leitungen, werden durch einen speziellen Zwischensockel die benötigten Spannungen erzeugt. Da auch die Takteinstellungen durch die fehlenden BF-Jumper nicht direkt auf der Hauptplatine vorgenommen werden können, ist diese Funktion ebenfalls auf den Upgrade-Prozessor verlagert worden. Weiterhin berücksichtigen müssen Sie den erhöhten Leistungsbedarf der schnelleren Prozessoren, bei dem viele Spannungsregler an den Rand ihrer Belastbarkeit gebracht werden. Je nach Belastbarkeit wird hier für den neuen Prozessor sogar eine externe Spannungsversorgung nötig, die dem Sockel von außen zugeführt werden muß. Dabei verfügen die CPU-Sockel über einen Stromanschluß, der direkt mit dem Netzteil des Rechners verbunden wird. Neben den elektrischen Eigenschaften der Hauptplatine ist auch das vorhandene BIOS des Rechners zu berücksichtigen. Denn nur wenn die neue CPU korrekt vom BIOS initialisiert wird, ist ein stabiler Betrieb gewährleistet. Hier ist ein BIOS-Upgrade in vielen Fällen unumgänglich. Liegt dem Prozessor eine Diskette bei, stehen die Chancen zumindest bei Verwendung eines AWARD-BIOS relativ gut, daß das passende BIOS-Upgrade zur Erkennung des neuen Prozessors führt.

Wollen Sie dagegen eine normale Pentium-CPU verwenden, die später auch auf einer neuen Hauptplatine verwendet werden kann, benötigen Sie einen entsprechenden Zwischensockel, der im Fachhandel erhältlich ist. Dieser Sockel sorgt für die benötigten

Spannungen und auch für die Einstellungen mittels BF-Jumper. Da diese Sockel einen eigenen Spannungsanschluß besitzen, an den das Stromkabel eines 3,5-Zoll-Floppy-Laufwerkes angeschlossen wird, ist die Stromversorgung der CPU unabhängig von der Hauptplatine. Eine Überlastung der Regler ist somit ausgeschlossen.

Die nächste Tabelle zeigt die möglichen Leistungsgewinne beim Austausch der vorhandenen Pentium-CPU durch einen Upgrade-Prozessor:

Original CPU	Upgrade-CPU	Leistungsgewinn (Windows 95/98)
75 MHz	180/200 MHz	74 %/84 %
90 MHz	180/200 MHz	50 %/59 %
100 MHz	180/200 MHz	40 %/48 %
120 MHz	180/200 MHz	39 %/47 %
133 MHz	180/200 MHz	28 %/35 %
150 MHz	180/200 MHz	34 %/41 %

Die Ergebnisse des Leistungsgewinns wurden vom Hersteller *EVERGREEN* mit einem identischen Rechner und dem Programm Buisness Winstone 97 von Ziff-Davis ermittelt. Dabei wurde der Upgrade-Prozessor MxPro von *EVERGREEN* verwendet, der den Winchip C6 von IDT beinhaltet. Weitere Informationen erhalten Sie auf den Web-Seiten des Herstellers (*http://www.evertech.com*). Die Leistungswerte zeigen, daß sich die Umrüstung vor allem bei langsamen Prozessoren lohnt und ohne Wechsel der vorhandenen Komponenten sehr gute Leistungswerte erreicht werden. Nebenbei sei noch gesagt, daß diese Prozessoren den MMX-Befehlssatz beherrschen, also bei Softwareprodukten mit MMX-Unterstützung noch weitere Leistungssteigerungen zu erwarten sind.

Abb. 13.36: Der Upgrade-Prozessor besitzt eine eigene Spannungsversorgung

Beim Kauf eines Upgrade-Prozessors sollten Sie vor allem die vorhandene Hardware berücksichtigen. Nennen Sie Ihrem Händler die vorhandene Hauptplatine und den CPU-Sockel, und lassen Sie sich schriftlich bestätigen, daß der neue Prozessor auch tatsächlich auf Ihrer Hauptplatine funktioniert. Ein Blick in das Handbuch verrät die möglichen Einstellungen bezüglich Systemtakt und CPU-Teilerverhältnis. Diese Angaben sollten Sie mit den Vorgaben des Upgrade-Prozessors vergleichen, damit die neue CPU auch die bestmögliche Leistung in Ihrem System erzielt. Da sich die zusätzlich benötigte Elektronik auch im Preis des Prozessors niederschlägt, sollten Sie vor dem Kauf mit Ihrem Händler diskutieren, ob nicht ein kompletter Wechsel der Hauptplatine und eines »normalen« Prozessors preiswerter kommt. In diesem Fall erhalten Sie einige neue Features der Hauptplatine (Ultra DMA/33, vier Festplatten, USB, schnelle Schnittstellen) quasi kostenlos dazu. Wenn sich die Speichermodule und Erweiterungskarten problemlos verwenden lassen, steht dieser Möglichkeit nichts im Wege.

Hauptplatine für Pentium II

Hauptplatinen für den Pentium II werden heute hauptsächlich im ATX-Formfaktor hergestellt, wobei alle wichtigen Schnittstellenstecker bereits auf dem Board verlötet sind. Der Anschluß über kurze Verbindungskabel, die immer wieder zu den potentiellen Fehlerquellen gehörten, ist somit nicht mehr nötig. Da der Formfaktor auch ein eigenes Gehäuse benötigt, ist diese Mehranschaffung bei der Planung mit einzukalkulieren. Wollen Sie dennoch Ihr vorhandenes AT-Gehäuse nicht ausrangieren, können Sie auf Pentium II-Hauptplatinen in diesem Formfaktor zurückgreifen. Da dieser Formfaktor aber über kurz oder lang »aussterben« wird, sollten Sie hier nicht mehr zu viel Geld investieren.

Um den Wechsel einer Hauptplatine erfolgreich durchzuführen, sollten Sie die Bestandteile und Funktionen der einzelnen Baugruppen kennen. Im folgenden Abschnitt sind die Komponenten gängiger Pentium II-Hauptplatinen aufgelistet.

Der Slot 1

Der Slot 1 dient zur Verbindung des Prozessors mit der Hauptplatine und löst damit den ZIF-Sockel ab, der bis zum Pentium Pro verwendet wurde. Durch den Dual Independent Bus des Pentium II wird der L2-Cache und die Systemlogik entkoppelt. Dabei werden die Daten mit einer Geschwindigkeit von 533 MByte pro Sekunde über den Systembus transferiert. Im Gehäuse des Pentium II werden die Daten zwischen CPU-Kern und L2-Cache sogar mit doppelter Geschwindigkeit (1033 MByte pro Sekunde) übertragen. Beim Einbau sollten Sie auf jeden Fall die unten gezeigten Führungsschienen montieren, wenn dies nicht schon vom Hersteller vorgenommen wurde. So entlasten Sie den Slot 1, der ohne Führung die mechanische Belastung der CPU plus Kühlkörper zu tragen hätte.

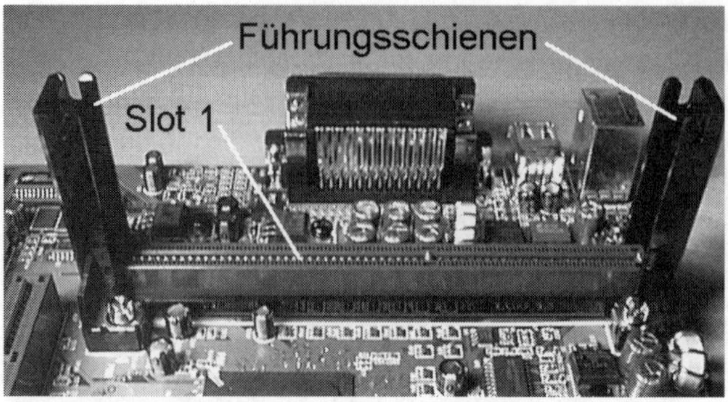

Abb. 13.37: Der Slot 1 mit den benötigten Führungsschienen für den Pentium II

Der AGP-Steckplatz

Der AGP-Steckplatz dient zur Aufnahme einer speziellen Grafikkarte und kann vom Aufbau schon nicht mit einem PCI-Steckplatz verwechselt werden. Durch AGP wird der Grafik-Datenverkehr vom PCI-Bus auf eine eigene – nur der Grafikkarte vorbehaltene – Punkt-zu-Punkt-Verbindung ausgelagert. Allein durch die Entlastung des PCI-Busses, der nun nicht mehr die Grafikdaten transportieren muß, steigt die Gesamtleistung eines Systems zwischen 10 und 20 Prozent.

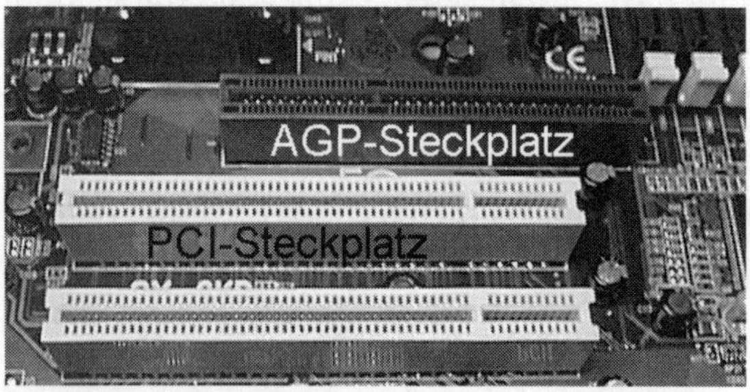

Abb. 13.38: Der AGP-Steckplatz (hinten) im Vergleich zu PCI-Slots (vorne)

Die Speicherbänke

Für den Ausbau des Arbeitsspeichers werden heute ausschließlich SDRAMs in Form von DIMM-Speichern eingesetzt. Diese 168-polige Bauform bietet einen 64-Bit-Datenbus, wobei bereits ein Modul für den Betrieb ausreicht. In Zusammenarbeit mit dem LX-Chipsatz reichen Zugriffszeiten von 10 oder 12 ns aus. Kommt dagegen der BX-Chipsatz mit 100 MHz Speicherinterface zum Einsatz, müssen die RAMs eine Zugriffszeit von 8 ns oder kleiner aufweisen, damit der Bus entsprechend schnell arbeiten kann.

Abb. 13.39: SDRAMs haben 168 Anschlußkontakte und können einzeln bestückt werden

Die Onboard-Schnittstellen

Zu diesen zählen sowohl die seriellen und parallelen Schnittstellen als auch der PS/2-Maus- und Tastaturanschluß, die USB-Ports und die Anschlüsse des IDE-Controllers und der Diskettenlaufwerke. Da der PIIX4-Chip über einen primären und sekundären IDE-Kanal verfügt, können bis zu vier IDE-Geräte angeschlossen werden. Im primären Kanal werden die Festplatten betrieben, da zunächst auf der primären Masterplatte nach einem Betriebssystem gesucht wird. Im sekundären Kanal können Sie langsamere Geräte, wie z. B. ein ZIP- oder LS-120- oder ein CD-ROM-Laufwerk betreiben. Um die Geräte in den zwei Kanälen betreiben zu können, sind zwei 40-polige Anschlußkabel notwendig. Hier sparen aber alle Hersteller und legen dem Kabelsatz nur eines dieser IDE-Datenkabel bei. Beim Neukauf der Hauptplatine sollten Sie bereits auf diese Eigenschaft achtgeben und das nötige Kabel gleich mitordern. Da der PIIX4-Chip bereits das Ultra-DMA/33-Protokoll unterstützt, können Sie im BIOS des Rechners die schnelle Betriebsart von Festplatten aktivieren, wenn eine entsprechende Festplatte vorhanden ist. Den Menüpunkt finden Sie beispielsweise unter der Bezeichnung *IDE Ultra DMA Mode* im *Chipset Features Setup* des AWARD-BIOS. Da sich aber nicht viele Programmierer die Mühe gemacht haben, den IDE-Controller im Busmaster-Betrieb zu verwenden, bleibt die erreichte Leistung hinter den Erwartungen von Ultra-DMA/33 zurück.

Auch die weiteren oben genannten Schnittstellen sind über das BIOS konfigurier- bzw. abschaltbar, wenn sie nicht benötigt werden. So können Sie den IDE-Controller deaktivieren, wenn Sie nur SCSI-Komponenten einsetzen. Jetzt stehen Ihnen der IRQ14 und IRQ15 für andere Geräte zur Verfügung. Für die seriellen Schnittstellen stehen Ihnen für jeden Port die genormten COM1- bis COM4- Schnittstellen mit den zugehörigen IRQ- und I/O-Einstellungen zur Verfügung. Dem Parallelport steht neben der normalen Betriebsart die schnelleren Übertragungsmöglichkeiten von EPP (Enhanced Parallel Port) und ECP (Extended Capability Port) zur Verfügung, wobei letztere durch einen zugeordneten DMA-Kanal große Leistungsgewinne bringt. Sollten Sie ein externes Laufwerk oder einen Scanner an der parallelen Schnittstelle betreiben, bringt einer der erweiterten Protokolle zusätzliche Geschwindigkeitsvorteile.

Der Netzteilanschluß

Damit die ATX-Hauptplatine mit Spannung versorgt wird, wird ein verpolungssicherer Stecker mit dem Board verbunden. Im Gegensatz zur AT-Platine ist ein Verwechseln des Steckers nicht mehr möglich. Durch eine spezielle Führung läßt sich die Spannungsversorgung bedeutend leichter aufstecken. Mit einer kleinen Nase ist er gegen versehentliches Lösen gesichert. Erst wenn dieser »Verschluß« manuell gelöst wird, kann der Stekker wieder abgezogen werden.

Abb. 13.40: Die ATX-Spannungsversorgung wird verpolungssicher aufgesteckt

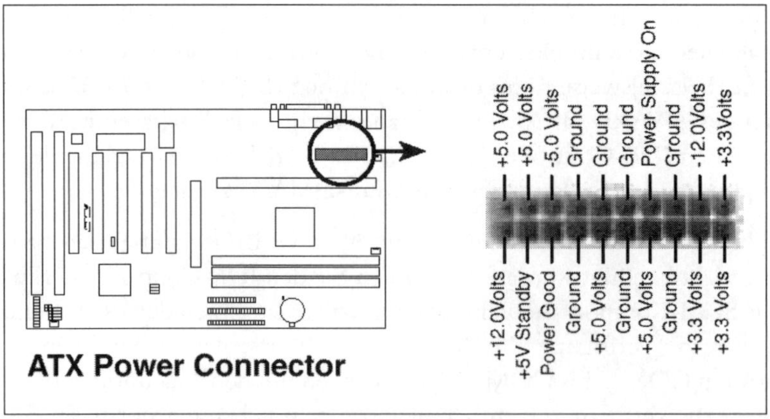

Abb. 13.41: Die Anschlußbelegung des ATX-Netzteilsteckers (Quelle: Asus)

Die Einstellung der CPU

Die Einstellung der CPU beschränkt sich in der Regel auf die Festlegung des verwendeten Prozessors. Dabei wird mittels Jumper oder DIP-Schalter die interne Frequenz des

Prozessors (233 MHz oder höher) vorgegeben. Alle zugehörigen Frequenzangaben und auch die nötige Core-Spannung des Prozessorkerns werden in Abhängigkeit vom vorhandenen Prozessor automatisch eingestellt. Ein Übertakten der CPU ist bei vielen Hauptplatinen (z. B. Gigabyte, SOYO) nicht möglich. Finden Sie dagegen Jumper auf der Hauptplatine, über die Sie den Systemtakt und das Frequenzteilerverhältnis manuell einstellen können (siehe unten), ist ein Übertakten des Prozessors in Grenzen möglich. Dabei können Sie – eine gute Kühlung vorausgesetzt – die CPU eine Klasse höher betreiben.

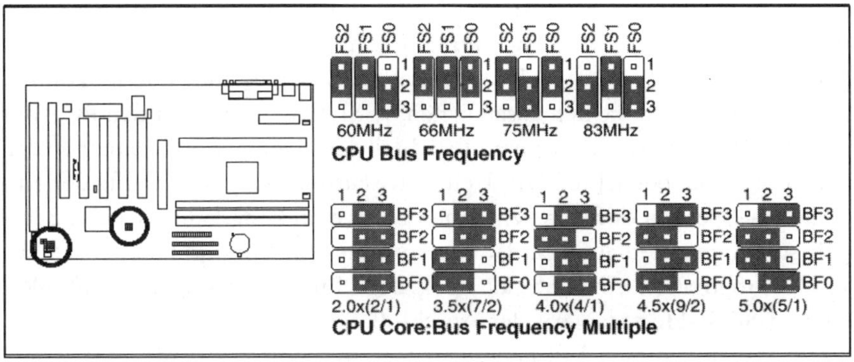

Abb. 13.42: Hier können die CPU-Einstellungen manuell vorgenommen werden (Quelle: Asus)

Die Lüfteranschlüsse

Für den Anschluß der Lüfter stehen Ihnen ein oder mehrere 12-Volt-Anschlüsse zur Verfügung. Daher ist es nicht mehr notwendig, einen 5,25-Zoll-Anschlußstecker für die Stromversorgung zu belegen. Um die Überwachung der Lüfterdrehzahl durchführen zu können, wird ein spezieller Kontakt des Stromanschlusses überwacht. Daher ist es zwingend erforderlich, daß der Lüfter auch auf der Hauptplatine angeschlossen wird. Neben der Belüftung der CPU können Sie die anderen Anschlüsse – sofern vorhanden – auch zur Kühlung von Erweiterungskarten oder dem Chipsatz verwenden.

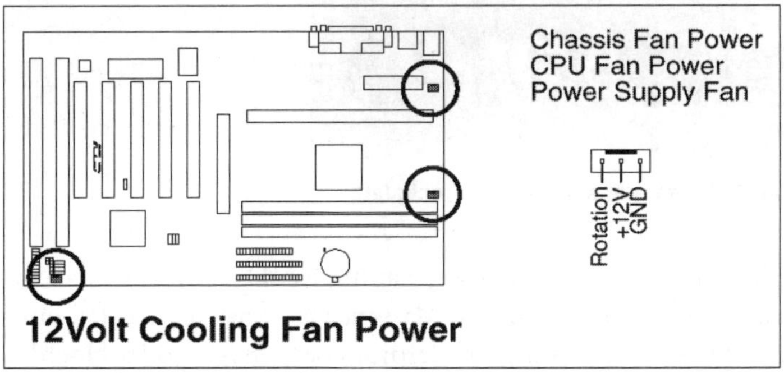

Abb. 13.43: Die Anschlüsse für Lüfter auf der Hauptplatine (Quelle: Asus)

Weitere Anschlüsse

Einige Hersteller integrieren auch weitere Komponenten auf der Hauptplatine. Dazu gehören beispielsweise Soundchips (also Soundkarten) mit den entsprechenden Lautsprecher-, Mikrofon-, Line-Out-, Line-In- und Joystick-Anschlüssen. Diese Anschlüsse sind im Bereich der Onboard-Schnittstellen angesiedelt und benötigen eine entsprechende Rückblende für das Gehäuse. Hier liegt häufig eine Schwierigkeit, da nicht alle Gehäusehersteller entsprechende Blenden bereitstellen.

Weiterhin bieten Hersteller wie Asus, SNI oder Iwill ihre Hauptplatinen mit integrierter SCSI-Schnittstelle an. Dabei handelt es sich um einen AIC7880-SCSI-Hostadapter von Adaptec, der auch auf dem AHA-2940-U/W-Adapter von Adaptec zum Einsatz kommt. Mit dieser Kombination sparen Sie den zusätzlichen SCSI-Hostadapter für den PCI-Bus und erhalten den SCSI-Hostadapter zu einem Bruchteil des Einzelpreises, wenn man den Kaufpreis der Hauptplatine betrachtet. Die Treiberausstattung entspricht häufig der Kit-Version mit leicht abgespeckter Software. Zusammen mit dem kompletten Kabelsatz (bei Asus) haben Sie so ein komplett aufeinander abgestimmtes System und können sich die Installation und Konfiguration einer Steckkarte sparen. Eine Schwierigkeit stellt allerdings bei Onboard-SCSI-Hostadaptern der Anschluß externer SCSI-Geräte (Scanner, CD-Brenner etc.) dar. Für diesen Fall benötigen Sie eine Slotblende mit integriertem SCSI-Stecker, damit der Bus überhaupt von außen zugänglich ist. Erkundigen Sie sich vor dem Kauf der Hauptplatine über die Verfügbarkeit, wenn Sie externe Geräte einsetzen. Denn Experimente, wie das Herausführen von Flachbandkabel aus dem Gehäuse, sollten Sie aus Gründen der Betriebssicherheit Ihres Rechners tunlichst vermeiden.

Abb. 13.44: Die integrierte SCSI-Schnittstelle spart einen Steckplatz

Eine spezielle Form der SCSI-Hostadapter stellen sogenannte RAID-Controller dar, mit denen sich intelligente Festplattensysteme realisieren lassen, die sogar den Ausfall einer Festplatte verkraften können. Diese Anwendung ist allerdings dem Server- oder Hochleistungsrechner vorbehalten.

Pentium-II-Hauptplatinen besitzen heute häufig Anschlußmöglichkeiten für IrDA-Module, wobei hier die Datenübertragung mittels Infrarot-Diode durchgeführt wird. Diese Übertragung ist Ihnen sicherlich von Notebooks bekannt, sie bietet den Vorteil, Daten zwischen zwei Geräten (Notebook-Notebook oder Notebook-Drucker) ohne Kabelverbindung übertragen zu können. So können Sie Dokumente drucken oder eine Datei kopieren. Für den Betrieb der IrDA-Schnittstelle wird eine serielle Schnittstelle verwendet, die in diesem Fall nicht mehr für Kabelverbindungen zur Verfügung steht.

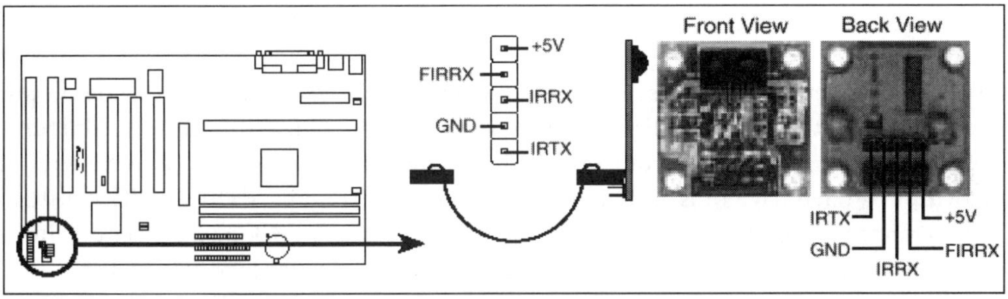

Abb. 13.45: Die Anschlußmöglichkeit für ein IrDA-Modul (Quelle: Asus)

13.4 Die Speichermodule

Der Arbeitsspeicher (RAM) entscheidet maßgeblich über die Leistungsfähigkeit eines Rechners, gerade wenn »speicherhungrige« Betriebssysteme wie Windows NT zum Einsatz kommen. Daher ist auf einen guten Speicherausbau das erste Augenmerk zu legen, wenn es an die Erweiterung eines Rechners geht. Denn ein langsamer Prozessor kann mit einem großzügig ausgebauten Arbeitsspeicher (32 MByte und mehr) durchaus bessere Dienste verrichten als ein Pentium II, der nur 16 MByte RAM spendiert bekommt. Denn neigt sich der zur Verfügung stehende Speicher dem Ende zu, müssen Teile von laufenden Anwendungen oder des Betriebssystems erst aufwendig auf die Festplatte ausgelagert werden. Hierbei nimmt die Verwaltung der sogenannten Swapdatei (= Auslagerungsdatei) wertvolle Rechenzeit des Prozessors in Anspruch. Steht der CPU mehr Speicher zur Verfügung, kommt es zu weniger Auslagerungen, und die Arbeit geht flüssiger vonstatten.

Sobald Sie das Rechnergehäuse öffnen, zeigt ein Blick auf die Speichersockel, welche RAM-Module vorhanden und welche noch nachgerüstet werden können. Leider nimmt der Hersteller des Rechners nicht immer die optimale Bestückung, was beispielsweise bedeuten kann, daß bei 16 MByte Hauptspeicher alle vier vorhandenen PS/2-Sockel mit 4-MByte-Modulen bestückt sind. In diesem Fall muß eine Bank gegen neue Module ausgetauscht werden.

Sind Sie noch Besitzer eines 486-Prozessors, ist eine Erweiterung des Arbeitsspeichers mit Vorsicht zu genießen. Zum einen werden hier häufig noch die alten 8-Bit-SIMMs (30 Pins – Single Inline Memory Module) eingesetzt und diese Module sind verhältnismäßig teuer. Da diese Speicher auf Pentium- oder Pentium II-Hauptplatinen nicht mehr verwendbar sind, sollten Sie den Kauf gut überlegen. Beim Upgrade auf eine höhere CPU-Generation steht der Speicherkauf dann gleich wieder auf dem Programm. Ist die 486-Hauptplatine allerdings neueren Datums, finden Sie bereits PS/2-Sockel, auf denen Sie EDO-RAMs einsetzen können. Diese sind natürlich auf Sockel 7-Hauptplatinen wieder verwendbar. Da der 486er einen 32-Bit-Datenbus besitzt, reicht hier bereits ein PS/2-Modul zur Speicheraufrüstung. Beim Pentium-Prozessor wird dagegen ein 64 Bit breiter Datenbus verwendet. Aus diesem Grund müssen jeweils zwei identische Module pro Bank eingesetzt werden. Ein Mischbetrieb z. B. eines 4- mit einem 8-MByte-Modul führt zwangsläufig dazu, daß insgesamt nur 8 MByte zur Verfügung stehen. Die weiteren 4 MByte des größeren Moduls stehen nur mit 32 Bit zur Verfügung, da hier das Gegenstück fehlt. Zwar zeigen einige Hauptplatinen mit VIA-Chipsatz (VT82C575M) hier die Summe zweier ungleicher Module an, aber praktisch ist dieser Speicher nicht nutzbar.

Einem Trugschluß, dem man bei oberflächlicher Betrachtung gerne verfällt, ist der Gemischtbetrieb von PS/2- und DIMM-Speichern (Dual Inline Memory Module). Der Blick auf die Hauptplatine zeigt beispielsweise, daß zwar vier PS/2-Sockel belegt, aber noch zwei DIMM-Sockel frei sind. Der Mischbetrieb bringt aber einige Probleme mit sich. Zunächst muß man wissen, daß die PS/2-Module mit 5 Volt Betriebsspannung und die DIMM-Speicher mit 3,3 Volt betrieben werden. Da die Hauptplatine die Spannungsversorgung automatisch wählt, werden bei der Erkennung von PS/2-RAMs die 5 Volt für beide Speicherarten vorgegeben. Dies bedeutet allerdings eine erhebliche Überlastung und höhere Verlustwärme, die zu einer schnellen Zerstörung der Module führen kann. Im Handbuch der Hauptplatine erhalten Sie Auskunft, ob der Mischbetrieb möglich ist.

Vergleich der Speichermodule:

	SIMM	PS/2	DIMM
Datenbus	8 Bit	32 Bit	64 Bit
Pins	30	72	168
Zugriffszeit	60-80 ns	60 ns	8-12 ns
Modul(e) pro Bank	4	2	1
Spannung	5 Volt	5 Volt	3,3 Volt

PS/2-Module

Die 72-poligen PS/2-Speichermodule wurden zunächst als sogenannte Fast-Page-Mode-Speicher (FPM) eingesetzt. Da durch das 66-MHz-Speicherinterface der Speicherzugriff bei immer weiter steigenden CPU-Taktfrequenzen als Nadelöhr auftrat, mußte der Zugriff auf das RAM beschleunigt werden. Neben der Verringerung der Zugriffszeit von 70 auf 60 ns entwickelten Ingenieure das sogenannte EDO- (Extended-Data-Out) Speichermodul. Bei diesem Speicher steht dem DRAM am Ausgang ein schneller Pufferspeicher zur Verfügung, der beim Auslesen der Speicherzellen die Daten erheblich schneller zur Verfügung stellt. Allerdings bezieht sich der Geschwindigkeitsvorteil gegenüber den FPM-RAMs nur auf das Auslesen der Zellen; beim Schreiben liegen die EDO-RAMs auf gleichem Leistungsniveau. Einige PC-Hersteller gingen bei der Einführung des EDO-RAMs davon aus, daß nun kein L2-Cache mehr vonnöten sei und ließen den Speicher einfach weg. Vergleichstests belegen aber, daß der Geschwindigkeitsgewinn des L2-Caches keineswegs durch EDO-RAM ausgeglichen werden kann, was alleine schon durch die um Faktor 3 bis 4 schnelleren Zugriffszeiten des Caches (15-20 ns) gegenüber EDO (60 ns) zum Ausdruck kommt.

Um die Sicherheit des Speicherzugriffes weiter zu erhöhen, wurde neben der schon früher verwendeten – allerdings fast nutzlosen – Paritätsprüfung das sogenannte ECC-Verfahren entwickelt, bei dem der Chipsatz in engen Grenzen Speicherfehler selbständig korrigieren kann. Da bei der Paritätsprüfung immer ein NMI (Non-Maskable-Interrupt) ausgelöst wurde, der unweigerlich ein krasses Beenden der Arbeitssitzung mit entsprechender Bildschirmmeldung bedeutete, bietet das ECC-Verfahren besonders für Netzwerkserver einen erheblichen Sicherheitsgewinn. Das ECC-Verfahren wird ebenso wie die Paritätsprüfung vom Chipsatz zur Verfügung gestellt. Um es nutzen zu können, sind spezielle Speichermodule notwendig. In der Bezeichnung des Moduls wird die Verwendung deutlich. Ein normales 16 MByte PS/2-Modul (ohne Paritätsbit) wird mit 2M x **32** bezeichnet, wobei Sie die Kapazität errechnen, indem Sie die 32 durch 4 teilen und mit 2M multiplizieren (32/4 = 8; 8 x 2M = 16 MByte). Ein 16 MByte-Modul mit Paritätsbit wird dagegen mit 2M x **36** bezeichnet.

Eine weitere Eigenart der PS/2-Module sorgt immer wieder für Verwirrung: die Unterteilung in Single- und Double-Sided-Module. Damit ist keinesfalls die Aufteilung in einseitig oder doppelseitig bestückte RAMs zu verstehen, sondern es geht um die Art der Ansteuerung und Verwaltung der vorhandenen Speicherchips. Zum Beispiel ist ein 64 MByte-Double-Sided-Modul intern wie zwei 32 MByte-Single-Sided-Module aufgebaut. Um den Unterschied herauszufinden, müssen Sie sich die Anschlußleiste des Speichermoduls näher betrachten oder mit einem Multimeter (Ohm-Meßbereich) eine kleine Messung durchführen. Bei den Double-Sided-Modulen sind die Kontakte 33 und

45 miteinander verbunden. Ist das nicht der Fall, handelt es sich um ein Single-Sided-Modul. Im Handbuch Ihrer Hauptplatine können Sie feststellen, welche Module Sie verwenden oder mischen dürfen. Dabei muß man den internen Unterschied beim Aufbau der Module kennen. Single-Sided-Module verwenden zwei RAS-Leitungen, Double-Sided-Module besitzen dagegen vier RAS-Signale (RAS – Row Address Strobe = Zeilenadressierung) mit den zugehörigen Leitungen auf dem Anschlußfeld. Durch diesen Unterschied dürfen Sie in einer Bank nicht beide Arten von Speichern mischen, da sonst die Adressierung des Speichers nicht gleichmäßig durchgeführt werden kann. Die Folge ist entweder ein nicht funktionierender PC, oder es kann nicht der komplette Speicher angesprochen werden. Auf einigen älteren Pentium-Hauptplatinen finden Sie Jumper, mit denen Sie die Art der Speichermodule festlegen können; ansonsten funktioniert überhaupt nichts.

Abb. 13.46: PS/2-Module einseitig bestückt (1, 2) und doppelseitig bestückt (3)

Bei der Wahl des Speichers legt die Geschwindigkeit des Prozessors die benötigte Zugriffszeit fest. Bis 100 MHz interner Taktfrequenz können Sie PS/2-Module mit 70 ns Zugriffszeit einsetzen. Da man diese Module nicht mehr kaufen kann, bietet sich die Aufrüstung mit Gebraucht-Speichern für langsamere Rechner an, wenn die Speicher echte Schnäppchen sind. Da der Kaufpreis von Speichermodulen stark gefallen ist, lohnt sich der Gebrauchtkauf nur in wenigen Fällen. Ab 120 MHz Prozessortaktfrequenz sollten zwingend 60 ns-Speichermodule zum Einsatz kommen, da ansonsten der Prozessor zu viele Warteschleifen einlegen muß.

Beim Einbau der Speichermodule ist deren Ausrichtung im Sockel zu beachten. Bei genauerer Betrachtung der Module fällt an einem Kopfende eine kleine Kerbe auf, die im Sockel das passende Gegenstück findet. So ist das Modul nur in einer Position einsetzbar.

Abb. 13.47: Die Kerbe (siehe Kasten) legt die Ausrichtung des Moduls im Sockel fest

DIMM-Module

Die 168-poligen-DIMM-Speichermodule können auf modernen Pentium- und Pentium II-Hauptplatinen (ab LX-Chipsatz) eingesetzt werden, wobei durch den realisierten 64-Bit-Datenbus bereits ein Modul für den Betrieb des Rechners ausreicht. Bei Modulen für die ECC-Fehlererkennung stehen anstatt 64 bereits 72 Datenbits pro Modul zur Verfügung. Moderne DIMM-Speicher sind mit schnellen SDRAM-Modulen (Synchrones DRAM) bestückt, die Zugriffszeiten zwischen 8 und 12 Nanosekunden zulassen.

Nach dem Einschalten des Rechners ist eine der ersten Aufgaben des BIOS, den Arbeitsspeicher in Betrieb zu nehmen. Dazu muß es erkennen, welche Module in den einzelnen Sockeln stecken, und den Chipsatz entsprechend programmieren. Diese Aufgabe teilen Sie dem Chipsatz zu, indem Sie im BIOS-Setup die Option *Auto Configuration* auf *Enabled* einstellen. Zunächst wird der verwendete Speichertyp festgestellt, wobei z. B. beim 440LX-Chipsatz (Pentium II) nur noch EDO und SDRAM in Frage kommen. Anschließend ermittelt das BIOS Organisation und Größe des RAMs. Das geschieht, indem es nach einem festgelegten Algorithmus verschiedene Einstellungen testet und dabei bestimmte Speicheradressen schreibt und wieder liest. Dieser Vorgang kann je nach Speichergröße einige Sekunden in Anspruch nehmen, bevor dann der eigentliche (sichtbare) Speichertest beginnt. Bei SDRAM genügt es nicht mehr, durch diese Testroutinen die Speichergröße zu ermitteln. Damit der Speicher zuverlässig arbeitet, muß das BIOS auch für einige Steuersignale bestimmte Treiberleistungen einstellen. Diese hängt von der internen Organisation des Speichermoduls ab. Die eigentliche Organisation ist auf diesem Wege für das BIOS nicht mehr nachvollziehbar. Damit die Speichereinstellungen dennoch zuverlässig vorgenommen werden können, entwickelten Ingenieure das Serial-

Presence-Detect-Verfahren (SPD). Auf jedem modernen DIMM befindet sich neben dem Speicher ein kleines serielles EEPROM, das über den I^2C-Bus angesprochen wird. In diesen Chip schreibt der Hersteller des Speichermoduls Informationen über die Art des Speichers (EDO oder SDRAM), die Größe und die interne Organisation sowie die benötigten Timing-Parameter. Das BIOS kann über den im PIIX4 integrierten I^2C-Bus-Controller die EEPROMs aller Speichermodule auslesen und anhand der Daten den Chipsatz programmieren. Die aufwendige Speichererkennung entfällt somit. Allerdings sieht die Praxis hier etwas anders aus: Nicht alle Hersteller versehen aus Kostengründen ihre Module auch tatsächlich mit dem EEPROM. Laut der Intel-Spezifikation unterstützt der LX-Chipsatz diese Module normalerweise nicht. Module ohne EEPROM sind durch den fehlenden Chip leicht zu erkennen, wobei diese trotzdem in einigen Hauptplatinen einwandfrei funktionieren. Hier hilft nur ein Funktionstest direkt beim Händler. Aber auch wenn der Chip vorhanden ist, kann es vorkommen, daß sich das Modul nicht korrekt ansprechen läßt. Da erst im Dezember 1996 die heute gültige Datenstruktur vom JEDEC-Komitee verabschiedet wurde, kann es bei älteren Modulen zu Fehlfunktionen kommen, da das EEPROM falsche Informationen beinhaltet oder einfach einige fehlen. Anhand einer Versionsnummer im EEPROM kann das BIOS erkennen, ob es sich um ein aktuelles oder veraltetes EEPROM handelt. Ein Umprogrammieren ist hier allerdings nicht möglich. Es liegt in der Hand des BIOS-Programmierers, ob das ältere Modul korrekt erkannt wird oder nicht.

Der LX-Chipsatz unterstützt grundsätzlich nur ungepufferte 3,3-Volt-Speicher. DIMM-Speicher besitzen in der Kontaktleiste zwei Kerben, die je nach Spannung (3,3 oder 5 Volt) und Treiber-IC (gepuffert oder ungepuffert) an verschiedenen Stellen sitzen, so daß ungeeignete Module erst gar nicht eingesetzt werden können. SDRAMs müssen für eine Taktfrequenz von mindestens 66 MHz (100 MHz beim BX-Chipsatz) ausgelegt sein. EDO-RAMs sollten eine Zugriffszeit von 60 ns oder weniger besitzen. Mit seinen acht RAS-Leitungen kann der Chipsatz bis zu vier Speicherbänke ansprechen, die wahlweise einseitig (ein RAS-Signal) oder doppelseitig (zwei RAS-Signale) ausgelegt sein können. EDO- und SDRAM-Module lassen sich laut der Spezifikation beliebig mischen, allerdings immer vorausgesetzt, die Erkennungsroutine im BIOS spielt mit.

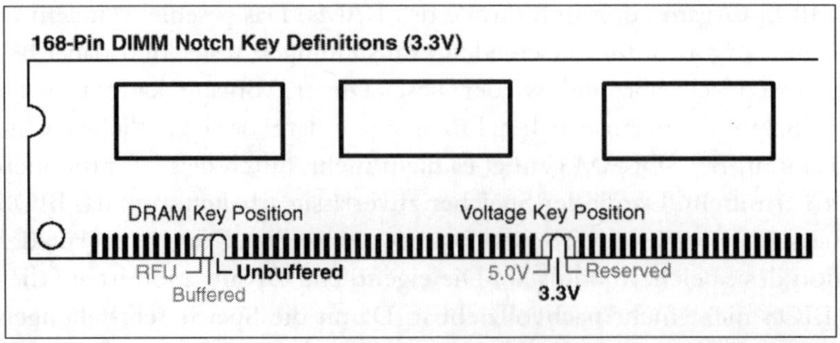

Abb. 13.48: Anhand der Kerben sind wichtige Betriebsparameter der SDRAMs kodiert (Quelle: Asus)

Aber neben dem LX-Chipsatz für den Pentium II unterstützen auch Sockel-7-Chipsätze das synchrone DRAM. Dabei ist zu beachten, daß alternative Hersteller (Ali, VIA, SIS etc.) neben dem 66-MHz-Systemtakt auch höhere Frequenzen auf dem System- und Speicherbus zulassen. Dazu gehören die 75, 83 und 100 MHz. Im Zusammenspiel mit SDRAM und dem höheren Systemtakt muß allerdings berücksichtigt werden, daß der PCI-Takt (33 MHz) nicht überschritten wird. Daher muß die Hauptplatine einen asynchronen Betrieb beherrschen. Allerdings ist keine allzu große Performance-Steigerung zu erwarten, da durch die Anpassungen des Asynchronbetriebes die Vorteile des schnellen Speicherbusses fast wieder aufgehoben werden. Abhilfe schaffen nur die 100 MHz-Hauptplatinen, die sowohl für den Sockel 7 als auch für den Pentium II (BX-Chipsatz) zur Verfügung stehen.

Die Speicher-Zukunft

Laut Intel ist die SDRAM-Technologie noch nicht das Gelbe vom Ei. Für den Speicher der Zukunft hat Intel die sogenannte RAMBUS-Technologie lizenziert. Die RDRAM-Technik zeichnet sich schon jetzt durch Taktfrequenzen von 600 MHz (vergl. SDRAM: 100 MHz) und einem Datendurchsatz von 600 MByte pro Sekunde aus. Die RAMs benötigen lediglich 31 Pins und produzieren damit weniger Störstrahlung als SDRAMs, die sogar eigene Pins zur Ableitung der Störstrahlung benötigen. Bis zum Jahr 1999 wird die Taktfrequenz auf 800 MHz und doppelten Datenbus (2 x 8 Bit) erhöht, wodurch eine Datenrate von 1,6 GByte pro Sekunde erreicht wird.

13.5 Die Speichereinteilung des RTC-CMOS-Speichers

Die folgende Liste gibt einen Überblick über die Inhalte des CMOS-Speichers einer Echtzeituhr (RTC – Real Time Clock). Von hier aus werden die Werte vom BIOS oder von bestimmten Programmen bezogen.

RTC & CMOS:	00	Sekunden
	01	Sekundenalarm
	02	Minuten
	03	Minutenalarm
	04	Stunden
	05	Stundenalarm

06	Tag der Woche (Wochentag)
07	Tag des Monats (Datum)
08	Monat (Datum)
09	Jahr (Datum)
0A	Status Register A
0B	Status Register B
0C	Status Register C
0D	Status Register D
0E	Diagnostic Status Byte
0F	Shutdown Byte
10	Type des Diskettenlaufwerks (Byte)
11	Reserviert
12	Typ der Festplatten (Byte)
13	Reserviert
14	Ausstattungs (Equipment-) Byte
15	Basis Speicher Low Byte
16	Basis Speicher High Byte
17	Erweiterter Speicher Low Byte
18	Erweiterter Speicher High Byte
19-2d	
2E-2F	
30	Reserviert für das Low Byte des erweiterten Speichers
31	Reserviert für das High Byte des erweiterten Speichers
32	DATE CENTURY Byte
33	INFORMATION FLAG
34-3F	Reserviert
40-7f	Reserviert für Chipsatzeinstellungen

A Diagnosehilfen

Auf den folgenden Seiten finden Sie eine Zusammenstellung wichtiger Informationen rund um den PC und das BIOS.

A.1 Die Post-Codes der BIOS-Versionen

Hier sind nun die POST-Codes der einzelnen BIOS-Hersteller, die mit Hilfe der POST-Karte (wie in Kapitel 12 beschrieben) sichtbar gemacht werden können. Bleibt die Anzeige der POST-Karte an einer Stelle stehen und wird der Test anschließend nicht fortgesetzt, ist bei der Kontrolle des Bausteins ein Fehler aufgetreten. Haben Sie die BIOS-Version auf der Hauptplatine ermittelt, sehen Sie nun bei der betreffenden Version nach und suchen den Fehlercode. Der nebenstehenden Erläuterung können Sie dann die betreffende Komponente entnehmen.

IBM AT-BIOS

Code	Bedeutung
01	80286 Prozessortest (Real-Mode), Prüfen der Flags, Register und bedingte Verzweigungen
02	ROM Checksummentest der 32KByte ROM-Erweiterungen: POST, ROM BASIC, BIOS
03	CMOS Shutdown-Byte Test
04	Setzen aller Bits des 8254 Timers 1 auf »1« und Test der Bits (Zustände)
05	Setzen aller Bits des 8254 Timers 1 auf »0« und Test der Bits (Zustände)
06	Initialisieren des 8237 DMA Controllers 0, Channel-Registertest, Deaktivieren des 8237 mit anschließendem Read/Write-Test aller DMA-Kanäle
07	Initialisieren des 8237 DMA Controllers 1, Channel-Registertest, Deaktivieren des 8237 mit anschließendem Read/Write-Test aller DMA-Kanäle
08	DMA Page-Registertest mit anschließendem Write/Read-Test aller Page-Register
09	Speicher-Refreshtest mit Kontrolle, wann der Refresh durchgeführt wird
0A	Softreset
0B	Reset des 8042 (Tastatur-Controller an AT)
0C	Test des Tastatur-Controllers 8042 bestanden
0D	Schreiben Byte 0 des 8042-Speicher (Tastaturpuffer), Read/Write-Test des Basisspeichers 0-64 KByte, Schreiben und Lesen der Daten AA, 55, FF, 01, 00
0E	Auffüllen des Speichers mit Daten

Code	Bedeutung
0F	Holen der I/P-Bufferswitch-Einstellungen
10	Starten des Selbsttests
11	Initialisieren und überprüfen der 80286 LGDT/SGDT und LIDT/SIDT Instruktionen
12	Test der Protected-Mode-Register des 8259-Interrupt 1 Controllers
13	Test der Protected-Mode-Register des 8259-Interrupt 2 Controllers
14	Einrichtung der Interrupt-Vektoren
15	Etablieren der BIOS-Interrupt-Vektoren mit Kontrolle der CMOS-Checksumme und dem Test der Batterie auf der Hauptplatine
16	Setzen des Datensegmentes
17	Setzen des »Bad«-Flags der Batterie, falls Test nicht bestanden
18	Kontrolle ob die CMOS-Inhalte korrekt sind
19	Setzen des Return-Address-Bytes im CMOS
1A	Setzen der vorläufigen Protected-Mode Speichergröße und prüfen der Parität durch Software
1B	Testen der Segmentadresse 01-0000 (die zweiten 64KByte)
1C	Setzen der Basis-Speichergröße (memory size flag) auf 512 KByte oder 640 KByte
1D	Setzen der Segmentadresse 10-0000 (>640KByte)
1E	Setzen der Größe des Expanded Memory wie im CMOS festgelegt
1F	Test der Adreßleitungen 19-23
20	Shutdown (Reset)
21	Rückkehr 1 vom vorangegangenen Shutdown mit der Initialisierung der Grafikkarte, Schreib-/Lesetest in den Grafikspeicher, aktivieren des Alpha-Modes
22	Ermöglichen des Video-Signals und einstellen des Video-Modes. Test der Grafikkarte und der horizontalen Synchronisation
23	Kontrolle, ob eine erweiterte Grafikkarte (z. B. Super VGA) vorhanden ist
24	Test des Interrupt-Controllers 8259 mit Schreib-/Lesetests der Interrupt-Register.
25	Test der Interrupt-Register
26	Kontrolle von unerwarteten Interrupts
27	Kontrolle der umgekehrten Logik
28	Kontrolle unerwarteter nicht maskierbarer Interrupts (NMI - none maskable Interrupts)

Code	Bedeutung
29	Test des Datenbusses mit Timer 2
2D	Test des Tastatur-Controllers (8042) auf den zuletzt akzeptierten Befehl vor dem Ausführen des Schreib-/Lesetests im Protected Mode
30	Rückkehr 2 vom vorangegangenen Shutdown
31	Aktivieren des Protected Mode
32	Test der Adreßleitungen 0-15
33	Testen der nächsten 64KByte großen Speicherblöcke
34	Aktivieren des Real Modes und ausführen zusätzlicher Protected-Mode-Tests
35	Test der Tatstatur auf Fehler
36	Prüfen des AA Scancodes
38	Prüfen, ob eine Taste betätigt wird
39	Kontrolle des Tastatur-Controllers 8042 auf Fehler
3A	Initialisieren des Tastatur-Controllers 8042
3B	Prüfen auf 2K ROM-Erweiterungen im Bereich C800h-E000h
3C	Diskettenzugriffstest auf die Floppylaufwerke
3D	Initialisieren der Diskettenlaufwerke und ermitteln des Laufwerkstyps (Kapazität und Größe)
3E	Initialisieren der Festplatte(n)
3F	Initialisieren der angeschlossenen Drucker
40	Aktivieren des Hardware-Interrupts, wenn der Coprozessor 80287 vorhanden ist
41	Kontrolle, ob weiterer System-Code an der Adresse E0000:0000 vorhanden ist
42	Weiteres ROM gefunden und initialisiert
43	Booten des Rechners über INT 19h
44	Versuch, den Rechner von Festplatte zu booten
45	Es wurde keine Festplatte gefunden, es wird zum ROM-Basic (Falls vorhanden) gesprungen
81	Aufbau der Partitionstabelle
82	Aktivieren des Virtual-Mode
90-AE	Die Ausnahmen 00 bis 1Fh sind aufgetreten (hier Fehler im IBM-BIOS, Code A2 für EXC 12h und 13h)
AF-BS	Interrupts 20h bis 26h aufgetreten
DD	Übertragen des Fehlercodes zum MFG_PORT
F0	Protected Mode Test

Code	Bedeutung
F 1	Software-Interrupttest INT 20h
F2	Test des Ausnahme-Interrupts INT 13h
F3	Kontrolle der 80286 LDT/SDT und LTR/STR
F4	Kontrolle der 80286-Instruktionen
F5	Kontrolle der PUSH ALL und POP ALL Instruktionen
F6	Kontrolle der Zugriffsrechte und -funktionen
F7	Kontrolle der ARPL-Funktionen
F8	Kontrolle der LAR-Instruktionen
F9	Kontrolle der LSL-Instruktionen
FA	Funktionstest der Speicherauswahlfunktionen im unteren MByte (geschrieben wird in 1B000, anschließend Test von B000:0, B800:0). Wurde der Test bestanden (OK = 34h), wurde er nicht bestanden (Error = 35h)

AMI BIOS Rev. 2.2x

Code	Bedeutung
00	Prozessor-Flag-Test
03	Prozessor-Register-Test
06	Initialisieren der System Hardware
09	BIOS ROM Checksummentest
0C	Test der Seiten- (Page-) Register (Speicher)
0F	Test des Timers 8254
12	Initialisieren des Speicher-Refreshs
15	Test des DMA-Controllers 8237
18	Initialisieren des 8237 DMA
1B	Initialisieren des Interrupt-Controllers 8259
1E	Test des Interrupt-Controllers 8259
21	Test des Speicher-Refresh
24	Test der Adressen der ersten 64 KByte des Basisspeichers
27	Test der Speicherzellen der ersten 64KByte des Basisspeichers
2A	Ausführen des Tastatur-Selbsttests (8042)
2D	Test des CMOS-Bausteins MC 146818
30	Beginn des ersten Protected-Mode-Tests

Code	Bedeutung
33	Bestimmen der Speichergröße und dessen Test
36	Erster Protected-Mode-Test meldet den Test als bestanden
39	Erster Protected-Mode-Test meldet den Test als nicht bestanden
3C	Bestimmen der CPU-Geschwindigkeit
3F	Konfiguration des Tastatur-Controllers 8042
42	Initialisieren (Einrichten) des Interrupt-Vektor-Bereiches
45	Prüfen der CMOS-Konfiguration
48	Test und Initialisieren des Grafikspeichers
4B	Test auf unerwartete Interrupts (Unexpected Interrupt)
4E	Start des zweiten Protected-Mode-Tests
51	Prüfen der LDT-Instruktionen
54	Prüfen der TR-Instruktionen
57	Prüfen der LSL-Instruktionen
5A	Prüfen der LAR-Instruktionen
5D	Prüfen der VERR-Instruktionen
60	Testen der Adreßleitung 20 (A20)
63	Test auf unerwartete Ausnahmen
66	Start des dritten Protected-Mode-Tests
69	Test der Adreßleitungen
6C	Test des Systemspeichers
6F	Test des Shadow-RAM
72	Test des Extended Memory
75	Kontrolle der Speicherkonfiguration
78	Anzeige von Konfigurationsfehlern und der entsprechenden Fehlermeldungen
7B	Kopieren des System-ROMs in den Shadow-RAM-Bereich (falls aktiviert)
7E	8254 Clocktest
81	Test der Echtzeituhr (RTC - Real time clock) MC 46818
84	Test der Tastatur
87	Ermitteln des Tastaturtyps
8A	Kontrolle, ob Taste betätigt
8D	Initialisieren der Hardware-Interrupts
90	Test des mathematischen Coprozessors
93	Kontrolle, ob serielle Schnittstellen (COM-Ports) vorhanden

Code	Bedeutung
96	Kontrolle, ob parallele Schnittstellen (LPT-Ports) vorhanden
9C	Test des Festplatten- und Diskettencontrollers
9F	Test der Diskettenlaufwerke
A2	Test der Festplatte(n)
A5	Suche nach externen ROM-Erweiterungen im Adapterbereich
A8	Kontrolle, ob Tastatursperre aktiviert wurde (Key Lock)
AB	F1 Fehlermeldungstest
AE	Initialisieren und vorbereiten des Boot-Vorganges
B1	Sprung zum INT 19h Bootloader

AMI BIOS Plus

Code	Bedeutung
01	NMI deaktiviert; Start des 80286 Registertests
02	80286 Registertest beendet
03	ROM-Prüfsumme in Ordnung
04	8259-Initialisieren in Ordnung
05	CMOS vorläufiger Interrupt deaktiviert
06	Grafik-Subsystem deaktiviert; Timer zählt korrekt
07	Kanal 2 des 8253 arbeitet korrekt
08	Delta-Zähler Kanal 2 Test OK
09	Delta-Zähler Kanal 1 Test OK
0A	Delta-Zähler Kanal 0 Test OK
0B	Paritätsinformationen werden zurückgesetzt
0G	Test des Speicher-Refreshs und des System-Timer bestanden
0D	Speicher-Refresh-Link OK
0E	Test der Refresh-Periode und dem regelmäßigen Auffrischen bestanden
10	Test des Speicher-Refresh mit 64 KByte
11	Test der Adreßleitungen bestanden
12	Test der ersten 64 KByte des Basisspeichers bestanden
13	Initialisierung der Interrupt-Vektoren abgeschlossen
14	Test des Tastatur-Controllers 8042 bestanden
15	CMOS Lese- und Schreibtest bestanden
16	CMOS Prüfsummentest und Batterietest bestanden

Code	Bedeutung
17	Setzen des Grafikmodus auf Monochrome
18	Setzen des Grafikmodus auf Color-Modus
19	Suche nach weiterem Video-ROM auf der Grafikkarte
1A	Optionales Video-ROM getestet und Test erfolgreich abgeschlossen
1B	Schreib-/Lesetest des Videospeichers der Grafikkarte erfolgreich abgeschlossen
1C	Schreib-/Lesetest des Videospeichers einer alternativen Grafikkarte erfolgreich abgeschlossen
1D	Video-Kontrolle korrekt beendet
1E	Setzen des Global-Equipment-Byte für den Grafikcheck beendet
1F	Festlegen des Grafikmodus (Monochrome/Farbe) beendet
20	Videotest bestanden
21	Test des Videodisplays vorhanden
22	Anzeige der »Power On Message« auf dem Bildschirm beendet
30	Start des Speichertests im virtuellen Modus
31	Speichertest im virtuellen Modus in Arbeit
32	Prozessor arbeitet im virtuellen Modus
33	Test der Adreßleitungen im Speicher in Arbeit
34	Test der Adreßleitungen im Speicher in Arbeit
35	Speichergröße unterhalb des ersten MBytes wird ermittelt
36	Speichergrößenermittlung korrekt abgeschlossen
37	Speichertest ist in Arbeit
38	Speicherinitialisierung unterhalb des ersten MBytes korrekt beendet
39	Speicherinitialisierung unterhalb des ersten MBytes korrekt beendet
3A	Anzeige des Speichergröße unterhalb von 1 MByte
3B	Test des Speichers unterhalb von 1 MByte
3C	Speichertest des RAMs unterhalb von 1 KByte korrekt beendet
3D	Speichertest des RAMs unterhalb von 1 KByte korrekt beendet
3E	CPU wird in den Real-Mode geschaltet
3F	Wechsel in den Real-Mode korrekt beendet
40	Die Gate A20 (Adreßleitung 20) wird deaktiviert
41	Die Deaktivierung des Gate A20 wurde korrekt durchgeführt
42	Der DMA-Controllertest wird gestartet
4E	Test der Adreßleitungen wurde ohne Fehler beendet

Code	Bedeutung
4F	CPU arbeitet im Real-Mode nach der vorangegangenen Umstellung
50	Test der DMA-Page-Register bestanden
51	Test der Register des DMA-Controllers 1 wird gestartet
52	Test der Register des DMA-Controllers 1 bestanden
53	Test der Register des DMA-Controllers 2 bestanden
54	Start des F/F-Latchtests für DMA-Controller 1
55	F/F-Latchtest für beide DMA-Controller erfolgreich beendet
56	DMA-Controller 1 und 2 wurde korrekt programmiert
57	Initialisierung des 8259 ausgeführt
58	Kontrolle der 8259-Register korrekt beendet
59	Kontrolle des Master 8258-Registers beendet, Start des Test des Slave-Bausteins
5A	Start des Timer-Tests und der Kontrolle des Tastatur-Interrupts
5B	Test des Timer-Interrupts bestanden
5C	Start des Tastatur-Interrupt-Tests
5D	Bei den Tests des Timers und/oder der Tastatur ist ein Fehler aufgetreten
5E	Der 8259 meldet einen Interrupt-Fehler
5F	Der 8259-Interrupt-Test wurde erfolgreich beendet
70	Start des Tastaturtests
71	Test der Tastaturbatterie bestanden (falls vorhanden)
72	Tastaturtests erfolgreich beendet
73	Tastaturinitialisierung abgeschlossen
74	Einrichten der Diskettenlaufwerke wird begonnen
75	Tests der Diskettenlaufwerke ohne Probleme abgeschlossen
76	Einrichten der Festplatten wird begonnen
77	Einrichten der Festplatten abgeschlossen
79	Initialisierung der Datenbereiche des Timers wird gestartet
7A	Kontrolle der CMOS-Batterie
7B	Kontrolle der CMOS-Batterie beendet
7D	Start der Diagnose des Arbeitsspeichers
7E	CMOS-Speichergröße wird aktualisiert
7F	Es wird nach optionalen ROM-Erweiterungen im Adapterbereich C000:0000 gesucht

Code	Bedeutung
80	Die Tastatur wird kontrolliert, ob eine Taste für den Eintritt in das BIOS-Setup betätigt wurde
81	Kontrolle der optionalen ROM-Bausteine beendet
82	Kontrolle der angeschlossenen Drucker abgeschlossen
83	Kontrolle der seriellen Schnittstellen (RS-232) abgeschlossen
84	Coprozessortest (80287) abgeschlossen
85	Anzeige der Fehlermeldungen, wenn bei den vorangegangenen Tests Probleme gefunden wurden
86	Die Kontrolle wird an das System-ROM an der Adresse E000:0000 übergeben
87	Das System-ROM an der Adresse E000:0000 wird getestet
00	Übergabe der Kontrolle an den INT 19 Bootloader

AMI ISA/EISA HI-FLEX-BIOS

Code	Bedeutung
01	Der Prozessor-Register-Test wird gestartet und der NMI (None Maskable Interrupt) wird deaktiviert.
02	NMI ist deaktiviert und die Power-On-Routine wird gestartet.
03	Die Power-On-Routine ist abgeschlossen. Die Initialisierungen vor dem Tastatur-Controller werden gestartet.
04	Die Initialisierungen vor dem Tastatur-Controller sind abgeschlossen. Das SYS-Bit der Tastatur wird gelesen und zu ermitteln, ob ein Soft-Reset oder ein Power-On über die Tastatur durchgeführt wurde.
05	Der Soft-Reset oder Power-On ist bestimmt. Anschließend werden ROM-Erweiterungen aktiviert und Cacheeinstellungen vorgenommen bzw. aktiviert.
06	ROM-Erweiterungen sind aktiviert. Die ROM-BIOS-Prüfsumme wird gebildet und darauf gewartet, daß der Eingabepuffer des Tastatur-Controllers frei wird.
07	Die ROM-BIOS-Prüfsumme überprüft und Tastatur-Eingabepuffer geleert. Das BAT-Kommando wird an den Tastatur-Controller übertragen.
08	Das BAT-Kommando wurde an den Tastatur-Controller übertragen und die Rückmeldung der Tastatur überprüft.
09	Die Antwort des Tastatur-Controllers auf das BAT-Kommando wurde überprüft. Das Tastatur Command-Byte wird anschließend geschrieben.
0A	Der Command-Byte-Code ist ermittelt und Daten werden in das Command-Byte geschrieben.

Code	Bedeutung
0B	Daten wurden in das Command-Byte des Tastatur-Controllers geschrieben. An Pin 23,24 wird das Blocking/Unblockung-Kommando ausgegeben.
0C	Pin 23, 24 des Tastatur-Controllers ist gesperrt/nicht gesperrt. Das NOP-Kommando des Tastatur-Controllers wird ausgegeben.
0D	Die Ausgabe des NOP-Kommandos ist abgeschlossen. Der CMOS-Shutdown-Register-Test wird vorbereitet.
0E	Der Schreib-/Lesetest des CMOS-Shutdown-Registers ist beendet. Die CMOS-Prüfsumme wird ermittelt und das DIAG-Byte aktualisiert.
0F	Die CMOS-Prüfsumme ist ermittelt und das DIAG-Byte geschrieben.
10	Die Initialisierung des CMOS ist abgeschlossen. Aus dem CMOS-Status-Register wird das Datum und die Uhrzeit ermittelt.
11	Das CMOS-Status-Register ist initialisiert. Anschließend werden die DMA- und Interrupt-Controller deaktiviert.
12	Der DMA-Controller 1,2 und die Interrupt-Controller 1,2 wurden deaktiviert. Anschließend wird das Video-Display und der Port B deaktiviert.
13	Das Video-Display ist deaktiviert und der Port B initialisiert. Der Chipsatz wird initialisiert und die automatische Speichererkennung aktiviert.
14	Die Initialisierung des Chipsatzes und die automatische Erkennung des Speichers ist abgeschlossen. Der Test des Timers 8254 wird vorbereitet.
15	Ch-2 Timertest halb abgeschlossen. 8254 CH-2 Timertest wird fertiggestellt.
16	Ch-2 Timertest ist abgeschlossen. 8254 CH-1 Timertest wird fertiggestellt.
17	Ch-1 Timertest ist abgeschlossen. 8254 CH-0 Timertest wird fertiggestellt.
18	Ch-0 Timertest abgeschlossen. Der Speicher-Refresh wird gestartet.
19	Der Speicher-Refresh ist gestartet. Der Test des Speicher-Refresh wird vorbereitet.
1 A	Die Speicher-Refresh-Leitungen werden geschaltet. Es werden 15 μs Ein-/Aus-Zyklen getestet.
1 B	Der 30 μs Periodentest des Speicher-Refresh ist abgeschlossen. Der Test der ersten 64 KByte des Basisspeichers wird vorbereitet.
20	Der Test der ersten 64 KByte des Basisspeichers ist gestartet. Der Test der Adreßleitungen wird vorbereitet.
21	Der Test der Adreßleitungen ist abgeschlossen. Anschließend wird die Parität kontrolliert.
22	Test der Parität abgeschlossen. Das sequentielle – aufeinanderfolgende – Lesen und Schreiben von Daten in den Speicher wird vorbereitet.

Code	Bedeutung
23	Der sequentielle Schreib-/Lesetest der ersten 64 KByte des Basisspeichers ist abgeschlossen.
24	Die Initialisierung der Interrupt-Vektoren wird vorbereitet.
25	Die Initialisierung der Interrupt-Vektoren ist abgeschlossen. Der I/O-Port des 8042 wird gelesen, um den Status des Turboschalters zu ermitteln.
26	Der I/O-Port des 8042 wurde gelesen und die Daten für den Turbo-Modus ermittelt.
27	Die Daten für den Turbo-Modus sind ermittelt. Die weiteren Initialisierungen nach den Interrupt-Vektoren wird vorbereitet.
28	Die Initialisierungen nach den Interrupt-Vektoren ist abgeschlossen. Die Einstellungen für den Monochrom-Modus werden vorbereitet.
29	Die Einstellungen für den Monochrome-Modus sind vorgenommen. Die Einstellungen für den Color-Modus werden vorbereitet.
2A	Die Einstellungen für den Color-Modus sind vorgenommen.
2B	Wechsel der Parität ist abgeschlossen. Die Kontrolle wird an Setups übergeben, die vor dem Test eines optionalen Video-ROMs ausgeführt werden müssen.
2C	Das Ausführen der zuvor beschriebenen Setups ist abgeschlossen. Es wird nach weiteren optionalen Video-ROM gesucht und die Kontrolle an dieses übergeben.
2D	Die Übergabe an optionale Video-ROMs ist abgeschlossen. Anschließend werden alle weiteren Prozesse nach dem Abarbeiten des Video-ROMs gestartet.
2E	Alle Prozesse nach dem Abarbeiten des Video-ROMs sind abgeschlossen. Wenn kein EGA/VGA-Standard vorhanden ist, wird der Lese-/Schreibtest des Grafikspeichers gestartet.
2F	Der EGA/VGA-Standard wurde nicht gefunden. Der Schreib-/Lesetest des Grafikspeichers beginnt.
30	Der Schreib-/Lesetest des Grafikspeichers ist beendet. Es wird nach weiteren Grafiktests gesucht.
31	Der Schreib-/Lesetest des Grafikspeichers oder der erweiterte Grafiktest wurden nicht korrekt beendet. Es wird ein alternativer Schreib-/Lesetest des Grafikspeichers gestartet.
32	Der alternative Schreib-/Lesetest des Grafikspeichers wurde korrekt beendet. Es wird nach weiteren Tests zum Ermitteln des angeschlossenen Monitors gesucht.
33	Der Test des Monitors ist beendet. Die Bestätigung des Monitortyps per Jumper und der tatsächlichen Platine beginnt.

Code	Bedeutung
34	Die Bestätigung des Monitortyps ist abgeschlossen. Der Darstellungsmodus des Monitors wird vorbereitet.
35	Der Darstellungsmodus des Monitors ist festgelegt. Der Test der BIOS-ROM Datenbereiche wird vorbereitet.
36	Der Test der BIOS-ROM Datenbereiche ist abgeschlossen. Der Cursor wird auf dem Monitor für die Power-On-Meldung positioniert.
37	Die Cursoreinstellungen für die Power-On-Meldung sind vorgenommen. Anschließend wird die Power-On-Meldung auf dem Bildschirm dargestellt.
38	Die Darstellung der Power-On-Meldung ist beendet. Die neue Cursorposition wird ermittelt.
39	Die neue Cursorposition wurde ermittelt und gespeichert. Anschließend wird die Referenz-Zeichenfolge des Herstellers eingeblendet.
3A	Die Referenz-Zeichenfolge wurde dargestellt.
3B	Der Test des Speichers im virtuellen Modus wird vorbereitet.
40	Die Vorbereitungen für den Test des virtuellen Modus sind abgeschlossen. Die Prüfung des Video-Speichers wird vorbereitet.
41	Der Test des Video-Speichers ist abgeschlossen. Die Descriptor-Tabellen werden vorbereitet.
42	Die Vorbereitungen der Descriptor-Tabellen ist abgeschlossen. Der Wechsel in den virtuellen Modus für den Speichertest wird vorbereitet.
43	Der virtuelle Modus ist aktiviert. Die Interrupts werden aktiviert für den Diagnosemodus.
44	Die Interrupts sind aktiviert, wenn der Diagnostik-Schalter eingeschaltet ist. Es wird der Test des Speicher-Remappings an der Adresse 0:0 vorbereitet.
45	Der Test des Speichers ab der Adresse 0:0 wird begonnen und die gesamte Speichergröße ermittelt.
46	Die Ermittlung der Größe des Speichers ist abgeschlossen. Für den Test des Speichers werden bestimmte Muster in das RAM geschrieben.
47	Die Muster werden in das Extended Memory geschrieben. Der Test des Basisspeichers bis 640 KByte wird vorbereitet.
48	Die Muster werden in den Basisspeicher geschrieben. Der Betrag des Speichers unterhalb des ersten MBytes wird ermittelt.
49	Der Speicher unterhalb des ersten MBytes ist ermittelt und kontrolliert. Der Betrag des Speichers oberhalb des ersten MBytes wird ermittelt.
4A	Der Speicher oberhalb des ersten MBytes ist ermittelt und kontrolliert. Der Test des Datenbereiches des BIOS-ROMs wird vorbereitet.

Code	Bedeutung
4B	Der Test des Datenbereiches des BIOS-ROMs ist abgeschlossen. Der Test und das Löschen des Speichers unterhalb des ersten MBytes für einen Soft-Reset wird vorbereitet.
4C	Der Speicher unterhalb des ersten MBytes wurde gelöscht (Soft-Reset). Das Löschen des Speichers oberhalb des ersten MBytes wird vorbereitet.
4D	Der Speicher oberhalb des ersten MBytes wurde gelöscht (Soft-Reset). Das Speichern der ermittelten Speichergröße wird vorbereitet.
4E	Der Speichertest ist gestartet (kein Soft-Reset). Das Anzeigen des Test der ersten 64 KByte des Speichers wird vorbereitet.
4F	Die Anzeige der Speichergröße wird durchgeführt. Die Angaben wird während des Speichertests dauernd aktualisiert. Der sequentielle und zufällige Speichertest wird vorbereitet.
50	Speichertest unterhalb des ersten MBytes ist abgeschlossen. Die Größe RAMs für die Speicherverlagerung (Relocation) und das Shadow-RAM wird ermittelt.
51	Die Speichergröße des Relocation- und Shadow-RAMs ist festgelegt. Der Speichertest oberhalb des ersten MBytes wird vorbereitet.
52	Der Speichertest oberhalb des ersten MBytes ist abgeschlossen. Der Wechsel in den Real Mode wird vorbereitet.
53	Die Register der CPU sind zusammen mit der Speichergröße gespeichert. Der Real Mode wird gestartet.
54	Der Shutdown wurde erfolgreich durchgeführt. Die CPU befindet sich im Real Mode und die vor dem Wechsel in den Real Mode gespeicherten Register werden restauriert.
55	Register wurden restauriert. Die Adreßleitung A20 wird deaktiviert.
56	Die Deaktivierung der A20 Adreßleitung ist korrekt abgeschlossen. Die Datenbereiche des BIOS ROMs werden überprüft.
57	Der Test des Datenbereiches des BIOS-ROMs ist halb abgeschlossen.
58	Der Test des Datenbereiches des BIOS-ROMs ist abgeschlossen.
59	Der Test der DMA- und Interrupt-Controller wird vorbereitet.
60	Der Test der DMA-Seitenregister ist abgeschlossen.
61	Der Test des Basisregisters des ersten DMA-Controllers wird durchgeführt.
62	Der Test des Basisregisters des ersten DMA-Controllers ist beendet. Der Test des Basisregisters des zweiten DMA-Controllers wird durchgeführt.
63	Der Test des Basisregisters des zweiten DMA-Controllers ist beendet. Der Test des Datenbereiches des BIOS-ROMs wird durchgeführt.
64	Der Test des Datenbereiches des ROM-BIOS ist halb abgeschlossen.

Code	Bedeutung
65	Der Test des Datenbereiches des ROM-BIOS ist beendet. Die Programmierung des ersten und zweiten DMA-Controllers wird vorbereitet.
66	Die Programmierung des ersten und zweiten DMA-Controllers ist beendet. Die Initialisierung des 8259 Interrupt-Controllers wird begonnen.
67	Die Initialisierung des Interrupt-Controllers 8259 ist abgeschlossen. Der Test der Tastatur wird vorbereitet.
80	Der Test der Tastatur wird durchgeführt. Zusätzlich wird die Tastatur über ein Reset-Kommando zurückgesetzt.
81	Der Reset der Tastatur wurde durchgeführt. Weiterhin wird die Tastatur auf Tastendrücke oder Fehler im Interface hin kontrolliert.
82	Der Test des Tastatur-Controllers ist beendet. Schreiben des Command-Bytes wird durchgeführt.
83	Das Comman-Byte wurde geschrieben. Es wird nach gesperrten Tasten gesucht.
84	Die Suche nach gesperrten Tasten ist beendet. Es wird die Übereinstimmung des vorgefundenen Speichers mit dem im CMOS angegebenen Speichers überprüft.
85	Der Test und Vergleich der Speichergröße ist abgeschlossen. Nun werden Software-Fehlermeldungen angezeigt und die Eingabe von Kennwörtern abgefragt
86	Die Eingabe der korrekten Kennwörter wurde überprüft.
87	Aufruf des CMOS Setupprogramms.
88	Rückkehr vom CMOS-Setup und Löschen des Bildschirms. Die Programmierung nach dem CMOS-Setup kann begonnen werden.
89	Programmierung nach dem CMOS-Setup ist abgeschlossen. Die Power-On Bildschirmmeldung wird angezeigt.
8A	Der erste Meldebildschirm wird angezeigt. Die Meldungen des Maustests und weiterer Initialisierungen werden angezeigt.
8B	Der Maustest und die weiteren Initialisierungen wurden abgeschlossen. Es wird das Kopieren des System- und Video-ROMs in das Shadow-RAM vorbereitet.
8C	Das Kopieren des System- und Video-ROMs in das Shadow-RAM wurde erfolgreich beendet. Setup-Optionen nach dem CMOS-Setup werden ausgeführt.
8D	Die weiteren Setup-Optionen wurden programmiert. Die Tests der Festplatte(n) und Diskettenlaufwerke werden vorbereitet.
8E	Der Festplatten- und Diskettenlaufwerks-Reset wurde betätigt. Der Test der Diskettenlaufwerke wird vorbereitet.
8F	Der Test der Diskettenlaufwerke meldet das Initialisieren der Laufwerke. Das Setup der Diskettenlaufwerke wird ausgeführt.

Code	Bedeutung
90	Das Setup der Diskettenlaufwerke ist beendet. Das Vorhandensein von Festplatten wird überprüft.
91	Die Kontrolle nach vorhandenen Festplatten ist beendet. Das Setup der Festplatten wird ausgeführt.
92	Das Setup der Festplatten ist beendet. Der Test des Datenbereiches des BIOS-ROMs wird durchgeführt.
93	Der Test des Datenbereiches des BIOS-ROMs ist halb durchgeführt. Der Test wird nun beendet.
94	Der vorangegangene Test des Datenbereiches des BIOS-ROMs ist beendet. Die Größe des Basisspeichers und des Extended Memory wird festgelegt.
95	Die Größe des Speichers wird eingestellt entsprechend der Mausunterstützung und des Festplattentyps 47 (USER). Der Test des Bildschirmspeichers wird vorbereitet.
96	Der Test des Bildschirmspeichers ist beendet. Alle optionalen BIOS-ROM-Erweiterungen vor C800h werden initialisiert.
97	Die Initialisierung aller BIOS-ROM-Erweiterungen ist beendet. Das optionale ROM wird getestet und die Kontrolle daran übergeben.
98	Die Kontrolle der optionalen ROM-Erweiterungen ist beendet. Die Kontrolle wird nun an alle weiteren Prozesse nach dem optionalen ROM abgegeben.
99	Die Initialisierung aller Prozesse nach dem optionalen ROM ist beendet. Die Datenbereiche der Timer und die Basisadresse der Druckerschnittstelle werden festgelegt.
9A	Die Einstellung der Timer- und Drucker-Basisadressen ist abgeschlossen. Die Basisadressen der RS232- (seriellen) Schnittstellen wird festgelegt.
9B	Die Einstellung der RS-232 Basisadressen ist abgeschlossen. Alle weiteren Initialisierungen vor dem Test des Coprozessors werden durchgeführt.
9C	Alle weiteren Initialisierungen vor dem Test des Coprozessors sind abgeschlossen. Der Test des Coprozessors wird durchgeführt.
9D	Der Coprozessor ist initialisiert. Alle weiteren Einstellungen nach dem Test werden nun vorgenommen.
9E	Die weiteren Einstellungen sind beendet. Es wird ermittelt, ob eine erweiterte Tastatur vorhanden ist, deren Tastatur-ID ermittelt und die Einstellungen für Numlock aktiviert.
9F	Der erweiterte Tastaturtest ist beendet, das ID-Flag gesetzt und die Numlock-Funktion ein- oder ausgeschaltet. Die Tastatur-ID wird angezeigt.
A0	Die Tastatur-ID wurde angezeigt. Die Tastatur-ID wird zurückgesetzt.

Code	Bedeutung
A1	Der Tastatur-ID wurde zurückgesetzt. Der Test des Cache-Speichers wird gestartet.
A2	Der Test des Cache-Speichers ist beendet. Sollten Fehler aufgetreten sein, werden diese nun angezeigt.
A3	Die Anzeige vorhandener Fehler ist abgeschlossen. Einstellen der Tastaturwiederholungsrate und der zugehörigen Zeitangabe.
A4	Die Tastaturwiederholungseinstellungen sind vorgenommen. Die Wartezyklen (Waitstates) des Speichers werden eingestellt.
A5	Die Wartezyklen des Speicher sind programmiert. Anschließend wird der Bildschirm gelöscht.
A6	Der Bildschirm wurde gelöscht. Die Paritätskontrolle und der NMI werden aktiviert.
A7	NMI und die Paritätskontrolle wurden aktiviert. Alle weiteren Einstellungen, die vor der Kontrolle durch eine ROM-Erweiterung an der Speicheradresse E000h durchgeführt sein müssen, werden vorgenommen.
A8	Einstellungen wurden durchgeführt. Anschließend wird die Kontrolle an das ROM an der Adresse E000h übergeben.
A9	Die Routinen der ROM-Erweiterung an der Adresse E000h wurden abgearbeitet. Anschließend werden weitere ROM-Erweiterungen aktiviert.
AA	Die Routinen der weiteren ROMs wurden abgearbeitet. Die Anzeige der kompletten Systemkonfiguration wird vorbereitet.
00	Die komplette Systemkonfiguration wird am Bildschirm dargestellt. Die Kontrolle wird anschließend an den INT 19 Bootloader übergeben.

AMI WIN BIOS

Code	Bedeutung
01	reserviert
02	reserviert
03	NMI ist ausgeschaltet, Test Software-Reset/Power-on
04	reserviert
05	Software-Reset/Power-on erkannt, Cache wird ausgeschaltet, wenn nötig
06	POST-Code wird ausgepackt
07	POST-Code ist ausgepackt, CPU und CPU-Daten-Bereich werden initialisiert
08	CPU und CPU-Daten-Bereich sind initialisiert, CMOS-Checksumme wird berechnet

Code	Bedeutung
09	CMOS-Checksumme berechnet, CMOS Diagnose-Byte geschrieben, CMOS wird initialisiert, wenn init CMOS in every boot gesetzt ist
0A	CMOS initialisiert, CMOS-Statusregister wird initialisiert für Datum und Zeit
0B	CMOS-Statusregister ist initialisiert
0C	Tastatur-Controller frei, Ausgabe der BAT-Kommandos an den Tastatur-Controller
0D	BAT-Kommandos an den Tastatur-Controller ausgegeben, BAT-Kommandos werden überprüft
0E	Tastatur-Controller-BAT sind überprüft
0F	Initialisierung nach Tastatur-Controller-BAT fertig, Tastatur-Kommando-Byte wird geschrieben
10	Tastatur-Kommando-Byte geschrieben, es wird ausgegeben Pin 23, 24 blocking/ unblocking-Kommando
11	Pin 23, 24 von der Tastatur ist blocked/unblocked, Test, ob [Einfg]-Taste während Power-on gedrückt ist
12	Test [Einfg]-Taste fertig, DMA- und Interrupt-Controller werden ausgeschaltet
13	DMA-Controller #1, #2 und Interrupt-Controller #1, #2 sind ausgeschaltet, Videoausgabe ist deaktiviert und Port-B ist initialisiert, Chipset wird initialisiert
14	reserviert
15	Chipset initialisiert, 8254-Timer-Test beginnt
16	reserviert
17	reserviert
18	reserviert
19	8254-Timer-Test in Ordnung, Memory-Refresh wird getestet
1A	Memory-Refresh-Line ist geschaltet, 15 Mikrosekunden ON/OFF-Time wird getestet
20	Memory-Refresh-Periode von 30 Mikrosekunden abgeschlossen, Basisspeicher 64 KByte wird initialisiert
21	reserviert
22	reserviert
23	Basisspeicher 64 KByte ist initialisiert, BIOS-Stack wird gesetzt
24	benötigtes Setup vor der Interrupt-Vektor-Initialisierung fertig, Interrupt-Vektor-Initialisierung wird begonnen
25	Interrupt-Vektor-Initialisierung fertig, Eingabeport 8042 für Turbo-Switch wird gelesen (wenn nötig) und Paßwort wird gelöscht, wenn nötig

Code	Bedeutung
26	Eingabeport 8042 ist gelesen, allgemeine Daten für Turbo-Switch werden initialisiert
27	allgemeine Daten für Turbo-Switch sind initialisiert, andere Initialisierungen vor dem Setzen des Videomodus werden vorgenommen
28	andere Initialisierungen vor dem Setzen des Videomodus vorgenommen, Videomoduseinstellung wird vorbereitet
2A	verschiedene Busse werden initialisiert
2B	Kontrolle wird an andere Setups abgegeben vor einem möglichen Video-ROM-Check
2C	Prozesse vor Video-ROM-Check erledigt, es wird ermittelt, ob Video-ROM vorhanden ist
2D	Video-ROM-Kontrolle fertig
2F	EGA/VGA nicht gefunden, Grafikspeicher Lese-/Schreibtest beginnt
30	Grafikspeicher Lese-/Schreibtest fertig, Retracecheck beginnt
31	Retracecheck fehlgeschlagen, es beginnt alternativer Video-Speicher-Test
32	alternativer Video-Speicher getestet, alternativer Retracecheck beginnt
34	Videotest beendet, es wird der Grafikmodus gesetzt
35	reserviert
36	reserviert
37	Grafikmodus gesetzt, Power-On-Message wird dargestellt
38	verschiedene Busse werden initialisiert (Input, IPL, General Devices), wenn vorhanden
39	Fehler bei der Initialisierung verschiedener Busse werden gezeigt
3A	neue Cursor-Position wird gelesen und gespeichert, »Hit DEL-Message« wird dargestellt
3B	»Hit DEL-Message« ist dargestellt, Speichertest im virtuellen Modus wird vorbereitet
40	Descriptor-Tabelle wird vorbereitet
41	reserviert
42	Descriptor-Tabelle ist vorbereitet, virtueller Modus wird eingeschaltet für Speichertest
43	virtueller Modus ist eingeschaltet, Interrupts für Diagnosemodus werden eingeschaltet
44	Interrupts eingeschaltet, Daten werden initialisiert für Speichertest

Code	Bedeutung
45	Daten sind initialisiert, Test beginnt mit Ermittlung der Speichergröße
46	Speichergröße berechnet, Patterns werden geschrieben für Speichertest
47	Pattern sind zum Test in den erweiterten Speicher geschrieben, Pattern werden in Base-Memory geschrieben
48	Pattern in Base-Memory geschrieben, es wird Speicher unter 1 MByte gesucht
49	Speicher unter 1 MByte ermittelt, Speicher über 1 MByte werden gesucht
4A	reserviert
4B	Speicher über 1 MByte ermittelt, Test auf Software-Reset, dann Löschen des Speichers unter 1 MByte
4C	Speicher unter 1 MByte gelöscht, Speicher über 1 MByte wird gelöscht (Software-Reset)
4D	Speicher über 1 MByte ist gelöscht, Speichergröße wird gesichert (Software-Reset)
4E	Speichertest gestartet (Hardware-Reset), 64 KByte-Blöcke werden dargestellt
4F	Speicher wird dargestellt, sequentielle und zufällige Tests werden vorbereitet
50	Speichertestinitialisierung unter 1 MByte fertig, Videospeicher wird eingerichtet
51	Videospeicher ist eingerichtet, Speicher über 1 MByte wird getestet
52	Speicher über 1 MByte ist getestet, Speichergröße wird gesichert
53	Speichergröße ist gesichert, CPU-Register sind gesichert, Real-Modus wird eingestellt
54	Shutdown beendet, CPU im Real-Modus, Gate A20 und Parity/NMI werden ausgeschaltet
57	Gate A20 und Parity/NMI sind ausgeschaltet, Speichergröße wird eingerichtet (Relocation und Shadowing)
58	Speichergröße festgelegt, »Hit DEL-Message« wird gelöscht
59	»Hit DEL-Message« gelöscht, Warteanzeige wird dargestellt, DMA- und Interrupt-Controller-Test beginnt
60	DMA-Seiten-Register-Test fertig
62	DMA 1. Basisregister getestet
65	DMA 2. Basisregister getestet
66	DMA-Programmierung fertig, 8259 Interrupt-Controller wird initialisiert
67	8259 Interrupt-Controller ist initialisiert
7F	erweiterte NMI-Sources werden eingeschaltet
80	Tastaturtest gestartet, Output-Buffer werden gelöscht, Test, ob unerwartete Taste gedrückt

Code	Bedeutung
81	Tastatur-Reset/gedrückte Taste gefunden, Tastatur-Controller wird getestet
82	Tastatur-Controller ist getestet, Command-Byte wird geschrieben
83	Command-Byte geschrieben, allgemeine Daten initialisiert
84	Test, ob Speichergröße mit CMOS übereinstimmt
85	Speichergrößentest beendet, Test, ob Paßwort gesetzt ist
86	Paßwort getestet, Setup wird vorbereitet
87	Setup ist vorbereitet, Setup wird ausgepackt und CMOS-Setup wird ausgeführt
88	zurück vom CMOS-Setup, Bildschirm gelöscht
89	Power-On-Message wird dargestellt
8B	Power-On-Message ist dargestellt, Video-BIOS wird ins RAM kopiert
8C	Video-BIOS ist ins RAM kopiert, optionales Setup nach CMOS-Setup wird gesetzt
8D	optionales Setup nach CMOS-Setup ist gesetzt, Maus wird getestet und initialisiert
8E	Maus ist getestet und initialisiert, Hard-Disk-Controller wird zurückgesetzt
8F	Hard-Disk-Controller zurückgesetzt, Floppy wird initialisiert
90	reserviert
91	Floppy-Setup fertig, Hard-Disk-Setup wird ausgeführt
92	reserviert
93	reserviert
94	Hard-Disk-Setup ausgeführt, Basis- und Erweiterungsspeicher wird gesetzt
95	Speicher eingerichtet, optionale Busse auf Adresse C8000h werden eingerichtet
96	reserviert
97	Initialisierungen von C8000h fertig, optionaler ROM-Test wird durchgeführt
98	optionaler ROM-Test durchgeführt
99	alle benötigten Initialisierungen nach ROM-Test fertig, Setup-Timer wird eingerichtet
9A	Setzen der Timer und Druckerbasis-Adresse fertig, serielle Basisadresse wird gesetzt
9B	serielle Basisadresse gesetzt, andere Initialisierungen vor Coprozessor werden durchgeführt
9C	andere Initialisierungen vor Coprozessor sind durchgeführt, Coprozessor wird initialisiert
9D	Coprozessor initialisiert

Code	Bedeutung
9E	erweiterte Tastatur und Ziffernblock wird getestet
9F	erweiterte Tastatur und Ziffernblock ist getestet, Tastatur-ID wird ausgegeben
A0	Tastatur-ID ist ausgegeben, Tastatur-ID-Flag wird zurückgesetzt
A1	Tastatur-ID-Flag zurückgesetzt, Cache-Speicher wird getestet
A2	Cache getestet, Softwarefehler werden ausgegeben
A3	Tastaturrate wird eingestellt
A4	Tastaturrate ist eingestellt, Wait-States werden eingestellt
A5	Wait-States sind eingestellt, Bildschirm wird gelöscht und Parity/NMI eingeschaltet
A6	reserviert
A7	Parity/NMI sind eingeschaltet
A8	Kontrolle wird an E000h gegeben
A9	Kontrolle wiederzurück erhalten
AA	Konfiguration wird dargestellt
AB	reserviert
AC	reserviert
AD	reserviert
AE	reserviert
AF	reserviert
B0	Konfiguration ist dargestellt
B1	notwendiger Code wird in speziellen Bereich kopiert
00	Kontrolle wird an INT #1 9 zum Booten übergeben

AWARD ISA/EISA BIOS

Code	Bedeutung
01	Prozessortest 1 (Flags)
02	Prozessortest 2 (Register)
03	Initialisieren von ICs (FPU, DMA-Page, Timer, DMA, INT- Controller, EISA-Regs)
04	Test des Speicher-Refresh
05	Löschen des Bildschirms und initialisieren der Tastatur
06	Bilden der EPROM-Prüfsumme (= 0)
07	Testen des CMOS-Interfaces und dem Batteriestatus

Code	Bedeutung
08	Einrichten des Speichers von 0 bis 256 KByte (OEM-Chipsatz)
09	Erste Initialisierung des Cache-Speichers
0A	Einrichten der Interrupt-Tabellen
0B	Testen der CMOS-RAM-Prüfsumme
0G	Initialisieren der Tastatur
0D	Initialisieren der Grafikkarte
0F	Test des Videospeichers auf der Grafikkarte
0F	Test des ersten DMA-Controllers
10	Test des zweiten DMA-Controllers
11	Test der DMA-Seitenregister
12-13	reserviert
14	Test des Timers/Zählers 2
15	Test des Mask-Bits des 8259-1
16	Test des Mask-Bits des 8259-2
17	Test der Interrupt-Funktionen des 8259
18	Test der Interrupt-Funktionen des 8259
19	Test der NMI-Bits (Parity/IO Check)
1A-1E	reserviert
1F	Setzen des EISAModus
20-2F	Aktivieren der EISA-Slots 0...15
30	Ermitteln des Speichers von 256 KByte bis 640 KByte und dem Extended Memory oberhalb von 1 MByte.
31	Test des Speichers von 256 KByte bis 640 KByte und des Extended Memory oberhalb von 1 MByte.
32	Test des EISA Extended Memory
33-3B	reserviert
3C	Setup aktiviert
3D	Initialisieren der Diskettenlaufwerke und des zugehörigen Controllers.
3E	Einrichten des Cachecontrollers.
3F	Einrichten des Shadow-RAMs.
40	reserviert
41	Initialisieren der Diskettenlaufwerke und des zugehörigen Controllers.
42	Initialisieren der Festplatte(n) und der zugehörigen IDE-Controller.

Code	Bedeutung
43	Erkennen und initialisieren der seriellen und parallelen Schnittstellen.
44	reserviert
45	Erkennen und initialisieren des mathematischen Coprozessors.
46	reserviert
47	Setzen der Rechnergeschwindigkeit für den Boot-Vorgang.
48-4D	reserviert
4E	Ausgeben der Bildschirmmeldungen der Hauptplatinenhersteller und des POST-Vorganges.
4F	Sicherheitskontrolle
50	Schreiben der CMOS-Daten
51	Pre-boot wird aktiviert (Parity, NMI, Cache ein)
52	Initialisieren von optionalen ROM-Erweiterungen (Suche von C8000h bis EFFFh)
53	Initialisieren der Timerwerte
63	Booten wird durchgeführt
B0	Künstlicher Interrupt tritt im Protected Mode auf.
B1	NMI wurde ausgelöst, Meldung »Press F1 disable NMI, F2 reboot« erscheint.
BF	Programmierung des Chipsatzes der Hauptplatine
CO	Ein- oder ausschalten des Cache-Speichers (herstellerspezifisch)
C1	Test des vorhandenen Speichers (herstellerspezifisch)
C2	Speicherinitialisierung (herstellerspezifisch)
C3	Initialisierung des Extended Memory (herstellerspezifisch)
C5	Initialisieren des Shadow-RAMs (herstellerspezifisch)
C6	Programmierung des Cache-Speichers (herstellerspezifisch)
C7	reserviert
C8	Geschwindigkeitseinstellung
C9	Spezielle Anpassung des Shadow-RAMs
CA	Schnelle Initialisierung (herstellerspezifisch)
D0-DF	Debug
E0	reserviert
E1-EF	Setup Pages (E1=Page 1, E2=Page)
FF	Boot-Vorgang wird gestartet

AWARD-BIOS Version 4.50

Code	Bedeutung
01	Test der Prozessor-Flags
02	Test der Prozessor-Register
03	Initialisierung von Timer, DMA und Interrupt-Controller
04	Lesen von Port 61h Bit 4
05	Initialisierung vom Tastatur-Controller
06	reserviert
07	CMOS-Interface wird getestet
08	die ersten 64 KByte des Speichers werden getestet
09	erste Cache-Initialisierung
0A	Interrupt-Vektortabelle wird geladen
0B	Test, ob CMOS-Checksumme O.K. oder [Einfg]-Taste gedrückt
0C	Initialisierung der Tastatur
0D	Initialisierung der Videokarte, Erkennung des CPU-Taktes
0E	Test des Videospeichers, Vorbereitung des Bildschirms für POST-Messages-Ausgabe
0F	Test des DMA-Controller 0
10	Test des DMA-Controller 1
11	Test der DMA-Page-Register
12	reserviert
13	reserviert
14	Timer-Test
15	Test des Interrupt-Controller 1
16	Test des Interrupt-Controller 2
17	Test auf fehlerhafte Interrupt-Bits
18	Test auf Interrupt-Controller- und Timer-Funktionalität
19	Test von NMI-Bits in Port 61h, Löschen des NMI, wenn O.K.
1A	Anzeige des CPU-Taktes
1B	reserviert
1C	reserviert
1D	reserviert
1E	reserviert

Code	Bedeutung
1F	Setzen des EISA-Modus
20	Einrichten des EISA-Slots 0
21-2F	Einrichten der EISA-Slots 1
22	Einrichten des EISA-Slots 2
23	Einrichten des EISA-Slots 3
24	Einrichten des EISA-Slots 4
25	Einrichten des EISA-Slots 5
26	Einrichten des EISA-Slots 6
27	Einrichten des EISA-Slots 7
28	Einrichten des EISA-Slots 8
29	Einrichten des EISA-Slots 9
2A	Einrichten des EISA-Slots 10
2B	Einrichten des EISA-Slots 11
2C	Einrichten des EISA-Slots 12
2D	Einrichten des EISA-Slots 13
2E	Einrichten des EISA-Slots 14
2F	Einrichten des EISA-Slots 15
30	Bestimmung der Größe des Basis- und Erweiterungsspeichers
31	Test des Speichers
32	Test des Speichers (EISA)
33-3B	reserviert
3C	Einrichtung des Setups
3D	Initialisierung der Maus
3E	Einrichtung des Cache, wenn im Setup eingeschaltet
3F	reserviert
BF	Initialisierung des Chipset mit den Setup-Werten
40	Virus-Warnung
41	Initialisierung des Floppy-Controllers
42	Initialisierung des Festplatten-Controllers
43	Initialisierung der Peripherie-Ports
44	reserviert
45	Initialisierung des Coprozessors
46-4D	reserviert

Code	Bedeutung
4E	Darstellung der Fehler, Neustart, wenn nötig
4F	Sicherheitsüberprüfung, Kennwortabfrage, wenn im Setup eingerichtet
50	Zurückschreiben des CMOS aus dem RAM, Löschen des Bildschirms
51	Einschalten von Parity, NMI und Cache
52	nach optionalem ROM von C8000h bis EFFFFh wird gesucht
53	Initialisierung der Zeitwerte
54-5F	reserviert
60	Virusschutz
61	Boot-Takt wird gesetzt
62	Tastatureinrichtung (Ziffernblock und Tastaturrate)
63	Auswahl des Boot-Gerätes
FF	BOOT
BO	falsche Interrupts im geschützten Modus
B1	NMI entdeckt
E1-EF	Setupseite aktiv

AWARD-BIOS Version 4.51 PG (Elite BIOS)

EISA Post-Codes werden an der Port-Adresse 300h ausgegeben.

ISA Post-Codes werden an der Port-Adresse 80h ausgegeben.

Code	Bedeutung
0	Ausschalten des Cache-Speichers
1	Prozessortest 1: Bestätigung des Prozessorstatus (1FLAGS). Test der folgenden Prozessorstatus-Flags: carry, zero, sign, overflow. Das BIOS setzt jedes Flag, kontrolliert diesen Zustand, deaktiviert das Flag und kontrolliert wieder den Zustand.
2	Prozessortest 2: Lesen, Schreiben und Kontrollieren aller CPU-Register SS, SP und BP mit den Datenpattern FF und 00.
3	Initialisieren der Chips, Deaktivieren der NMI, PIE, AIE, UEI, SQWV sowie der Grafikkarte, Paritätskontrolle und DMA, Zurücksetzen des Coprozessors und Löschen aller Seitenregister und des CMOS-Shutdown-Bytes. Initialisieren der Timer 0, 1, 2, wobei der EISA-Timer auf einen bekannten Status gesetzt wird. Initialisieren der DMA-Controller 0 und 1 und der Interrupt-Controller 0 und 1. Initialisieren der erweiterten EISA-Register.
4	Test des Speicher-Refreshes auf korrektes Arbeiten.

Code	Bedeutung
5	Löschen des Bildschirms, Initialisieren der Tastatur und des Tastatur-Controllers.
6	reserviert
7	Test des CMOS-Interfaces und dem Batteriestatus. Kontrolle, ob das CMOS korrekt arbeitet und ermitteln der Batteriezuverlässigkeit, die das CMOS-RAM bei ausgeschaltetem PC weiter versorgt.
8	Einstellen des niedrigen Speichers. Schneller Speichertest des Chipsatzes, wobei 64 KByte des Speichers getestet werden.
9	Schnelle Cacheerkennung, Cyrix-CPU-Erkennung
A	Einstellen der Interrupt Vektortabelle. Initialisieren der ersten 120 Interrupt Vektoren mit Hilfe des SPURIOUS_INT_HDLR und Initialisieren der INT 00h-1Fh entsprechend INT_TBL.
B	Test der CMOS-RAM-Prüfsumme. Ist der Test negativ oder wurde die Taste Einfg betätigt, werden Defaultwerte geladen.
BE	Initialisieren des Chipsatzes auf der Hauptplatine. Programmieren der Chipsatzregister mit den Power-ON-BIOS-Defaults.
C	Initialisieren der Tastatur und ermitteln des Tastatur-Controllers. Setzen der Numlock-Einstellungen.
C1	Test der Speichergröße. Herstellerspezifischer Test zur Ermittlung der Speichergröße auf der Hauptplatine.
C5	Schnelle Shadow-RAM-Funktion ermöglicht schnelleren Boot-Vorgang.
C6	Test des Cache-Speichers. Hier wird die Größe des externen L2-Cache ermittelt.
D	Initialisieren der Grafikkarte und ermitteln der CPU-Taktgeschwindigkeit.
E	Test des Videospeichers und aktivieren des Shadow-RAMs
F	Test des DMA-Controllers 0 und der Prüfsumme des BIOS.
10	Test des DMA-Controllers 1
11	Test der DMA-Seitenregister.
12-13	reserviert
14	Test des Timers 2. Test des 8254-Timers 0 Zähler 2
15	Test des 8259-1 Mask-Bits. Kontrolle des Kanal 1 des 8259 durch regelmäßiges Ein- und Ausschalten der Interrupt-Leitungen.
16	Test des 8259-2 Mask-Bits. Kontrolle des Kanal 2 des 8259 durch regelmäßiges Ein- und Ausschalten der Interrupt-Leitungen.
17	Test der 8259 Interrupt-Bits. Zunächst werden alle Interrupts deaktiviert und anschließend kontrolliert, ob tatsächlich kein Interruptregister mehr gesetzt ist.

Code	Bedeutung
18	Test der Interruptfunktionen des 8259. Dabei wird ein Interrupt erzwungen und kontrolliert, ob er tatsächlich auftritt.
19	Test der NMI-Bits (Parity/IO Check).
1A	Anzeige der CPU-Taktgeschwindigkeit.
1B-1E	reserviert
1F	Aktivieren des EISA-Modus
20	Aktivieren des Slot 0. Initialisieren des Slot 0 (Hauptplatine).
21-2F	Aktivieren der Slots 1-15. Initialisieren der Slots 1 bis 15.
30	Festlegen des Basisspeichers und des Extended Memory. Ermitteln der Speichergröße zwischen 256 KByte und 640 KByte sowie dem Extended Memory oberhalb 1 MByte.
31	Test des Basisspeichers und des Extended Memory mit verschiedenen Speichermustern (Patterns)
32	Test des EISA Extended Memory
33-3B	reserviert
3C	Setup Enabled
3D	Initialisieren und Installieren der Maus.
3E	Einstellen des Cache-Controllers..
3F	reserviert
BF	Initialisieren des Chipsatzes und programmieren der Chipsatzregister mit den Setupeinstellungen.
40	Anzeige, ob der Virenschutz des Bootsektors ein- oder ausgeschaltet ist.
41	Initialisieren der Diskettenlaufwerke und des zugehörigen Controllers
42	Initialisieren der Festplatte(n) und der zugehörigen Controller.
43	Kontrolle und Initialisieren der seriellen und parallelen Schnittstellen und der vorhandenen Gameports.
44	reserviert
45	Kontrolle und Initialisieren des mathematischen Coprozessors.
46	reserviert
47	reserviert
48-4D	reserviert
4F	Sicherheitskontrolle mit Abfrage konfigurierter Kennwörter.
50	Schreiben aller CMOS-Einstellungen in den Speicher und Löschen des Bildschirms

Code	Bedeutung
51	Aktivieren der Paritätsprüfung, NMI und der Cache-Speicher vor dem Booten.
52	Initialisieren von optionalen ROM-Erweiterungen von C8000h bis EFFFFh. Sollte die FSCAN-Option aktiviert sein, wird die ROM-Erweiterung von C8000h bis F7FFFh berücksichtigt.
53	Initialisieren der Zeitangaben.
60	Einstellen des Virusschutzes.
61	Festlegen der Rechnergeschwindigkeit für den Boot-Vorgang.
62	Einstellen der Numlock-Funktion für den numerischen Tastenblock der Tastatur.
63	Bootversuch mittels INT 19h.
B0	Anzeige, ob ein Interrupt im Protected Mode aufgetreten ist.
B1	NMI-Kontrolle. Sollte der NMI aufgetreten sein, wird folgende Meldung »Press F1 to disable NMI, F2 reboot.« angezeigt.
E1-EF	Setup-Seiten. E1- Seite 1, E2 - Seite 2 etc.
FF	Boot-Vorgang wird fortgesetzt.

Phoenix-BIOS

Code	Bedeutung
01	Prozessor wird getestet
02	CMOS-RAM wird getestet
03	BIOS-EPROM-Checksumme ermitteln
04	Timer-Test
05	DMA-Controller wird getestet
06	DMA-Page-Register wird getestet
08	Speicher-Refresh
09	64-KByte-Basis-Speicher-Test
0A	Fehler im 64-KByte-Basis-Speicher
0B	Parity-Logik wird getestet
0C	Adressierung des 64-KByte-Basis-Speicher wird getestet
0D	Parity-Fehler
0E	reserviert
0F	reserviert
10	Bit 0 des 64-KByte-Basis-Speichers wird getestet

Code	Bedeutung
11	Bit 1 des 64-KByte-Basis-Speichers wird getestet
12	Bit 2 des 64-KByte-Basis-Speichers wird getestet
13	Bit 3 des 64-KByte-Basis-Speichers wird getestet
14	Bit 4 des 64-KByte-Basis-Speichers wird getestet
15	Bit 5 des 64-KByte-Basis-Speichers wird getestet
16	Bit 6 des 64-KByte-Basis-Speichers wird getestet
17	Bit 7 des 64-KByte-Basis-Speichers wird getestet
18	Bit 8 des 64-KByte-Basis-Speichers wird getestet
19	Bit 9 des 64-KByte-Basis-Speichers wird getestet
1A	Bit A des 64-KByte-Basis-Speichers wird getestet
1B	Bit B des 64-KByte-Basis-Speichers wird getestet
1C	Bit C des 64-KByte-Basis-Speichers wird getestet
1D	Bit D des 64-KByte-Basis-Speichers wird getestet
1E	Bit E des 64-KByte-Basis-Speichers wird getestet
1F	Bit F des 64-KByte-Basis-Speichers wird getestet
20	zweiter DMA-Controller wird getestet
21	erster DMA-Controller wird getestet
22	erster Interrupt-Controller wird getestet
23	zweiter Interrupt-Controller wird getestet
24	reserviert
25	Interrupt-Vektoren laden
26	reserviert
27	Tastatur-Controller wird getestet
28	CMOS-RAM wird getestet
29	CMOS-Setup
2A	reserviert
2B	Videospeicher wird getestet
2C	Videoadapter initialisieren
2D	Videoadapter Test
2E	Video-ROM suchen
2F	Videadapter O.K.
30	Videoadapter-ROM O.K.
31	monochromer Adapter wird getestet

Code	Bedeutung
32	Coloradapter (40 Zeichen) wird getestet
33	Coloradapter (80 Zeichen) wird getestet
34	Timer-Fehler
35	Shutdown-Fehler
36	Gate-A20-Fehler
37	Interrupt-Fehler im Protected Mode
38	Speicherfehler im Bereich 01000h-0A000h
39	Speicherfehler im Bereich 100000h-FFFFFFh
3A	zweiter Timer ist defekt
3B	Uhren-(CMOS-RAM-) Fehler
3C	Test der seriellen Schnittstellen
3D	Test der parallelen Schnittstellen
3 E	Coprozessor wird getestet

MR-BIOS Version 2.0

Code	Bedeutung
00	Kaltstart beginnt (erscheint nicht bei Software-Reset)
01	HOOK 00, OEM spezifisch, üblicherweise wird der Chipsatz auf die Default-Werte gesetzt
02	kritische I/Os werden ausgeschaltet
03	BIOS-Checksumme wird getestet
04	Page-Register-Test (Port 81-8F)
05	8042 Tastatur-Controller-Selbsttest
06	Initialisierung der Bausteine 8237, 8254, 8259
07	HOOK 01, OEM-spezifisch, üblicherweise wird der Cache ausgeschaltet
08	Testen der Refresh-Umschaltung
09	Test des 8237
OA	64-KByte-Basis-Speicher-Test
OB	Test des 8259
OG	8259/IRQ-Test
OD	8254/Kanal-0-Test und -Initialisierung
QE	8254/Kanal-2-Umschalttest, Testen des Lautsprecherkanals
OF	reserviert

Code	Bedeutung
13	HOOK 02, OEM-spezifisch, Einrichtung des 8-MHz-Busses
10	Videoinitialisierung
11	CMOS-Checksummen-Test
12	Zulassen des Speicher-BAT
14	Bestimmung der Größe und Test des Speichers (untere 64 KByte bereits fertig)
15	Zugriff auf den Speicher
16	HOOK 03, OEM-spezifisch, Bestimmung der Größe und Test des Cache-Speichers
17	Testen des A20-Gate
18	Bestimmung der Größe und Test des Erweiterungsspeichers
19	HOOK 04, Bestimmung der Größe und Test des Systemspeichers (»spezial« OEM-Speicher)
1A	Überprüfung des Timers
1B	Erkennung der seriellen Ports
1C	Erkennung der parallelen Ports
1D	Erkennung und Test des Corpozessors
1E	Erkennung und Test des Floppy-Controllers
1F	Erkennung und Test des Hard-Disk-Controllers
20	Überprüfung und Setzen der festgesetzten CMOS-Werte, Darstellung der anderen
21	Überprüfen, ob der Rechner abgeschlossen ist
22	Einschalten von Numlock, Test, ob Paßwort gesetzt ist
23	HOOK 05, OEM-spezifisch
24	Einstellen der Tastaturrate
28	HOOK 06, OEM-spezifisch, üblicherweise Einschalten des Shadow, Cache und Turbo
25	Floppy wird eingeschaltet
26	Festplatte wird eingeschaltet
27	Videomodus auf dem ersten Adapter wird gesetzt
29	A20-Gate wird ausgeschaltet, C8000h bis E000h ROM-BIOS wird versucht zu aktivieren
2A	DOS-Zeit wird gesetzt
2B	Paritätsprüfung und NMI werden zugelassen
2C	E000h ROM-BIOS wird aktiviert

Code	Bedeutung
2E	HOOK 07, OEM-spezifisch, Einrichtung von EMS, wenn vorhanden
2F	Kontrolle wird an INT 19 zum Booten übergeben

Quadtel-BIOS

Code	Bedeutung
02	Testen der CPU-Flags
03	Testen der CPU-Register
06	Initialisierung der Hardware
08	Initialisierung des Chipsatzes
0A	Ermittlung der BIOS-ROM-Checksumme
0C	DMA-Page-Register werden getestet
0E	Timer wird getestet
10	Initialisierung der Timer
12	Testen des DMA-Controllers
14	Initialisieren des DMA-Controllers
16	Interrupt-Controller initialisieren, Reset des Coprozessors
18	Interrupt-Controller werden getestet
1A	Memory-Refresh
1C	Adressierung des 64-KByte-Base-Memory wird getestet
1E	64-KByte-Base-Memory wird getestet
20	64-KByte-Base-Memory wird getestet (die oberen 16 Bit)
22	Testen des Tastatur-Controllers
24	CMOS-RAM wird getestet
26	Testen des Protected Mode
28	Speichergröße wird ermittelt
2A	Speicher wird getestet
2C	Testen des Interleave-Zugriffs auf den Speicher
2E	Protected-Mode-Test beendet
30	Unerwarteter Shutdown
32	Ausgabe der Speichergröße
34	Relocate des Shadow-RAM
36	EMS wird konfiguriert
38	Waitstates wenn nötig festlegen

Code	Bedeutung
3A	Löschen des 64-KByte-Base-Memory, CPU-Taktfrequenz ermitteln
3E	Jumper-Stellungen (8042) ermitteln
40	CPU-Taktfrequenz wird festgelegt
44	Videoadapter wird gesucht
46	Videoadapter wird initialisiert
48	Interrupts werden getestet
4A	Start des zweiten Tests des Protected Mode
4C-56	Protected Mode wird getestet
58	Adreßleitung A20 wird getestet
5A	Tastatur wird getestet
5C	ermitteln, ob XT- oder AT-Tastatur
SE	Start des dritten Tests des Protected Mode
60	Basisspeicher wird überprüft
62	Adressierung des Basisspeichers wird getestet
64	Shadow-RAM wird getestet
66	Extended Memory wird getestet
68	Adressierung des Extended Memory wird getestet
6A	Speichergröße wird ermittelt
6C	Fehlermeldungen werden ausgegeben
6E	BIOS in Shadow-RAM kopieren
70	Timer wird auf Integrität geprüft
72	Uhr (CMOS-RAM) wird getestet
74	Tastatur wird getestet
76	Interrupt-Vektoren initialisieren
78	Coprozessor wird getestet
7A	Ermitteln der RS-232-Schnittstellen
7C	Ermitteln der parallelen Schnittstellen
7E	BIOS-Datenbereich initialisieren
80	Floppy- und Festplatten-Controller ermitteln
82	Floppy-Laufwerke werden getestet
84	Festplatten werden getestet
86	Suche nach einem optionalen ROM
88	Key-Lock-Schalterstellung überprüfen

Code	Bedeutung
8A	Darstellung der »Press F1«-Meldung
8C	restliche Systeminitialisierung (Cache ...)
8E	Kontrolle an Interrupt 19h (Boot Loader) übergeben
B0	unerwarteter Interrupt ist aufgetreten

Chips & Technologie-BIOS

Code	Bedeutung
01	Testen der CPU-Flags
02	Testen der CPU-Register
03	Ermittlung der BIOS-ROM-Checksumme
04	Testen des DMA-Controllers
05	Testen des Timers
06	Adressierung des 64-KByte-Base-Memory wird getestet
07	Testen des 64-KByte-Base-Memory
08	Testen des Interrupt-Controllers
09	Interrupt aufgetreten
0A	reserviert
0B	CPU in den Protected Mode geschaltet
0C	Testen der DMA-Page-Register
0D	Memory-Refresh
0E	Testen des Tastatur-Controllers
0F	Protected Mode wird getestet
10-15	CPU-Register-Test
16	Testen des Tastatur-Controllers
17	Shutdown
18	Shutdown während des Speichertests
19	Copyright-Checksummen-Fehler
1A	BMS-Checksummen-Fehler
50	Initialisierung der Hardware
51	Timer initialisieren
52	DMA-Controller initialisieren
53	Initialisierung der Interrupt-Controller
54	Initialisierung des Chipsatzes

Code	Bedeutung
55	reserviert
56	In den Protected Mode schalten
57	Speichergröße wird ermittelt
58	reserviert
59	In den Real Mode schalten
5A	Speichergröße wird ermittelt
5B	Relocate-Shadow-RAM
5C	EMS konfigurieren
5D	reserviert
5E	64-KByte-Base-Memory wird getestet
5F	Shadow-RAM wird getestet
60	CMOS-RAM wird getestet
61	Video-Adapter wird getestet
63	Interrupts im Protected Mode werden getestet
64	Adreßleitung A20 freischalten
65	Adreßleitungen des Speichers werden getestet
66	Speicher wird getestet
67	Extended Memory wird getestet
68	Timer-Interrupt wird getestet
69	Uhr (CMOS-RAM) wird getestet
6A	Tastatur wird getestet
6B	Coprozessor wird getestet
6C	RS-232-Schnittstellen werden getestet
6D	parallele Schnittstelle wird getestet
6E	reserviert
6F	Floppy-Laufwerke werden getestet
70	Festplatte wird getestet
71	Key-Lock-Schalter wird überprüft
72	Maus wird getestet
73-8F	reserviert
90	RAM-Setup
91	CPU-Taktfrequenz wird festgelegt
92	Systemkonfiguration wird verifiziert

Code	Bedeutung
93	BIOS wird initalisiert
94	Kontrolle wird an Interrupt 19h zum Booten übergeben, Boot-Gerät wird ermittelt
95	Reset der Hardware
96	Cache-Controller wird initalisiert

A.2 Diagnostik Error Codes der BIOS-Versionen

Neben den Klartext-Fehlermeldungen und den Beep-Codes geben einige BIOS-Versionen nach dem Auffinden eines Fehlers eine Zahlenkombination aus, die auf das Problem hinweist. Mit Hilfe der unten aufgeführten Liste sind Sie anschließend in der Lage, den Fehler zu identifizieren.

IBM BIOS

Code	Bedeutung
100	System Board
101	System-Interrupt (8259)
102	System-Timer (8253)
103	System-Timer-Interrupt (8253)
104	Protected Mode-Probleme
105	Tastatur-Kommunikation
106	Logic-Test
107	NMI-Test
108	System-Timer-Test (8253)
109	Probleme in den unteren 64 KByte RAM
114	ROM-Prüfsumme
121	Nicht erwarteter Hardware-Interrupt
130	Shutdown/Restart
131	Kassettenlaufwerk
161	Akku/Batterie
162	System-Konfiguration nicht korrekt
163	Zeit und/oder Datum nicht korrekt
164	Prüfsumme CMOS-RAM
165	Ungültige Adapter-Konfiguration
166	Nicht existierende Adapter-Konfiguration
167	Ungültige Disketten-Adapter-Konfiguration
168	Ungültige System-Konfiguration
199	Anwender-Konfiguration nicht korrekt

Code	Bedeutung
200	System Memory
201	Speicher allgemein
202	Speicher Adreßleitung 00...15
203	Speicher Adreßleitung 16...23
300	Keyboard
301	Reset nicht gelungen; wenn eine Taste hängt, wird der Scan-Code angezeigt
302	Tastatur ist gesperrt
303	Tastatur- oder Systemfehler
304	Tastatur Taktleitung
306	Tastatur Datenleitung
307	Taste hängt fest
400	Monochrome Display-Adapter
401	MDA-Speicher oder horizontale Synchronisation
408	Bildschirmattribute
416	Zeichensatz
424	80 x 25-Modus
432	Parallele Schnittstelle/MDA-Karte
500	Color/Graphics Adapter
501	CGA-Speicher oder horizontale Synchronisation
508	Bildschirm-Attribute
516	Zeichensatz
524	80 x 25-Modus
532	40 x 25-Modus
540	320 x 200-Grafikmodus
548	640 x 200-Grafikmodus
600	Floppy Disk Adapter
601	Diskettenlaufwerk: Selbsttestfehler
602	Boot-Sektor/Record Diskette
603	Disketten-Test
606	Disketten-Kontrollfunktion
607	Diskette ist schreibgeschützt
608	Ungültiger Befehl vom Diskettenlaufwerk
610	Disketten-Initialisierung

Code	Bedeutung
611	Disk-Status: Timeout
612	Disk-Status: defekter NEC
613	Disk-Status: DMA-Fehler
621	Disk-Status: Fehler beim Spurwechsel
622	Disk-Status: Prüfsumme der Daten nicht korrekt
623	Disk-Status: Record nicht gefunden
624	Disk-Status: Adreßmarkierung nicht korrekt
625	Disk-Status: NEC defekt, deshalb Fehler beim Spurwechsel
626	Vergleich der Disketten-Daten
700	8087 Coprozessor
800	reserviert
900	Parallele Drucker-Schnittstelle
901	Parallele Drucker-Schnittstelle
1000	Alternative parallele Drucker-Schnittstelle
1100	Asynchrone Schnittstelle
1101	Serielle Schnittstelle
1200	Alternative Asynchrone Schnittstelle
1201	Zweite serielle Schnittstelle
1300	Game-Controller (Joystick-Anschluß)
1301	Spielesteuerung
1302	Joystick
1400	Matrix-Drucker
1401	Drucker
1500	SDLC Communication Adapter (Netzwerkkarte)
1510	8255 Port B
1511	8255 Port A
1512	8255 Port C
1513	8253 Timer 1: Endwert nicht erreicht
1514	8253 Timer 1: Zählt immer weiter
1515	8253 Timer 0: Endwert nicht erreicht
1516	8253 Timer 0: Zählt immer weiter
1517	8253 Timer 2: Endwert nicht erreicht
1518	8253 Timer 2: Zählt immer weiter

Code	Bedeutung
1519	8273 Port B
1520	8273 Port A
1521	8273 Timeout-Fehler
1522	Interrupt Ebene 4
1523	Ring-Indikator bleibt aktiv
1524	Eingangstakt bleibt aktiv
1525	Ausgangstakt bleibt aktiv
1526	Test-Indikator bleibt aktiv
1527	Ring-Indikator nicht aktiv
1528	Eingangstakt nicht aktiv
1529	Ausgangstakt nicht aktiv
1530	Test Indikator nicht aktiv
1531	DSR nicht aktiv
1532	Carier detect nicht aktiv
1533	CTS nicht aktiv
1534	DSR bleibt aktiv
1536	CTS bleibt aktiv
1537	Interrupt Ebene 3
1538	Daten-Eingangs-Interrupt
1539	Vergleich der gespiegelten Daten
1540	DMA-Kanal 1
1541	DMA-Kanal 2
1542	8273-Status
1547	Nicht erwarteter Interrupt auf Ebene 4
1548	Nicht erwarteter Interrupt auf Ebene 3
1549	Interrupt Timeout
16xx	Display Emulation Error
1700	Festplatte
1701	Festplatte: Selbsttest
1702	Festplatte: Controller
1703	Festplatte: Laufwerk
1704	Festplatte: Controller und/oder Laufwerk
1780	Festplatte: Laufwerk 0

Code	Bedeutung
1781	Festplatte: Laufwerk 1
1782	Festplatte: Controller
1790	Festplatte: Laufwerk 0
1791	Festplatte: Laufwerk 1
1800	Erweiterungseinheit
1801	Selbsttest (POST)
1810	Enable/Disable-Test
1811	I/O-Erweiterung nicht aktiv
1812	Höherwertige Adreßleitung nicht aktiv
1813	Wait-State nicht aktiv
1814	Enable/Disable kann nicht gesetzt werden
1815	Wait-State bleibt aktiv
1816	I/O-Erweiterung bleibt aktiv
1817	Höherwertige Adreßleitung bleibt aktiv
1818	Disable nicht funktionsfähig
1819	Konfiguration des Wait-State nicht korrekt
1820	Empfangsadapter-Test
1821	Höherwertige Adreßleitung Empfangsadapter
19XX	Fehler der 3270 PC Emulationskarte
2000	Fehler der bidirektionalen Adapterkarte
20/2110	8255 Port A
20/2111	8255 Port B
20/2112	8255 Port C
20/2113	Timer 1 erreicht den Endwert nicht (8253)
20/2114	Timer 1 bleibt aktiv (8253)
20/2116	Timer 2 erreicht den Endwert nicht oder bleibt aktiv (8253)
20/2117	DSR nicht angelaufen (8251)
20/2118	CTS nicht erkannt (8251)
20/2119	DSR bleibt aktiv (8251)
20/2120	CTS bleibt aktiv (8251)
20/2121	Hardware-Reset (8251)
20/2122	Software Reset(S251)
20/2123	Error-Flag läßt sich nicht zurücksetzen (8251)

Code	Bedeutung
20/2124	Transmit ready fehlt (8251)
20/2125	Receive ready nicht angelaufen (8251)
20/2126	Overrun-Flag läßt sich nicht setzen (8251)
20/2127	Kein Timer-Interrupt
20/2128	Interrupt: Fehler beim Senden
20/2129	Interrupt: Fehler beim Senden
20/2130	Interrupt: Fehler beim Empfangen
20/2131	Interrupt: Fehler beim Empfangen
20/2133	Ring-Indikator bleibt aktiv
20/2134	Eingangstakt bleibt aktiv
20/2135	Ausgangstakt bleibt aktiv
20/2136	Test-Indikator bleibt aktiv
20/2137	Ring-Indikator nicht an
20/2138	Eingangstakt nicht an
20/2139	Ausgangstakt nicht an
20/2140	Test-Indikator nicht an
20/2141	DSR nicht an
20/2142	Carrier detect nicht an
20/2143	CTS nicht an
20/2144	DSR bleibt aktiv
20/2145	Carrier detect bleibt aktiv
20/2146	CTS bleibt aktiv
20/2147	Nicht erwarteter Sende-Interrupt
20/2148	Nicht erwarteter Empfangs-Interrupt
20/2149	Vergleich der gesendeten und der empfangenen Daten
20/2150	Overrun-Fehler (8251)
20/2151	Bei der Datenspiegelung DSR verloren
20/2152	Timeout bei Datenspiegelung
7000	Chipsatz CMOS-RAM
7001	Chipsatz Shadow-RAM
7002	Chipsatz-Konfiguration CMOS-RAM
8601	Maus-Interface
8602	Maus-Interface-Test
8603	Maus-Interface-Timeout

Phoenix BIOS

Code	Bedeutung
101	System-Interrupt
102	System-Timer
103	System-Timer-Interrupt
104	Protected Mode-Probleme
105	Tastatur-Kommunikation
106	Logic-Test
107	NMI-Test
108	System-Timer-Test
109	Probleme in den unteren 64 KByte RAM
161	Batterie/Akku leer oder defekt
162	Prüfsumme CMOS-RAM nicht korrekt
163	Zeit und/oder Datum nicht gesetzt
164	Speichergröße des CMOS-RAM nicht korrekt
201	Speicher
202	Speicher-Adreßleitung 00...15
203	Speicher-Adreßleitung 16...23
301	Tastatur fehlt
302	Tastatur gesperrt
303	Tastatur- oder Systemfehler
304	Tastatur- oder Systemfehler
401	Monochromer Monitor oder Video-Adapter
501	Farbmonitor oder Video-Adapter
601	Diskettenlaufwerk oder Controller defekt
602	Kein Boot-Sekter auf der Diskette
1780	Festplatte: Laufwerk 0
1781	Festplatte: Laufwerk 1
1782	Festplatte: Controller
1790	Festplatte: Laufwerk 0
1791	Festplatte: Laufwerk 1

A.3 Hersteller im Internet

Suchen Sie weitere Informationen zu verwendeten Hardwarekomponenten, werden Sie sicherlich in der folgenden Übersicht fündig. Um die Suche zu erleichtern, sind die Hersteller nach Baugruppen sortiert zusammengefaßt.

BIOS

Hersteller	URL
AMI	www.ami.com
AWARD	www.award.com
MR-BIOS	www.mrbios.com
Phoenix	www.phoenix.com

Prozessoren

Hersteller	URL
AMD	www.amd.com
Cyrix	www.cyrix.com
DEC	www.pc.digital.com
Hewlett Packard	www.hp.com
IBM	www.chips.ibm.com
IDT	www.idt.com
Intel	www.intel.com
Nexgen	www.nexgen.com
SGI	www.sgi.com

Hauptplatinen

Hersteller	URL
A-Open	www.aopen.com.tw
Abit	www.abit.com.tw
Asus	www.asuscom.de
Atrend	www.atrend.com

Hersteller	URL
Chaintech	www.chaintech.com.tw
DFI	www.dfiusa.com
Elite Group	www.ecsusa.com
FIC	www.fic.com.tw
Gigabyte	www.giga-byte.com
Iwill	www.iwill.com
Micronics	www.micronics.com
MSI	www.msi-computer.de
NMC (früher Soyo)	www.soyo.com
PC Chips	www.pcchips.com
QDI	www.gdigrp.com
Shuttle	www.spacewalker.com/german/homepage.htm
Soyo (jetzt NMC)	www.soyo.com
Tekram	www.tekram.com
Tyan	www.tyan.com

Grafikkarten und Grafikchips

Hersteller	URL
3DFx	www.3dfx.com
3D Labs	www.3dlabs.com
Accel Graphics	www.accelgraphics.com
ATI	www.atitech.com
Cirrus Logic	www.cirrus.com
Diamond Multimedia	www.diamondmm.com
Elsa	www.elsa.com
Fast Multimedia	www.fast-multimedia.com
Genoa	www.genoasys.com
Hercules	www.hercules.com
Matrox	www.matrox.com
Miro	www.miro.com
Number Nine	www.nine.com
NVidia	www.nvidia.com
Orchid	www.orchid.com

Hersteller	URL
Rendition	www.rendition.com
S3	www.s3.com
SGS-Thomson	www.st.com
STB	www.stb.com
Trident	www.trid.com
Tseng	www.tseng.com
Videologic	www.videologic.com

SCSI-Hostadapter

Hersteller	URL
AdvanSys	www.advansys.com
Adaptec	www.adaptec.com
Buslogic	www.buslogic.com
Future Domain	siehe Adaptec
Initio	www.initio.com
Mylex	www.mylex.com
Tekram	www.tekram.com
NCR	www.ncr.com
Symbios Logic	www.symbios.com

B

Anschluß- und Steckerbelegungen

Auf den folgenden Seiten finden Sie die Steckerbelegungen oder Anschlußbelegungen von Schnittstellen, Kabeln und Steckplätzen. Vor allem für experimentelle Anwendungen werden diese Angaben immer wieder benötigt.

PS/2-Tastaturanschluß

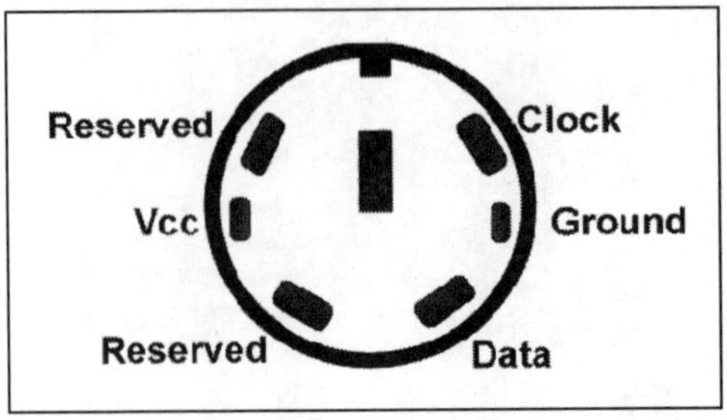

Abb. B.1: Der PS/2-Tastaturanschluß

Spannungsversorgung für ATX-Hauptplatinen

Pin	Description	Pin	Description
11	+3.3V	1	+3.3V
12	-12V	2	+3.3V
13	Ground	3	Ground
14	-PWR_ON	4	+5V
15	Ground	5	Ground
16	Ground	6	+5V
17	Ground	7	Ground
18	-5V	8	PWR_GOOD
19	+5V	9	5V_VR
20	+5V	10	+12V

Abb. B.2: Die Anschlußbelegung der Spannungsversorgung für ATX-Hauptplatinen

Spannungsversorgung für AT-Hauptplatinen

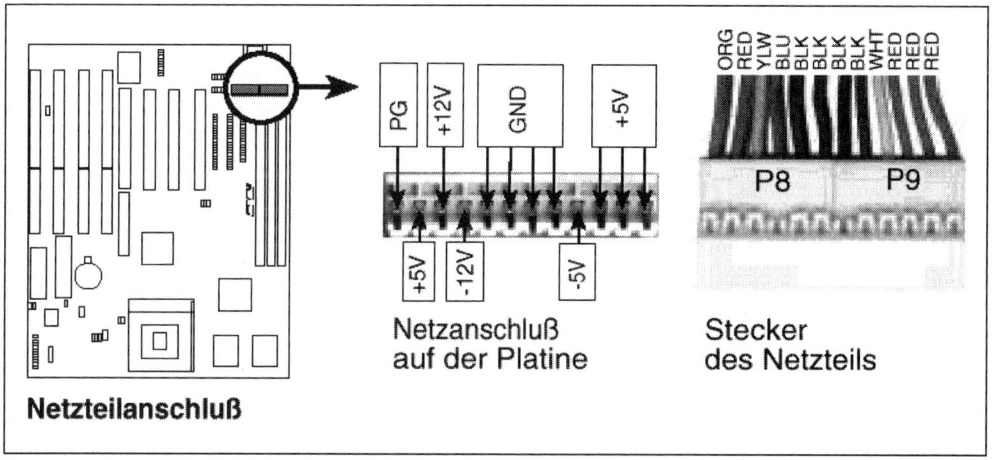

Abb. B.3: Die Anschlußbelegung der Spannungsversorgung für BAT-Hauptplatinen

PS/2-Mausanschluß

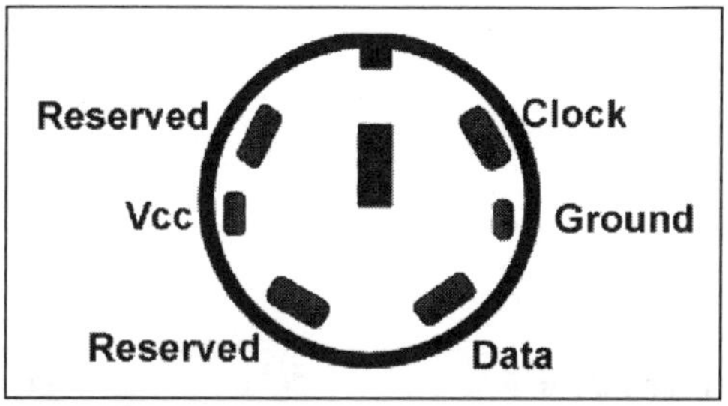

Abb. B.4: Der PS/2-Mausanschluß

Anschluß eines drehzahlüberwachten Lüfters

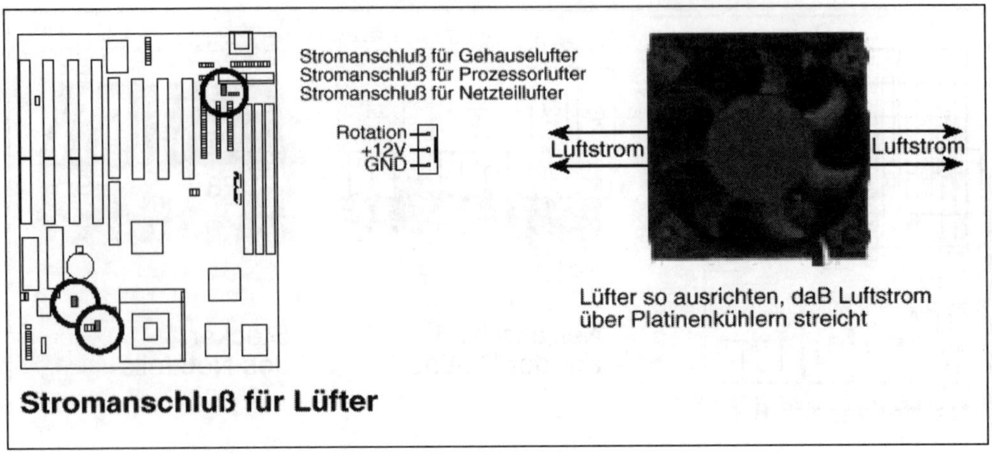

Abb. B.5: Stromanschluß eines drehzahlüberwachten Lüfters

USB-Anschlußbelegung

Pin	Signal Description
1	VCC (Fused 5V)
2	- Data
3	+ Data
4	Ground

Abb. B.6: Anschlußbelegung der USB-Ports auf der Hauptplatine

Pinbelegung bei 9-poligen seriellen Schnittstellen

Pin	Description	Pin	Signal Description
1	Carrier Detect	6	Data Set Ready
2	Receive Data	7	Request to Send
3	Transmit Data	8	Clear to Send
4	Data Terminal Ready	9	Ring Indicator
5	Ground		

Abb. B.7: Die Anschlußbelegung bei 9-poligen seriellen Schnittstellen

Pinbelegung der parallelen Schnittstelle

Pin	Signal Description	Pin	Signal Description
1	STROBE#	2	PD0
3	PD1	4	PD2
5	PD3	6	PD4
7	PD5	8	PD6
9	PD7	10	ACK#
11	BUSY	12	PE
13	SLCT	14	AUTOFD#
15	ERROR#	16	INIT#
17	SLCTIN#	18	Ground
19	Ground	20	Ground
21	Ground	22	Ground
23	Ground	24	Ground
25	Ground		

Abb. B.8: Die Pinbelegung der parallelen Schnittstelle

Anschlußbelegung des 34 poligen Floppykabels

Pin	Use	Pin	Use
1	GND	2	DENSE1
3	GND	4	N/C
5	GND	6	DRATE0
7	GND	8	-INDEX
9	GND	10	-MOTOR0
11	GND	12	-FDSEL1
13	GND	14	-FDSEL0
15	GND	16	-MOTOR1
17	GND	18	DIR
19	GND	20	-
21	GND	22	-WDATA
23	GND	24	-WGATE
25	GND	26	-TRK0
27	GND	28	-WRPROT
29	GND	30	-RDATA
31	GND	32	HDSEL
33	GND	34	DSKCHNG

Abb. B.9: Die Anschlußbelegung des Floppykabels

Anschlußbelegung des 40-poligen IDE-Kabels

Pin	Use	Pin	Use
1	-RESET	2	GND
3	DATA7	4	DATA8
5	DATA6	6	DATA9
7	DATA5	8	DATA10
9	DATA4	10	DATA11
11	DATA3	12	DATA12
13	DATA2	14	DATA13
15	DATA1	16	DATA14
17	DATA0	18	DATA15
19	GND	20	KEY (N/C)
21	N/C	22	GND
23	-IOW	24	GND
25	-IOR	26	GND
27	IDERDY	28	ALE
29	N/C	30	GND
31	INT14	32	-IOCS16
33	HA1	34	N/C
35	HA0	36	HA2
37	-CS0	38	-CS1
39	-IDEACT	40	GND

Abb. B.10: Die Anschlußbelegung des 40-poligen IDE-Kabels

Kontaktbelegung des ISA-Steckplatzes

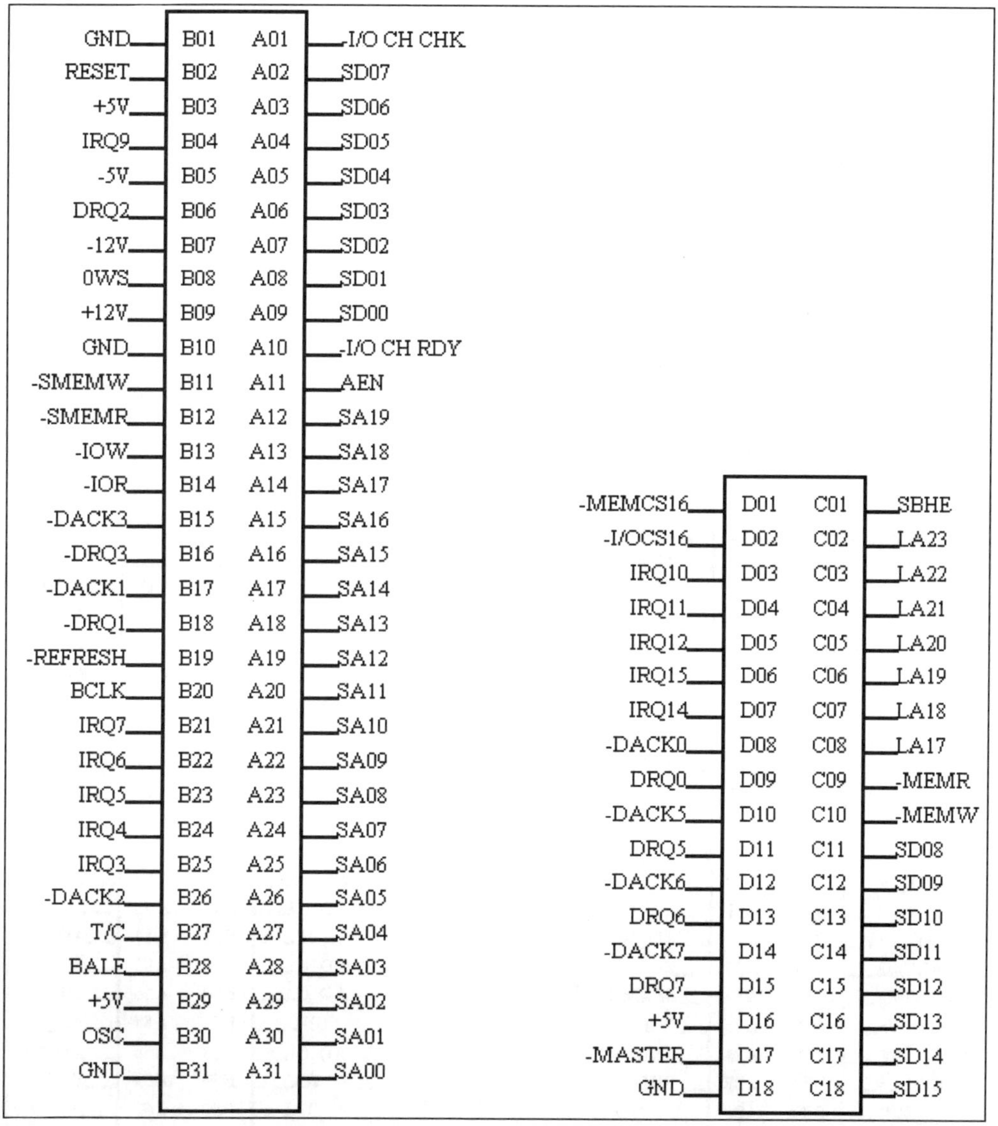

Abb. B.11: Die Kontaktbelegung des ISA-Steckplatzes (oben 16 Bit-, unten 8 Bit- Erweiterung)

Kontaktbelegung des PCI-Steckplatzes

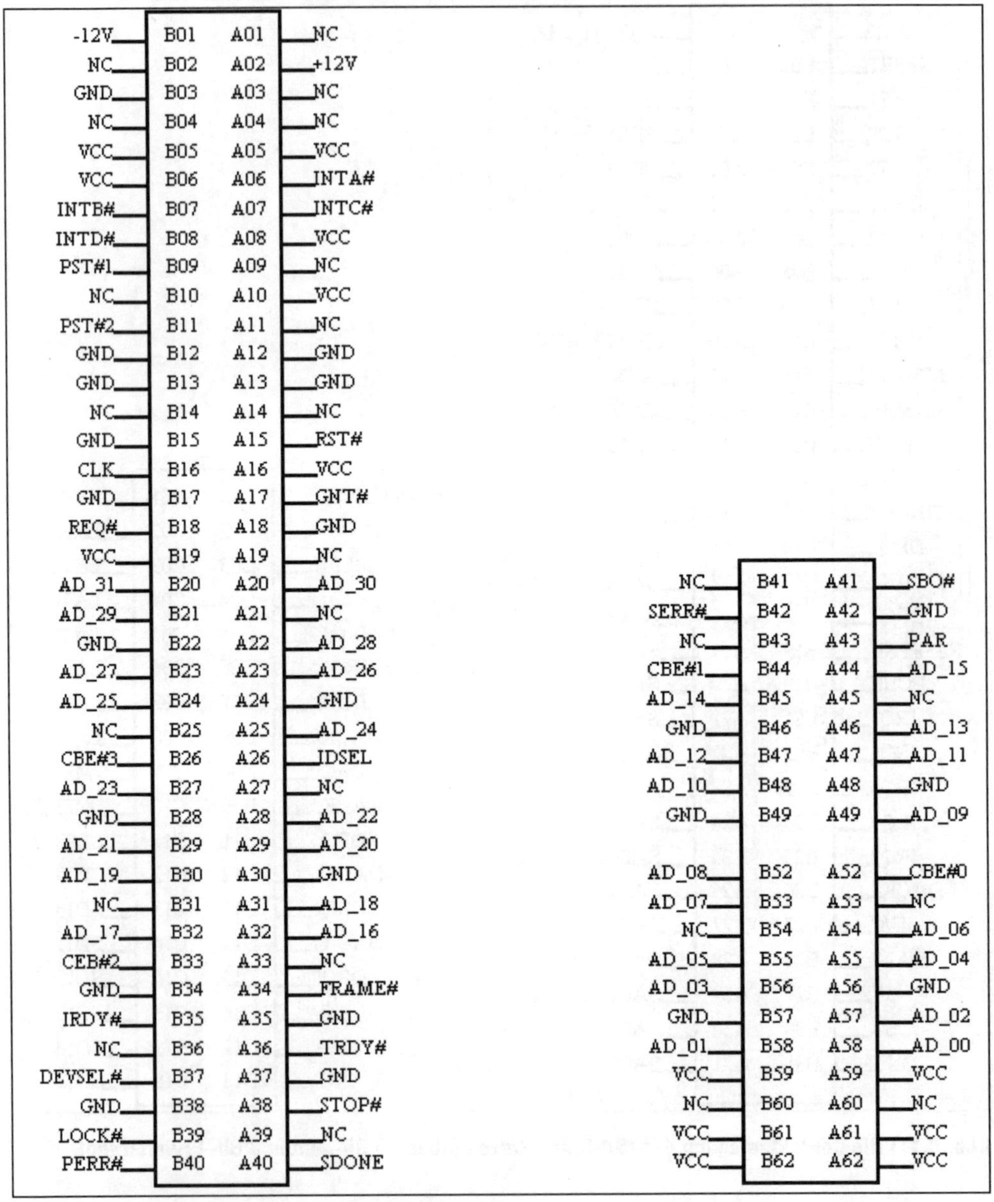

Abb. B.12: Die Kontaktbelegung des PCI-Steckplatzes

Kontaktbelegung des AGP-Steckplatzes

Pin #	B	A	Pin #	B	A
1	Spare	12V	34	Vddq3.3	Vddq3.3
2	5.0V	Spare	35	AD21	AD22
3	5.0V	Reserved*	36	AD19	AD20
4	USB+	USB-	37	GND	GND
5	GND	GND	38	AD17	AD18
6	INTB#	INTA#	39	C/BE2#	AD16
7	CLK	RST#	40	Vddq3.3	Vddq3.3
8	REQ#	GNT#	41	IRDY#	Frame#
9	VCC3.3	VCC3.3	42		
10	ST0	ST1	43	GND	GND
11	ST2	Reserved	44		
12	RBF#	PIPE#	45	VCC3.3	VCC3.3
13	GND	GND	46	DEVSEL#	TRDY#
14	Spare	Spare	47	Vddq3.3	STOP#
15	SBA0	SBA1	48	PERR#	Spare
16	VCC3.3	VCC3.3	49	GND	GND
17	SBA2	SBA3	50	SERR#	PAR
18	SB_STB	Reserved	51	C/BE1#	AD15
19	GND	GND	52	Vddq3.3	Vddq3.3
20	SBA4	SBA5	53	AD14	AD13
21	SBA6	SBA7	54	AD12	AD11
22	KEY	KEY	55	GND	GND
23	KEY	KEY	56	AD10	AD9
24	KEY	KEY	57	AD8	C/BE0#
25	KEY	KEY	58	Vddq3.3	Vddq3.3
26	AD31	AD30	59	AD_STB0	Reserved
27	AD29	AD28	60	AD7	AD6
28	VCC3.3	VCC3.3	61	GND	GND
29	AD27	AD26	62	AD5	AD4
30	AD25	AD24	63	AD3	AD2
31	GND	GND	64	Vddq3.3	Vddq3.3
32	AD_STB1	Reserved	65	AD1	AD0
33	AD23	C/BE3#	66	SMB0	SMB1

Abb. B.13: Die Kontaktbelegung des zweireihigen AGP-Steckplatzes

Anschlußbelegung des 68-poligen LVD-SCSI-Steckers

Pin #	B	A	Pin #	B	A
1	Spare	12V	34	Vddq3.3	Vddq3.3
2	5.0V	Spare	35	AD21	AD22
3	5.0V	Reserved*	36	AD19	AD20
4	USB+	USB-	37	GND	GND
5	GND	GND	38	AD17	AD18
6	INTB#	INTA#	39	C/BE2#	AD16
7	CLK	RST#	40	Vddq3.3	Vddq3.3
8	REQ#	GNT#	41	IRDY#	Frame#
9	VCC3.3	VCC3.3	42		
10	ST0	ST1	43	GND	GND
11	ST2	Reserved	44		
12	RBF#	PIPE#	45	VCC3.3	VCC3.3
13	GND	GND	46	DEVSEL#	TRDY#
14	Spare	Spare	47	Vddq3.3	STOP#
15	SBA0	SBA1	48	PERR#	Spare
16	VCC3.3	VCC3.3	49	GND	GND
17	SBA2	SBA3	50	SERR#	PAR
18	SB_STB	Reserved	51	C/BE1#	AD15
19	GND	GND	52	Vddq3.3	Vddq3.3
20	SBA4	SBA5	53	AD14	AD13
21	SBA6	SBA7	54	AD12	AD11
22	KEY	KEY	55	GND	GND
23	KEY	KEY	56	AD10	AD9
24	KEY	KEY	57	AD8	C/BE0#
25	KEY	KEY	58	Vddq3.3	Vddq3.3
26	AD31	AD30	59	AD_STB0	Reserved
27	AD29	AD28	60	AD7	AD6
28	VCC3.3	VCC3.3	61	GND	GND
29	AD27	AD26	62	AD5	AD4
30	AD25	AD24	63	AD3	AD2
31	GND	GND	64	Vddq3.3	Vddq3.3
32	AD_STB1	Reserved	65	AD1	AD0
33	AD23	C/BE3#	66	SMB0	SMB1

Abb. B.14: Die Anschlußbelegung des 68-poligen LVD-SCSI-Steckers

Anschlußbelegung des 68-poligen Wide-SCSI-Steckers

Pin Number	Function	Pin Number	Function
1	GND	35	-DB (12)
2	GND	36	-DB (13)
3	GND	37	-DB (14)
4	GND	38	-DB (15)
5	GND	39	Parity H
6	GND	40	-DB (0)
7	GND	41	-DB (1)
8	GND	42	-DB (2)
9	GND	43	-DB (3)
10	GND	44	-DB (4)
11	GND	45	-DB (5)
12	GND	46	-DB (6)
13	GND	47	-DB (7)
14	GND	48	Parity L
15	GND	49	GND
16	GND	50	Termpwrd
17	Termpwrd	51	Termpwrd
18	Termpwrd	52	Termpwrd
19	GND	53	NC
20	GND	54	GND
21	GND	55	-ATTN
22	GND	56	GND
23	GND	57	-BSY
24	GND	58	-ACK
25	GND	59	-RST
26	GND	60	-MSG
27	GND	61	-SEL
28	GND	62	-CD
29	GND	63	-REQ
30	GND	64	-IO
31	GND	65	-DB (8)
32	GND	66	-DB (9)
33	GND	67	-DB (10)
34	GND	68	-DB (11)

Abb. B.15: Die Anschlußbelegung des 68-poligen Wide-SCSI-Steckers (Single End)

Anschlußbelegung des Infrarot-Moduls auf Hauptplatinen

Pin Number	Definition
1	+5V
2	Key
3	IRRX
4	Ground
5	IRTX
6	NC
7	NC
8	NC

Abb. B.16: Anschlußbelegung des Infrarot-Moduls auf Hauptplatinen

C

Die Programme auf der CD-ROM

Auf der beiliegenden CD-ROM finden Sie eine Reihe von echten »Softwareschätzen«, die Ihnen die tägliche Arbeit am PC sehr erleichtern werden. Dabei erhalten Sie sowohl Tools für die Diagnose des Rechners als auch Anwendungen, mit denen Sie Ihre Windows-Umgebung sicherer gestalten können. Ein besonderes Schmankerl ist die Vollversion von Nuts & Bolts, die Ihnen mit Diagnose- und Datenrettungsprogrammen hilfreich zur Seite steht. Auf den folgenden Seiten finden Sie eine Auflistung der Programme auf CD-ROM.

C.1 Nuts & Bolts

Mit dieser Software von Network Associates erhalten Sie eine Sammlung von Programmen, mit der Sie die Leistung und Geschwindigkeit Ihres Rechners erhalten oder auch steigern können. Zusätzlich bieten Tools zur Wiederherstellung von Daten einen zusätzlichen Schutz Ihres Systems. Auch Programmabstürze durch fehlerhafte Anwendungen werden aufgefangen, und in vielen Fällen ist das System in der Lage, nach einem Crash, der ohne Nuts & Bolts unweigerlich zum Systemabsturz des PCs geführt hätte, wieder normal weiter zu arbeiten. Dabei können auch eingefrorene Anwendungen wieder zum Leben »erweckt« werden, um beispielsweise noch eine Sicherung der erstellten Dokumente durchführen zu können. Network Associates unterteilt Nuts & Bolts in die folgenden Anwendungsbereiche:

- *Reparieren und Wiederherstellen*
- *Säubern und Optimieren*
- *Schutz des Systems*
- *Sichern und Verwalten*

In dieser Reihenfolge möchte ich die einzelnen Teilmodule entsprechend vorstellen, denn bei Nuts & Bolts handelt es sich um eine Sammlung von Tools, die jeweils für einen bestimmten Anwendungszweck konzipiert wurden und nur bei Bedarf aufgerufen werden. Dabei ist die Sammlung vom Funktionsumfang mit den Norton Utilities vergleichbar, auch wenn nicht auf die lange Historie des Symantec-Produktes zurückgeblickt werden kann.

Abb. C.1: Der Startbildschirm von *Nuts & Bolts*

Die Installation

Das Programm wird wie gewohnt über ein Setup von der CD-ROM (Verzeichnis \NUTS) installiert. Nach dem Begrüßungsbildschirm und der Zustimmung zum Lizenzvertrag haben Sie die Wahl zwischen der benutzerdefinierten und der Express-Installation. Ich rate an dieser Stelle zur benutzerdefinierten Installation, da Sie hier alle zu installierenden Programmteile einzeln markieren können. Dazu erscheinen einige Dialogfenster, in denen entsprechende Kontrollkästchen bereitstehen. Weil nämlich Nuts & Bolts einige Anwendungen mitbringt, die Sie vielleicht schon durch eigenständige Programme einsetzen, sollten Sie Ihre Festplatte nicht unnötig mit Daten füllen. Dazu gehört beispielsweise ein ZIP-Manager für die Verwaltung von ZIP-Archiven, eine Dateiverschlüsselung und die Antivirensoftware von McAfee. Nach der Installation wird der PC neu gestartet, und nach dem nächsten Systemstart stehen die Anwendungen zur Verfügung. Über den *Autostart*-Ordner werden einige Programme wie Absturzschutz, Anwendungsschnellstart, Löschungsschutz und einiges mehr gestartet.

Reparieren und Wiederherstellen

Im Laufe der Zeit ändern sich die Daten, die Sie auf der Festplatte speichern, und zwar nicht nur beim Speichern oder Ändern von Dokumenten, sondern auch beim Installieren, Aktualisieren oder Deinstallieren von Anwendungen. Dabei kann es vorkommen, daß wichtige Informationen wie etwa der Master-Boot-Datensatz, der zum Starten des PC benötigt wird, beschädigt werden.

Theoretisch sollten alle Anwendungen ohne Konflikte nebeneinander laufen, Daten an den richtigen Stellen speichern und sich auch sonst entsprechend den Regeln verhalten. Praktisch ist dies nicht immer der Fall. Das Ergebnis können beschädigte Daten sein, die den Start von Windows oder noch schlimmer den des PCs verhindern.

Die Festplattenüberwachung

Mit der *Festplattenüberwachung* können Sie auf sichere, einfache und schnelle Weise Fehler auf Ihren Festplattenlaufwerken erkennen und beheben. Die Festplattenüberwachung prüft folgende Komponenten und behebt etwaige Fehler dann automatisch oder interaktiv: Partitionstabellen, Dateizuordnungstabellen (FATs), Bootsektoren, erweiterte Bootsektoren, Komprimierungs- und Verzeichnisstrukturen, Dateiangaben wie Name, Datum und Uhrzeit sowie Zuordnungseinheiten. Eine Zuordnungseinheit ist die kleinste Speichereinheit auf der Festplatte unter DOS, die aus vier oder mehr Sektoren besteht. Die Festplattenüberwachung sucht außerdem nach doppelten und Nicht-ANSI-Dateinamen und kann die Integrität der Festplattensektoren prüfen, indem eine Schreib-/Leseprüfung auf der gesamten beschreibbaren Oberfläche durchgeführt wird.

Welche Vorteile bietet Festplattenüberwachung gegenüber ScanDisk, das im Lieferumfang von DOS und Windows enthalten ist?

- ScanDisk kann schwerwiegende Fehler in der Partitionstabelle oder den Bootsektoren nicht beheben.
- ScanDisk korrigiert weniger schwerwiegende Fehler (querverbundene Dateien und Größenfehler) nicht vollständig und behebt den eigentlichen Fehler überhaupt nicht.
- ScanDisk übersieht viele geringere Fehler, die den Betrieb von Windows negativ beeinflussen können, z. B. Nicht-ANSI-Dateien.
- Festplattenüberwachung überprüft Festplatten ungefähr doppelt so schnell wie ScanDisk, was einen häufigeren Einsatz attraktiver macht.

Sofort nach einem Systemabsturz oder bei der Meldung, daß auf eine Datei nicht zugegriffen werden kann, sollten Sie die Festplattenüberwachung durchführen lassen. Dabei wird die Integrität der Festplatte geprüft, auf der die Datei gespeichert sind. Je früher Sie einen Festplattenfehler beheben, desto geringer ist die Wahrscheinlichkeit eines späteren schwerwiegenden Fehlers.

Abb. C.2: Die Festplattenüberwachung bei der Arbeit

Es gibt drei Optionen für den Betrieb von Festplattenüberwachung:

- *Fehler automatisch mit Standardeinstellungen beheben*: Wenn Sie erst wenig Erfahrung mit PCs besitzen und sich nicht sicher sind, welche Fehler behoben werden sollen, oder wenn Sie sich nicht die Zeit nehmen können, die Fehlerbehebung zu überwachen, können Sie Festplattenüberwachung Fehler automatisch beheben lassen. Sie können entweder die Option *Fehler automatisch mit Standardeinstellungen beheben* im Dialogfenster *Festplattenüberwachung* oder die Option *Fehler automatisch beheben* im Dialogfenster *Eigenschaften von Festplattenüberwachung* wählen. Während des Reparaturvorgangs prüft die Festplattenüberwachung die Daten auf den ausgewählten Festplatten und behebt etwaige Fehler ohne Bestätigungsmeldung. Wenn Sie diese Option wählen, können Sie die Festplattenüberwachung ausführen und dann Ihren PC verlassen, z. B. bevor Sie abends nach Hause gehen.

- *Nur Fehler melden*: Besitzen Sie etwas Erfahrung im Umgang mit PCs, können Sie sich die gefundenen Fehler anzeigen lassen und dann entscheiden, was geschehen soll. Wählen Sie die Option *Nur Fehler melden* im Dialogfenster *Festplattenüberwachung Eigenschaften*, wenn Sie einen ausführlichen Bericht über die gefundenen Fehler erhalten möchten. Haben Sie diese Option gewählt und auf *Start* geklickt, prüft die Festplattenüberwachung die Daten auf der Festplatte und gibt einen ausführlichen Bericht aus. Es werden noch keine Änderungen an der Festplatte vorgenommen. Sie können den Bericht ausdrucken oder als Textdatei speichern. Der Bericht enthält Informationen darüber, ob und wie Festplattenfehler behoben werden sollten.

- *Fehler interaktiv beheben*: Wenn Sie das Kontrollkästchen *Fehler automatisch mit Standardeinstellungen beheben* im Festplattenüberwachung-Fenster deaktivieren, führt die Festplattenüberwachung einen interaktiven Festplattenreparaturvorgang aus. Bei jedem gefundenen Fehler wird eine Meldung ausgegeben, die die Fehlersituation beschreibt und Lösungsvorschläge angibt. Sie können dann entscheiden, ob und wie der Fehler behoben werden soll.

Hinweis

Nuts & Bolts beinhaltet jeweils eine Version der Festplattenüberwachung für DOS, Windows 3.1x und Windows 95. Wenn Sie einen Fehler auf der Festplatte vermuten, führen Sie die Festplattenüberwachung unter Windows aus. Können Sie wegen des Fehlers Windows nicht starten, oder ist das System abgestürzt, führen Sie die Festplattenüberwachung zuerst unter DOS aus. Wenn Sie Windows wieder starten können, führen Sie Festplattenüberwachung unter Windows erneut aus, um restliche Fehler zu beheben.

Unter DOS wird das Programm im Verzeichnis C:\PROGRAMME\NUTS&BOLTS\ über folgenden Befehl gestartet:

```
DMDOS.EXE
```

Haben Sie über den Anwendungsschnellstart eine Rettungsdiskette erstellen lassen, befindet sich die Festplattenüberwachung ebenfalls auf der Diskette. Aufgrund der oben beschriebenen Vorteile des Programms gegenüber ScanDisk sollten Sie im Fehlerfall nicht das Original der Windows-Startdiskette verwenden.

Sicherungsdienst

Obwohl dies selten vorkommt, können die Daten auf der Festplatte durch verschiedene Umstände beschädigt werden. Es kann beispielsweise bei Arbeiten an der Stromversorgung zu Spannungsspitzen kommen. Auch wenn Sie Computer und Modem über eine Überspannungsschutzschaltung angeschlossen haben, können Spannungsspitzen trotzdem noch Ihren PC erreichen und Daten beschädigen.

Mit Hilfe des Nuts & Bolts-Dienstprogramms *Sicherungsdienst* können Sie einen »Schnappschuß« der wichtigsten Festplattenbereiche erstellen. Sollte ein Fehler auftreten, möchten Sie sicher die aktuellsten Daten wiederherstellen und nicht auf eine länger zurückliegende Sicherungskopie zugreifen. Haben Sie mit Hilfe von Sicherungsdienst ein Abbild der wichtigsten Daten auf den Laufwerken erstellt, können Sie mit der Funktion *Wiederherstellen* die aktuellste Version Ihrer Daten wiederherstellen, falls ein Laufwerk beschädigt wird.

Sicherungsdienst speichert Daten, die im Falle eines Festplattenabsturzes benötigt werden, u.a. Boot-Datensatz, Partitionstabellen und FAT-Informationen. Es wird empfohlen, den Sicherungsdienst täglich auszuführen, und zusätzlich noch, wenn Sie die Dateien auf einer Festplatte mit Hilfe der *Festplattenoptimierung* umorganisiert haben. Damit ist sichergestellt, daß Sie mit der Sicherungsdienst-Funktion *Wiederherstellen* den letzten Stand der Dateien und Ordner wiederherstellen können. Der Sicherungsdienst speichert die Daten in einer Datei auf der Festplatte. Diese Datei wird mit einem speziellen Verfahren (Patent angemeldet) erstellt und kann auch dann wiederhergestellt werden, wenn die Hardware ernsthaft beschädigt ist.

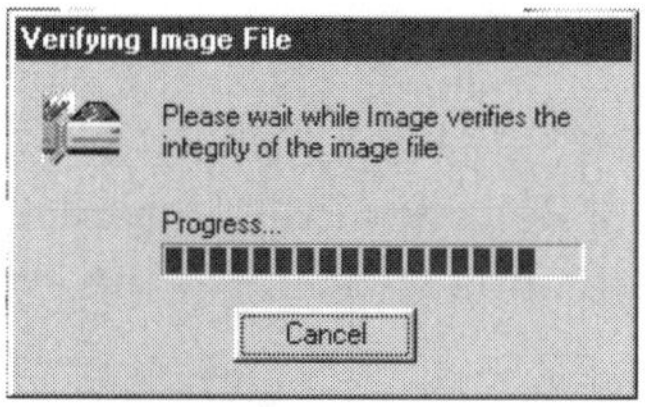

Abb. C.3:
Der Sicherungsdienst überprüft die Integrität der Abbilddatei

Systeminformationen

Systeminformationen ist ein hilfreiches Dienstprogramm, mit dem Sie eine Vielzahl von Detailinformationen des Rechners einsehen und Benchmark-Tests sowie Diagnoseroutinen ausführen können. Es kann als Universalwerkzeug für die Systemanalyse eingesetzt werden. Es hilft Ihnen, die Hardware- und Software-Konfiguration Ihres PCs zu verstehen und Ihren PC vorzubereiten, zu analysieren und zu konfigurieren. Alle erforderlichen Informationen werden zur Verfügung gestellt, damit der verfügbare Speicher optimal genutzt wird.

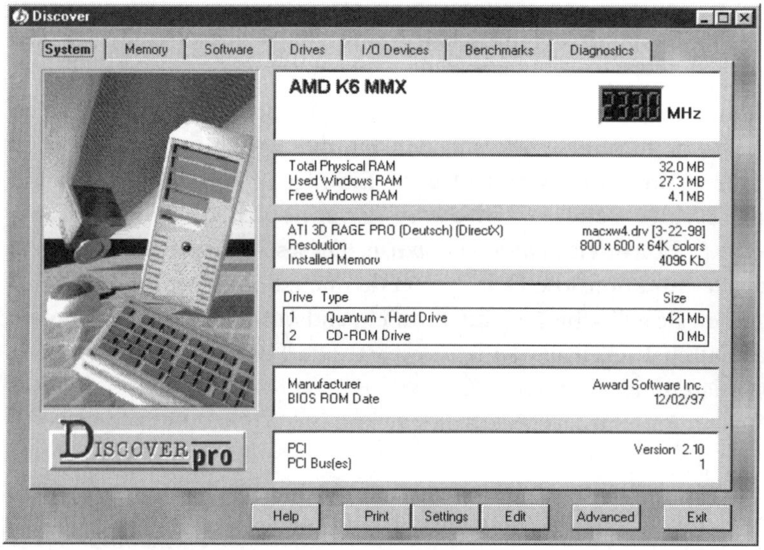

Abb. C.4: Den Systeminformationen entnehmen Sie weitreichende Angaben zur vorhandenen Hardware

Das Programm zeigt nicht wie andere System-Tools einfach nur die von Windows erhaltenen Informationen an, es testet auch die Hardware und Software des Systems. In den einzelnen Registern stehen umfangreiche Informationen zu den Hardwarekomponenten zur Verfügung. Hinter dem Register »*Diagnose*« verbirgt sich ein umfassender Test der vorhandenen Hardware, der beim Aufspüren von Problemen und Fehlern hilfreiche Dienste leisten kann.

Säubern und Optimieren

In diesem Abschnitt erhalten Sie Einblicke, wie Sie mit Nuts & Bolts den PC optimieren und warten, damit seine Leistungsfähigkeit stets voll zur Verfügung steht. Das Nuts & Bolts-Paket *Säubern und optimieren* enthält fünf Programme:

Säuberungsexperte

Früher oder später wird der Speicherplatz auf Ihrer Festplatte knapp werden. Während die Festplatte immer voller wird, verlangsamt sich das System – durch Fragmentierung – und kann schließlich sogar abstürzen. Hier gilt es, in regelmäßigen Abständen nicht benötigte Dateien vom Datenträger zu entfernen und so das Laufwerk wieder zu entlasten.

Um das System zu säubern und zu optimieren, müssen zunächst alle auf der Festplatte gespeicherten Dateien daraufhin überprüft werden, ob sie noch benötigt werden. Es befinden sich darunter wahrscheinlich viele, die Sie nicht benutzen, zum Beispiel Sound-Dateien, alte Datendateien und Programme, mit denen Sie selten arbeiten. Viele Programme bedienen sich der gleichen Dateien (etwa zum Abspielen von Videos oder zum Lesen von Clipart-Bibliotheken). Außerdem bleiben oft noch Teile zurück, wenn Sie Programme vom Computer entfernen. Diese haben keinerlei Funktion, sie verschwenden lediglich Platz. Vor allem, wenn unter Windows 95/98 ältere Windows 3.x-Anwendungen weiter verwendet werden, besteht selten die Möglichkeit, die Anwendung wieder vollständig vom Datenträger zu entfernen, wozu auch die Einträge in den Startdateien und der WIN.INI oder SYSTEM.INI gehören. Um das System von solchen unnötigen Daten zu befreien, bietet Nuts & Bolts den *Säuberungsexperten*. Dieses Programm hilft Ihnen, überflüssige, doppelte oder funktionslose Dateien zu erkennen. Sobald Sie diese Dateien identifiziert haben, können sie gelöscht, (eventuell auf ein anderes Laufwerk) verschoben oder gepackt werden. Durch Packen wird Platz gespart. Die Dateien lassen sich aber, wenn nötig, dekomprimieren und weiterverwenden.

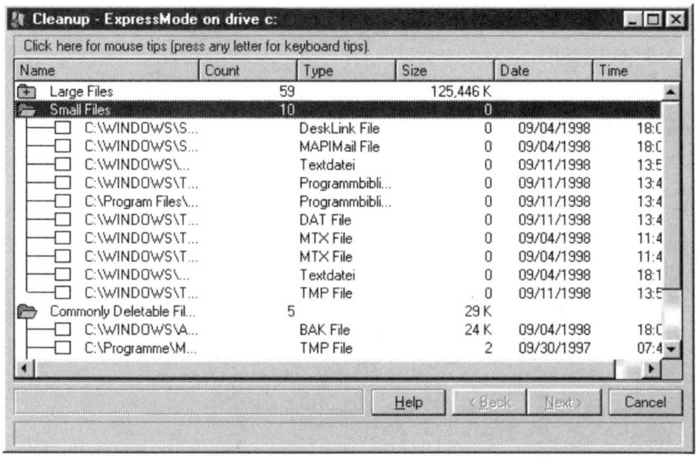

Abb. C.5: Der Säuberungsexperte hat auf dieser Festplatte ca. 10 MByte an temporären und Sicherungs-Dateien (*.BAK) entdeckt

Festplattenoptimierung

Nachdem Sie mit Hilfe des Säuberungsexperten Ihre Dateien aufgeräumt, die unnötigen entfernt oder komprimiert und Platz auf der Festplatte freigemacht haben, gilt es als nächstes, die Ablage der Dateien auf der Festplatte zu optimieren. Dadurch, daß Sie Daten auf der Festplatte (oder einem anderen Medium) speichern, ändern oder löschen und Programme hinzufügen oder entfernen, werden die vorhandenen Daten nach und nach fragmentiert. Die Daten einer Datei werden nicht mehr sämtlich an einer Stelle gespeichert, sondern über die Festplatte verstreut. Ebenso wird der verfügbare Speicherplatz für neue Daten auseinandergerissen, so daß auch die neuen Daten nicht zusammenhängend abgelegt werden. Bei zunehmender Fragmentierung braucht der Computer immer länger, um alle Teile zu finden, aus denen sich die benötigten Dateien zusammensetzen. Die Systemleistung wird dadurch herabgesetzt. Das Dienstprogramm *Festplattenoptimierung* optimiert Festplatten und verbessert die Leistung des Computers, indem es die Daten auf dem Datenträger so günstig wie möglich ordnet. Es stellt sicher, daß einzelne Dateien zusammenhängend gespeichert werden, um einen raschen Zugriff darauf zu ermöglichen. Der freie Speicherplatz wird getrennt von den Dateien in einem Block zusammengefaßt, so daß neue Daten schnell auf die Festplatte geschrieben werden können. Die Dateien, die Sie am häufigsten benutzen, werden an den Anfang der Festplatte gestellt, damit sie leicht abrufbar sind. Die Festplattenoptimierung defragmentiert auch die Auslagerungsdatei von Windows. In dieser Datei legt Windows Daten vorübergehend ab, so daß Speicher für andere Anwendungen frei wird. Eine fragmentierte Auslagerungsdatei beeinträchtigt die Systemleistung. Sie sollten Festplattenoptimierung ausführen, sobald das Festplattenlaufwerk zu mehr als zwei bis drei Prozent fragmentiert ist. Beim Start prüft Festplattenoptimierung das Laufwerk und empfiehlt dann die geeignetste Methode der Defragmentierung und Optimierung.

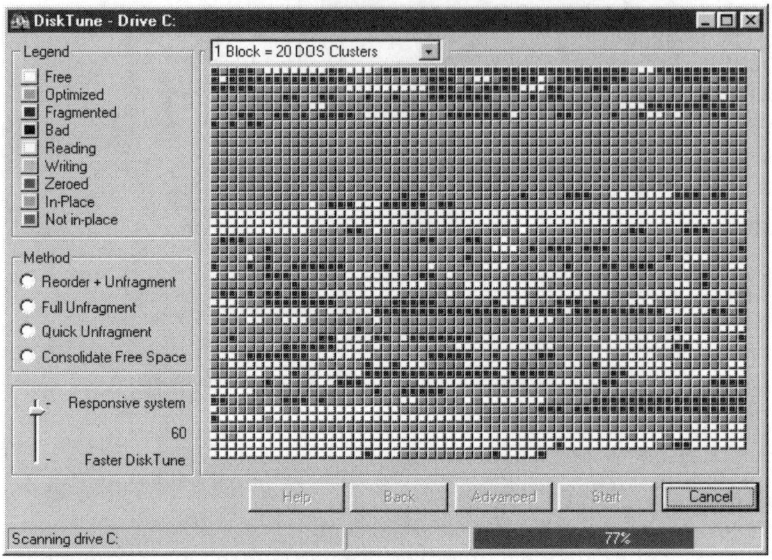

Abb. C.6: Die Festplattenoptimierung bei der Arbeit

Registrierungsassistent

Mit dem Dienstprogramm *Registrierungsassistent* (nur für Windows 95/98) ist es ein Leichtes, die Registrierungsdatenbank von Windows zu warten, nach Fehlern darin zu suchen und Einträge zu reparieren. Die Registrierung von Windows 95/98 ist eine Datenbank, die viele der Funktionen ersetzt, die sich unter Windows 3.x in den Dateien AUTOEXEC.BAT, CONFIG.SYS und *.INI befinden. Sie enthält alle Daten zur Hardware, zum System, zu den Programmen und Benutzereinstellungen auf dem PC. Jedesmal, wenn Sie neue Hardware oder Software hinzufügen, wird die Registrierung aktualisiert. Mitunter können diese Änderungen andere Komponenten beeinträchtigen oder zu Problemen mit anderen Aspekten des Systems führen. Der *Registrierungsassistent* hilft bei der Fehlerbeseitigung und der Wartung der Windows-Registrierung und sorgt dafür, daß sie für die maximale Systemleistung optimiert ist. Bei der Wartung geht es darum, unnötige Objekte zu entfernen und sicherzustellen, daß alle Einträge auf tatsächlich vorhandene Dateien verweisen. Weiterhin wird die Registrierung geordnet und zusammengehörende Objekte gruppiert, so daß die Gesamtgröße der Datenbank verringert wird. So kann auf die einzelnen Daten schneller zugegriffen werden, und die Arbeitsgeschwindigkeit des Rechners steigt. Im ersten Schritt sollte die Registrierung gesäubert werden. Dazu muß nach Objekten gesucht werden, die sich ohne Risiko aus der Registrierung entfernen lassen, wie z. B. Einträge für zuletzt geöffnete Dokumente, den Tip des Tages oder die Ausführen-Liste. Als nächstes ist die Registrierung zu reparieren, d.h., alle Registrierungseinträge, die auf verschobene Dateien oder nicht mehr vorhandene Objekte weisen, müssen korrigiert oder gelöscht werden. Nachdem unnötige Einträge entfernt und die übrigen repariert wurden, sollte die Registrierung optimiert werden, d.h., Lücken müssen geschlossen und zusammengehörige Objekte entsprechend gruppiert werden. Der Registrierungsassistent leitet Sie Schritt für Schritt durch alle diese Aufgaben und führt sie für Sie aus.

Profi-Registrierung

Die *Profi-Registrierung* (nur für Windows 95/98) ist ein Programm für erfahrene Benutzer, mit dem sich in der Registrierungsdatenbank von Windows 95/98 Werte sowohl von Schlüsseln der obersten Ebene als auch von untergeordneten (Teil-)Schlüsseln bearbeiten lassen. Mit *Profi-Registrierung* – die vergleichbar mit REGEDIT ist – können Sie auch in Startdateien, die in der Registrierung eingetragen sind, Fehler suchen und reparieren. Sie können Registrierungsdateien importieren und exportieren, nach Einträgen mit bestimmten Zeichenfolgen oder auch nach verwaisten Einträgen suchen, d.h. nach Einträgen, die auf verschobene oder nicht mehr vorhandene Programme weisen.

Verknüpfungsassistent

Eine Verknüpfung ist eine Verbindung von einem Symbol zu einer Anwendung oder einer Dokumentdatei. Durch Doppelklicken eines Verknüpfungssymbols irgendwo auf dem Desktop wird die Datei, auf die das Symbol weist, geöffnet, wobei sie sich an einer beliebigen Stelle in der Verzeichnisstruktur befinden kann. Durch Verknüpfungen läßt sich bequem auf Dateien zugreifen, die an weniger zugänglichen Orten abgelegt sind, etwa in einem Ordner, der in mehrere andere Ordner verschachtelt ist.

Wenn von Ihnen oder von einer Anwendung eine Verknüpfung erstellt wird, definiert Windows 95/98 diese mit allen Daten, die zum Auffinden der Datei nötig sind. Dazu gehören Dateipfad sowie Erstellungsdatum und -zeit. Diese Daten werden gespeichert und abgerufen, wenn Sie auf die Verknüpfung doppelklicken. Mitunter kann Windows 95/98 die Datei, auf die eine Verknüpfung weist, nicht mehr finden, wodurch die Verknüpfung ungültig (und damit unbrauchbar) wird. Das passiert in folgenden Fällen:

- Die Datei wurde gelöscht.
- Die Datei wurde auf einen anderen Datenträger verschoben (etwa von Laufwerk C: auf Laufwerk D:).
- Die Datei befindet sich auf einem Datenträger, dessen Buchstabe sich geändert hat (z. B. bei der Zuordnung eines Netzlaufwerks).

Name und Symbol der Verknüpfung brauchen dagegen nicht mit der Datei, auf die gewiesen wird, übereinzustimmen. Hier läßt Windows 95/98 Änderungen zu. Windows 95/98 sucht nach der Datei, die in der Verknüpfung beschrieben ist, auch wenn sich der Dateipfad geändert hat. Wenn die Datei in einen anderen Ordner auf dem gleichen Laufwerk verschoben wurde, kann Windows 95/98 sie anhand des Erstellungsdatums und der Erstellungszeit finden (die wahrscheinlich für keine andere Datei auf den Bruchteil einer Sekunde genau die gleiche ist). Sie können auch selber nach der Datei suchen. Wenn Windows 95 die Datei nicht finden kann, erscheint eine Fehlermeldung für die Verknüpfung, in der ggf. die ähnlichste Datei, die gefunden wurde, aufgeführt ist. Sie können die Verknüpfung aktualisieren, so daß sie auf die gefundene ähnliche Datei weist. Mit der Zeit sammelt sich auf dem System eine Anzahl ungültiger Verknüpfungen an, weil die zugehörigen Dateien verschoben oder gelöscht wurden. Diese verwaisten Verknüpfungen belegen unnötig Speicherplatz und machen den Arbeitsplatz unübersichtlich. Mit dem Programm *Verknüpfungsassistent* können Sie solche Verknüpfungen schnell und einfach in Ordnung bringen oder löschen.

Schutz des Systems

Bei der intensiven Arbeit mit Windows 95/98 erscheinen früher oder später Fehlermeldungen, die häufig durch das Fehlverhalten von Programmen erzeugt werden. Wie Sie das Problem beheben können, hängt von der Ursache und vom Grad des Fehlers ab. Normalerweise wird beim Auftreten von Fehlern ein Programm geschlossen. Wenn es sich um kleine Fehler handelt, ist es meistens möglich, durch Schließen und Neustarten der Anwendung die Daten wiederherzustellen und fortzufahren. In seltenen Fällen kann es vorkommen, daß schwerwiegende Fehler den Neustart der Anwendung oder gar des PCs nicht zulassen. Das Programmpaket *Schutz des Systems* untersucht das System auf solche Fehler, bevor sie zu echten Problemen werden.

Absturzschutz

Der *Absturzschutz* ist ein Programm zum Schutz vor Systemabsturz und zur Wiederherstellung von Daten. Es kommt zum Einsatz, wenn wichtige Bereiche des System-Speichers versehentlich von fehlerhaften Anwendungsprogrammen überschrieben wurden. Weiterhin können abgestürzte oder nicht reagierende Anwendung neu gestartet und so die Daten wieder hergestellt werden. Wenn eine Anwendung versucht, wichtige RAM-Bereiche des Systems zu überschreiben, erzeugt der Absturzschutz einen Fehler und zeigt ein Dialogfeld an, in dem Sie die fehlerhafte Anwendung schließen oder erneut aufrufen können, um die Daten vor dem Schließen zu speichern.

Winstrument

Winstrument ist ein während der gesamten Arbeitssitzung aktives Dienstprogramm, das die Auslastung von Windows und Anwendungen auf Ihrem System überwacht und Sie auf mögliche Probleme hinweist. Die Systeminformationen werden Ihnen in Form von Instrumenten angezeigt. Sie können bestimmen, was mit Hilfe welcher Instrumente überwacht wird und, am wichtigsten, wann Sie bei Überschreiten der festgelegten Schwellwerte benachrichtigt werden. Sie können ein oder mehrere Instrumente gleichzeitig aktivieren, wobei jedes Instrument einen anderen Aspekt des Systemstatus überwacht. Welche und wieviel Instrumente Sie verwenden wollen, hängt von Ihrem Erfahrungsstand bzw. den Anforderungen Ihrer Projekte ab. Durch die Verwendung von *Winstrument* und die Anpassung der einzelnen Instrumente werden Sie vor potentiellen Problemen rechtzeitig gewarnt, so daß Sie die entsprechenden Schritte einleiten können. Dazu gehören sofortiges Speichern Ihrer Daten, Schließen von nicht benötigten Programmen und andere Maßnahmen, die eine Verlangsamung des Systembetriebs, Abstürze oder Aufhängen des Systems verhindern. Außerdem können Symbole und Ordner auf *Winstrument* gezogen werden, so daß Sie das Programm gleichzeitig zur Systemüberwachung und zum Starten von Anwendungen verwenden können.

Die wichtigsten Instrumente sind:

- *Systemressourcen*: Das Instrument *Systemressourcen* überwacht verschiedene kleine Arbeitsspeicherbereiche, die von Windows verwendet werden. Eine vollständige Belegung eines solchen Bereichs kann zu einem Systemabsturz führen. Durch Schließen von Anwendungen können Sie mehr Systemressourcen verfügbar machen.

- *Virtueller Speicher*: Das Instrument *Virtueller Speicher* überwacht die Belegung der Auslagerungsdatei auf der Festplatte. Je öfter auf die Auslagerungsdatei zugegriffen wird, desto langsamer läuft das System. Eine vollständige Belegung des für die Auslagerungsdatei reservierten Speicherplatzes kann zu einem Systemabsturz führen. Wenn Sie feststellen, daß Ihr virtueller Speicher oft stark belegt ist, sollten Sie mehr RAM installieren und den Speicherplatz auf dem Windows-Laufwerk erhöhen.

- *Auslagerungsdatei-Anforderungen*: Das Instrument *Auslagerungsdatei-Anforderungen* überwacht, wie oft Windows auf die Auslagerungsdatei zugreift. Je öfter auf die Auslagerungsdatei zugegriffen wird, desto langsamer läuft das System.

- *Festplattenkapazität*: Das Instrument *Festplattenkapazität* überwacht den auf Ihren Laufwerken verfügbaren Speicherplatz. Falls der freie Speicherplatz auf einem Datenträger erschöpft ist, während ein Programm darauf zugreift, kann es zu einem Systemabsturz kommen.

Abb. C.7: Die Überwachung wichtiger Systemparameter wird hier detailliert angezeigt

Sichern und Verwalten

In diesem Abschnitt wird erklärt, wie Sie mit Nuts & Bolts Daten so sichern können, daß Unbefugte nicht darauf zugreifen können. Außerdem wird beschrieben, wie Sie Benutzeroberfläche und Funktionen von Windows ändern können, wie Sie häufig gebrauchte Programme, Dokumente und Ordner am besten speichern und wie Sie Daten schnell und effizient archivieren oder durch andere ersetzen können. Das Programmpaket *Sichern und Verwalten* enthält u.a. folgende Programme:

Einfaches Setup

Mit *Einfaches Setup* können Sie das Aussehen von Windows 95/98 (den Desktop, die Programme, die beim Start erscheinen, Symbole, Start- und Schlußbildschirm usw.) nach Wunsch einstellen. Sie können die Objekte dort einfacher verändern als in der Systemsteuerung von Windows 95. *Einfaches Setup* enthält folgende Register:

- *System*: Im Register *System* können Sie einstellen, wie sich Windows beim Systemstart verhält. Sie können zum Beispiel wählen, ob beim Starten und Schließen von Windows Logos angezeigt werden, und wie diese aussehen sollen. Weiterhin können Sie den Festplattenscanner (ScanDisk oder Disk Minder) auswählen, der immer dann vor dem Start von Windows zur Ausführung kommt, wenn zuvor kein ordnungsgemäßer Systemabschluß durchgeführt wurde (z. B. bei Systemabsturz).

- *Explorer*: Im Register *Explorer* können Sie die Funktionen des Windows-Explorers wie die Anzeigegeschwindigkeit der Menüs, Verknüpfungen, Anzeige zuletzt genutzter Funktionen und andere Einstellungen definieren.

- *Desktop*: Im Register *Desktop* können Sie Symbole für den Desktop hinzufügen, ausblenden oder umbenennen. Auch die Eigenschaften von Programmsymbolen und die Empfindlichkeit der Maus beim Doppelklicken und Ziehen können Sie hier verändern. Außerdem können Sie auswählen, ob Audio- und Programm-CD-

ROMs automatisch geöffnet und ob Verknüpfungsnamen über mehrere Zeilen angezeigt werden sollen.

- *Ausführen/Hinzufügen/Entfernen*: Im Register *Ausführen/Hinzufügen/Entfernen* können Sie die Eigenschaften von Programmen, die automatisch mit Windows gestartet werden bzw. die im Startmenü unter Programme erscheinen, hinzufügen, entfernen, verändern oder auswählen.
- *Senden an*: Im Register *Senden an* können Sie die Eigenschaften der Optionen, die im Arbeitsplatz in Datei Senden an erscheinen, hinzufügen, entfernen, verändern oder auswählen. Dort wird angegeben, wohin die in einem Laufwerksfenster im Arbeitsplatz ausgewählten Dateien gesendet werden sollen. Sie können dort zum Beispiel Anwendungsprogramme oder Ordner hinzufügen.

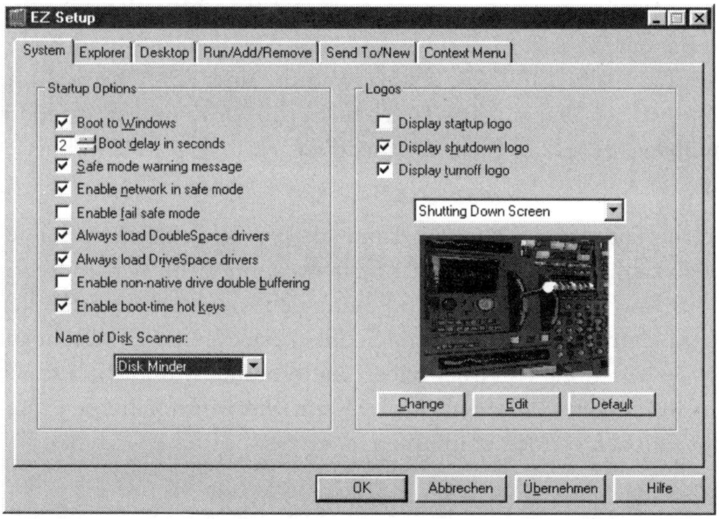

Abb. C.8: Wichtige Systemparameter können Sie über die hier gezeigten Register konfigurieren

Verschlüsselung

Mit *Verschlüsselung* können Sie vertrauliche Dateien so verschlüsseln, daß kein Unbefugter auf sie zugreifen kann. Diese Funktion ist besonders dann nützlich, wenn Sie persönliche oder andere nicht öffentliche Daten auf Ihrem Rechner speichern, bzw. wenn Sie Dateien (zum Beispiel über das Internet) an andere versenden wollen. Wenn Sie das Symbol für Verschlüsselung auf Ihrem Desktop haben, können Sie zu verschlüsselnde Dateien einfach mit der Maus darauf ziehen; dadurch wird *Verschlüsselung* automatisch geöffnet.

Bei der Verschlüsselung wird einfacher Text in kodierten Text umgewandelt. Die Verschlüsselung verwendet einen Algorithmus (entweder Blowfish oder DES) sowie einen geheimen Schlüssel, um pseudozufällige Bitsequenzen zu erzeugen, die mit dem Text in der Datei zu einem verschlüsselten Text kombiniert werden. Der Empfänger verwendet den gleichen Algorithmus und Schlüssel, um die Datei wieder zu entschlüsseln. Der Vorgang der Verschlüsselung wird also umgekehrt – dies nennt man auch *symmetrische Verschlüsselung*. Dabei werden die pseudozufälligen Bitsequenzen, die vorher hinzugefügt wurden, wieder aus der Datei entfernt, um die ursprüngliche Datei wiederherzustellen.

Mit der Verschlüsselung von Nuts & Bolts können Sie verschlüsselte Dateien auch an Empfänger versenden, die nicht im Besitz des Programms sind, indem Sie eine selbstentschlüsselnde EXE-Datei erzeugen. Bei solchen Dateien wird ein Entschlüsselungsprogramm mit dem Dokument verbunden. Beim Aufrufen des Programms wird zunächst nach dem Kennwort gefragt. Nach Eingabe des korrekten Kennworts wird die Datei entschlüsselt.

Sowohl das Programm *Verschlüsselung* selbst als auch die damit verschlüsselten Dateien sind kennwortgeschützt. Bei der Wahl des Kennworts müssen Sie die Groß- und Kleinschreibung beachten: TEXT5VERWALTUNG, text5verwaltung und TEXT5verwaltung sind drei verschiedene Kennwörter. Prägen Sie sich also nicht nur das Kennwort, sondern auch dessen genaue Schreibweise ein. Zur Sicherheit wird das Kennwort in Verschlüsselung zweimal eingegeben.

Wählen Sie Ihr Kennwort sorgfältig, und achten Sie darauf, daß es nicht einfach von anderen herausgefunden werden kann. Zur Erhöhung der Sicherheit empfiehlt sich, in Kennwörtern eine Mischung aus Buchstaben, Ziffern und Symbolen wie Ausrufezeichen (!), Dollarzeichen ($) oder Und-Zeichen (&) zu verwenden. Das beste Kennwort besteht aus einer vollkommen zufälligen Mischung von Buchstaben, Ziffern und Symbolen, läßt sich aber natürlich nicht so leicht merken. Außerdem ist das Kennwort umso sicherer, je länger es ist; mindestens acht Zeichen werden empfohlen, noch besser sind 12 Zeichen.

Dateivernichter

Unter Windows werden Dateien in mehreren Abschnitten, sogenannten Clustern, die wiederum aus mehreren Sektoren bestehen, auf der Festplatte gespeichert. Windows speichert dabei in den beiden Kopien der Dateizuordnungstabelle (FAT) einen Index, der auf diese Cluster verweist. In der Dateizuordnungstabelle wird festgehalten, wo sich die einzelnen Abschnitte der Datei befinden, so daß sie von Anwendungsprogrammen gefunden werden können. Beim Löschen von Dateien werden nicht alle Informationen in der Datei von der Festplatte gelöscht. Windows macht lediglich die Cluster frei, in denen sich die Datei befunden hatte. Dadurch stehen diese Abschnitte in der FAT wieder zur Verfügung, und Anwendungsprogramme können Daten dort hineinschreiben. Das bedeutet, daß die Datei oder Teile davon auch nach dem Löschen noch rekonstruiert werden können. Mit Undelete-Programmen können gelöschte Dateien leicht wiederhergestellt werden, besonders unmittelbar nachdem sie gelöscht wurden, und bevor neue Daten in den von der gelöschten Datei genutzten Bereich geschrieben werden. Es kann vorkommen, daß Sie aus Gründen der Datensicherheit sichergehen wollen, daß eine Datei tatsächlich vollständig gelöscht wurde. Der *Dateivernichter* erledigt diese Aufgabe für Sie, indem gelöschte Dateien so beseitigt werden, daß sie auch mit Undelete-Programmen nicht wiederhergestellt werden können. Im Gegensatz zu anderen Programmen zum sicheren Löschen von Dateien löscht *Dateivernichter* sogar den Dateinamen und die komprimierten Daten auf DriveSpace-Laufwerken. Beachten Sie, daß es nicht möglich ist, Dateien, die sich auf einem Netzwerk befinden oder die mit einem anderen Komprimierungsprogramm als DriveSpace komprimiert wurden, mit absoluter Sicherheit zu löschen.

Außerdem werden mit dem Dateivernichter andere wichtige Informationen, die nicht direkt mit der Datei zusammenhängen und eventuell noch zugänglich sind, ebenfalls von der Festplatte gelöscht. Dazu gehören der freie Festplattenspeicher, der Datei-Slack sowie die Namen gelöschter Dateien. Mit Dateivernichter werden diese Daten für die ausgewählte Datei gelöscht. Es kann jedoch vorkommen, daß diese Informationen über andere, zuvor gelöschte Dateien noch vorhanden sind. Bei der Arbeit mit Dateien erstellt Windows temporäre Kopien der Arbeitsdatei, die später wieder gelöscht werden. Wenn Sie sichergehen wollen, daß keine vertraulichen Daten in den freien Festplattenbereichen versteckt sind, sollten Sie in regelmäßigen Abständen diese nicht dateibezogenen Daten mit dem Dateivernichter löschen. Danach können gelöschte Dateien nicht wiederhergestellt werden. Windows weist den Speicherplatz in Clustern zu, die wiederum aus Sektoren einer bestimmten Größe bestehen. Meist wird jedoch nicht sämtlicher zugewiesener Speicherplatz tatsächlich ausgenutzt. Der für eine Datei reservierte ungenutzte Speicherbereich wird Datei-Slack genannt. Er kann ebenso wie der freie Festplattenspeicher Daten aus gelöschten Dateien enthalten.

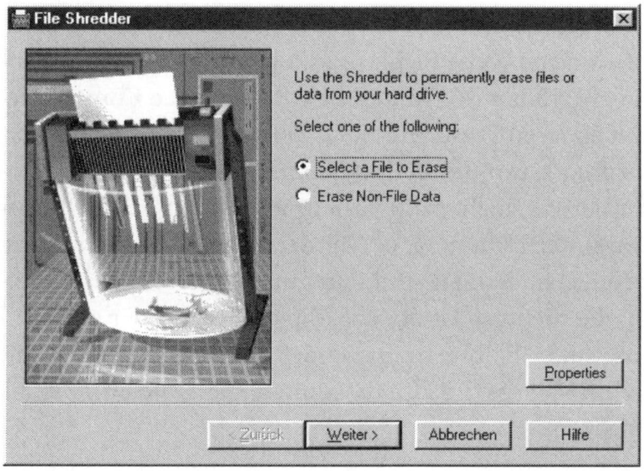

Abb. C.9: Mit Hilfe eines Assistenten wählen Sie die zu löschenden Dateien aus

Dateinamen können in Windows 95 bis zu 255 Zeichen lang sein und daher auch vertrauliche Informationen enthalten. Die Dateinamen werden in Windows beim Löschen einer Datei ebensowenig entfernt wie die darin enthaltenen Daten. Mit dem *Dateivernichter* können Sie die Namen der gelöschten Dateien ebenfalls löschen.

Zip-Manager

Zip-Dateien sind komprimierte Dateien, die weniger Speicherplatz benötigen als die Originaldateien. In einer Zip-Datei können eine oder mehrere Dateien enthalten sein. Sie können mehrere Dateien zu einer einzigen komprimierten Datei zusammenfassen. Der Zip-Manager besteht aus zwei verschiedenen Komponenten: Zip-Manager (Assistent) und Zip-Manager (erweitert). Der Zip-Manager (Assistent) bietet Ihnen alle Komprimierungsfunktionen, die Sie normalerweise benötigen. Sie werden Schritt für Schritt durch die Komprimierung und Dekomprimierung von Dateien geführt. Der erweiterte Zip-Manager ist für Anwender geeignet, die mehr Erfahrung im Umgang mit Dateien haben und unabhängig von einem Assistenten arbeiten möchten. Außerdem bietet es einige zusätzliche Funktionen, die in Zip-Manager (Assistent) nicht zur Verfügung stehen. Sie können Zip-Manager in Ihre Windows-Dateiverwaltung integrieren. Ziehen Sie die Dateien einfach auf das Symbol für Zip-Manager, oder drücken Sie die rechte Maustaste und übergeben Sie die Datei über das Menü Senden an in Windows 95 direkt an Zip-Manager. Es gibt viele Gründe, Dateien zu komprimieren. Erstens kann durch das Komprimieren von Dateien Platz auf der Festplatte gewonnen werden (dies empfiehlt sich besonders, wenn sie nicht häufig genutzt werden). Die komprimierten Dateien benötigen in der Regel nur etwa halb so viel Speicherplatz wie die Originale. Zweitens können durch Komprimierung zusammengehörige Dateien auf einfache Weise verwaltet und zu Archivierungszwecken gespeichert werden. Wenn Sie die Dateien zu einer komprimierten Datei zusammenfassen und auf einer 3,5-Zoll-Diskette (bzw. einem anderen Datenträger) abspeichern, können Sie auf einfache Weise Sicherungskopien Ihrer Datenbestände erstellen, ohne daß die Festplatte überfüllt wird. Weiterhin erleichtert die Komprimierung den Austausch von Dateien mit anderen Personen. Auch die meisten aus dem Internet bezogenen Dateien sind komprimiert, um die Übertragungszeit zu verringern. Außerdem können Sie durch Komprimierung auch große Datenmengen auf 3,5-Zoll-Disketten zwischen verschiedenen Computern übertragen. Mit dem Zip-Manager können Sie zudem selbstextrahierende Dateien erstellen. Sie sind sehr gut geeignet für den Dateiaustausch mit anderen Anwendern, die nicht im Besitz von Zip-Manager oder eines anderen Komprimierungsprogramms sind. Selbstextrahierende Dateien enthalten die Dekomprimierungsfunktion von Zip-Manager; dadurch können die Dateien sich auf dem anderen Computer selbst entpacken.

C.2 Boot 95/98

Mit den beiden Versionen *Boot 95* und *98* erhalten Sie zwei leistungsfähige Programme, mit denen Sie den Boot-Vorgang Ihres Rechners steuern und konfigurieren können. Gegenüber *Boot 95* wurde die *98*-Version um einige Features erweitert, die vor allem in Dual-Boot-Konfigurationen mit DOS und/oder Windows NT gute Dienste leisten, denn auch diese alternativen Betriebssysteme lassen eine Reihe von Bootoptionen zu, die mit der Software konfiguriert werden können. Bei der Installation kontrolliert das Programm bereits, ob sich die erwähnten Betriebssysteme ebenfalls neben Windows 95/98 auf der Festplatte befinden. Ist das der Fall, werden im Programmfenster die entsprechenden Register aktiviert. Bei den Einstellungen zum Start von Windows 95 werden vor allem die Parameter der MSDOS.SYS, die unter Windows 95/98 eine reine Textdatei darstellt, beeinflußt. Hier legen Sie das Windows-Verzeichnis und den Boot-Pfad des Betriebssystems fest. Auch das Boot-Menü für den Start in den geschützten oder DOS-Modus kann hier konfiguriert werden. Dazu zählt z. B. die Zeitdauer, die während des Boot-Vorganges auf den Aufruf des Boot-Menüs gewartet und die Zeit, die dem Anwender für die Auswahl einer Option gelassen wird. Auch die Defaulteinstellung für den Start kann vorgegeben werden, wenn keine Auswahl in der vorgegebenen Zeit im Boot-Menü vorgenommen wurde.

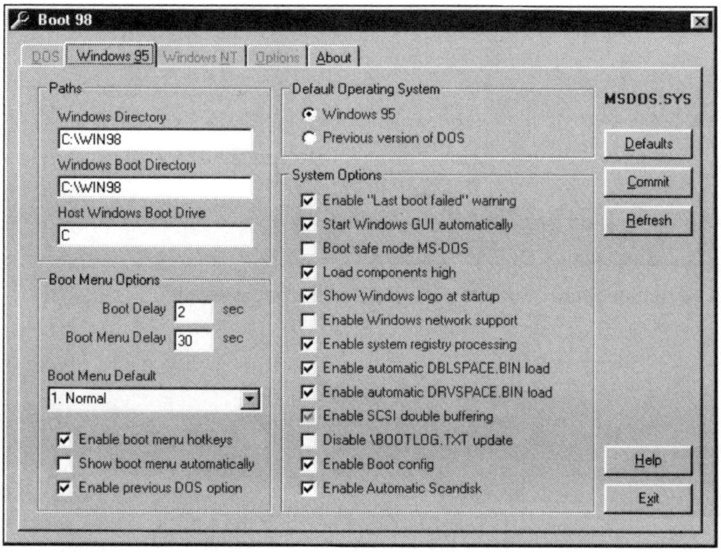

Abb. C.10: Das Programm *Boot 98* hilft bei der Konfiguration des Startvorganges

C.3 Techfacts 95

Mit diesem Programm erhalten Sie einen umfassenden Einblick in die internen Funktionen von Windows 95 und Windows NT. Dazu kommt der Monitor, der sowohl die CPU-Auslastung, den belegten Speicher und die noch zur Verfügung stehenden GDI- und User-Ressourcen anzeigt. Weiterhin können Prozesse eingesehen und beendet werden. Funktionen zum Sichern und Restaurieren des CMOS-RAMs stehen ebenfalls zur Verfügung. Auch auf die Booteinstellungen des Betriebssystems kann großer Einfluß genommen werden. Weitere Funktionen betreffen die Netzwerkumgebung, Multimedia oder die Auslastung der vorhandenen Festplatten. Dieses Programm ist besonders für den technischen Support gedacht, wobei die Daten sowohl per Fax oder E-Mail weitergegeben werden können.

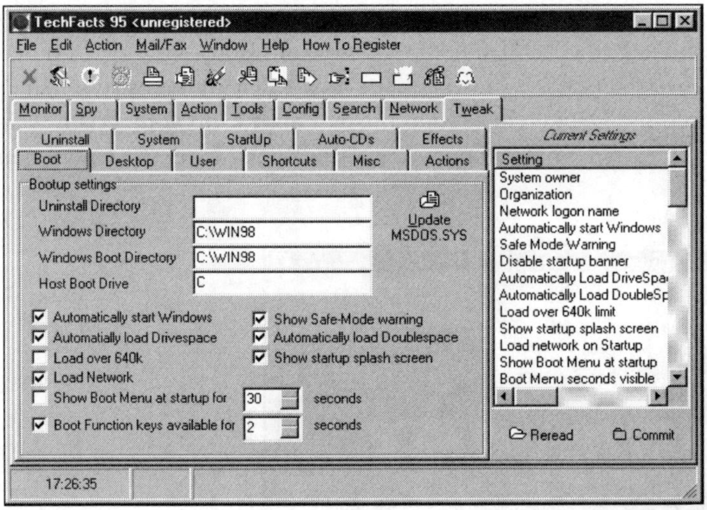

Abb. C.11: Mit *Techfacts 95* »durchleuchten« Sie Ihren PC und das Betriebssystem

C.4 Infopro

Infopro ist ein Analysetool für den eigenen PC mit umfangreichen Reportfunktionen. Sie erhalten sämtliche Komponenten des PCs detailliert angezeigt und viele Zusatzinformationen, wie beispielsweise BIOS-Revisionen, Versionsnummern und Treiberversionen. Zu den einzelnen Kategorien wie CPU, Festplatten, CD-ROM und Grafikkarte erhalten Sie Benchmarktests, um die Leistungsfähigkeit des Systems zu bewerten.

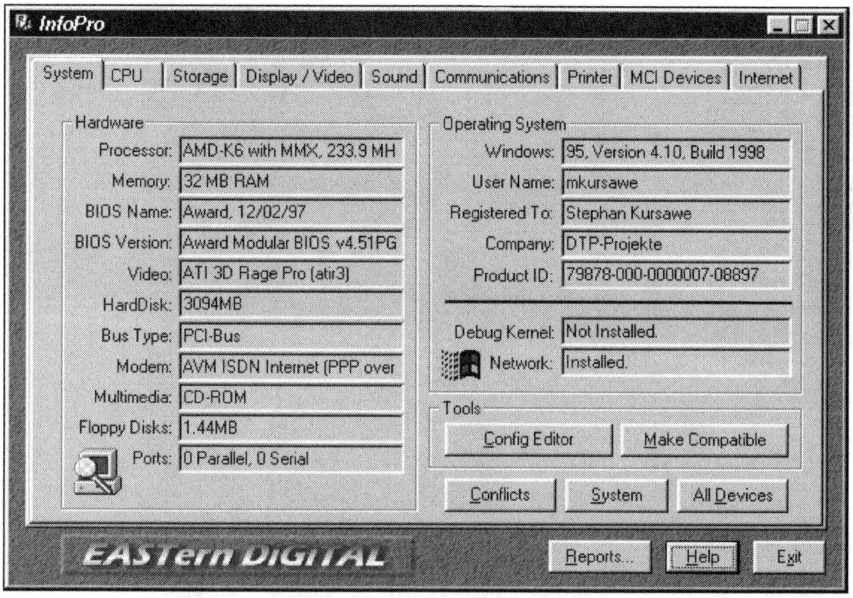

Abb. C.12: Mit *Infopro* überprüfen und testen Sie die vorhandene Hardware des Rechners

C.5 TweakBIOS

Das im Buch beschriebene Tool TweakBIOS zum Editieren der BIOS-Inhalte gibt umfangreichen Zugriff auf alle möglichen Optionen im BIOS, auch wenn der Hersteller Ihnen keine Menüpunkte dazu im CMOS-Setup bereitstellt. Das Programm ist eine echte Hilfe beim Tunen und Konfigurieren des Rechners. Sie können es direkt von der CD-ROM starten und alle Optionen aufrufen.

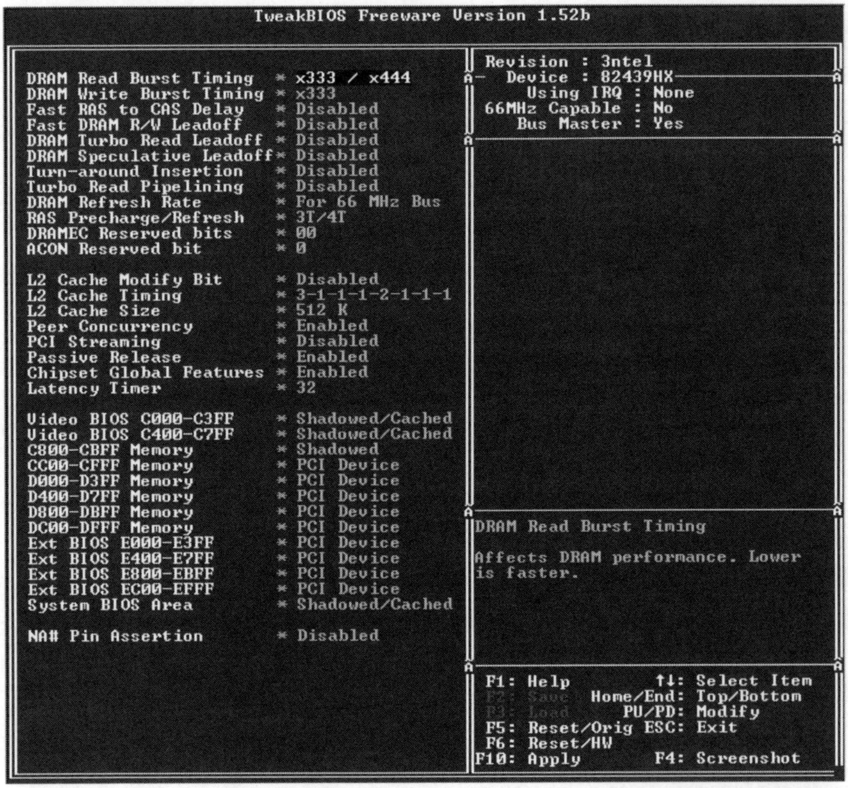

Abb. C.13: Auch mit älteren Chipsätzen (hier HX-Chipsatz) läßt sich *TweakBIOS* einsetzen

C.6 PC Analyser 1.91

Mit dem PC Analyser Version 1.91 erhalten Sie ein Test- und Benchmarkprogramm, das Ihnen einen umfangreichen Überblick über Ihren Rechner verschafft. Beispielsweise CPU, BIOS oder der vorhandene Chipsatz werden angezeigt. Das Programm sollte nur an der »echten« DOS-Eingabeaufforderung (keine DOS-Box) ausgeführt werden.

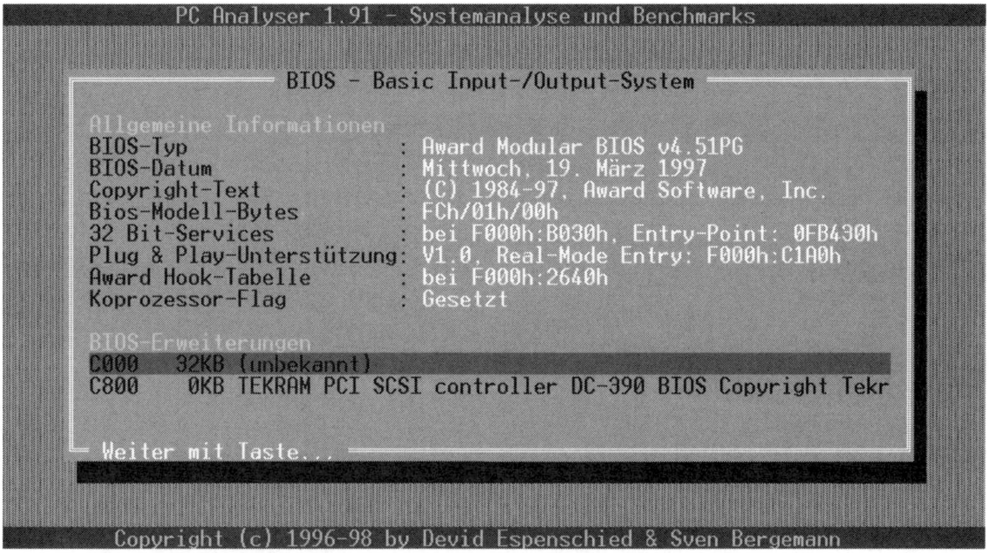

Abb. C.14: Der *PC Analyser* zeigt Ihnen Informationen zum verwendeten BIOS an

C.7 More Properties

Mit diesem Programm haben Sie die Möglichkeit, eine Vielzahl von Einstellungen unter Windows 95/NT vorzunehmen, die über das Standard-Interface nicht zugänglich sind. Diese sind beispielsweise kosmetischer Natur (Aussehen von Icons) oder können die Leistung des Systems steigern. Die einzelnen Punkte sind übersichtlich in Registern untergebracht und erklären sich zum Teil von selbst. Auch erhalten Sie Zugriff auf eine Reihe von Tools von Windows, die zwar während der Installation des Betriebssystems auf der Festplatte abgelegt wurden, für die aber keine Verknüpfung im Startmenü eingerichtet wurde.

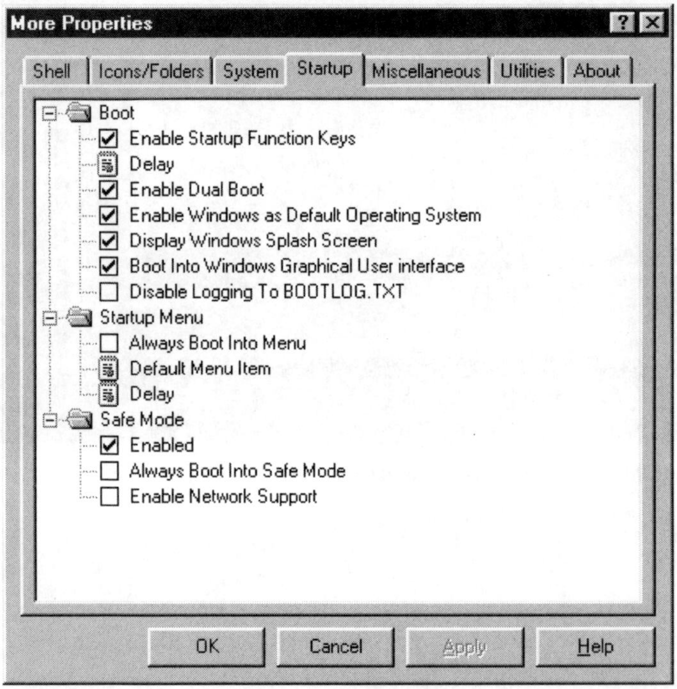

Abb. C.15: *More Properties* bietet Zugriff auf viele Systemparameter

D Glossar

A20 Gate

Die Adreßleitung 20 ermöglicht im Real Mode des Prozessors den Zugriff auf die HMA und kann zur Umschaltung in den Protected Mode dienen.

Adapter ROM

Ein Adapter ROM ist ein Speicherbaustein auf einer Steckkarte, der das Betriebsprogramm für diese Karte bereitstellt (siehe ROM).

Adapter

Mit Adapter bezeichnet man eine Erweiterungssteckkarte. Ein Adapter kann auch direkt auf der Hauptplatine integriert sein.

Adreßbus

Der Adreßbus stellt eine Verbindung innerhalb des Computersystems dar, die aus mehreren Adreßleitungen besteht, über die die Adreßsignale zu den einzelnen Baugruppen (zum Beispiel zum Speicher) gelangen.

Adresse

Der Speicher eines Computers besteht aus einer Vielzahl von Speicherzellen, die fortlaufend durchnumeriert sind. Bei dieser Numerierung wird jeder Speicherzelle eine ganz bestimmte Adresse zugeordnet, unter der sie vom System angesprochen werden kann.

AGP

Der Accelerated Graphics Port dient als direkte Schnittstelle zwischen der Grafikkarte und dem Prozessor. Durch den Port wird der Transport von Grafikdaten stark beschleunigt und andere Bussysteme (z. B. PCI) entlastet.

Akku/Akkumulator

Unter einem Akku bzw. Akkumulator versteht man je nach Zusammenhang entweder eine wiederaufladbare Batterie oder aber ein spezielles Rechenregister innerhalb eines Mikroprozessors.

All-In-One-System

Kompaktes Computer-System, bei dem viele der zum Betrieb notwendigen Baugruppen bereits auf dem Motherboard integriert sind.

Arbeitsspeicher

Teil des Hauptspeichers, der aus RAMs aufgebaut ist. Programm- und Datenspeicher, der vom Anwender beliebig mit System- oder Anwenderprogrammen belegt werden kann.

ASCII

Abkürzung für »American Standard Code for Information Interchange«, ein amerikanischer Normcode für den Datenaustausch.

AT

Abkürzung für »Advanced Technology«, eine Bezeichnung für ein Computersystem, das von der Firma IBM entwickelt und zu einem Standard wurde.

AT-Bus

8- und 16-Bit-Erweiterungssteckplätze für Grafikkarten, Festplattencontroller und anderes faßt man unter dem Begriff AT-Bus (ISA-Bus) zusammen. Als AT-Bus-Platten bezeichnet man auch häufig Festplatten mit IDE-Schnittstelle.

Bank

Eine Bank ist eine Organisationsform für Speicherbausteine.

BCLK

Mit BCLK (Bus Clock) ist die Taktfrequenz gemeint, mit der ein Bus (etwa ISA, PCI) betrieben wird.

BIOS

Abkürzung für »Basic Input/Output System«, ein Programm, das unter anderem alle Routinen enthält, die für grundlegende Ein- und Ausgabefunktionen benötigt werden.

Bit

Kunstwort aus »Binary Digit«, der kleinsten Informationseinheit in einem Computersystem, die nur die beiden logischen Werte »0« oder »1« annehmen kann.

Bootsektor

Der Bootsektor ist der erste Sektor einer Diskette oder Festplatte, auf dem Informationen für den Rechner stehen, wie das Betriebssystem gestartet wird.

Boot-Vorgang (Booten)

Laden des Betriebssystems in den Hauptspeicher des bootenden Rechners. Das BIOS versucht nach der Hardware-Initialisierung (im Rahmen des internen Selbsttests) das Betriebssystem von einem externen Massenspeicher (beispielsweise von einem Disketten- oder Festplatten-laufwerk) in den Hauptspeicher zu laden.

Burst Mode

Der Burst Mode ist ein beschleunigter Speicherzugriff, verfügbar ab den 486er-Prozessoren. Der erste Zugriff wird normal ausgeführt, die drei folgenden sind beschleunigt.

Bussystem

Ein Übertragungskanal in einem System, welcher aus einer bestimmten Anzahl von Busleitungen besteht und die Kommunikation zwischen verschiedenen System-komponenten ermöglicht. Beispiele: Adreß-, Daten- und Steuerbus.

Busbreite

Anzahl der Leitungen, aus denen ein Bus besteht. Die Anzahl der Busleitungen ist ausschlaggebend für die Anzahl der Bits, die gleichzeitig bzw. parallel übertragen werden können und auch entscheidend für die Leistungsfähigkeit des Systems.

Cache

Speichersubsystem, das aus einem »lokalen« Speicher mit »sehr kurzer« Zugriffszeit für häufig benötigte Programm-Codes und Daten besteht. Dieser Cache-Speicher ist damit für »sehr schnelle« Speicher-Operationen geeignet und dient zur Geschwindigkeitsanpassung eines »sehr schnellen« Prozessors an einen relativ langsamen Hauptspeicher.

CAS

CAS (Column Adress Strobe) ist die physikalische Adressierung der Spalte in der Speichermatrix, in der ein Datum ausgelesen werden soll (siehe RAS).

Chip

Halbleiter-Baustein

Chipsatz

Ein oder mehrere Chips auf der Hauptplatine, die für die Organisation des Speichers oder die Datenübertragungen auf dem Erweiterungsbus zuständig sind, stellen den Chipsatz dar. Verbreitete Hersteller sind Intel, SIS oder VIA.

Clock

Bezeichnet je nach Zusammenhang entweder den Takt bzw. die Taktfrequenz eines Bausteins oder aber einen Uhrbaustein.

CMOS

Abkürzung für »Complementary Metal Oxyde Semiconductor«, bezeichnet einen bestimmten physikalischen Aufbau eines Halbleiter-Bauteils. Der CMOS-Speicher enthält Konfigurationsdaten des BIOS. Ein Akku oder eine Batterie sorgt dafür, daß die Daten nicht verlorengehen.

Coprozessor

Ein Prozessor, der zusätzlich zum (Haupt-) Prozessor (CPU) auf dem Motherboard installiert werden kann und numerische Berechnungen bis zu zehnmal schneller als die CPU durchführt. Bei modernen Prozessoren ist diese Einheit bereits in der CPU integriert.

CPU

Abkürzung für »Central Processing Unit«, dem Zentral- bzw. Hauptprozessor des Systems.

CPUCLK

Mit der Abkürzung CPUCLK (CPU Clock) ist die Taktfrequenz des Prozessors gemeint.

Cursor

Blinkende Schreibmarke zur Anzeige der aktuellen Schreibposition auf dem Bildschirm.

Daten

Informationen in irgendeiner Form (zum Beispiel Zeichen, Texte, Bilder).

Datenbus

siehe »Bussystem«

Delay

Delays sind gewollte Verzögerungen von bestimmten Abläufen im Rechner.

DIP-Schalter

Mehrere Schalter in einem Gehäuse, die zur Systemkonfiguration dienen.

Diskette

Externes, austauschbares Speichermedium für Daten und Programme.

Display

Anzeige-Einheit (beispielsweise ein Bildschirm).

DMA

Das DMA-Verfahren (Direct Memory Access) stellt einen direkten und schnelleren Zugriff von Erweiterungskarten auf den Hauptspeicher bereit, ohne den Prozessor mit dieser Datenübertragung zu belasten.

DOS

Abkürzung für »Disk Operating System«, ein von Diskette bzw. Festplatte ladbares Betriebssystem.

DRAM

Abkürzung für »Dynamic Random Access Memory«, bezeichnet einen dynamischen Schreib-Lesespeicher mit wahlfreiem Zugriff, dessen Daten in regelmäßigen Abständen aufgefrischt werden müssen (siehe »Refresh«).

Drive

Laufwerk (beispielsweise ein Disketten- oder Festplattenlaufwerk).

EDO

EDO- (Extended Data Out) Speichermodule arbeiten mit zusätzlichen Zwischenspeichern, die beim Lesezugriff die Daten besonders schnell bereitstellen können. Gegenüber FPM- (Fast Page Mode) Speichern ergibt sich der Vorteil nur beim Lesen der Daten. Beim Schreiben verhalten sich beide Speichertypen identisch.

EEPROM

Abkürzung für »Electricity Erasable Programmable Read Only Memory«, ein elektrisch löschbarer und programmierbarer Nur-Lesespeicher.

EISA

Der EISA-Bus (Extended Industry Standard Architecture) ist ein erweiterter ISA- oder AT-Bus mit 32 Bit Datenbreite.

EMS

Abkürzung für »Expanded Memory Specification«, eine Speichererweiterung, die im sogenannten Real Mode verwendet werden kann.

EMS Page Frame

Speicherfenster im 384-KByte-Systembereich, in das EMS-Speicher »seitenweise« eingeblendet werden können.

Enabled/Disabled

Mit den Optionen *Enabled* oder *Disabled* wird eine Funktion eingeschaltet (im Betrieb aktiv) oder abgeschaltet.

EPROM

Abkürzung für »Erasable Programmable Read Only Memory«, ein durch UV-Licht löschbarer und programmierbarer Nur-Lesespeicher.

Error

Fehler

Expanded Memory

Speichererweiterung im sogenannten Real Mode.

Extended Memory

Speichererweiterung, die nur im sogenannten Protected Mode verfügbar ist.

FDC

Abkürzung für »Floppy Disk Controller«, einer Baugruppe zur Steuerung des Diskettenlaufwerks.

Festplatte/Festplattenlaufwerk

Speichermedium für Daten und Programme, das sich durch besonders hohe Speicherdichte auszeichnet.

Floppy Disk

Diskette

Formatierung

Routine zum Einrichten von Disketten- bzw. Festplattenlaufwerken; Unterteilung in Low-Level- und High-Level- Formatierung.

FPM

Bezeichnung von Speichermodulen, die den sogenannten Fast Page Mode beherrschen. Durch den Page Mode wird eine besondere Anordnung der Daten im Speicher erreicht, bei der ein schneller Zugriff möglich ist. PS/2-Speichermodule sind entweder als FPM- oder EDO-Speicher ausgelegt (siehe auch EDO).

Hard Disk/Hard Disk Drive

Festplatte/Festplattenlaufwerk

Hardware

Oberbegriff für alle physikalischen Komponenten eines Computersystems.

Hauptspeicher

Interner Arbeitsspeicher eines Systems

HD

Abkürzung für »High Density«, einem Maß für die Aufzeichnungsdichte bei Disketten.

Head

Schreib-/Lesekopf eines Disketten- oder Festplatten-Laufwerks.

HMA

Die HMA (High Memory Area) ist ein im Real Mode des Prozessors adressierbarer Speicherbereich des Erweiterungsspeichers (von 1024 bis 1088 KByte). Für den Zugriff auf diesen 64 KByte großen Bereich wird die Adreßleitung 20 benötigt (siehe »A20 Gate«).

IC (Integrated Circuit)

Zu deutsch: integrierter Schaltkreis. In der Elektronik wird die Zusammenfassung von Schaltungselementen, z. B. Transistoren und Widerständen auf einem einzelnen Chip aus Siliziumkristall oder einem anderen Halbleitermaterial als IC bezeichnet. Beispielsweise beim BIOS-Chip oder einem Speicherbaustein handelt es sich um einen solchen Baustein.

IDE

IDE ist die Bezeichnung der Schnittstelle von AT-Bus-Festplatten.

Interface

Schnittstelle

Interleave-Faktor

Die Anzahl der Plattenumdrehungen einer Festplatte, die benötigt werden, um eine Spur komplett zu lesen. Dadurch wird eine Anpassung der Datenübertragungsrate zwischen dem Festplattenlaufwerk und dem Rechner erreicht.

Interleaving

Das Interleaving ist ein Verfahren, bei dem abwechselnd auf verschiedene Speicherbänke zugegriffen wird. Dadurch können die Refresh-Zyklen während der Speicherzugriffe stattfinden, ohne diese zu bremsen.

I/O

Abkürzung für »Input/Output«, Eingabe/Ausgabe.

IrDA

Beschreibt einen Schnittstellenstandard, bei dem die Datenübertragung über eine Infrarot-Diode und einen Empfänger durchgeführt wird. Viele Notebooks und Drucker besitzen heute eine solche Schnittstelle, mit der Druckdaten ohne Kabel übertragen werden können. Auch Netzwerkzugänge sind über einen speziellen IrDA-Adapter möglich. Die Übertragung kann sowohl im Halb- oder Voll-Duplex-Betrieb erfolgen. Im BIOS ist häufig eine serielle Schnittstelle für den Betrieb einer Infrarot-Diode vorgesehen. Neben dem IrDA-Standard finden Sie dort ASKIR-Standard (Amplitudes Shift Keyed IR = amplitudenmoduliertes Infrarot-Signal) vor.

IRQ

Abkürzung für »Interrupt Request«, Interrupt-Anforderung.

ISA

ISA (lndustry Standard Architecture) ist die Normung des Standard-AT-Bus

Jumper

(Kurzschluß-) Steckbrücke

KB

Abkürzung für Kilobyte. 1 KByte entsprechen 1024 Byte.

Key

Taste

Keyboard

Tastatur

Kompatibilität

Erwünschte Eigenschaft von Systemkomponenten, um sie ohne spezielle Anpassung in bzw. mit anderen Systemen zusammen einsetzen zu können.

Konfiguration

Spezifische Ausstattung/Einstellung einer Baugruppe.

Konventioneller Speicher

Mit konventionellem Speicher oder Base Memory bezeichnet man den Speicherbereich von 0 bis 640 KByte, der für DOS zur Verfügung steht.

LAN

Abkürzung für »Local Area Network«, ein lokales Netzwerk.

LED

Abkürzung für »Light Emitting Diode«, eine Leuchtdiode.

LIM

Konvention der Firmen Lotus, Intel und Microsoft für eine durch Expanded Memory abgelöste Speicherverwaltung.

Memory

Speicher

Motherboard/Mainboard

Hauptplatine eines Computersystems.

MS-DOS

Abkürzung für »Microsoft Disk Operating System«, ein von Diskette oder Festplatte ladbares Betriebssystem der Firma Microsoft.

Page

Eine Page (Speicherseite) entsteht durch die Organisation des Hauptspeichers. Innerhalb einer Page ist ein beschleunigter Speicherzugriff möglich.

Parity

Das Parity-Bit ist ein Prüfsummen-Bit, mit dessen Hilfe sich Speicherfehler mit großer Wahrscheinlichkeit aufspüren lassen.

PC

Abkürzung für »Personal-Computer«.

Peripherie

Oberbegriff für alle extern an einem Computersystem angeschlossenen Geräte.

Pin

Anschlußpunkt eines Steckers oder einer Steckerleiste.

Power Supply

Spannungsversorgung, Netzteil.

POST

POST (Power On Self Test) sind die Testprogramme, die das BIOS bei jedem Neustart des Rechners ausführt. Das BIOS nimmt die Hauptplatine dabei sehr genau unter die Lupe und gibt an einer speziellen Speicherzelle einen Code aus, wenn ein Defekt gefunden wurde. Diese Speicherzelle läßt sich mit speziellen Diagnosekarten auslesen, wenn der Rechner sonst kein Lebenszeichen von sich gibt.

PROM

Abkürzung für »Programmable Read Only Memory« ein (einmal) programmierbarer Nur-Lesespeicher.

RAM

Abkürzung für »Random Access Memory«, ein Schreib/Lesespeicher mit wahlfreiem Zugriff.

RAS

RAS (Row Address Strobe) ist die physikalische Adressierung der Zeile in der Speichermatrix, in der ein Datum ausgelesen werden soll (siehe CAS).

Read

Steht für Lese-Zugriffe auf den Speicher.

Refresh

Bezeichnet die Auffrischung von Daten in DRAMs. Dazu werden die DRAMs in regelmäßigen Abständen ausgelesen, ohne daß der Prozessor davon etwas mitbekommt. Er darf während dieser Zeit allerdings nicht auf die DRAMs zugreifen. Eine Ausnahme ist der sogenannte Hidden-Refresh, der sich in einigen älteren BIOS-Setups einschalten läßt.

Remapping

Der Chipsatz blendet den Speicher im Adapterbereich, sofern er nicht für Shadow-RAM benötigt wird, an das Ende des Hauptspeichers um.

Reset

Zurücksetzen eines Systems in den Grundzustand (Initialisierung).

ROM

Abkürzung für »Read Only Memory«, ein fest programmierter Nur-Lesespeicher, dessen Inhalt nur gelesen und nicht verändert werden kann.

RTC

Abkürzung für »Real Time Clock«, der Echtzeituhr des Computers.

Shadowing

Shadowing bedeutet das Umkopieren des Inhalts der langsamen ROM-Bausteine in den schnelleren Hauptspeicher. Die Funktionen im VGA- oder System-BIOS lassen sich so beschleunigen.

Schnittstelle

Verbindungsstelle zweier Systeme (zum Beispiel eine Druckerschnittstelle).

SCSI

Abkürzung für »Small Computer System Interface«, eine sogenannte intelligente Schnittstelle, bei der bis zu acht Geräte bidirektionalen Datenverkehr durchführen können. Durch weitere Standards können höhere Transferraten und auch bis zu 15 Geräte pro SCSI-Kanal (bei Wide-SCSI) betrieben werden.

SIMM

Abkürzung für »Single Inline Memory Module«, ein Speichermodul in Form einer kleinen Steckkarte.

Slot

Steckfassung zur Erweiterung des Computersystems durch zusätzliche Baugruppen (Steckkarten).

Speicherzugriffszeit

Die Speicherzugriffszeit oder DRAM-Access ist die Zeitspanne, die ein Speicherchip für einen lesenden oder schreibenden Zugriff braucht.

System ROM

Das System ROM ist ein in ROM-Bausteinen auf der Hauptplatine gespeichertes Betriebsprogramm, das für die Kommunikation zwischen Betriebssystem und Hardware beziehungsweise der Konfiguration der Hardware sorgt.

Ticks

Ein Tick ist eine von einem Zeitgeber vorgegebene Takteinheit.

Translation Mode

Im Translation Mode werden von der Festplatte Parameter emuliert, weil die physikalischen Parameter ungeeignet sind. Zum Beispiel sind unter DOS nicht mehr als 1024 Zylinder möglich. Hat die Festplatte mehr Zylinder, als DOS erlaubt, emuliert sie mehr Schreib-/Leseköpfe, um weniger als 1024 Zylinder bei gleicher Kapazität darstellen zu können.

UMB

Der UMB-Speicher (Upper Memory Blocks) ist gleichbedeutend mit dem Adapterbereich und bezeichnet den dort zur Verfügung stehenden Speicher, der meistens von Treibern belegt wird.

Video ROM

Das Video ROM ist das BIOS der Grafikkarte. Es stellt unter anderem Funktionen zum Umschalten der Grafikmodi zur Verfügung.

Wait State

Ein Wait State ist eine erzwungene Pause, damit langsamere Komponenten mithalten können. Ein Wait State entspricht meist genau einer Takteinheit.

Wort

Mit einem Wort bezeichnet man eine Dateneinheit mit 16 Bits. Ein Langwort hat demzufolge 32 Bits. Beide Begriffe tauchen meist auf englisch auf: Word und Longword. Prozessoren wie der Pentium machen jedoch eine weitere Steigerung notwendig: 64 Bit sind ein Quadword oder kurz Qword.

Write

Write steht für Schreib-Zugriffe auf den Speicher.

XT

Abkürzung für »Extended Technology«, eine Bezeichnung für ein (technisch veraltetes) Computersystem, das von der Firma IBM entwickelt und zu einem Standard wurde.

Danksagungen & Quellenhinweis

Folgenden Firmen und Personen möchte ich für die freundliche Unterstützung bei der Realisierung des Buches danken:

Herrn Peter Enskat von der Firma Madex/Neu-Isenburg für die Bereitstellung der Super POST-Diagnosekarte

Herrn Alexander Wegner von der Firma Network Associates/McAfee GmbH für die Version von Nuts & Bolts

Firma Logitech für die Bereitstellung des Pagescan USB-Scanners

Firma American Megatrends (AMI-BIOS)

Firma AWARD (AWARD-BIOS)

Firma Microid Reseach (MR-BIOS)

Firma Phoenix (Phoenix-BIOS)

Firma Asus für die Bereitstellung von Hauptplatinen und Infomaterial

Informationen zum AMD-K6-Prozessor wurden freundlicherweise von der Firma AMD zur Verfügung gestellt.

Stichwortverzeichnis

Symbole

A

B

C

D

E

F

J

K

L

M

N

O

P

Q

R

S

T

U

V

W

Z

Dieses Buch wurde der Umwelt zuliebe auf chlorfrei gebleichtem Papier gedruckt.

Novesiastraße 60
41564 Kaarst
Germany
Telefax: 0 21 31 - 76 51 01
www.bhv.net

02 01 00 99
10 9 8 7 6 5 4 3 2

1. Auflage

ISBN 3-8287-6037-6

Printed in Germany